Masterkurs Parallele und Verteilte Systeme

Günther Bengel · Christian Baun ·
Marcel Kunze · Karl-Uwe Stucky

Masterkurs Parallele und Verteilte Systeme

Grundlagen und Programmierung von Multicore-Prozessoren, Multiprozessoren, Cluster, Grid und Cloud

2., erweiterte und aktualisierte Auflage

Günther Bengel
Fakultät für Informatik
Hochschule Mannheim
Mannheim, Deutschland

Christian Baun
Fachbereich Informatik
Fachhochschule Frankfurt am Main
Frankfurt, Deutschland

Marcel Kunze
Steinbuch Centre for Computing (SCC)
Karlsruhe Institut für Technologie (KIT)
Eggenstein-Leopoldshafen, Deutschland

Karl-Uwe Stucky
Institut für Angewandte Informatik (IAI)
Karlsruher Institut für Technologie (KIT)
Eggenstein-Leopoldshafen, Deutschland

ISBN 978-3-8348-1671-9   ISBN 978-3-8348-2151-5 (eBook)
DOI 10.1007/978-3-8348-2151-5

Die Deutsche Nationalbibliothek verzeichnet diese Publikation in der Deutschen Nationalbibliografie; detaillierte bibliografische Daten sind im Internet über http://dnb.d-nb.de abrufbar.

Springer Vieweg
© Springer Fachmedien Wiesbaden 2008, 2015
Das Werk einschließlich aller seiner Teile ist urheberrechtlich geschützt. Jede Verwertung, die nicht ausdrücklich vom Urheberrechtsgesetz zugelassen ist, bedarf der vorherigen Zustimmung des Verlags. Das gilt insbesondere für Vervielfältigungen, Bearbeitungen, Übersetzungen, Mikroverfilmungen und die Einspeicherung und Verarbeitung in elektronischen Systemen.

Die Wiedergabe von Gebrauchsnamen, Handelsnamen, Warenbezeichnungen usw. in diesem Werk berechtigt auch ohne besondere Kennzeichnung nicht zu der Annahme, dass solche Namen im Sinne der Warenzeichen- und Markenschutz-Gesetzgebung als frei zu betrachten wären und daher von jedermann benutzt werden dürften.

Der Verlag, die Autoren und die Herausgeber gehen davon aus, dass die Angaben und Informationen in diesem Werk zum Zeitpunkt der Veröffentlichung vollständig und korrekt sind. Weder der Verlag noch die Autoren oder die Herausgeber übernehmen, ausdrücklich oder implizit, Gewähr für den Inhalt des Werkes, etwaige Fehler oder Äußerungen.

Gedruckt auf säurefreiem und chlorfrei gebleichtem Papier.

Springer Fachmedien Wiesbaden GmbH ist Teil der Fachverlagsgruppe Springer Science+Business Media
(www.springer.com)

Günther
Seit dem Wintersemester 1988/89 arbeitete Günther Bengel als Professor an der Hochschule Mannheim und lehrte dort bis zuletzt die Fachgebiete Betriebssysteme, Multiprozessoren und Verteilte Systeme an der Fakultät für Informatik. Die Vermittlung seiner Schwerpunkte als Hochschullehrer war ihm nicht nur Beruf, sondern Herzensangelegenheit. Dazu gehörte für ihn nicht bloß die Präsentation der Inhalte, sondern auch das Schreiben gut verständlicher Lehrbücher. Bereits 1990 erschien sein erstes Lehrbuch zum Thema Betriebssysteme. Weitere Lehrbücher über parallele und verteilte Systeme sollten folgen. Dass 2008 die erste Auflage dieses Werkes erschien, ging maßgeblich auf seine Initiative zurück. Mit großer Begeisterung arbeitete er auch an der zweiten Auflage. Er ist der Autor der meisten Kapitel und koordinierte unsere Beiträge und das Zusammenfügen des Manuskripts.
Leider verstarb Günther am 26.12.2014 kurz nach der inhaltlichen Vollendung des Manuskripts nach langer und schwerer Krankheit.
Günther war ein lebensfroher Familienmensch und voller Tatendrang für neue Projekte.
Wir haben einen guten Freund verloren.

Vorwort

Die Entwicklung von Computern steht heute an einem Wendepunkt. Nach Jahrzehnten stetiger Steigerung der Rechengeschwindigkeit baut heute kein Hardware-Hersteller mehr schnellere sequentielle Prozessoren. Ein klarer Trend zu Computer-Architekturen, die parallele Abläufe unterstützen, und zur Parallelisieren von Programmen ist erkennbar. So sind beispielsweise Multicore-Chips zu erwarten, die bis 2009 bis zu 64 und bis 2015 bis zu 128 integrierte Prozessoren aufweisen. Zusammen mit der Weiterentwicklung von Cluster-Architekturen in homogener und heterogener Rechnerlandschaft sowie mit dem rasch voranschreitenden Ausbau von Grids mit heterogener Zusammensetzung ist hier eine klare Richtung vorgegeben.

Die neuen Architekturen können aber nur dann sinnvoll genutzt werden, wenn die Software den angebotenen Parallelismus auch nutzt, wobei heute noch die Hardware die Entwicklungsgeschwindigkeit vorgibt und der Softwareentwicklung vorauseilt. Parallele Architekturen und deren Programmierung verlassen damit ihre bisherige Nische des Hochleistungsrechnens und werden zukünftig zum Standard. Sie erweitern unsere vernetzte Welt und bieten etwa Wissenschaftlern Zugriff auf nahezu unbegrenzte Rechenleistung und Speicherkapazität. Im kommerziellen Bereich, um mit IBM's Zauberformel „Business on demand" zu argumentieren, wird IT-Dienstleistung an jedem Ort und zu jeder Zeit mit beliebig großen Rechen- und Speicheranforderungen verfügbar. Kaum ein Bereich, in dem heute schon Rechner eingesetzt werden, wird von der allgegenwärtigen Vielfalt an Rechenressourcen ausgenommen bleiben.

Derzeit bahnt sich High Performance Computing (HPC) rasch einen Weg über die Grenzen von Hochschulen und Forschungseinrichtungen hinaus. Die neuen, schlüsselfertigen HPC-Systeme ermöglichen nun auch (fast) jeder Forschungseinrichtung und jedem Unternehmen den Betrieb von enorm leistungsstarken Rechnersystemen. Diese besitzen eine offene Architektur, die sich von einzelnen Racks auf Cluster im Petascale-Bereich ausdehnen lässt. In Grids erfolgt der Rechnerverbund sogar domänenübergreifend, also mit Ressourcen, die verschiedenen Organisationen zugeordnet sind. Ein weltweites Supercomputing in einer zuvor nie gekannten Größenordnung wird Realität.

Peer-to-Peer-Computing (P2P) spielt im Bereich des Hochleistungsrechnens und der Leistungssteigerung durch Parallelität kaum eine Rolle und hat nur wenig Einfluss auf das Cluster- und Grid-Computing. Der ursprüngliche Plan, das P2P-Computing mit in dieses

Werk aufzunehmen, wurde aus diesem Grund und zu Gunsten einer größeren Tiefe des übrigen Stoffes aufgegeben.

Der Aufbau des Buches orientiert sich nach einer Einleitung mit Historie und einem allgemeinen Überblick zunächst an der führenden Rolle der Hardwareentwicklung, die der Software-Entwicklung in der Regel immer vorauseilt.

Schon 1987 hat Greg Papadopoulos, heute Chief Technology Officer und Executive Vice President of Research and Development bei Sun Microsystems, Inc., das Hinterherhinken der Software gegenüber der parallelen Hardware folgendermaßen charakterisiert:

„It appears to be easier to build parallel machines than to use them."[1]

Und Sutter und Larus äußern sich folgendermaßen:

„The concurrency revolution is primarily a software revolution. The difficult problem is not building multicore hardware, but programming it in a way that lets mainstream application benefit from the continued exponential growth in CPU performance."[2]

Kapitel 2 beschreibt zunächst die Grundlagen der parallelen Hardware für Einprozessorsysteme und die Rechnerarchitekturen für den Aufbau von Multiprozessoren. Wir starten mit dem Instruction Level Parallelismus und Thread-Level Parallelismus und führen hin zum Simultaneous Multithreading. Bei Multiprozessoren unterscheiden wir zwischen Architekturen mit gemeinsamem Speicher (eng gekoppelten Multiprozessoren) und verteiltem Speicher (lose gekoppelten Multiprozessoren).

Bei den eng gekoppelten Multiprozessoren betrachten wir die Cachekohärenzprotokolle, die Architektur und die Thread-Programmierung von Multicoreprozessoren. Anschließend gehen wir auf die Organisation von Multiprozessorbetriebssystemen und hauptsächlich auf das Symmetrische Multiprocessing ein. Schwergewicht bei den Multiprozessorbetriebssystemen sind die parallelen Prozesse und deren Synchronisation. Die Synchronisationsverfahren umfassen die hardwarenahen Locksynchronisationsverfahren bis hin zu den klassischen Semaphoren, aber auch das neuere Verfahren des Transactional Memory.

Bei den lose gekoppelten Multiprozessoren zeigen wir, nach der Darstellung von deren Architektur, wie durch die Implementierung eines verteilten gemeinsamen Speichers die lose gekoppelte Architektur in die eng gekoppelte Architektur überführbar ist. Als Beispiel für ein lose gekoppeltes System dient das Load Balancing und High Throughput Cluster Google.

Gemäß der zuvor gemachten Aussage, dass die Software der parallelen Hardware hinterherhinkt und bei der Software ein Nachholbedarf besteht, sind die Programmiermodelle für parallele Architekturen von zentraler Bedeutung und nehmen mit Kap. 3 den größten Umfang des Werkes ein. Die Unterteilung von Kap. 2 in eng gekoppelte und lose gekoppelte Multiprozessoren gibt die Unterteilung der Programmiermodelle in Kap. 3 vor. Der erste Teil befasst sich mit dem Client-Server-Modell, das auf die Hardwarearchitektur keine Rücksicht zu nehmen braucht. Eine Einführung in service-orientierte Architekturen,

---

[1] Papadopoulos G.: The new dataflow architecture being built at MIT. In: Proceedings of the MIT-ZTI-Symposium on Very High Parallel Architectures, November 1987.

[2] Sutter H., Larus J.: Software and the concurreny revolution. ACM Queue, Vol. 3, No. 7, 2005.

die hauptsächlich auf verteilten Rechnern basieren, enthält der zweite Teil. Der dritte Teil behandelt die Programmiermodelle für gemeinsamen Speicher und der vierte Teil die Modelle und Programmierverfahren für verteilten Speicher. Es wurde versucht, nicht nur die beiden vorherrschenden Modelle OpenMP für gemeinsamen Speicher und das Message Passing Interface (MPI) für verteilten Speicher zu besprechen, sondern auch die älteren Verfahren und ganz neue Entwicklungen zu behandeln, die gerade im Entstehen und in der Entwicklung sind.

Ältere Programmiermodelle für gemeinsamen Speicher sind Unix mit den fork- und join-Systemaufrufen, Threads und das Ada-Rendezvous. Neuere Modelle sind in Programmiersprachen wie Unified Parallel C und Fortress realisiert.

Ältere Programmiermodelle für verteilten Speicher sind bei den nebenläufigen Modellen Occam und der Parallel Virtual Machine (PVM) zu finden. Weitere ältere kooperative Modelle sind die TCP/IP-Sockets. Nicht ganz so alt sind der Java Message Service (JMS) und für die entfernten Aufrufe der Remote Procedure Call (RPC), die Common Object Request Broker Architecture (CORBA) und die Remote Method Invocation (RMI). Neuere Entwicklungen sind das .NET-Remoting und die Service Oriented Architecture (SOA) und deren Implementierungsbasis, die Web-Services und der XML-RPC.

Zur Illustration der Programmierverfahren wurde, wo es vom Umfang her möglich und für das Programmiermodell angepasst war, das Erzeuger-Verbraucher-Problem gewählt.

Kapitel 4 beschreibt den parallelen Softwareentwurf und definiert die Leistungsmaße und Metriken für Parallele Programme. Die eingeführten Leistungsmaße führen zu einer Bewertung der nachfolgend besprochenen Parallelisierungstechniken und -verfahren.

Das Werk legt den Schwerpunkt auf die Darstellung der Parallelität und der parallelen Prozesse. Dass die parallelen Prozesse weltweit auf die Rechner verteilt werden ist dabei nur ein Nebenaspekt. Deshalb erläutert Kap. 5 (Verteilte Algorithmen) nur die mit den verteilten Algorithmen auftretende Problematik des Fehlens von Gemeinsamkeiten. Zur Lösung oder Umgehung dieser Problematik werden die grundlegenden und somit wichtigsten verteilten Basisalgorithmen vorgestellt.

Besonderes Gewicht legen wir mit Kap. 6 auf das Thema Rechenlastverteilung. Die Beschreibung der statischen Lastverteilung erläutert das Scheduling-Problem, gibt einen Überblick über verschiedene Jobmodelle einschließlich Workflows und diskutiert Beispiele für Verfahren. Der Abschnitt zur dynamischen Lastverteilung unterscheidet zwischen zentralen und dezentralen Verfahren und erläutert die Migration, die Unterbrechung und Verschiebung bereits laufender Prozesse. Den Abschluss bildet eine Einführung in das Grid Scheduling, das auf Besonderheiten der domänenübergreifenden Architektur Rücksicht nehmen muss und für das erste Lösungen verfügbar sind.

Kapitel 7 geht auf Virtualisierungstechniken ein, mit denen das Problem des Ressourcenmanagements in verteilten Systemen elegant gelöst werden kann. Oftmals werden Ressourcen wie CPU und Speicher nicht optimal genutzt, und die Virtualisierung bietet hier ein großes Potenzial zur Effizienzsteigerung. Alle modernen Prozessoren bieten heute entsprechende Funktionen. Anwendungsvirtualisierung hilft darüber hinaus bei der

Verwaltung von Software und bei der aus Kostengründen immer häufiger diskutierten Rezentralisierung von IT-Services.

Kapitel 8 beschreibt die Entwicklung des Cluster-Computing. Besonderes Gewicht hat die Klassifikation der unterschiedlichen Arten von Clustern mit ihren typischen Einsatzgebieten, sowie die Beschreibung der eingesetzten Technologien.

Kapitel 9 definiert den Begriff des Grid-Computing und klassifiziert die Unterscheidungsmöglichkeit von verschiedenen Grid-Systemen. Die populärsten Grid Middleware-Systeme mit ihren notwendigen Protokollen und Diensten werden vorgestellt. Zusätzlich beschreibt Kap. 9 die Grid-Softwarepakete, welche die Verwaltung eines Grid und die Arbeit damit vereinfachen.

Von Kap. 1 bis Abschn. 6.1 ist Prof. Bengel der Autor, Abschn. 8.1.1.3 bis zum Ende von Kap. 6 verfasste Dr. Stucky, Kap. 7 hat sich Dr. Kunze vorgenommen, Kap. 8 hat C. Baun erstellt und Kap. 9 wurde in Zusammenarbeit von C. Baun und M. Kunze erstellt.

Der Stoff wurde so umfassend wie möglich dargestellt. Dies betrifft besonders die parallelen Programmiermodelle in Kap. 3, dem vom Umfang her mächtigsten Abschnitt des Werkes. Dadurch eignet sich das Buch sehr gut als Einstiegs- und Nachschlagewerk. Die tiefe Untergliederung der einzelnen Abschnitte und die systematische Darstellung des Stoffes unterstützen dies. Die Vielzahl von Literaturhinweisen erleichtert dem Leser den noch tieferen Einstieg in die Thematik und die selbstständige Vertiefung des Stoffes. Dadurch ist das Werk auch sehr gut zum Selbststudium geeignet.

Das Buch ist eher forschungsorientiert ausgelegt, und die einzelnen Abschnitte sind in sich abgeschlossen. Durch das Umfassende und den großen Umfang des Werkes konnte in den einzelnen Abschnitten eine große Tiefe erreicht werden. Dadurch lassen sich prinzipiell wie aus einem Modulkasten auch mehrere Masterkurse mit verschiedener Ausrichtung auf dem Gebiet der Parallelen und Verteilten Systeme zusammenstellen und konzipieren. Einzelne Abschnitte oder Teile davon können aber auch in Vorlesungen oder Seminare im Bachelor-Studiengang einfließen.

Vom Forschungszentrum Karlsruhe vom Institut für wissenschaftliches Rechnen danken wir Frau Dr. Jie Tao für die kritische Durchsicht der Hardwarerealisierung von Client-Server-Systemen und die Verbesserung und Richtigstellung des MESI-Protokolls.

Hr. Dipl.-Phys. Klaus-Peter Mickel (komm. Leiter des Instituts für Wissenschaftliches Rechnen) danken wir für die Bereitstellung von Ressourcen und Unterstützung während der Erstellung des Werkes.

Herr Prof. Dr. Georg Winterstein, Dekan der Fakultät für Informatik, Hochschule Mannheim und dem Rektor Prof. Dr. Dietmar v. Hoyningen-Huene dankt Prof. Bengel für die Genehmigung eines Forschungsfreisemesters im Sommersemester 2007 am Forschungszentrum Karlsruhe. Ohne dieses Forschungssemester und der Unterstützung durch Herrn Klaus-Peter Mickel wäre dieses Werk in solchem Umfang und Tiefe nicht möglich gewesen.

Vielen Dank an Anja Langner, die das Zeichnen einiger Abbildungen in diesem Buch übernommen hat und den Abbildungen ein professionelleres Aussehen gegeben hat.

Frau Dipl.-Bibl. Maria Klein von der Hochschulbibliothek der Hochschule Mannheim möchten wir unseren Dank aussprechen für die schnelle Beschaffung der aktuellsten Neuerscheinungen, sowie der für dieses Werk notwendigen großen Anzahl von Literatur.

Mit dem Buch steht auch ein kostenloser Online-Service zur Verfügung. Die Internet-Adresse der Web-Seiten ist http://www.pvs.hs-mannheim.de

Die folgenden Informationen können auf den Web-Seiten gefunden werden:

- Informationen über die Autoren mit E-Mail-Adresse, die zum Senden von Anmerkungen, Kommentaren und Berichtigungen verwendet werden kann.
- Alle Abbildungen des Buches zum Herunterladen; sie lassen sich in der Lehre einsetzen und wiederverwenden.
- Alle Programmbeispiele des Buches zum Herunterladen. Sie sollen den Leser ermuntern, die Programme auszuprobieren und dienen zur Gewinnung von praktischer Erfahrung mit den Techniken der parallelen und verteilten Programmierung.
- Ein Erratum, d. h. Korrekturen zu Fehlern, die erst nach der Drucklegung des Buches gefunden wurden.
- Aktuelle Informationen zu Weiter- und Neuentwicklungen bzgl. der im Buch beschriebenen Technologien.

Die Web-Seiten werden kontinuierlich weiterentwickelt und ausgebaut.

Zum Schluss noch eine Zukunftsvision: In einer total vernetzten Welt sind Rechenleistung, Speicherkapazität und andere Ressourcen als Dienste von jedem Computer aus zugreifbar. Der Einsatz von Rechnern in täglich genutzten Geräten sowie die mobile Verfügbarkeit von Internetzugängen ermöglichen sogar den Zugriff von buchstäblich jedem beliebigen Ort aus[3].

Durch diese Technologien erhält der Mensch eine nahezu unbegrenzte Vielfalt von Möglichkeiten, sein Leben, seine Arbeit und Freizeit sowie seine Umgebung zu gestalten. Gleichzeitig sind sie aber auch eine Herausforderung, da sie in völlig neuer Art und Weise und in bisher unbekanntem Umfang in das Leben jedes Einzelnen eingreifen. Wir hoffen, dieses Werk hilft Ihnen bei der aktiven und verantwortungsvollen Mitgestaltung dieser Zukunftsvision.

Altrip, Mannheim, Karlsruhe im Dezember 2007
Günther Bengel
Christian Baun
Marcel Kunze
Karl-Uwe Stucky

---

[3] Siehe hierzu auch Mattern F. (Hrsg.): Total vernetzt. Szenarien einer informatisierten Welt. Springer Verlag 2003.

Vorwort zur 2. Auflage

Die vorliegende zweite Auflage des Masterkurses Parallele und Verteilte Systeme bringt einige neue Themen, die in den zurückliegenden sechs Jahren seit Erscheinen der ersten Auflage auf diesem Gebiet an Bedeutung gewonnen haben oder neu hinzugekommen sind.

Die aktuelle Entwicklung von Multicore-Prozessoren hin zu Manycore-Prozessoren hat die Aufnahme neuer Techniken und Architekturen wünschenswert gemacht. Dementsprechend finden sich in diesem Werk nun Beschreibungen von einerseits General-purpose Graphics Processing Units (GPGPUs) sowie andererseits von den noch teilweise im Experimentierstadium befindlichen Tile-Architekturen wie der Single-Chip Cloud Computer (SCC) von Intel oder der Tile-Prozessor von der Firma Tilera. Verbunden mit GPGPU ist die von Nvidia angebotene Plattform Compute Unified Device Architecture (CUDA).

Auf der Programmiersprachenseite gewinnen in letzter Zeit die funktionalen Sprachen immer mehr an Bedeutung. Entscheidend ist die einfache Verteilbarkeit der Funktionen auf Threads oder Prozessoren. Dies bedingte den Einschluss der Systemprogrammiersprache Google Go, der bei Ericsson eingesetzten Telekommunikationssprache Erlang und der Java-basierten Sprache Scala.

Da von Oracle im Juli 2012 die Entwicklung an der Programmiersprache Fortress eingestellt wurde, wurde der Fortress-Abschnitt entfernt, so dass nun mehr Raum für die funktionalen Sprachen zur Verfügung steht.

Auf der Systemseite ist durch die Virtualisierung der Rechner, Programmierumgebungen und Software-Services das Cloud Computing heute in aller Munde. Christian Baun hat dazu einen weiteren kompletten Abschnitt über Clouds am Ende des Werkes hinzugefügt.

Durch die vorgenommenen Erweiterungen ist das Werk sehr umfangreich geworden, hat jetzt aber auch einen hoch aktuellen Stand bezüglich paralleler Prozessoren und deren paralleler Programmierung erreicht. Den Lesern und Leserinnen gelingt damit leicht der Einstieg zu neuesten Entwicklungen auf dem Gebiet der Parallelen Prozesse.

Altrip, Frankfurt am Main, Karlsruhe im Dezember 2014
Günther Bengel
Christian Baun
Marcel Kunze
Karl-Uwe Stucky

Inhaltsverzeichnis

1	**Einführung und Grundlagen**		1
	1.1	Historische Entwicklung der Rechensysteme	1
	1.2	Technologiefortschritte	4
		1.2.1 Leistungsexplosion und Preisverfall der Hardware	5
		1.2.2 Fortschritte bei lokalen Netzen	6
		1.2.3 Aufkommen von Funkverbindungen und mobilen Geräten	8
		1.2.4 Übernetzwerk Internet	10
	1.3	World Wide Web (WWW)	11
		1.3.1 Web 2.0	11
		1.3.2 Web 3.0	16
		1.3.3 Web 4.0	17
		1.3.4 E-World	18
	1.4	Selbstorganisierende Systeme	20
		1.4.1 On Demand Computing	20
		1.4.2 Autonomic Computing	22
		1.4.3 Organic Computing	22
	1.5	Parallele versus Verteilte Verarbeitung	23
		1.5.1 Parallele Verarbeitung	23
		1.5.2 Nebenläufige Prozesse	24
		1.5.3 Kooperierende Prozesse	24
		1.5.4 Verteilte Verarbeitung	25
	Literatur		30
2	**Rechnerarchitekturen für Parallele und Verteilte Systeme**		33
	2.1	Eng gekoppelte Multiprozessoren und Multicore-Prozessoren	34
		2.1.1 Simultaneous Multithreading	35
		2.1.2 Architektur von eng gekoppelten Multiprozessoren	39
		2.1.3 Programmierung von Multicore-Architekturen	54
		2.1.4 Multiprozessorbetriebssysteme	55
	2.2	General Purpose Computation on Graphic Processing Unit (GPGPU)	70
	2.3	Many-Core-Prozessoren und Tile-Prozessor-Architekturen	73

		2.3.1	Intel Single-chip Cloud Computer (SCC)	73
		2.3.2	Tile-CPU	76
	2.4	Lose gekoppelte Multiprozessoren und Cluster	80
		2.4.1	Architektur von lose gekoppelten Multiprozessoren	80
		2.4.2	Verteilter gemeinsamer Speicher	82
		2.4.3	Multicomputer	93
		2.4.4	Leistungs-Effizienzmetriken	94
		2.4.5	Load Balancing und High Throughput Cluster Google	96
	Literatur	101

3 Client-Server-Modell und Web-Services 107
   3.1 Client-Server-Modell 108
        3.1.1 Fehlersemantik 109
        3.1.2 Serverzustände 114
        3.1.3 Client-Server versus Verteilt 117
   3.2 Service-orientierte Architekturen (SOA) 118
        3.2.1 Bestandteile eines Dienstes (Service) 119
        3.2.2 Eigenschaften eines Dienstes (Service) 120
        3.2.3 Servicekomposition, -management und -überwachung 122
        3.2.4 Enterprise Service Bus (ESB) 125
   Literatur 126

4 Programmiermodelle für gemeinsamen Speicher 129
   4.1 Überblick 129
   4.2 Parallelisierende Compiler 133
   4.3 Unix 134
        4.3.1 fork()/join()-Parallelismus 134
        4.3.2 Dynamische Prozesse 136
        4.3.3 Gemeinsamer Speicher 136
        4.3.4 Semaphore 137
        4.3.5 Erzeuger-Verbraucher (Pipe) 137
        4.3.6 Pipes in Unix 138
        4.3.7 Warteschlange (Queue) 139
   4.4 Threads 140
        4.4.1 Threads versus Prozesse 140
        4.4.2 Implementierung von Threads 141
        4.4.3 Pthreads 145
   4.5 OpenMP 156
        4.5.1 Parallel Pragma 157
        4.5.2 Gültigkeitsbereiche von Daten 158
        4.5.3 Lastverteilung unter Threads 158
        4.5.4 Synchronisation 161

	4.5.5 Barrieresynchronisation 162
4.6	Unified Parallel C (UPC) 162
	4.6.1 Identifier THREADS und MYTHREAD 162
	4.6.2 Private und Shared Data 163
	4.6.3 Shared Arrays 164
	4.6.4 Zeiger 164
	4.6.5 Lastverteilung unter Threads, upc_forall 165
	4.6.6 Sperrfunktionen 166
	4.6.7 Barrieresynchronisation 166
4.7	CUDA 167
	4.7.1 Host und Device 167
	4.7.2 Kernels, Thread, Block, Grid 168
4.8	Ada 171
	4.8.1 Ada-Rendezvous 171
	4.8.2 Selektive Ada-Rendezvous 174
	4.8.3 Erzeuger-Verbraucher (Pipe) mit selektivem Rendezvous 175
	4.8.4 Geschützte Objekte 177
Literatur 178

5 Programmiermodelle für verteilten Speicher 181

5.1	Überblick nebenläufige Modelle 181
	5.1.1 Nachrichtenbasierte Modelle 182
	5.1.2 Datenparallelität ausnutzende Modelle 189
5.2	Überblick kooperative Modelle 191
	5.2.1 Lokalisierung des Kooperationspartners (Broker) 191
	5.2.2 Datenrepräsentation auf unterschiedlichen Maschinen ... 192
	5.2.3 Nachrichtenbasierte Modelle 194
	5.2.4 Entfernte Aufruf-Modelle 196
5.3	Message Passing Interface (MPI) 199
	5.3.1 Dynamische Prozesse 199
	5.3.2 Schreib- und Lesefunktionen 199
	5.3.3 Implementationen von MPI 200
	5.3.4 MPJ 201
	5.3.5 Initialisieren und Beenden von Prozessen 201
	5.3.6 Kommunikator und Rang 202
	5.3.7 Blockierendes Senden und Empfangen 203
	5.3.8 Nichtblockierendes Senden und Empfangen 206
	5.3.9 Persistente Kommunikation 208
	5.3.10 Broadcast 209
	5.3.11 Barrierensynchronisation 210
	5.3.12 Weitere kollektive Kommunikationsfunktionen 210
	5.3.13 Kommunikator und Gruppenmanagement 211

- 5.3.14 Prozessgruppen ... 212
- 5.4 Occam ... 214
  - 5.4.1 SEQ- versus PAR-Konstrukt ... 215
  - 5.4.2 Kommunikation mit ! und ? ... 215
  - 5.4.3 ALT-Konstrukt mit Wächter (Guard) ... 216
  - 5.4.4 IF- WHILE- Konstrukt, SEQ- und PAR-Zählschleifen ... 217
  - 5.4.5 Prozeduren ... 218
  - 5.4.6 Konfiguration ... 219
- 5.5 Parallel Virtual Machine (PVM) ... 219
  - 5.5.1 Dämon-Prozesse ... 220
  - 5.5.2 Task Erzeugung und Start ... 220
  - 5.5.3 Hinzufügen und Entfernen von Rechnern ... 222
  - 5.5.4 Taskkommunikation ... 222
  - 5.5.5 Gruppen ... 225
  - 5.5.6 Barrieresynchronisation und Broadcast ... 225
- 5.6 Google Go ... 226
  - 5.6.1 Modularisierung und Import von Paketen ... 226
  - 5.6.2 Deklarationen ... 227
  - 5.6.3 Datentypen ... 232
  - 5.6.4 Function ... 235
  - 5.6.5 Interface ... 236
  - 5.6.6 Map ... 237
  - 5.6.7 Channel ... 238
  - 5.6.8 Kontrollstrukturen ... 240
  - 5.6.9 Anwendungsbeispiel Echo-Server ... 242
  - 5.6.10 Ausnahmebehandlung ... 243
- 5.7 Erlang ... 243
  - 5.7.1 Module und Funktionen ... 243
  - 5.7.2 Variablen, Atome, Tupel, Listen ... 244
  - 5.7.3 if, case, loop ... 245
  - 5.7.4 Funktionale Objekte ... 248
  - 5.7.5 Nebenläufigkeit und Nachrichtenaustausch ... 248
- 5.8 Scala ... 253
  - 5.8.1 Semikolon ... 253
  - 5.8.2 Hallo Welt! ... 253
  - 5.8.3 Modularisierung mit Paketen ... 256
  - 5.8.4 Import von Paketen ... 256
  - 5.8.5 Typen, Variablen und Funktionen ... 257
  - 5.8.6 Objektorientierung ... 260
  - 5.8.7 Traits ... 262
- 5.9 TCP/IP-Sockets ... 262
  - 5.9.1 Domänen und Socketadressen ... 263

	5.9.2 Adressierungsstruktur 263

        5.9.2 Adressierungsstruktur 263
        5.9.3 Umwandlungsfunktionen 264
        5.9.4 Sockettypen 265
        5.9.5 Datagram-Sockets 266
        5.9.6 Stream-Sockets 272
   5.10 Java Message Service (JMS) 279
        5.10.1 Message API 279
        5.10.2 Producer-Consumer API 280
        5.10.3 Anwendungsbeispiel Erzeuger-Verbraucher-Problem (Pipe) 291
        5.10.4 JMS-Provider 296
   5.11 Kooperative Modelle mit entfernten Aufrufen 297
        5.11.1 Ablauf von entfernten Aufrufen 297
        5.11.2 Abbildung des entfernten Aufrufes auf Nachrichten 297
        5.11.3 Remote Procedure Calls (ONC RPCs, DCE RPCs, DCOM) 301
        5.11.4 Entfernte Methodenaufrufe (CORBA) 302
        5.11.5 Remote Method Invocation (RMI) 309
        5.11.6 Entfernte Komponentenaufrufe (.NET) 320
        5.11.7 Entfernte Serviceaufrufe (Web Services) 325
   Literatur 332

6   Parallelisierung 339
   6.1 Leistungsmaße für parallele Programme 339
        6.1.1 Laufzeit 339
        6.1.2 Speedup 340
        6.1.3 Kosten und Overhead 341
        6.1.4 Effizienz 342
        6.1.5 Amdahls Gesetz 343
        6.1.6 Gustafsons Gesetz 344
        6.1.7 Karp-Flatt-Metrik 345
   6.2 Parallelisierungstechniken 346
        6.2.1 Inhärenter Parallelismus 346
        6.2.2 Zerlegungsmethoden 347
        6.2.3 Weitere parallele Verfahren und Algorithmen 354
   Literatur 354

7   Verteilte Algorithmen 357
   7.1 Verteilt versus zentralisiert 357
   7.2 Logische Ordnung von Ereignissen 359
        7.2.1 Lamport-Zeit 359
        7.2.2 Vektoruhren 362
   7.3 Auswahlalgorithmen 364
        7.3.1 Bully-Algorithmus 364

	7.3.2 Ring-Algorithmus 367
7.4	Übereinstimmungsalgorithmen 368
	7.4.1 Unzuverlässige Kommunikation 369
	7.4.2 Byzantinische fehlerhafte Prozesse 371
Literatur 372	

8 Rechenlastverteilung 373
   8.1 Statische Lastverteilung 375
       8.1.1 Jobmodelle 377
       8.1.2 Lösungsverfahren 381
   8.2 Dynamische Lastverteilung 385
       8.2.1 Zentrale Lastverteilungssysteme 391
       8.2.2 Dezentrale Lastverteilungssysteme 393
   8.3 Grid Scheduling 402
   Literatur 405

9 Virtualisierungstechniken 411
   9.1 Betriebssystemvirtualisierung 412
       9.1.1 Vollvirtualisierung 413
       9.1.2 Containervirtualisierung 415
       9.1.3 Paravirtualisierung 415
   9.2 Virtuelle Maschine 416
       9.2.1 Java Virtuelle Maschine (JVM) 416
       9.2.2 Common Language Runtime (CLR) 417
   9.3 Softwarevirtualisierung 418
       9.3.1 Services 418
       9.3.2 Anwendungen 419
   9.4 Hardware-Virtualisierung 419
       9.4.1 Prozessor 420
       9.4.2 Hauptspeicher 421
       9.4.3 Datenspeicher 422
       9.4.4 Netzwerke 425
   Literatur 426

10 Cluster 429
   10.1 Historische Entwicklung der Cluster 429
   10.2 Definition Cluster 430
       10.2.1 Vor- und Nachteile von Clustern 431
       10.2.2 Single System Image 431
       10.2.3 Aufstellungskonzepte von Clustern 432
   10.3 Klassifikationen von Clustern 433
       10.3.1 Hochverfügbarkeits-Cluster 435

	10.3.2 High Performance-Cluster	439
	10.3.3 Cluster für hohen Datendurchsatz	442
	10.3.4 Skalierbare-Cluster	442
10.4	Zugangs-Konzepte	442
Literatur		445

11 Grid-Computing … 447
- 11.1 Definition Grid … 447
- 11.2 Unterscheidung von Grids … 449
- 11.3 Grid Middleware-Systeme … 450
  - 11.3.1 Globus Toolkit … 450
  - 11.3.2 gLite … 451
  - 11.3.3 Unicore … 452
- 11.4 Weitere Grid Software … 454
  - 11.4.1 GridSphere … 454
  - 11.4.2 Shibboleth … 455
  - 11.4.3 VOMS … 455
  - 11.4.4 SRB … 455
  - 11.4.5 SRM/dCache … 456
  - 11.4.6 OGSA-DAI … 456
  - 11.4.7 GAT … 457
- Literatur … 457

12 Cloud-Computing … 459
- 12.1 Organisation von Cloud-Systemen … 460
  - 12.1.1 Public Cloud … 460
  - 12.1.2 Private Cloud … 461
  - 12.1.3 Hybrid Cloud … 461
- 12.2 Kategorien von Cloud-Diensten … 461
  - 12.2.1 Softwaredienste (Software as a Service) … 462
  - 12.2.2 Plattformdienste (Platform as a Service) … 463
  - 12.2.3 Infrastrukturdienste (Infrastructure as a Service) … 464
- 12.3 Ausgewählte Cloud-Dienste und -Lösungen … 464
  - 12.3.1 Amazon Elastic Block Store (EBS) … 467
  - 12.3.2 Amazon Simple Storage Service (S3) … 468
  - 12.3.3 Google App Engine … 468
  - 12.3.4 Eucalyptus … 469
- 12.4 Herausforderungen beim Cloud Computing … 472
- Literatur … 472

Sachverzeichnis … 475

Einführung und Grundlagen

1.1 Historische Entwicklung der Rechensysteme

Rechensysteme, ihr Einsatz und Betrieb haben sich in den letzten Jahrzehnten radikal geändert. Ihre historische Entwicklung lässt sich in folgenden Schritten grob skizzieren:

1970 – **Batch Processing-Systeme**: Mit Einlesen von Jobs (oder Aufträgen) und Bearbeitung der Jobs durch den Rechner (Mainframe). Zur Reihenfolge der Bearbeitung der Jobs nach einer bestimmten Strategie steht ein ***Job Scheduler*** zur Verfügung.

1975 – **Timesharing-Systeme**: Einzelne Aufträge wickelt der Rechner (Mainframe und Minicomputer) im Dialog mit dem Benutzer ab. Ein Benutzer übergibt über eine Kommandooberfläche, bei Unix Shell genannt, einen Auftrag zur Bearbeitung. Mehrere Benutzer (Multi User-Betrieb) teilen sich dabei die CPU. Dies geschieht dadurch, dass die einzelnen Prozesse, die auf der CPU abgearbeitet werden, Zeitscheiben erhalten. Nach dem Ablaufen einer Zeitscheibe kommt durch eine Prozessumschaltung (***Dispatcher***) ein anderer Prozess zum Zuge. Dadurch hat der Benutzer den Eindruck, als stünde der Rechner ihm alleine zur Verfügung (virtueller Prozessor).

1980 – **Personal Computer und Workstation**: Die Rechenleistung kommt an den Arbeitsplatz und steht jedem einzelnen Benutzer (Single User Betrieb) zur Verfügung. Über eine Kommandooberfläche und später durch eine Windowsoberfläche übergibt der Benutzer einen Auftrag zur Bearbeitung oder er ruft ein Anwendungsprogramm z. B. ein Textverarbeitungsprogramm auf. Dadurch entstanden Insellösungen, die keinen Zugriff auf gemeinsame Betriebsmittel erlaubten. Betriebsmittel können dabei Hardwarebetriebsmittel, wie z. B. Drucker, Plotter, Modem oder Softwarebetriebsmittel, wie z. B. Daten, Files oder Programme, sein. Diesen Nachteil versuchte man zu umgehen, indem man mehrere Rechner über ein Netz verband. Jeder Rechner im Netz stellt dabei Betriebsmittel zur Verfügung und kann auf die Betriebsmittel eines anderen Rechners zugreifen. Da alle Rechner im Netz gleichberechtigt sind und ihre Dienst und ihre Betriebsmittel und die damit verbundenen Dienste anbieten und andererseits auch die Dienste von anderen Rechnern in Anspruch nehmen, spricht man von einem peer-to-peer-Netz. Dadurch, dass jeder Rechner alles anbieten kann und alles von jedem anderen Rechner nutzen kann, muss auf jedem Rechner festgehalten werden, wer welche Ressourcen (Drucker, Dateien etc.) nutzen darf. Dies führt zu einem hohen Verwaltungsaufwand auf jedem Rechner.

1985 – *Client-Server-Systeme*: Zur Verwaltungsvereinfachung zentralisiert man den Dienst (Service) auf einem bestimmten Rechner, und dieser Rechner wurde zum **Server im Netz**, z. B. zum Print-Server oder zum File-Server. Die anderen Maschinen wurden zu **Clients**, die diesen zentralisierten Dienst in Anspruch nehmen konnten. Die Anwendungen, die auf solchem Client-Server-System ablaufen, sind Clients, und sie haben über das Betriebssystem Zugriff auf die Dienste des Servers. Die Betriebssysteme, die solch einen Client-Server-Betrieb ermöglichen, sind auf der Client-Seite Aufsätze auf bestehende Betriebssysteme, die den Zugriff auf entfernte Ressourcen ermöglichen, und auf der Server-Seite organisieren sie den Server-Betrieb. Solche Betriebssysteme heißen Netzwerkbetriebssysteme.

1990 – *Cluster-Systeme*: Da Server hohe Anforderungen an das Leistungsvermögen und die Ausfallsicherheit der Rechner stellen, setzt man als Server-Maschinen Multiprozessoren ein oder man verbindet zwei oder mehrere Rechner zu einem **Cluster** (Traube, Bündel, Schwarm), so dass sie wie eine einzige virtuelle Maschine agieren.

Ein **Load Balancing Cluster** verteilt durch ein Lastausgleich-Frontend die Arbeitslast auf mehrere Backend-Server. Solch ein Cluster von Computern wird auch als Server-Farm bezeichnet.

Bei einem **High Performance Computing (HPC) Cluster** parallelisiert und partitioniert man die Aufgaben und verteilt sie auf die mehreren Knoten eines Clusters und erreicht durch die parallele Abarbeitung eine schnellere Bearbeitung der Gesamtaufgabe.

Zur Erhöhung der Ausfallsicherheit und Steigerung der Verfügbarkeit von Server dienen **High Availability (HA) Cluster**. Ein HA-Cluster ist ein System aus mehreren Computern, die sich über spezielle Verbindungen über ihre Einsatzbereitschaft verständigen. Fällt ein System aus, so werden alle Prozesse an das andere System übergeben. Im einfachsten Fall steht ein kompletter zweiter Rechner als Reserve zur Verfügung, was natürlich doppelte Hardware- und Softwareinvestitionen verursacht.

1995 – *Peer-to-Peer-Systeme*: Das Gegenteil zum Client-Server-Prinzip ist das Peer-to-Peer-Prinzip. Beim Client-Server-Betrieb bietet der Server Dienste an, und der Client nutzt diesen Dienst. In Peer-to-Peer-Netzen ist diese Rollenverteilung aufgehoben. Jeder Rechner in einem Netz ist ein **Peer** (Gleichgestellter oder Ebenbürtiger), denn er kann gleichzeitig Client und Server sein. Peer-to-Peer bezeichnet die Kommunikation unter Gleichen. Dadurch dass es nur Gleiche in Peer-to-Peer-Netzen gibt, sind der Leistungsengpass oder -flaschenhals und der einzelne Ausfallpunkt von Client-Server-Systemen in Peer-to-Peer-Netzen eliminiert [SW 04].

Der Begriff Peer-to-Peer oder P2P hat sich durch die Musik-Tauschbörse **Napster** eingebürgert, obwohl Napster noch einen zentralen Server besaß. Erst der Nachfolger **Gnutella** besaß eine dezentrale Struktur und verdiente den Namen P2P. Besonders die Vielzahl von Applikationen wie FastTrack, Gnutella-2, eDonkey, Overnet und Kadem-

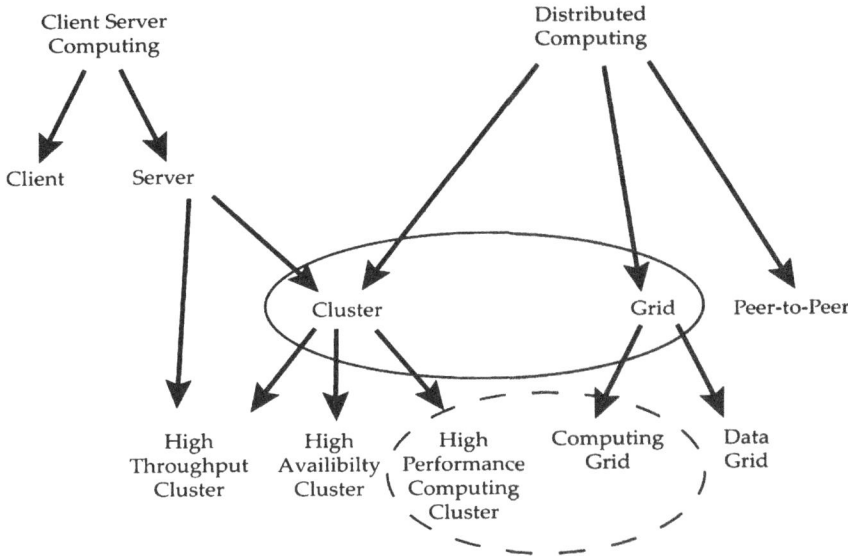

Abb. 1.1 Realisierung des Client Server und Distributed Computing

lia, BitTorrent, und Skype, treiben die Entwicklungen auf dem P2P-Gebiet voran [D 02, SFT 02].

Die Peer-to-Peer-Netzwerke sind den Kinderschuhen entwachsen, und langsam kristallisiert sich heraus, was die Standardtechniken sind und welche Art von Problemen relevant sind [MS 07, AS 04, SW 05].

2000 – *Grid-Systeme*: Das **Grid-Computing** hat zum Ziel, verschiedene IT-Ressourcen in einem Netzwerk zusammenzufassen. Anwender, die in so genannten **virtuellen Organisationen** zusammengeschlossen sein können, nutzen diese Ressourcen über eine Grid Middleware, die zentrale Funktionen in einer serviceorientierten Struktur (SOA) bereitstellt.

Ein *Rechengrid* (**Computing Grid**) mit Zugriff auf verteilte Rechenressourcen ist vergleichbar mit dem Power Grid (daher auch der Name), also dem Stromnetz: Dazu stellt der Verbraucher von Rechenleistung eine Verbindung zum Rechennetz her, ähnlich wie der Stromverbraucher zum Stromversorgungsnetz. Dort ist alles, was hinter der Steckdose passiert, für den Konsumenten verborgen, er nutzt einfach die angebotene Leistung.

Ein *Datengrid* (**Data Grid**), mit Zugriff auf verteilte Datenbanken, kooperiert nicht nur die einzelnen (Hochleistungs-)Computer, um Rechenleistung zur Verfügung zu stellen, sondern auch Datenbestände werden verknüpft. Zugang zu solchen Grids bietet meist ein Grid-Portal.

Zusammenfassend zeigt Abb. 1.1 Realisierungen des Client Server- und Distributed Computing (Paralleles und Verteiltes Rechnen) und klassifiziert diese. Siehe auch die umfangreichere Klassifikation von Baun [B1 06, B2 06].

2000 – *Mobile Computing* [R 05]: Funkverbindungen ergänzen und verdrängen teilweise die klassischen leitungsgebundenen Netzwerke. Funkverbindungen ermöglichen den selbstständigen Aufbau und die Konfiguration von Netzen mit mobilen Endgeräten wie Mobiltelefone, Personal Digital Assistants (PDAs), Notebooks und Handheld-Rechner oder Spezialgeräte wie Digitalkameras und GPS-Empfänger bis hin zu diversen mobilen Mikrogeräten, wie sie beim Wearable Computing oder Ubiquitous Computing zum Einsatz kommen.

Da die Protokolle und Anwendungen mit kommenden und gehenden oder ausgefallenen Geräten umgehen müssen, bauen sich die Netze dynamisch durch kommende oder gehende Knoten auf und ab und passen sich dynamisch den sich bewegenden Geräten an. Deshalb spricht man bei diesen Netzen von **mobilen Ad-hoc-Netzen** (mobile ad hoc network, *MANet*). Da in den Netzen keine zentralen Instanzen und keine zentralen Router vorhanden sind, besitzen die Protokolle und die auf den Geräten ablaufenden Algorithmen eine **Peer-to-Peer**-Architektur.

Funkverbindungen sind schlechter gegen Abhörung und Angriffe zu sichern als ein Festnetz. Ein weiterer Nachteil ist, dass die aus Festnetzen bekannten Sicherheitsalgorithmen meist eine Client-Server-Struktur besitzen. Sicherheitssysteme für Funknetze müssen deshalb die erhöhten Sicherheitsanforderungen für Funknetze berücksichtigen und in eine peer-to-peer-Architektur übergeführt werden [MDM 07].

2005 – *Cloud-Systeme oder Cloud-Computing*: Virtualisierung erlaubt es virtuelle (im Gegensatz zu aktuellen Umgebungen) Umgebungen einzurichten. Die virtuelle Umgebung enthält

1. virtuelle Prozessoren, Betriebssysteme, virtuellen Hauptspeicher, virtuellen Datenspeicher, virtuelle Netzwerke und bilden somit eine Computerinfrastruktur oder ein virtuelles Cluster das ein Anwender nutzen kann (*Infrastructure as a Service* (IaaS)),
2. Programmier- und Laufzeitumgebungen die der Dienstanbieter einem Anwender zur Verfügung stellt (*Platform as a Service* (PaaS)),
3. Softwaresammlungen und Anwendungsprogramme, die der Dienstanbieter zur Verfügung stellt (*Software as a Sevice* (SaaS)).

Der Zugriff auf die Ressourcen geschieht dabei über das Internet oder auch bei eigenen Clouds über das Intranet.

1.2 Technologiefortschritte

Die Entwicklung der letzten sieben Generationen wurde durch das Aufkommen der folgenden Technologien ermöglicht:

1. **Mächtige Mikroprozessoren**, zuerst 8, dann 16, 32 und in den neunziger Jahren 64-bit CPUs (z. B. DEC's Alpha Chip) stehen zur Verfügung. Aus historischer Sicht übertreffen dabei die Mikroprozessoren die Rechenleistung eines Großrechners zum Bruchteil

des Preises eines Großrechners. Weiterhin führte die Koppelung dieser Prozessoren hin zu Multiprozessoren, welche die Möglichkeit der inkrementellen Leistungssteigerung bieten.
2. Das Aufkommen von *lokalen Netzwerken* (local area networks – LANs). Lokale Netzwerke erlauben, Dutzende oder sogar Hunderte von Rechnern über ein Netz zu koppeln, so dass kleine Mengen von Informationen innerhalb von Millisekunden transferiert werden können. Größere Datenmengen lassen sich in Raten von 10 Millionen bits/sec (Ethernet 10 MBit bis zu Fast Ethernet 100 MBit, Token Ring 4 oder 16 MBit, Token Bus 5 MBit oder 10 MBit), über 100 Millionen bits/sec (optische Netze – FDDI (Fiber Distributed Data Interconnect) und Fast-Ethernet) bis zu Gigabit-Ethernet (1 GBit) und 10 Gbit-Ethernet transferieren. Netzwerktechnologien wie Asynchronous Transfer Mode (ATM) erlauben Datenübertragungsgeschwindigkeiten von 155 Mbps, 622 Mbps und 2,5 Gbps.
3. Von verschiedenen *Funkverbindungen* und der technologischen Entwicklung der mobilen Endgeräte erwartet die Industrie einen stark wachsenden Markt, und damit gewinnen die Technologien der *mobiln Netzee* heute und zukünftig immer mehr an Bedeutung. Szenarien einer total vernetzten informatisierten Welt stellt Mattern vor in „Total vernetzt" [M 03].
4. Die Verbindung mehrerer physischer Netze zu einem einheitlichen Kommunikationssystem und das Anbieten eines Universaldienstes für heterogene Netzwerke, dem Internetworking, und das daraus resultierende System, dem *Internet*.

1.2.1 Leistungsexplosion und Preisverfall der Hardware

Der Gründer von INTEL, Gordon Moore, sagte 1965 eine Verdoppelung von Transistoren auf einem Chip alle 18 Monate voraus (*Gesetz von Moore*) – was sich bis heute bewahrheitete. 1971 stellte der amerikanische Chiphersteller den 4004-Prozessor mit 2300 Transistoren und einer Taktrate von 108 Kilohertz vor; ein Pentium III von 1999 verfügt über 9,5 Millionen Transistoren und wird mit 650 bis 1.2 Gigahertz getaktet, und ein Pentium 4 Prozessor besitzt 42 Millionen Transistoren und lässt sich bis zu 3,2 Gigahertz takten.

Speicherchips (Typ DRAM) konnten zu Beginn der 1970er Jahre ein Kilobit speichern, heutige Typen schaffen ein Gigabit, das Millionenfache. Die Strukturen in dem Silizium verringerten sich von 10 Mikrometer auf 0,25 Mikrometer Breite.

Dabei fallen bei dieser Entwicklung noch die Preise! 1991 kostete die Leistung von einer *Million Instruktionen pro Sekunde* (*MIPS*), erbracht durch den Intel 486-Prozessor, noch 225 Dollar. Bei einem Pentium II von 1997 sind es noch vier Dollar pro MIPS. Ein Pentium 4 von 2004, der mit 3 Gigahertz getaktet ist, erbringt 9075 MIPS, so dass der Preis für ein MIPS unter 5 Cent liegt. Der mit zwei Kernen bestückte Prozessor Core 2 Duo von Intel von 2007 erbringt 22000 MIPS, so dass der Preis für ein MIPS bei etwa 1,6 Cent liegt.

Kostete bei Festplatten 1991 ein Speichervolumen von einem Megabyte noch fünf Dollar, liegt der Preis 1999 hierfür noch bei zwei bis fünf Cents, und er ist heute unter 0,1 Cent gefallen. Diese Entwicklung kann noch mindestens zehn Jahre weitergehen!

Die Mikroprozessortechnologie erreichte rasante Fortschritte und geht über die superskalare Architektur, dem **Simultanous Multithreading** bis hin zu den **Multicore-Multiprozessoren**, die mehrere Rechnerkerne besitzen und damit ein Multiprozessor auf einem Chip sind.

1.2.2 Fortschritte bei lokalen Netzen

Ende 1972 entwickelte Bob Metcalfe bei Xerox ein experimentelles Netzwerk. 1976 veröffentlichten Bob Metcalfe und David Boggs ihr Paper „**Ethernet**: Distributed Packet Switches for Local Computer Networks" [MB 76]. Ethernet wurde im Laufe der folgenden Jahre so erfolgreich, dass Xerox mit Intel und DEC den Quasi-Standard DIX-Ethernet veröffentlichte. 1983 wurde der Ethernet Standard IEEE 802.3 veröffentlicht. Seit dieser Zeit entwickelt sich der Standard kontinuierlich weiter: 1995 wurde der Fast Ethernet Standard verabschiedet, 1998 Gigabit-Ethernet und im Jahr 2002 10 Gigabit-Ethernet.

Die Funktionen des Ethernets werden über das **Socket-Interface** angesprochen, das als POSIX-Standard verfügbar und Bestandteil aller aktuellen Betriebssysteme ist. Die Kommunikation unterstützt eine

- **verbindungsorientierte (stream) Kommunikation**, die mit Hilfe des TCP-Protokolls realisiert ist. TCP gewährleistet eine fehlerfrei Datenübertragung zwischen zwei Endpunkten, die als Stream-Sockets bezeichnet werden. Multicast und Broadcast sind hierbei nicht möglich. Die Datenübertragung ist sehr effizient, da Daten gepuffert und vom Betriebssystem parallel zur Abarbeitung einer Applikation gesendet und empfangen werden.
- **verbindungslose** oder **paketorientierte (datagram) Kommunikation**, die mit Hilfe des UDP-Protokolls realisiert ist. Da jedes Nachrichtenpaket eine Ziel-Adresse enthält, braucht man keine explizite Verbindung zwischen Sender und Empfänger aufzubauen. Datagram Sockets bieten die Möglichkeit, Pakete gleichzeitig an viele Empfänger zu verteilen. Broadcast und Multicast werden dabei über reservierte Adressbereiche angesprochen. Die Kommunikation zwischen Datagram-Sockets ist schneller als zwischen Stream-Sockets, da der Protokoll-Overhead für die sichere Kommunikation entfällt.

Für den Einsatz in Cluster-Computern kommt oft und meistens nur **Gigabit-Ethernet** in Frage, das preiswerte Kupferkabel oder robuste Glasfaserkabel benutzt. Ethernet-Technologie ist preiswert und für jede Hardware- und Software-Plattform verfügbar. Ethernet bietet die Möglichkeiten, per Broadcast und Multicast Daten von einem Sender an mehrere Empfänger zu versenden.

1.2 Technologiefortschritte

An Hochgeschwindigkeits-Netzwerktechnologie stehen noch

1. das von der Firma Myricon [M 06] angebotene **Myrinet 2000** zur Verfügung [BCF 95]. Knoten eines Myrinet Cluster sind durch Myrinet-Switches und Glasfaser miteinander verbunden. Bei den Myrinet-Switches handelt es sich um einen Crossbar Switch (siehe Abschn. 2.1.2.2). Myrinet verwendet das proprietäre GM-Protokoll (grand message) auf dem aufsetzend, wie bei Ethernet, auch ein TCP/IP-Protokoll gefahren werden kann.
2. das von der internen Vernetzung von Großrechnern abgeleitete IEEE-Standard *Scalable Coherent Interconnect (SCI)* zur Verfügung. Die Firma Dolphin Interconnect Solutions [D 06] bietet auf dieser Technologie basierende PCI-Karten nebst Linux-Treibern an. Anders als bei Ethernet und Myrinet erfolgt die Kommunikation in einem SCI-Netzwerk nicht über einen Switch sondern von Punkt zu Punkt. Dadurch bedingt können die Knoten nur linear miteinander verbunden werden und die Netzwerke nehmen Torusform an.
3. das von der Firma InfiniBand Trade-Association [I 06] entwickelte *InfiniBand* zur Verfügung. Die Infiniband-Architektur definiert einen Industriestandard für ein allgemeines Hochgeschwindigkeitsnetzwerk. Die Architektur ist aus vielen Schichten aufgebaut und kann sowohl innerhalb eines Computers als auch zwischen verschiedenen Computern fungieren. Sie erlaubt einen direkten Zugriff auf den Hauptspeicher, so dass der Datentransfer ohne Belastung der CPU von statten geht. Verbindungen zwischen Computern erfolgen Punkt zu Punkt in einem mit Switch ausgestatteten Netzwerk.
4. das von der Firma Quadrics [Q 06] entwickelte *QsNet* und *QsNet^{II}* zur Verfügung. QsNet wurde auf die Verwendung in Symmetrischen Multiprozessoren hin entwickelt. Mehrere parallele Prozesse können gleichzeitig auf ein Netzwerkinterface zugreifen, ohne sich dabei gegenseitig zu behindern. Die Daten können zwischen Interface und Speicher transportiert werden, ohne den Speicher zu belasten. QsNet- und QsNet^{II}-Interfaces werden durch Switches und Kupfer- bei QsNet^{II} Glasfaserkabel verbunden. So lassen sich mit bis zu 1024 (QsNet) bzw. 4096 (QsNet^{II}) Knoten bei konstanter Bisektionsbandbreite je Knoten aufbauen.

Die Charakteristika verschiedener Netzwerktechnologien und Datenaustausch im Computer über den Bus mit dem Hauptspeicher zeigt die Tab. 1.1 [BM 06] im Vergleich.

Die *Bandbreite* oder *Datenübertragungsrate* gibt das Verhältnis zwischen Datenmenge und Zeit an, die in einer Datenübertragung zur Verfügung steht. Bei einer parallelen Datenübertragung (vor allem beim Zugriff auf ein Speichermedium über einen Datenbus), wird die Übertragungsrate auch häufig in Byte pro Sekunde angegeben, also in 8 Bits pro Sekunde. Man muss also darauf achten, ob eine Übertragungsrate z. B. mit 1 MByte/s oder mit 1 Mbit/s angegeben wird (letztere Angabe entspricht nur etwa einem Achtel der Geschwindigkeit der ersten).

Tab. 1.1 Charakteristika verschiedener Netzwerktechnologien im Vergleich zum Bus

Technologie	Typ	Bandbreite in MByte/s	Latenz in μsec
Hauptspeicher	Bus	>1000	<0.01
Fast Ethernet	switch	11	70
GBit Ethernet	switched	110	30
Myrinet-2000	switched	248	6,3
SCI	point-to-point	326	2,7
InfiniBand	switched	805	7,5
QsNet, QsNet[11]	switched	340 bzw. 900	4

Die *Latenz* ist dabei die Zeitspanne, die ein Datenpaket in Computernetzwerken vom Sender zum Empfänger benötigt. Diese kommt durch die Laufzeit im Übertragungsmedium und durch die Verarbeitungszeit aktiver Komponenten (z. B. Switch, im Gegensatz zu passiven Komponenten wie z. B. einem Hub) zustande. In diesem Zusammenhang wird die Latenz auch als *Ping* bezeichnet.

1.2.3 Aufkommen von Funkverbindungen und mobilen Geräten

Die drahtlosen Netze und deren mobile Endgeräte lassen sich wie folgt unterteilen:

- **Wireless Personal Area Networks** (*WPANs*) sind Netzwerke für die Vernetzung kleinerer Geräte. Einsatzgebiete sind z. B. Ausdrucken von Fotos von einer Digitalkamera auf einen Fotodrucker. Anschluss eines drahtlosen Headsets an ein Mobil-Telefon, Anschluss von Rechnerperipherie (Maus, Tastatur, Joysticks, Bildschirm), Anschluss von Herzfrequenz-Pulsuhren zur Übertragung von Daten auf einen Rechner, Vernetzung von Haushaltsgeräten, Vernetzung von PDAs zum Austausch von Daten. Realisiert werden WPANs mit
    - *Infrarot Verbindungen*: Sie sind nur innerhalb von Gebäuden einsetzbar, und es muss eine Sichtverbindung zwischen Sender und Empfänger bestehen, d. h. zwischen Sender und Empfänger dürfen sich keine Gegenstände (Wände) befinden. Die Infrared Data Association (IrDA) legt die Standards fest. Very Fast Infrared (VFIR) ermöglicht Datenraten bis zu 16 MBit/s und Reichweiten von bis zu 5 m. Infrarot Verbindungen unterliegen keinen hoheitlichen Beschränkungen.
    - *Funkverbindung Bluetooth*: Einsatzszenarien für Bluetooth sind ein Drei-in-eins-Telefon (Verbindung ins Mobilfunknetz, Verbindung in das Festnetz, Verbindung zu einem weiteren Bluetooth-Telefon). Bei einer Verbindung zu einem Rechner oder einem Mobiltelefon erhält man Zugang zum Internet. Bei einer Verbindung zu einem Mobiltelefon und einem Spracheingabe- und Ausgabesystem oder einem Headset können Audiodaten übertragen werden. Dies ist besonders in Pkws nützlich (Handy im Kofferraum und Telefonieren am Lenkrad). Weiterhin werden Funkmäuse

1.2 Technologiefortschritte

und Funktastaturen mit Bluetooth an einen Rechner angeschlossen. Ein Firmenkonsortium (Ericsson, Nokia, IBM, Intel und Toshiba), genannt die *Bluetooth Special Interest Group (Bluetooth SIG)*, legt den Standard fest. Es werden Datenraten von 1 MBit/s bis zu 3 MBit/s erreicht. Abhängig von der Sendeleistung und damit vom Stromverbrauch sind die Reichweiten 10 m (bei Mobiltelefonen) bis zu 200 m möglich.

- *Schnurlose Telefone* erlauben meist im Bereich eines Gebäudes, drahtlos zu telefonieren, während der eigentliche Zugang zum Telefonnetz ein traditioneller Festnetzanschluss ist. Als Zugang zum Festnetz dient eine Basisstation. Als Standard hat sich *D*igital *E*nhanced *C*ordless *T*elecommunications *DECT* weltweit etabliert. Die Basisstation beschränkt die Reichweite, die bei 50 m in Gebäuden und bei 300 m im Freien liegt. Da DECT ein digitales Netz ist, kann es auch zur Übertragung von Daten eingesetzt werden. DECT ist nahtlos in den UMTS-Standard IMT-2000 eingebunden. Somit kann man zukünftig mit einem Gerät im Heimbereich kostengünstig über das Festnetz telefonieren, während man außerhalb des Hauses und unterwegs mobil telefonieren kann.

- *Mobiltelefonie* hat sich seit den 1990er Jahre nach dem Übergang von analogen Netzen in die digitalen D-Netze, basierend auf dem Standard *G*lobal *S*ystem for *M*obile Communication *GSM 900* (Frequenzbereich 900 MHz) und weiterentwickelten E-Netze, basierend auf GSM 1800 (Frequenzbereich 1800 MHz) rasant bis zur dritten Generation, der *UMTS*-Netze (*U*niversal *M*obile *T*elecommunications *S*ystem) entwickelt. Die Infrastruktur für UMTS-Netze befindet sich im Aufbau und muss gegen die funktionsfähigen und bestehenden Mobilfunknetze mit GSM ankämpfen. Der Übergang von GSM-Netzen auf UMTS-Netze soll durch Dual-Mode-Handys (kann beide Netze benutzen) und erweiterte Dienstangebote attraktiver gemacht werden.

• *Wireless Local Area Network* (*WLAN*) haben im Gegensatz zu WPAN größere Sendeleistung und damit Reichweiten von 30 bis 100 Meter auf freier Fläche. Die Betriebsarten im WLAN sind:
  1. Der *Infrastructure Mode*, der im Aufbau den Mobilfunknetzen ähnelt, mit einer Basisstation, dem so genannten Access-Point. Ein Access-Point verbindet das kabellose Netz mit dem kabelgebundenen LAN–Netz. Der Access-Point empfängt, speichert und überträgt die Daten zwischen WLAN und LAN. Jeder Endknoten im WLAN besitzt einen WLAN-Adapter, der als PC-Karte in dem Gerät steckt.
  2. Der *Ad hoc Mode*, bei dem zwei oder mehrere mobile Funkstationen in Reichweite untereinander Daten austauschen. Diese Ad hoc-Netze sind *Peer-to-Peer-Netze* und jede Funkstation kommuniziert mit jeder anderen ohne einen Server oder einen LAN-Anschluss.

Der WLAN-Standard IEEE 802.11 definiert auf dem physikalischen Layer und der MAC-Schicht Übertragungen von einem oder zwei MBit/s im 2,4 GHz-Band. WLAN nach 802.11a (maximal 54 Mbit/s brutto) arbeitet im 5-GHz-Band und stellt 455 MHz zur Verfügung.

Der IEEE 802.11 Standard verwendet wie der Ethernet-Standard 802.3 dieselbe Adressierung. Mit einem Wireless Access-Point mit Ethernet-Anschluss lässt sich dadurch leicht eine Verbindung mit einem kabelgebundenen LAN herstellen. Allerdings muss der Access-Point zwischen dem 802.11 WLAN-Standard und dem 802.3 Ethernet-Standard konvertieren.

1.2.4 Übernetzwerk Internet

Das *Internet* ist ein weltweites Netzwerk voneinander unabhängiger Netzwerke (Firmennetzwerke, Providernetzwerke, Hochschulnetzwerke, öffentlichen Netzen sowie privaten lokalen Netzen). Spezielle Koppelungselemente, so genannte Router verbinden diese Teilnetze untereinander und ermöglichen so die Kommunikation und den Austausch von Information. Jeder Rechner eines Netzwerkes kann dabei prinzipiell mit jedem anderen Rechner kommunizieren und Daten austauschen. Es basiert auf der einheitlichen *TCP/IP-Protokollfamilie* (*Transmission Control Protocol/Internet Protocol*), welche die Adressierung und den Datenaustausch zwischen verschiedenen Computern und Netzwerken standardisiert. Die Kommunikation ist dabei völlig unabhängig von dem verwendeten Betriebssystem und der Netzwerktechnologie. Die netzartige Struktur sowie die Heterogenität sorgen für eine sehr hohe Ausfallsicherheit. Die Kommunikation zwischen zwei Benutzer existieren meistens mehrere Kommunikationswege, und erst bei der tatsächlichen Datenübertragung wird ein entsprechender Weg gewählt.

Das Internet mit dem TCP/IP-Protokoll ist die Netzwerktechnologie und Basis für alle Client-Server-, Cluster-, Peer-to-Peer-, Grid- und Cloud-Netze.

Das Internet selbst stellt lediglich die Infrastruktur zur Verfügung. Dem Durchbruch und weiten Verbreitung verdankt das Internet, dass es dem Anwender verschiedene Dienste zur Verfügung stellt. Die bekanntesten Dienste sind:

- *World Wide Web* (*WWW*) oder kurz *Web* mit dem Hypertext Transfer Protocol (HTTP) und dem Webbrowser,
- *E-Mail* mit dem Simple Mail Transfer Protocol (SMTP), Post Office Protocol Version 3 (POP3) und dem Internet Message Access Protocol (IMAP) und dem E-Mail Client z. B. Microsoft Outlook,
- *Internet Relay Chat* (*IRC*) mit dem IRC-Protokoll und den Clientprogrammen mIRC oder XChat,
- *Dateitransfer* (*ftp*) mit dem File Transfer Protocol und Clients wie z. B. FileZilla,
- *Internet Telefonie Voice over IP* (*VoIP*) mit den Protokollen H.323 und Session Initiation Protocol (SIP) und
- *Tauschbörsen BitTorrent*, *eDonkey*, *Gnutella*, *FastTrack*, die als Peer-to-peer-Systeme ausgelegt sind und damit keine Zentrale besitzen.

1.3 World Wide Web (WWW)

Neben E-Mail ist das World Wide Web oder kurz Web die Killerapplikation für das Internet.

1.3.1 Web 2.0

Der Begriff *Web 2.0* wurde 2005 von Tim O'Reilly in seinem Artikel „What is Web 2.0" [OR 05] geprägt. Er bezeichnet mit Web 2.0 die zweite Phase der Entwicklung des Webs, die einhergeht mit sozialen, ökonomischen und technischen Veränderungen [A 06, A 07]. Web 2.0 lässt sich durch die fünf folgenden Themen charakterisieren:

1. *Collaboration-*, *Participation-*, *Social-*, oder *Read/Write-Web*, bei dem das Web als ein Zwei-Wege-Medium gesehen wird, wobei die Nutzer Leser und Verfasser sein können. Im Gegensatz dazu konnte ein Nutzer im Web 1.0 nur statische HTML-Seiten lesen. Die neue Vorgehensweise ermöglicht Kommunikation und Kollaboration zwischen mehreren Nutzern und das Netz wird somit zu einem sozialen Netz. Die Software für Web 2.0 nennt man daher auch soziale Software [Br 06, A 07]. Beispiele dafür sind:
   - *Instant Messaging* (IM) oder Nachrichtensofortversand ist ein Dienst, der es ermöglicht, mittels eines Clients, dem Instant Messenger, in Echtzeit mit anderen Teilnehmern zu kommunizieren (chatten). Dabei werden kurze Text-Mitteilungen im Push- oder Publish-Verfahren an den Server geschickt, der sie im Subscribe-Verfahren an die Empfänger weiterleitet (für Push, Publish und Subscribe siehe Abschn. 3.3.2). Der Empfänger kann dann unmittelbar darauf antworten. Auf diesem Weg lassen sich meist auch Dateien austauschen. Zusätzlich bieten zahlreiche Messaging-Programme Telefon- oder Videokonferenzen an.
   - *Web Logs* oder kurz *Blogs* sind Webseiten, auf der jeder fortlaufend Beiträge schreiben kann. Dieses Schreiben wird als Bloggen bezeichnet. Neue Beiträge stehen ganz oben und werden von anderen zuerst gelesen. Anschließend schreiben diese einen Kommentar dazu, verlinken darauf oder schicken vielleicht eine E-Mail. Viele Menschen nutzen ein Blog einfach nur, um ihre Gedanken zu ordnen, um sich Gehör zu verschaffen und um mit anderen in Verbindung zu treten, während andere weltweit die Aufmerksamkeit Tausender suchen. Journalisten benutzen Blogs, um durchschlagende Nachrichten zu veröffentlichen, während private Tagebuchschreiber ihre innersten Gedanken darlegen. Weitere Motivationen für das Bloggen sind in [NSG 04] und die segensreiche Auswirkungen von Blogs auf unsere Demokratie sind in [S 04] beschrieben. Struktur und Entwicklung der Blogs beschreiben Kumar et al. in [KNR 04].
   - *Wikipedia* ist eine von ehrenamtlichen Autoren (Ende 2007 etwa 285.000 angemeldete Benutzer und mehr als 7000 Autoren für die deutschsprachige Ausgabe)

verfasste, mehrsprachige, freie Online-Enzyklopädie [WW 07]. Der Begriff setzt sich aus „Encyclopedia" für Enzyklopädie und „Wiki" [EG 05] zusammen. Der Name Wiki stammt von wikiwiki, dem hawaiischen Wort für „schnell". Ein Wiki, auch *WikiWiki* und *WikiWeb* genannt, ist eine im Web verfügbare Seitensammlung, die von jedem Benutzer nicht nur gelesen, sondern auch online geändert werden kann. Wikis ähneln damit Content-Management-Systemen. Mit der Änderbarkeit der Seiten durch jedermann erfüllt Wikipedia eine wichtige Anforderung an soziale Software.

- *Flickr* (von „to flick through something", etwas durchblättern) bietet jedem die Möglichkeit, digitale Fotos in Kategorien (auch Tags genannt) zu sortieren, in so genannte Pools aufzunehmen, nach Stichworten zu suchen, so genannte Photostreams (Photoblogs) anderer Benutzer anzuschauen und Bilder und Bildausschnitte zu kommentieren. Neben dem herkömmlichen Upload über die Website können die Bilder auch per E-Mail oder vom Mobiltelefon aus übertragen und später von anderen Webauftritten aus verlinkt werden.
- *YouTube*, ein Internet-Portal von Google Inc., erlaubt das kostenlose Hochladen und Ansehen von Videos. Zum Ansehen der Videos muss der Adobe Flash Player als Browser Plug-in installiert sein. Der dürfte zurzeit das wohl am weitesten verbreitete Browser Plug-in sein. Der Adobe Flash Player erlaubt Adobe Flash-Animationen im Shockwave Flash–Format (.swf als Dateiendung), abzuspielen. Seit Mitte 2014 sind alle Videos in YouTube auch im Format HTML5 verfügbar. Das macht die Verwendung eines Browser-Plug-in für Flash in den meisten Anwendungsfällen überflüssig.
- *Facebook* ist ein kommerzielles soziales Netzwerk. Nach Google ist Facebook die meist besuchte Webseite in Deutschland. Jeder Nutzer muss sich mit seinem persönlichen Profil registrieren. Auf einer Pinwand auf der Profilseite können die Benutzer öffentliche Nachrichten, Notizen und Blogs hinterlassen. Neben den öffentlichen Nachrichten können sich Benutzer persönliche Nachrichten schicken oder miteinander chatten. Einladungen an Freunde zur Mitgliedschaft in Gruppen und zu Events sind möglich.
- *e-Commerce*, *OnlineHandel oder Online Shops* sind in reicher Vielzahl im Internet vertreten. Die bekanntesten sind Amazon und Ebay.

2. *Web-Services* oder *Dienstleistungsservices* sind elektronische Dienste, durch deren Nutzung Geld verdient wird, z. B. *Google*, *Ebay* und *Amazon*. Ein Service ist für den Benutzer umso wertvoller, je größer und breiter seine Datenbasis ist, auf denen er basiert. Damit werden im Vergleich zu Web 1.0 Inhalte und Webseiten wichtiger als deren Erscheinungsbild. Durch Verknüpfung vorhandener Daten oder der Services selbst lassen sich neue Services generieren. *Google Maps* [G 07] ist ein Beispiel für die Erstellung neuer Services auf Basis bestehender Suchmaschinenfunktionalitäten, Geographische Daten werden verknüpft, um z. B. die Pizzerien einer Stadt auf einer Karte darzustellen.

Die Verknüpfung der Daten, das Wiederauffinden mit Methoden des Data Mining, die Vertrauenswürdigkeit von Informationen sowie weitere, aus den neuen Möglichkeiten resultierende Auswirkungen, stellt Maurer in [M 07] am Beispiel Google und Wikipedia zur Diskussion.

Zur Programmierung von Web-Services stehen Frameworks zur Verfügung. Populäre Beispiele sind Struts, Tapestry, Cocoon, ASP.NET und Ruby On Rails. Ein weiterführender Überblick über **Web 2.0 Frameworks** ist in [BK 07] enthalten.

3. Das Web als Programmierplattform erlaubt die Erstellung von neuen Software-Applikationen, welche *Service-Orientierte Architekturen* (*SOA*) realisieren. Die SOA ist eine Menge voneinander unabhängiger, lose gekoppelter Dienste, die meist mit **Web-Services** [KW 02, ACK 03, DJM 05, WCL 05] implementiert sind. Ein Web-Service erlaubt normalerweise nicht die Kommunikation mit einem Benutzer, sondern zwischen zwei oder mehreren Software Applikationen. Web-Services sind also nicht für Clientanfragen von einem Browser gedacht, sondern für Softwaresysteme, die automatisiert XML-basierte Nachrichten (Daten) austauschen und/oder Funktionen auf entfernten Rechnern aufrufen.

4. Das *Internet der Dinge* (*Internet of Things*) [MF 10] besteht zusätzlich zu menschlichen Teilnehmern, wie bei den sozialen Netzen, aus Dingen. Diese Dinge sind eindeutig identifizierbare Objekte der realen Welt, z. B. Geräte die im Internet abgebildet werden. Über das Internet kann der Zustand der physikalischen Objekte ermittelt, gespeichert, weiterverarbeitet und dann wieder beeinflusst werden. Die automatische Identifikation und Lokalisierung der Dinge selbst geschieht mittels Radio-Frequency-Identification (RFID) oder auch mittels Strichcode oder 2D-Code. Sensoren und Aktuatoren erweitern die Funktionalität um die Erfassung von Zuständen bzw. die Ausführung von Aktionen.

Noch über das Internet der Dinge hinausgehend ist das *Internet von Allem* (*Internet of Everything*) [E 14] bei dem Personen, Prozesse, Dinge und Daten miteinander verbunden sind und somit zusammenarbeiten können.

Die Eindeutigkeit der Dinge ist vor allem gegeben durch den Übergang vom Internet Protocol Version 4 (IPv4) auf Version 6 (IPv6). IPv4 hat nur 2^{32} oder ungefähr $4*10^9$ Adressen, während IPv6 2^{128} Adressen besitzt und damit ungefähr $3*10^{38}$ Adressen zur Verfügung stellt. IPv4 erlaubt nur acht Adressen pro km^2 anzusprechen, während IPv6 über $6.7*10^{29}$ Adressen pro km^2 erlaubt. Überschneidungen und Überdeckungen mit dem Internet der Dinge gibt es im *Ubiquitous*- und im *Pervasive Computing* (allgegenwärtiges und durchdringendes Rechnen). Diese besitzen ähnliche Konzepte, basieren aber meistens auf mobilen Adhoc-Netzen.

Teilgebiete des Internet der Dinge sind:
- **Cyber-physikalische Systeme** (*Cyber-Physical Systems*, *CPS*) sind komplette Systeme bestehend aus eingebetteten Systemen (embedded Systems), die untereinander vernetzt (drahtlos und/oder drahtgebunden, lokal und/oder global) sind und dadurch Daten und Dienste des Web 2.0 nutzen können. Sie können über Sensoren physikalische Daten erfassen, auswerten und speichern und durch Aktoren auf physika-

lische Vorgänge einwirken. Diese Charakterisierung, Möglichkeiten, Position und Herausforderungen des CPS sind in den beiden Berichten der Deutschen Akademie der Technikwissenschaften [A 11] und [A 12] beschrieben. Einzelne Gebiete, die sich teilweise überlappen, und Beispiele für Cyber-physikalischen Systeme sind:

- Das *intelligente Stromnetz* (*Smart Grid*). Der Begriff kennzeichnet die intelligente Vernetzung von Sensoren, IT und Anlagen des Stromnetzes [G 09]. Dazu gehören Anlagen zur Erzeugung elektrischer Energie, Speicher, Übertragungs- und Verteilnetze und elektrische Verbraucher. Dies betrifft die Speicherung der Energie, die Steuerung der Energieübertragung und die Elektrizitätsversorgung und deren intelligente Vernetzung. Ziele sind die Stabilität des Netzes und die sichere Versorgung in einem mehr und mehr von dezentraler und volatiler, d. h. schwankender und damit schlecht planbarer Energieerzeugung gekennzeichneter Netze. Auf der Basis von Messwerten, z. B. Verbrauchswerte aus internetfähigen Smart Metern oder Messung von elektrischen Wellen (Strom und Spannung) durch Phasor Measurement Units (PMU) [G 09], erfolgen Regelung und Überwachung von Erzeugung, Verteilung und Nutzung von elektrischer Energie.
- Die *intelligente Fabrik* (*Smart Factory*, *Digital Factory*) läutet die *vierte industrielle Revolution* ein. Die erste industrielle Revolution Ende des 18. Jahrhunderts war die Einführung mechanischer Produktionsanlagen, in der zweiten industriellen Revolution begann die arbeitsteilige Massenproduktion von Gütern mit Hilfe von Energie (Dampfmaschinen, elektrische Energie), und die Entwicklung mündete ab Mitte der 1970er Jahre des vergangenen Jahrhunderts in die bis heute andauernde dritte industriellen Revolution, die durch Einsatz von Elektronik und IT getriebene Automatisierung der Produktionsprozesse.
- Die Verknüpfung von Automatisierungsprozessen mit hochwertigen Dienstleistungen und/oder betriebswirtschaftlicher Software läutet die *vierte industrielle Revolution* ein. Einige Schlagworte für die angestrebten Ziele sind: Effiziente Produktion, kürzere Produktionslebenszyklen, bessere Variantenvielfaltunterstützung, flexiblere Produktion, Produktivitätssteigerung, bessere Logistik, Optimierung der Zulieferkette, Ressourcenschonung, minimale Energieverbrauch bei der Produktion sowie reduzierte Planungskosten und -zeit (Time-to-Market). Mit dem Zukunftsprojekt der Hightech-Strategie der Bundesregierung *Industrie 4.0* soll die Informatisierung der klassischen Industrien, wie z. B. der Produktionstechnik, vorangetrieben werden [BM 12].
- Das *intelligente Auto* (*Smart Car*, *Autonomous Car*, *Driverless Car*, *Self-Driving Car* oder *Robot Car*) besitzt durch Sensoren aus der Umgebung des Autos, wie beispielsweise dem Globalen Positionsbestimmungssystem (GPS), durch Interpretation der Daten die Fähigkeit eine Navigation des Autos (Auto Pilot) ohne menschliches Eingreifen vorzunehmen. Heute bereits auf dem Markt sind Assistenzsysteme, wie die elektronische Einparkhilfe, dem Spurhalte-Assistent, dem adaptiven Abstands-Assistenten und dem Totwinkel-Assistenten. Die Fahrerassistenzsysteme unterstützen den Fahrer in bestimmten Fahrsituationen. Zukünftig sollen mit Car-to-

Car Communication (Car2Car oder C2C), also dem Austausch von Information und Daten zwischen Fahrzeugen, dem Fahrer frühzeitig kritische und gefährliche Situationen melden oder den Verkehrsfluss flüssig halten und somit Staus vermeiden. C2C ist das größte Teilgebiet von Machine to Machine (M2M), dem Informationsaustausch zwischen Maschinen, Automaten, Fahrzeugen, Containern oder einer Leitstelle, das über Fahrzeuge hinaus ein breites Anwendungsspektrum besitzt. Im Mai 2014 hat Google einen Prototyp eines Self-Driving Car [G 14] vorgestellt. Der Wagen ist zweisitzig und besitzt weder ein Lenkrad, noch ein Brems-, und Gaspedal. Die Höchstgeschwindigkeit des Wagens beträgt 40 km/h. Damit liegt ein anderer Ansatz vor, wie bei Mercedes, BMW oder Volvo, die bereits ein autonom fahrendes Auto vorgestellt haben, bei denen ein Fahrer jederzeit regulierend eingreifen kann.

- Aus dem Bereich des **Wearable Computing** sind die neusten Entwicklungen die Datenbrille (Smart Glasses, Google Glas), die E-Textile (electronic textiles, smart textiles, smart shirts) und die schlaue Uhr Smart Watch (bei Apple Apple Watch genannt).
  - *Smart Glasses* ist ein Projekt bei Google, genannt Google Glass. Google Glass ist eine Datenbrille, die Informationen in das Sichtfeld einblendet (Head up Display). Diese Information lässt sich kombinieren mit einer in Blickrichtung des Trägers aufnehmenden Digitalkamera. Daten aus dem Internet können bezogen und versendet werden. Für IT-Experten ist Google Glass ein technischer Fortschritt. Datenschützer sehen darin weitreichende Konsequenzen für die Privatsphäre des Nutzers und durch die integrierte Digitalkamera der Menschen in seiner Umgebung.
  - Eine *Smart Watch* ist eine Armbanduhr, die über zusätzliche Computerfunktionalität und einen Internetzugriff verfügt. Damit sind neben der Uhrzeit weitere Informationen darstellbar und die Funktionalität der Uhr lassen sich durch Apps individuell aufrüsten.
  - *Smart Shirts* besitzen digitale Komponenten bis hin zu kleinen Computern und elektronische Komponenten. Sie dienen zur Überwachung der Gesundheit und somit der Vitalparameter seines Trägers, wie Herzfrequenz, Atemfrequenz, Körpertemperatur, Aktivitäten bis hin zur Körperhaltung. Ein weiteres Anwendungsgebiet ist das sportliche Training zur Aufnahme von Trainingsdaten und -zeiten.
- Das *intelligente Wohnen* (*Smart Home*, *Smart House* oder *Smart Living*), betrifft die Vernetzung der Haustechnik und von Haushaltsgeräten untereinander sowie deren Verknüpfung mit dem Internet. Die Verknüpfung von Mobilfunkgeräten (Handys) mit dem Internet führt auf Smartphones und die Internetanbindung von TV in Multi-Media-Geräten auf Smart TV wobei die Steuerung eines TV-Gerätes mittels Smartphone geschehen kann.
- Die *intelligente Stadt* (*Smart City*) dient dazu die Standortqualität und damit die Lebensqualität und Wirtschaftlichkeit einer Stadt zu sichern und nachhaltig zu ver-

bessern. Siemens betrachtet eine Smart City unter dem Aspekt einer nachhaltigen Stadtentwicklung [S 13]. Die drei Säulen zur Erreichung einer intelligenter Stadt sind [IBMa 13]:
- Planung- und Managementservices mit den Services Regierungs- und Behördenverwaltung und einer Gebäude- und Stadtplanung,
- Infrastrukturservices wie Energie- und Wasserversorgung, Umwelt, Verkehr- und Transportwesen,
- Bürgerservices, wie soziale Programme bis hin zur öffentlichen Sicherheit, Gesundheitswesen sowie Bildung und Kultur.

- Der *intelligente Planet* (*Smarter Planet*) ist eine kooperative Initiative von IBM. Vordenker aus den Bereichen Unternehmen, Regierung und Gesellschaft bewerten den Einsatz und das Potenzial von intelligenten Systemen zur Erreichung von Wirtschaftswachstum, kurzfristige Effizienzsteigerung, nachhaltiger Entwicklung und sozialem Fortschritt. Ein Smarter Planet beruht auf einem Planet von intelligenten Städten [IBMb 13].

1.3.2 Web 3.0

Die Zusammenführung der Web 2.0-Technologien mit dem semantischen Web bezeichnet man als **Web 3.0**. Das *semantische Web* (*Semantic Web*) erweitert die Inhalte des Webs um semantische Informationen, so dass daraus maschinenlesbare und bearbeitbare Daten werden. Damit sind die Daten durch *Software-Agenten* verstehbar, interpretierbar, analysierbar und benutzbar. Die Agenten können dann, gemäß der Bedeutung der im Web abgelegten Dokumente, neue Dokumente zusammenstellen.

Das Konzept beruht auf einer Vision, des W3C Direktors Tim Berners-Lee [B 01], der das Web als ein universales Medium für Daten-, Informations- und Wissensaustausch sieht.

Sollen Agenten oder Automaten Such-, Kommunikations- und Entscheidungsaufgaben auf das in den Webseiten gespeicherte Wissen übernehmen oder Daten austauschen, so müssen die Webseiten Information darüber enthalten, wie sie strukturiert sind und wie sie zu interpretieren sind. Zur Darstellung komplexer Wissensbeziehungen verwendet die Informatik den Begriff Ontologie. Eine *Ontologie* beschreibt also einen Wissensbereich (knowledge domain) mit Hilfe einer standardisierenden Terminologie sowie Beziehungen und ggf. Ableitungsregeln zwischen den dort definierten Begriffen [H 02]. Das gemeinsame Vokabular ist in der Regel in Form einer *Taxonomie* gegeben, die als Ausgangselemente (modelling primitives) Klassen, Relationen, Funktionen und Axiome enthält. Eine Ontologie stellt ein Netzwerk von Informationen dar, während die Taxonomie nur eine hierarchische Untergliederung bildet.

Vergleichbar ist eine Ontologie mit einem UML-Klassendiagramm: Bei einem UML-Klassendiagramm modelliert man einzelne Klassen, deren Eigenschaften, sowie die Beziehungen zwischen den Klassen. Der Unterschied besteht nur darin, dass Ontologie Begriffe modellieren und keine Klassen.

Das semantische Web setzt sich aus folgenden Standards und Tools zusammen:

- *XML* ist die Beschreibungssprache für strukturierte Elemente enthält jedoch keine semantische Beschreibungen für Bedeutungen des Dokuments.
- *XML Schema* ist eine Sprache zur Einschränkung der Struktur und der Elemente eines XML Dokuments.
- *RDF* (Resource Description Framework-Modell) ist ein Datenmodell für Objekte (Ressourcen) und wie sie miteinander in Beziehung stehen.
- *RDF Schema* ist ein Vokabular zur Beschreibung von Eigenschaften und Klassen von RDF Ressourcen.
- *OWL* (*W*eb *O*ntology *L*anguage) ist die zurzeit populärste Sprache für die Modellierung von Ontologie und damit zur Entwicklung des Semantischen Webs.
- **SPARQL** (*S*PARQL *P*rotocol *a*nd *R*DF *Q*uery Language) ist ein Protokoll und eine Abfragesprache für das Semantische Web.

Software-Agenten [G 06] sind die Benutzerschnittstellen zum Semantic Web. Als virtuelle Handlungsreisende bevölkern sie das Semantic Web und führen für ihre menschlichen Benutzer Aufträge aus. Dazu müssen sie mit anderen Software-Agenten kommunizieren und ihre Dienste ansprechen, das heißt, mit ihnen interagieren können.

1.3.3 Web 4.0

Web Intelligence (*WI*) untersucht die fundamentalen Grundlagen, Auswirkungen und praktischen Effekte von **Künstlicher Intelligenz** und fortgeschrittenen **Informations-Technologien** auf webbasierte Produkte, Services und Aktivitäten. Die betreffenden Gebiete der Künstlichen Intelligenz sind z. B. Knowledge Representation, Knowledge Planning, Knowledge Discovery und Data Mining, Intelligent Agents und Social Network Intelligence. Fortgeschrittene Informationstechnologien sind z. B. Wireless Networks, Ubiquitous Devices, Social Networks und Data/Knowledge Grids. WI lässt sich als Weiterentwicklung oder Erweiterung von Künstlicher Intelligenz und/oder Informationstechnologien betrachten. Mit der Verknüpfung von WI mit Multi-Phasen-Prozessen, und verteilten und parallelen Prozessen, leistet das WI wertvolle Beiträge zur Fortentwicklung von web-basierten Technologien [ZLY 07].

Dies ergibt eine zukünftige Verlagerung des Web hin zum *World Wide Wisdom Web* oder kurz *W4* [ZLY 07] und wird hier als eine vielleicht neue zukünftige Version des Web mit *Web 4.0* bezeichnet. Das Web 4.0 beeinflusst die folgenden beschriebenen *E-Applikationen* und wird diese weiter vorantreiben und mit mehr Intelligenz versehen.

1.3.4 E-World

Die Fortschritte und Entwicklungen der Telekommunikation und der Informatik, der *Telematik* zusammen mit der Entwicklung der Informationstechnik, hin zu mobilen und allgegenwärtigen (ubiquitous) Endgeräten, führte zur Neugestaltung von Applikationen auf all unserer Lebensgebieten, hin zu *E-Applikationen*, oder wie Kuhlen [K 05] es nennt, auf unsere zukünftige *E-World*. Das „e" steht dabei für *e*lectronic oder *e*nhanced.

Anfangs wurde zwischen Menschen und Menschen per Telefon kommuniziert. Das Internet und das **Web 1.0** erlaubte eine Kommunikation zwischen dem Menschen und der Maschine. Die Maschine stellt Information oder Webseiten zur Verfügung, die der Mensch abrufen und einsehen kann. Er kann weltweit auf Information zugreifen, und Schlagworte *„Information at your fingertipps"* charakterisieren den Informationszugriff. An brauchbaren und aktuellen Informationen stehen beispielsweise City Guides, Travel Information, elektronisches Telefonbuch und Hotelauskunftsverzeichnisse zur Verfügung.

Web 2.0 erlaubt mit den Web-Services zusätzlich eine Kommunikation von Maschinen mit anderen Maschinen (Machine to Machine, M2M). Dies erlaubt dann zusammengesetzte und komplexere Services abzuwickeln, die auf verschiedenen Maschinen zur Verfügung stehen. Diese bildet heute und zukünftig die Grundlage und Basis vieler E-Applikationen. Gelingt es, die Services mit semantischer Information auszustatten (**Web 3.0**), so können die Services ihrem Inhalt und ihrer Funktion gemäß gesucht und aufgerufen und ausgeführt werden. Dies erlaubt dann die komfortable Abwicklung komplexer E-Applikationen. Mit **Web 4.0** können dann auf Wissen basierte Services abgewickelt und damit intelligente E-Applikationen aufgebaut werden.

1.3.4.1 E-Business

E-Business umfasst die beiden heute und zukünftig meistens über das Internet abgewickelten Geschäftstätigkeiten des

- *Elektronischen Handels* (*E-Commerce* oder andere Begriffe dafür sind Internetverkauf, Elektronischer Marktplatz und Virtueller Marktplatz), also das Handeln mit Gütern und Dienstleistungen und die
- *elektronische Beschaffung* (*E-Procurement*), also die Beschaffung von Gütern und Dienstleistungen.

Der Elektronische Handel lässt sich nach der Art der Teilnehmer unterteilen in [WE 07]

- **Consumer** (Kunde):
  - *C2C* – Consumer-To-Consumer, Verbraucher an Verbraucher. Auktionshandel z. B. über Ebay.
  - *C2B* – Consumer-To-Business, Verbraucher an Unternehmen. Dienstleistungsangebote der Verbraucher an Unternehmen z. B. My-Hammer.
  - *C2A* – Consumer-To-Administration, Verbraucher an Regierung.

- Business (Verkäufer, Unternehmen):
  - *B2C* – Business-To-Consumer, Unternehmen an Verbraucher. Versandhandel z. B. Amazon, eBay, Express, Otto etc.
  - *B2B* – Business-To-Business, Unternehmen an Unternehmen. Handel zwischen Unternehmen und Lieferanten z. B. ExportPages, Wer liefert was?
  - *B2A* – Business-To-Administration, Unternehmen an öffentl. Verwaltung. Durchführung der Leistung von Unternehmen an den Staat/öffentliche Stellen.
  - *B2E* – Business-To-Employee, Unternehmen an Mitarbeiter.
- **Administration** (Regierung):
  - *A2C* – Administration-To-Consumer, Regierung an Verbraucher, elektronisch gestützte Steuererklärung z. B. Elster.
  - *A2B* – Administration-To-Business, Regierung an Unternehmen, Leistungsangebot öffentlicher Stellen an Unternehmen.
  - *A2A* – Administration-To-Administration, Regierung an Regierung. Elektronischer Verkehr zwischen Behörden, Austausch von Informationen.

Der Begriff *E-Business* wurde in den 1990er Jahren von IBM durch Werbekampagnen populär gemacht. E-Business ist die integrierte Ausführung aller digitalen Bestandteile ökonomischer Prozesse [T 02]. Also die medienbruchfreie, rechnerbasierte und automatisierte Verarbeitung von Information in ökonomischen Prozessen. Bei den ökonomischen Prozessen werden volkswirtschaftliche Prozesse ausgeschlossen.

1.3.4.2 Weitere E-Applikationen

Applikationen, die sich größtenteils auf die Internet-Infrastruktur oder -technik stützen und die früher gebrauchten Tele-X-Begriffe oder Cyber-X-Begriffe ersetzen, werden heute meist unter dem Oberbegriff E-X zusammengefasst. Die prägnantesten und gebräuchlichsten E-Begriffe sind Folgende:

- Von *E-Business Intelligence* [KMU 06] spricht man bei der elektronischen Überwachung und Analyse der Geschäftstätigkeiten.
- *E-Finance* befasst sich mit grundlegenden und aktuellen Fragestellungen der elektronischen Finanzdienstleistungen, z. B. des elektronischen Wertpapierhandels.
- *E-Science* bezeichnet den Einsatz der elektronischen Netze, unter Verwendung der Methoden des *Distributed Computing*, insbesondere von Grid-Technologien im wissenschaftlichen Umfeld.
- Unter *E-Learning* versteht man alle Formen des Lernens, bei denen digitale Medien für die Präsentation und Distribution von Lernmaterialien und/oder elektronische Netze zur Unterstützung zwischenmenschlicher Kommunikation zum Einsatz kommen. Beim *Web-Based Training* (*WBT*) werden Lerneinheiten nicht auf einem Datenträger verbreitet, sondern von einem Webserver online mittels des Internets oder eines Intranets abgerufen. Die Einbettung ins Netz bietet vielfältige weiterführende Möglichkeiten der Kommunikation und Interaktion des Lernenden mit dem Dozenten bzw.

seinen Kommilitonen. So können Mails, News, Chats und Diskussionsforen mit dem WBT verknüpft und Audio- und Videosignale live gestreamt werden.
- **E-Service** umfasst alle Formen und Möglichkeiten, auf elektronischem Wege den Service zu verbessern. Z. B. bei Banken interaktive Finanzdienstleistungen (E-Banking). Beim Marketing, speziell bei Autoherstellern, ein „Car-Konfigurator", mit dessen Hilfe man sich sein Wunschauto zusammenstellen kann. Bei Versicherungen die interaktiven Beratungsangebote zum Durchspielen unterschiedlicher Tarife.
- Unter **E-Government** versteht man die Vereinfachung und Durchführung von Prozessen zur Information, Kommunikation und Transaktion innerhalb und zwischen staatlichen Institutionen und Behörden sowie zwischen diesen Institutionen und Bürgern bzw. Unternehmen durch den Einsatz von Informationstechnologien und elektronischen Netzen. E-Government ist somit der Überbegriff für E-Administration, E-Justice und E-Democracy. E-Democracy umfasst E-Participation und E-Voting.
- **E-Community** ermöglicht die Bildung von Gemeinschaften. E-Community stellt eine unterstützende und produktive Umgebung zum Zusammenarbeiten, Lernen und Kommunizieren zur Verfügung.
- **E-Health** bezeichnet die Vernetzungsbestrebungen im Gesundheitswesen (z. B. elektronische Patientenakten) oder generell elektronische Infrastrukturinitiativen (z. B. elektronische Beschaffung von Gesundheitsinformationen und Dienstleistungen via Internet). Mitunter sind mit E-Health Anwendungen der Telemedizin gemeint, z. B. Expertenkonzile oder das Fern-Monitoring der Vitalwerte von Patienten.

1.4 Selbstorganisierende Systeme

Die verteilten Rechensysteme müssen installiert, konfiguriert, überwacht (Monitoring), Sicherheitsanforderungen realisiert, umkonfiguriert und bei auftretenden Fehlern repariert werden. Dies verursacht im laufenden Betrieb der Systeme hohe Kosten, die so genannten *Total Cost of Ownership* (*TCO*). Zur Senkung der Kosten geht man entweder den Weg

- des Auslagerns der Rechenressourcen an externe Dienstleistungsunternehmen (*Outsourcing*), oder
- durch *Virtualisierungstechniken*, besonders bei der Server-Konsolidierung versucht man durch Reduktion der Anzahl der Server die laufenden Kosten zu reduzieren, oder
- durch selbstlaufende, selbstkonfigurierende, fehlertolerante und somit sich *selbstorganisierende Systeme* versucht man die Kosten in den Griff zu bekommen.

1.4.1 On Demand Computing

2002 prägte IBM den Begriff des *Business on Demand*. Business on Demand erlaubt geänderte Marktbedingungen oder veränderte Anforderungen – die zum Teil durch die Glo-

1.4 Selbstorganisierende Systeme

balisierung der Märkte bedingt sind – zu erkennen und mit einer flexiblen IT-Infrastruktur darauf zu reagieren.

Heute wird der Begriff Business on Demand weiter ausgelegt und schließt das Computing on Demand mit ein. **On Demand Computing** (**ODC**) ist ein Computing-Modell auf Unternehmensebene, bei dem die Technologien und Rechenressourcen Organisationen und individuellen Benutzern sobald und soweit er sie benötigt zur Verfügung gestellt werden. Rechenressourcen sind dabei CPU-Zyklen, Bandbreite, Speicher und neuerdings auch Anwendungen und Services (Dienste). Die Rechenressourcen werden den Tasks oder den Anwendungen der Benutzer zugeteilt, so wie er sie benötigt. Dies führt auf eine bessere Auslastung der Rechenressourcen, da verschiedene Benutzer zu einer Zeit unterschiedliche Ressourcen belegen. Weiterhin können dadurch Spitzenleistungen besser bewältigt werden, da nicht alle Benutzer zur gleichen Zeit, sondern zu verschiedenen Zeiten die Spitzenleistung benötigen.

Mit *Virtualisierungstechniken* (siehe Kap. 9) unterteilt man den gemeinsam genutzten Rechnerpool in logische Ressourcen anstelle der physikalisch vorhandenen Ressourcen. Einer Task oder einer Applikation wird keine bestimmte, vorab festgelegte Ressource zugeordnet, sondern eine beliebige, zur Laufzeit freie virtuelle Ressource aus dem Pool der Ressourcen.

Die Ressourcen werden dabei durch die eigene IT-Infrastruktur des Benutzers oder durch Service-Provider zur Verfügung gestellt. Die Service-Provider rechnen dann ihre Leistungen bei *pay-per-use* ab. Es müssen also nur die Leistungen für Inanspruchnahme der Ressourcen bezahlt werden, die auch tatsächlich benutzt wurden. Service-Provider bieten einen Katalog von standardisierten Diensten an. Diese können unterschiedliche *Service Level Agreements* (Vereinbarung über die Qualität und den Preis einer IT-Dienstleistung) haben. Der Kunde hat keinen Einfluss mehr auf die zugrunde liegenden Technologien wie z. B. die Server-Plattform.

Unter *Utility Computing* versteht man Technologien und Geschäftsmodelle, mit denen ein Service-Provider seinen Kunden IT-Leistungen in Form von Services zur Verfügung stellt und diese nach Verbrauch abrechnet. Beispiele für solche IT-Dienste sind Serverkapazität, Speicherplatz oder Applikationen.

Utility Computing lässt sich unterteilen in

- *Internal Utility*, das Rechnernetz und die Rechner werden nur innerhalb eines Unternehmens gemeinsam genutzt. In diesem Fall sind die Kunden die einzelnen Sparten oder Abteilungen dieses Unternehmens.
- *External Utility*, bei dem mehrere verschiedene Unternehmen den Rechnerpool eines Service-Providers gemeinsam nutzen.
- *Mischformen* zwischen Internal und External sind möglich.

Sun Microsystems bot mit *Sun Grid* [S 07] eine External Utility oder, wie Sun es nannte, einen On-demand Grid Computing Service an. Sun Grid bot dabei Rechenleistung und Rechenressourcen über das Internet an. Grundlage des Sun Grid war die Sun Grid Engine, die als freie Software (Open Source) zur Verfügung steht.

1.4.2 Autonomic Computing

In 2001 startete IBM die Initiative des **Autonomic Computing** [KC 03]. Das endgültige Ziel ist das selbstorganisierende autonome Computer-System. IBM [KC 03] hat dazu die vier folgenden Ziele festgelegt:

1. **Selbst-Konfiguration** (Self-Configuration): Automatische Konfiguration und Management der Komponenten,
2. **Selbst-Heilend** (Self-Healing): Automatische Entdeckung von Fehlern und Korrektur der Fehler,
3. **Selbst-Optimierend** (Self-Optimization): Automatische Überwachung und Kontrolle der Ressourcen zur Sicherstellung der optimalen Funktionstüchtigkeit in Bezug auf die vorgegebenen Anforderungen,
4. **Selbst-Schützend** (Self-Protection): Auf Eigeninitiative basierende Identifikation und Schutz vor willkürlichen Angriffen.

In einem selbstorganisierenden System nimmt der menschliche Operator eine neue Rolle ein: Er kontrolliert nicht das System direkt, stattdessen definiert er Strategien und Regeln, die dann als Eingabe dienen und Vorgaben sind für das sich selbstorganisierende System.

Die IBM Self-Managing Autonomic Technology und die IBM IT Service Management Vision sind auf den Webseiten von IBM [IBM 07] beschrieben.

1.4.3 Organic Computing

Aufbauend auf dem Autonomen Computing mit den Selbst-Eigenschaften entsteht ein Netzwerk von autonomeren intelligenten Systemen. Die technischen Systeme müssen dazu unabhängig voneinander arbeiten, flexibel aufeinander reagieren, und jedes System muss autonom arbeiten, d. h. sie müssen lebensähnliche Eigenschaften zeigen. Solche Systeme heißen **organisch**. Ein „*organisches Computer-System*" ist ein technisches System, welches sich dynamisch auf die gegenwärtigen Bedingungen seiner Umgebung anpasst. Es ist selbst-organisierend, selbst-konfigurierend, selbst-optimierend, selbstheilend, selbst-schützend, selbst-erklärend und kontextbewusst [MMW 04].

Organic Computing und dessen fundamentale Konzepte treten unabhängig voneinander in verschiedenen Forschungsgebieten auf (z. B. in den Neurowissenschaften, in der Molekularbiologie und in Computer Engineering).

Das Gebiet Organic Computing bearbeiten Mathematiker, Soziologen, Physiker, Ökonomen und Informatiker. Letztere betrachten jedoch die Systeme nur unter dem Aspekt von vereinfachten Modellen der Künstlichen Intelligenz. Zentrales Anliegen von Organic Computer-Systemen ist die Analyse von Informationsverarbeitung in biologischen Systemen.

Die Organic Computing Initiative ist in [OCI 07] enthalten, und das Projekt Organic Computing der Deutschen Forschungsgemeinschaft (DFG) ist beschrieben in [DFG 07]. Visionen des Organic Computing und Anwendungsszenarien beschreibt das Positionspapier [VIG 07] der Gesellschaft für Informatik (GI) und der Informationstechnischen Gesellschaft im VDE (ITG).

Zur Beherrschung und für den laufenden Betrieb von Cluster oder Grids mit Hunderten bis Tausenden Prozessoren sind die Selbst-Eigenschaften des Organic Computing eine Grundvoraussetzung und ein Muss.

1.5 Parallele versus Verteilte Verarbeitung

1.5.1 Parallele Verarbeitung

Ziel der parallelen Verarbeitung ist hauptsächlich, eine Geschwindigkeitssteigerung der Anwendung herbeizuführen. Besonders bei den *echt parallelen* (true parallel) [HP 06] Programmen für wissenschaftliche Applikationen, die auf mächtig ausgelegten Multiprozessoren (Supercomputer) oder High Performance Computing Cluster, Clouds und Grids ablaufen, steht die Parallelität zum Erzielen einer Lösung innerhalb einer akzeptierbaren Zeitspanne im Vordergrund.

Zur Erreichung der Parallelität zerlegt man die Applikation oder das Programm in Einheiten, die parallel ausgeführt werden, in sog. *Tasks*, oder aus Betriebssystemsicht betrachtet in *Prozesse*. Zur Reduktion der Prozessumschaltzeiten, falls das Programm *quasiparallel*, also auf einem Prozessor ausgeführt wird, oder zur effizienten Implementierung von Server, können die Prozesse weiterzerlegt werden in Berechnungsfäden oder *Threads*. Die Prozesse oder Threads verteilt man dann auf mehrere Prozessoren und führt sie somit gleichzeitig und parallel aus. Die Verteilung nimmt ein Ablaufplaner oder *Scheduler* vor.

Verschiedene Prozesse stellen unterschiedliche Anforderungen an die Betriebsmittel oder Ressourcen eines Rechners. Liegt nur ein Rechner oder Prozessor vor, so erreicht man durch Umschalten (*Dispatching*) der Prozesse auf dem Prozessor, und somit einer quasiparallelen Abarbeitung, eine bessere Auslastung der Betriebsmittel eines Rechners. Dies ist dadurch bedingt, dass unterschiedliche Prozesse unterschiedliche Betriebsmittel des Rechners belegen. Rechenintensive Prozesse benötigen viel CPU-Zeit, und E/A-intensive Prozesse belasten das E/A-System stark. Eine gute Mischung von beiden Prozessarten und mit dem Umschalten der Prozesse führt dies dann auf kürzere Verweilzeiten der Prozesse im System. Gemäß den Betriebs- und Einsatzarten des Rechners verkürzt dies die folgend beschriebenen Zeiten:

1. Sind die Prozesse *Batchjobs* (*interaktionslose Stapelverarbeitung*), so erreicht man dadurch kürzere Durchlaufzeiten (Turnaround Time) der Jobs.

2. Im *Timesharing-Betrieb* führt die Prozessumschaltung auf eine bessere Auslastung der CPU- und I/O-Ressourcen und auf kürzere Antwortzeiten (Response Time) für den Benutzer.
3. Beim *Realzeit-Betrieb* erlaubt eine Zerlegung des Programms in Tasks die bessere Nachbildung der externen Parallelitäten. Weiterhin können dann durch die Zuordnung einer Priorität an die Tasks und einem prioritätsorientierten Scheduler die externen parallelen Abläufe bei der Bearbeitung besser gewichtet werden.
4. Beim *Server-Betrieb* reagiert ein paralleler Server [B 14], der meist multithreaded ist, schneller auf die Anfragen der Clients. Ein paralleler Server ermöglicht die Anforderungen von mehreren Clients parallel zu bearbeiten.

Verteilte Programme laufen immer auf mehreren Prozessoren ab, während parallele Programme auch quasiparallel, also auf einem Prozessor ausgeführt werden können.
Der Parallelitätsbegriff lässt sich weiter untergliedern in

- nebenläufige und
- kooperierende Prozesse.

1.5.2 Nebenläufige Prozesse

Nebenläufig (concurrent) [HH 98] bedeutet, dass zwei Aktions- oder Aktivitätenstränge oder Prozesse gleichzeitig ablaufen, diese aber nicht notwendigerweise etwas miteinander zu tun haben. Die Aktionen sind kausal voneinander unabhängig und können somit unabhängig voneinander ausgeführt werden [PF 06].

Bei der Ausführung der nebenläufigen Prozesse stehen sie in **Konkurrenz** zueinander bei der Belegung und anschließenden Benutzung der Betriebsmittel eines Rechners, Multiprozessors, Multi-Computers, Clusters oder Grids.

1.5.3 Kooperierende Prozesse

Von *kooperierenden* (*cooperating*) Prozessen spricht man,

1. wenn die nebenläufigen Abläufe (Prozesse) zu einem übergeordneten Programm gehören oder die verschiedenen Aktivitätenstränge und somit die Prozesse eine gemeinsame Aufgabe lösen und
2. die Abläufe so logisch miteinander verknüpft sind, dass eine Synchronisation zwischen den Abläufen erfolgen muss.

Ein Beispiel von kooperierenden Prozessen ist das Erzeuger- und Verbraucherproblem, bei dem ein Erzeuger über eine Röhre (*Pipe*) unter Unix einem Verbraucher Nachrichten

1.5 Parallele versus Verteilte Verarbeitung

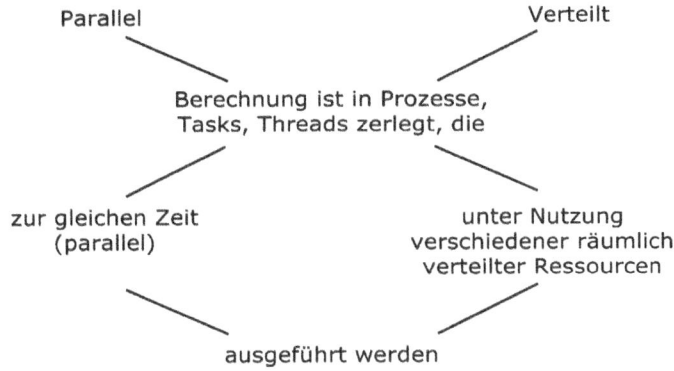

Abb. 1.2 Parallel und Verteilt aus Sicht der parallelen Verarbeitung

zusendet. Ein weiteres Beispiel sind die Warteschlangen (*Queues* unter Unix). Mehrere Erzeuger können eine Nachricht an die Queue senden, die dann von mehreren unterschiedlichen Empfängern aus der Warteschlange entnommen werden können. Da, wie bei der Pipe, der Empfänger nicht festliegt, muss bei der Queue der Sender der Nachricht die Adresse des Empfängers mitgeben.

Schränkt man die Interaktion der kooperierenden Prozesse auf Nachrichtenaustausch mit send- und receive-Anweisungen ein, so könnte man in Anlehnung an die *Communicating Sequential Processes* (*CSP*) von Hoare [Ho 78] die kooperierenden Prozesse auch *kommunizierende Prozesse* nennen.

Abbildung 1.2 zeigt die Gemeinsamkeiten von Parallel und Verteilt aus Sicht der parallelen Verarbeitung [L 01].

1.5.4 Verteilte Verarbeitung

Verteiltes Rechnen oder Verteilte Verarbeitung (*Distributed Computing*) befasst sich mit der Koordination von vielen Computern in möglicherweise entfernten physikalischen Lokationen, die eine gemeinsame Aufgabe erledigen. Die Hardware, Betriebssysteme, Programmiersprachen und Ressourcen der einzelnen Computer können dabei stark variieren und unterschiedlich sein. Von den Maschinen, die zusammen arbeiten, muss jede Maschine über ein Netzwerk von jeder anderen Maschine zugreifbar sein. Dies ist meistens gegeben durch das zugrunde liegende TCP/IP-Protokoll.

Die Möglichkeit zur Benutzung ganz unterschiedlicher Computer hat auf das Protokoll Auswirkungen: Das Protokoll oder der Kommunikationskanal darf keine Information enthalten oder benutzen, das gewisse Maschinen nicht verstehen. Die Nachrichten müssen korrekt abgeliefert und ungültige Nachrichten abgewiesen werden. Besonders bei ungültigen Nachrichten besteht die Gefahr, dass das System abstürzt und möglicherweise den Rest des Netzwerkes lahm legt.

Das Senden von Software oder Code zu einem anderen Computer muss gegeben sein. Der andere Computer kann dann diesen Code ausführen und mit dem bestehenden Netzwerk interagieren. Diese Möglichkeit ist durch Java gegeben, wenn auf allen Maschinen die *Java Virtual Machine* (JVM) läuft. Steht die Java VM nicht zur Verfügung, da unterschiedliche Hardware, Betriebssysteme und Programmiersprachen verwendet werden, ist Cross-Compiling bis hin zur manuellen Portierung des Codes nötig.

Das Package *Serialization* in Java serialisiert Objekte (*Object Serialization*). Damit können Objekte und somit Daten über das Netz zum Code wandern. Dies erlaubt die lokale Verarbeitung der Daten, und es muss nicht mehr der Code zu den Daten kopiert oder herunter geladen werden, d. h. über das Netz transportiert werden.

1.5.4.1 Beispiele für Verteilte Systeme WWW

Ein Beispiel für ein Verteiltes System ist das **World Wide Web** (**WWW**) (siehe Abschn. 1.3). Liest ein Benutzer eine Webseite, so benutzt er dazu seine eigene Komponente des Verteilten Systems, nämlich den Web-Browser. Browst ein Benutzer durch das Web, so läuft der Web-Browser auf seinen eigenen Rechner und er kommuniziert mit verschiedenen Web-Servern, welche die Seiten zur Verfügung stellen. Möglicherweise benutzt der Browser einen Proxy Server zum schnelleren Zugriff auf bisher vorhandene Seiten. Zum Finden der Web-Server steht das **Domain Name System** (**DNS**) zur Verfügung. Der Web-Browser kommuniziert mit all diesen Web-Servern über das Internet durch ein System von Routern, welche selbst wieder Teil eines großen Verteilten Systems sind.

Das Web ist ein Verteiltes System mit heterogenen Rechnern mit unterschiedlichem Leistungsspektrum (vom PC, Mainframe, Multiprozessoren bis hin zu Cluster). Im Gegensatz dazu, und ein weiteres Beispiel für ein Verteiltes System, sind die Mikrogeräte oder die mobilen Endgeräte (Micro Devices), die über drahtlose Netze miteinander verbunden werden (siehe Abschn. 1.2.3).

1.5.4.2 Positive Eigenschaften der verteilten Verarbeitung

Aus Sicht der verteilten Verarbeitung haben verteilte Anwendungen zusätzlich zur Geschwindigkeitssteigerung, die durch die parallele Verarbeitung erreicht wird, noch weitere positive Eigenschaften [CDK 02]:

- *Ausfalltoleranz*: Ausfälle in Verteilten Systemen sind partiell – das bedeutet, einige Komponenten fallen aus, während andere weiterhin funktionieren und eine Weiterarbeit garantieren. Im Vergleich zu anderen Systemen sind bei einem Verteilten System keine Totalausfälle möglich.
- *Fehlertolerant*: Die meisten Dienste weisen Fehler auf, und in einem großen Netzwerk mit vielen Komponenten sind nicht alle Fehler zu erkennen und zu korrigieren. Das Ignorieren eines Fehlers, z. B. das Verwerfen einer korrumpierten Nachricht, kann bei verteilter Verarbeitung toleriert werden. Dies bedingt natürlich, dass der Client bzw. der Benutzer sie tolerieren muss und über den aufgetretenen Fehler informiert wird.

1.5 Parallele versus Verteilte Verarbeitung

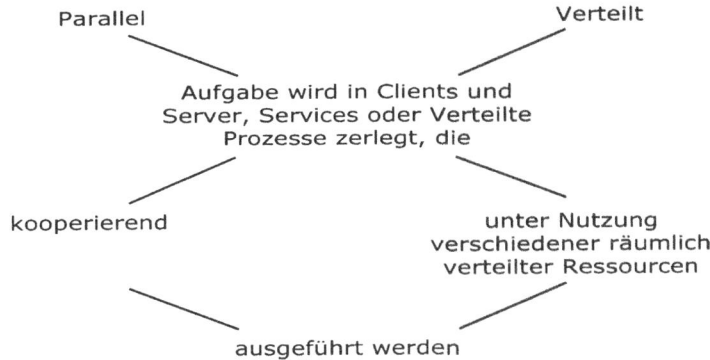

Abb. 1.3 Parallel und Verteilt aus Sicht der Verteilten Verarbeitung

- *Erhöhte Verfügbarkeit durch Redundanzen*: Dienste können fehlertolerant gemacht werden, und eine höhere Verfügbarkeit lässt sich erreichen, indem man die Komponenten mehrfach und somit redundant auslegt. Diese Redundanzen können natürlich auch durch parallele Verarbeitung zur Geschwindigkeitssteigerung ausgenutzt werden.

Bei einem Verteilten Programmsystem nennt man die Zusammenarbeit aller beteiligten Komponenten *kooperativ*, wenn das geregelte Zusammenwirken aller Komponenten und die Steuerung des zeitlichen Ablaufs durch synchronen Nachrichtenversand, Request/Reply Protokoll (Client-Server-Protokoll) oder Aufrufbeziehungen geregelt wird.

Aus Sicht der verteilten Verarbeitung ergibt sich damit das zu Abb. 1.2 entsprechende Diagramm (Abb. 1.3).

1.5.4.3 Eigenschaften eines Verteilten Systems

Betrachtet man das Verteilte System aus Benutzer- und Einsatzsicht, so sind weitere Ziele und Eigenschaften eines Verteilten Systems das Verbinden von Benutzern und Ressourcen in

- transparenter,
- skalierbarer und
- offener Weise.

Transparenz bedeutet, dass etwas „durchsichtig", also nicht direkt sichtbar ist. Eigenschaft eines Verteilten Systems ist, die Verteilung vor einem Benutzer oder einer Anwendung zu verbergen. Der Benutzer soll nur ein System sehen, im Idealfall sein Eigenes, ihm allein zur Verfügung stehende System. Neben anderen Transparenzen fordert man von einem Verteilten System die folgenden Transparenzen:

- *Ortstransparenz*: Der Ort einer Ressource oder eines Dienstes ist dem Benutzer oder der Anwendung nicht bekannt. Ein Benutzer greift über einen Namen auf die Ressource

oder den Dienst zu. Der Name enthält dabei keine Information über den Aufenthaltsort der Ressource oder des Dienstes.
- *Zugriffstransparenz*: Auf alle Ressourcen oder Dienste wird in derselben Weise zugegriffen. Es spielt dabei keine Rolle, ob die Ressource oder der Dienst lokal oder auf einem entfernten Rechner zur Verfügung steht.
- *Nebenläufigkeitstransparenz*: Bei einem Verteilten System nutzen mehrere Benutzer, die räumlich voneinander getrennt sein können, gleichzeitig das System. Es ist ökonomisch sinnvoll, die vorhandenen Ressourcen zwischen den gleichzeitig laufenden Benutzerprozessen aufzuteilen. Dabei kann es vorkommen, dass auf gemeinsame Ressourcen und Daten gleichzeitig zugegriffen wird. Das System sorgt dann dafür, dass auf die Ressourcen exklusiv, also unabhängig von anderen Benutzern oder Anwendungen, zugegriffen wird. Die parallelen Zugriffe verschiedener Benutzer oder Anwendungen sind dabei unsichtbar für den Benutzer synchronisiert.

Ein *skalierbares System* lässt sich leicht und flexibel ändern in der Anzahl der Benutzer, der Betriebsmittel, der Rechner, der Anwendungen und der Größe der Datenspeicher. Für den Benutzer sind diese Änderungen transparent (*Skalierungstransparenz*) und der Benutzerbetrieb bleibt von diesen Änderungen unbeeinflusst. Skalierbarkeit tritt in drei Dimensionen auf:

- *Lastskalierbarkeit*: Bei einem Distributed System können die Ressourcen hinzugefügt oder eingeschränkt werden, je nachdem, ob große oder geringe Last vorliegt. Zur gleichmäßigen Auslastung aller Ressourcen fordert man die **Migrationstransparenz**, also das Verschieben von Prozessen oder Daten von einer Ressource auf eine andere. Das Verschieben geschieht automatisch und für den Benutzer oder die Anwendung verdeckt und unbemerkbar. Zur erfolgreichen Durchführung einer Migration sind folgende Punkte zu beachten:
  - Wird ein Prozess oder ein File von einem Knoten auf einen anderen verschoben, so sollte der Prozess oder die Datei seinen bzw. ihren Namen beibehalten können (**Ortstransparenz**).
  - Wird an den Prozess eine Nachricht geschickt oder wird auf eine Datei zugegriffen, der oder die gerade verschoben wurde, so sollte die Nachricht oder der Zugriff den verschobenen Prozess bzw. die verschobene Datei direkt erreichen, ohne dass der Sende- oder Zugriffsprozess die Nachricht oder den Zugriff erneut an den Knoten schicken muss.
  - Alle Betriebsmittel stellen die Rechenleistung zur Verfügung; welche Betriebsmittel die Leistung erbringen, ist unsichtbar (**Leistungstransparenz**). Die Aufgaben und die Last werden dabei dynamisch und automatisch von einem Verteilten System auf die vorhandenen Betriebsmittel verteilt. Durch die Verteilung und das damit verbundene parallele Abarbeiten der Aufgaben erreicht man eine bessere Leistung des Verteilten Systems. So sollte es nicht vorkommen, dass ein Betriebsmittel des Systems mit Aufgaben überlastet ist, während ein anderes Betriebsmittel im Leerlauf

arbeitet. Die Aufgaben sollten also gleichmäßig auf die vorhandenen Betriebsmittel des Systems verteilt sein.
- Liegen aus Verfügbarkeitsgründen oder zur Erhöhung der Leistung mehrere Kopien einer Datei oder anderer Ressourcen vor, so greift ein Benutzer oder eine Anwendung auf ein repliziertes Objekt so zu, als wäre es nur einmal vorhanden (*Replikationstransparenz*). Das System sorgt dann automatisch dafür, dass alle Kopien konsistent bleiben.
- Fehler oder Ausfälle im System, wie Ausfall der Kommunikationsverbindung, Rechnerausfall oder Plattenausfälle, sollten für den Benutzer oder die Anwendung maskiert werden. Tritt ein Fehler oder Ausfall auf, so sollte das Verteilte System intakt für den Benutzer weiterarbeiten, allerdings mit verminderter Leistung. Tritt ein Rechnerausfall auf, so sollte der Knotenausfall nur lokal sichtbar sein, und das Restsystem bleibt intakt und kann weiterarbeiten (*Fehler- und Ausfalltransparenz*).

- *Geographische Skalierbarkeit*: Ein geographisch skalierbares System erhält seine Leistungsfähigkeit und schränkt seinen Gebrauch nicht ein, egal und unabhängig davon, wie weit die Benutzer oder Ressourcen geographisch entfernt sind.
- *Administrative Skalierbarkeit*: Die Anzahl der verschiedenen Organisationen, die sich ein Paralleles und Verteiltes System teilen, ist nicht beschränkt und kann schwanken und variieren. Das Management, das Monitoring und der Gebrauch des Distributed Systems sollte einfach zu bewerkstelligen und von überall aus möglich sein.

Offenheit ist die Eigenschaft eines Verteilten Systems, jedes Sub-System ist fortwährend offen zur Interaktion mit anderen Systemen. Besonders bei Grids sind Web-Service-Protokolle (SOAP oder REST) der Standard, um das Verteilte System zu erweitern und zu skalieren. Ein offenes skalierbares System bietet den Vorteil der dynamischen Änderung.

Die Offenheit des Verteilten Systems birgt folgende Probleme, die Herausforderungen an deren Realisierung stellen:

- *Verbreitungs-Monotonie*: Ist eine Information oder eine Nachricht in einem offenen Verteilten System verbreitet, so kann sie nicht mehr zurückgenommen werden, sondern sie liegt vor.
- *Pluralismus*: Verschiedene Sub-Systeme in einem offenen Verteilten System besitzen heterogene, überlappende und möglicherweise sogar in Konflikt stehende Information. Es gibt keine zentrale Instanz für die Wahrheit der Information in einem offenen Verteilten System.
- *Unbegrenzter Nichtdeterminismus*: Verschiedene asynchrone Sub-Systeme können zu beliebigen Zeitpunkten kommen und gehen. Das gleiche gilt für die Kommunikationskanäle oder Verbindungen zwischen ihnen. Aus diesem Grund ist nicht vorhersehbar, wann eine Operation in einem Verteilten System abgeschlossen und somit beendet ist.

Literatur

[A06]   Abbenhaus C.: Web 2.0. Informatik Spektrum, Band 29, Heft 6, Dezember 2006.

[A07]   Alby T.: Web 2.0. Konzepte, Anwendungen, Technologien. 2., aktualisierte Auflage. Carl Hanser Verlag 2007.

[ACK03] Alonso G., Casati F., Kuno H.: Web Services. Springer Verlag Berlin 2003.

[AS04] Androutsellis-Theotokis S., Spinellis D.: A Survey of Peer-to-Peer Content Distribution Technologies. ACM Computing Surveys. Vol. 36, No. 4, Dec. 2004.

[B01]   Berners-Lee T., Hendler J., Lassila O.: The Semantic Web. A new form of Web content that is meaningful to computers will unleash a revolution of new possibilities. Scientific American, 284 (5), S. 34–43, May 2001. http://www.sciam.com/article.cfm?articleID=00048144-10D2-1C70-84A9809EC588EF21, 2001.

[B14]   Bengel G.: Grundkurs Verteilte Systeme, Grundlagen und Praxis des Client-Server und Distributed Computing 4. Auflage. Springer Vieweg 2014.

[B106] Baun C.: Analyse vorhandener Grid-Technologien zur Evaluation eines Campus Grid an der Hochschule Mannheim. Master Thesis, Hochschule Mannheim 2006.

[B206] Baun C.: Gemeinsam stark. Cluster-, Grid-, Peer-to-Peer- und Distribured Computing. c't Magazin für Computertechnik, No. 3, 2006.

[BCF95] Boden N.J., Chen D., Felderman R.E., Kulawik A.E., Seitz C. L., Seizovic J. N. and Su W.: Myrinet: a Gigabit-per-second local area network. IEEE Micro, Vol. 15, No. 1, 1995

[BK07] Bächle M., Kirchberg P.: Frameworks für das Web 2.0. Informatik Spektrum, Band 30, Heft 2, April 2007.

[BM06] Bauke H., Mertens S.: Cluster Computing, Praktische Einführung in das Hochleistungsrechnen auf Linux-Clustern. Springer Verlag 2006.

[BM12] BMBF: Zukunftsprojekt 4.0. http://www.bmbf.de/de/19955.php, 2012.

[Br06] Brochard L.: High performane computing technology, applications and business. Informatik Spektrum, Band 29, Heft 3, Juni 2006.

[CDK02] Couloris G., Dollimore J., Kindberg T.: Verteilte Systeme. Konzepte und Design. 3., überarbeitete Auflage. Pearson Studium 2002.

[D02]   Dreamtech: Peer-to-Peer-Aplikationen entwickeln. mitp-Verlag/Bonn 2002.

[D06]   Dolphin Interconnect Solutions: http://www.dolphinics.com, 2006.

[DFG07] DFG SPP 1183: Organic Computing. http://www.organic-computing.de/SPP, 2007

[DJM05] Dostal W., Jeckle M., Melzer I., Zengler B.: Service-orientierte Architekturen mit Web Services. Spektrum Akademischer Verlag, 2005.

[EG05] Ebersbach A., Glaser M.: Wiki. Informatik Spektrum Band 28, Heft 2, April 2005.

[G06]   Grütter R.: Software-Agenten im Semantic Web. Informatik Spektrum, Band 29, Heft 1, Febr. 2006.

[G07]   Google Maps: http://google.maps.de/maps, 2007.

[G09]   Gellings L., Clark W.: The smart grid: enabling energy efficiency and demand response. Fairmont Press [u. a.]2009.

[G14]   Google, Urmson C.: Just Press go: designing a self driving vehicule. http://googleblog.blogspot.de/2014/05/just-press-go-designing-self-driving.html, 2014.

[H02]	Hesse W.: Ontologie(n). Informatik Spektrum, Band 25, Heft 6, Dez. 2002.
[HH98]	Hertwich R.G., Hommel G.: Nebenläufige Programme. 2. Auflage. Springer Verlag 1998.
[Ho78]	Hoare C. A. R.: Communicating Sequential Processes. Communications of the ACM, Vol. 21, No. 8, 1978.
[HP06]	Hennessy J. L., Patterson D.A.: Computer Architecture, A Quantitative Approach, 4rd Edition, Morgan Kaufmann Publishing Co., Menlo Park, CA. 2006.
[I06]	InfiniBand Trade Association: http://www.infinibandta.org, 2006.
[IBM07]	IBM: Autonomic Computing. http://www-03.ibm.com/autonomic/, 2007.
[K05]	Kuhlen F.: E-World – Technologien für die Welt von morgen. Springer Verlag 2005.
[KC03]	Kephardt J.O., Chess D.M.: The Vision of Autonomic Computing. IEEE Computer, Vol. 36, No. 1, Jan. 2003.
[KMU06]	Kemper H.G., Mehanna W., Unger C.: Business Intelligence – Grundlagen und praktische Anwendungen. 2. Auflage, Vieweg Verlag 2006.
[KNR04]	Kumar R., Novak J. Raghavan P., Tomkins A.: Structure and Evolution of Blogspace. Communications of the ACM, Vol. 47, No. 12, Dec. 2004.
[KW02]	Kuschke M., Wölfel L.: Web Services kompakt. Spektrum Akademischer Verlag, 2002.
[L01]	Leopold C.: Parallel and Distributed Computing, A Survey of Models, Paradigms, and Approaches. John Wiley & Sons Inc., 2001.
[M03]	Mattern F. (Hrsg.): Total vernetzt. Szenarien einer informatisierten Welt. 7. Berliner Kolloquium der Gottlieb Daimler- und Karl Benz-Stiftung. Springer Verlag 2003.
[M06]	Myricon: http://www.myri.com, 2006.
[M07]	Maurer H.: Google – Freund oder Feind. Informatik Spektrum, Band 30, Heft 4, August 2007.
[MB76]	Metcalfe R.M., Boggs D. R.: Ethernet: Distributed packet switching for local computer Networks. Communications of the ACM, Vol. 19, No. 5, 1976.
[MDM07]	Merwe Van Der J., Dawoud D., McDonald S.: A Survey on Peer-to-Peer Key Management for Mobile Ad Hoc Networks. ACM Computing Surveys. Vol. 39, No. 1, April 2007.
[MF10]	Mattern F., Flörkemeier C.: Vom Internet der Computer zum Internet der Dinge. Informatik Spektrum, Band 33, Heft 2, April 2010.
[MMW04]	Müller-Schloer C., von der Malsburg C., Würtz R.P.: Organic Computing. Informatik Spektrum, Band 27, Heft 4, Aug. 2004.
[MS07]	Mahlmann P., Schindelhauer C.: Peer-to-Peer-Netzwerke, Algorithmen und Methoden. Springer Verlag 2007.
[NSG04]	Nardi B. A., Schiano D.J., Gumbrecht M., Swartz L.: Why we Blog. Communications of the ACM, Vol. 47, No. 12, Dec. 2004.
[OCI07]	Organic Computing Initiative: Home. http://www.organic-computing.de/, 2007
[OR05]	O'Reilly T.: What is Web 2.0: Design Patterns and Business Models for the Next Generation of Software. http://www.oreillynet.com/pub/a/oreilly/tim/news/2005/09/30/what-is-web-20.html, 2005.

[PF06] Peschel-Findeisen T.: Nebenläufige und Verteilte Systeme. Theorie und Praxis. mitp-Verlag/Bonn 2006.

[Q06] Quadrics: http://www.quadrics.com, 2006.

[R05] Roth J.: Mobile Computing. Grundlagen, Technik, Konzepte. 2. aktualisierte Auflage. Dpunkt.verlag 2005.

[S04] Sunstein C. R.: Democracy and Filtering. Communications of the ACM, Vol. 47, No. 12, Dec. 2004.

[S07] Sun: Utility Computing. http://www.sun.com/service/sungrid/index.jsp, 2007.

[SFT02] Schoder D., Fischbach K., Teichmann (Hrsg.): Peer-to-Peer, Ökonomische, technologische und juristische Perspektiven. Springer Verlag 2002.

[SW04] Steinmetz R., Wehrle K.: Peer-to-peer-Networking & -Computing. Informatik Spektrum, Band 27, Heft 1, Febr. 2004.

[SW05] Steinmetz R., Wehrle K. (Eds.): Peer-to-Peer Systems and Applications. Springer Verlag 2005.

[T02] Thome R.: e-Business. Informatik Spektrum, Band 25, Heft 2, 2002.

[VIG07] VDE/ITG/GI: VDE/ITG/IG-Positionspapier Organic Computing. Computer- und Systemarchitektur im Jahr 2010. http://www.betriebssysteme.org/Betriebssysteme/FutureTrends/oc-positionspapier.pdf, 2007.

[WCL05] Weerawarana S., Curbera F., Leymann F., Storey T., Ferguson D.F.: Web Services Platform Architecture. Pearson Education, Inc., 2005.

[WE07] Wikipedia: Elektronischer Handel. http://de.wikipedia.org/wiki/Elektronischer_Handel, 2007.

[WW07] Wikipedia: Wikipedia. http://de.wikipedia.org/wiki/Wikipedia, 2007.

[ZLY07] Zhong N., Liu J., Yao Y.: Envisioning Intelligent Information Technologies through the Prism of Web Intelligence. Communications of the ACM, Vol. 50, No. 3, March 2007.

Rechnerarchitekturen für Parallele und Verteilte Systeme

Zur Erhöhung der Rechenleistung durch parallele Auslegung und Vervielfachung der Prozessoren kristallisieren sich heute vier Möglichkeiten auf unterschiedlichen Rechnerarchitekturen heraus:

1. *Eng gekoppelte Multiprozessoren* und *Multicore-Prozessoren*
   Eine Möglichkeit, die Verarbeitungsgeschwindigkeit von Prozessoren zu erhöhen, ist die Koppelung von mehreren Prozessoren. Auf diese Weise kann ein erhöhter Systemdurchsatz erreicht werden, wenn verschiedene Prozesse oder Threads echt parallel auf verschiedenen Prozessoren ausgeführt werden und nicht quasi parallel (durch Prozessumschaltung), wie bei Einprozessorsystemen.
   Ein erhöhter Systemdurchsatz ist vor allem bei parallelen Servern erwünscht, die für jede eingehende Anfrage (Request) einen Thread zur Bearbeitung der Anfrage starten. Dies bewirkt dann beim Server eine Erhöhung der Anzahl der zu verarbeitenden Anfragen pro Zeiteinheit. Beim **eng gekoppelten Multiprozessor** (*tightly coupled*), nutzen alle CPUs den Hauptspeicher gemeinsam. Die Synchronisation, Koordination und Kommunikation der parallelen Prozesse auf den verschiedenen CPUs geschieht über den gemeinsamen Speicher. Die einzelnen Prozessoren können ganz einfach in den gemeinsamen Speicher lesen und schreiben (siehe Abschn. 2.1).

2. *General Purpose Computation on Graphic Processing Unit* (*GPGPU*) und massive parallele Architekturen
   Eine *Graphic Processing Unit* (GPU) vor dem Jahr 2000 war eine Ansammlung von in Hardware gegossenen festen graphischen Funktionen und somit Prozessoren, wie z. B. vertex-spezifischen Funktionen, pixel-spezifische Berechnungen und Rasterberechnungen bis hin zu Shader-Funktionen. Durch den Weggang von in Hardware gegossenen festgelegten speziellen Funktionen und deren Ersatz durch einfache und beschränkt programmierbare Ausführungseinheiten, die auf Fließkommaoperationen spezialisiert sind, erlaubt die Berechnungen frei zu programmieren und führt somit zu einer flexibleren Ausnutzung der Hardware. Graphische Berechnungen und insbe-

sondere 3D-Berechnungen lassen sich hervorragend parallelisieren. Zur Unterstützung der parallelen Verarbeitung bestehen GPUs aus bis zu Tausenden CPU-Kernen. Durch die hohe Anzahl von Kernen spricht man hier von massiv parallelen Architekturen [KH 12].

Nach der Flynn'schen Taxonomie handelt es sich dabei um Single Instruction und Multiple Data (SIMD)-Architekturen. Das heißt eine Vielzahl von CPUs führen den gleichen Code auf unterschiedlichen Daten aus. Die GPUs werden dadurch zu *Streamprozessoren*, die Datenströme verarbeiten können (siehe Abschn. 2.2).

3. *Many-Core-Prozessoren* und *Tile-Architekturen*

   Mehrere Prozessoren liegen dabei in einer **Kachel** (*Tile*). Jede Tile entspricht einem eng gekoppelten Multiprozessor oder Multicore-Prozessor. Jede Tile ist ein vollwertiges Rechensystem auf dem unabhängig von anderen Tiles ein Betriebssystem (Linux, Windows) läuft. Jede Tile ist zudem eine Frequenzinsel, die durch Software kontrollierbar ist. Mehrere Tiles zusammen bilden eine durch Software kontrollierbare **Spannungsinsel**.

   Jede Tile besitzt einen Router. Der Router ermöglicht mehrere Tiles zu einem zweidimensionalen Gitter (2D Kommunikationsnetzwerk) zusammenzuschalten (siehe Abschn. 2.3). Anstatt eines Routers kommen auch Kreuzschienenschalter zum Einsatz für die vier Verbindungseinrichtungen Nord, Süd, Osten und Westen.

4. *Lose gekoppelte Multiprozessoren* und *Cluster*

   Bei *lose gekoppelten Multiprozessoren* (loosly coupled) besitzt jeder Prozessor seinen eignen Speicher und es ist kein gemeinsamer Speicher vorhanden. Jeder Knoten ist eine selbstständige Recheneinheit mit einem eigenen Betriebssystem das über eine Verbindungseinrichtung oder lokalen Netz mit den anderen Recheneinheiten verbunden ist. Die Synchronisation, Koordination und Kommunikation der parallelen Prozesse, die auf den verschiedenen Prozessoren ablaufen, ist nur durch Nachrichtenaustausch zu bewerkstelligen, da kein gemeinsamer Speicher existiert (siehe Abschn. 2.4).

   Solche Rechnerverbünde dienen zur Erhöhung der Leistung (*High Performance Computing (HPC-)Cluster*) oder zur Erhöhung der Verfügbarkeit (*High Availibilty (HA-) Cluster*) oder einer Kombination von beidem.

2.1 Eng gekoppelte Multiprozessoren und Multicore-Prozessoren

Zur Erbringung der großen Rechenlast des Servers muss der Server parallel mit Prozessen, oder durch mehrere Threads, die unter dem Serverprozess laufen, ausgelegt werden. Zur Erreichung von einer Vielzahl von Threads können die Threads explizit vorgegeben sein oder man setzt parallelisierende Compiler ein, welche die Anwendung in parallele Threads aufteilt. Zum Ablauf des parallelen Servers steht die Möglichkeit

- der parallelen Abarbeitung der Threads auf Hardwareebene (*Simultaneous Multithreading*) oder

- der Einsatz eines *eng gekoppelten Multiprozessorsystems* oder eines *Multicore-Prozessors* mit gemeinsamem Speicher zur Verfügung.

2.1.1 Simultaneous Multithreading

Simultaneous Multithreading [EEL 97] bezeichnet die Fähigkeit eines Mikroprozessors, mittels getrennter Pipelines und zusätzlicher Registersätze mehrere Threads gleichzeitig auszuführen. Die wohl bekanntesten Prozessoren, die Simultaneous Multithreading realisieren, sind der Intel Pentium 4 und der Intel Xeon. Die von Intel vergebene Bezeichnung lautet *Hyper-Threading Technology* [M 02] mit der Abkürzung HT-Tech oder HTT.

Eine Leistungssteigerung eines einzelnen Prozessors lässt sich durch parallele Ausführung der Befehle erreichen. Parallelisieren kann nun auf folgenden Ebenen stattfinden:

1. Auf Instruktions- oder Befehlsebene (*Instruction Level Parallelism*) durch Abarbeitung mehrerer Instruktionen in einem Takt.
2. Auf Thread-Ebene (*Thread Level Parallelism*) durch paralleles Abarbeiten von Befehlen aus mehreren Threads.
3. Durch Zusammenfassung der Instruktions-Ebene und Thread-Ebene zum *Simultaneous Multithreading*.

2.1.1.1 Instruction Level Parallelism

Befehle, die voneinander unabhängig sind und aus einem überschaubaren, logisch sequenziell angeordneten Programmausschnitt stammen, lassen sich parallel ausführen, sofern zusätzliche Funktionseinheiten und Datenregister zur Verfügung stehen. Diese Technik heißt *Superskalarverarbeitung* oder *Superskalarität*.

Die *In-Order-Execution* [M 01] startet die Befehle aus mehreren nebenläufigen Pipelines in ihrer logischen Reihenfolge. Die Phasenpipeline beginnt häufig mit einer oder mehreren gemeinsamen Stufen (z. B.: Befehle holen, Befehle vordekodieren) und gabelt sich anschließend in mehrere nebenläufige Teilpipelines auf. Gleichzeitig oder nacheinander gestartete Befehle können sich dabei nicht überholen (*in-Order*). Datenabhängigkeiten zwischen den Befehlen, die sich gleichzeitig in den Pipelines befinden, werden dadurch aufgelöst, dass die Pipelines mit den logisch später folgenden Befehlen so lange angehalten werden, bis die logisch früher ankommenden Befehle ihre Ergebnisse zurück geschrieben haben. Ergebnisse werden also auch immer in der logischen korrekten Reihenfolge zurück geschrieben (*In-Order-Completion*).

Die *Out-of-Order-Befehlsverarbeitung* [M 01] verändert die Ausführungsreihenfolge der Befehle dynamisch zur Laufzeit des Befehls (dynamisches Scheduling). Im Gegensatz zur In-order-Befehlsverarbeitung, bei der statisch durch einen Compiler die Reihenfolge der Abarbeitung der Befehle und Pipelineunterbrechungen festgelegt wird (*statisches Scheduling*), benutzt das Out-of-Order-Verfahren den Status der Befehlsverarbeitung zur Laufzeit des Befehls zur Festlegung der Befehlsabarbeitung (*dynamisches Scheduling*).

Mikroarchitekturen für Prozessoren, die ihre Programmbefehle out-of-order bearbeiten, erledigen die Teilaufgaben in folgenden Einheiten (siehe Abb. 2.1):

1. Die **Fetch-Unit** holt über den Bus eine feste oder variable Anzahl von Befehlen aus dem Code-Cache und lädt sie in einen Befehlspuffer.
2. Die **Decode-Unit** mit mehreren nebenläufigen Dekodierern, holt sich einen Teil dieser Befehle und versucht pro Taktzyklus diese zu dekodieren. Für Sprungbefehle wird mit einem Vorhersagealgorithmus eine Sprungvorhersage durchgeführt. Bei Sprüngen, die voraussichtlich ausgeführt werden, kann dadurch das Sprungziel in den Codecache geladen werden.
3. Die **Dispatch-Unit** holt die Befehle meistens in ihrer logischen Reihenfolge aus dem Befehlspuffer. Meistens deshalb, weil der Compiler die statischen Datenabhängigkeiten und Ressourcenkonflikte bereits erkannt und dementsprechend die Reihenfolge der Befehle umgestellt hat. Hat der Compiler nicht genügend unabhängige Befehle gefunden, so hat er NO-OP-Befehle (No Operation) eingefügt (Statisches Scheduling). Die Dispatch-Unit untersucht jeden Befehl auf Registerabhängigkeiten bei Operanden und Ergebnisregister und ändert dementsprechend die Befehlsausführungsreihenfolge (Dynamisches Scheduling). Die Veränderung der Ausführungsreihenfolge erfordert zusätzliche Schattenregister, um Ergebnisregisterkonflikte und daraus resultierende Pipelineunterbrechungen zu vermeiden. Die umgeordneten Befehle landen in einem Befehlspool, dem sogenannten Reorder Buffer, der die Out-of-Order-Befehlsverarbeitung widerspiegelt, und werden der Execution-Unit zugeführt.
4. Die **Execution-Unit** besteht aus mehreren nebenläufigen Funktionseinheiten. Eine Funktionseinheit ist typischerweise auf die Ausführung einer bestimmten Teilmenge der möglichen Befehlstypen beschränkt. Die Befehle werden schließlich durch die mehreren Funktionseinheiten parallel ausgeführt und die Ergebnisse in die Schattenregister geschrieben.
5. Die **Completion-Unit** schreibt die Ergebnisse, die in den Schattenregistern vorliegen, in die Register zurück und überprüft, ob ein Interrupt aufgetreten ist (Abb. 2.1).

Die Abb. 2.2 zeigt eine **Superskalare Architektur** bestehend aus vier nebenläufigen Funktionseinheiten. Wie bei dieser Architektur üblich, führen die Funktionseinheiten Instruktionen aus *einem* Programm oder *einem* Thread aus. Von diesem versucht sie so viel mehr Instruktionen zu finden, die in einem Zyklus nebenläufig ausführbar sind. Findet sie nicht genug, so bleibt die Funktionseinheit unbenutzt, was in Abb. 2.2 durch ein leeres Kästchen gekennzeichnet ist. Die benutzten Kästchen enthalten ein T1 (Instruktionen aus einem Thread oder einem Programm). Die leeren Kästchen resultieren meistens aus nicht genügend vorhandenem Instruktions-Level-Parallelismus. Eine horizontal komplette Reihe von leeren Kästchen kennzeichnet einen komplett ungenutzten Zyklus. Dies wird durch Instruktionen mit hoher Latenzzeit verursacht, die eine weitere Instruktionszufuhr verhindern. Die hohen Latenzzeiten rühren von Instruktionen mit Speicherreferenzen auf den L1- oder L2-Cache. Landet eine Speicherreferenz weder im L1- noch im L2-Cache,

2.1 Eng gekoppelte Multiprozessoren und Multicore-Prozessoren

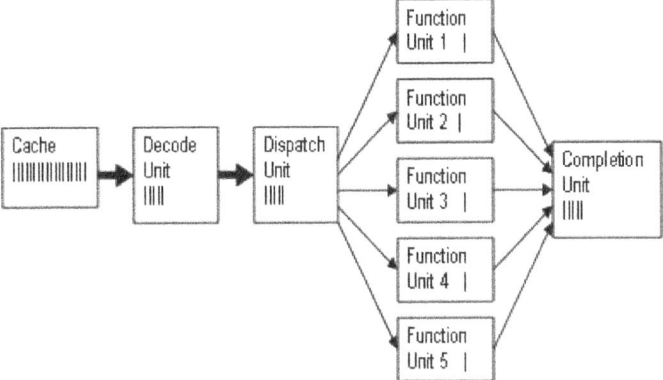

Abb. 2.1 Befehlspipeline bei Superskalarität

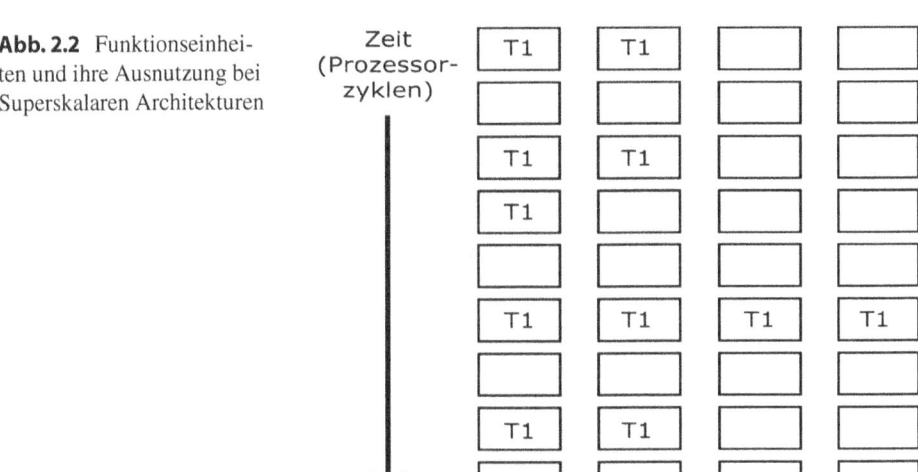

Abb. 2.2 Funktionseinheiten und ihre Ausnutzung bei Superskalaren Architekturen

so entsteht eine lange Wartezeit, bis das angeforderte Wort in den Cache geladen ist – die Pipeline muss angehalten werden.

2.1.1.2 Thread Level Parallelismus

Multithreaded Prozessoren besitzen Befehlszähler und Register für mehrere Threads. Pro Thread einen Befehlszähler und einen kompletten Registersatz. In jedem Zyklus führt der Prozessor Instruktionen von irgendeinem Thread aus. Im nächsten Zyklus schaltet er um auf den Hardwarekontext (Befehlszähler und Registersatz) eines anderen Threads und führt in superskalarer Arbeitsweise die Instruktionen dieses neuen Threads aus. Dadurch vermeidet man die komplett ungenutzten Zyklen, die durch die Latenzzeiten verursacht sind. Die Abb. 2.3 zeigt diesen Sachverhalt, wobei die Striche zwischen den einzelnen Prozessorzyklen das Umschalten auf einen anderen Thread andeuten.

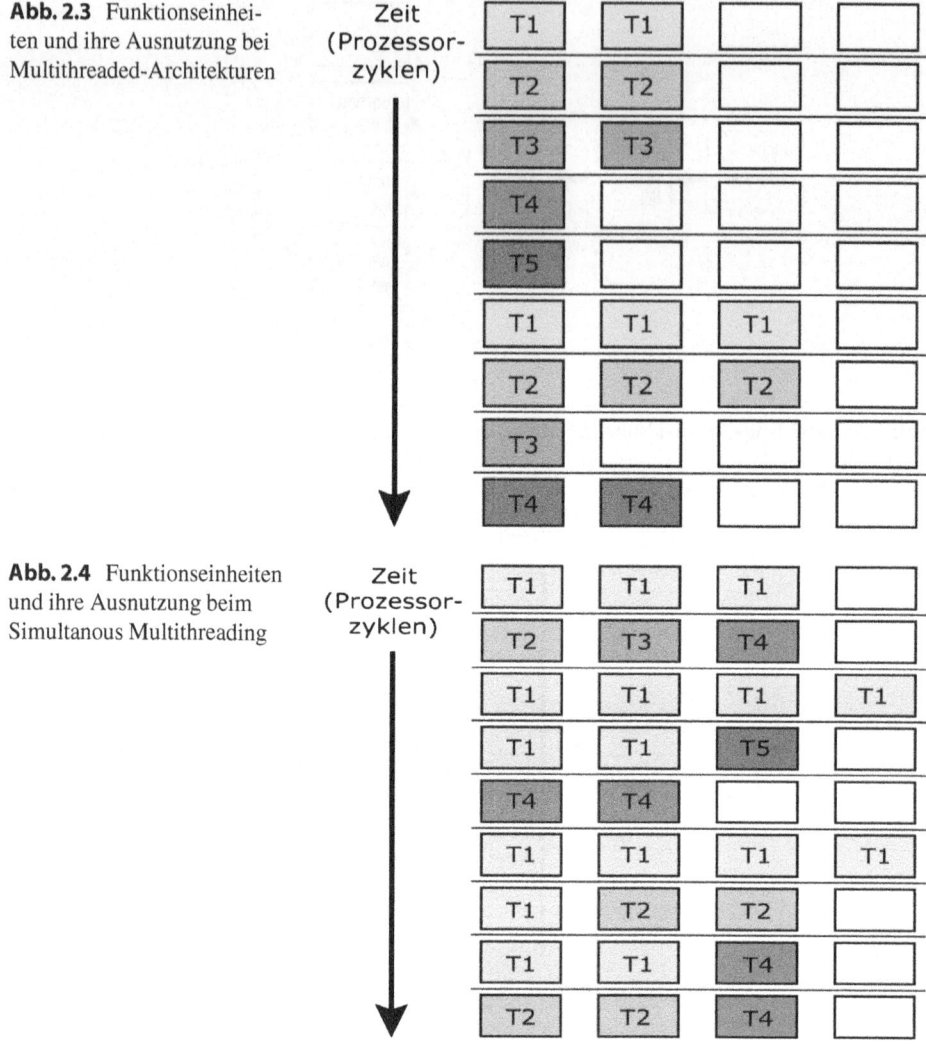

Abb. 2.3 Funktionseinheiten und ihre Ausnutzung bei Multithreaded-Architekturen

Abb. 2.4 Funktionseinheiten und ihre Ausnutzung beim Simultanous Multithreading

2.1.1.3 Arbeitsweise des Simultaneous Multithreading

Simultaneous Multithreading benutzt Instruction Level Parallelism und Thread Level Parallelism und vermeidet somit die leeren Kästchen in vertikaler und horizontaler Richtung. Simultaneous Multithreading nutzt den Instruction Level Parallelism von jedem Thread aus und startet dynamisch die parallel ausführbaren Instruktionen von einem Thread. Besitzt also ein Thread in einem Zyklus einen hohen Instruction Level Parallelism, so kann diese durch die Superskalar-Architektur befriedigt werden. Haben viele Threads einen niederen Instruction Level Parallelism, so können sie in einem Zyklus zusammen parallel abgearbeitet werden (siehe Abb. 2.4).

Simultaneous Multithreading ist deshalb attraktiv, weil dadurch mit nur geringfügigem zusätzlichem Steuerungsaufwand die Prozessorleistung gegenüber den Superskalar-Architekturen deutlich erhöht werden kann. So erzielten [TEE 96] mit einer Simulation für einen Simultaneous Multithreading-fähigen Prozessor Leistungsverbesserungen zwischen 1,8 und 2,5 gegenüber einem Superskalar-Rechner.

2.1.2 Architektur von eng gekoppelten Multiprozessoren

Alle Prozessoren bei einem eng gekoppelten Multiprozessor können den Adressraum des gemeinsamen Speichers gemeinsam benutzen. Jeder Prozessor kann ein Speicherwort lesen oder schreiben, indem er einfach einen LOAD- oder STORE-Befehl ausführt. Die üblich verwendete Speichertechnologie DRAM (Dynamic Random Access Memory) erlaubt Zugriffszeiten von ungefähr 10 ns [BM 06]. Dies entspricht einer Frequenz von 100 MHz, also nur einem Bruchteil der Taktfrequenz moderner Prozessoren. Der Verkehr zwischen Prozessor und dem Hauptspeicher bildet einen leistungsbegrenzenden Flaschenhals in einem Rechner, der *von-Neumann-Flaschenhals* [B 78] heißt. Eng gekoppelte Multiprozessoren verengen noch zusätzlich gegenüber Einprozessorsystemen den von-Neumann Flaschenhals und vergrößern den Prozessoren-Speicher-Verkehr: Jeder hinzukommende weitere Prozessor greift auf den gemeinsamen Speicher zu und belastet die gemeinsame Prozessor-Speicher-Verbindung. Aus diesem Grund sind bei eng gekoppelten Multiprozessoren die Anzahl der Prozessoren auf 8 bis höchstens 64 beschränkt.

Zur Reduktion dieses Flaschenhalses besitzt jeder Prozessor einen Cache (siehe Abb. 2.5), der Kopien von Teilen des Hauptspeichers enthält. Er besteht aus SRAM (Static Random Access Memory) und ermöglicht Zugriffsgeschwindigkeiten, die der Taktfrequenz der Prozessoren nahe kommen. Die Größe des Caches ist beschränkt und

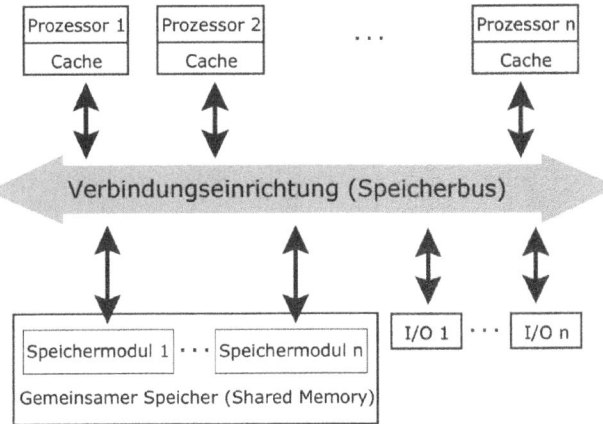

Abb. 2.5 Eng gekoppelter Multiprozessor

umfasst üblicherweise wenige MBytes. Zugriffe auf Befehle und Daten, die nicht im Cache liegen, und zu sogenannten Cache Misses führen, verursachen Leistungseinbußen des Rechners [BM 06].

Das Zusammenhängen der Prozessoren mit dem gemeinsamen Speicher bietet beliebige Leistungs- und Fehlertoleranzstufen. Durch den gemeinsamen Bus und somit durch den von Neumann-Flaschenhals sind die Leistungs- und Fehlertoleranzgrenzen nach oben beschränkt. Allerdings bietet der gemeinsame globale Speicher Vorteile bei der Prozesssynchronisation und -kommunikation, die hier wie bei Einprozessorsystemen über den gemeinsamen Speicher läuft. Somit sind bei eng gekoppelten Multiprozessoren die bekannten Synchronisationsverfahren wie Locks, Semaphoren und Monitoren einsetzbar. Die Kommunikation ist schneller, denn sie verläuft lokal und braucht nicht über eine Netzwerkverbindung zu laufen.

Zur Reduktion des Prozessor-Speicher-Verkehrs dient jedem Prozessor

- ein vorgelagerter Cache,
- und zur Erhöhung der Leistung des Prozessor-Speicher-Verkehrs dienen leistungsfähigere Verbindungseinrichtungen, wie
  - Kreuzschienenschalter oder
  - Mehrebenennetzwerke.

Über einen gemeinsamen Bus lassen sich nur durch Zwischenschalten von mehrfach gestuften Caches, wobei eine ausreichende Datenlokalität vorausgesetzt wird, mehrere Prozessoren koppeln. Eng gekoppelte Multiprozessoren mit großer Prozessoranzahl sind auf einer Bustechnologie nicht aufbaubar [R 97]. Der Busengpass lässt sich nur durch ein- und mehrstufige Verbindungsnetze wie Kreuzschienenschalter und Mehrebenennetzwerke eliminieren [D 90].

2.1.2.1 Cachekohärenzprotokolle

Die Daten im Cache und im Hauptspeicher werden zerlegt in gleich große Blöcke. Ein **Block** ist die Einheit, die zwischen dem Hauptspeicher und dem Cache transferiert wird. Als Transfer- und Speichereinheit für den Cache dient eine **Cache-Zeile** (Cache Line) mit normalerweise 32 oder 64 Byte [T 06]. Optimale Cache- und Blockgrößen sind in [P 90] diskutiert.

Die Einführung des Caches bringt jedoch Probleme, wenn gemeinsame Blöcke in mehreren verschiedenen Caches vorliegen. Nehmen wir dazu Folgendes an: Zwei Prozessoren lesen aus dem Hauptspeicher den gleichen Block in ihre Caches. Anschließend überschreibt einer dieser Prozessoren diesen Block. Liest nun der andere Prozessor diesen Block aus seinem Cache, so liest er den alten Wert und nicht den gerade überschriebene Wert. Die Daten in den Caches sind *inkonsistent,* und weiterhin sind die Daten in einem der Caches und dem Hauptspeicher *inkonsistent*.

Datenkonsistenz bedeutet, dass im Hauptspeicher und in den Caches zu keinem Zeitpunkt verschiedene Kopien desselben Blocks existieren.

Zur Lösung des Konsistenzproblems bei Multiprozessoren genügt es, eine abgeschwächte Bedingung, nämlich die **Datenkohärenz**, zu fordern. Datenkohärenz liegt vor, wenn beim Lesen des Blocks, welcher mehrfach überschrieben wurde, immer der zuletzt geschrieben Wert gelesen wird. Die Datenkonsistenz schließt die Kohärenz ein, aber nicht umgekehrt.

MESI Cachekohärenz-Protokoll
Datenkohärenz ist bei Multiprozessorsysteme gegeben, wenn

1. zwar jeder Prozessorcache über eine Kopie von Daten im Hauptspeicher verfügen darf,
2. aber nur ein Prozessorcache eine modifizierte Kopie der Daten besitzen darf, jedoch nur solange, wie kein anderer Prozessor dieselben Daten liest.

Das Kohärenzproblem tritt nicht nur bei Caches von Multiprozessoren auf, sondern auch bei einem Cache bei einem Einprozessorsystem, wenn der andere Prozessor DMA-Hardware (DMA – Direct Memory Access) bzw. ein Ein/Ausgabe-Prozessor ist, der zusätzlich zur CPU vorhanden ist.

Das obige unter 1. beschriebene Problem ist lösbar, wenn beim Schreiben neuer Werte in den Cache auch die entsprechenden Werte in den Hauptspeicher und in die anderen Caches (bei Multiprozessoren) überschrieben werden. Für dieses Vorgehen gibt es zwei Methoden:

1. Das **Durchschreiben** (*write through* oder *store through*), wo bei jedem Schreiben in den Cache gleichzeitig auch in den entsprechenden Hauptspeicher geschrieben wird.
2. Das *verzögerte Rückschreiben* (*deferred write*), bei dem die korrespondierende Kopie im Hauptspeicher nicht sofort ersetzt wird, sondern erst beim Verdrängen der Daten aus dem Cache.

Verfahren eins gewährleistet nicht nur die Kohärenz, sondern auch die Konsistenz, und besticht durch seine Einfachheit. Bei Caches, die gemäß dem Prinzip write through (Verfahren eins) arbeiten, ist jedoch nachteilig, dass jedes Schreiben einen Hauptspeicherzugriff bedingt, was bei einem Multiprozessorsystem wieder den Bus belastet. Deshalb wird dieses Verfahren nur bei Einprozessorsystemen zwischen dem **Primary Cache** (*Level 1 Cache*) und dem **Secondary Cache** (*Level 2 Cache*) angewandt. Die Daten oder Instruktionen werden dabei aus dem Primary Cache geholt, und die Ergebnisse werden beim Primary Cache in den Secondary Cache durchgeschrieben (write through). Bei Multiprozessoren ist zur Reduktion der Hauptspeicherzugriffe nur die verzögerte Rückschreibemethode angebracht (Verfahren zwei).

Zur Realisierung des verzögerten Rückschreibens gibt es auf der Hardwareebene zwei verschiedene Strategien beim Schreiben [S 90]:

1. *Write invalidate* und
2. *Write update*.

Die Strategie Write invalidate arbeitet folgendermaßen:

Leseanfragen werden lokal befriedigt, falls eine Kopie des Blocks existiert. Überschreibt ein Prozessor einen Block, werden alle anderen Kopien (im Hauptspeicher und den anderen Caches) auf ungültig (*Invalidated*) gesetzt (siehe Abb. 2.6b). Ein weiteres Überschreiben des gleichen Prozessors kann nur auf seinem ihm gehörendem Cache durchgeführt werden, da keine weiteren Kopien mehr existieren. Will ein anderer Prozessor den überschriebenen Block lesen, so muss er warten, bis der Block wieder gültig ist.

Im Gegensatz zur Strategie Write invalidate- ändert (*updated*) die Strategie Write update beim Schreiben eines Prozessors alle Kopien in den anderen Caches (siehe Abb. 2.6c).

Die Strategien Write invalidate und Write update erfordern, dass die Konsistenzkommandos (Invalidation-Kommando und Update-Kommando) wenigstens diejenigen Caches erreichen, die Kopien des Blocks haben. Das bedeutet, dass jeder Cache die Konsistenzkommandos bearbeiten muss, um herauszufinden, ob es einen Block in seinem Cache betrifft. Deshalb heißen diese Protokolle *Snoopy Cache Protocols*, da jeder Cache am Bus nach eingehenden Inkonsistenzkommandos „schnüffeln" muss.

Ein Snoopy Cache Protocol, basierend auf der Strategie Write Invalidate, schreibt einen Block im Cache nur beim ersten Schreiben in den Hauptspeicher zurück (*Write-once Protocol* oder *Write-first Protocol*). Nachfolgendes Lesen und Schreiben geschieht dann auf dem lokalen Block im Cache und erfordert kein Rückschreiben in den Hauptspeicher. Dadurch bedingen nachfolgende Lese- und Schreiboperationen des Prozessors keinen Busverkehr mehr. Das Write-once Protocol entspricht beim ersten Schreiben dem write through. Dieser zusätzliche Hauptspeicherzugriff zum Durchschreiben wird hier in Kauf genommen, da der Prozessor warten muss, bis die restlichen Caches den Block invalidiert haben.

Das *Write Invalidate Snoopy Cache Protocol* assoziiert einen Zustand mit jeder Kopie eines Blocks im Cache. Die Zustände für eine Kopie sind:

- *M*odified: Daten wurden einmal überschrieben, und die Kopie ist nicht konsistent mit der Kopie im Hauptspeicher (Write-once Protocol). Die Kopie im Hauptspeicher ist die veraltete Kopie.
- *E*xclusive (unmodified): Die Daten wurden nicht modifiziert, und die Kopie ist die einzige Kopie im System, die im Cache liegt.
- *S*hared (unmodified): Es existieren mehrere gültige Kopien, die konsistent mit der Kopie im Hauptspeicher sind.
- *I*nvalid: Die Kopie ist ungültig.

Gemäß den Anfangsbuchstaben der Namen für die Zustände heißt das *Snoopy Cache Invalidation Protocol* auch *MESI-Protokoll* [H 93].

Zusätzlich zu den normalen Kommandos zum Lesen eines Blocks aus (Read-Block) und Schreiben eines Blocks (Write-Block) in den Speicher benötigt man noch die beiden Konsistenzkommandos

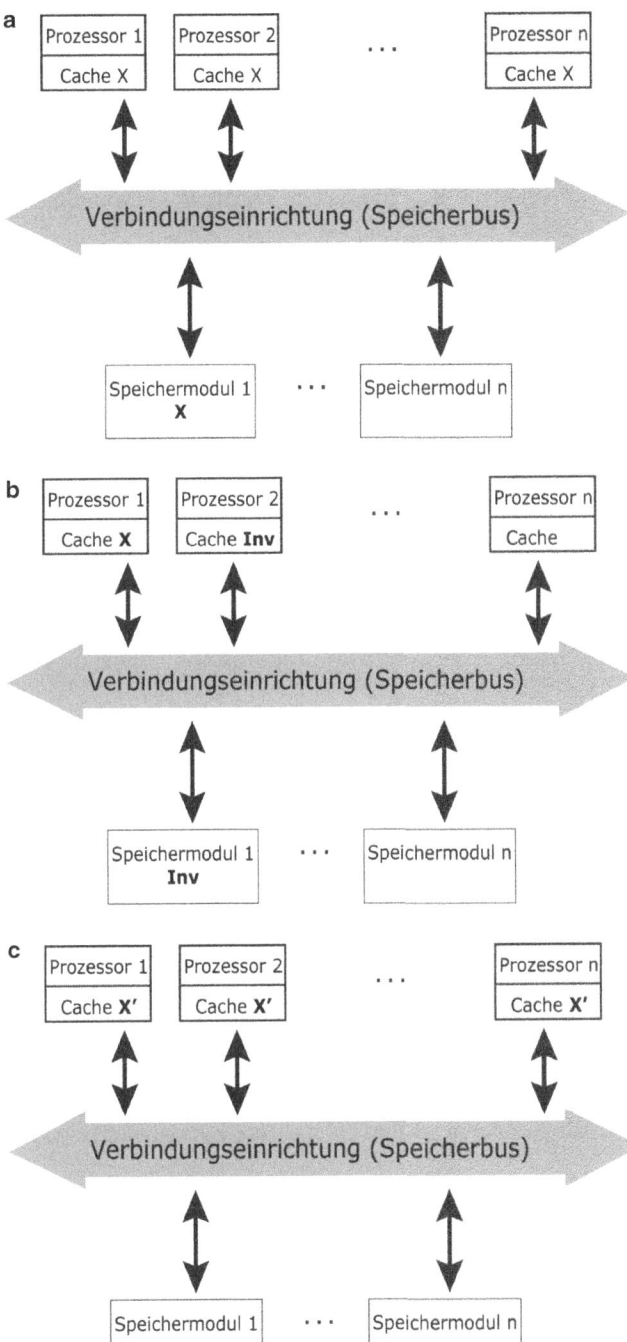

Abb. 2.6 a Ausgangszustand: Hauptspeicher und alle Caches haben konsistente Kopien des Blocks X, b Write invalidate: Alle Kopien mit Ausnahme von Cache in Prozessor 1 sind ungültig (Inv), wenn Prozessor 1 Block X überschreibt, angezeigt durch X′, c Write update: Alle Kopien (mit Ausnahme der Speicherkopie, was ignoriert wird) sind abgeändert

- `Write-Inv`: Setzt alle anderen Kopien eines Blocks auf ungültig (invalidate).
- `Shared-Signal`: Zum Anzeigen, dass eine weitere Kopie existiert.

Zustandsänderungen werden entweder durch die Lese- und Schreibkommandos des Prozessors (`Proc-Read`, `Proc-Write`) oder über die Konsistenzkommandos, die über den Bus kommen (`Read-Block`, `Write-Block`, `Write-Inv`, `Shared-Signal`) bewirkt.

Der Ablauf des **MESI-Protokolls** lässt sich nun angeben durch die Aktionen, welche durchgeführt werden, wenn der Prozessor einen Block liest (`Proc-Read`) oder einen Block beschreibt (`Proc-Write`).

Bei einem `Proc-Read` und `Proc-Write` können die folgenden Fälle auftreten:

- Ein *Read Hit* tritt auf, wenn der Block im Cache vorhanden und gültig ist.
- Ein *Read Miss* tritt auf, wenn der Block im Cache nicht vorhanden oder ungültig ist (Invalid).
- Ein *Write Hit* tritt auf, wenn der Block im Cache vorhanden und gültig ist.
- Ein *Write Miss* tritt auf, wenn der Block im Cache nicht vorhanden oder ungültig ist (Invalid).

Die bei einem Hit oder Miss oder einer Ersetzung (Replacement) eines Blocks im Cache durchzuführenden Aktionen sind:

- *Read Hit*: Benutze die lokale Kopie aus dem Cache.
- *Read Miss*: Existiert keine oder keine Modified Kopie, dann hat der Hauptspeicher eine gültige Kopie. Kopiere Block vom Hauptspeicher in den Cache und setze den Block auf Exclusive. Existiert eine Modified-Kopie, dann ist es die einzige gültige Kopie im System und die Kopie im Hauptspeicher ist ungültig. Schreibe die Modified-Kopie in den Hauptspeicher, so dass er eine gültige Kopie enthält. Lade die gültige Kopie vom Hauptspeicher in den Cache. Setze mit dem Shared-Signal beide Kopien auf Shared.
- *Write Hit*: Existiert keine Modified-Kopie, dann kann das Schreiben lokal ausgeführt werden. Ist die Kopie Modified, so muss sie vorher in den Speicher zurückgeschrieben werden. Der neue Zustand der Kopie ist Modified. Sende das Konsistenzkommando `Write-Inv` zu allen anderen Caches, so dass die Caches ihre Kopien auf `Invalid` setzen können.
- *Write Miss*: Die Kopie besitzt den Zustand Modified, dann wird die Kopie in den Speicher zurückgeschrieben, andernfalls kann ein Zurückschreiben unterbleiben. Die Kopie wird vom Speicher geholt, und anschließend wird die Kopie überschrieben. Sende das Konsistenzkommando `Write-Inv` zu allen anderen Caches, so dass die Caches ihre Kopien auf Invalid setzen können. Der neue Zustand der Kopie ist Exclusive.
- *Replacement*: Ist die Kopie Dirty (d. h. der Block ist im Cache geändert), so muss sie in den Hauptspeicher zurück geschrieben werden. Andernfalls ist keine Aktion notwendig.

Die Abb. 2.7a–e zeigen an einem Beispiel die Auswirkung des MESI-Protokolls und verdeutlicht, dass ein mehrmaliges Lesen und Schreiben eines Prozessors nur beim erstmaligen Schreiben Busverkehr erfordert und nachfolgendes Schreiben und Lesen nur lokal auf der Kopie im Cache ausgeführt wird. In Abb. 2.7 beziehen sich alle Speicherzugriffe auf dieselbe Adresse.

Bus-Snooping mit dem MESI-Protokoll, und somit mit der Write Invalidate-Strategie, verwendet der Intel Pentium 4 und viele andere CPUs [T 06]. Ein Beispiel für ein **Write update Snoopy Cache Protocol** ist das ***Firefly Protocol,*** das für eine Firefly Multiprocessor Workstation von Digital Equipment implementiert wurde, und das ***Dragon Protocol*** für eine Dragon Multiprocessor Workstation von Xerox PARC. Eine Übersicht und Beschreibung dieser Protokolle gibt Archibald und Baer [AB 86].

Die Techniken Write Update und Write Invalidate sind unter verschiedenen Belastungen unterschiedlich leistungsfähig. Update-Nachrichten befördern Nutzdaten und sind daher umfangreicher als Invalidierungs-Nachrichten. Die Update-Strategie vermeidet jedoch zukünftige Cache-Fehler [T 06]. Performance-Messungen, gewonnen durch Simulation des Write Invalidate- und Write Update-Protokoll, sind in [L 93] enthalten.

Die Hauptunterschiede zwischen einem Snoopy Cache und einem gewöhnlichen Cache für Einprozessorsysteme, oder den nachfolgend beschriebenen Verzeichnisbasierten Multiprozessor-Caches, liegen einmal im

- *Cache Controller*, der Information in der Cache-Zeile abspeichert über jeden Zustand eines Blocks. Bei Snoopy Caches kann der Cache-Controller als Zustandsautomat ausgelegt werden, der das Cache Kohärenz-Protokoll gemäß den Zustandsübergängen implementiert. Wie bei den Snoopy-Protokollen benötigt ein Directory-basierter Cache zum Abspeichern des Zustandes mindestens zwei Bits. Zum anderen im
- *Bus Controller*, der bei Snoopy Caches den Snooping-Mechanismus implementiert und alle Busoperationen überwacht und Entscheidungen fällt, ob Aktionen nötig sind oder nicht. Zum Weiteren im
- *Bus* selber, der zur effizienten Unterstützung der Write invalidate- oder Write update-Protokolle weitere Busleitungen besitzen muss. Zum Beispiel ist eine Shared Line bei der Write Update-Strategie angebracht.

Verzeichnis-basierte Cachekohärenz-Protokolle

Snoopy Cache-Protokolle passen sehr gut mit dem Bus zusammen und sind nicht geeignet für allgemeine Verbindungsnetzwerke, wie die nachfolgend beschriebenen Kreuzschienenschalter und Mehrebenennetzwerke. Der Grund liegt darin, dass sie einen Broadcast erfordern, der mit einem Bus oder sogar mit einer dafür vorgesehenen Busleitung einfacher zu bewerkstelligen ist als mit einem Verbindungsnetzwerk. Anstatt eines Broadcast sollten die Konsistenzkommandos nur die Caches erreichen, die eine Kopie des Blocks haben. Dies bedingt, es muss Information vorhanden sein, welche Caches Kopien besitzen von allen in den Caches vorhandenen Blöcken. Cachekohärenz-Protokolle, die irgendwie

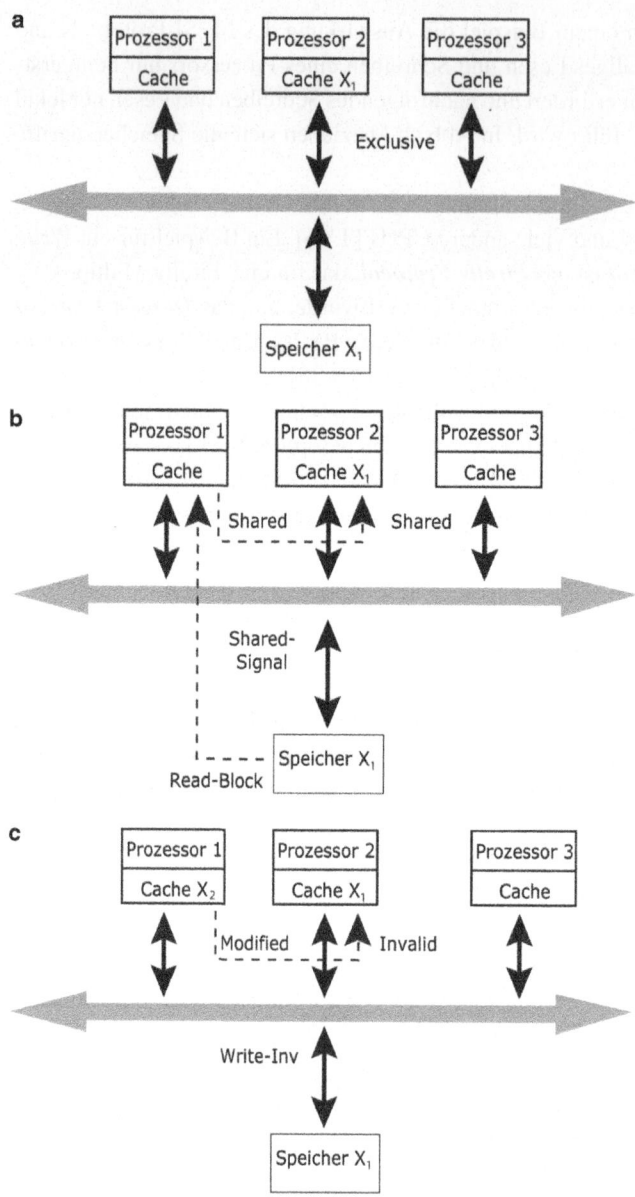

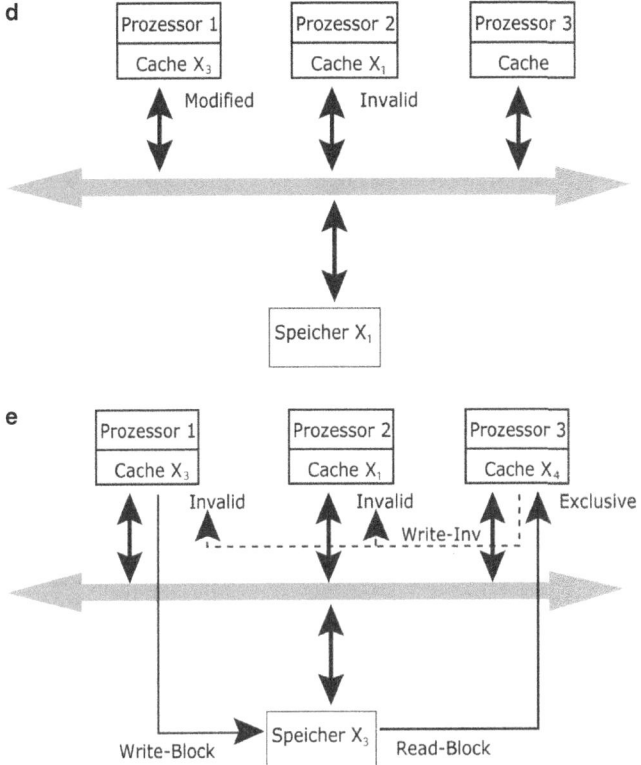

Abb. 2.7 a Anfangszustand: X_1 ist im Hauptspeicher und im Cache von Prozessor 2, **b** Prozessor 1 liest X_1: Read Miss: Prozessor 2 reagiert auf das Lesen von Prozessor 1 mit neuem Zustand Shared. Der Block kommt vom Hauptspeicher. Beide Zustände sind Shared, **c** Prozessor 1 überschreibt X_1: Write Hit: Erstes Schreiben von Prozessor 1 macht die Kopie im Cache von Prozessor 2 ungültig, **d** Prozessor 1 überschreibt X_2: Write Hit: Nachfolgendes Schreiben und Lesen geschieht lokal im Cache von Prozessor 1. Kein Busverkehr!, **e** Prozessor 3 überschreibt X_2: Write Miss: Prozessor 1 liefert den Block. Alle anderen Caches werden auf ungültig gesetzt

Information abspeichern, welche Caches eine Kopie des Blocks besitzen, arbeiten mit einem *Verzeichnis Schema* (*Directory Scheme*) [S 90].

Ein *Verzeichnis* (*Directory*) oder eine Datenbank enthält für jeden Speicherblock (memory-line) einen Eintrag, welcher den Zustand des Blocks und einen Bitvektor mit den Prozessoren, welche Kopien besitzen, speichert. Durch Auswertung dieser Einträge kann jederzeit bestimmt werden, welcher Cache, wo aktualisiert werden muss.

Eine Konkretisierung des Konzeptes der Verzeichnisse an einem System mit 256 Knoten, wobei jeder Knoten aus einer CPU und 16 MB RAM besteht, erläutert Tanenbaum [T 06]. Stenström [S 90] untersucht die Anzahl der Bits zur Speicherung der Information für jeden Cache-Block und betrachtet dann den Netzwerkverkehr für das Write Invalidate-Cache-Protokoll. Für verschiedene Directory-Schemas führt Stenström dann eine Leis-

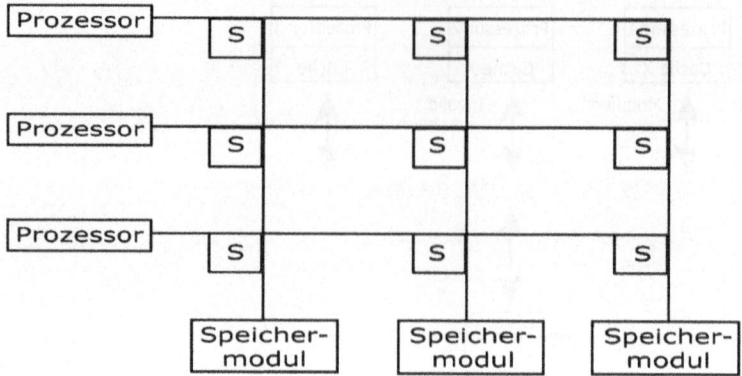

Abb. 2.8 Verbindung von Prozessoren und Speichermodule mit Kreuzschienenschalter

tungsoptimierung durch. Hennessy und Patterson [HP 06] geben ein Directory-based Cache Coherence Protocol mit den Zuständen Invalid, Modified und Shared an. Im Anhang C erläutert [HP 06] die Cache Performance und die daraus resultierende Cache-Optimierung.

2.1.2.2 Kreuzschienenschalter-basierte Multiprozessoren

Bei eng gekoppelten Multiprozessoren wächst der Busverkehr linear mit der Anzahl der Prozessoren. Der einzige Weg, den Prozessor-Speicher-Engpass zu beseitigen, besteht darin, den Hauptspeicher in mehrere Module aufzuteilen und mehrere Pfade zwischen die CPUs und die Speichermodule zu legen. Dies erhöht nicht nur die Bandbreite der Zugriffe, sondern erlaubt auch die parallele Abarbeitung der Speicherzugriffe von verschiedenen CPUs zu verschiedenen Speichermodulen. Die einfachste Schaltung, um n CPUs mit k Speichermodule zu verbinden, ist ein **Kreuzschienenschalter** (Crossbar Switch) mit n*k Schalter, wie Abb. 2.8 zeigt.

Jeder Kreuzungspunkt enthält einen Schalter, um entweder die horizontale oder vertikale Linie zu verbinden. Beim Zugriff eines Prozessors auf ein bestimmtes Speichermodul wird der entsprechende Pfad durchgeschaltet.

Der Vorteil eines Kreuzschienenschalters liegt darin, dass sich zwischen den CPUs und den Speichermodulen ein nicht blockierendes Netzwerk befindet. Das bedeutet, dass keine CPU verzögert werden muss, weil sie einen bestimmten Kreuzungspunkt benötigt oder weil eine Leitung besetzt ist. Natürlich ist hierbei vorausgesetzt, dass das Speichermodul verfügbar ist und somit kein anderer Prozessor zur gleichen Zeit auf das gleiche Speichermodul zugreift.

Ein Nachteil von kreuzschienenschalter-basierten Multiprozessoren ist, dass die Anzahl der Kreuzungspunkte quadratisch mit der Anzahl der CPUs und Speichermodulen wächst. Mit 100 CPUs und 100 Speichermodulen erhält man 10.000 Kreuzungspunkte und somit auch Schalter.

Kreuzschienenschalter setzt man schon seit Jahrzehnten in Telefonnetzen ein, um eine Gruppe ankommender Leitungen in beliebiger Weise auf eine Gruppe abgehender Leitungen durchzuschalten [T 06].

Der Parallelrechner **IBM RS/6000 SP** [IRS 06] ist ein skalierbarer Parallelrechner (SP: scalable POWERparallel) dessen Grundeinheit so genannte **Frames** sind. Ein Frame kann bis zu 16 Knoten besitzen. Je nach Prozessortyp besteht ein Knoten aus 1 bis 4 Prozessoren. Jeder Frame enthält einen so genannten **High Performance Switch** (**HPS**), der einem Kreuzschienenschalter entspricht. Der Rechner Sun Fire E25K [T 06] benutzt ebenfalls einen Kreuzschienenverteiler.

Beim Athlon 64 X2 und dem Opteron [A 06] hängen beide Rechnerkerne an einem Crossbar Switch. Über diesen greifen sie auf den Speicher und die Peripherie zu. Bei der Cache-Verwaltung hat AMD die Cacheverwaltung des Alpha-Prozessors von DEC übernommen. Diese sieht fünf Bits zur Markierung von Cache-Zellen vor: Modify, Owner, Exclusive, Shared und Invalid (**MOESI-Protokoll**) [H 93]. Über einen eigenen Kanal, den „Snoop Channel", kann ein Kern den Status einer Cache-Zelle des anderen abfragen, ohne den restlichen Datentransfer zu bremsen.

2.1.2.3 Mehrebenennetzwerke-basierte Multiprozessoren

Ein $n*n$ **Mehrebenennetzwerk**, oder auch **Omega-Netzwerk** [R 97] genannt, verbindet n Prozessoren mit n Speichermoduln. Dabei liegen mehrere Ebenen oder Bänke von Schaltern auf dem Weg vom Prozessor zum Speicher. Ist n eine Potenz von 2, so benötigt man $\log n$ Ebenen und $n/2$ Schalter pro Ebene. Die Schalter haben zwei Eingänge und zwei Ausgänge. Ein Prozessor, der zum Speicher zugreifen möchte, gibt den Zugriffswert auf das Speichermodul als Bitwert an. Diese Bitkette enthält für jede Ebene ein Kontrollbit. Der Schalter auf der Ebene i entscheidet dann, ob der Eingabekanal auf den oberen oder unteren Ausgabekanal gelegt wird:

- Ist das Kontrollbit für den Schalter eine **Null**, so wird der Eingang mit dem **oberen Ausgang** verbunden.
- Ist das Kontrollbit für den Schalter eine **Eins**, so wird der Eingang mit dem **unteren Ausgang** verbunden.

Die Abb. 2.9 zeigt ein Netzwerk, das acht Prozessoren mit acht Speichermodulen verbindet. Weiterhin zeigt die Abbildung, wie Prozessor 3 eine Speicheranfrage an den Speichermodul 3 stellt. Das Speichermodul 3 hat den Bitwert 011, und diese Bitkette enthält die Kontrollbits für die drei Schalter.

Nehmen Sie nun an, dass parallel zum Zugriff von Prozessor 3 auf Speichermodul 3, Prozessor 7 auf Speichermodul 1 zugreifen möchte. Dabei kommt es zu einem Konflikt der beiden Speicheranfragen bei einem Schalter auf Ebene 1 und einer Verbindungsleitung zwischen einem Schalter der Ebene 1 und Ebene 2. Um die parallele Abfrage der beiden Prozessoren abzuarbeiten, muss eine Anfrage blockiert werden. Damit ist ein

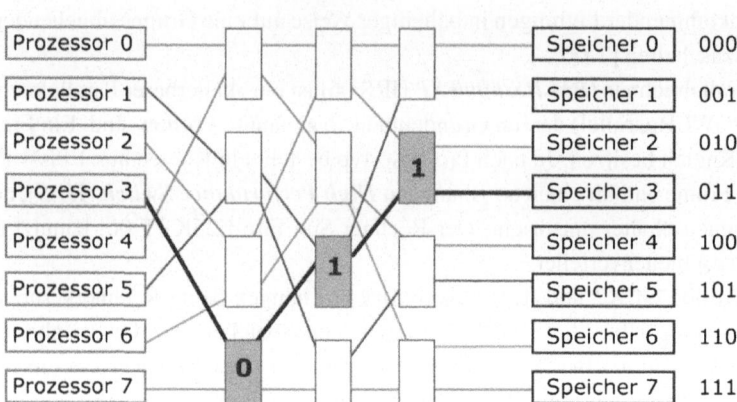

Abb. 2.9 8*8 Mehrebenen-Netzwerk, wobei Prozessor 3 eine Anfrage an den Speichermodul 3 stellt

Mehrebenen-Netzwerk im Vergleich zu einem Kreuzschienenschalter ein *blockierendes Netzwerk*.

Eng gekoppelte Multiprozessoren, welche als Prozessor-Speicherverbindung ein Mehrebenen-Netzwerk einsetzen, waren in den 1980er Jahren die von BBN Technologies (Bolt, Bernak, und Newman) gebauten *Butterfly-Maschinen* [BBN 89, RT 86]. Butterfly deshalb, weil die eingesetzten Verschaltung einem Schmetterling mit vier Flügeln entsprechen. Eine Butterfly-Maschine konnte bis zu 512 CPUs mit lokalem Speicher haben, und durch das Mehrebenen-Netzwerk konnte jede CPU auf den Speicher der anderen CPUs zugreifen. Die eingesetzten CPUs waren gewöhnliche CPUs (Motorola 68020 und später Motorola 88100). Weitere experimentelle Multiprozessoren mit Mehrebenen-Netzwerken waren der *RP3* von IBM [PBG 85] mit bis zu 512 Prozessoren und der *NYU-Ultracomputer* [GGK 83] von der New York University mit bis zu 4096 Prozessoren. Die Butterfly-Maschine, der RP3 und der NYU-Ultracomputer gehören heute zur Geschichte des Supercomputing.

2.1.2.4 Multicore-Prozessoren

Durch die Fortschritte in der VLSI-Technologie ist es heute möglich, zwei oder mehr leistungsfähige CPU-Kerne auf einem einzigen Chip zu vereinen. Diese CPUs haben alle einen eigenen Cache und nutzen den Hauptspeicher gemeinsam. Somit handelt es sich um eng gekoppelte Multiprozessoren auf einem Chip. Demgemäß heißen sie auch *Multiprocessor Systems-on-Chip* (MPSoc) [JW 05]. Bei zwei Kernen heißen sie *Doppelkern-Prozessor* (Dual-Core), bei vier Kernen spricht man von einem *Quad-Core-Prozessor* und mit mehreren Kernen heißen sie *Mehrkern-Prozessor* (Multicore-Prozessor).

In den 1990er Jahren stand die Takt-Frequenz von wenigen MHz bis zu heute vier GHz im Vordergrund zur Leistungssteigerung von CPUs. Dieser Trend wurde beschränkt, da

2.1 Eng gekoppelte Multiprozessoren und Multicore-Prozessoren

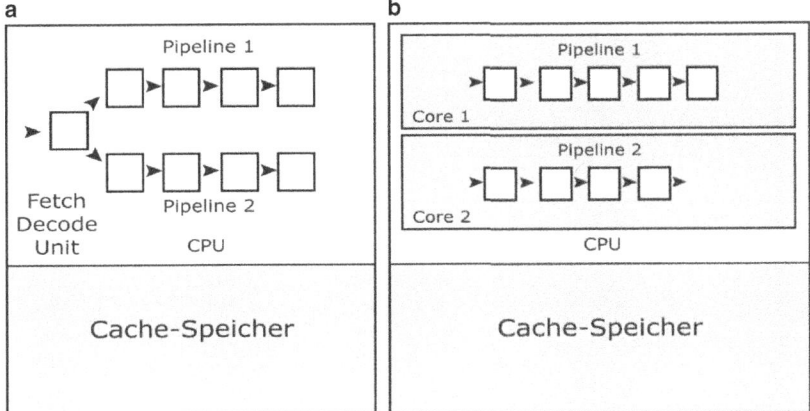

Abb. 2.10 Chip-Multicoreprozessor-Architekturen. **a** Duplikation der Befehlspipeline, **b** ein Chip mit zwei Kernen

durch die Erhöhung der Takt-Frequenz erhöhter Stromverbrauch und erhöhte Wärmeabgabe mit einhergehen [Bo 06, G 01]. Aus diesem Grund wird heute versucht, durch neue Prozessorarchitekturen und der Integration von mehreren CPU-Kernen auf einem Chip Leistungssteigerungen zu erhalten. Von den bisher vorgestellten Hardwarearchitekturen Superskalar, Simultaneous Multithreading und Multicore-Prozessoren bringen Letztere die beste Leistungssteigerung [HNO 97] und bestätigen diesen Trend.

Bei Chip-Multiprozessoren mit wenigen Kernen herrschen die beiden Richtungen vor [T 06], siehe Abb. 2.10:

1. Durch **Duplikation der Befehlspipeline** entstehen mehrere Befehlsausführungseinheiten. Eine Fetch/Decode-Instruktionseinheit führt den Ausführungseinheiten die Arbeit zu. Dieses Vorgehen entspricht dem Funktionsprinzip der Vektorrechner [HB 84] (Abb. 2.10a).
2. Durch den **Einsatz von mehreren CPUs**, jede mit ihrer eigenen Fetch/Decode-Einheit, die wie ein eng gekoppelter Multiprozessor arbeitet (Abb. 2.10b).

Von den beiden in Abb. 2.10 dargestellten Architekturen setzen sich in letzter Zeit hauptsächlich die Richtung mehrere Kerne auf einem Chip (Multicore) unterzubringen, durch. Ein Multicore-Prozessor heißt

- **symmetrisch** oder **homogen**, wenn alle Kerne gleich sind. Ein für diesen Prozessor übersetztes Programm kann auf jedem beliebigen seiner Kerne laufen. Das darauf ablaufende Betriebssystem unterstützt meistens **Symmetric Multiprocessing** (**SMP**).
- **asymmetrisch** oder **heterogen**, wenn die Kerne unterschiedlich sind und spezielle Aufgaben haben. Ein Programm kann nur auf einem seiner Übersetzung entsprechenden Kern ausgeführt werden. Einige Kerne arbeiten wie klassische Prozessoren, andere

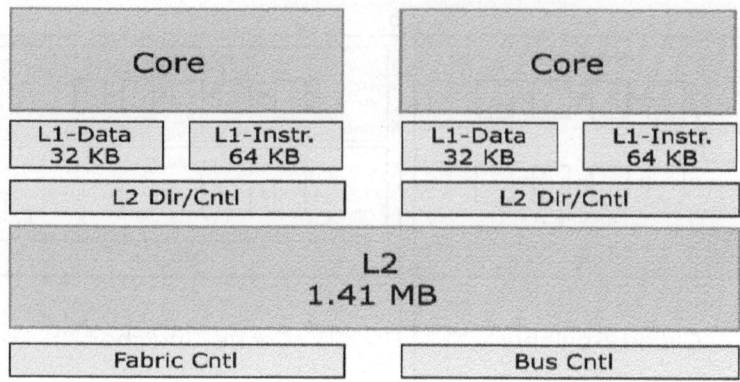

Abb. 2.11 Power4 Chip

wie asynchrone Coprozessoren. Auf jedem Prozessorkern läuft ein separates Betriebssystem oder eine separate Installation desselben Betriebssystems [S 06]. Dieser Betrieb heißt *Asymmetric Multiprocessing* (AMP). Einsatzgebiete solcher Multicore-Prozessoren sind eingebettete Systeme, insbesondere audiovisuelle Unterhaltungselektronik, wie zum Beispiel Fernsehgeräte, DVD-Player, Camcorder, Spielkonsolen, Mobiltelefone usw. [T 06]. Eine typische Architektur für asymmetrisches Multicore besitzt der nachfolgend vorgestellte Cell-Prozessor mit der Cell Broadband Engine Architecture.

Schon im Jahr 2001 hat IBM den *Power4* Prozessor [G 01, BTR 02] auf den Markt gebracht (siehe Abb. 2.11). Dem folgte 2005 AMD mit dem *Dual Core Opteron* [A 06, KGA 03] und 2005/06 Intel mit dem *Pentium D* und dem *Xeon DP* [I 06].

Sun entwickelt den *Niagara Chip* auf Basis des ULTRASparc mit vier, sechs oder acht SPARC-Kernen [KAO 05, S 07]. Im Gegensatz zum Power4 Prozessor, der einen Shared L2 Cache besitzt, (siehe Abb. 2.11) besitzt beim Niagara Chip jeder Kern seinen eigenen L1-Cache und L2-Cache.

Toshiba, Sony und IBM entwickeln seit dem Jahr 2000 gemeinsam einen Prozessor namens *Cell*, der in der Playstation 3 läuft und in HDTV-Geräten und Servern eingesetzt werden soll [C 07, KDH 05]. Die *Cell Broadband Engine Architecture* (CBEA) besitzt einen 64 Bit PowerPC-Kern (Power Processor Element – PPE) und acht speziell ausgelegte „Synergistic" Kerne (Synergistic Processor Elements – SPE) auf einem Chip, die mit einem Hochgeschwindigkeits-Bus (Element Interconnect Bus – EIB) verbunden sind. Zusätzlich auf dem Chip integriert ist ein Hochgeschwindigkeits-Speicher- und ein -I/O-Interface.

Das Power Processor Element (PPE) besitzt einen 32 Kbyte großen Instruktions- und Datencache und einen 512 Kbyte großen einheitlichen Cache auf der zweiten Ebene. Zur Reduktion der Hauptspeicherzugriffe der acht *Synergistic Processor Elements* (SPE) besitzen sie keinen Cache, sondern einen 256 Kbyte großen lokalen Speicher. Zum Daten-

2.1 Eng gekoppelte Multiprozessoren und Multicore-Prozessoren

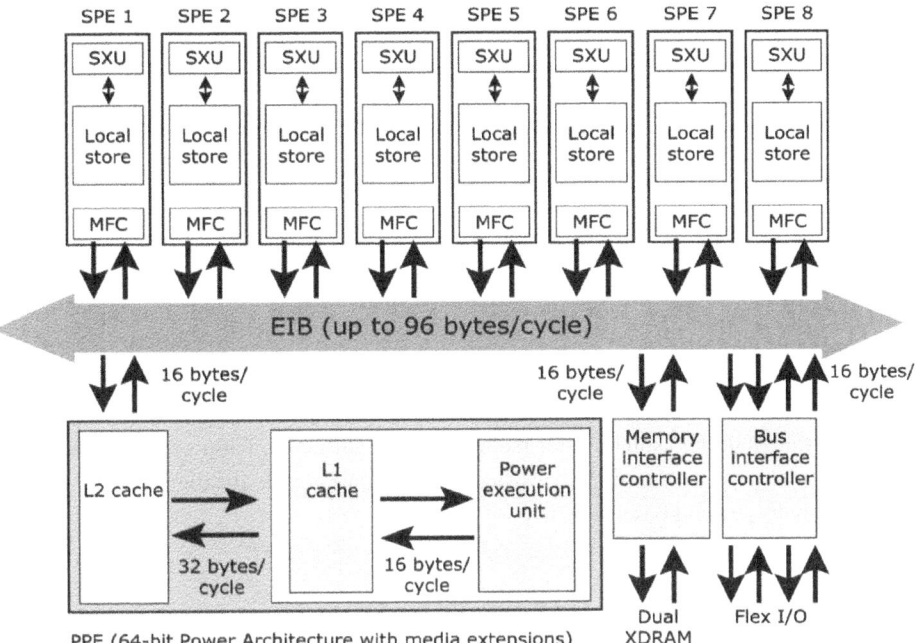

Abb. 2.12 Cell Broadband Engine

transfer zwischen dem lokalen Speicher und dem gemeinsamen Hauptspeicher über den Element Interconnect Bus (EIB) [KPP 06] besitzt jede SPE einen Memory Flow Controller (MFC) (siehe Abb. 2.12).

Synergistische Architekturen [GHF 06] sind Datenparallelität ausnutzende Architekturen und unterstützen einen hohen Thread Level-Parallelismus durch eine Vielzahl von Prozessoren auf einem Chip.

Das Betriebssystem für die Cell Broadband Engine Architecture (Abb. 2.12) ist *Cell Linux*. Cell Linux ist, wie die restliche Cell-Software, freie Software (Open Source). Der gegenwärtige Stand von Cell Linux für die heterogenen Prozessoren, des Laders, der Compiler und Compilerprototypen sowie der Werkzeuge und des Debuggers ist in [GEM 07] beschrieben.

Auf der Integrated Solid State Circuits Conference (ISSCC) zeigte Intel den Prototypen eines Terascale-Prozessors mit 80 Kernen. Die Multi-Core-CPU soll eine Rechenleistung von einem Teraflop bieten und dabei nur 62 Watt benötigen. Intel präsentierte den *80 Core-Prototypen* auf dem Intel Developer Forum im September 2006 in San Francisco. Der Computerkonzern ist mit dem Prototyp eines Computerchips mit 80 Rechenkernen eigenen Angaben zufolge in eine neue Dimension vorgestoßen. Der Prozessor sei „kaum größer als ein Fingernagel" und verbrauche mit 62 Watt weniger als viele heutige herkömmliche Chips. Die Rechenleistung liege im Teraflop-Bereich. Die Marktreife sei ca. 2010 erreicht.

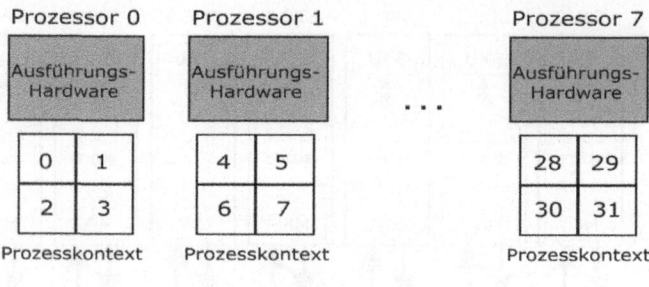

Abb. 2.13 MulticoreArchitektur mit 8*4 Ausführungsfäden

Die Ausnutzung der Isolation der mehreren CPU auf einem Chip zur Fehlerisolation und Fehlertoleranz und destruktive Auswirkungen von Fehlern auf die Leistung sind in [ARJ 07] analysiert und beschrieben.

2.1.3 Programmierung von Multicore-Architekturen

Die effiziente Nutzung der mehreren Kerne ist nur möglich, wenn entweder mehrere unabhängige Prozesse oder parallele leichtgewichtige Prozesse (**Threads**) zu einem Programm gleichzeitig ausgeführt werden. Mit anderen Worten: Die Multicore Architekturen künftiger PC-Prozessoren wird nur dann vernünftig genutzt, wenn auch Standard-PC-Anwendungen mehrfädig (multithreaded) implementiert sind. Damit entsteht die Notwendigkeit, Standard-PC-Anwendungen zu parallelisieren und speziell mehrfädig zu implementieren. Die parallele Programmierung und Thread-Programmierung wird zum Standard und verlässt die Nische des Hochleistungsrechnens [Bo 06].

Die mehrfädige Arbeitsweise hat in den Prozessoren zusätzlich zum Parallelismus auf Maschinenbefehlsebenen (Simultaneous Multithreading) den Parallelismus auf Programmebene eingeführt. Durch die parallel arbeitenden Prozessoren der Multicore-Architektur verstärkt sich der Parallelismus auf Programmebene weiter. So haben bereits heutige Prozessorchips bis zu acht Prozessoren zu je vier Ausführungspfaden, so dass auf einem Chip bis zu 32 Prozessoren quasi gleichzeitig ausgeführt werden können (siehe Abb. 2.13 [Bo 06]).

Durch Multicore-Architekturen verstärkt sich ebenfalls die Kluft zwischen Arbeitsgeschwindigkeit des Prozessorchips und der Speicherchips vor allem, weil die Kerne (Cores) eines Chips in der Regel auf einen gemeinsamen Hauptspeicher zugreifen. Der gemeinsame Speicher wird hier ebenfalls zum Flaschenhals, weil er Befehle und Daten für die Kerne liefern muss und zusätzlich zur Kommunikation zwischen den Kernen zur Verfügung steht. Einige Prozessoren von Multicore-Architekturen verfügen z. B. über einen separaten Cache der 1. Stufe (First Level Cache) sowie einen gemeinsamen Cache der 2. Stufe (Second Level Cache). Zum Teil sind die gemeinsamen Caches auch gruppen-

2.1 Eng gekoppelte Multiprozessoren und Multicore-Prozessoren

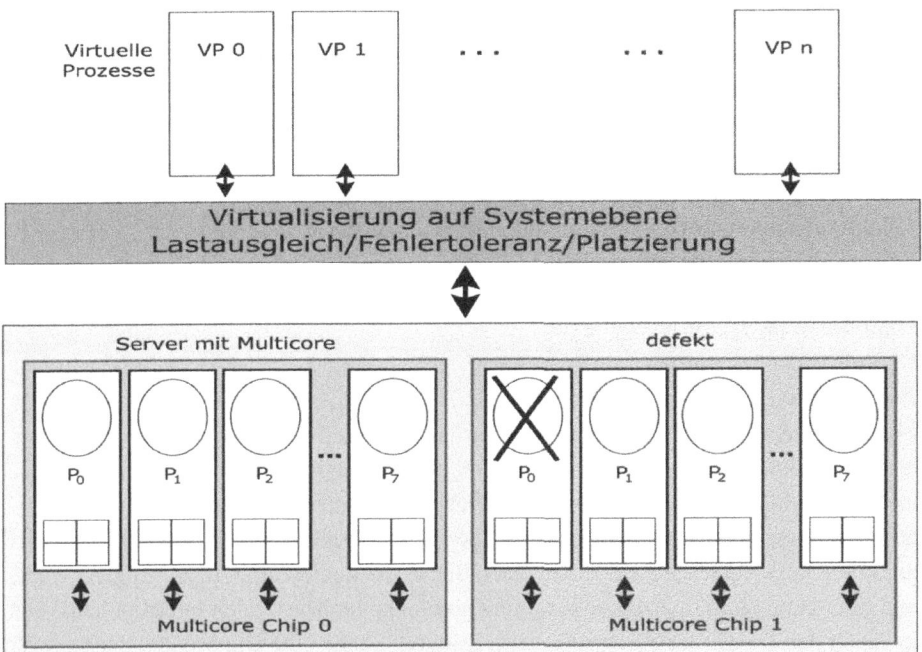

Abb. 2.14 Server mit heterogenen Multicore-Bausteinen und virtuellen Prozessoren

weise organisiert. Ein anderer Weg ist, die einzelnen Prozessoren mit lokalem Speicher zu versehen, so wie es bei den Synergistic Processor Elements bei dem Cell-Processor vorliegt.

Auf der Serverseite wird künftig die erhöhte Parallelität durch die virtuellen parallelen Prozessoren implementiert werden. Wobei natürlich parallele Server durch Threads abgewickelt werden. Eine Serverarchitektur kann dann physisch aus mehreren Multicorearchitekturen bestehen, und die Multicore Prozessoren bilden einen eng gekoppelten Multiprozessor. Beim Cell-Prozessor bringt ein zentraler Prozessor, das Power Processor Element, die verschiedenen Threads über ein virtuelles Scheduling Layer zum Ablauf auf die acht vorhandenen Synergistic Processor Elements. Die virtuelle Scheduling-Schicht verteilt dabei den Thread an das erste verfügbare Synergistic Processor-Element (siehe Abb. 2.14).

2.1.4 Multiprozessorbetriebssysteme

Die zusätzlichen Aufgaben und Probleme eines Multiprozessor- oder Multicorebetriebssystems im Vergleich zu einem Uniprozessorbetriebssystem liegen in der Beherrschung und Ausnutzung der parallel zur Verfügung stehenden Prozessoren oder Kerne.

Es lassen sich drei Typen des Betriebs von Multiprozessoren unterscheiden:

1. *Master Slave*- oder **gebündeltes Multiprocessing** [S 06]: Eine einzige Installation eines Betriebssystems betreibt alle Prozessoren gleichermaßen.
2. *Asymmetrisches Multiprocessing*: Auf jedem Prozessorkern läuft ein separates Betriebssystem oder eine separate Installation desselben Betriebssystems. Eine Anwendung kann nur auf einem bestimmten Prozessor laufen.
3. *Symmetrisches Multiprocessing*: Eine einzige Installation eines Betriebssystems betreibt alle Prozessoren gleichermaßen. Jede Anwendung und das Betriebssystem kann auf jedem Prozessor laufen.

2.1.4.1 Master Slave Multiprocessing

Bei der *Master-Slave-Organisation* existiert ein ausgezeichneter Prozessor, der Master, welcher das Betriebssystem ausführt. Die restlichen Prozessoren sind identisch und bilden eine Ansammlung von Rechenprozessen, welche die Benutzerprozesse ausführen. Ein einziges Betriebssystem, der Master, hat den Überblick über alle Systemressourcen. Benötigt ein Prozess auf einem Slave-Prozessor einen Betriebssystemdienst z. B. zur Ein-/Ausgabe, dann erzeugt er einen Interrupt und wartet darauf, bis der Master den Interrupt behandelt und somit den Dienst zur Verfügung stellt. Dadurch können die Dienste des Betriebssystems dynamisch zugewiesen und von den Anwendungen gemeinsam genutzt werden.

Betrachtet man das Master-Slave-Prinzip unter dem Gesichtspunkt der Zuverlässigkeit, dann bewirkt der Ausfall eines Slave-Prozessors nur eine Leistungsreduzierung. Der Ausfall des Masterprozessors bewirkt jedoch einen Totalausfall des Systems und ist somit ein einzelner Ausfallpunkt in dem System (Single Point Of Failure – SPOF). Da alle Slaves den Master ansprechen und der Master alle Ressourcen verwalten muss, kann der Master zum Flaschenhals in dem Multiprozessorsystem werden, und der Leistungszuwachs durch Hinzunahmen von weiteren Slaves ist durch den Master beschränkt. Der Master ist ein Flaschenhals (Performance Bottleneck).

2.1.4.2 Asymmetrisches Multiprocessing

Ein *asymmetrisches Multiprozessor-System* kann entweder *homogen* sein, wenn jeder Prozessor denselben Typ und dieselbe Version eines Betriebssystems betreibt, oder *heterogen*, wenn jeder Prozessor ein anderes Betriebssystem betreibt, so dass beispielsweise auf einem Prozessor das QNX Neutrino RTOS läuft und auf dem anderen Linux [S 06]. In einem homogenen Umfeld können sich Entwickler mehrere Prozessoren am besten zu Nutze machen, indem sie ein Betriebssystem mit einem dezentralen Programmiermodell wählen. Bei sauberer Implementierung können die Anwendungen eines Prozessors transparent mit Anwendungen und Systemdiensten wie zum Beispiel Gerätetreibern oder Protokoll-Stacks auf anderen Prozessoren kommunizieren. Die hohe CPU-Belastung, die für die herkömmliche Kommunikation zwischen Prozessoren typisch ist, bleibt hier aus.

Die Ausführungsumgebung des asymmetrischen Multiprocessings ähnelt der eines konventionellen *Uniprozessor-Systems*. Folglich bietet asymmetrisches Multiprocessing

2.1 Eng gekoppelte Multiprozessoren und Multicore-Prozessoren

einen relativ direkten Pfad für die Portierung von Alt-Code. Ein direkter Steuermechanismus für den Gebrauch der CPU-Kerne ist ebenfalls vorhanden. In der Regel lässt sich auch mit standardisierten Debug-Werkzeuge und -Techniken arbeiten.

Mit asymmetrischem Multiprocessing können Entwickler entscheiden, wie gemeinsame Hardware-Ressourcen für die Applikationen zwischen den einzelnen Prozessoren aufgeteilt werden. Normalerweise findet die Bereitstellung der Ressourcen während des Systemstarts statisch statt und umfasst Speicherreservierung auf physikalischer Ebene, Peripherienutzung und Interrupt-Behandlung. Wenn das System die Ressourcen auch dynamisch zuweisen könnte, würde dies die Koordination zwischen den Prozessoren komplizierter machen.

In einem asymmetrischen Multiprocessing-System läuft ein Prozess immer auf demselben Prozessor, sogar wenn andere nicht in Gebrauch sind. Folglich können Prozessoren zu stark oder zu schwach ausgelastet sein. Um diesem Problem zu begegnen, könnte das System den Anwendungen erlauben, zwischen den Prozessoren nach Bedarf zu wechseln. Dies könnte allerdings zu Problemen bei der Übertragung der Prozess-Zustandsinformationen von einem Prozessor auf den anderen oder aber zu Unterbrechungen führen, da eine Anwendung auf einem Prozessor gestoppt und auf dem anderen neu gestartet werden muss – bei unterschiedlichen Betriebssystemen eine schwierige, wenn nicht sogar unmögliche Option.

Für die Unterstützung von asymmetrischem Multiprocessing muss ein Multiprozessor über eine Abstraktionsschicht verfügen, die bestimmte Ressourcen für jeden Prozessor gleich erscheinen lässt. Ein Beispiel dafür wäre die Virtualisierung x86-basierter Multicore-Prozessoren [S 06].

Asymmetrische Multiprozessor-Applikationen, die auf einen Prozessor festgelegt sind, sind nicht in der Lage, bei Bedarf andere Prozessoren zu nutzen, selbst wenn diese nicht in Gebrauch sind. Das heißt, der Entwickler sollte Werkzeuge verwenden, die den Nutzungsgrad der Ressourcen inklusive CPU analysieren. Dies geschieht pro Anwendung und zeigt den optimalen Weg zur Verteilung der Anwendungen auf die Prozessoren bei maximaler Performance. Wenn das Betriebssystem auch über „Hooks" verfügt, um den gewünschten Prozessor dynamisch zu wechseln, besteht die Freiheit, dynamisch zwischen den Prozessoren zu wechseln, ohne Checkpoints oder Anwendungsstart und -stopp zu berücksichtigen.

Im Gegensatz zum nachfolgend beschriebenen Symmetrischen Multiprocessing ergeben sich beim asymmetrischen Fall natürlich auch Vorteile. So wird ausgeschlossen, dass die Cache-Inhalte ständig ungültig werden, indem Anwendungen mit gemeinsamer Datennutzung exklusiv auf demselben Prozessor laufen. Der mit einer Cache-Invalidierung einhergehende Performance-Verlust in einem SMP-System bleibt somit aus. Auch das Debuggen einer Anwendung läuft einfacher ab als bei SMP, da alle ausführenden Threads in einer Anwendung auf demselben Prozessor laufen. Aus dem gleichen Grund lassen sich mit asymmetrischen Multiprocessing auch ältere Anwendungen für Uniprozessoren fehlerfrei betreiben.

2.1.4.3 Symmetrisches Multiprocessing (SMP)

Beim *symmetrischen Multiprocessing* (*SMP*) sind alle Prozessoren funktional identisch und bilden eine Ansammlung von anonymen Ressourcen. Alle anderen Hardware-Ressourcen, wie Hauptspeicher und Ein-/Ausgabegeräte, stehen allen Prozessoren zur Verfügung. Falls ein oder einige Prozessoren und nicht alle Zugriff haben auf beispielsweise spezielle Ein-Ausgabegeräte, bezeichnet man das System als *asymmetrisch*.

Beim symmetrischen Multiprocessing arbeiten alle Prozessoren mit einem einzigen Betriebssystem. Da für das Betriebssystem alle Systemelemente zu jeder Zeit sichtbar sind, kann es Ressourcen auf den verschiedenen Prozessoren bereitstellen – und das ohne Vorgaben des Anwendungsentwicklers. Darüber hinaus kann das Betriebssystem integrierte Standardfunktionen liefern, wie zum Beispiel `pthread_mutex_lock`, `pthread_mutex_unlock`, `pthread_spin_lock` und `pthread_spin_unlock`. Diese Funktionen lassen mehrere Anwendungen auf diese Ressourcen sicher und einfach zugreifen. Da nur ein Betriebssystem existiert, kann dieses bei symmetrischem Multiprocessing nach Bedarf bestimmten Anwendungen – und nicht den Prozessoren – Ressourcen zuordnen und erreicht so eine bessere Hardware-Auslastung. Zudem können System-Tracing-Tools Betriebsstatistiken und Anwendungsinteraktionen für alle Prozessoren sammeln, so dass der Entwickler die Anwendungen besser optimieren und debuggen kann. Die Synchronisierung der Anwendungen ist darüber hinaus einfacher, weil Entwickler Standardfunktionen des Betriebssystems und von Uniprozessorsystemen bewährte Synchronisationsverfahren, an Stelle komplexer Nachrichten-basierter Mechanismen, verwenden können.

Ein Entwickler muss noch nicht einmal spezielle APIs oder eine spezielle Programmiersprache anwenden. Ein Betriebssystem mit SMP-Unterstützung verteilt die Last selbstständig auf mehrere Prozessoren. Der POSIX-Standard, vor allem das Pthread-API, wird seit vielen Jahren erfolgreich in High-end-SMP-Umgebungen eingesetzt. Code, der die POSIX-Schnittstellen nutzt, läuft auf Uniprozessoren und Multiprozessoren gleichermaßen. Bei einigen Betriebssystemen können dieselben Binär-Codes sogar auf Uni- und Multiprozessoren laufen.

Floating Master

Bei der einfachsten Form der symmetrischen Organisation, **Floating Master** genannt, ist das komplette Betriebssystem selbst ein einziger kritischer Abschnitt. Zu verschiedenen Zeitpunkten kann das Betriebssystem auf verschiedenen Prozessoren ausgeführt werden. Das Betriebssystem „*floats*" von einem Prozessor auf den Nächsten. Dadurch sind die Zugriffe zu gemeinsamen Datenstrukturen des Betriebssystems serialisiert, und Konflikte beim Zugriff auf gemeinsame Datenstrukturen werden vermieden.

Voraussetzung für diese Organisation ist natürlich, dass die Liste der bereiten Prozesse im gemeinsamen Hauptspeicher liegt. Betrachten Sie dazu das System in Abb. 2.15, das aus drei Prozessoren und sechs Prozessen, die teilweise rechnend, bereit und blockiert sind, besteht. Alle Prozesse liegen im gemeinsamen Hauptspeicher und drei davon werden ausgeführt: Prozess A auf der CPU 1, Prozess B auf der CPU 2 und Prozess C

2.1 Eng gekoppelte Multiprozessoren und Multicore-Prozessoren

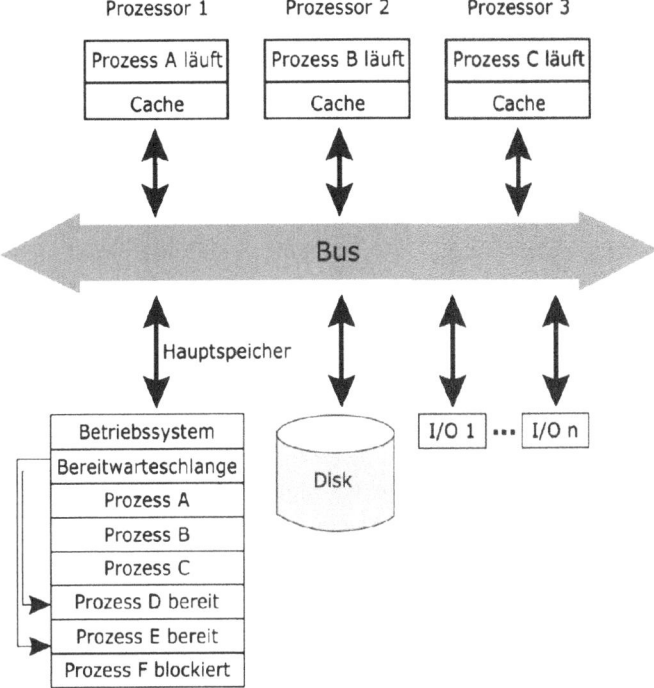

Abb. 2.15 Arbeitsweise des symmetrischen Multiprocessing

auf der CPU 3. Die Prozesse D und E liegen im Hauptspeicher und warten, bis sie an der Reihe sind. Prozess F liegt ebenfalls im Hauptspeicher und wartet, bis er deblockiert wird. Nehmen Sie nun an, dass B sich blockiert, weil z. B. seine Zeitscheibe abgelaufen ist. CPU 2 muss Prozess B suspendieren und einen anderen lauffähigen Prozess finden. Die CPU 2 beginnt nun mit der Ausführung von Betriebssystemcode, der im gemeinsamen Hauptspeicher liegt. Nachdem die Register von Prozess B gerettet sind, ruft CPU 2 den Scheduler des Betriebssystems auf, um einen anderen lauffähigen Prozess zu finden. Durch Zugriff auf die Bereitliste kann dort der erste Eintrag, nämlich Prozess D, entfernt werden und CPU 2 beginnt mit der Ausführung von Prozess D.

Nach dem Umschalten auf den neuen Prozess D werden viele Cache-Fehler auftreten, da der Cache von CPU 2 noch den Code und die Daten von Prozess 2 enthält. Nach einer gewissen Zeit enthält dann der Cache nur noch Code und Daten von Prozess D. Aus diesem Grund sollte ein Prozess, z. B. falls er eine Ein-/Ausgabe tätigt, nicht sofort vom Prozessor genommen werden, sondern der Prozess sollte in bestimmten Fällen aktiv warten und auf dem Prozessor verbleiben. Ebenfalls ist es günstig, falls der Prozess von einem Prozessor genommen wurde und der Prozessor in der Zwischenzeit untätig war, den Prozess wieder auf den gleichen Prozessor zu laden, da der Cache noch den Code und die Daten des alten Prozesses und somit auch des neuen gleichen Prozesses enthält.

Das Prinzip des Floating Master ist ein erster und einfacher Schritt, um ein bestehendes monolithisches Uniprozessorbetriebssystem, z. B. Unix, auf ein eng gekoppeltes Multiprozessorsystem oder einen Multicore-Prozessor zu portieren.

2.1.4.4 Lock-Synchronisation

Das Prinzip des Floating Master erlaubt jedoch nicht die parallele Ausführung des Betriebssystems auf mehreren Prozessoren. Dies ist ein großer Nachteil, da sich besonders bei Unix-Systemen die Prozesse zu 1/3 ihrer Laufzeit im Betriebssystemmodus befinden. Um Teile des Betriebssystems parallel auf mehreren Prozessoren auszuführen, muss das Betriebssystem in Form von mehreren parallelen und voneinander unabhängigen Prozessen und Tasks vorliegen. Der Zugriff der parallelen Tasks zu gemeinsamen Datenstrukturen muss dann unter *wechselseitigem Ausschluss* geschehen.

Weiterhin ist das Standardkonstrukt des kritischen Abschnitts, bei dem der Abschnitt des Quellcodes, welcher die Daten modifiziert und somit eine weitere parallele Ausführung durch andere Prozesse nicht zulässt, bei Multiprozessor-Betriebssystemen nicht angebracht. Ein besseres Vorgehen ist, die *Daten* selbst zu *sperren*, anstatt des Quell*codes*, der die Daten manipuliert. Das Sperren von individuellen Daten erlaubt es allen anderen Prozessen fortzufahren, soweit sie nicht die gemeinsamen Daten manipulieren. Dies erlaubt mehr Parallelität und ist damit effizienter. Das Sperren von Daten anstatt von Code bedingt ein objektorientiertes Vorgehen, d. h. dass die Daten zusammen mit ihren Zugriffsfunktionen vorliegen. Die Zugriffsfunktionen realisieren dann den wechselseitigen Ausschluss beim Zugriff auf die Daten.

Primitive Methoden für den wechselseitigen Ausschluss, wie das *Sperren von Interrupts* und das temporäre Anheben von Prozessprioritäten sind bei Multiprozessorsystemen nicht anwendbar. Die `disable`-Interrupt- und `enable`-Interrupt-Instruktion wirkt nur auf den lokalen Prozessor und nicht auf die anderen im System vorhandenen Prozessoren.

2.1.4.5 Test and Set (TAS)

Bei Multiprozessorsystemen lässt sich zur Synchronisation der *Test und Set* (TAS)-Befehl [M 99] einsetzen. Der TAS-Befehl benutzt zwei Parameter:

1. `Can_Not_Enter`: Kann der Prozess in den kritischen Abschnitt eintreten?
2. `Active`: Eine globale Variable, die anzeigt, ob ein anderer Prozess im kritischen Abschnitt ist, und ob der kritische Abschnitt gesperrt (`lock`) ist.

Die Hardware des TAS-Befehls garantiert die Unteilbarkeit der TAS-Operation Der Ablauf des Hardwarebefehls TAS hat folgende softwaretechnische Beschreibung und sieht folgendermaßen aus:

Programm 2.1: Ablauf des TAS-Befehls

```
procedure TAS (Can_Not_Enter : out BOOLEAN, Active : in out BOOLEAN)
is
```

```
begin
  Can_Not_Enter := Active;
  if Active = FALSE then
    Active := TRUE;
  end if;
end TAS;
```

Das Essentielle an der TAS-Instruktion ist die *unteilbare Operation* des *Testens* (Read) und anschließenden *Setzens* (Write) der globalen Variablen Active. Bei Multiprozessoren ohne Cache benötigt man für diese zwei Speicherzyklen einen unteilbaren read-modify-write-Zyklus auf dem Systembus. Bei cache-basierten Multiprozessoren, also mit Cache für jede CPU, setzt das MESI-Cachekohärenz-Protokoll die globale Variable Active auf den Zustand Shared. Dadurch fällt für das mehrmalige Ausführen des TAS-Befehls kein Busverkehr an.

2.1.4.6 Exchange (XCHG)

Die Mikroprozessorfamilie IAPX-86 von Intel stellt einen Austauschbefehl *Exchange* (*XCHG*) als unteilbare Operation auf einem einzigen Prozessor zur Verfügung [M 99]. Der Hardwarebefehl XCHG hat folgende Wirkung:

Programm 2.2: Ablauf des XCHG-Befehls

```
procedure XCHG (Can_Not_Enter : out BOOLEAN, Active : in out BOOLEAN)
is
  Temp : BOOLEAN;
begin
  Temp := Active;
  Active := Can_Not_Enter;
  Can_Not_Enter := Temp;
end XCHG;
```

Um die Unteilbarkeit des XCHG-Befehls auf Multiprozessoren ohne Cache sicherzustellen, benötigt man einen systemweiten LOCK-Befehl, welcher den Bus sperrt.

2.1.4.7 Spinlocking

Mit dem TAS- oder XCHG-Befehl lässt sich ein *aktives Warten* realisieren. Kann der Prozess den kritischen Abschnitt nicht betreten, muss er warten. Er verbleibt auf dem Prozessor und durchläuft eine Schleife, bis der kritische Abschnitt frei ist. Diese Methode heißt *Spinlocking*. Das aktive Warten in der Schleife selbst ist das sogenannte *Spinning*. Die Spin-Lock-Funktionen sind spin_lock() und spin_unlock() und haben mit dem TAS- oder XCHG-Befehl folgende Implementierung:

Programm 2.3: spin_lock und spin_unlock

```
procedure spin_lock (Active : out BOOLEAN) is
  Can_Not_Enter : BOOLEAN;
begin
  Can_Not_Enter := TRUE;
  while Can_Not_Enter loop
     -- with TAS-Instruction
     TAS (Can_Not_Enter, Active);
     -- or with XCHG-Instruction
     -- XCHG(Can_Not_Enter, Active);
  end loop;
end spin_lock;
procedure spin_unlock (Active : out BOOLEAN) is
begin
  Active := FALSE;
end spin_unlock;
```

Das aktive Warten, und damit das Verschwenden von Prozessorzeit bei Spin-Locks, ist besonders bei Multiprozessoren mit Caches angebracht. Viele Ressourcen sind nur für einige Millisekunden gesperrt, und ein Prozesswechsel würde zeitaufwendiger sein und den Cache korrumpieren, als den alten Prozess warten zu lassen und mit dem bestehenden Cacheinhalt weiter arbeiten zu lassen.

Zur Erhöhung der Parallelität innerhalb des Betriebssystemkerns bietet Linux zusätzlich *Read/Write Spin Locks* (read_lock, read_unlock und write_lock, write_unlock) an [BC 03]. Diese sind angebracht für Datenstrukturen, die von vielen Lesern gelesen, aber nur von wenigen Schreibern geschrieben werden.

2.1.4.8 Semaphore

Das aktive Warten lässt sich vermeiden, wenn der Prozess nicht aktiv wartet, sondern in eine Warteschlange verbracht wird. Das Eingliedern und spätere Entnehmen des Prozesses in und aus der Warteschlange erfordert jedoch mehrere Operationen. Die Warteschlange selbst ist eine gemeinsame Datenstruktur, auf die unter wechselseitigem Ausschluss zuzugreifen ist. D. h. der Zugriff auf die Warteschlange muss durch die `spin_lock`- und `spin_unlock`-Funktion umschlossen werden.

Durch dieses Vorgehen erhält man einen *Queued Lock* oder die bekannten *Semaphore* mit den P- und V-Operationen von Dijkstra [D 65]. Die Unteilbarkeit der P- und V-Operationen ist dabei nicht durch das Sperren von Interruptroutinen realisiert, sondern durch die Funktionen spin_lock() und spin_unlock().

Programm 2.4: Implementierung der P- und V-Operationen mit spin_lock und spin_unlock

```
Active : BOOLEAN := FALSE;
procedure P (S : in out Sema_Type) is
begin
  spin_lock (Active);
  S.Counter := S.Counter - 1;
  if S.Counter < 0 then
    Enter_Last(S.Sema_Queue,Get_Running_PCB);
    spin_unlock (Active);
    -- Block the Process
    Block;
  else
    spin_unlock (Active);
  end if;
end P;
procedure V (S ; in out Sema_Type) is
begin
  spin_lock (Active);
  S.Counter := S.Counter + 1;
  if S.Counter <= 0 then
    Process_PCB_Help := Get_First (S.Sema_Queue);
    -- Unblock the Process
    Ready;
    -- Remove Element from Sema_Queue
    Remove (S.Sema_Queue, Process_PCB_Help);
  end if;
  spin_unlock (Active);
end V;
```

Die obigen Prozeduren beschreiben das exemplarische Vorgehen, das hier didaktisch ausgelegt ist. Die konkrete C-Implementierung der P- und V-Operationen in Linux kann bei Bovet und Cesati [BC 03] nachgelesen werden. Weitere Vorschläge zur Implementierung von Locks, neben dem hier vorgestellten Spin- und Queued-Lock sind in [GT 90] enthalten.

2.1.4.9 Compare and Swap (CAS)

Die *Compare and Swap-CPU-Instruktion* (*CAS* oder **CMPXCHG**) vergleicht atomar den Inhalt von einer Speicherlokation X mit einem gegebenen Wert Old. Wenn sie gleich sind, setzt die Instruktion den Inhalt der Speicherstelle X auf einen neuen Wert New. Das Ergebnis der Operation ist eine Indikation, ob die Ersetzung Old durch New stattgefunden hat oder nicht. Der atomare CAS-Befehl hat somit folgende Wirkung:

Programm 2.5: Ablauf des CAS-Befehls mit Old und New

```
function CAS (X : out REFERENCE, Old: in VARIABLE, New: in VARIABLE)
      return BOOLEAN is
begin
  if CONT(X) == Old then
      X:= New;
      return TRUE;
  else
      return FALSE;
end if;
end CAS;
```

Ersetzt man Old mit Active und New mit Inactive, so kann mit dem CAS-Befehl getestet werden, ob ein anderer Prozess im kritischen Abschnitt war und somit Active ist oder ob er Inactive war und somit nicht im kritischen Abschnitt war.

Programm 2.6: Ablauf des CAS-Befehls mit Active und Inactive

```
function CAS (X : out REFERENCE, Inactive: in VARIABLE,
              Active: in VARIABLE)
      return BOOLEAN is
begin
  if CONT(X) == Inactive then
      X:= Active;
      return TRUE;
  else
      return FALSE;
  end if;
end CAS;
```

Damit lassen sich mit dem CAS-Befehl, wie mit dem TAS- oder XCHG-Befehl, Spinlocks und Semaphore realisieren. Zusätzlich lassen sich mit dem CAS-Befehl *sperr- und wartefreie Algorithmen* realisieren. Herilhy [H 91] hat nachgewiesen, dass dies mit einfachen Lese-, Schreiboperationen und somit dem XCHG- und TAS-Befehl nicht möglich ist.

Die sperr- und wartefreie Algorithmen, welche den CAS-Befehl benutzen, lesen eine gemeinsame Speicherlokation, speichern sie in einer lokalen Variablen (TempOld) ab und merken sich somit den alten Wert. Basierend auf dem alten Wert (TempOld) berechnen Sie dann einen neuen Wert (TempNew) und führen somit eine Operation aus. Der CAS-Befehl versucht dann, den neuen Wert in die Speicherzelle zu schreiben. Bevor er schreiben kann, überprüft er, ob in der Speicherstelle noch der alte Wert steht. Ist dies nicht der Fall, so hat ein anderer Prozess die Speicherstelle geändert, und der CAS-Befehl ist fehlgeschlagen (er gibt FALSE zurück). Ist der Versuch fehlgeschlagen, beginnt man von vorne: Die Speicherstelle wird erneut gelesen, ein neuer Wert wird berechnet und der

CAS-Befehl wird erneut versucht. Mit dem CAS-Befehl, der atomar ist, werden dann die Änderungen hintereinander und seriell zurückgeschrieben. Das bedeutet, die Änderungen finden unter wechselseitigem Ausschluss in irgendeiner Reihenfolge statt.

Das folgende Codebeispiel `Atomic_Add` inkrementiert atomar eine Integer-Variable, dabei benutzt `Atomic_Add` den CAS-Befehl:

Programm 2.7: Atomares Addieren mit CAS

```
procedure Atomic_Add (Var : in REFERENCE, Val : in INTEGER,
                      Return_Code: out INTEGER)
    is
  Temp_Old : INTEGER;
  Temp_New : INTEGER;
begin
  Temp_Old := CONT(Var);
  Temp_New := Temp_Old + Val;
  while (NOT (CAS (ADDR(Var), Temp_Old, Temp_New)))
    loop
      Temp_Old := CONT(VAR);
      Temp_New := Temp_Old + Val;
    end loop;
  Return_Code := Temp_New;
end Atomic_Add;
```

Programm 2.7 führt zuerst die Addition aus und testet dann mit dem CAS-Befehl, ob die Addition atomar war und kein anderer Prozess die Addition ebenfalls durchgeführt hat. War sie atomar, schreibt der CAS-Befehl den Wert der Addition in die Variable `Var` zurück. War sie nicht atomar ausgeführt, wird erneut die Addition ausgeführt und anschließend getestet, ob sie diesmal atomar war.

Programm 2.7 schreibt den neuen Wert nur in eine einfache Datenstruktur, eine Variable zurück. Dies lässt sich leicht erweitern auf Datenstrukturen wie Listen, Keller, Warteschlangen, Mengen und Hash-Tabellen. Zur leichteren Implementierung von zweifachen Änderungen, wie sie z. B. beim Entfernen eines Elementes in einer doppelt geketteten Liste vorkommen, gibt es eine Erweiterung des CAS-Befehls den **Double Compare and Swap** (**DCAS**). DCAS schreibt atomar in zwei neue Speicherlokationen neue Werte.

2.1.4.10 Transactional Memory (TM)

Der traditionelle Ansatz zur Synchronisation von Prozessen oder Threads ist die Verwendung von Locks. Locks besitzen jedoch die folgenden Nachteile:

- *Aktives Warten*: Ist eine Ressource nicht frei, oder ist ein kritischer Abschnitt belegt, so muss der aktuelle Prozess *aktiv warten*. Ein wartender Prozess verrichtet keine Arbeit, und dies führt zur *eingeschränkten Parallelität*.

- **Wettlaufsituationen (*Race Conditions*)**: Fehlende Synchronisation und das fehlende Setzen von Sperren können zu Wettlaufsituationen führen.
- **Verklemmungen (*Deadlocks*)**: Je nachdem in welcher Reihenfolge die Locks angefordert werden, können Verklemmungen (Deadlocks) entstehen.
- **Prioritätsumkehr (*Priority Inversion*)**: Wenn ein Prozess mit niederer Priorität eine Sperre gesetzt hat und ein Prozess hoher Priorität kommt zum Laufen, der ebenfalls diese Sperre anfordert, so verhindert der niederpriore Prozess, der das Lock besitzt, das Weiterarbeiten des höherprioren Prozesses. Das heißt es kommt dabei zu einer Verklemmung.
- **Prozessabbruch**: Bricht oder stürzt ein Prozess ab, der eine oder mehrere Sperren gesetzt hat, so werden die Sperren nicht freigegeben, und auf den gemeinsam genutzten Speicherbereich kann kein Prozess mehr zugreifen und dessen Zustand ist undefiniert.

Transactional Memory (TM) vermeidet die obigen Nachteile von Locks. TM ist ein **Lock-Free/Wait-Free-Konkurrenz-Kontroll-Konstrukt**, das auf *Transaktionen* basiert, wie sie schon seit Jahrzehnten bei Datenbanken in Gebrauch sind. Durch das Wait Free bei Transaktionen, bei der jeder Thread Fortschritte macht, egal was die anderen Threads machen, werden bei mehreren Threads erhebliche Performancegewinne im Gegensatz zur Lock-Synchronisation erreicht [AKS 07].

Eine **Memory Transaktion** ist eine Sequenz von Speicheroperationen auf dem gemeinsamen Speicher, die entweder komplett ausgeführt und festgeschrieben wird (*commit*) oder abgebrochen (*abort*) und zurückgesetzt wird und somit keine Effekte hat [HM 93]. Transaktionen sind *atomar*, und somit sind alle Operationen ausgeführt oder keine der Operationen, so als hätte die Transaktion nie stattgefunden. Eine Transaktion in einem Thread läuft *isoliert* und ist die einzige Transaktion, die auf dem System läuft. Somit sind alle anderen Threads, die auf den gleichen Speicher zugreifen, suspendiert und nur der eine Thread läuft. Transaktionen vermitteln dadurch die Illusion der seriellen Ausführung. Sie werden in einem einzelnen atomaren Schritt ausgeführt in Bezug zu anderen konkurrenten Threads, und kein anderer Thread führt eine in Konflikt dazu stehende Operation aus.

Diese aus Datenbanken bekannten Transaktionen (siehe zu Folgendem auch [HCU 77], die dazu Fallbeispiele angeben) können

1. als Software Transactional Memory (STM) als Software realisiert werden, oder
2. als Hardware Transactional Memory (HTM) direkt in der Hardware realisiert werden, oder
3. es kann eine Mischung (hybrid) aus STM und HTM vorliegen. Dieses Konzept heißt Hybrid Transactional Memory (HyTM) oder Hardware assisted Software Transactional Memory (HaSTM).

Programmsprachliche Realisierung des TM

Durch die konzeptionelle Einfachheit von Transaktionen können sie programmsprachlich einfach als ein atomarer Block von Anweisungen [AKS 07] in einen Prozess eingebettet werden. Die Syntax ist folgendermaßen:

```
atomic { S }
```

S ist dabei eine Anweisungsfolge, die in einer Transaktion ausgeführt wird.

Das atomare Einfügen eines Elementes in eine doppelt gekettete Liste hat dabei folgendes Aussehen:

Programm 2.8: Transactional atomarer Block

```
//Insert a node into a doubly-linked list atomically
atomic {
  new Node -> prep = node;
  new Node -> next = node -> next;
  node -> next -> prep = new Node;
  node -> next = new Node;
}
```

Ist das Ende des Blocks erreicht, so kann die Transaktion möglicherweise festgeschrieben werden (committed), andernfalls muss sie abgebrochen (aborted) und erneut gestartet werden.

Harris und Fraser [HF 03] haben ein einfaches und mächtiges Sprachkonstrukt vorgeschlagen, das die Semantik von **bedingten kritischen Regionen (*conditional critical regions*)** besitzt. Bedingte kritische Regionen führten Hoare [Ho 72] und Brinch Hansen [BH 72] ein. Regionen sind Anweisungsfolgen, die unter wechselseitigem Ausschluss laufen. Die Regionen können Bedingungen (boolesche Ausdrücke) besitzen. Betritt ein Prozess die Region, so wird zunächst der wechselseitige Ausschluss hergestellt, anschließend wird die Bedingung ausgewertet. Ergibt die Auswertung der Bedingung TRUE, so darf der Prozess die Region ausführen. Ergibt die Auswertung der Bedingung FALSE, so wird der wechselseitige Ausschluss aufgehoben (so dass andere Prozesse ihre Region betreten und die Bedingung wahr machen können) und der Prozess wartet bis die Bedingung wahr ist.

Die syntaktische Form von bedingten kritischen Regionen bei einem atomaren Block ist folgende:

```
atomic (p) { S }
```

Dabei ist p ein optionales Prädikat (Ausdruck vom Typ BOOLEAN) und S ist eine atomare Anweisungsfolge.

Programm 2.9: Transaktion mit Bedingung

```
atomic (queueSize > 0)
{
  remove item from queue and use it
}
```

Durch die Möglichkeit, dass nicht alle Bedingungen zu einer Zeit wahr sind, können Verklemmungen entstehen, wie Programm 2.10 zeigt.

Programm 2.10: Verklemmung bei atomic conditional regions

```
atomic (queueSize > 0)
{
  atomic (queue_Size = 0)
  {
     insert elem in queue
  }
}
```

Es liegt in der Verantwortung des Programmierers sicherzustellen, dass zu einer Zeit alle Bedingungen von ineindergeschachtelten bedingten kritischen Regionen wahr werden. Ansonsten sind geschachtelte bedingte kritische Regionen erlaubt, wie nachfolgendes Programm 2.11 zeigt.

Programm 2.11: Multi level-Transaktionen

```
private void a1 () {
    atomic (cond1) { . . . }
}
public void a2 () {
    atomic (cond2) { a1();}
}
```

Die ineinander geschachtelten bedingten kritischen Regionen [HMJ 05] erscheinen wie eine Transaktion, und für den Programmierer sehen sie aus wie eine einzelne atomare Aktion, vorausgesetzt die beiden Bedingungen cond1 und cond2 sind erfüllt. Lock-basierte Lösungen stellen solche geschachtelte Konstrukte nicht zur Verfügung und führen dort meist auf Verklemmungen.

Software Transactional Memory (STM)

Es gibt eine Vielzahl von softwarebasierten Verfahren von Transactional Memory, teilweise mit Hardwareunterstützung, das sog. *Software Transactional Memory (STM)* [STM 07].

2.1 Eng gekoppelte Multiprozessoren und Multicore-Prozessoren

STM benutzt das von Transaktionen bekannte *optimistische Konkurrenzprotokoll* [KR 81]: Jeder Thread führt seine Modifikationen auf dem gemeinsamen Speicher aus, ohne Rücksicht darauf welche Modifikationen andere Threads an dem gemeinsamen Speicher vorgenommen haben. Jedes Lesen oder Schreiben geht dabei nicht in den gemeinsamen Speicher, sondern wird in einem Log protokolliert. Am Ende der Transaktion wird verifiziert, ob andere Threads ebenfalls den gemeinsamen Speicher verändert haben. Hat kein anderer Thread auf den gemeinsamen Speicher schreibend zugegriffen, kann die Transaktion verbindlich (`commit`) und permanent gemacht werden, d. h. das Log wird gültig. Kann die Transaktion nicht verbindlich gemacht werden, kann die Transaktion zu jeder Zeit abgebrochen werden (`abort`) und die vorgenommen Änderungen werden zurückgesetzt, d. h. das Log wird verworfen. Die Transaktion wird dann von Beginn an wieder ausgeführt (`retry`), bis sie erfolgreich ist.

Mit den primitiven Funktionen `abort` und `retry` [HF 03] gelingt dann die Implementierung des optimistischen Konkurrenzprotokolls.

Der Vorteil des optimistischen Ansatzes ist *erhöhte Konkurrenz*: Kein Thread muss auf den Zugriff auf die Ressource warten, und verschiedene Threads, die auf verschiedene Teile einer gemeinsamen Datenstruktur zugreifen, können dieses konkurrent und gleichzeitig. Der Zugriff auf gemeinsame Datenstrukturen geschieht normalerweise unter dem gleichen Lock und bedingt dabei ein Warten bei gleichzeitigem Zugriff. Außer dem Overhead, dem wiederholten Ausführen (`retry`), falls die Transaktion fehlgeschlagen ist, fällt kein Warten und anderer Overhead an. In den meisten realistischen Programmen und mit einer großen Anzahl von Prozessoren und Threads kommen Zugriffskonflikte und damit ein Abbruch der Transaktion selten vor.

Harris und Fraser [HF 07] stellen drei APIs für nichtsperrende und somit nichtblockierende Synchronisationsmethoden vor:

1. Der *Multiword Compare and Swap (MCAS)* welche, über den DCAS hinaus, atomar eine oder mehrere Speicherstellen auf neue Werte setzen kann.
2. Ein *Word-based Software Transactional Memory (WSTM)*, der erlaubt, eine Folge von Lese und Schreiboperationen in einer Transaktion zu gruppieren.
3. Ein *Object-based Software Transactional Memory (OSTM)*, der einen transaktionalen Zugriff auf eine Menge von Objekten erlaubt.

Der Quelltext der drei APIs steht für Alpha, Intel IA-32, Intel IA-64, MIPS, PowerPC und die Sparc-Prozessor-Familie zur Verfügung. Er ist unter [UC 07] herunterladbar.

Für die Implementierung von geschachtelten Transaktionen, Transaktionshandler und dem Zwei-Phasen Commit-Protokoll und deren Einbettung in Programmiersprachen und Laufzeitumgebungen siehe [MCC 07].

Hardware Transactional Memory (HTM)

Software Transactional Memory führt zu Performanceeinbußen gegenüber in Hardware realisiertem *Hardware Transactional Memory (HTM)*. Die Implementierung von HTM geschieht am besten mit leicht modifizierten Caches und den traditionellen Cachekohenränzprotokollen. Dabei kann grob folgendermaßen vorgegangen werden:

- *Buffering*: Das Puffern oder Logging geschieht im transaktionalen Cache.
- *Konflikt Erkennung*: Das Erkennen von Zugriffskonflikten bedingt Interventionen des Cache.
- *Zurücksetzen oder Rollback*: Invalidiere den Eintrag im transaktionalen Cache.
- *Commit*: Validiere den Eintrag im transaktionalen Cache.

Die Hardwareimplementierung des HTM besitzt die folgenden Einschränkungen:

- *Beschränkte Größe*: Es werden keine Transaktionen von mehreren Anweisungen und mehreren Wörtern unterstützt, insbesondere bei auf Wortgrößen beschränkten Caches. Ein Ausweg ist die große Anzahl von Transaktionen, die aus mehreren atomaren Transaktionen bestehen, ineinander zu schachteln. Eine durch Virtualisierung erreichte *Unbounded Transactional Memory (UTM)* ist in [AAK 06] beschrieben.
- *Nicht Interruptfähig*: Bei der Abarbeitung der Transaktion dürfen keine Interrupts auftreten.
- *Keine I/O*: Die Transaktion darf keine I/O-Anweisungen enthalten, die können nicht rückgängig gemacht werden. Dies gilt auch bei Software Transactional Memory.

2.2 General Purpose Computation on Graphic Processing Unit (GPGPU)

Zur Bearbeitung von HD-Videos und 3D-Spiele setzt man heute leistungsfähige Grafikkarten ein. Firmen wie Intel und AMD integrieren frei programmierbare Graphical Processing Units (GPUs) zunehmend in ihre Desktop- und Notebook-Prozessoren. GPUs und deren Instruktionssatz wurden ursprünglich nur für die Grafikprogrammierung genutzt. Ein erster Weg hin zu allgemeinen auszuführenden Berechnungen ist die *NIVIDIA Tesla Architektur* [LNO 08]. Diese Architektur erweitert Vertex-Berechnungen und Pixel-Berechnungen um allgemeine Berechnungen. Die allgemeinen Berechnungen können in C unter Benutzung der *Compute Unified Device Architecture (CUDA)* [CU 12] programmiert werden.

Die NIVIDIAs Fermi-Architektur [F 09] ersetzt die separaten Vertex- und Pixel-Pipelines durch einen einzigen Prozessor, der die Vertex-, Geometrie-, Pixel- und Allgemeine-Berechnungen ausführt. Die Fermi-Architektur besitzt

1. 512 CUDA-Cores oder Stream-Prozessoren, die in 16 Gruppen (16 Streaming Multiprozessors) mit 32 Kernen organisiert sind.

2. Eine Cache-Hierarchie in Kombination mit On-Chip Shared Memory, der konfigurierbar ist und damit die Bandbreite und Latenzzeiten reduziert, der sogenannte NVIDIA Parallel DataCache.
3. Gemeinsame Daten für die GPUs sind durch einen kohärenten L2 Cache realisiert.

Die NVIDIA GigaThread™ Engine dient zum Management von Tausenden von Threads.

Jeder Kern besitzt eine

1. Integer Arithmetic Logic Unit (ALU): Sie unterstützt 32-Bit Genauigkeit und sie ist optimiert für 64-Bit Genauigkeit und erlaubt erweiterte Genauigkeitsoperationen.
2. Floating Point Unit (FPU): Sie implementiert den neuen IEEE 754-2008 floating-point standard.
3. Special Funktion Units (SFUs): Sie dienen zur Ausführung von transzendenter Funktionen, wie sin, cousine, reciprocal und square root.

Mit den auf jedem Kern sich befindliche Einheiten gehen Befehlssätze einher, die sich auch für allgemeine Berechnungen eignen. Dadurch können allgemeine Berechnungen der CPU auf GPUs ausgelagert und durch die GPUs ausgeführt werden, d. h. die GPUs werden zum mathematischen Coprozessor für die CPU. Die GPU wird damit zur **GPGPU**. Gemäß dem Coprozessorkonzeptes besteht ein GPGPU-System aus einer oder mehreren CPUs (bei Multicore), einem Hauptspeicher und aus einer Grafikkarte mit einer GPGPU, die i.a. über den PCI-Expressbus mit dem System verbunden ist. Das CPU-System ist das **Host-System** und die Grafikkarte das **Device**. Zur Ausführung von Quelltext auf einer GPU läuft auf dem Host-System ein Programm, das die Verteilung des GPGPU-Quelltextes und der Daten an die GPGPUs (Devices) vornimmt. Die GPGPUs führen den Quelltextaus und geben anschließend die errechneten Daten an das Hostprogramm zurück.

Die Granularität der Berechnungen ist dabei sehr klein und umfasst nur eine bis wenige Instruktionen. Die Threads sind dabei sehr leichtgewichtig und sie umfassen nur wenige Instruktionen. Zur Realisierung des **Single Instruction Multiple Data** (**SIMD**) Modells laufen mehrere identische Threads (mit gleichen Quelltext) auf den CPUs und es werden unterschiedliche Daten dabei bearbeitet.

Das Prinzip **Single Instruction Multiple Data** (SIMD) benutzt eine Fetch- und Decode-Einheit und mehrere Ausführungs-Einheiten oder Arithmetic Logical Units (ALUs). Jede ALU besitzt einen Execution Context. Der Execution Context ist eine bei Programmstart festgelegte Anzahl von Registern, die in einem schnellen lokalen (on-Chip) Speicher abgelegt sind. In diesem lokalen Speicher sollten nach Möglichkeit die lokalen Variablen abgelegt sein. Daneben stehen allen ALUs und somit einen Multiprozessor noch ein Shared Execution Context zur Verfügung. Dieser gemeinsame Speicher ist on Chip und kann zur Synchronisation der Threads eines Multiprozessors genutzt werden. Um schnellen wahlfreien Zugriff bei vielen Threads zu gewährleisten ist das Shared Memory in 16 Banks aufgeteilt (bei der Fermi-Architektur sind es 32). Eine Bank kann nur

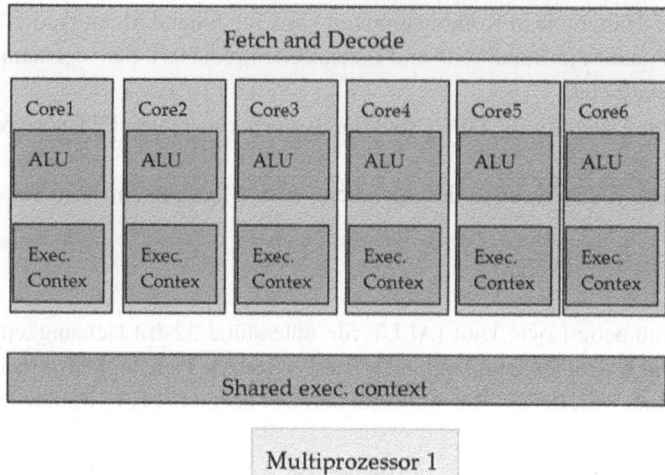

Abb. 2.16 6 Units SIMD-Core

von einem Thread gleichzeitig beansprucht werden. Der Zugriff von mehreren Threads geschieht nur dann parallel, wenn die Threads auf unterschiedliche Bänke zugreifen. Greifen mehrere Threads auf die gleiche Bank zu, so entsteht ein Speicherzugriffskonflikt oder ein Bankkonflikt und die Zugriffe müssen konfliktfrei serialisiert werden. Zur Vermeidung der Bankkonflikte und der damit verbundenen Serialisierung sollten die unterschiedlichen Threads auf verschiedene Speicheradressen derselben Speicherbank der Größe 32, 64 oder 128 Kilobyte zugreifen.

Der langsamste Speicher ist der globale Speicher (Off-Chip). Zur Vermeidung des Zugriffs auf diesen globalen Speicher wurden unterschiedliche Caches eingebaut. So befindet sich in diesen auch das Texture- und Constant Memory, die auch als Read-Only Caches realisiert sein können.

Holt sich die Fetch- and Decode-Einheit den ausführenden Befehl, so führt jede der ALUs parallel diesen einen Befehl aus, jedoch mit unterschiedlichen Daten. Die Abb. 2.16 zeigt aus beschränkten Platzgründen nur sechs ALUs und wir erläutern daran die Arbeitsweise des Konzepts SIMD.

Falls alle sechs Kerne (Cores) die gleiche Instruktion auf unterschiedlichen Daten ausführen, erhalten wir mit wenig organisatorischem Aufwand eine nahezu sechsfache Leistungssteigerung. Diese Arbeitsweise ist gut und bringt eine hohe Leistung (Performance), falls die Befehle einfache Berechnungen sind. Bei bedingten Verzweigungen ist diese Arbeitsweise nicht mehr aufrechtzuerhalten. Alle Befehle von den sechs Units arbeiten im Gleichschritt (lock step). Alle Units besitzen denselben Programmcounter, der auf den aktuell abzuarbeitenden Befehl zeigt. Wenn jetzt zwei von den sechs Units die If-Bedingung erfüllen und die restlichen vier sie nicht erfüllen, so durchlaufen die restlichen vier Units ebenfalls diesen then-Teil, führen aber die Befehle nicht aus. Im else-Teil sind es dann die zwei Units, welche die Befehle nicht ausführen, während die vier Units die Befehle des else-Teils abarbeiten.

Zur Berechnung der Bearbeitungszeit muss man bei GPUs die Bearbeitungszeit des then-Teils noch die Bearbeitungszeit für den else-Teil aufaddieren. Je nach Länge der Bearbeitungszeit des then- und else-Teils entstehen Wartezeiten die zu ineffizienten Code führen. Für Schleifenkonstrukte, die je nach Unit unterschiedliche Schleifenlänge aufweisen, kann das Ganze noch ungünstigere Auswirkungen haben.

Die Bezeichnungen im Bereich des GPU-Computings sind leider nicht einheitlich. Ein Prozessor mit mehreren Kernen bezeichnet NVIDIA als Multiprozessor und die Kerne als Stream Prozessor. Bei Open-Cl spricht von Compute Units mit Processing Elements.

Graphikkarten oder GPGPUs erhalten mehrere Multiprozessoren oder Compute Units, die ihrerseits mehrere Stream Prozessoren oder Processing Elements oder Kerne beherbergen. Beispielsweise hat die GeForce GTX 680 (entspricht der neusten Kepler-Architektur) von NVIDIA [G 13] acht Multiprozessoren mit jeweils 192 Rechenkernen (insgesamt 1536 Kerne). Die Radeon 7970 von AMD [A 13] hat 32 Multiprozessoren mit jeweils 2048 Kernen (insgesamt 65.536 Kerne).

2.3 Many-Core-Prozessoren und Tile-Prozessor-Architekturen

Bei Tile-Architekturen legt man die Prozessoren oder Multicore-Prozessoren in eine *Kachel* oder *Tile*. Da man eine große Anzahl von (Multicore-)Prozessoren oder Tiles miteinander koppeln möchte, reicht wie bei den eng gekoppelten Multiprozessoren eine einfache Busstruktur nicht aus. Bei einer großen Anzahl von Rechenkernen geht der gemeinsame Bus in die Sättigung und wird zum leistungsbegrenzenden Flaschenhals. Zur Elimination des Flaschenhalses werden neue Verbindungsstrukturen gesucht. Eine im Moment sich herauskristallisierende Verbindungsstruktur für die einzelnen Tiles ist eine Gitterstruktur oder ein 2-D-Mesh. Diese Gitterstrukturen sind beim Single-chip Cloud Computer (SCC) von Intel (Abschn. 2.3.1) und bei der Tile-CPU von der Tilera Corporation (Abschn. 2.3.2), realisiert.

2.3.1 Intel Single-chip Cloud Computer (SCC)

Der *Single-chip Cloud Computer* (*SCC*) [I 10] ist ein experimenteller Many-Core-Prozessor von Intel zur Untersuchung und Testen von Hardware- und Softwarekonzepten für eine sehr große Anzahl von Rechnerkernen. Die Anzahl der Rechnerkerne sollte über den mit einem gemeinsamen Bus zu realisierenden Multicoreprozessoren liegen.

Die top-level Hardware-Architektur des SCC besteht aus 24 Einheiten (Tiles) die in einer 6*4 Matrix angeordnet sind. Jede Einheit besitzt einen Router mit Verbindung zum Router seines oberen, linken, unteren und rechten Nachbarn (siehe Abb. 2.17).

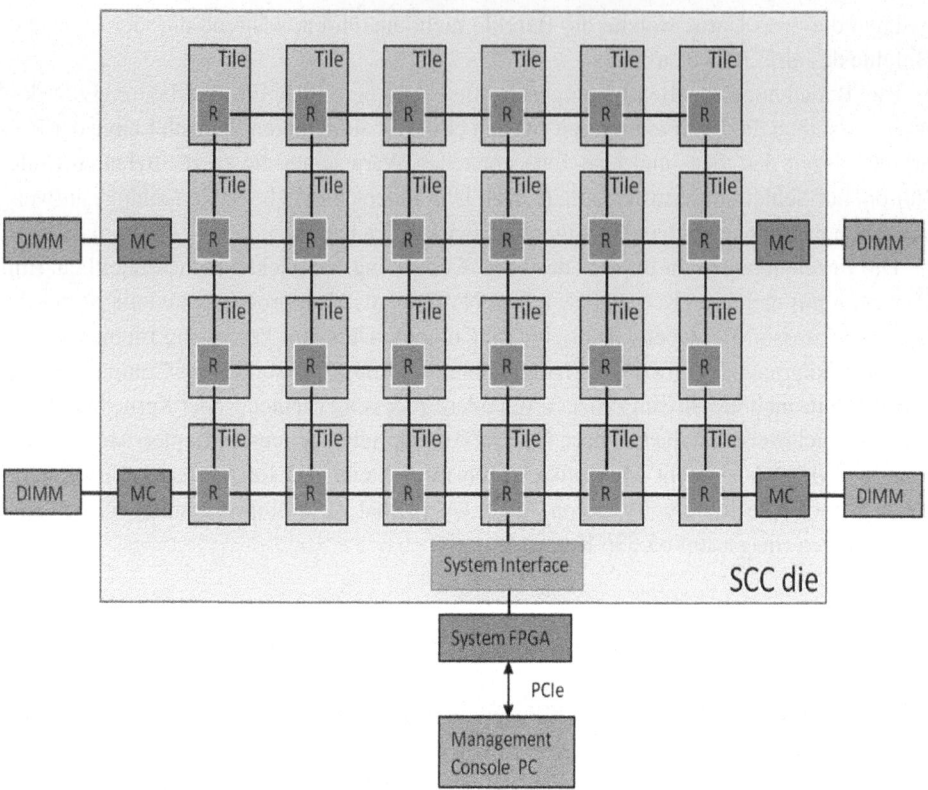

Abb. 2.17 SCC Top level Architecture [I 10]

Neben einem Router enthält ein Tile zwei P54C Pentium Prozessorkernen, die jeweils über einen L1-Befehlscache und L1-Datencache und zusätzlich über einen L2-Cache verfügen. Damit stehen 2 * 24 = 48 Kerne zur Verfügung.

Vier onchip Memory-Controller (MC) dienen zum Anschluss von Dual Online Memory Module (DIMM). Damit sind 16–64 GigaByte externer Speicher anschließbar. Der externe Speicher erlaubt den Zugriff von jedem Kern (Abb. 2.17).

Das SCC-Board kommuniziert über ein Field Programmable Gate Array mit einem PCIe Bus mit einer Management Konsole (Abb. 2.17). Die Management Konsole ist ein 64-bit PC auf dem eine Linux-Version läuft. Intel bietet Software, die auf dem PC läuft zum Management der SCC-Chips. Die Management-Software erlaubt

1. das Laden eines Linux-Image oder Programmen auf jeden Kern oder Untermenge von Kernen,
2. das Lesen, Schreiben und Modifizieren der Konfigurationsregister und
3. erlaubt Zugriffe auf den Speicher.

2.3 Many-Core-Prozessoren und Tile-Prozessor-Architekturen

Abb. 2.18 Tile-Architektur des SCC [I 10]

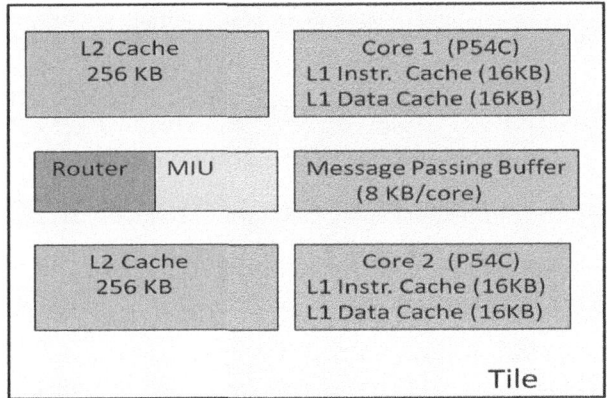

Das Ausführen von Betriebssystemen auf jedem Kern ist nicht an Linux gebunden. Aus experimentelle Betriebssysteme können ausgeführt werden. Ein Beispiel dafür ist das unter der MIT Open Source License erhältliche Multikernel-Betriebssystem [BBD 09] Barrelfish. Dieses wurde von der ETH Zürich zusammen mit Microsoft Research [E 13] von Grund auf neu entwickelt.

Der zu allen Tiles gehörender Voltage Regulator Controller (VRC) ermöglicht das Verändern der Spannung und der Frequenz von jedem Kern und ebenso für mehrere Kerne. Dies unterstützt die Forschung für Power-Aware-Applikationen.

Auf jeder Tile sind zwei Kerne untergebracht. In jedem Kern integriert sind ein L1 Instruktionscache und ein L1 Datencache. Beide Caches besitzen die Größe von je 16 KB. Neben dem internen L1 Cache besitzt jeder Kern einen 256 KB großen L2 Cache (siehe Abb. 2.18).

Jeder Kern ist ein P54C-Prozessor, der mit 75, 90, oder 100 MHz getaktet ist. Er verfügt über eine 3.3 Volt Stromversorgung. Der P54C war der erste Pentium Prozessor der mit 3.3 Volt arbeitet. Dies erlaubt eine Reduzierung des Energieverbrauchs einer Tile. Insgesamt verbraucht der SCC zwischen 25 Watt und 125 Watt. Dies ist weniger als der Intel I7 mit 156 Watt verbraucht.

Für beide Kerne steht ein 16 KB großer Nachrichtenpuffer (Message Buffer) zur Verfügung (siehe Abb. 2.17). Sendet man eine Nachricht von einem Kern zu einem anderen Kern, so werden die Daten über den Message Buffer gesendet. Dadurch können auf verschiedenen Kernen ablaufende Prozesse miteinander kommunizieren. Durch den Nachrichtenverkehr zwischen den Prozessen kann zum Datenaustausch zwischen ihnen auf gemeinsamen Speicher verzichtet werden. Benutzt man nur Nachrichtenverkehr besitzt jeder Kern nur lokale Variable und es kann damit auf eine Cachekohärenz für den L2Cache verzichtet werden. Intel benutzt keine in Hardware-implementierte Cache-Kohärenz, sondern realisiert die Cache-Kohärenz in Software.

Eine dem Router vorgeschaltete Mesh Interface Unit (MIU) verbindet die Tile mit dem Netz. Die MIU verpackt die Daten, welche in das Netz gehen und entpackt die aus dem Netz kommenden Daten.

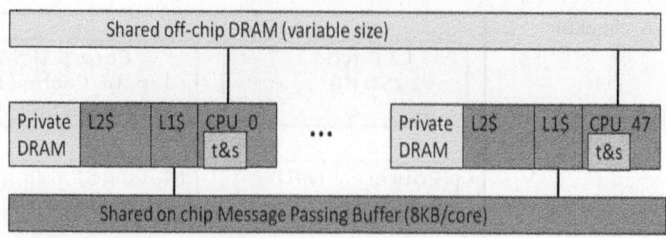

Abb. 2.19 Speichermodell des SCC [I 10]

Das Speichermodell (siehe Abb. 2.19) für den SCC bilden die 48 X-86-CPUs. Alle CPUs besitzen einen L1 und L2 Cache und zusätzlich kann jede CPU einen off-Chip privaten Speicher besitzen. Über den L1-Cache haben alle CPUs Zugriff auf den Message Passing Buffer. Jede CPU selbst kann auf einen externen Speicher variabler Größe zugreifen, d. h. alle CPUs haben Zugriff zu einem externen gemeinsamen Speicher. Zur Synchronisation und Realisierung des wechselseitigen Ausschlusses beim Zugriff zu dem gemeinsamen Speicher besitzt jede CPU ein Shared Test und Set Register (test-and-set); siehe dazu Abschn. 2.1.4.5 Test and Set (TAS).

Zur parallelen Programmierung steht eine Bibliothek von Intel, genannt RCCE, für Many-Core-Kommunikation zur Verfügung [WMH 11]. Diese Bibliothek erlaubt den schnellen Nachrichtenaustausch zwischen den Kernen des SCC. RCCE bietet eine Applikations-Programmier-Interface (API) und orientiert sich am Message Passing Interface (MPI), erreicht jedoch nicht den Umfang und die Fähigkeiten von MPI (siehe auch Abschn. 5.3 Message Passing Interface – MPI). RCCE bietet nur blockierendes send/receive, während MPI auch nicht blockierendes send/receive bietet.

Neben RCCE ist ein Netzwerktreiber Rckmb für SCC-Linux verfügbar. Rckmb realisiert ein Berkeley-Socket-API (siehe dazu auch Abschn. 5.9 TCP/IP-Sockets), das Client-Server-Programmierung ermöglicht.

2.3.2 Tile-CPU

Die Firma Tilera Cooperation [T 14] ist eine Halbleiterunternehmen dessen primäre Produktfamilie die Tile-Prozessor-Architektur und das on Chip Verbindungsnetzwerk iMesh™ ist. Der Tile 64-Prozessor ist ein x*y 2D-Gitter aus identischen Allzweck-Rechenelementen, die Tiles oder Kerne genannt werden. Die TILE-Gx™ Prozessor Familie ist optimiert für Netzwerk-, Video- und Cloud-Anwendungen und wird mit folgender Anzahl an Tiles angeboten [T 14]:

- der TILE-Gx8009™ mit einem 3*3 2D-Gitter und somit 9 Kernen (Tiles),
- der TILE-Gx8016™ mit einem 4*4 2D-Gitter und somit 16 Kernen (Tiles),
- der TILE-Gx8036™ mit einem 6*6 2D-Gitter und somit 36 Kernen (Tiles),
- der TILE-Gx8072™ mit einem 8*9 2D-Gitter und somit 72 Kernen (Tiles).

2.3 Many-Core-Prozessoren und Tile-Prozessor-Architekturen

Die TILE*Pro*™ Prozessor Familie bietet eine hohe Rechenleistung und ist für rechenintensive Applikationen vorgesehen. Der TILEPro64™ besitzt ein 8*8 2D-Gitter und somit 64 Tiles und der TILEPro36™ Prozessor besitzt ein 6*6 2D-Gitter mit 36 Tiles.

Wir beschreiben und beschränken uns im Folgenden auf den Tile-Prozessor mit 64 Tiles [WGH 07, T 13].

Die Tiles sind durch ein 2D-Netzwerk miteinander verbunden (siehe Abb. 2.20). Das 2D-Netzwerk besteht aus verschiedenen einzelnen Netzwerken:

1. Das *Static Network* (*SN*) ist ein für den Benutzer zugreifbares Netzwerk mit vordefinierten Routen und dient zum Transport von skalaren Daten.
2. Das *User Dynamic Network* (*UDN*) ist ein für den Benutzer zugreifbares Netzwerk mit dynamischen Routen. Das Routing ist hier definiert durch einen Kopf mit dem Ziel für die Datenströme oder die Nachrichten. Mit dem UDN können Applikationen Nachrichten zwischen den Tiles versenden.
3. Das *I/O Dynamic Network* (*IDN*) ist UDN ähnlich realisiert, besitzt jedoch eine höhere Priorität als UDN. Es dient für die Gerätetreiber zur Kommunikation mit off-Chip Geräten.
4. Das *Coherence Dynamic Network* (*CDN*) wird intern benutzt für das Cache-Kohärenz-Protokoll.
5. Das *Memory Dynamic Network* (*MDN*) dient für Speicherzugriffe zwischen den Tiles oder dem externen Speicher. Es ist nur durch die Cache Engine zugreifbar.
6. Das *Tile Dynamic Network* (*TDN*) verwaltet die Speicherzugriffe zwischen den Tiles. Es ist wieder nur für die Cache Engine zugreifbar.

Jede der sechs Leitungen (Netzwerke) führen zum linken, oberen, rechten und unteren Nachbar (siehe Abb. 2.20).

Zum Zugriff auf den externen Speicher (64-bit DDR2 DRAM) stehen vier unabhängige Speicher-Kanäle (0–3) mit on Chip Controller zur Verfügung. Unterstützt werden bis zu 64 GB externer Speicher.

Neben externen Speicheranschlüsse stehen on Chip folgende Anschlüsse zur Verfügung (Abb. 2.20):

1. Zwei Full Duplex 10 Gb Ethernet-Anschlüsse basierend auf dem XAUI-Standard mit integrierten Media Access Controls (MACs).
2. Zwei identische PCI Express Ports, konfigurierbar für 4-, 2- oder 1-Weg-Anschlüsse.
3. Zwei Gigabit Ethernet Controller (GbE).
4. Eine digitale serielle Schnittstelle UART (Universal Asynchronous Receiver Transmitter) die als Boot-Port dient. Der UART-Port kann von jeder Tile angesprochen werden.
5. Eine Joint Test Action Group (JTAG) ist eine Ansammlung von Verfahren zum Testen und Debuggen von Hardware.
6. Zwei I^{2}C-Interfaces, die serielle Schnittstellen-Ports anbieten.

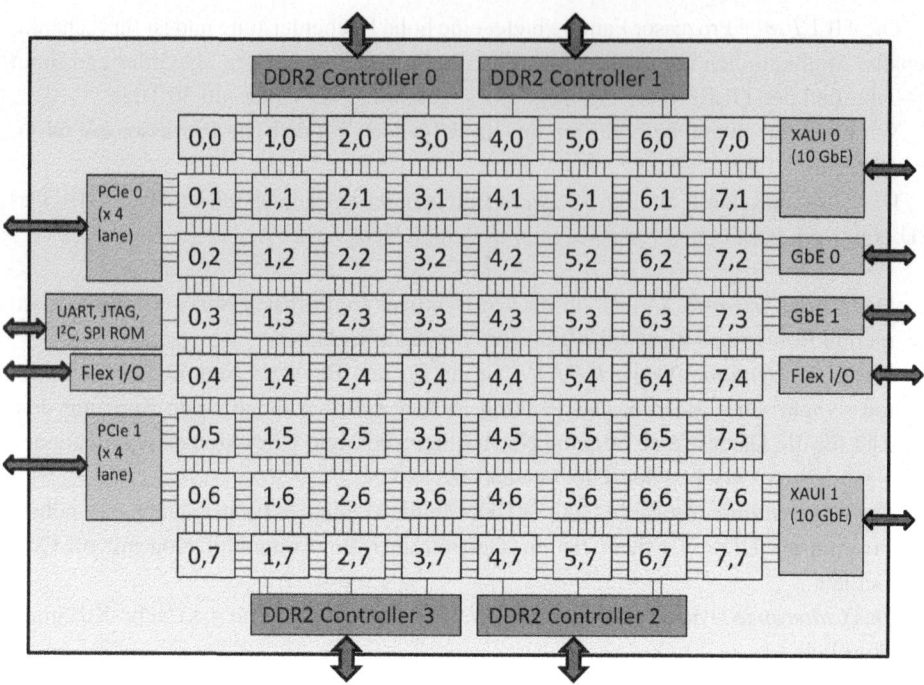

Abb. 2.20 Tile64-Prozessor Architektur [T 13]

7. Das Serial Peripheral Interface (SPI) ist ein Interface von dem gebootet, geschrieben und gelesen werden kann von einem off-Chip SPI-ROM.
8. Das flexible Input/Output Interface erlaubt die Konfiguration von 4*16 Pins als programmierbare und adressierbare Input/Output Pins oder als externe Interrupts.

Jede Tile besitzt drei Komponenten (siehe Abb. 2.21):

1. Eine *Processor Engine* zur Durchführung von Berechnungen, die durch einen Drei-Wege, very long instruction word (VLIW) Prozessor, basierend auf der MIPS-Prozessor-Technologie realisiert ist. Bei VLIW zerlegt der Compiler die Instruktionen, welche parallel ausgeführt werden können, so dass mehrere Instruktionen simultan ausgeführt werden.
2. Die *Cache Engine* verwaltet einen 16 KB L1-Instruktions-Cache, den 8 KB großen L1-Daten-Cache und einen 64 KB L2 Cache. Weiterhin eine SD DMA Engine, die den Verkehr der Daten zwischen den Tiles und dem externen Speicher organisiert.
3. Die *Switch Engine* realisiert die sechs unabhängigen Netzwerke STN, UDN, TDN, CDN und IDN.

Abb. 2.21 Tile Architektur eines Tile64-Prozessors [T 13]

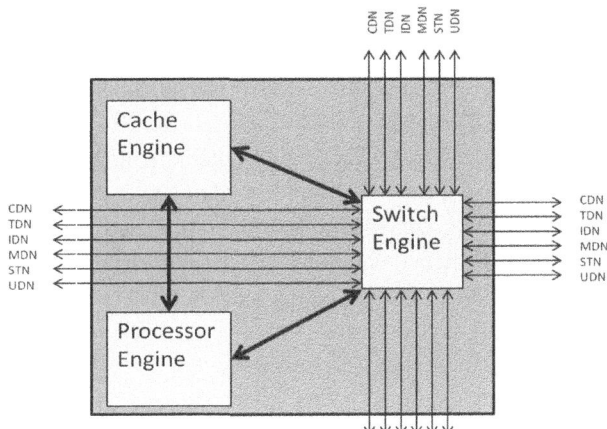

Die *Processor Engine* enthält

1. eine Befehls-Pipeline P0, zur Ausführung aller arithmetischen und logischen Operationen, Bit und Byte-Manipulationen, Selects und alle Multiplizier- und Addier-Multiplizier-Operationen,
2. eine Befehls-Pipeline P1 für alle arithmetischen und logischen Operationen, das Lesen und Schreiben des speziellen special-purpose Registers (SPR) und für Kontrollfluss-Operationen. Der Zustand des SPRs dient zum Zugriff auf Test-Hooks, zur Konfiguration von Hardware-Strukturen und von Parametern zur Boot-Zeit und zur Überwachung des Prozessor-Zustandes,
3. eine Befehlspipeline P2, für alle Speicher-Operationen inklusive Load und Store und der Instruktion Test und Set.

Abhängig vom Modus des Prozessors können eine einzige oder zwei oder drei Instruktionen simultan ausgeführt werden.

Jede Tile besitzt einen lokalen Interrupt-Controller zur Bearbeitung von ausgelösten und externen Interrupts, signalisiert über das Flexible I/O Pin.

Die *Processor Engine* (Abb. 2.21) besitzt 64 32-Bit Register. Register Zero wird als read-as-zero benutzt. Tilera's iMesh^{TM} On-Chip-Netzwerk zum Datentransfer benutzt sieben der Register. LR ist das Link Register, SP der Kellerzeiger (Stackpointer) und TP der Threadzeiger. Die restlichen der 53 Register steht für allgemeine Zwecke, hauptsächlich zur Reduktion der Speicherzugriffe, zur Verfügung.

Die *Cache Engine* (Abb. 2.21) realisiert ein cachekohärenter verteilten gemeinsamen Speicher, die Instruktion Test und Set und Speicherbarrieren.

Bei einer Datenanforderung wird der L1-Daten-Cache für die angeforderten Daten überprüft. Enthält der L1-Daten-Cache nicht die angeforderten Daten, so wird die Anfrage an den L2-Cache weitergeleitet. Befinden sich die Daten nicht im L2-Cache von dem anfordernden Tile, so werden die Daten aus den Caches von anderen Tiles geholt.

Befinden sich die Daten nicht in den Caches der anderen Tiles, so werden sie aus dem externen Speicher geholt und dem angeforderten Tile übergeben. Speicher-Operationen aktualisieren die Daten im L1-Daten-Cache, falls Sie vorhanden sind, und schreiben ihn durch (Write Through) zum L2-Cache.

Der L1-Instruktions-Cache wird durch die in Hardware realisierte Prefetching Engine unterstützt, welche die nächsten Instruktionen in den Cache holt.

Für I/O DMA Zugriffe implementiert die Hardware eine Cache-Kohärenz. Ein Schreiben in den Speicher von einer I/O Engine invalidiert die Kopien in den Caches und aktualisiert den Cache mit neu geschriebenen Daten. Ein Lesen von einer I/O DMA Engine überprüft die Caches und liefert die gelesenen Daten ab, falls sie gefunden werden.

Dadurch, dass die Cache Engine ein in Hardware realisiertes Cache-Kohärenz-Protokoll implementiert, steht allen Tile-Prozessoren ein gemeinsamer Speicher zur Verfügung.

Jede Tile kann Linux ausführen. Mehrere Tiles zusammen führen ein symmetrisches Multiprocessing Linux (SMP Linux) aus. Der für mehrere Tiles vorhandene gemeinsame jedoch verteilter Speicher ermöglicht das symmetrische Multiprocessing. Eine Portierung des Barrelfish Betriebssystems auf TILEPro64-Architekturen beschreiben Radiewicx und Wang in ihrer Masterthesis [RW 13].

Zur Bildung von Sicherheits- und geschützte Bereichen oder Inseln, bestehend aus einem bis zu mehreren Tiles, benutzt man einen Mechanismus der Multicore Hardwall genannt wird. Eine Multicore Hardwall ist in Hardware realisiert und erlaubt das Blockieren von Verbindungen, so dass kein Verkehr mehr darüber fließen kann. Damit ist kein Verkehr von einer Insel (auch Fabrik genannt) zu einer anderen Insel mehr möglich [WGH 07]. Zur Realisierung von unidirektionalen Verbindungen lassen sich die einzelnen Richtungen (in, out) blockieren.

2.4 Lose gekoppelte Multiprozessoren und Cluster

2.4.1 Architektur von lose gekoppelten Multiprozessoren

Bei lose gekoppelten Multiprozessoren (Abb. 2.22) koppelt man Prozessoren und ihren eigenen lokalen Speicher (Prozessor-Speicherpärchen) über eine Verbindungseinrichtung zusammen. Dadurch tritt der bei eng gekoppeltem System vorhandene Verbindungsengpass zwischen Prozessor und Speicher nicht auf. Da der von Neumann-Flaschenhals hier nicht durch weiteren Datenverkehr zwischen Prozessoren und Hauptspeicher belastet wird, skalieren die lose gekoppelten Systeme höher und die *Anzahl der Prozessoren,* die zusammengeschaltet werden können, ist nach oben hin *unbeschränkt*.

Bei eng gekoppelten Multiprozessoren greifen alle Prozessoren mit der gleichen Geschwindigkeit auf den gemeinsamen Speicher zu. Man bezeichnet diese Architektur deshalb als *UMA* (Uniform Memory Access)-Architektur. Durch diese Einheitlichkeit ist die Leistung bei UMA vorhersagbar. Im Gegensatz dazu, gehört bei lose gekoppelten Multi-

2.4 Lose gekoppelte Multiprozessoren und Cluster

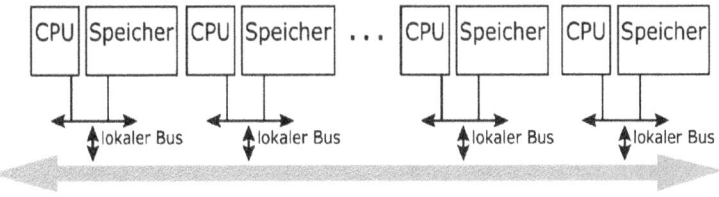

Abb. 2.22 Lose gekoppelter Mutiprozessor

prozessoren zu jeder CPU ein lokales Speichermodul. Auf das lokale Speichermodul kann die CPU wesentlich schneller zugreifen als auf entfernte Speichermodule, also den lokalen Speicher von anderen CPUs. Um nun mehr als einige CPUs zusammenschließen zu können, muss darauf verzichtet werden, dass alle Speichermodule die gleiche Zugriffszeit haben müssen [T 06]. Dieses Zugeständnis führt auf das Konzept der Architektur *NUMA* (Non-Uniform Memory Access).

Mit einem vorgelagerten Cache greift der Prozessor auf den lokal zugewiesenen Speicher schneller zu, als auf den allen Prozessoren gemeinsamen Hauptspeicher. Man bezeichnet deshalb diese Speicherarchitektur für Multiprozessoren, bei denen die Zugriffszeiten vom Ort des Speichers abhängen, als *Non-Uniform Memory Access* oder *Non-Uniform Memory Architecture* (NUMA). Die Architektur NUMA unterscheidet zwischen einer Architektur mit Cache-Kohärenz, ohne Cache-Kohärenz und nur mit Caches:

1. *Non Cache Coherent NUMA* (*NCC NUMA*) arbeitet ohne Cache-Kohärenz. Das bedeutet, der Cache ist nicht von der Hardware garantiert und das Programmiermodell muss dafür Sorge tragen und Instruktionen anbieten, so dass die Programme die Cache-Kohärenz herstellen können. Während
2. *Cache-Coherent NUMA* (*CC NUMA*) arbeitet mit einem Verzeichnis (Directory). Das Verzeichnis enthält Einträge in welchen Caches die Kopien der Blöcke liegen und ob die Kopie gültig und somit aktuell ist. CC-NUMA-Multiprozessoren heißen auch *Directory-based Multiprozessoren* [T 06]. Das Verzeichnis ist eine Datenbank, die Auskunft gibt, wo und in welchem Zustand sich die einzelnen Cache-Zeilen befinden. Ein kommerzieller Vertreter einer CC NUMA Maschine ist die Maschine von Silicon Graphics SGI Altix [SGI 07].
3. *Cache Only Memory Architecture* (*COMA*) benutzt den Hauptspeicher jeder CPU als Cache [HLH 92]. Der physische Adressraum ist dabei in Cache-Zeilen aufgeteilt. Ein Speicher, der nur die gerade benötigten Zeilen an sich zieht, heißt *Attraction Memory*. Da nur Zugriffe auf lokale Speicher stattfinden, sind diese Zugriffe attraktiv.

Im Vergleich zu UMA-Architekturen und somit zu eng gekoppelten Multiprozessoren weisen NUMA-Maschinen die folgenden Merkmale auf:

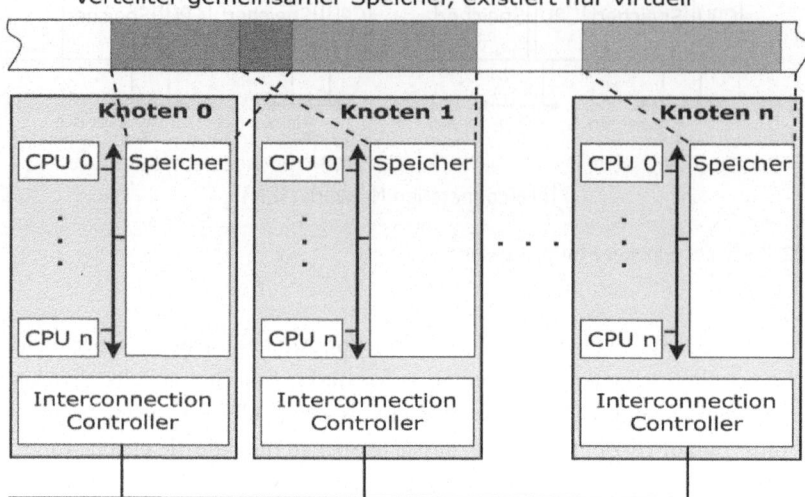

Abb. 2.23 Verteilter gemeinsamer Speicher

1. Durch verteilten gemeinsamen Speicher (Distributed Shared Memory – DSM) wird ein einziger Adressraum realisiert, der für alle CPUs sichtbar ist.
2. Der Zugriff auf entfernten Speicher erfolgt mithilfe der Befehle LOAD und STORE.
3. Der Zugriff auf entfernten Speicher ist langsamer als auf lokalen Speicher.

Durch diese Merkmale und Eigenschaften laufen alle UMA-Programme unter Verwendung des gleichen Programmiermodells unverändert auf den NUMA-Maschinen. D. h. alle für UMA-Maschinen und somit eng gekoppelten Multiprozessoren entwickelten Programme laufen, durch den verteilten gemeinsamen Speicher, auf den NUMA-Maschinen und somit auf lose gekoppelten Multiprozessoren.

2.4.2 Verteilter gemeinsamer Speicher

Bei einer NUMA-Architektur besitzt jeder Prozessor seinen eigenen Speicher. Ein *verteilter gemeinsamer Speicher* (*Distributed Shared Memory* (*DSM*)) [NL 91] ist eine Abstraktion, welche den lokalen Speicher der verschiedenen Prozessoren zu einer einzigen logischen Einheit integriert. Alle Prozesse auf den verschiedenen Prozessoren greifen auf den gemeinsamen Speicher zu. Der verteilte gemeinsame Speicher existiert jedoch nur virtuell. Die Prozesse, die auf den einzelnen Knoten ablaufen, können den verteilten gemeinsamen Speicher genauso wie den traditionellen virtuellen Speicher benutzten (Abb. 2.23).

Jeder Knoten im System besitzt eine oder auch mehrere CPUs mit Zugriff auf einen gemeinsamen Speicher (eng gekoppelter Multiprozessor mit UMA-Architektur). Die Knoten sind verbunden durch ein Netzwerk. Jeder Knoten hat seinen eigenen virtuellen Speicher und eigene Seitentabellen. Der verteilte gemeinsame Speicher repräsentiert einen virtuellen Speicherraum, auf den alle Knoten Zugriff haben. Führt ein Knoten eine LOAD- oder STORE-Operation auf eine Seite aus, die er nicht hat, so wird ein Trap zum Betriebssystem ausgelöst. Das Betriebssystem sucht die Seite und fordert die entfernte CPU, welche die Seite besitzt, auf, die Seite freizugeben, d. h. die Abbildung aufzuheben und über das Verbindungsnetz zu senden. Trifft die Seite beim Knoten ein, wird die Abbildung hergestellt und der durch Trap abgebrochene Befehl neu gestartet. Praktisch bedient das Betriebssystem die fehlenden Seiten und Seitenfehler nicht mit Seiten von der Platte, sondern aus dem entfernten Speicher des anderen Knotens. Ein solches System nennt man *Distributed Shared Memory* (*DSM*) oder *Distributed Shared Virtual Memory* (*DSVM*).

2.4.2.1 Implementierungsebenen für verteilten gemeinsamen Speicher
Die Realisierung von DSM kann auf folgenden verschiedenen Ebenen angesiedelt sein:

1. *Hardware-Ebene*: Die Hardwareebene erlaubt die Einbindung von Memory-Management Units (MMU) und High-Level-Caches bis hin zu in Hardware realisierten Update- und Invalidate-Mechanismen für den Cache. Die Algorithmen auf Hardwareebene können gut mit kleineren Zugriffseinheiten, wie einzelnen Speicherzellen umgehen, und bedingen nicht die Betrachtung von Variablen, Objekte, Seiten oder des gesamten DSM als assoziativer Speicher und somit als Datenbasis.
2. Software-Ebene: Auf Softwareebene dient ein Nachrichtenaustausch zwischen den Rechnern zum Zugriff auf entfernte Speicher.
   - *Betriebssystem*: Auf Betriebssystemebene lässt sich der DSM gut mit der virtuellen Speicherverwaltung verknüpfen. Die Einheit des Sharing und Transfers ist somit eine Seite (Page). Ein existierendes Seitenfehlerschema wird vom DSM bei einem Seitenfehler aufgerufen. Das Speicherkohärenzproblem wird dann durch den Seitenfehlerhandler gelöst.
   - *Laufzeitbibliothek*: Bibliotheksroutinen, die den Zugriff zum DSM gestatten, werden mit der Applikation zusammengebunden. Zugriffseinheiten, die vom Laufzeitsystem unterstützt werden, können komplette Objekte oder Tupel sein. Da die Laufzeitbibliothek keine Unterstützung durch spezielle Hardware oder des Betriebssystems erfordert, ist diese Lösung besonders angebracht, wenn verschiedene heterogene Rechner (Heterogenität bezüglich der Hardware und des Betriebssystems, jedoch einheitliches Protokoll) im Netz den DSM zur Verfügung stellen sollen.

2.4.2.2 Speicher Konsistenzmodelle
Ein System für DSM, das Replikas von gemeinsamen Daten erlaubt, besitzt Kopien von gemeinsamem Speicher, die mehrfach verfügbar sind und jeweils im lokalen Speicher der Knoten liegen. Das Hauptproblem dabei ist, die Kopien im Hauptspeicher von zwei

oder mehreren Knoten **kohärent** zu halten. Dieses Problem ist gleich gelagert wie bei den Cachekohärenzalgorithmen bei eng gekoppelten Multiprozessoren (siehe Abschn. 2.1.2).

Ein weiteres Problem besteht darin, dass bei DSM parallele Zugriffe auf die gemeinsamen Daten der Prozesse auf den verschiedenen Knoten stattfinden können. Diese Zugriffe müssen dann sequenziell geschehen und somit unter **wechselseitigem Ausschluss** laufen. Zur Synchronisation der parallelen Zugriffe benötigt man dann Synchronisationsprimitiven wie Locks, Semaphore oder Transactional Memory (siehe Abschn. 2.1.4).

Konsistenzmodelle legen den Grad der Konsistenz fest, die für parallele Applikationen erhalten wird. Gemäß dem absteigenden Grad der Konsistenz sind diese Modelle folgendermaßen geordnet [T 95, S 97, PTM 98, AG 96]:

- *Strikte Konsistenz* (*Strict Consistency*): Ein verteilter Speicher ist strikt konsistent, wenn der Wert der durch eine read-Operation an einer Speicherstelle erhalten wird, dem Wert entspricht der durch die letzte write-Operation in diese Speicherstelle geschrieben wurde, unabhängig davon auf welchen Knoten die Prozesse die read- und write-Operationen ausgeführt haben. Das bedeutet alle write-Operationen sind bei allen anderen Prozessen sofort und zur gleichen Zeit sichtbar.
- *Strikte Konsistenz ist nicht erreichbar*, da für eine Realisierung die Existenz einer globalen absoluten Uhr nötig ist. Mit dieser Uhr lässt sich die korrekte und zeitliche Ordnung von read- und write-Operationen bestimmen. Damit können dann Aussagen getroffen werden, welche Operation zuletzt ausgeführt wurde (siehe dazu auch Abschn. 5.2).
- *Sequenzielle Konsistenz* (*Sequential Consistency*): Ein verteilter Speicher ist sequenziell konsistent, wenn alle Prozessoren die gleiche Reihenfolge von Speicheroperationen auf dem gemeinsamen Speicher sehen. Die Konsistenzanforderung des sequentiellen Modells ist schwächer als die des strikten Konsistenzmodells. Es wird nicht garantiert, dass eine read-Operation an einer Speicherzelle den zuletzt durch eine write-Operation in diese Speicherzelle geschriebenen Wert zurückliefert. Eine Konsequenz daraus ist, dass bei einem sequenziellen Speicher ein Programm, das zweimal gestartet wurde, zwei unterschiedliche Ergebnisse haben kann. Um die gleichen Ergebnisse zu erhalten, müssen die Prozesse beim Zugriff auf den gemeinsamen Speicher explizit synchronisiert werden, und die Zugriffe sind damit sequenzialisiert.

Eine weitere von Lamport [L 79] stammende Definition für sequenziellen Konsistenz ist die folgende: Das Ergebnis von irgendeiner Ausführung ist das Gleiche, wie wenn die Operationen von allen Prozessoren in irgendeiner sequenziellen Ordnung ausgeführt werden. Die Operationen von einem einzelnen individuellen Prozessor erscheinen in der Sequenz in der Ordnung, wie sie in dem Programm angegeben wurden. Diese Definition bedeutet:

Laufen Prozesse parallel auf verschiedenen Maschinen (oder pseudoparallel wie beim Timesharing), dann ist jede gültige Reihenfolge akzeptierbar, jedoch müssen alle Prozessoren die gleiche Sequenz von Speicherreferenzen sehen. **Reihenfolgen** sind **gültig**, wenn sie in der durch das Programm, das auf jeder Maschine läuft, gegebene Reihenfolge erscheinen. Ein Speicher, bei dem ein Prozessor eine andere Reihenfolge sieht als ein anderer, ist nicht sequenziell konsistent. Dabei ist zu beachten, dass diese Definition keinen Bezug nimmt auf Zeit und diese Definition nicht auf zeitlichen Relationen basiert. Dadurch wird kein Bezug genommen auf die „zuletzt" geschriebene Speicherzelle, die Grundlage war bei der strikten Konsistenz. Bei der sequenziellen Konsistenz sieht ein Prozess alle `write`-Operationen von allen anderen Prozessoren, jedoch nur seine eigenen `read`-Operationen.

- Bei der *Prozessor-Konsistenz* (*Processor Consistency*) braucht die Folge der Speicheroperationen, die zwei Prozessoren sehen, nicht identisch zu sein. Die Ordnung der write-Operationen bleibt allerdings erhalten.
- *Schwache-Konsistenz* (*Weak Consistency*) unterscheidet zwischen *normalen* (lokalen) und *synchronisierten Speicherzugriffen*. Nur bei synchronisiertem Zugriff muss der Speicher konsistent sein. Schwache Konsistenzmodelle lassen sich in der Reihenfolge der Abschwächung weiter untergliedern in:
- *Freigabe-Konsistenz* (*Release Consistency*) unterteilt die synchronisierten Speicherzugriffe weiter in Anforderungsoperationen (acquire-Operationen) und Freigabeoperationen (release-Operationen). Die mit einer acquire- und release-Operation umschlossenen Speicherzugriffe bilden einen kritischen Abschnitt und laufen somit unter wechselseitigem Ausschluss. Normale Zugriffe müssen auf die Beendigung von vorhergehenden acquire-Operationen warten; release-Operationen müssen warten, bis alle vorhergehenden normalen Zugriffe sichtbar bei allen anderen Prozessoren werden. Synchronisierte Zugriffe sind Prozessor-Konsistenz.
- *Träge Freigabe-Konsistenz* (*Lazy Release Consistency*) ist eine Verfeinerung der Freigabe-Konsistenz. Sie verzögert die Verbreitung von Modifikationen, so dass nur die write-Operationen in der Kette der kritischen Abschnitte verbreitet werden muss. Dies geschieht dann bei der acquire-Operation.
- *Eintritts-Konsistenz* (*Entry Consistency*) verlangt die explizite Synchronisation von Speicherzugriffen, auf die gemeinsamen Daten, durch das Programm und somit durch den Programmierer. Jede gemeinsame Variable ist verknüpft mit einer Synchronisationsvariablen (Lock-Variable oder Barrier-Variable). Jeder kritische Abschnitt ist durch Acquire (Var) und Release (Var) gekapselt.

Der Vorteil der abgeschwächteren Konsistenzmodelle ist ihre einfachere Implementierung und damit einhergehend ein Performancegewinn. Weiterhin erlauben sie einem Compiler, je abgeschwächter die Modelle sind, ein Neuordnen und Überlappen der Speicherzugriffe und damit optimierte Befehlsausführungen.

Abhängig von der Applikation braucht nicht synchronisiert zu werden, wenn auf die Daten zu unterschiedlichen Zeiten zugegriffen wird oder wenn sie lokal sind. Darauf kann dann der Programmierer bei den abgeschwächteren Konsistenzmodellen Bezug nehmen und Wartesituationen vermeiden und umgehen, was einen weiterer Performancegewinn ermöglicht.

Das sequenzielle Konsistenzmodell enthält meistens die intuitiv erwartete Semantik der Speicherkohärenz und nimmt dem Programmierer die Last der Synchronisation der parallelen Prozesse ab. Beim sequenziellen Konsistenzmodell laufen Programme für eng gekoppelte Multiprozessoren ohne Modifikation auf Systemen mit sequenzieller Konsistenz. Busgekoppelte Multiprozessoren mit gemeinsamem Speicher und ohne Cache erfüllen nämlich durch ihre seriellen Zugriffe auf den gemeinsamen Speicher das sequenzielle Konsistenzmodell.

Der Nachteil der abgeschwächteren Konsistenzmodelle ist, dass die Synchronisation immer mehr von der Systemebene auf die Applikationsebene verschoben und dem Programmierer aufgebürdet wird. Dies geht hin bis zur Eintritts-Konsistenz, bei der der Programmierer voll für die Konsistenz verantwortlich ist. Dazu muss der Programmierer die Applikation und deren Zugriffe auf die Daten genau kennen und bei gemeinsamen Daten die Synchronisation vornehmen.

Bei fehlender Synchronisation können **Wettlaufsituationen** (*Race Conditions*) auftreten. Unbeabsichtigte Wettlaufsituationen sind ein häufiger Grund für schwer auffindbare Programmfehler; bezeichnend für solche Situationen ist nämlich, dass bereits die veränderten Bedingungen zum Programmtest zu einem völligen Verschwinden der Symptome führen können.

Fehlerhafte Synchronisation kann zu **Verklemmungen** (*Deadlocks*) des Programms führen. Verklemmungen sind durch mehrere Programmläufe nicht zu erkennen, da es bei einem Programmtest nicht unbedingt zu einer Verklemmung kommen muss. Diese Fehler sind zeitabhängig, d. h. sie treten nur bei einer bestimmten zeitlichen Reihenfolge der Abarbeitung der einzelnen Programmabschnitte auf.

2.4.2.3 Implementierung der Sequenziellen Konsistenz

Eine einfache Implementierung des sequenziellen Konsistenzmodells ist ein verteilter Speicher mit *einem Zugang*, der die Zugriffe durch eine FIFO-Warteschlange seriell anordnet. Bei einem in Software implementierten DSM kann die Serialisierung durch einen zentralen Serverknoten realisiert werden, der alle Speicheranfragen befriedigt. Natürlich sind diese zentralisierten Zugänge zum verteilten Speicher Flaschenhälse. Der Server ist weiterhin ein einzelner Ausfallpunkt.

Nachfolgende Implementierungen der sequenziellen Konsistenz vermeiden deshalb den zentralen Server und definieren Protokolle zwischen den Knoten und sind somit eine verteilte Lösung. Die Protokolle hängen davon ab, ob das System Replikas und/oder Migration von Blöcken erlaubt.

Man unterscheidet die folgenden Replikations- und Migrationsstrategien [S 97]:

1. Nicht replizierte und nicht migrierende Blöcke (NRNMBs).
2. Nicht replizierte, migrierende Blöcke (NRMBs).
3. Replizierte und migrierende Blöcke (RMBs).
4. Replizierte und nicht migrierende Blöcke (RNMBs).

2.4 Lose gekoppelte Multiprozessoren und Cluster

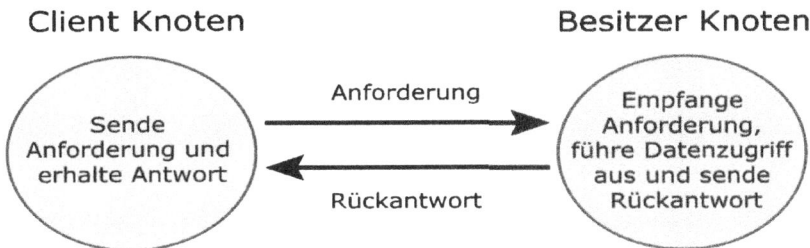

Abb. 2.24 NRNMBs-Strategie

Nicht replizierte und nicht migrierende Blöcke (NRNMBs)
Die einfache Strategie (NRNMB-Strategie) besitzt die folgenden Charakteristiken:

1. Es gibt nur eine Kopie von jedem Block im ganzen System.
2. Der Ort eines Blocks ändert sich nie und bleibt fest.
3. Alle Zugriffswünsche für einen Block gehen an den Knoten, welcher den Block besitzt (Abb. 2.24).

Gegeben durch diese Charakteristiken kann zur Allokation eines Blocks eine Abbildungsfunktion eingesetzt werden. Diese Funktion bildet einen Block auf einen Knoten ab. Liegt der Block nicht beim Knoten vor, ist also nicht lokal, so tritt eine Fault auf. Der Faulthandler benutzt die Abbildungsfunktion zur Bestimmung des Orts des Blocks. Er sendet dann eine Zugriffsanforderung an den Blockbesitzenden.

Sequenzielle Konsistenz ist bei der NRNMBs-Strategie gegeben, da die verschiedenen Zugriffe zu einem gemeinsamen Block in der Reihenfolge der Anforderung an den blockbesitzenden Knoten ausgeführt werden.

Die Methode ist einfach und leicht zu implementieren, sie besitzt jedoch die folgenden Nachteile:

1. Der serielle Datenzugriff ist ein Flaschenhals.
2. Parallele Zugriffe, welche ein Vorteil von DSM sind, sind nicht möglich, da alle Zugriffe zu verteilten gemeinsamen Speicher seriell ausgeführt werden.

Nicht replizierte und migrierende Blöcke (NRMBs)
Bei der NRMBs-Strategie (siehe Abb. 2.25) hat jeder Block des gemeinsamen verteilten Speichers eine einzige Kopie im gesamten System. Jeder Zugriff zu einem nicht lokalen Block bewirkt eine Migration des Blocks vom gegenwärtigen Knoten zu dem Knoten, der darauf zugreifen will. Im Vergleich zur NRNMBs-Strategie, bei der ein Besitzer des Blocks sich nicht ändert, ändert sich bei der NRMBs-Strategie der Besitzer des Blocks, sobald der Block auf den neuen Knoten verlagert wurde. Bei der Verlagerung eines Blocks wird der Block aus dem lokalen Adressraum des alten Besitzerknotens entfernt. Nur der Prozess, der auf dem Knoten läuft, kann lesend oder schreibend auf die zu diesem Knoten

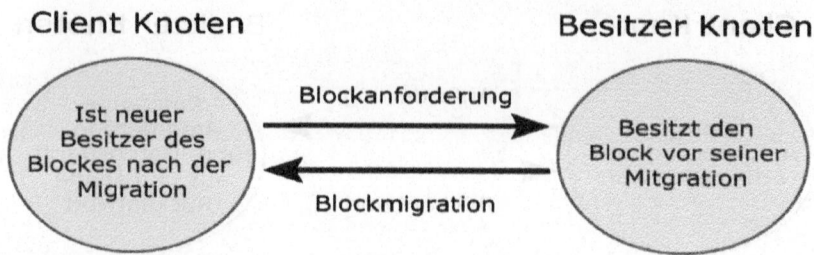

Abb. 2.25 NRMBs-Strategie

gehörenden Blöcken zugreifen. Aus diesem Grund sichert die NRMBs die sequenzielle Konsistenz.

Die Methode hat die folgenden Vorteile:

1. Greift ein Prozess auf Daten zu, die lokal vorliegen, dann fallen keine Kommunikationskosten an. Die fehlende Kommunikation ist bedingt durch die fehlende Migration.
2. Besitzt eine Applikation viele lokale Referenzen, sind die Migrationskosten vernachlässigbar gegenüber den vielen lokalen Zugriffen.

Die Methode hat jedoch auch die folgenden Nachteile:

1. Migriert ein Block häufig von einem Knoten auf einen anderen, und findet zwischen den Migrationen nur einige Datenzugriffe statt, so tritt Thrashing (Herumschlagen mit unnützer Arbeit) auf.
2. Parallele Zugriffe sind wie bei der NRNMBs-Methode, auch bei der NRMBs-Methode nicht möglich.

Bei der NRMBs-Strategie existiert eine einzelne Kopie von jedem Block, und der Ort des Blocks ändert sich durch die Migration dynamisch. Folgende Methoden zur Lokation eines Blocks stehen zur Verfügung:

1. *Broadcasting*: Jeder Knoten unterhält eine Blocktabelle mit den Blöcken, die er besitzt. Tritt ein Blockfault auf, schickt der Faulthandler einen Broadcast mit der Anforderung für den Block über das Netz. Der Knoten, welcher den angeforderten Block besitzt, antwortet dann und sendet den Block zu dem anfordernden Knoten.
   Ein Nachteil dabei ist, dass alle Knoten und nicht nur der Knoten, welcher den Block besitzt, den Broadcast bearbeiten müssen.
2. *Zentralisierter Server*: Ein Server verwaltet die Blocktabelle, die Einträge mit Lokalitätsinformation für alle Blöcke des gemeinsamen Adressraumes enthalten. Alle Knoten im System kennen den zentralisierten Server. Tritt ein Blockfault auf, so sendet der Faulthandler eine Anfrage für den Block an den zentralen Server. Dieser liest

die Lokation für den Block aus der Blocktabelle und sendet eine Anfrage an den gegenwärtigen blockbesitzenden Knoten. Danach ändert er den Eintrag für die Lokation des Blocks auf den neuen Besitzer des Blocks. Nach Erhalt der Anfrage für den Block transferiert der gegenwärtige Besitzer des Blocks den Block zum anfragenden Knoten, der nun der neue Besitzer ist.

Die Nachteile des zentralen Server-Algorithmus sind:
- Die Lokationsanfragen werden beim Server sequenzialisiert, was die Parallelität einschränkt, und
- der Ausfall des zentralen Servers bewirkt einen Verlust der Funktionsfähigkeit des DSM.

3. *Feste verteilte Server*: Die Rolle des zentralen Servers wird dabei verteilt auf mehrere Server. Dazu benötigt man auf mehreren (auf mehr als einem) Knoten einen Blockmanager. Jeder Blockmanager verwaltet eine feste vorbestimmte Untermenge von Blöcken. Die Abbildung von Blöcken auf die Blockmanager und ihre dazugehörige Knoten wird durch eine Abbildungsfunktion realisiert. Tritt ein Blockfault auf, so findet man über die Abbildungsfunktion den Blockmanager, der den Knoten verwaltet. Die Anfrage für den Block geht dann an diesen Blockmanager. Der Blockmanager behandelt dann die Anfrage wie oben beim zentralen Server beschrieben.

4. *Dynamisch verteilte Server*: Anstatt mehrerer Blockmanager hält man die Lokationsinformation für alle Blöcke in jedem Knoten; d. h. jeder Knoten besitzt eine Blocktabelle mit Lokationsinformation für alle Blöcke des gemeinsamen Speichers. Die Besitzinformation für den Block ist jedoch nicht zu jeder Zeit korrekt. Sie gibt jedoch einen Hinweis auf eine Sequenz von Knoten, die durchlaufen werden muss, um den wahren Besitzer des Blocks zu finden. Da die Besitzerinformation nur ein Hinweis auf den Besitzer gibt, heißt sie auch **mutmaßlicher Besitzer** (*probable owner*).

Tritt ein Blockfault auf, extrahiert der Knoten aus der lokalen Blocktabelle den vermutlichen Besitzer des Blocks. Er sendet dann eine Anfrage für den Block an diesem Knoten. Ist dieser Knoten der wahre Besitzer des Blocks, so transferiert er den Block an den anfragenden Knoten und trägt als Besitzerinformation für den Block in seiner Blocktabelle den anfragenden Knoten ein. Andernfalls bestimmt er aus der Blocktabelle den mutmaßlichen Besitzer und sendet die Anfrage weiter an diesen mutmaßlichen Besitzer. Zusätzlich trägt er anschließend in seiner Blocktabelle den anfragenden Knoten als neuen Besitzer des Blocks ein.

Replizierende und migrierende Blöcke (RMBs)

Hauptnachteil bei den nicht replizierenden Strategien ist, das nur ein Prozess auf dem Knoten auf die Daten in dem Block zugreifen kann. Dies schränkt die Parallelität ein. Zur Erhöhung der parallelen Zugriffe auf einen Block kann dieser repliziert werden. Bei mehrfach vorhandenen Blöcken können die read-Operationen parallel auf verschiedenen Knoten, die eine Kopie des Blocks besitzen, ausgeführt werden. Weiterhin reduziert sich der Kommunikationsoverhead, da die Blöcke lokal auf dem Knoten vorliegen und nicht von einem anderen Knoten transferiert werden müssen.

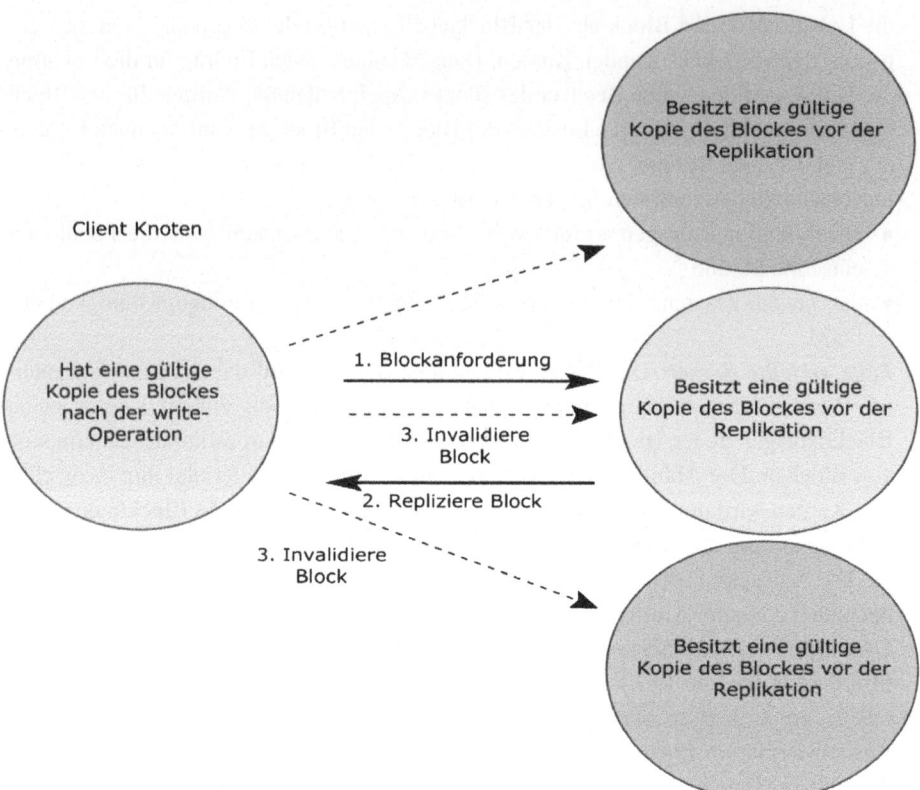

Abb. 2.26 Write Invalidate bei der RMBs-Strategie

Nachteilig bei replizierenden Blöcken sind jedoch die write-Operationen, da die verschiedenen Kopien der Blöcke kohärent gehalten werden müssen. Zur Kohärenzerhaltung der Blöcke kommen die in Abschn. 2.1.2 beschriebenen MESI Cachekohärenz-Protokolle zum Zuge. Diese beiden Protokolle (Write Invalidate und Write Update) erhalten in der nachfolgend beschriebenen Weise die sequenzielle Konsistenz.

1. *Write Invalidate* (Abb. 2.26). Tritt ein Write-Fault (entspricht einem Write Miss beim Write Invalidate Cachekohärenz-Protokoll) auf, kopiert der Faulthandler irgendeinen gültigen Block eines anderen Knotens auf den Knoten. Anschließend invalidiert er alle anderen Kopien des Blocks, indem er eine Invalidierungsnachricht mit der Blockadresse an alle Knoten sendet, die eine Kopie besitzen. Er besitzt nun den Block und kann anschließend schreibend auf den Block zugreifen. Er kann so lange schreibend und lesend darauf zugreifen, bis ein anderer Knoten den Block anfordert.
Im Vergleich zu dem vorgestellten Cache-Kohärenz-Protokoll (Abschn. 2.1.2.1) wurde hier kein Write Once realisiert. Dadurch existiert nach der Invalidierung nur eine

2.4 Lose gekoppelte Multiprozessoren und Cluster

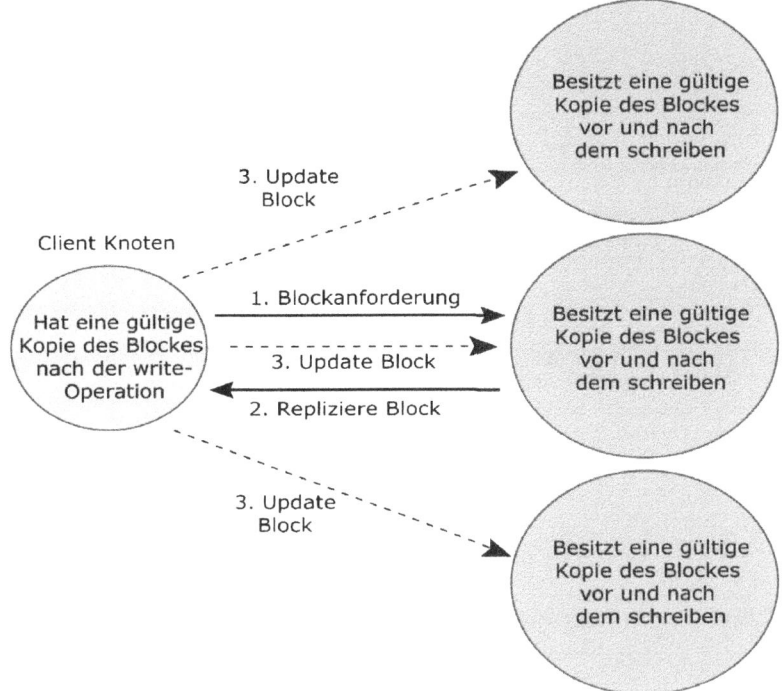

Abb. 2.27 Write Update bei der RMBs-Strategie

modifizierte Kopie des Blocks im System. Diese Kopie liegt bei dem Knoten, der die Schreiboperation durchgeführt hat.

Wenn einer der Knoten, der eine Kopie des Blocks vor der Invalidierung hatte, eine read- oder write-Operation durchführen möchte, dann tritt ein Read Miss bzw. Write Miss auf. Der daraufhin angestoßene Faulthandler des Knotens holt dann die gültige Kopie von dem Knoten, der die write-Operation durchgeführt hat, wieder zurück. Diese Sequenzialisierung der read- und write-Operationen garantiert die sequenzielle Konsistenz.

2. **Write Update** (Abb. 2.27) führt die write-Operation zusätzlich bei allen Kopien des Blocks aus. Tritt eine Write-Fault bei einem Knoten auf, kopiert der Faulthandler den Block von einem Knoten zum eigenen Knoten. Die write-Operation wird am eigenen Block ausgeführt, und dieser sendet die Adresse der modifizierten Speicherzelle mit dem eigenen Wert zu allen Knoten, die eine Kopie des Blocks besitzen, Die write-Operation ist erst abgeschlossen, wenn alle Kopien des Blocks den neuen Wert ebenfalls geschrieben haben. Der Write Update-Ansatz erfordert daher bei jeder Schreiboperation aufwändigen Netzverkehr.

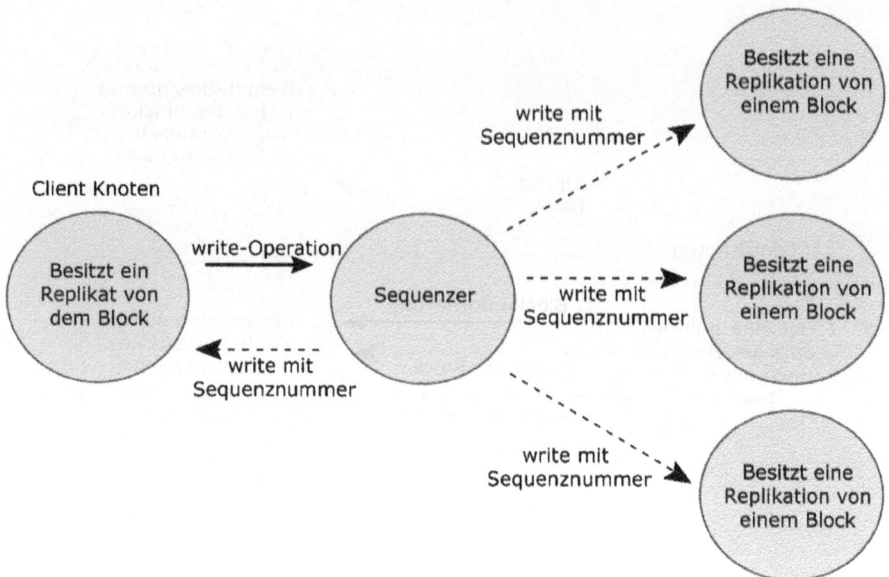

Abb. 2.28 Sequenzer zur Sequenzialisierung der write-Operationen

Die sequenzielle Konsistenz lässt sich durch eine totale Ordnung der write-Operationen auf allen Knoten erreichen. Die totale Ordnung stellt ein zentraler *Sequenzer* her (Abb. 2.28).

Zuerst wird jede Schreiboperation an den Sequenzer geschickt. Der Sequenzer teilt der write-Operation eine Sequenznummer zu und sendet die write-Operation zu allen Knoten, die ein Replikat des Blocks besitzen. Die write-Operationen werden dann an jedem Knoten in Sequenznummerreihenfolge ausgeführt. read-Operationen können zwischen zwei aufeinander folgenden write-Operationen ausgeführt werden und spielen zur Erhaltung der sequenziellen Konsistenz keine Rolle.

Beim Write Update-Protokoll geschieht die Datenlokation bei der RMBs-Strategie folgendermaßen:

1. Lokalisiere den Besitzer des Blocks. Der Besitzer eines Blocks ist derjenige Knoten, welcher zuletzt in den Block geschrieben hat.
2. Es muss vermerkt werden, welche Knoten außerdem noch eine gültige Kopie (Replikat) von dem Block besitzen.

Bei jedem Eintrag in der Blocktabelle zu einem Block muss eine Liste der Knoten vorhanden sein, die ebenfalls eine gültige Kopie (Replikat) des Blocks besitzen. Mit dieser Erweiterung können die bisher bei der NRMBs-Strategie vorgestellten Methoden (Broadcast, zentralisierter Server, feste verteilte Server, dynamisch verteilte Server) übertragen werden zur Datenallokation bei der RMBs-Strategie.

Replizierende und nicht migrierende Blöcke (RNMBs)

Bei der RNMBs-Strategie kann ein Block repliziert sein auf mehreren Knoten, jedoch ist die Lokation der Replikationen fest. Das Schreiben und Lesen kann entweder auf dem lokalen Block ausgeführt werden oder die Schreib- und Leseanforderung geht an den Knoten, der ein Replikat des Blocks besitzt. Die Replikationen können konsistent gehalten werden, indem beim Schreiben alle Kopien des Blocks aktualisiert werden. Dies entspricht dann dem bei der RMBs-Strategie verwandten Write update-Protokoll.

Die RNMBs-Strategie besitzt die folgenden Charakteristiken:

1. Die Lokation eines replizierten Blocks ändert sich nie.
2. Alle Replikationen eines Blocks sind konsistent.
3. Leseanfragen können direkt zu dem Knoten gesendet werden, der eine Replikation des Blocks besitzt. Schreibanfragen zur Sequenzialisierung müssen an einen Sequenzer geschickt werden.

Zur Datenlokation bei einer `read`- oder `write`-Operation kann jeder Knoten eine *Blocktabelle* besitzen. Der Sequenzer (ist bei irgendeinem Knoten angesiedelt) besitzt zusätzlich noch eine *Sequenztabelle*. Die Blocktabelle besitzt einen Eintrag für jeden Block des gemeinsamen Speichers. Jeder Eintrag in der Blocktabelle liefert irgendeinen der replizierten Knoten. Die Sequenztabelle hat ebenfalls für jeden Block des gemeinsamen Speichers einen Eintrag. Ein Eintrag der Sequenztabelle hat drei Felder:

1. Ein Feld für die Blockadresse.
2. Eine Liste von Knoten, welche repliziert sind.
3. Ein Sequenzfeld, das bei jeder `write`-Operation auf den Block um den Wert 1 inkrementiert wird.

Beim Lesen aus dem Block, kann irgendeine Lokation aus den verschiedenen replizierten Lokationen extrahiert werden. Und die Leseanfrage kann an diesen Block gesendet werden.

Eine `write`-Operation geht zum Sequenzer. Der Sequenzer weist der Schreiboperation eine Sequenznummer zu. An alle Knoten in der Replikationsliste sendet er dann die Schreibanforderung mit der Sequenznummer zu. Dies gewährleistet, dass alle Schreiboperationen bei jedem Knoten in der Ordnung der Sequenznummern ausgeführt werden.

2.4.3 Multicomputer

Multicomputer lassen sich unterteilen in:

- *MPSs* (*Massively Parallel Systems*) – teure Supercomputer mit vielen CPUs, die über ein proprietäres Hochgeschwindigkeitsnetz gekoppelt sind. Ein bekanntes kommerzielles Beispiel ist die IBM SP/S [To 06]. Durch das Hochgeschwindigkeitsnetz, das alle

CPUs mit allen anderen CPUs verbindet, sind diese Systeme total vernetzt. Unternehmen wie zum Beispiel IBM oder NEC produzieren solche Supercomputer, und sie sind häufig unter den 500 schnellsten Rechnersystemen der Welt (TOP-500.org) [To 06] verzeichnet. Diese Systeme waren in den 1980er und 1990er Jahren populär, haben aber in den letzten Jahren stark an Bedeutung verloren.

- *Verbindungs-basierte Multicomputer*, bei denen die totale Vernetzung eingeschränkt ist, so dass keine direkte Verbindung zu den meisten CPUs besteht. Nur mit den direkt verbundenen CPUs kann direkt kommuniziert werden. Besteht keine direkte Verbindung, so wird die Nachricht zu dem nicht direkt verbundenen Knoten über Zwischenknoten weitergeleitet. Bei fester Anordnung der Prozessoren und deren Verbindungen hat sich hauptsächlich, neben Gitter und Torus, die Hypercube-Topologie durchgesetzt:
- Ein *Hypercube*, auch binärer N-Cube genannt, ist durch einen einzigen Parameter, nämlich der Dimension des Hypercubes, charakterisiert. Dieser Parameter bestimmt die Anzahl der Knoten im Hypercube und die Anzahl der Kommunikationskanäle zwischen den einzelnen Knoten. Ein 0-dimensionaler Hypercube besteht aus zwei Knoten. Ein 1-dimensionaler Hypercube besteht aus zwei Knoten, und jeder Knoten hat eine Verbindung zum Nachbarn. Ein 2-dimensionaler Hypercube besteht aus vier Knoten und zwei Verbindungen zum Nachbarknoten. Ein 3-dimensionaler Hypercube besteht aus 8 Knoten, und jeder Knoten hat 3 Verbindungen zum Nachbarn, und so weiter. Demgemäß enthält ein n-dimensionaler Hypercube genau 2n Knoten und jeder Knoten hat n Verbindungen zu den Nachbarknoten, und eine Nachricht von einem Knoten kann jeden anderen Knoten über maximal n Sprünge erreichen.
- Normale *PCs* oder *Workstations*, die meistens mit Ethernet-Netzen zusammengeschlossen sind und die der Benutzer selbst aus preiswerten Komponenten zusammengebaut hat. Diese Multicomputer heißen *Cluster,* besitzen aber auch Namen wie *NOW (Network of Workstations)* oder *COW (Cluster of Workstations)*. Liegt die Betonung darauf, dass das Cluster aus Standardkomponenten und Massenware aufgebaut ist, so bezeichnet man es als *Commodity-Cluster* oder auch als *COTS* (Commodity of the shelf).
- *Heterogene Rechner*, mit unterschiedlichsten Leistungsstufen und unterschiedlichen Architekturen, die über das *Internet* miteinander verbunden sind und über Nachrichten miteinander kommunizieren, bezeichnet man als *Grid*.

2.4.4 Leistungs-Effizienzmetriken

Zur Optimierung von Supercomputing-Anwendungen muss ein Supercomputer die meiste Leistung für einen gegebenen Stromverbrauch bieten. Für Mikroprozessoren ist eine möglichst hohe Leistung bei mäßigem Stromverbrauch wünschenswert. Eine gebräuchliche Metrik dafür ist eine *Million Instructions per second durch Watt* (MIPS/Watt). MIPS/Watt ist das Verhältnis zwischen der Rate, mit der die CPU Instruktionen verarbeitet, zu der aufgewendeten Energie.

2.4 Lose gekoppelte Multiprozessoren und Cluster

Die Metrik MIPS/Watt ist das Inverse von *Energie pro eine Million Instruktion* (*EPMI*).

EPMI = 1/(MIPS/Watt) = Watt/MIPS

Auf eine durchschnittliche Instruktion bezogen ergibt das die Metrik *Energie pro Instruktion (EPI)*.

EPI = Watt/IPS

MIPS/Watt oder EPI sind ideale Metriken zur Beurteilung der Effizienz des Stromverbrauchs in Umgebungen, in denen die Durchsatzleistung im Vordergrund steht. Bei höheren Taktraten des Prozessors sinkt die Verzögerungszeit (*Delay*), die benötigt wird, um eine Instruktion von ihrem Anfang bis zu ihrem Ende zu bearbeiten. Weiterhin steigt mit der Erhöhung der Taktrate auch der Energieverbrauch. Leider berücksichtigen MIPS/Watt und EPI nicht die sinkende Ausführungszeit einer Instruktion mit dem erhöhten Energieverbrauch und der Spannungssteigerung. Deshalb schlagen Gonzalez, Gordon und Horowitz [GGH 97] als Metrik das Produkt aus Energie und delay (*Energy*Delay*) vor. Diese Metrik korrespondiert mit der Aussage, dass der Einsatz von einem Prozent Energie mit einem Prozent Leistungssteigerung einhergeht. Kostet ein Prozent Leistung zwei Prozent Energie, so kann die beim VLSI Design eingesetzte Metrik *Energie*Delay^2* benutzt werden.

Da ein Supercomputer Kollektionen von VLSI-Schaltungen sind, wurde die VLSI-Schaltungs-Metriken *Energy*t* und *Energy*t^2* übertragen auf den Supercomputer Blue Gene/L [SWG 06]. Der *Blue Gene/L* Supercomputer ist am Lawrence Livermore National Laboratories installiert und war nach den Top500 Listen der Jahre 2005, 2006 und 2007 [To 06] der schnellste Supercomputer der Welt. Die Metriken erlauben dann Evaluationen zu Schaltungsentwurf, Architektur und eingesetzten Software-Techniken. Die Performance (Zeit t) wurde mit Benchmarks (Linpack, NAMD molecular dynamic simulation, UMT2K und WRF Weather Research and Forecasting) für verschiedene Knotenanzahl (Partitionsgrößen) des Blue Gene ermittelt. Einzelne Ergebnisse dieser Leistungsmessungen sind:

- Energie*t-Kurve ist besser als die Energie-Gerade über verschiedene Knotenanzahlen (von 1 bis 100.000). Oder interpretativ ausgedrückt: Mit weniger Energie wird bei steigender Kontenanzahl die gleiche Performance erreicht, oder mehr Performance ist bei gleicher Energie und steigender Knotenanzahl möglich.
- Erhöhter Thread-level Parallelismus ist effizienter als Spannungserhöhung. Diese Aussage trifft auch auf Multithread-Multicore-Chips zu, die bei geringerer Energieaufnahme einen höheren Durchsatz liefern.
- Beim WRF-Benchmark ist die parallele Effizienz leicht höher als 50 Prozent bei 2000 Prozessoren. Bei 2048 Prozessoren und erhält man einen 1000-fachen Speedup mit 2000 Prozessoren. Somit liegt man um 50 Prozent unter dem linearen Speedup.

2.4.5 Load Balancing und High Throughput Cluster Google

Zur Erbringung einer hohen Serverleistung mit einem High Throughput Cluster (HPC) kann der Webserver von der Suchmaschine Google als Beispiel dienen. Google ist ein Beispiel für eine durchsatzorientierte Arbeitslast und profitiert von Prozessorarchitekturen, die On-Chip-Parallelismus (Simultanous Multithreading und On-Chip-Multiprocessors) bieten. Google ist aber auch ebenso ein Beispiel für einen Multicomputer und somit für einen Cluster.

2.4.5.1 Leistungsmaße und Ausstattung des Google-Clusters

Der Google-Cluster muss folgende Leistung besitzen und folgende Anforderungen erfüllen:

- Jede einzelne Web-Anfrage erfordert das Lesen von **Hunderten von Megabytes von Daten** und verbraucht 10 Milliarden CPU-Zyklen [BDH 03].
- Eine Höchstlast von **Tausenden Anfragen pro Sekunde** muss bearbeitet werden [BDH 03].
- Er besteht aus einer Zusammenschaltung von mehr als **15.000 gewöhnlichen Standard-PCs** mit fehlertoleranter Software [BDH 03].
- Das gesamte World Wide Web (mit über *8 Milliarden Seiten* und *1 Milliarde Bildern*) muss gesichtet, indiziert und gespeichert werden [T 06].

Nach einer Schätzung auf Basis der Unterlagen zum Börsengang von Google im April 2004 sieht die Hardwareausstattung wie folgt aus:

- 719 Gestellrahmen (Racks),
- 63.272 Rechner,
- 126.544 CPUs,
- 253 Terahertz Ersatz-Taktfrequenz,
- 127 Terabyte RAM und
- 5 Petabyte Festplattenspeicher.

Anstatt Highend-Server und somit mächtige Multiprozessorsysteme, mit riesigen Datenbanken und massiven Transaktionsraten und hoher Zuverlässigkeit einzusetzen, hat Google den weltweit größten Cluster mit Standard-PCs aufgebaut. Ein Highend-Server hat zwei bis dreimal die Leistung eines Desktop-PCs, kostet jedoch normalerweise das 5- bis 10-fache eines PCs. Es waren also Kosteneffizienzgründe, die zu dieser Entscheidung führten.

Natürlich fallen billige PCs häufiger aus als Highend-Server und fehlertolerante Multiprozessoren. Deshalb wurde die Zuverlässigkeit in Software über den PCs gelöst. Zuverlässigkeit wird durch die Replikation der Services über verschiedene Maschinen erreicht und redundante Auslegung der Hardware, sowie automatischer Fehlerentdeckung und

-behebung. Mit dieser fehlertoleranten Software und redundanten Auslegung kommt es überhaupt nicht mehr darauf an, ob die Ausfallrate bei 0,5 Prozent oder bei 2 Prozent im Jahr liegt. Fehler müssen nur entdeckt und behoben werden. Nach der Erfahrung von Google fallen rund 2 Prozent der PCs jedes Jahr aus. Mehr als die Hälfte der Ausfälle geht auf fehlerhafte Festplatten zurück, gefolgt von der Stromversorgung und den RAM-Chips. CPUs fallen überhaupt nicht mehr aus. Für Abstürze ist in erster Linie nicht die Hardware verantwortlich, sondern die Software. Softwarefehler lassen sich durch einfaches Neustarten des Rechners beheben.

2.4.5.2 Google Server-Aufbau und -Architektur

Ruft ein Benutzer die Seite www.google.com auf, so inspiziert das Domain Name System (DNS) die IP-Adresse des Benutzers und bildet sie auf die Adresse des nächst gelegenen Datenzentrums ab (DNS-basierender Lastverteiler). Weltweit betreibt Google mehrere Datenzentren. Dadurch stehen nicht nur die Datensicherungen für den Fall bereit, dass ein Datenzentrum durch eine Naturkatastrophe wie Erdbeben oder Brand zerstört wird, sondern es lassen sich auch die Wege kurz halten. Der Browser sendet dann die Abfrage an das nächst gelegenem Datenzentrum.

Jedes Datenzentrum hat mindestens eine Glasfaserverbindung mit Leitungsgeschwindigkeit OC-48 (2.488 Gbit/s) zum Internet, über die es Anfragen erhält und Antworten sendet [T 06]. Fällt diese Hauptverbindung aus, steht eine Glasfaserverbindung OC-12 (622 Mbit/s) von einem anderen Telekommunikationsanbieter zur Verfügung. Die beiden Glasfaserkabel führen auf die, aus Redundanzgründen doppelt ausgelegten, 128-Port-Ethernet-Switches. Jeden Gestellrahmen verlassen vier Gigabit Ethernet-Verbindungen: mit jeweils zwei Verbindungen zu jedem Switch. Jeder Gestellrahmen enthält übereinander gestapelt bis zu 40 Stück 19-Zoll-Einschübe, die eine ungefähre Höhe von 5 cm haben. Mit einem Einschub vorn und einem hinten ergibt dies bis zu 80 PCs pro Gestellrahmen. Im Gestellrahmen befindet sich noch zusätzlich ein Ethernet Switch, der die 80 PCs miteinander verbindet. Mit einem Paar von 128-Port-Switches und vier Verbindungen von jedem Gestellrahmen können bis zu 64 Gestellrahmen unterstützt werden. Somit kann ein Datenzentrum bis zu 5120 PCs umfassen (siehe Abb. 2.29).

Von jedem Gestellrahmen verlaufen vier Verbindungen (zwei von den vorderen 40 PCs und zwei von den hinteren PCs) auf die beiden 128-Port-Switches. Dass ein Gestellrahmen betriebsunfähig wird, müssten vier Verbindungen oder zwei Verbindungen und ein Switch ausfallen.

Ein PC verbraucht ungefähr 120 W, was rund 10 KW pro Gestellrahmen ergibt. Ein Gestellrahmen beansprucht eine Stellfläche von 3 m^2, sodass das Wartungspersonal PCs installieren und entfernen kann und außerdem genügend Platz für die Lüftung bleibt. Diese Parameter ergeben eine *Energiedichte* von über 3000 W/m^2. Die meisten Datenzentren sind für 600 bis 1200 W/m^2 ausgelegt, so dass spezielle Maßnahmen erforderlich sind, um die Gestellrahmen zu kühlen.

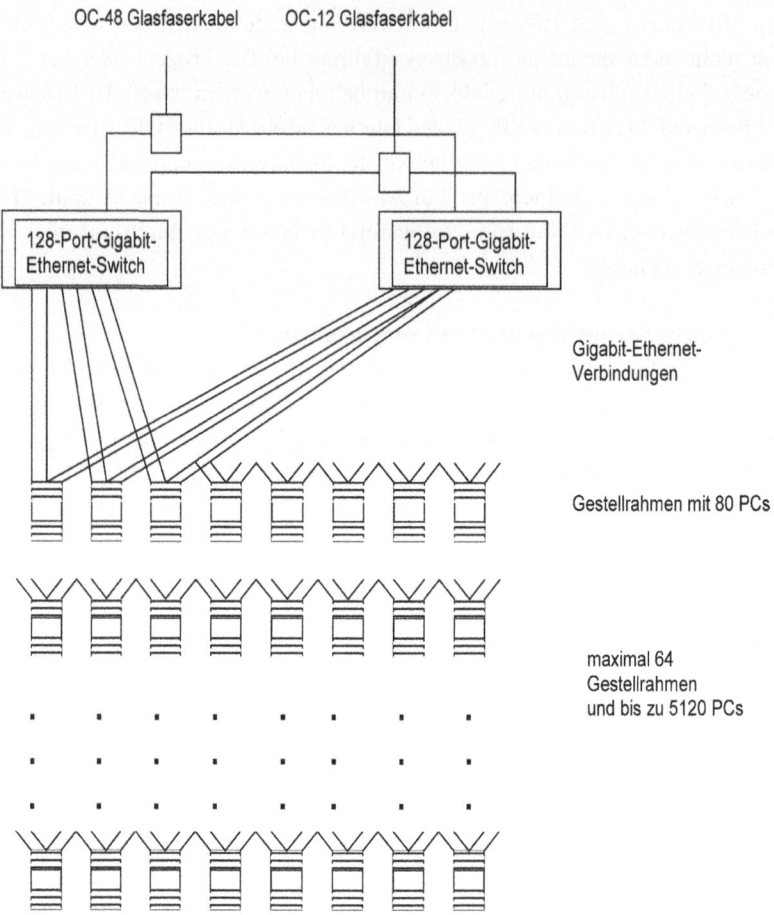

Abb. 2.29 Typischer Google Cluster

2.4.5.3 Verarbeitung einer Google Anfrage

Der Browser des Benutzers sendet eine HTTP-Anfrage zum nächst gelegenen Datenzentrum. Die Bearbeitung dieser Anfrage geschieht gänzlich lokal in diesem Google-Cluster. Ein hardware-basierter **Lastausgleicher** (*Load Balancer*) in jedem Google-Cluster überwacht die verfügbaren **Google Web Servers (GWSs)** und führt einen Lastausgleich zwischen ihnen durch.

Der GWS sendet die Anfrage parallel an den **Spell Checker**, der eine Rechtschreibprüfung vornimmt, und an den Ad Server. Auf dem **Ad Server (*Advertisement Server*)** sind die Internet-Werbebanner der Werbekunden gespeichert. Ein Ad Server sorgt für die Einblendung der Banner auf einer Webseite, für die der Werbekunde Bannereinblendungen gebucht hat. Google macht sein Geschäft zu 99 Prozent mit der Platzierung von Werbung auf den Webseiten und somit mit dem Ad Server.

2.4 Lose gekoppelte Multiprozessoren und Cluster

Die Suche von Worten die in den Dokumenten auftauchen, geschieht dann parallel mit einem Zwei Phasen Schema. Dieses Zwei Phasen Schema ist das von Google eingeführte Programmiermodell *MapReduce* [DS 10]. Ein Benutzer spezifiziert in der ersten Phase eine Map-Funktion. Die Map-Funktion liefert für ein Schlüssel/Wert-Paar eine Zwischen-Liste von Schlüssel/Wert-Paaren. Eine zweite Phase, die Reduce Funktion, verschmilzt dann alle Zwischenwerte die mit demselben Zwischenschlüssel assoziiert sind. Eine Implementierung dieses Programmiermodells liegt von Hadoop als Open Source [H 13] vor.

Die Suche verläuft dann folgendermaßen (siehe Abb. 2.30): Der GWS sendet die Anfrage in einer ersten Phase (*Map*) an die Index Servers und in einer zweiten Phase (*Reduce*) an die Document Servers.

1. Phase Parallele Suche der Dokumente in den Index Servers:

    Diese Server enthalten einen Eintrag für jedes Wort im Web und den dazugehörigen *invertierten Index*. Ein invertierter Index ist eine Index-Struktur, welche Wörter auf ihre Lokation in einem Dokument oder eine Menge von Dokumenten abspeichert. Ein kleines Beispiel zeigt, wie zu einem Wort der invertierte File-Index [W 06, H2 06, ZM 06] erhalten wird.

    Gegeben seien die drei Texte T0 = „it is what it is", T1 = „what is it" und T2 = „it is a banana" liefert den folgenden invertierten Fileindex:

    „a"   {2}
    „banana" {2}
    „is"   {0, 1, 2}
    „it"   {0, 1, 2}
    „what"   {0, 1}

    Eine Suchanfrage für die drei Terme „what", „is" und „it" ergibt die Menge {0, 1, 2} ∩ {0, 1, 2} ∩ {0, 1} = {0, 1}. Eine Suchanfrage für „what is it" liefert Treffer für die Wörter in Dokument 0 und Dokument 1, obwohl der Term nur fortlaufend in Dokument 1 enthalten ist.

    Jeder Eintrag in den Index-Servern listet alle Dokumente (Webseiten, PDF-Dateien, PowerPoint-Presentationen usw.), die das Wort enthalten, und sortiert nach der Rangfolge der Seite. Der Rang der Seite berechnet sich primär aus der Anzahl der Links zu einer Seite und deren eigene Ränge.

    Die Suche ist hoch parallelisierbar, indem der Index in viele kleine Teile zerlegt wird, die Google *index shards* (Scherben) nennt. Jeder Shard hat eine gemäß dem Rang ausgewählte Untermenge von Dokumenten des vollen Index. Jeder Shard entspricht einem Rang der Dokumente. Für jeden Shard steht ein Pool von Maschinen zur Verfügung. In diesem Pool ist eine Maschine als weiterer Lastausgleicher ausgezeichnet. Steht eine Replikation des Shards nicht mehr zur Verfügung, so vermeidet der Lastausgleicher die Benutzung dieser Maschine. Das Cluster-Managementsystem versucht, die Maschine wieder einzubinden, und falls dies nicht gelingt, die Maschine zu ersetzen.

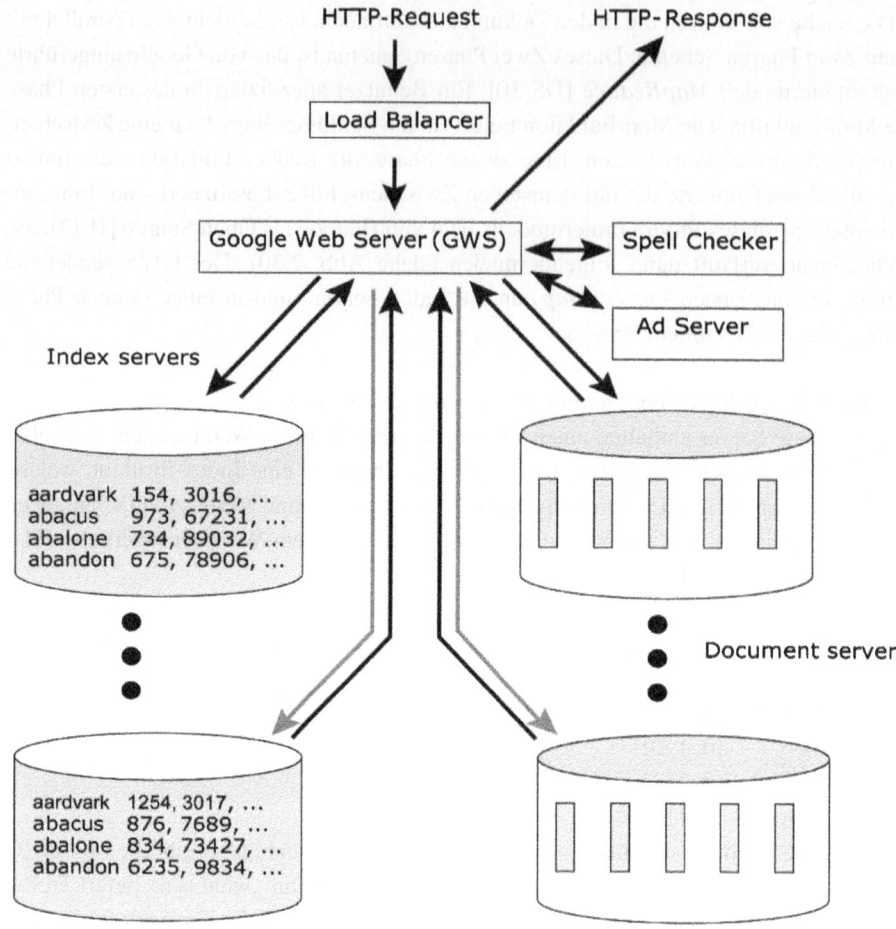

Abb. 2.30 Verarbeitung einer Google Anfrage

Das Ergebnis der ersten Phase und der Indexsuche ist eine geordnete Liste von *docids* (document identifiers), die der GWS erhalten hat.

2. Phase Parallele Zusammenstellung der Dokumente gemäß der docid:

Der docid referenziert die eigentliche Dokumente und die Dokumentenserver ziehen den Titel, die URLs und die Textausschnitte in der Nähe des Suchbegriffs heraus. Diese Ergebnisse werden dem Dokumentenserver zugeleitet. Die Dokumente sind ebenfalls in Shards aufgeteilt, um parallel auf die Dokumente zugreifen zu können. Die Dokumentenserver enthalten viele Kopien des gesamten Webs bei jedem Datenzentrum, was gegenwärtig Hunderte von Tera-Bytes ausmacht.

Am Ende der Anfrage, wenn der GWS die gefundenen Seiten in der Rangordnung der Seite zusammengetragen hat, werden die erkannten Rechtschreibfehler des Spell Checkers und die relevante Werbung des Ad Server hinzugefügt. Zum Schluss formatiert der GWS die Ergebnisse in HTML (Hypertext Markup Language) und schickt sie an den Web-Browser des Anfragenden.

Nähere Informationen über das Google File System (GFS) sind in [GGL 03] enthalten, und der Aufbau von Web-Such-Maschinen ist in [BP 06] beschrieben. Speziell die Infrastrukur für das Crawling und die Crawling-Algorithmen sind in [H1 06] erläutert.

Literatur

[A06] AMD Processors for Servers and Workstations: AMD Opteron™ Processor. http://www.amdcompare.com.us-en/Opteron/, 2006.

[A13] AMD: AMD Radeon™ HD 7970 GHz Edition Grafikkarte, http://www.amd.com/de/products/desktop/graphics/7000/7970ghz/Pages/radeon-7970GHz.aspx, 2013.

[AAK06] Ananian C.S., Asanovic K., Kuszmaul B. C., Leierson C. E., Leierson C.E., Lie S.: Unbounded Transactional Memory. IEEE Micro, Vol. 26, No. 1, Jan. Febr. 2006.

[AB86] Archibald J., Baer J.-L.: Cache Coherence Protocols: Evaluation Using a Multiprocessors Simulation Model. ACM Transactions on Computer Systems, Vol. 4, No. 4,p\hack{\break} 1986.

[AG96] Adve S.V., Gharachorloo K.: Shared Memory Consistency Models: A Tutorial. IEEE Computer, Vol. 29, No. 12, Dec. 1996.

[AKS07] Adl-Tabatabai A.R., Kozyrakis C., Saha B.: Unlocking Concurrency, Multicore Programming with Transactional Memory. ACM Queue Vol. 4, No. 10, December/January 2006–2007.

[ARJ07] Aggarwal N., Ranganathan P. Jouppi N.P., Smith J.E.: Isolation in Commodity Multicore Processors. IEEE Computer, Vol. 40, No. 6, June 2007.

[B78] Backus J.: Can programming be liberated from the von Neumann style? A functional style and its algebra of programs. Communications of the ACM Vol. 21, No. 8, August 1978.

[BBD09] Baumann A., Barham P., Dagand P.E., Harris T, Isaacs R., Peter S., Roscoe T, Schüpbach A., Inghania A.: The Multikernel: A new OS architecture for scalable multicore systems. Proceedings of the 22nd ACM Symposium on OS Principles, Big Sky, MT, USA, October 2009.

[BBN89] BBN Advanced Computers Inc, TC-2000 Technical Product Summary, 1989.

[BC03] Bovet D.P., Cesati M.: Understanding the Linux Kernel. Second Edition. O'Reilly & Associates Inc. 2003.

[BDH03] Barroso L.A., Dean J. Hölzle U.: Web Search for a Planet: The Goggle Cluster Architecture. IEEE Micro, Vol. 23, No. 2, 2003.

[BH72] Brinch Hansen P.: A comparison of two synchronising concepts. Acta Informatica, No. 1, 1972.

[BM06] Bauke H., Mertens S.: Cluster Computing, Praktische Einführung in das Hochleistungsrechnen auf Linux-Clustern. Springer Verlag 2006.

[Bo06]   Bode A.: Multicore-Architekturen. Informatik Spektrum, Band 29, Heft 5, Okt. 2006.

[BP06]   Brin S., Page L:. The Anatomy of a Large Scale Hypertextual Web SearchEngine. http://www-db.stanford.edu/pub/papers/google.pdf, 2006.

[BTR02] Bossen D.C., Tendler J.M., Reick K.: Power4 System Design for High Reliabilty. IEEE Micro, Vol. 22, No. 2, March/April 2002.

[C07]   The Cell Chip: Informationen über den Multi-Core-Prozessor. http://www.the-cell-chip.de, 2007.

[CU12]   NVIDIA: CUDA C Programming Guide, PG-02829-001_v5.0, Design Guide, http://docs.nvidia.com/cuda/pdf/CUDA_C_Programming_Guide.pdf, Oct 2012.

[D65]   Dijkstra E.W.: Cooperating Sequential Processes. Technological University, Eindhoven, The Netherlands, 1965. (Reprinted in Great Papers in Computer Science. Laplante P. ed., IEEE Press, New York, NY, 1996)

[D90]   Duncan R.: A Survey of Parallel Computer Architectures. IEEE Computer. Vol. 23, No. 2, February 1990.

[DS10]   Dean J., Ghemawat S.: MapReduce: A flexible Data Processing Tool. Communication of the ACM, Vol. 53, No. 01, 01/2010.

[E13]   ETH Zürich Systems Group: The Barrelfish Operating System. http://www.barrelfish.org. 2013.

[EEL97] Eggers S.J., Emer J.S., Levy H.M., Lo J.L., Stamm R.L., Tullsen D.M.: Simultaneous MultiThreading: A platform for Next-Generation Processors. IEEE Micro, Vol. 17, No. 5, Sept/Oct 1997.

[F09]   NVIDIA: Nividia's Next Generation CUDA Compute Architecture: Fermi^{TM}, Whitepaper, http://www.nvidia.de/content/PDF/fermi_white_papers/NVIDIA_Fermi_Compute_Architecture_Whitepaper.pdf, 2009.

[G01]   Gelsinger, P.P.: Microprozessors for the New Millenium. Challenges, Opportunities and New Frontiers. ICSS February 2001.

[G13]   NVIDIA: GeForce GTX 680, http://www.nvidia.de/object/geforce-gtx-680-de.html#pdpContent=2, 2013.

[GEM07] Gschwind M., Erb D., Manning S., Nutter M.; An Open Source Environment for Cell Broadband Engine System Software. IEEE Computer, Vol. 40, No. 6, 2007.

[GGH97] Gonzalez R. Gordon B. Horowitz M.: Supply and Threshold Voltage Scaling for Low-Power CMOS. IEEE Jornal Solid-State Circuits, Vol. 32, No. 8, Aug 1997.

[GGK83] Gottlieb A., Grishman R., Kruskal C.P., McAuliffe K. P, Rudolph L., Snir M.: The NYU ultracomputer: Designing a MIMD, shared memory parallel computer. IEEE Transactions on Computers, Vol. 32, No. 2, 1983.

[GGL03] Ghernawatt S., Gobioff H., Leung S.: The Goggle File System. Proceeding of the 19th ACM Symposium on Operating Systems Principles. Oct. 2003.

[GHF06] Gschwind M., Hofstee H.P., Flachs B., et. al.: Synergistic Processing in Cell's Multicore Architecture. IEEE Micro, Vol. 26, No. 2, March/April 2006.

[GT90]   Graunke G., Thakkar S.: Synchronization Algorithms for Shared Memory Multiprocessors. IEEE Computer, Vol. 23, No. 6, June 1990.

[H13]   Welcome to Apache™ Hadoop®!, http://hadoop.apache.org/, 2013.

[H91]   Herlihy M.: Wait-Free Synchronisation. ACM Transaction on Programming Languages and Systems. Vol. 11, No. 1, Jan. 1991.

[H93]	Handy J.: The Cache Memory Book. Academic Press Inc. 1993.
[H106]	Hawking D.: Web Search Engines: Part 1: IEEE Computer, Vol. 39, No. 6, June 2006.
[H206]	Hawking D.: Web Search Engines: Part 2. IEEE Computer, Vol. 39, No. 8, August 2006.
[HB84]	Hwang K., Briggs F. A.: Computer Architecture and Parallel Processing. McGraw Hill 1984.
[HCU77]	Harris T., Cristal A., Unsal O.S., et al.: Transactional Memory: An Overview. IEEE Micro, Vol. 27, No. 3, May/June 2007.
[HF03]	Harris T., Fraser K.: Language Support for Lightweight Transactions. Proceedings of the 18th annual ACM SIGPLAN conference on Object-oriented programing, systems, languages, and applications. Anaheim, ACM SIGPLAN Notices Vol. 38, No. 11, 2003.
[HF07]	Harris T., Fraser K.: Concurrent Programming Without Locks. ACM Transactions on Computer Systems, Vol. 25, No. 2, Articles 4–5, 2007.
[HLH92]	Hagerstein E., Landin A., Haridi S.: DDM – A Cache-Only Memory Architecture. IEEE Computer, Vol. 25, No. 9, Sept. 1992.
[HM93]	Herlihy M., Moss E.: Transactional memory; Architectural support for lock-free data-structures. In Proceedings of the 20th Annual International Symposium on Computer Architecture, San Diego, CA, May 1993.
[HMJ05]	Harris T., Marlow S., Jones S.P. Herily M.: Composable Memory Transactions. ACM Conference on Principles and Practice of Parallelel Programming 2005.
[HNO97]	Hammond L., Nayfeh B.A., Olukotun K.: A Single-Chip Multiprocessor Computer. Vol. 30., No. 9, Sept. 1997.
[Ho72]	Hoare C.A.R: Towards a theory of parallel programming. In: Hoare C.A.R. and Perott R.H, Eds.: Operating Systems Techniques. Academic Press, New York, NY, 1972.
[HP06]	Hennessy J. L., Patterson D.A.: Computer Architecture, A Quantitative Approach, 4rd Edition, Morgan Kaufmann Publishing Co., Menlo Park, CA. 2006.
[I06]	Intel CORE^{TM} Duo Processor – Technical Documents. http://www.intel.com/design/mobile/core/duodocumentation.html
[I10]	Intel Labs: The SCC Platform Overview, Revision 0.7. www.intel.com/content/dam/www/public/us/en/documents/technology-briefs/intel-labs-single-chip-platform-overview-paper.pdf, 2010.
[IRS06]	IBM RS/6000 SP System. http://www.rs6000.ibm.com/hardware/largescale/index.html. 2006.
[JW05]	Jerraya A., A., Wolf W.; Multiprocessor Systems-on-Chips. Elsevier Inc. 2005.
[KAO05]	Kongetira P., Aingaran K., Olukoton K.: Niagara: A 32-Way Multithreaded Sparc Processor. IEEE Micro, Vol. 25, No. 2, March/April 2005.
[KDH05]	Kahle J. A., Day M. N., Hofstee H.P. et. al.: Introduction to the Cell Multiprocessors. IBM J. Research and Development, Vol. 49, No. 4/5, 2005.
[KGA03]	Keltcher, C. N., McGrath K. J., Ahmed A., Conway P.: The AMD Opteron Processor for Multiprocessor Servers. IEEE Micro, Vol. 23, No. 2, March/April 2003.
[KH12]	Kirk D.B., Hwu W.-M., W.: Programming Massively Parallel Processors: A Hands-on Approach. 2nd revised Edition. Morgan Kaufman 2012.

[KPP06]   Kistler M., Perrone M., Petrini F.: Cell Multiprocessor Communictaion Network: Built for Speed. IEEE Micro Vol. 26, No. 3, May/June 2006.

[KR81]   Kung H.T., Robison J. T.: On Optimistic Methods for Concurrency Control. ACM Trans. Database Systems, Vol. 6, No. 2, 1981.

[L79]   Lamport L.: How to Make a Multiprocessor Computer that Correctly Executes Multiprocessor Programs. IEEE Trans. On Computers, Bd C-28, S. 690–691, Sept. 1979.

[L93]   Lilja D. J.: Cache Coherence in Large-Scale Shared-Memory Multiprocessors: Issues and Comparisons. ACM Computing Surveys Vol. 26, No. 3, Sept.1993.

[LNO08]   Lindholm E., Nickolls J., Oberman S., Montrym J.: NVIDIA TESLA: A Unified Graphics and Computing Architecture. IEEE Micro, Vol. 28 No. 2, March/April 2008.

[M01]   Märtin C.: Rechnerarchitekturen, CPUs, Systeme, Software-Schnittstellen. Fachbuchverlag Leipzig 2001.

[M02]   Marr D. et al.: Hyper-Threading Technology Architecture and Microarchitecture: A Hypertext History. Intel Technology Journal, Vol. 6, No. 3, Feb 2002.

[M99]   Maurer C.: Grundzüge der Nichtsequentiellen Programmierung. Springer Verlag 1999.

[MCC07]   McDonald A., Carlstrom, B., Chung J.: Transactional Memory: The Hardware-Software Interface. IEEE Micro, Vol. 27, No. 1, Jan./Febr. 2007.

[NL91]   Nitzberg B. Lo V.: Distributed Shared Memory: A Survey of Issues and Algorithms. IEEE Computer Vol. 24, No. 6., August 1991.

[P90]   Przybylsku S. A.: Cache and Memory Hierarchy Design. A Performance-Directed Approach. Morgan Kaufmann Publisheres, Inc. 1990.

[PBG85]   Pfister G.F., Brantley W.C., George D. A., et al.: The IBM research parallel Processor prototype (RP3): Introduction and architecture. In Proceedings International Conference on Parallel Processing, pages 764–771, 1985.

[PTM98]   Protic J., Tomasevic M., Milutinovic V.: Distributed Shared Memory. Concepts and Systems. IEEE Computer Society Press, 1998.

[R97]   Richter H.: Verbindungsnetzwerke für parallele und verteilte Systeme. Spektrum Akademischer Verlag 1997.

[RT86]   Rettberg R., Thomas R.: Contention is no Obstacle to Shared-Memory Multiprocessing. Communications of the ACM, Vol. 29, No, 12, Dec 1986.

[RW13]   Radiewicz R., Wang X. : Porting Barrelfish to the Tilera TILEPro64 Architecture. Master of Science Thesis, Stockholm, Sweden http://www.diva-portal.org/smash/get/diva2: 635212/FULLTEXT01.pdf, 2013

[S06]   Struck N.: Mehr Performance und Skalierbarkeit mit Multicore-Prozessoren. Betriebssysteme helfen beim Wechsel. WEKA Fachzeitschriften-Verlag GmbH Elektronik 06/2006. Auch verfügbar unter: http://www.elektoniknet.de/index.php?id=706&tx_ jppageteaser_pi1[backId]=734.

[S07]   Sun: Throughput Computing. http://www.sun.com/processors/throughput/, 2007.

[S90]   Stenström P.: A Survey of Cache Coherence Schemes for Multiprocessors. IEEE Computer, Vol. 23, No. 6, June 1990.

[S97]   Sinha P., K.: Distributed Operating Systems. Concepts and Design. IEEE Press 1997.

[SGI07]	SGI Altix Family. High Productivity Servers, Clusters and Supercomputers. http://www.sgi.com/products/servers/altix/. 2007.
[STM07]	Software transactional memory. Wikipedia: http://en.wikipedia.org/wiki/Software_transactional_memory, 2007.
[SWG06]	Salapura V., Walkup R., Gara A.: Exploiting Workload Parallelism for Performance and Power Optimization in Blue Gene. IEEE Micro Vol. 26, No. 5, Sept. Oct. 2006.
[T06]	Tanenbaum A. S.: Computerarchitektur, Strukturen, Konzepte – Grundlagen. 5. Auflage, Pearson Studium 2006.
[T13]	Tilera Coperation : Tile Processor Architecture, Overview for the Tile Pro Series, Release 1.2, http://www.tilera.com/scm/docs/UG120-Architecture-Overview-TILEPro.pdf, Febr. 2013.
[T14]	Tilera Homepage. www.tilera.com, 2014.
[T95]	Tanenbaum A. S.: Distributed Operating Systems. Prentice Hall Inc., 1995.
[TEE96]	Tullsen D.M., Eggers S. J., Emer J.S. et al.: Exploiting Choice: Instruction Fetch and Issue and Implementable Simultaneous Multithreading Processor. Proc. 23nd Annual Intern. Symp. On Computer Architecture, Philadelphia, PA 1996.
[To06]	Top500.org: http://www.top500.org/ 2006.
[UC07]	University of Cambridge, Computer Laboratory: Practical lock-free data structures. http://www.cl.cam.ac.uk/netos/lock-free, 2007.
[W06]	Wikipedia: Inverted Index. 2006. http://en.wikipedia.org/wiki/Inverted_index, 2006.
[WGH07]	Wentzlaff D., Griffin P., Hoffmann H., Bao L.,Edwards B., Ramey C., Mattina M., Miao C.-C, Brown III J.F., Agarwal A.: On-Chip Interconnection Architecture Of The Tile Processor, Vol. 27, No 5, September/October 2007.
[WMH11]	Wijngaart R.F., Mattson T.G., Haas W. Ligth-weigth communications oh Intel's single-chip cloud computer processor. ACM SIGOPS Operating Systems Review, Vol. 45, No. 1, Jan 2011.
[ZM06]	Zobel J., Moffat A.: Inverted Files for Text Search Engines. ACM Computing Surveys, Vol. 38, No. 2, 2006.

Client-Server-Modell und Web-Services 3

Das vorherrschende Programmiermodell für parallele und verteilte Systeme ist das *Client-Server-Modell*. Das Client-Server-Modell ist unabhängig von der zugrunde liegenden Hardwareplattform und läuft auf allen Architekturen:
- Einprozessor-Systeme,
- eng gekoppelten Multiprozessoren und Multicore-Prozessoren und
- lose gekoppelten Multiprozessoren und Multicomputer und somit auch auf Cluster.

Das Client-Server-Modell ist in Abschn. 3.1 beschrieben. Die Weiterentwicklung des Client-Server-Modells führt auf die *Service-orientierten Architekturen (SOA)*, welche eine verteilte Architektur besitzen. Auf SOA geht Abschn. 3.2 ein.

Bei der Implementierung des Client-Server-Modells, des SOA-Modells, den parallelen Servern und bei den Modellen für parallele und verteilte Verarbeitung ist zu unterscheiden,

- ob die Programme auf einem System mit gemeinsamem Speicher, also auf einem Einprozessor-System oder eng gekoppelten Multiprozessorsystem oder Multicore-Prozessoren,
- oder auf einem System mit verteiltem Speicher, also Prozessor-Speicherpärchen (lose gekoppelten Multiprozessor, Multicomputer oder Cluster) ausgeführt werden.

Bei einem gemeinsamen Speicher können die parallel abgewickelten Prozesse gleichzeitig auf gemeinsame Daten zugreifen (siehe Kap. 4). Das ist bei einem System mit verteiltem Speicher nicht möglich.

Die Programmiermodelle für verteilten Speicher besitzen keine gemeinsamen Daten und erfordern eine verteilte Programmierung (siehe Kap. 5). Ein Ausweg, das fehlende Gemeinsame herzustellen, ist, eine zentrale Instanz oder einen *zentralen Server* einzuführen, auf den alle Prozesse zugreifen. Die gemeinsamen Daten können dann in den zentralen Server gelegt werden, und alle Prozesse und somit Clients haben Zugriff darauf.

Die verschiedenen nachfolgend vorgestellten Programmiermodelle für gemeinsamen und für verteilten Speicher (Kap. 4 und 5) lassen sich noch horizontal untergliedern in nebenläufig und kooperativ. Bei *nebenläufigen* Prozessen ist ihr Einsatzgebiet hauptsächlich für parallele Systeme bestimmt. Ist das Programmiermodell *kooperativ*, so ist das Einsatzgebiet die Client-Server-, Service-orientierte- oder Verteilte Programmierung.

Eine andere Übersicht und Klassifizierung und die Einbettung der objektorientierten Konzepte in konkurrente und verteilte Systeme sind in [BGL 98] beschrieben. Die Klassifizierung der mehr forschungsorientierten Ansätze unterscheidet

- den Bibliotheks-Ansatz und damit aus der Sichtweise des Systementwicklers,
- den integrativen Ansatz und damit mehr aus der Sichtweise des Anwendungsentwicklers und
- den reflektierenden Ansatz, der eine Brücke bildet zwischen den beiden anderen Ansätzen.

Unsere hier gewählte Klassifikation unterscheidet nicht die bei objektorientierten Sprachen vorliegenden Bibliotheken und die Sprache integrierten Ansätze. Die nachfolgend vorgestellten Sprachen und Systeme sind mehr praxisorientiert und orientieren sich mehr an den Ansätzen, die in der Industrie und somit in der Praxis im Einsatz sind.

Eine weitere schöne Übersicht und Darstellung der verschiedenen Programmiermodelle für konkurrente und verteilte Programme ist die zweite Auflage des Buches von Ben-Ari [BA 06].

Die Java Programmiermodelle Sockets und Remote Method Invocation (RMI) sowie die Beschreibung vieler verteilter Algorithmen in Java und das Ausformulieren in Java von einer großen Anzahl von Algorithmen sind in Garg [G 04] enthalten.

3.1 Client-Server-Modell

Ein Client-Server-System, bezeichnet mit dem regulären Ausdruck C^+S, [B 14] besteht aus zwei logischen Einheiten:

- Einem oder **mehreren Clients**, welche die Dienste (Services) oder Daten des Servers in Anspruch nehmen und somit anfordern.
- **Einem Server**, der Dienste oder Daten zur Verfügung stellt.

Zusammen bilden beide ein komplettes System mit unterschiedlichen Zuständigkeitsbereichen, wobei diese Zuständigkeiten oder Rollen fest zugeordnet sind. Entweder ist ein Prozess ein Client oder ein Server. Ein Server kann mehrere Kunden (Clients) bedienen. Die Kunden eines Servers haben keinerlei Kenntnis voneinander und stehen demgemäß auch in keinem Bezug zueinander, außer der Tatsache, dass sie den gleichen Server verwenden. Clients und Server können auf dem gleichen oder auf unterschiedlichen Rechnern laufen.

3.1 Client-Server-Modell

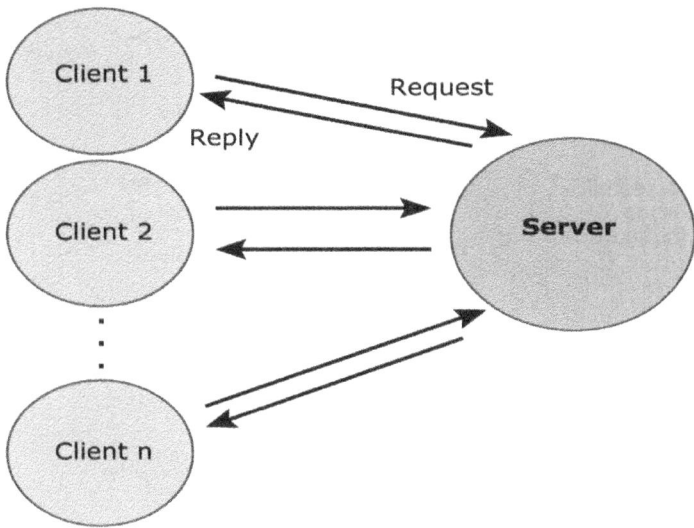

Abb. 3.11 Clients und Server

Client und Server sind zwei Ausführungspfade oder -einheiten mit einer Konsumenten-Produzentenbeziehung. Clients dienen als Konsumenten und tätigen Anfragen an Server über Dienste oder Information. Sie benutzen dann die Rückantwort zu ihrem eigenen Zweck und zur Erledigung ihrer Aufgabe. Server spielen die Rolle des Produzenten und erledigen die Daten- oder Dienstanfragen, die von den Clients gestellt wurden. Die Interaktion (siehe Abb. 3.1) zwischen den Clients und dem Server verlaufen somit nach einem fest vorgegebenen Protokoll: Der Client sendet eine **Anforderung** (**Request**) an den Server, dieser erledigt die Anforderung oder Anfrage und schickt eine **Rückantwort** (**Reply**) zurück an den Client.

Ein Client ist ein *auslösender* Prozess, und ein Server ist ein *reagierender* Prozess. Clients tätigen eine Anforderung, die eine Reaktion des Servers auslöst. Clients initiieren Aktivitäten zu beliebigen Zeitpunkten, und andererseits warten Server auf Anfragen von Clients und reagieren dann darauf. Der Server stellt somit einen zentralen Punkt dar, an den Anforderungen geschickt werden können, und nach Erledigung der Anfrage sendet der Server das Ergebnis an den Client zurück.

3.1.1 Fehlersemantik

Wenn zwischen einem Client und dem Server eine Interaktion stattfindet, muss festgelegt werden, wie Client und Server sich beim Ablauf der Interaktion koordinieren. Da eine lokale Interaktion (Interaktion auf einem Rechner) sich nicht von einer entfernten Interaktion (Interaktion auf unterschiedlichen, voneinander entfernten Rechnern) unterscheiden

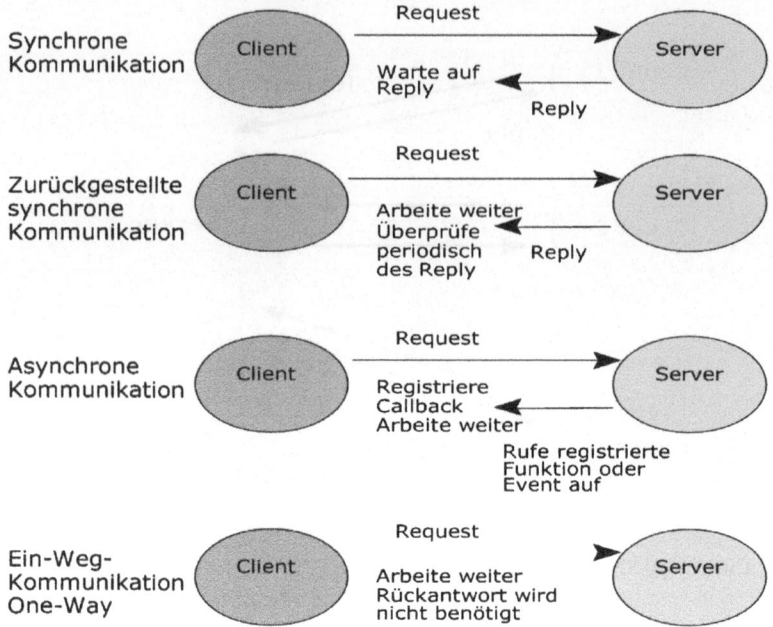

Abb. 3.2 Interaktionskoordinationsarten

soll, muss überprüft werden, inwieweit sich die lokalen Gegebenheiten auf den entfernten Fall übertragen lassen.

3.1.1.1 Interaktionskoordination

Wartet der Client nach Absenden der Anforderung an den Server auf eine Rückantwort, bevor er anderen Aktivitäten nachgeht, so liegt der *blockierende* oder *synchrone* Fall (siehe Abb. 3.2) vor. Dieses Vorgehen ist leicht zu implementieren, jedoch ineffizient in der Ausnutzung der Prozessorfähigkeiten des Clients. Während der Server die Anfrage bearbeitet, ruht die Arbeit des Clients, und erst wenn die Rückantwort kommt, setzt der Client seine Arbeit fort.

Sendet der Client nur seine Anforderung und arbeitet sofort weiter, so liegt der *nicht blockierende* oder *asynchrone* Fall vor (siehe Abb. 3.2). Irgendwann später nimmt er die Rückantwort entgegen. Der Vorteil dieses Verfahrens ist, dass der Client parallel zur Nachrichtenübertragung weiterarbeiten kann und den Client-Prozess nicht wie beim blockierenden Fall durch aktives Warten belastet. Jedoch muss bei dieser Methode der erhöhte Effizienzgewinn mit erhöhter Kontrollkomplexität bei Erhalt der Rückantwort erkauft werden. Die Rückantwort muss dabei in einer lokalen Warteschlange abgelegt werden, welche der Client dann so lange abfragen muss, bis die Rückantwort eingetroffen ist und somit in der Warteschlange vorliegt. In diesem Fall spricht man auch von verschobener oder *zurückgestellter synchroner* (*deferred synchronous*) Kommunikation (siehe

Abb. 3.2). Ein alternatives Vorgehen sieht beim Client eine Registrierung von *Rückrufen* (*Callbacks*) vor. Die Rückrufe können Funktionseingangspunkte oder Ereignisse sein. Beim Eintreffen der Rückantwort werden dann die registrierten Funktionen bzw. Ereignisbehandlungsroutinen aktiviert. Dieser Ansatz eliminiert das ständige Abfragen der lokalen Warteschlange, generiert jedoch möglicherweise Rückrufe zu ungelegenen Zeiten und benötigt damit zusätzlichen Kontrolloverhead, um solche unerwünschten Unterbrechungen auszuschließen. Eine weitere Möglichkeit ist, dass der Client nur eine Anforderung abschickt und sich dann nicht mehr um die Rückantwort kümmert. In diesem Fall liegt eine *Einweg-Kommunikation* (*one-way*) vor.

3.1.1.2 Ablaufsemantik der Interaktion

Der Ablauf der Interaktion, die zwischen zwei Rechnern stattfindet, soll die gleiche Semantik besitzen, wie wenn die Interaktion lokal, also auf einem Rechner abläuft. Das heißt das lokale und entfernte Interaktion die gleiche Syntax und Semantik besitzen sollen. Selbst wenn die Anforderungen oder Aufrufe der Clients keinerlei syntaktischen Unterschied zwischen lokaler und entfernter Interaktion aufweisen, so muss doch der semantische Unterschied mit in eine die Interaktion benutzende Anwendung einfließen.

Um auf Übertragungsfehler und Ausfälle zu reagieren, kann eine Ausnahmebehandlung (Exception Handling) eingeführt sein, was dann jedoch zu syntaktischen Unterschieden bei lokaler und entfernter Interaktion führt. Weiterhin führt das zu semantischen Unterschieden zwischen lokaler und entfernter Transaktion, da diese Fehlerfälle gar nicht bei einer lokalen Interaktion auftreten können. In vielen Programmiersprachen wie zum Beispiel bei Ada, C++ oder Java kann eine Ausnahmebehandlungsroutine angegeben werden, die dann beim Auftreten eines speziellen Fehlerfalles angesprungen wird. In C unter Unix lassen sich für solche Zwecke auch Signal-Handler einsetzen.

Da die Interaktion mit Hilfe zugrunde liegender Netzwerkkommunikation implementiert ist, vergrößert diese die Anzahl der möglichen Interaktionsfehler. Diese Fehler können sein:

- Die *Anforderung geht verloren* oder erfährt eine Verzögerung, oder
- die *Rückantwort geht verloren* oder erfährt eine Verzögerung, oder
- der *Server* oder der *Client* können zwischenzeitlich *abgestürzt* und dadurch nicht erreichbar sein.

Eine unzuverlässige Interaktion übergibt die Nachricht nur dem Netz, und es gibt keine Garantie, dass die Nachricht beim Empfänger ankommt. Die Anforderungsnachricht kommt nicht oder höchstens einmal beim Server an. In diesem Fall spricht man von may be-Semantik der Interaktion. Eine zuverlässige Interaktion muss dann selbst vom Benutzer implementiert werden.

Zur Erhaltung einer zuverlässigen Interaktion kann entweder

1. jede Nachrichtenübertragung durch Senden einer Rückantwort als Quittierung (Acknowledgment) quittiert werden (Abb. 3.3a), oder

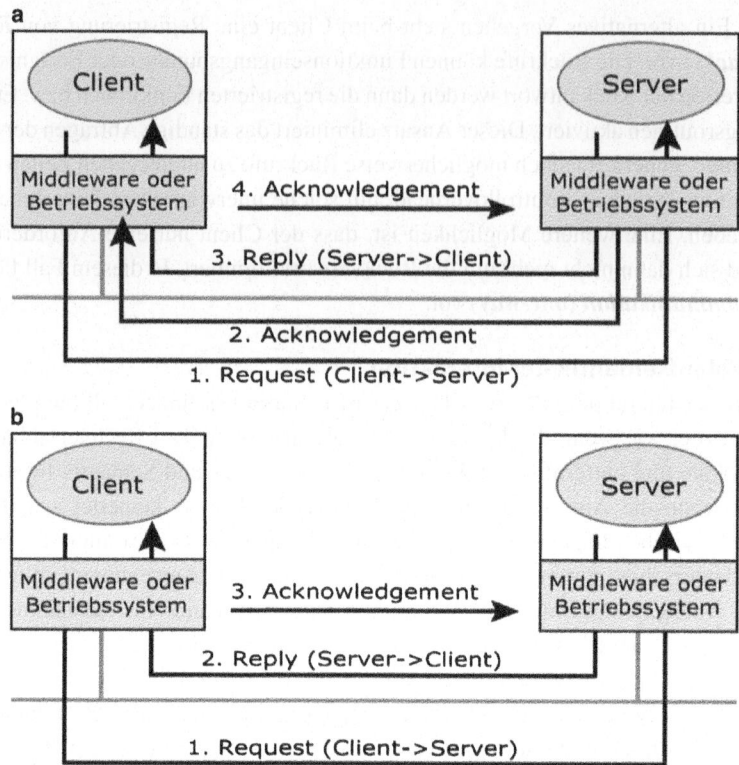

Abb. 3.3 Zuverlässige Nachrichtenübertragung. **a** Individuell quittierte Nachrichten, **b** Quittierung eines Request und Reply

2. eine Anfrage (Request) und eine Antwort (Reply) werden zusammen durch eine Rückantwort quittiert (Abb. 3.3b).

Im Fall Eins muss nach dem Senden der Anforderung der Server an den Client eine Quittierung zurückschicken. Eine Rückantwort vom Server an den Client wird dann vom Client an den Server quittiert. Damit braucht eine Anfrage mit anschließender Antwort vier Nachrichtenübertragungen.

Im zweiten Fall betrachtet man eine Client-Server-Kommunikation als eine Einheit, die quittiert wird. Der Client blockiert dabei, bis die Rückantwort eintrifft, und diese Rückantwort wird quittiert.

Bei einer zuverlässigen Nachrichtenübertragung muss der Sendeprozess blockiert werden und er muss warten, bis die Rückantwort innerhalb einer vorgegebenen Zeit eintrifft. Trifft die Rückantwort nicht innerhalb der vorgegebenen Zeitschranke ein, so wird die Nachricht erneut gesendet und die Zeitschranke neu gesetzt. Führt das nach mehrmaligen Versuchen nicht zum Erfolg, so ist im Moment kein Senden möglich (die Leitung ist entweder gestört und die Pakete gehen verloren, oder der Empfänger ist nicht empfangs-

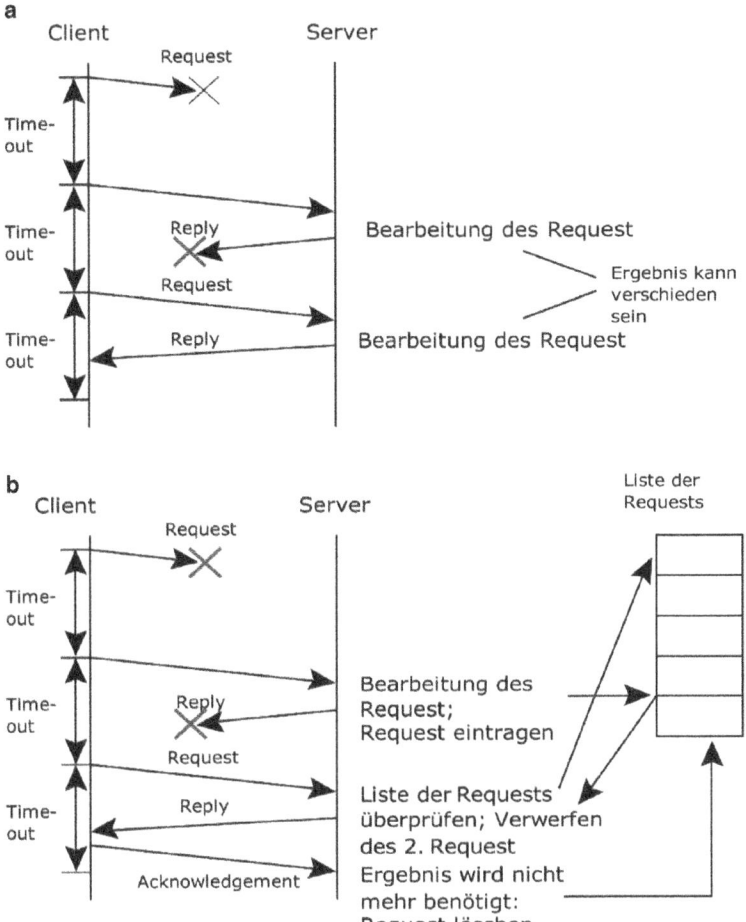

Abb. 3.4 Vergleich der **a** at least once- und **b** at most once- bzw. exactly once-Semantik

bereit). Erhält ein Empfänger durch mehrfaches Senden die gleiche Nachricht mehrmals, so kann er die erneut eingehende gleiche Nachricht bearbeiten, und er stellt so sicher, dass die eingehende Anforderung **mindestens einmal** (siehe Abb. 3.4a) bearbeitet wird (*at least once*). Dabei wird jedoch für den Erhalt der Nachricht bei Systemausfällen keine Garantie gegeben.

Die at least once-Semantik hat den Nachteil, dass durch die mehrfache Bearbeitung der Anforderung die Daten inkonsistent werden können. Betrachten Sie dazu beispielsweise einen File-Server, der einen gesendeten Datensatz an eine bestehende Datei anhängt. Die at least once-Methode hängt dann möglicherweise den Datensatz mehrfach an eine Datei hinten an. Diese Methode arbeitet jedoch korrekt, wenn ein Client einen bestimmten Datensatz eines Files vom File-Server zurückhaben möchte. Hier tritt nur der Umstand auf, dass der Client diesen Datensatz möglicherweise mehrfach erhält.

Besser, aber mit erhöhtem Implementierungsaufwand, lässt sich auch bewerkstelligen, dass die Nachricht **höchstens einmal** (*at most once*) erhalten wird (siehe Abb. 3.3b), jedoch ohne Garantie bei Systemfehlern, d. h. möglicherweise auch gar nicht. Bei dieser Methode benötigt der Empfänger eine Anforderungsliste, welche die bisher gesendeten Anforderungen enthält. Jedes Mal, wenn dann eine neue Anforderung eintrifft, stellt der Empfänger mit Hilfe der Nachrichtenidentifikation fest, ob schon die gleiche Anforderung in der Liste steht. Trifft dies zu, so ging die Rückantwort verloren und es muss erneut eine Rückantwort gesendet werden. Ist die Anforderung noch nicht in der Liste vermerkt, so wird sie in die Liste eingetragen. Anschließend wird die Anforderung bearbeitet und eine entsprechende Rückantwort gesendet. Ist die Rückantwort bestätigt, kann die Anforderung aus der Liste gestrichen werden.

Soll auch noch der Systemfehler des Plattenausfalls sich nicht auswirken, so muss die Anforderungsliste im stabilen Speicher (Stable Storage) gehalten werden. Bei *genau einmal mit Garantie bei Systemfehlern* spricht man von der *exactly once-Semantik*.

Fällt der Server aus, nachdem die Anforderung den Server erreicht hat, so gibt es keine Möglichkeit, dies dem Client mitzuteilen, und für den Client gibt es keine Möglichkeit, dies herauszufinden. Der Client kann beim Ausbleiben der Rückantwort erneut die Anforderung senden und hoffen, dass der Server wieder läuft. Dadurch gleitet man auf die at most once-Semantikebene ab und die exactly once-Semantik ist nicht realisierbar. Die Möglichkeit eines Serverausfalles ist der Grund, dass entfernte Interaktion nicht die Semantik von lokaler Interaktion erreicht und somit zwischen lokaler und entfernter Interaktion zu unterscheiden ist.

Fällt der Client aus, während er eine Anfrage angestoßen hat und auf die Rückantwort wartet, so ist für den Server kein Partner mehr vorhanden, der ihm das Anfrageergebnis abnimmt. Berechnungen des Servers, deren Ergebnis er nicht mehr abgenommen bekommt, werden somit zu *Waisen*.

3.1.2 Serverzustände

Eine Anforderung, die ein Client einem Server zuschickt, kann möglicherweise Änderungen der vom Server verwalteten Daten oder Objekte hervorrufen, so dass dies Auswirkungen auf nachfolgende Anforderungen von Clients hat. Der Server verhält sich dadurch bei den nachfolgenden Anforderungen anders. Dementsprechend lassen sich die Dienste eines Servers klassifizieren in

- *zustandsinvariante* und
- *zustandsändernde* Dienste.

Einen Server, der nur zustandsinvariante Dienste anbietet, bezeichnen wir dementsprechend als zustandsinvariant und sonst als zustandsändernd. Den Zustand der Objekte eines Servers bezeichnen wir mit Zustand des Servers.

3.1 Client-Server-Modell

Zustandsinvariante Server liefern Informationen und Parameter; die Informationsmenge und die Parameter können sich zwar ändern, aber diese Änderungen sind unabhängig von den Anforderungen der Clients. Beispiele von solchen Servern sind Informationsabruf-Server, wie Web-Server und FTP-Server, Auskunfts-Server wie Namens-Server, Directory-Server und Vermittlungs- oder Broker-Server. Ein weiteres Beispiel für einen zustandsinvarianten Server, dessen bereitgestellte Information sich unabhängig von den Anforderungen der Clients stark ändert, ist ein Zeit-Server. Bei zustandsinvarianten Servern führen also Anforderungen von Clients nicht zu neuen Zuständen des Servers.

Bei *zustandsändernden Servern* überführt eine Anfrage des Clients den Server möglicherweise in einen neuen Zustand. Abhängig vom neuen Zustand des Servers können dann gewisse Anforderungen von Clients nicht mehr befriedigt werden und führen auf Fehlermeldungen, die der Client vom Server zurückbekommt. Ein Beispiel für solch einen Server ist ein File-Server. Die Aufforderung eines Clients zum Löschen einer Datei führt bei nachfolgenden Leseoperationen, die Clients auf diese Datei ausführen wollen und die nun nicht mehr möglich sind, zu Fehlermeldungen.

Bei zustandsinvarianten Servern spielt die Reihenfolge der Serviceanforderungen der Clients keine Rolle. Sie können in irgendeiner Reihenfolge an den Server gestellt werden. Bei zustandsändernden Servern ist die Reihenfolge der Dienstanforderungen von größter Bedeutung, da der Server möglicherweise bei Erledigung der Dienstanforderung seinen Zustand ändert.

Ein zustandsändernder Server kann seinen neuen Zustand speichern oder nicht. Dementsprechend unterscheidet man in

- *zustandsspeichernde* (*stateful*) Server oder
- *zustandslose* (*stateless*) Server.

3.1.2.1 Zustandsspeichernder Server

Bei einem *zustandsspeichernden Server* speichert der Server nach der Anforderung des Dienstes den neuen Zustand in seinen internen Zustandstabellen. Dadurch kennt der Server den Zustand und der Server besitzt somit ein „Gedächtnis". Dieses Gedächtnis des Servers befreit den Client, den Zustand dem Server mitzuteilen, was dann die Länge der Anforderungsnachrichten und damit die Netzwerkbelastung reduziert. Der Kommunikationsverlauf oder die Konversation zwischen dem Client und dem Server besitzt damit eine Kontinuität (Conversational Continuity [A 91]). Das Gedächtnis erlaubt dem Server, vorausschauend auf neue zukünftige Anfragen des Clients zu schließen (Nachfolgezustände), und er kann Vorkehrungen treffen und entsprechende Operationen durchführen, so dass diese zukünftigen Anfragen schneller bearbeitet werden.

Das bisher Gesagte sei am Beispiel eines zustandsspeichernden File-Servers erläutert:

Ein zustandsspeichernder File-Server benutzt das gleiche Vorgehen wie ein zentrales Filesystem auf einem Einprozessorsystem. Dort wird ebenfalls immer der Zustand der Datei gespeichert, z. B. welcher Prozess hat die Datei geöffnet, gegenwärtige Fileposition und was war der letzte gelesene oder geschriebene Satz. Diese Zustandsinformation kann der File-Server zusammen mit der Datei abspeichern. Der File-Server geht dabei folgendermaßen vor: Öffnet ein Client eine Datei, so gibt der Server dem Client einen Verbindungsidentifier zurück, der eindeutig ist für den geöffneten File und den dazugehörigen Client. Nachfolgende Zugriffe des Clients benutzen den Verbindungsidentifier zum Zugriff auf die Datei. Dies reduziert die Länge der Nachrichten, da der Zustand der Datei nicht vom Client zum Server übertragen werden muss. Der Dateizustand und möglicherweise die Datei selbst kann im Hauptspeicher gehalten werden; durch den eindeutigen Verbindungsidentifier kann direkt ohne Plattenzugriff zugegriffen werden. Zusätzlich enthält der Zustand Information darüber, ob die Datei für sequentiellen, direkten oder indexsequentiellen Zugriff geöffnet wurde, und es kann dadurch ein vorausschauendes Lesen auf den nächsten Block stattfinden.

3.1.2.2 Zustandsloser Server

Im Gegensatz zum obigem, besitzt ein *zustandsloser Server* keine Information über den Zustand seiner verwalteten Objekte. Jede Anforderung eines Clients muss deshalb die komplette Zustandsinformation, beim Beispiel des File-Servers der Datei, Zugriffsart auf die Datei und die Position innerhalb der Datei, dem Server übermitteln, so dass der Server die gewünschte Operation ausführen kann. Beim Öffnen der Datei braucht damit der File-Server keine Zustandsinformation anzulegen und keinen Verbindungsidentifier für den Client zu generieren. Deshalb braucht ein zustandsloser File-Server auch kein explizites Öffnen und Schließen auf Dateien als Operation anzubieten. Der Nachteil eines zustandslosen Servers ist somit ein Performanzverlust, da die Zustandsinformation nicht wie bei einem zustandsspeichernden Server im Hauptspeicher gehalten werden kann.

3.1.2.3 Zustandslos versus zustandsspeichernd

Ein zustandsloser Server bietet jedoch Vorteile beim Absturz des Servers. Stürzt ein zustandsspeichernder Server ab, so sind damit alle Zustandsbeschreibungen verloren. Kommt der Server nach einer gewissen Zeit wieder hoch, weiß der Server dann nicht, welche Clients welche Objekte, oder bei einem File-Server, welche Files bearbeitet hat. Nachfolgende Anforderungen von Clients an den Server können dann von ihm nicht bearbeitet werden. Aus diesem Grund sind zustandslose Server fehlertoleranter als Zustandsspeichernde. Stürzt ein zustandsloser Server ab, so bemerkt das ein Client durch das Ausbleiben einer Rückantwort. Läuft dann der Server wieder, so sendet der Client erneut eine Anfrage an den Server, die er nun abarbeiten kann, da die Anfrage alle Zustandsinformationen enthält.

Ein Dienst (siehe Abschn. 3.2) sollte möglichst zustandslos sein: Er sollte also keine Informationen von Clients zwischen zwei Anfragen (Requests), bzw. zwischen zwei Diensten abspeichern. Damit kann jede Dienstanfrage so behandelt werden, als habe er keinen Vorgänger. Die Dienste lassen sich dadurch in beliebiger Reihenfolge aufrufen und bauen nicht auf vorher aufgerufenen Diensten auf. Ein weiterer Vorteil davon ist, dass zwischen zwei Anfragen auf einen anderen Rechner, der den gleichen Dienst anbietet, umgeschaltet werden kann. Dies bringt für die Ausfallsicherheit und Skalierbarkeit weitere folgende Vorteile: Fällt ein Rechner aus, so kann auf einen anderen Rechner, der den gleichen Dienst anbietet, umgeschaltet werden. Steigt die Anzahl der Clients, die den Dienst aufrufen, an und steigt somit die Last für den Rechner, so kann einfach im laufenden Betrieb ein weiterer Rechner mit dem gleichen Dienst zugeschaltet werden. Dieser weitere Rechner übernimmt dann einen Teil der Last.

3.1.3 Client-Server versus Verteilt

Ein Vorteil des Client Server-Modells ist das intuitive Aufteilen einer Anwendung in Client-Teile und einen Server-Teil. Dies führt zu asymmetrischen verteilten Anwendungen mit nebenläufigen Abläufen, nämlich mehreren Clientprozessen und einem Serverprozess. Clients und Server bilden natürliche Einheiten und bei dem verteilten Entwurf eines verteilten Systems eingeschränkte Rollen, die ein Prozess annehmen kann.

Die Interaktion (Request und Reply) zwischen Client und Server ist gut auf Nachrichtenverkehr (Send und Reply) oder entfernte Prozedur- oder Objektaufrufe abbildbar. Die Interaktion ist also auf prozedurale Programmierparadigmen festgelegt und schließt andere Programmierparadigmen, wie funktionales oder deklaratives Programmieren, aus [PRP 06].

Mit den oben beschriebenen Einschränkungen, die zu Vorteilen führen, erkauft man sich die folgenden Nachteile:

1. Die Rechenlast ist bei den verteilten Systemen ungleichmäßig verteilt: Während die Clients nur Anzeigefunktionen erfüllen und mit vernachlässigbarer Rechenlast von Applets nur wenig Verarbeitungsleistung erbringen, liegt die volle Verarbeitungsleistung beim Server (***unbalanced Load Distribution***).
2. Da der Server viele Clients bedienen muss, liegt die volle Rechenlast auf dem Server und der Server wird zum Leistungsengpass (***Performance Bottleneck***) bei Client-Server-Systemen.
3. Fällt der Server aus, so kann kein Client mehr arbeiten. Benutzt man zur Client-Server-Kommunikation blockierende Kommunikation, so werden bei Serverausfall die Clients in der Blockierung gehalten und können bei einem fehlenden Reply des abgestürzten Servers nicht mehr weiterarbeiten. Der Server ist dadurch ***ein einzelner Ausfallpunkt*** (***Single Point of Failure***) bei Client-Server-Systemen.
4. Der Server bietet einen ***einzelnen Angriffspunkt*** (***Single Point of Attack***) zur Lahmlegung eines Client-Server Systems. Dies ermöglicht die ***Denial of Service*** (***DOS***)-Attacken, die gegen den Server gefahren werden.
5. Alle Clients stehen in Interaktion oder kommunizieren über einen Kommunikationskanal, der zu dem einem Server führt. Dieser Kommunikationskanal führt zu einem ***Kommunikationsflaschenhals*** (***Channel Bottleneck***).

Die ungleichmäßige Rechenlastverteilung, der Leistungsengpass des Servers, der einzelne Angriffspunkt und der Kommunikationsflaschenhals lassen sich nur umgehen, indem man die Client-Server-Architektur aufgibt und die Funktionalitäten auf mehrere Rechenknoten eines Netzes echt verteilt. Dies führt dann auf ein **HPC-Cluster** von Rechnern oder zu einem System von gleichmäßig ausgelasteten und gleichberechtigten Rechnern und somit zu **Peer-to-Peer-Systemen**. Besonders bei Peer-to-Peer-Systemen, wie z. B. die Musiktauschbörsen, wird noch der Nachteil, der darin besteht, dass der Server nicht zensurresistent ist, ausgenutzt.

Zur Abmilderung und Umgehung der obigen unter Punkt zwei und drei aufgeführten Nachteile repliziert man den Server mehrfach. Die mehrfachen Repliken erbringen dann eine größere Rechenleistung als ein einzelner Server und können noch zusätzlich zur Ausfallsicherheit herangezogen werden. Um Ausfälle zu erkennen, müssen die replizierten Server überwacht werden durch einen weiteren Server, den wir Monitor-Server nennen. Dieser Monitor-Server (siehe Abb. 3.5) ist in dem Client-Server-System dann wieder ein einzelner Ausfallpunkt und muss demgemäß wieder repliziert werden. Zur Überwachung der replizierten Monitor-Server muss wieder ein Monitor-Monitor-Server (Abb. 3.5) dienen. Dieser Monitor–Monitor-Server ist in dem System ein einzelner Ausfallpunkt, der sich durch Replizierung eliminieren lässt. Aus dieser Kette sieht man, dass sich der einzelne Ausfallpunkt des Servers nicht durch Client-Server-Strukturen lösen lässt und die Client-Server-Strukturen hier in eine Sackgasse führen. Zur Erreichung der Ausfallsicherheit sind die Replizierungen schon in der ersten Stufe abzubrechen, und anstatt einer Client-Server-Lösung ist eine **verteilte Lösung** anzustreben, die dann zum Erfolg führt und den einzelnen Ausfallpunkt aus dem System eliminiert.

3.2 Service-orientierte Architekturen (SOA)

Eine konsequente Weiterführung des Serverkonzeptes und seine Ausrichtung auf Verteilung und damit der Elimination des zentralen Servers führt auf die **Service-orientierten Architekturen (SOA)**. Dabei sind nur die Dienste (Services) die elementaren und abstrakten Einheiten (Grundelemente) eines SOA-Systems. Die Dienste sind nicht auf einem Server konzentriert, sondern auf die unterschiedlichen Rechner im Netz möglichst gleichmäßig verteilt. Die SOA-Architekturen sind dadurch symmetrisch und arbeiten auf Gleichberechtigungsbasis gemäß des **End-to-End-** oder **Peer-to-Peer-**Konzeptes miteinander zusammen.

Dienstanbieter (**Service Provider**) sind Organisationen, die einen Service und dessen Implementierung bereitstellen, die Dienstbeschreibung publizieren bei einem Service Broker und den technischen und kaufmännischen Support für einen Dienst zur Verfügung stellen [L 07]. Der Dienstnutzer (**Service Consumer** oder **Service Requestor**) sucht einen gemäß einer Dienstbeschreibung passenden Dienst und nimmt den gefundenen Dienst in Anspruch. Zum Suchen und Finden eines Dienstes benutzt er dabei einen Dienstvermittler (**Service Broker**). Siehe dazu auch Abschn. 5.2.1, Lokalisierung des Kooperationspartners (Broker).

3.2 Service-orientierte Architekturen (SOA)

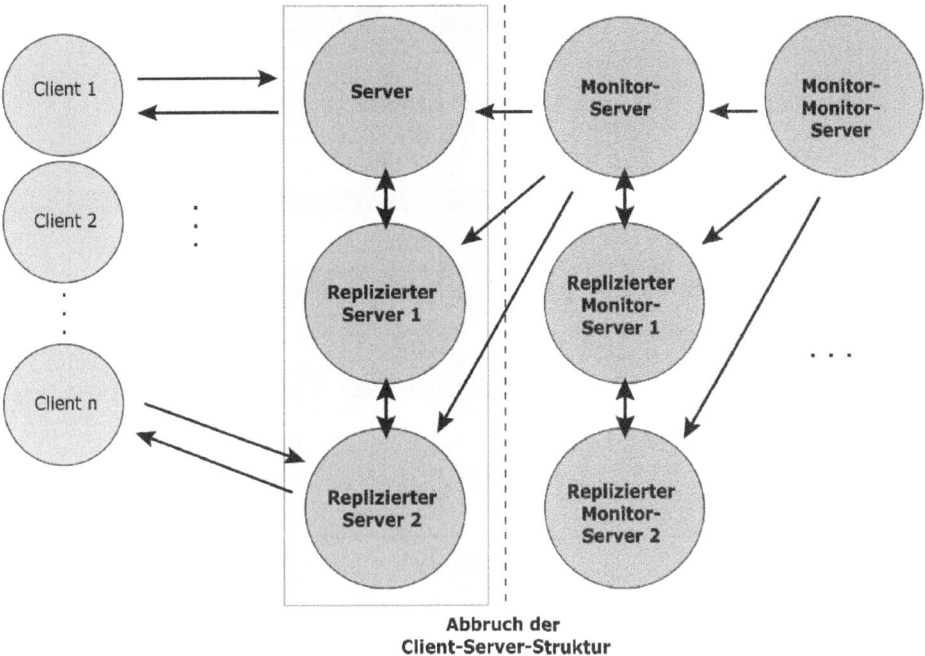

Abb. 3.5 Nichtlösbarkeit des einzelnen Ausfallpunktes durch Client-Server-Strukturen

3.2.1 Bestandteile eines Dienstes (Service)

Ein Dienst ist eine selbst-beschreibende und offene Softwarekomponente mit folgenden Bestandteilen [L 07, PG 03, PTDL 07]:

1. *Dienst (Service)*: Der Dienst selbst muss einen Namen haben, und falls er unternehmensweit zugänglich sein soll, muss dieser Name eindeutig sein.
2. *Dienstschnittstelle (Service Interfaces)*: Über die Dienstschnittstelle bekommen die Anwendungskomponenten oder -logik Zugang oder Zugriff zu den Diensten. Ein und derselbe Dienst kann dabei verschiedene Schnittstellen aufweisen. Die Dienstschnittstelle beschreibt die Signatur des Dienstes (seine Eingabe, Ausgabe- und Fehlerparameter und Nachrichtentypen).
3. *Dienstvereinbarung (Service Contract)* bzw. *Dienstbeschreibung (Service Description)*: Er beschreibt die Semantik des Dienstes, also die Fähigkeiten des Dienstes (Capability) und sein Verhalten zur Laufzeit (Behaviour). Des Weiteren enthält der Dienstvereinbarung die Quality of Service (QoS)-Beschreibung. Sie enthält funktionale Attribute und nicht-funktionale Qualitäts-Attribute. Qualitäts-Attribute sind beispielsweise Fähigkeitsumfang und die jeweiligen Kosten des Dienstes, Festlegung des Nachrichten-Protokolls und Austauschformats, Leistungsmaße des Diens-

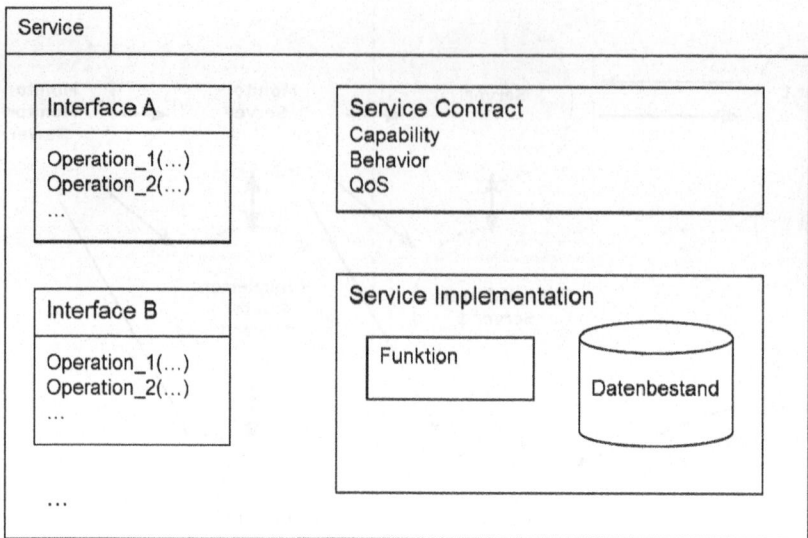

Abb. 3.6 Bestandteile eines Dienstes (Service)

tes, wie z. B. die Antwortzeit, Sicherheitsattribute oder -richtlinien, Festlegung der Verschlüsselungs- und/oder Komprimierungsverfahren, transaktionale Integrität, Zuverlässigkeit, Skalierbarkeit und Verfügbarkeit. Eine algebraische Umsetzung des Verhaltens von Diensten beschreiben Meridith und Bjorg [MB 03].

4. *Service Implementation*: Die technische Realisierung und somit Implementierung des Dienstes.

Abbildung 3.6 [L 07] zeigt die Bestandteile eines Dienstes.

3.2.2 Eigenschaften eines Dienstes (Service)

Die technischen Merkmale und Eigenschaften eines Dienstes, teilweise im Vergleich zu Objekten und Komponenten [E 07, M 08], sind Folgende:

- Objekte, Komponenten und Services besitzen eine **unterschiedliche Philosophie** und Ausgangsbasis [E 07]:
  Objekte: Wiederverwendbarkeit und Wartbarkeit wird erreicht durch Kapselung der Daten und ihrer Funktionen darauf in einer Klasse. Änderungen der internen Details einer Klasse haben keine Auswirkung auf das Gesamtsystem. Die Zusammenarbeit der Objekte über Rechnergrenzen hinweg geschieht nach dem Client-Server-Prinzip und ist mit dem Request-Reply-Protokoll meist synchron. Zur Abbildung der entfernten Methodenaufrufe auf nachrichtenbasierte Abwicklung müssen vor der Laufzeit die

entsprechenden Stubs auf der Clientseite und das Skeleton auf der Serverseite aus einer Interfacebeschreibung generiert werden. Für genauere Details siehe dazu auch Abschn. 5.11 Kooperative Modelle mit entfernten Aufrufen.

Komponenten: Die Idee der komponentenbasierten Entwicklung ist, die Anwendung aus vorgefertigten wiederverwendbaren Software-Komponenten zusammenzusetzen. Die Komponenten laufen dazu in einer betriebssystemunabhängigen Laufzeitumgebung, dem **Container**, ab und müssen vorher im Container installiert werden. Die rechnerübergreifende Kooperation und Kommunikation geschieht durch nachrichtenbasierte Kommunikation oder durch entfernte Methodenaufrufe mit Stubs und Skeleton.

Services: Die logische Trennung von dem, was benötigt wird von dem Mechanismus, der das Benötigte bereitstellt, ist das Herzstück des Dienstmodells. Ein Dienstnutzer ist nur an dem Ergebnis oder Resultat interessiert und nicht daran, wie das Ergebnis oder Resultat zustande kommt. Ein Dienst ist folgendermaßen definiert: Irgendeine Handlung oder Leistung, die eine Seite einer anderen anbieten kann. Die Handlung oder Leistung ist dabei im Wesentlichen immateriell und beruht nicht auf dem Besitz von irgendetwas.

- *Lose Koppelung*: Ein Dienst bietet jedem anderen über das Interface eine Handlung oder Leistung an. Der Dienst kann dabei mit anderen Diensten kooperieren **Dienstekomposition (Service Composition)**. Das beim Client-Server-Konzept verwendete Anfrage-Antwort-Protokoll (Request-Reply-Protokoll) koppelt den Client eng an den Server. Der Client ist an den einen Server gebunden. Dienste arbeiten autonom, unabhängig und gleichberechtigt miteinander und minimieren die Abhängigkeiten untereinander. Die Koppelung und Kommunikation untereinander trifft nur wenige Annahmen über das Netzwerk oder basiert auf Nachrichtenaustausch, der meist asynchron abläuft. Der Vorteil der losen Koppelung erleichtert die Integration neuer Dienste, und Dienste können ohne großen Aufwand in einem anderen Kontext verwendet und aufgerufen werden. Lose Koppelung fördert die Unabhängigkeit und damit die Wartbarkeit und Austauschbarkeit von Komponenten einer Anwendungslandschaft.
- *Interaktionsmechanismen* [HHV 06]: Der Grad der Koppelung von Diensten (von eng nach lose) nimmt nachfolgend bei verschiedenen Interaktionsformen von oben nach unten ab:

Prozesskommunikation auf einem Rechner: Dienste rufen sich mit Prozess- bzw. Threadsynchronisations- und -kommunikationsverfahren synchron auf.

Request-Reply synchron: Dienste rufen sich synchron auf. Siehe für die verschiedenen Verfahren die unter Abschn. 5.11 vorgestellten Verfahren.

Nachrichten asynchron: Dienste rufen sich asynchron durch Zusenden von Nachrichten auf. Realisierung des Nachrichtenaustausches geschieht dabei mit Messageorientierter Middleware (MOM). Siehe dazu auch Kap. 5 kooperative und nachrichtenbasierte Modelle und speziell den Abschn. 5.10 Java Message Service (JMS).

Publish/Subscribe (*Pub/Sub*): Die Kommunikation kann dabei mit dem Pub/Sub-Modell asynchron vonstatten gehen. Aufrufende Dienste und aufgerufene Dienste sind

über einen Registrierungsmechanismus entkoppelt. Alle registrierten Dienste erhalten asynchron die Nachricht. Siehe zum Pub/Sub-Modell den Abschn. 5.10.
- **Dienste sind zustandslos**: Dienste sollten sich aus verschiedenen Ablaufkontexten heraus mehrfach und wiederholt aufrufen lassen. Dies bedingt, dass die Dienste keinen Zustand halten und sich auch keine Zustandinformation beschaffen auf den dann die unterschiedlichen Aufrufe ausgehen können. Bei einer Zustandsspeicherung könnten die Dienste von einem Zustand ausgehen und bei jedem Aufruf anders verhalten und ein anderes Ergebnis zurückliefern. Die Diensteaufrufe sind also *idempotent*, und ein mehrmaliger Aufruf mit denselben Parametern hat denselben Effekt wie der einmalige.
- **Dynamische Komposition** [E 07]: Zum flexiblen Ändern oder Wechseln des Dienstanbieters erlauben die Dienste ein flexibles Binden und somit eine Auswahl des Dienstanbieters erst zur Laufzeit. Dies erlaubt auf der Dienstseite eine Änderungen der Fähigkeiten, des Verhaltens und der Quality of Service über die Zeit vorzunehmen. Im Gegensatz dazu ist bei komponentenbasierter Software schon vor der Laufzeit exakt festgelegt, welche Komponenten ein Aufrufer kontaktieren muss.
- **Lastverteilung**: Durch Mehrfachinstanzen desselben Dienstes in einem System lässt sich die Last auf diese mehrfach vorhandenen Instanzen verteilen.

3.2.3 Servicekomposition, -management und -überwachung

Aus bestehenden Services oder Basisservices lassen sich neue und komplexe Dienste durch **Dienstkomposition** zusammensetzen. Die Dienste [M 07] lassen sich

- dynamisch, zur Laufzeit, zu neuen semantischen Diensten zusammensetzen, oder
- statisch zusammensetzen, vor dem Ablauf, durch
  Orchestrierung: Die Orchestrierung schafft einen neuen Dienst dadurch, dass vorhandene Dienste durch einen zentralen Koordinator (orchestrator) gesteuert werden. Der Orchestrator nimmt die Aufrufe von außerhalb entgegen und verteilt die Aufgaben an die einzelnen Dienste.
  Choreographie: Choreographie besitzt keinen zentralen Koordinator. Es wird dabei die Kommunikation zwischen den einzelnen Diensten festgelegt und beschrieben. Der Gesamtservice resultiert aus einer Reihe von End-to-End-Interaktionen (P2P-Interaktionen) zwischen den (Sub-)Diensten.

Erhaltene Dienstkompositionen können als Basisservices für weitere Dienstkompositionen dienen oder können als Komplettlösung und -anwendung den Dienstnutzern angeboten werden. Liegt eine geschichtete Struktur des SOA-Systems vor, dann setzt sich typischerweise eine Dienstkomposition aus Diensten der gleichen oder der direkt darunterliegenden Schicht zusammen.

3.2 Service-orientierte Architekturen (SOA)

Ein *Dienst-Aggregator (Service Aggregator)* führt die Aufgaben der Dienstkomposition durch und wird damit zum Dienstanbieter, indem er die Dienstbeschreibung der neuen Dienstkomposition beim Dienstvermittler (Service Broker) veröffentlicht. Der Aggregator

- legt die Aufrufreihenfolge *Koordinationsreihenfolge* (Coordination) der einzelnen Dienste in der Dienstkomposition fest,
- stellt die *Integrität der Dienstkomposition* (*Conformance*) her, indem er die Parametertypen der Dienstkomposition mit den Parametertypen der einzelnen Dienste abgleicht und eingrenzt. Er verschmilzt möglicherweise die Daten und führt zur Erhaltung der Integrität der *Daten-Transaktionen* (*Transaction*) ein,
- evaluiert, aggregiert und bündelt die einzelne Quality of Services und leitet daraus eine für die Komposition gemeinsame *Quality of Services* (*QoS*) ab.

Zum Überwachen und Management von kritischen Applikationen und der lose gekoppelten und verteilten SOA-Lösungen benötigt man eine weitere Schicht. Ein *Dienstbetreiber (Service Operator)* führt diese Aufgaben aus und wird damit wieder zum Dienstanbieter, indem er die Dienstbeschreibung der Arbeiten, die er durchführt, beim Dienstvermittler (Service Broker) veröffentlicht. Der Operator

- vermisst, führt Statistiken und macht eine Feinabstimmung über die durchgeführten Aktivitäten der Dienste (*Metrics*),
- überwacht die Zustände (Running, Suspended, Aborted oder Completed) einer jeden Instanz eines Dienstes. Die Dienstinstanzen kann er suspendieren, die Arbeit wieder aufnehmen lassen oder terminieren (*State Management*),
- führt bei Ausfällen, Systemfehlverhalten oder geänderten Umgebungen, Reaktionen und Änderungen durch (*Change Management*),
- führt eine Kapazitätsplanung und Leistungsmessung durch und veranlasst Leistungsverbesserungen (*Load Balancing*).

Die Arbeiten des Operators sollte dieser autonom und selbstständig durchführen und sie sollten die Selbst-Eigenschaften besitzen (siehe Abschn. 1.4.2). Die Selbst-Eigenschaften des Operators sind zukünftiger Forschungsschwerpunkte. Diese umfassen [PTDL 07]

- die *Selbst-Konfiguration*, welche für unterschiedliche Umgebungen und für den speziellen Einsatz das SOA-System automatisch konfiguriert und anpasst,
- die *Selbst-Anpassung*, welche dynamisch sich selbst an geänderte Umgebungen und Märkte anpasst,
- die *Selbst-Heilung*, die bei Fehler, Selbstzerstörung und Ausfällen den laufenden Betrieb weiter aufrecht erhält,
- die *Selbst-Optimierung*, welche die Ressourcen überwacht und automatisch das SOA-System an Endbenutzer- oder Geschäftsbedürfnisse abstimmt und darauf hin optimiert,

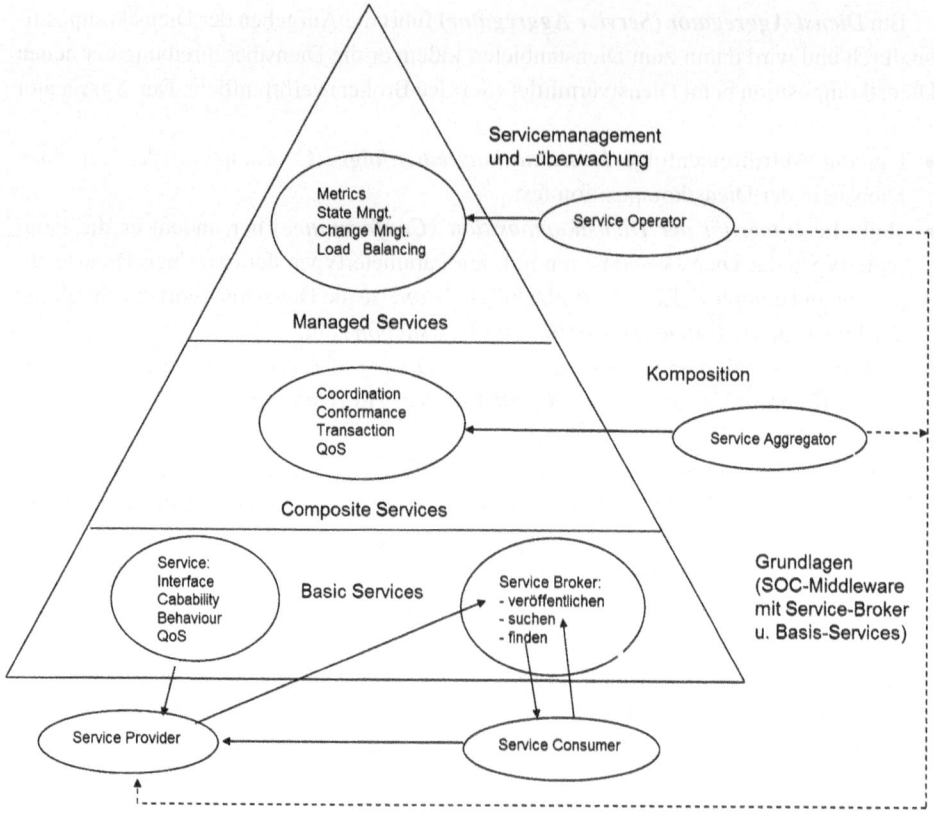

Abb. 3.7 SOA-Pyramide

- den **Selbst-Schutz**, der verhindert, entdeckt, identifiziert und schützt vor Eindringlingen und Angriffen.

Zusammenfassend zeigt die nachfolgende SOA-Pyramide [PTDL 07, PG 03] (Abb. 3.7) die erweiterte Service-orientierte Architektur: Die drei Dienstschichten, ihre Funktionalitäten und Rollen.

Web Services sind zurzeit die Erfolg versprechende Service Oriented Computing (SOC)-Technologie. Web Services benutzten das Internet als Kommunikationsmedium mit dem auf HTTP aufsitzenden *Simple Object Access Protocol* (*SOAP*) zur Übertragung von XML-Daten und der *Web Services Description Language* (*WSDL*) zur Festlegung der Dienste. Die *Universal Description, Discovery and Integration* (*UDDI*) realisiert den Dienstvermittler (Service Broker). Zur Orchestrierung von Diensten steht die *Business Process Execution Language for Web Services* (*BPEL4WS*) [BPEL 07] zur Verfügung. Die Sprache *Web Services Choreography Description Language* (*WS-CDL*) [WSC 05] dient zur Choreographie von Diensten. Die Web-Service-Technologie ist in Abschn. 5.11.7 beschrieben.

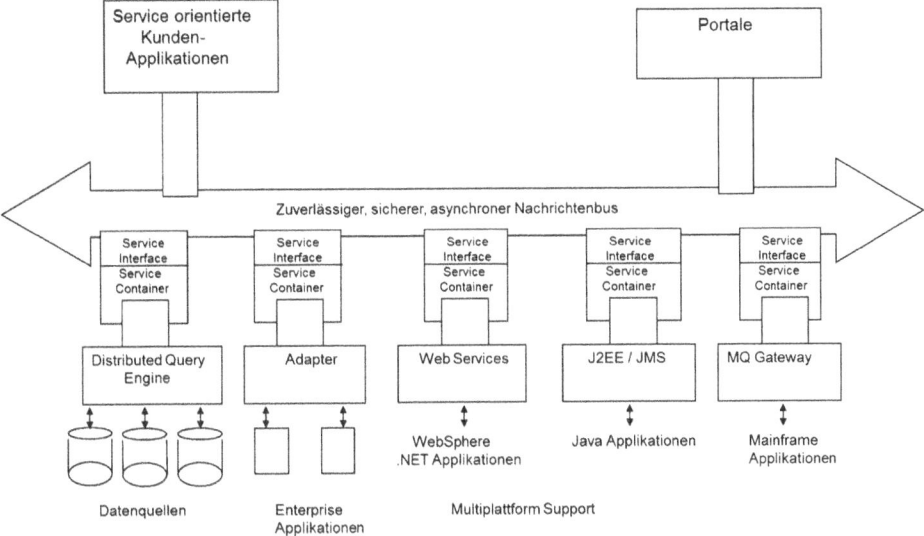

Abb. 3.8 Enterprise Service Bus

3.2.4 Enterprise Service Bus (ESB)

Zum Verbinden von diversen Anwendungen und Technologien mit Service-orientierter Architektur benötigt man einen einheitlichen Aufrufmechanismus von Diensten, der die diversen Anwendungsbausteine plattformunabhängig miteinander verbindet und alle technischen Details der Kommunikation verbirgt. Solch ein auf offenen Standard basierenden Nachrichtenbus ist der *Enterprise Service Bus* (*ESB*) [C 04] (Abb. 3.8). Der ESB selbst unterstützt Dienste, einen Dienstvermittler, Nachrichtenaustausch, ereignisbasierte Interaktionen mit den dazugehörigen Dienstebenen und Management-Werkzeugen. Vereinfachend ist der ESB eine Integrationsbasis von einer Vielzahl von verschiedenen Technologien und somit in dieser Technologie implementierten Anwendungen, wie

- Daten-Dienste, wie der Distributed Query Engine basierend auf XQuery oder der Abfragesprache Structured Query Langugage (SQL),
- Enterprise-Anwendungen mit den dazugehörigen Enterprise Adapters,
- Web-Services-Anwendungen implementiert mit WebSphere oder als .NET-Applikation,
- Java- oder J2EE-Anwendungen, welche den Java Message Service (JMS) zur Kommunikation benutzen,
- Mainframe-Applikation mit dem MQ Gateway.

Der ESB basiert, wie die Komponententechnologie, auf dem Container-Modell, hier übertragen auf Dienste. Der Container stellt die Laufzeitumgebung für die Dienst-Funktionalitäten und nicht funktionalen Eigenschaften dem externen Benutzer zur Verfügung.

Mit den oben vorgestellten verschiedenen Technologien lassen sich dann folgende Applikation aufbauen:

- Service-orientierte Kunden-Applikationen mit Orchestrierung als Dienstkomposition,
- Portale, welche die Verknüpfung und den Datenaustausch zwischen heterogenen Anwendungen über ein Portal vornehmen. Ein Portal stellt Funktionen zur Personalisierung, Sicherheit, Navigation und Benutzerverwaltung bereit und dient zur Suche und Präsentation von Informationen.

Literatur

[A 91] Andrews G. R.: Paradigms for Process Interaction in Distributed Programs. ACM Computing Surveys, Vol. 23, No. 1, March 1991.

[B 14] Bengel G.: Grundkurs Verteilte Systeme, Grundlagen und Praxis des Client-Server und Distributed Computing. Springer Vieweg 2014.

[BA 06] Ben-Ari M: Principles of Concurrent and Distributed Programming. 2nd Edition. Pearson Education Limited 2006.

[BGL 98] Briot J.-P., Guerraoui R., Löhr K.-P.: Concurrency and Distribution in Object-Oriented Programming. ACM Computing Surveys, Vol. 30, No. 3, Sept. 1998.

[BPEL 07] IBM: Business Process Execution Language for Web Services version 1.1. http://www.ibm.com/developerworks/library/specification/ws-bpel/, 2007

[C 04] Chappell D.: Enterprise Service Bus. O'Reilly Media, 2004.

[E 07] Elfatatry A.: Dealing with Change: Components versus Services. Communications of the ACM, Vol. 50, No. 8, August 2007.

[G 04] Garg V. K.: Concurrent and Distributed Computing in Java. John Wiley & Sons, Inc. 2004.

[HHV 06] Hess A., Humm B., Voß M.: Regeln für serviceorientierte Architekturen hoher Qualität. Informatik Spektrum, Band 29, Heft 6, Dezember 2006.

[L 07] Liebhart D.: SOA goes real. Service-orientierte Architekturen erfolgreich planen und einführen. Carl Hanser Verlag 2007.

[M 07] Masak D.: SOA? Serviceorientierung in Business und Software. Springer Verlag 2007.

[M 08] Mathas C.: SOA intern. Praxiswissen zu service-orientierten IT-Systemen. Carl Hanser Verlag 2008.

[MB 03] Meredith L.G., Bjorg S.: Contracts and Types. Commmunicatons of the ACM, Vol. 46, No. 10, Oct. 2003.

[PG 03] Papazoglou M. P., Georgakopoulus D.: Service-Oriented Computing. Communications of the ACM, Vol. 46, No. 10, Oct. 2003.

[PRP 06] Puder A., Römer K, Pilhofer F.: Distributed Systems Architecture: A Middleware Approach. Morgan Kaufmann Publishers 2006.

[PTDL 07] Papazoglou M.P. Traverso P. Dustdar S. Leymann F.: Service-Oriented Computing: State of the Art and Research Challenges. IEEE Computer Vol. 40, No. 11, Nov. 2007.

[WSC 05] W3C: Web Services Choreography Description Language Version 1.0. http://www.w3.org/TR/ws-cdl-10/, 2005.

Programmiermodelle für gemeinsamen Speicher 4

4.1 Überblick

Wir setzen bei den nachfolgenden beschriebenen Programmiermodellen einen gemeinsamen Speicher voraus, auf den alle auf den Prozessoren ablaufenden Programme zugreifen können. Der gemeinsame Speicher ist bei Einprozessorsystemen und eng über den gemeinsamen Speicher gekoppelte Systeme per se gegeben. Lose gekoppelte Multiprozessoren lassen sich von der Programmierung her als eng gekoppelte Systeme betrachten, wenn sie einen verteilten gemeinsamen Speicher realisiert haben (siehe Abschn. 2.4.2 Verteilter gemeinsamer Speicher). Durch den verteilten gemeinsamen Speicher besitzen die Programme, die auf den Prozessoren ablaufen, einen gemeinsamen Speicher. Der gemeinsame Speicher kann jedoch verteilt sein auf unterschiedliche Speicher.

Durch den gemeinsamen Speicher kommen bei jeder möglichen Ausführung der Prozesse, die Prozesse zu unterschiedlichen Reihenfolgen des Lesens und Schreibens von Daten, und es kommt zu **Wettlaufsituationen** (*Race Conditions*). Zur Vermeidung dieser muss auf gemeinsame Daten unter **wechselseitigem Ausschluss** (*mutual exclusion*) zugegriffen werden. Dementsprechend muss ein Programmiermodell für den gemeinsamen Speicher den wechselseitigen Ausschluss unterstützen. Im Gegensatz dazu können die Programme, die auf einem Programmiermodell für verteilten Speicher basieren, auch auf Rechnern mit gemeinsamem Speicher zur Ausführung gebracht werden. Dies geschieht dadurch, dass man die entfernte Kommunikation und entfernten Aufrufe über das Netz auf lokale Kommunikation und Aufrufe abbildet. Dies ist natürlich nur bei den verteilten Programmiermodellen möglich, die keinen verteilten Speicher voraussetzen.

Die wichtigsten Ansätze zur Programmierung der Systeme mit gemeinsamem Speicher sind:

1. **Parallelisierende Compiler**, die selbst die parallel ausführbaren Codesequenzen herausfinden und entsprechend Code für mehrere Prozessoren erzeugen. Siehe dazu Abschn. 4.2.

2. Das Betriebssystem *Unix* ermöglicht, mit den Systemcalls fork() und join(), nebenläufige Prozesse (Kinder) zu vergabeln und an dem Ende wieder mit dem Vater zu vereinigen. Siehe dazu Abschn. 4.3.1. Zum wechselseitigen Ausschluss beim Zugriff auf den gemeinsamen Speicher stehen Semaphore zur Verfügung. Zur nachrichtenbasierten Kommunikation zwischen Prozessen dienen Pipes und Warteschlangen (siehe dazu Abschn. 4.3.5 bzw. 4.3.7).

3. *Threads* („*Fäden*") ermöglichen unter der Ebene der parallelen Prozesse eine zweite Parallelitätsebene; d. h. Threads laufen unter einem Prozess oder sind unter einem Prozess „aufgefädelt". Threads können als Bibliothek unter Unix implementiert sein und folgen dem Posix-Standard (P-Threads) oder sind innerhalb des Betriebsystems implementiert (siehe Abschn. 4.4.2).

Threads benutzen beim Zugriff von mehreren Threads zu gemeinsamen Daten das Monitorkonzept. Dieses Konzept wurde von Brinch Hansen [Ha 75, H 93] und Hoare [Ho 74] als Synchronisationsmittel für Prozesse zeitgleich entwickelt. Ein *Monitor* ist ein *abstrakter Datentyp* bestehend aus den gemeinsamen Daten, auf die mehrere Prozesse mit den Monitorprozeduren zugreifen. Da auf gemeinsame Daten von mehreren Prozessen immer unter wechselseitigem Ausschluss zuzugreifen ist, laufen die Prozeduren eines Monitors unter wechselseitigem Ausschluss und somit kann immer nur ein Prozess im Monitor sein.

Zur Kontrolle der Synchronisation benutzt ein Monitor *Bedingungsvariable* (*condition variable*). Auf Bedingungsvariablen sind die Operationen wait und signal definiert. Das wait versetzt einen Prozess in einen Wartezustand und der wartet, bis ein anderer Prozess das signal ausführt. Damit ein anderer Prozess den Monitor betreten kann und das signal ausführen kann, muss natürlich der wartende Prozess beim wait den Monitor freigeben; d. h. er muss beim wait den wechselseitigen Ausschluss aufheben, da nur immer ein Prozess im Monitor sein kann. Führt ein Prozess das signal aus und es wartet kein Prozess, so hat das signal keine Wirkung.

Buhr und Harji [BH 05] nennen einen Monitor mit Bedingungsvariablen und den Operationen wait und signal darauf einen *expliziten-signal Monitor*. Sie schlagen einen *impliziten-signal Monitor* vor, der keine Bedingungsvariable besitzt, sondern nur eine waituntil-Operation mit einem booleschen Ausdruck, basierend auf Monitorvariablen. Ergibt die Auswertung des booleschen Ausdruckes von einem Prozess FALSE, so geht der Prozess in einen Wartezustand. Dabei hebt er den wechselseitigen Ausschluss auf und gibt somit den Monitor für andere Prozesse frei. Ein wartender Prozess wird *implizit* von einem anderen Prozess aufgeweckt, wenn der andere Prozess den booleschen Ausdruck wahr macht. Der boolesche Ausdruck, also die Bedingung, entspricht der Bedingung bei bedingten kritischen Regionen (siehe Abschn. 2.1.4.10 bei der Erweiterung des atomic).

Da es sich bei einem Monitor um ein Objekt mit unter wechselseitigem Ausschluss laufenden Prozeduren handelt, passt dieses Konzept sehr gut zu den objektorientierten Sprachen und lässt sich leicht in diese integrieren oder, wie hier bei den Pthreads, auf diese aufpflanzen. Die *Pthreads* (siehe nachfolgenden Abschn. 4.4.3) simulieren einen Monitor mit Mutex-Lock-Variable und Bedingungsvariable.

4. **OpenMP** (*Open Multi-Processing*) ist ein Industrie Standard API [DM 98] für Multi-Plattform (UNIX und Microsoft Windows) Multiprozessoren mit gemeinsamem Speicher zur Programmierung in C/C++ und Fortran. Im Desktop-Bereich wurde OpenMP 2005 in Microsoft Visual C++ integriert [M 07]. Das OpenMP Architecture Review Board (ARB) [ARB 07] mit den wichtigsten Industrievertretern wie IBM, HP, Oracle, Fujitsu, AMD Intel, usw. spezifiziert den OpenMP-Sprachstandard für Fortran und C/C++. Eine Implementierung von OpenMP nutzt Threadbibliotheken.

   Mit OpenMP gelingt es einem Anfänger, der mit C/C++ vertraut ist, jedoch nicht mit der Parallelisierung, den seriellen Code unter Benutzung von *OpenMP-Direktiven* in parallelen Code zu transformieren [M 07]. OpenMP erweitert den seriellen Code hin zum parallelen Code mit Compiler- und somit den OpenMP-Direktiven. Das Hinzufügen von Compiler-Direktiven ändert nicht das logische Verhalten des seriellen Codes; er weist nur den Compiler an, welche Codestücke zu parallelisieren sind; der Compiler übernimmt dabei das komplette Threadhandling.

   OpenMP ist in seiner bisherigen Form nur für eng gekoppelte Multiprozessoren einsetzbar. Dies schließt den Einsatz in Clustern aus. Möglichkeiten, den Einsatzbereich von OpenMP auf Cluster auszudehnen, sind:
   1. OpenMP auf Task-Graph-Parallelismus (grobkörnige Parallelität) zu erweitern [M 03],
   2. oder einen hybriden Ansatz mit der Message Passing Interface-Bibliothek (siehe Abschn. 5.3) zu wählen (*hybride Programmierung*) [Q 04]:
      OpenMP innerhalb eines Knotens (Uniprozessor oder eng gekoppelter Multiprozessor mit symmetrischem Multiprozessor) und
      MPI (siehe Abschn. 5.3) auf dem Verbindungsnetzwerk oder dem lose gekoppelten Multiprozessor.

   Da ein heutiges Cluster aus Multicore-Prozessoren und einem schnellen Verbindungsnetzwerk besteht, ist die hybride Programmierung mit MPI und OpenMP die meist eingesetzte und zurzeit gängigste Programmierung.

   Für OpenMP gibt es ein Java Interface, genannt *OpenMP for Java* (*JOMP*) [BK 00]. Die JOMP Interface-Spezifikation und die JOMP API steht auf der JOMP Homepage [EPCC 07] zur Verfügung. Eine kurze Einführung in JOMP ist in [KY 02] enthalten. Eine Einführung in OpenMP mit C, C++ und Fortran liegt mit [CDK 01] vor. Abschnitt 4.5 enthält eine kurze Einweisung in OpenMP für C und C++ Programme und stellt die wichtigsten OpenMP-Direktiven vor.

5. *Unified Parallel C* (*UPC*) ist eine explizite parallele Sprache auf C basierend, die von einem UPC-Konsortium mit der George Washington University [UPC 07] als Konsortialführer seit 1999 entwickelt wurde. Die Anzahl der parallelen Threads ist statisch und kann entweder bei der Compilierung oder beim Programmstart festgelegt werden. Jeder der Threads, genauer gesagt deren Anzahl, ist vorher festgelegt und führt das gleiche UPC-Programm (main) aus. UPC realisiert ein *Single Program Multiple Data*

(*SPMD*)-Modell des Parallelismus. Da UPC eine Erweiterung von ISO C ist, ist jedes C-Programm auch ein UPC-Programm, allerdings verhält es sich anders, wenn es mit mehreren Threads (> 1) läuft. Eine Beschreibung von UPC liegt mit [ECS 05] vor, Tutorials und Manuals stehen auf der Webseite [UPC 07] zur Verfügung. Abschnitt 4.5 stellt die prägnantesten Fähigkeiten von UPC vor.

6. Zur Programmierung von GPGPUs sind neben anderen Plattformen und Bibliotheken die beiden folgenden Plattformen dominant:
Die **Compute Unified Device Architecture** (***CUDA***) [C 13, C5 13] ist die von NVIDIA entwickelte parallele Programmierplattform, die erlaubt Programme auf den NIVIDA-GPUs zur Ausführung zu bringen. CUDA fähige GPUs stehen nur von der Firma NVIDIA zur Verfügung. Es gibt ein Reference Manual von CUDA für C [C 12] und Fortran [CF 13]. Daneben Einführungen in CUDA und Lehrbücher für CUDA [F 11, SK 10, Co 12, KH 12]. Parallele Applikationen aus den Bereichen Statistik, Finanzielle Modellierung, Rendering, CAD und weiteren Gebieten sind in [H1 11] und darüber hinausgehend in [H2 11] enthalten. Eine kurze Einführung in das GPGPU-Computing und CUDA beschreibt Abschn. 4.6.
Die **Open Computing Language** (***OpenCL***) [O 13] ist ein Framework für Programme die auf heterogenen Plattformen bestehend aus CPUs, GPUs und auf DSP oder anderen Prozessoren zur Ausführung gebracht werden können. OpenCL ist ursprünglich entwickelt von der Firma Apple. Apple hat mit dem Industriekonsortium Khronos Group (Apple, AMD, IBM, Intel, Nvidia, ...) [K 13] OpenCL zur Standardisierung eingereicht.

7. **Ada 83** [A 83, A 07] ist eine der wenigen Programmiersprachen mit in der Sprache integrierter Unterstützung für Parallelität und kooperative Verarbeitung. 1983 wurde die Sprache zu einem ANSI-Standard (ANSI/MIL-STD 1815), die ISO übernahm 1987 den Standard als ISO-8652:1987. Ada 83 unterstützte dynamische Tasks und entfernte synchrone und blockierende Aufrufe, das so genannte ***Ada-Rendezvous*** zwischen den Tasks (siehe Abschn. 4.8.1). Das *selektive Ada-Rendezvous* erlaubt einer Server Task aus mehreren Alternativen nur bestimmte Client-Anfragen zu akzeptieren. Das Pragma Shared stellte den Zugriff zu gemeinsamen Variablen nur unter wechselseitigem Ausschluss. Die Abbildung des exklusiven Zugriffs auf gemeinsame Ressourcen auf das Ada-Rendezvous erfordert zusätzliche Tasks und erhöht damit den Tasking-Overhead [CS 98]. Deshalb führte Ada 95 [A 95], der gemeinsame ISO/ANSI-Standard ISO-8652, das Monitorkonzept in die Sprache ein. Der in Ada simulierte Monitor sind so genannte *geschützte Objekte* (**Protected Objects**) (siehe Abschn. 4.8.4). Der Ada 95-Compiler GNAT ist Teil des GNU-C-Compilers gcc [GNU 07]. Eine gute Einführung in Ada 95 aus Sicht der Softwaretechnik ist das Buch von Nagl [N 03] oder das Buch von Barnes [B 06]. Zurzeit ist ISO/ANSI-Standard ISO-8652:1995/AMD 1:2007, informell Ada 2005, der aktuelle Standard. Abschnitt 4.7 erläutert die Parallelitätskonzepte von Ada 95.

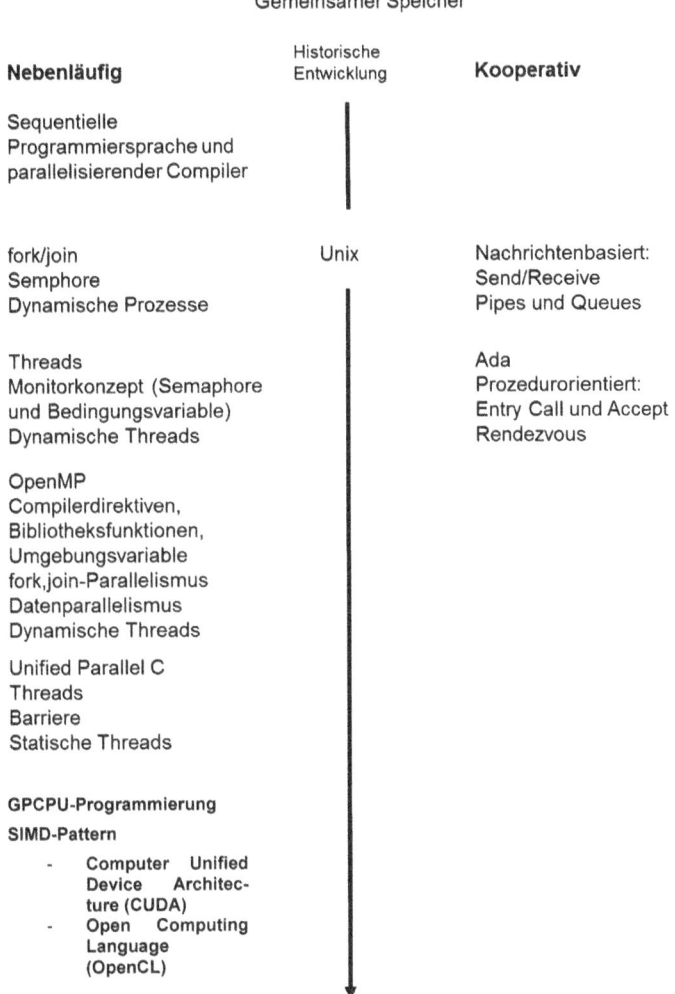

Abb. 4.1 Programmiermodelle für gemeinsamen Speicher

Abbildung 4.1 zeigt die verschiedenen und wichtigsten Programmiermodelle auf. Die hier vorgegebene Untergliederung spiegelt auch die Reihenfolge der nachfolgenden Abschnitte wieder, welche die einzelnen Programmier- und Parallelitätsmodelle erläutern.

4.2 Parallelisierende Compiler

Ausgehend von sequentiellen Programmiersprachen und rein sequentiellen Programmen kann man die Aufgaben der Parallelisierung einem Compiler übertragen. Ein *parallelisie-*

render Compiler ermöglicht die automatische Umsetzung von sequentiellem Code (meistens C oder Fortran Programme) in parallelen Code für Multithreading-Umgebungen. Die Datenflussanalyse des Compilers untersucht dabei die *Datenabhängigkeiten* in einem sog. Basisblock (lineare Sequenz von Anweisungen). Durch Umordnung der Anweisungen oder Einführung von weiteren Variablen versucht der Compiler die Datenabhängigkeiten zwischen den Anweisungen zu minimieren. Anweisungen, zwischen denen keine Datenabhängigkeiten existieren, können dann nebenläufig abgearbeitet werden. Besonders Schleifen und der Code darin und deren Datenabhängigkeits-Analyse bieten viele Parallelisierungsmöglichkeit. Gibt es innerhalb einer Schleife keinerlei Datenabhängigkeiten, so ist die Ausführungsreihenfolge der einzelnen Schleifendurchläufe beliebig, und alle Durchläufe können nebenläufig ausgeführt werden. Die Parallelisierung durch Schleifenauswahl und entsprechender Transformation von Schleifen in Threads ist in [CJH 12] beschrieben.

Die Codegenerierung oder -optimierung kann aus einer Datenabhängigkeitsanalyse die optimale Reihenfolge zur parallelen Befehlsabarbeitung festlegen. Weiterhin ist aus ihr auch durch Duplizierung von Variablen eine optimale Allokation der Register ableitbar und das Ziel, möglichst viele, möglichst alle Variablen in den zur Verfügung stehenden Register zu halten, ist dadurch erreichbar.

4.3 Unix

Das Betriebssystem Unix stellt Systemaufrufe zur Verfügung, die aus C-Programmen heraus aufgerufen werden können, indem man durch die Präprozessoranweisung #include die entsprechenden Systemaufrufe zum Programm hinzufügt. Die Systemaufrufe lassen sich unterteilen in:

- Aufrufe zur *Erzeugung von dynamischen Prozessen* und deren Zusammenführung: fork() und join(). Aufrufe zum Anlegen eines gemeinsamen Speichers und Aufrufe zur Synchronisation der Zugriffe zum gemeinsamen Speicher (Semaphore).
- Aufrufe zur *Kommunikation* zwischen den parallelen Prozessen mit einer *Röhre* (*Pipe*) und einer *Warteschlange* (*Queue*).

Eine hervorragende und leicht verständliche Beschreibung der Unix Systemaufrufe bietet Herold [H 04].

4.3.1 fork()/join()-Parallelismus

Für Ein- und Multiprozessoren ist das Standardprogrammiermodell für parallele Prozesse unter Unix der *fork/join-Parallelismus*. Beim Programmstart läuft ein Prozess, der Hauptprozess oder das main(). Werden nebenläufige Prozesse benötigt, so „vergabelt"

Abb. 4.2 fork/join-Parallelismus

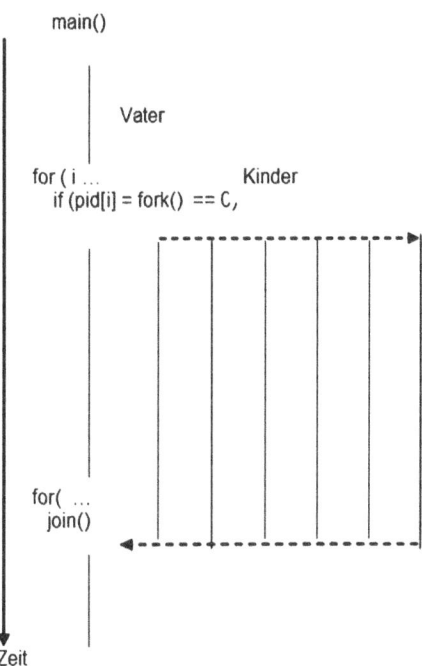

(fork()) sich der Hauptprozess in ein oder mehrere Kindprozesse. Der Hauptprozess und alle Kindprozesse arbeiten nebenläufig. Kommt ein Kind zu Ende (exit() oder quit()) oder wird es suspendiert, so „vereinigt" (join()) sich der Kontrollfluss der Kinder mit dem des Hauptprozesses.

Umschließt man das fork() mit einer Schleife, so erzeugt man in der Schleife beliebig viele Kindprozesse, die alle nebenläufig zum Vaterprozess ablaufen. Bei Beendigung der Kindprozesse kann dann der Kontrollfluss von allen Kindprozessen mit von einer Schleife umgebenen join() vereinigt werden mit dem Kontrollfluss des Vaters (siehe Abb. 4.2). Mit wait() oder waitpid() kann der Vater ebenfalls auf die Beendigung eines Kindes warten.

Der fork/join-Parallelismus eignet sich gut zur Implementierung des Master Worker-Schemas (siehe Abschn. 6.2.2 für das Master Worker Schema). Dabei ist der Vater der Master, welcher die Kinder (Worker) erzeugt (fork()), welche die einzelnen Datenpartionen bearbeiten. Der Vater wartet dann, bis seine Kinder die einzelnen Daten bearbeitet haben und sich beenden (join()).

Das fork() erzeugt eine *perfekte Kopie* (Kind) des aufrufenden Prozesses (Vater), und das Kind erbt vom Vater die komplette Kopie des Vaters:

- Gleiches Programm,
- gleiche Daten (gleiche Werte in Variablen),
- gleicher Programmzähler (nach der Kopie),

Abb. 4.3 fork/join Vater-Kind-Beziehungen

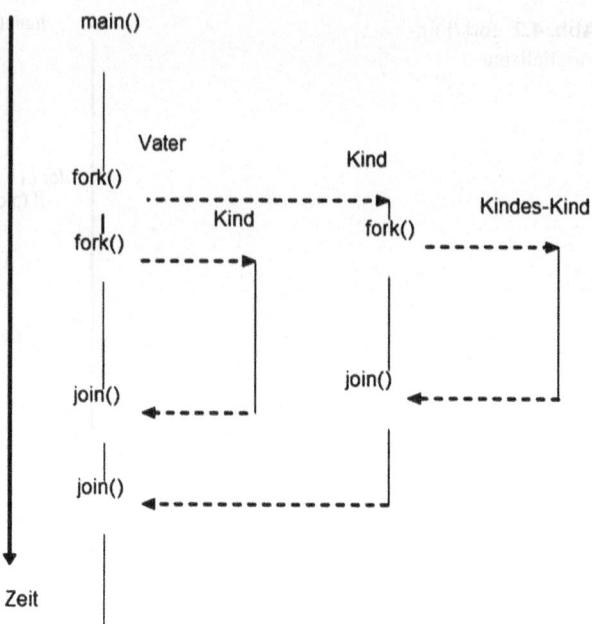

- gleicher Eigentümer (Owner),
- gleiches aktuelles Verzeichnis,
- gleiche Dateien geöffnet (selbst Schreib- und Lesezeiger ist gemeinsam).

Das fork gibt an den Vater die *Prozessidentifikationsnummer* (**PID**) des Kindes zurück, und das Kind erhält die PID = 0. Gibt das fork eine PID < 0 zurück, so liegt ein Fehler vor. Dadurch, dass ein Kind mit dem fork wieder Kinder erzeugen kann, sind mit dem fork beliebige Prozesshierarchien aufbaubar.

4.3.2 Dynamische Prozesse

Im Vergleich zu anderen, nachfolgend beschriebenen Programmiermodellen liegen beim fork/join die parallelen Prozesse nicht beim Programmstart *statisch* vor, sondern sie werden *dynamisch* bei Bedarf gestartet (fork()) und lassen sich beim Beenden mit dem Hauptkontrollfluss vereinigen (join()) (siehe Abb. 4.3).

4.3.3 Gemeinsamer Speicher

Die Speicherbereiche zweier Prozesse sind in Unix und im Gegensatz zu nachfolgend beschriebenen Threads streng getrennt. Wollen zwei Prozesse auf den gleichen gemeinsamen Speicher zugreifen, so muss er mit shmget() angelegt werden, der Prozess mit shmat() an den Speicher gebunden (attached) werden, so dass er ihn dann mit shmctl() manipulieren kann.

4.3.4 Semaphore

Zum wechselseitigen Ausschluss beim gemeinsamen Zugriff auf den gemeinsamen Speicher bietet Unix *Semaphore* an. Semaphore werden mit semget() angelegt. Die verallgemeinerte semop()-Operation bietet als Spezialfall die P- und V-Operationen an. semctl() stellt Kontrolloperationen wie Initialisieren und Löschen von Semaphoren zur Verfügung.

4.3.5 Erzeuger-Verbraucher (Pipe)

Zur Kommunikation zwischen zwei zyklischen Prozessen, wobei ein Prozess Nachrichten erzeugt und der Andere Nachrichten verbraucht, bietet Unix eine *Röhre* (*Pipeline*, *Pipe*) an. Der Erzeugerprozess schreibt an einem Ende eine Nachricht in die Röhre, die an dem anderen Ende ein Verbraucher dann aus der Röhre liest. Der Nachrichtenpuffer (Röhre) ist ein zyklischer Puffer (Umlaufpuffer) von endlicher Größe implementiert (Abb. 4.4).

Ein Zeiger oder Index für den Erzeuger, genannt Next_Free, zeigt auf das nächste freie Element des Umlaufpuffers. Ein Zeiger oder Index des Verbrauchers (Next_Full) zeigt auf das nächste volle Element des Puffers. Während der Erzeuger Elemente in den Puffer schreibt und der Verbraucher Elemente aus dem Puffer entnimmt, wandern beide Zeiger im Uhrzeigersinn weiter. Ist die Geschwindigkeit von Erzeuger und Verbraucher gleich, d. h. liegt ein Gleichlauf der beiden Prozesse vor, so braucht nicht synchronisiert

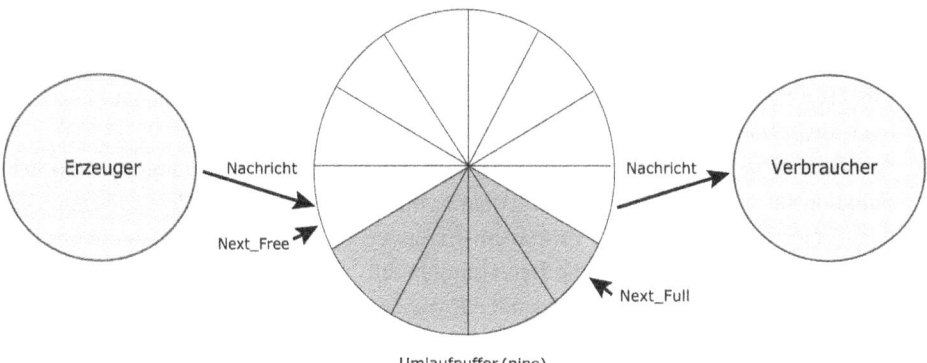

Abb. 4.4 Kooperation zwischen Erzeuger und Verbraucher mittels Nachrichtenpuffer

zu werden, da der eine Prozess die Daten erzeugt, die der andere Prozess anschließend verbraucht. Ist die Geschwindigkeit der beiden Prozesse unterschiedlich, so kann der Verbraucher schneller als der Erzeuger sein, oder der umgekehrte Fall liegt vor:

- Ist der Verbraucher schneller als der Erzeuger, so läuft der Umlaufpuffer leer, und der Verbraucher liest das alte vorher gelesene Element ein zweites Mal.
- Ist der Erzeuger schneller als der Verbraucher, so läuft der Umlaufpuffer über und der Erzeuger überschreibt die alte Nachricht, die dadurch verloren geht.

Um keine Nachricht mehrmals beim Verbraucher zu empfangen und um keine Nachrichten zu verlieren, müssen wir synchronisieren. Die Lösung des Synchronisationsproblems mit Semaphoren ist in vielen Büchern über Betriebssysteme [B 90] beschrieben oder kann der Leser leicht als Semaphorübung selbst nachvollziehen.

Die Implementierung einer Pipe mit einem Monitor ist in Abschn. 4.4.3.4 Erzeuger beschrieben, und eine Implementierung mit dem Ada-Rendezvous liegt in Abschn. 4.8.3 Erzeuger-Verbraucher mit selektivem Rendezvous (Pipe) vor.

4.3.6 Pipes in Unix

Unix bietet eine Implementierung einer Pipe auf unterschiedlichen Ebenen an:

1. Auf **Kommando**- oder **Shellebene**: Der senkrechte Strich | ist eine Pipe, welche die Ausgabe des links stehenden Kommandos (Prozesses) auf die Eingabe des rechts stehenden Kommandos (Prozesses) umleitet. Programme, die ihre Anwendung typischerweise im Datenstrom einer Pipe finden, nennt man **Filter**. Ein ganz typischer Filter ist das Kommando more. Um sich längere Verzeichnisse seitenweise anzusehen, schaltet man eine Pipe zwischen ls – l und more.
2. Auf **Systemebene**: Der Systemaufruf pipe(fd[2]) erzeugt eine Pipe und gibt zwei Filedeskriptoren fd[0] und fd[1] zurück. Ein Erzeuger (Prozess) schließt das Leseende der Pipe mit close(fd[0]) schreibt mit write(fd[1], Nachricht, 80) eine Nachricht in die Pipe. Ein Verbraucher schließt mit close(fd[1]) die Schreibseite der Pipe und liest mit read(fd[0], Nachricht, 80) die Nachricht aus der Pipe.
3. Auf **Dateiebene**: Eine **Named Pipe** oder **FIFO** (First in First out) kann man mit der Funktion int mkfifo(const char *dateiname, mode_t modus); eine Pipe anlegen, die dann unter dem Dateinamen von einem Erzeuger und Verbraucher ansprechbar ist. Der Parameter modus nimmt die Berechtigung auf, wie sie von chmod bekannt sind. FIFOs überdauern die sie verwendenden Prozesse, weil sie Bestandteil des Dateisystems sind. Allerdings kann eine FIFO keinen Inhalt haben, so lange sie von keinem Prozess geöffnet ist. Das bedeutet, dass der gepufferte Inhalt verloren geht, wenn ein Erzeuger sein Ende der Pipe schließt, ohne dass ein lesender Prozess (Verbraucher) das andere Ende der Pipe geöffnet hat.

4.3.7 Warteschlange (Queue)

Eine Pipe erlaubt nur eine 1:1-Kommunikation, indem ein Erzeuger einem Verbraucher eine Nachricht zusendet. Zur m:n-Kommunikation, so dass m > 0 Prozesse mit n > 0 Prozessen kommunizieren können, benötigt man **Message-Queues** (*Nachrichtenwarteschlangen*). Jede Message-Queue besitzt eine Kennung und somit einen Message-Queue Identifier. Die Kennung ist eine nichtnegative ganze Zahl, die bei jeder Neueinrichtung (msgget()) einer Message-Queue hochgezählt wird. Ist der Maximalwert erreicht, so beginnt die Zählung wieder bei 0.

Jede Nachricht besteht aus drei Komponenten:

1. Message-Typ (z. B. Datentyp long),
2. Länge der Nachricht (Datentyp size_t) und
3. Nachricht oder Message-String.

Zum Einrichten oder zum Öffnen einer bereits existierenden Queue dient die Funktion msgget(). Diese Funktion liefert die Kennung (Message-Queue Identifier) zurück. Diese Kennung benutzen dann die nachfolgend beschriebenen Funktionen zur Kennzeichnung der entsprechenden Queue.

Das Senden einer Nachricht in die Queue geschieht mit msgsnd(). Eine mit mgssnd() geschickte Nachricht wird immer am Ende der betreffenden Message-Queue angehängt.

Mit msgrcv() können Nachrichten aus der Queue empfangen werden. Bei erfolgreicher Ausführung gibt msgrcv() die Länge der empfangenen Nachricht zurück und −1 im Fehlerfalle. Das Argument typ legt den Typ der zu empfangenden Nachricht fest:

- typ == 0: Erste Nachricht aus der Message-Queue (FIFO-Warteschlange).
- typ > 0: Erste Nachricht aus der Warteschlange, die den Typ typ hat. Client–Server-Anwendungen, bei denen nur eine Warteschlange für die Kommunikation zwischen Server und den vielen Clients existiert, benutzen die Prozessidentifikationsnummer (PID) als typ zur Identifikation des entsprechenden Clients.
- typ < 0: Erste Nachricht aus der Queue, deren Typ der kleinste Wert ist, der kleiner oder gleich dem absoluten Betrag von typ ist.

Ist keine Nachricht des geforderten typ in der Message-Queue, so blockiert normalerweise der Empfänger, bis eine Nachricht des geforderten Typs verfügbar ist. Soll der Empfänger nicht blockieren, beim nicht Vorhandensein der Nachricht, so kann dies durch Setzen des Flag-Arguments auf IPC_NOWAIT bewirkt werden.

Das Abfragen und Ändern des Status oder das Löschen einer Message-Queue geschieht mit msgctl().

4.4 Threads

4.4.1 Threads versus Prozesse

Ein Prozess ist definiert durch die Betriebsmittel, die er benötigt, und den Adressbereich, in dem er abläuft. Ein Prozess wird im Betriebssystem beschrieben durch einen **Prozesskontrollblock** (*Process Control Block – PCB*). Der PCB besteht aus dem Hardwarekontext und einem Softwarekontext. Ein Prozesswechsel bewirkt den kompletten Austausch des PCB. Zur Erreichung eines schnelleren Prozesswechsels muss die Information, die bei einem Prozesswechsel auszutauschen ist, reduziert werden. Dies erreicht man durch Aufteilung eines Prozesses in mehrere „Miniprozesse" oder, bildlich gesprochen, durch Auffädeln mehrerer dieser „Miniprozesse" unter einem Prozess. Demgemäß bezeichnet man solche „Miniprozesse" als **Threads** (Thread – Faden). Mehrere oder eine Gruppe von Threads haben den gleichen Adressraum und besitzen die gleichen Betriebsmittel (gleiche Menge von offenen Files, Kindprozesse, Timer, Signale usw.). Nachteilig ist natürlich bei einem Adressraum für die Threads, dass alle Threads den gleichen Adressraum benutzen und damit die Schutzmechanismen zwischen verschiedenen Threads versagen. Die Umgebung, in welcher ein Thread abläuft, ist ein Prozess (Task). Ein traditioneller Prozess entspricht einem Prozess mit einem Thread.

Ein Prozess bewirkt nichts, wenn er keinen Thread enthält, und ein Thread muss genau in einem Prozess liegen. Ein Thread hat wenigstens seinen eigenen Programmzähler, seine eigenen Register und gewöhnlich auch seinen eigenen Keller. Damit ist ein Thread die Basiseinheit, zwischen denen der Prozessor einer Ein- oder Multiprozessor-Maschine umgeschaltet werden kann. Der Prozess ist die Ausführungsumgebung, und die dazugehörigen Aktivitätsträger sind die Threads. Ein Prozess besitzt einen virtuellen Adressraum und eine Liste mit Zugriffsrechten auf die Betriebsmittel nebst notwendiger Verwaltungsinformation. Ein Thread ist ein elementares ausführbares Objekt für einen realen Prozessor und läuft im Kontext eines Prozesses.

Verschiedene Threads in einem Prozess sind nicht so unabhängig wie verschiedene Prozesse. Alle Threads kooperieren miteinander und teilen sich die gemeinsamen globalen Variablen, auf die dann synchronisiert von den verschiedenen Threads zugegriffen wird. Somit wird eine in der Abbildung dargestellte Organisation a) (Abb. 4.5a) gewählt, falls zwischen drei Prozessen keine Beziehungen bestehen, und Organisation b), falls drei Threads miteinander kooperieren, um eine gemeinsame Aufgabe zu lösen (Abb. 4.5b).

Durch die Benutzung der gemeinsamen Betriebsmittel des Prozesses lässt sich der Prozessor zwischen Threads schneller umschalten als zwischen Prozessen, da weniger Information auszutauschen ist. Deshalb bezeichnet man auch Threads oft als leichtgewichtige Prozesse (*lightweight Processes*) und traditionelle Prozesse als schwergewichtige Prozesse (*heavyweight Processes*). Die Information, die einen Thread bzw. einen Prozess beschreibt, ist in Abb. 4.6 dargestellt.

4.4 Threads

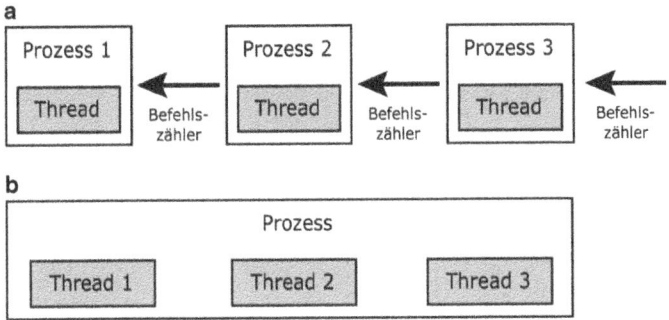

Abb. 4.5 Prozesse und Threads. **a** Drei Prozesse mit jeweils einem Thread, **b** ein Prozess mit drei Treads

 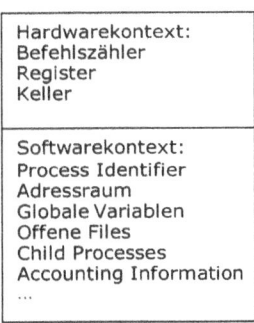

Abb. 4.6 Information für einen Thread und einen Prozess

4.4.2 Implementierung von Threads

Zur Implementierung von Threads gibt es drei Möglichkeiten:

1. Threads auf Benutzerebene (Abb. 4.7),
2. Threads auf Betriebssystem- oder Kernelebene (Abb. 4.8),
3. Hybride Implementierungen, die zwischen 1. und 2. liegen und bekannt sind unter two-level Scheduler (Abb. 4.8).

4.4.2.1 Threads auf Benutzerebene

Bei der Implementierung im Benutzeradressraum ist das Betriebssystem nicht involviert, und eine Bibliothek für Threads übernimmt selbst das Scheduling und Umschalten zwischen den Threads. Das Betriebssystem kennt keine Threads und es bringt wie gewohnt Prozesse zum Ablauf. Dieser Entwurf ist bekannt als ***all-to-one mapping***. Von allen Threads, die zu einem Zeitpunkt ablaufbereit sind, wählt die Thread-Bibliothek einen aus,

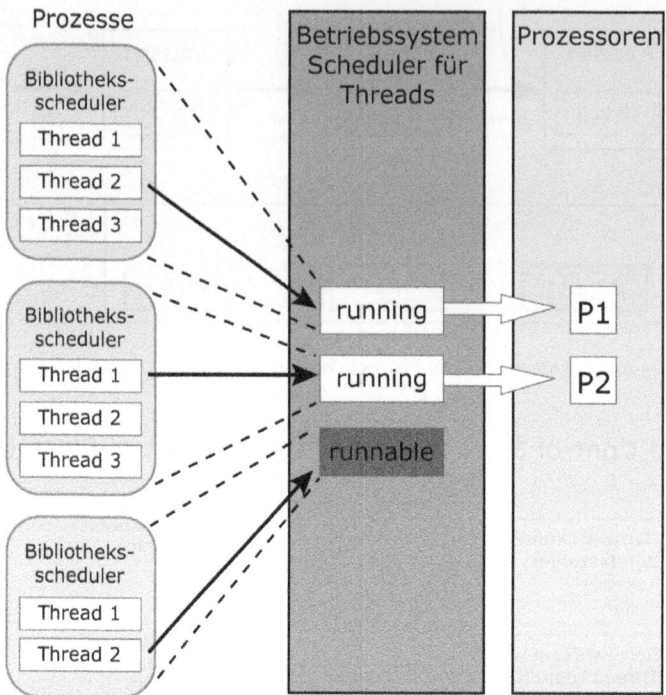

Abb. 4.7 Threads auf Benutzerebene

der dann im Kontext des Prozesses läuft, wenn das Betriebssystem diesen Prozess zum Ablauf bringt (siehe Abb. 4.7).

Die Vorteile von Threads auf Benutzerebene sind:

- Da keine Änderungen am Betriebssystem vorgenommen werden müssen, lässt sich schnell und bequem eine Threadbibliothek einführen und auf das bestehende Betriebssystem aufpflanzen.
- Eine Implementierung im Benutzeradressraum benötigt keine aufwändigen Systemaufrufe zum Anlegen von Threads und zum Durchführen von Umschaltungen zwischen Threads, das heißt es finden keine Umschaltungen zwischen Benutzermodus und Systemmodus statt. Dadurch laufen Anwendungen basierend auf Threads im Benutzeradressraum schneller als Anwendungen, welche auf Threads im Systemadressraum basieren.
- Da alle Threads ohne das Betriebssystem laufen, können mehr und mehr Threads angelegt werden, ohne das Betriebssystem zu belasten.

Allerdings hat dieser Ansatz auch zwei Nachteile:

- Da das Betriebssystem nur Prozesse sieht, kann das zu einem **unfairen Scheduling** von Threads führen. Betrachten wir dazu zwei Prozesse, ein Prozess mit einem Thread (Prozess a) und ein anderer Prozess mit 100 Threads (Prozess b). Jeder Prozess erhält im Allgemeinen für eine Zeitscheibe den Prozessor, damit läuft dann ein Thread in Prozess a 100-mal schneller als ein Thread in Prozess b. Weiterhin hat das Anheben der Priorität eines Threads keine Auswirkungen, da nur den Prozessen gemäß ihrer Priorität die CPU zugeordnet wird.
- Da die Bibliothek von Thread-Routinen keinen Bezug zum Betriebssystem und der darunter liegende Rechnerarchitektur hat, nimmt ein Thread-Programm auch *mehrfach vorhandene CPUs nicht zur Kenntnis*. Das Betriebssystem ordnet verfügbare CPUs nur Prozessen zu und nicht Threads. Damit laufen die Threads eines Prozesses nie echt parallel, sondern nur die Prozesse.

4.4.2.2 Threads auf Betriebssystemebene

Bei einer Implementierung von Threads auf der Betriebssystemebene kennt das Betriebssystem Threads, und jeder Benutzerthread wird zu einem Kernelthread. Die Schedulingeinheiten des Betriebssystems sind dann Threads und nicht mehr Prozesse. Da eine Eins-zu-eins-Zuordnung der Benutzerthreads zu Kernelthreads stattfindet, ist dieser Ansatz auch als *one-to-one mapping* bekannt (Abb. 4.8). Ein Beispiel für solche in das Betriebssystem integrierte Threads ist der Mach-Kernel, der Grundlage vieler Unix-basierter Betriebssysteme ist, wie z. B. OSF/1.

Kernelthreads besitzen nicht mehr die oben erwähnten beiden Nachteile von Benutzerthreads:

1. Der Scheduler berücksichtigt Threads und keine Prozesse, und dadurch kann es nicht mehr zu unfairem Scheduling kommen. Wird die Priorität eines Threads angehoben, läuft ein solcher Thread länger und öfter als Threads mit niederer Priorität.
2. Da das Scheduling global über alle Threads stattfindet, können, falls mehrere Prozessoren im System vorhanden sind, die Threads echt parallel abgearbeitet werden.

Die oben erwähnten Vorteile von Benutzerthreads kehren sich in Nachteile bei Kernelthreads um:

1. Zum Anlegen eines neuen Threads muss vom Benutzermodus in den Systemmodus umgeschaltet werden, und im Systemmodus werden dann die für die Threads angelegten Datenstrukturen manipuliert.
2. Eine Vielzahl von Threads kann das Betriebssystem stark belasten und die Gesamtperformanz des Systems reduzieren.

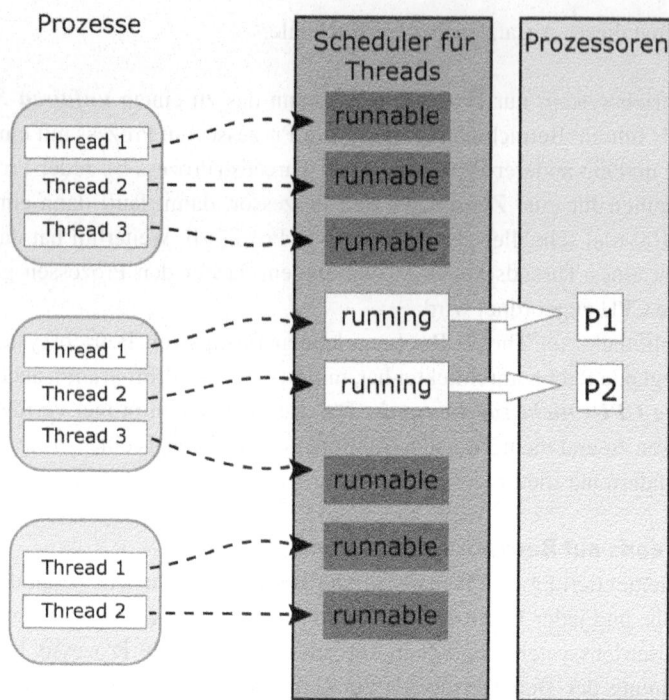

Abb. 4.8 Threads auf Betriebssystemebene

4.4.2.3 Hybrid: two-level Scheduler

Um die Vorteile des einen Ansatzes nicht zu Nachteilen des anderen Ansatzes werden zu lassen, ist im Solaris-Betriebssystem von Oracle (vormals Sun Microsystems) ein hybrider Ansatz realisiert. Wie bei einer reinen kernel-basierten Implementierung bildet ein two-level Scheduler Benutzerthreads auf Kernelthreads ab. Anstatt jedem Benutzerthread einen Kernelthread zuzuordnen, bildet man eine Menge von Benutzerthreads auf eine Menge von Kernelthreads ab. Die Abbildung ist dabei nicht statisch, sondern dynamisch, und zu unterschiedlichen Zeiten können Benutzerthreads auf unterschiedliche Kernelthreads abgebildet werden. Dieser Ansatz ist bekannt als das *some-to-one mapping* (siehe Abb. 4.9) Die Thread-Bibliothek und der Kern enthalten dabei Datenstrukturen zur Repräsentation von Threads. Die Thread-Bibliothek bildet dabei die Benutzerthreads auf die verfügbaren Kernelthreads ab. Jedoch werden nicht alle Benutzerthreads auf Kernelthreads abgebildet: Schläft ein Benutzerthread häufig oder wartet er oft auf Timer oder ein Ereignis oder eine I/O-Beendigung, so braucht ihm kein eigener Kernelthread zugeordnet zu werden. Allen Threads, die CPU-Aktivität zeigen, kann ein Kernelthread zugeordnet werden. Dies erspart den Overhead des Anlegens eines neuen Kernelthreads.

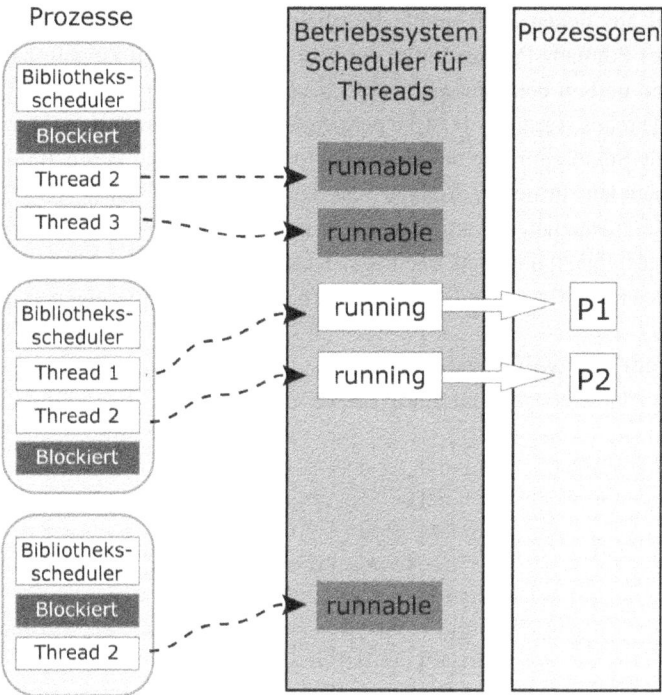

Abb. 4.9 two-level Scheduler

4.4.3 Pthreads

Das Betriebssystem Mach [ZK 93] führte zur Programmierung von Threads eine C-Threads-Bibliothek [CD 88] ein. Für C++ steht eine Bibliothek, die Intel Threading Building Blocks, zur parallelen Programmierung mit Threads zur Verfügung [R 07]. Daneben haben andere Betriebssysteme (OS/2, Win 32, Windows NT), die Distributed Computing Environment (DCE), verschiedene Unix-Derivate (OSF/1, Solaris) und die Programmiersprache Java [KY 02, OW 04] das Thread-Konzept aufgegriffen und integriert. Die eingeführten verschiedenen Thread-Bibliotheken bzw. in Java die Klasse Thread und ThreadGroup [GYJ 97] besaßen ein unterschiedliches Interface, das im Unix-Bereich durch den *POSIX* (*Portable Operating System Interface*), genauer POSIX Section 1003.1c-1995-Standard, festgeschrieben wurde. *POSIX-threads*, oder kurz *Pthreads*, sind eine definierte Menge von C-Typen und C-Funktionsaufrufen mit festgelegter Semantik. Pthreads-Implementierungen werden in der Form einer Header-Datei, die in das Programm eingebunden wird, und einer Bibliothek, die zum Programm hinzugebunden werden muss, ausgeliefert. Im Folgenden stellen wir die wichtigsten Komponenten der Pthreads-Bibliothek vor und geben Beispiele für ihre Anwendung; dabei orientieren wir uns an den Büchern über Pthread-Programmierung [B 97, NBF 98,

HH 97, Z 06] aus denen auch einige Beispielprogramme entnommen sind. Über das Verständnis des Pthreads-Paketes findet der Leser einen leichten Zugang zu den anderen Thread-Paketen und zu den Klassen Thread und ThreadGroup von Java und somit zu den Java-Threads. Oechsle [O 01] geht tiefer auf die Parallelprogrammierung ein, und er gibt für Standardprobleme der Parallelprogrammierung deren Implementierung mit Java-Threads an. In der 2. Auflage von dem Buch von Oechsle [O 07] beschreibt der Autor noch zusätzlich die klassischen Synchronisationsmechanismen (Semaphore, Message Queues, Pipes) und die Concurrent-Klassenbibliothek aus Java 5 (Tiger). Neben anderen ist auch in [KY 02, OW 04] die Java-Thread-Programmierung beschrieben.

4.4.3.1 Thread Verwaltungsroutinen

Die Operation zum Erzeugen und Starten eines Thread ist:

```
int pthread_create(    pthread_t *thread_handle,
                       // handle auf Thread-Datenstruktur
                       pthread_attr_t attr,
                       // Thread-Attribut
                       pthread_func_t thread_func,
                       // aufzurufende Funktion für den Thread
                       pthread_addr_t arg);
                       // Argumente für die aufzurufende Funktion
```

Die Routine wird von einem Koordinator-, Vater- oder Erzeugerthread aufgerufen und führt dazu, dass ein neuer Thread mit der Ausführung der angegebenen Funktion thread_func() beginnt. Mit dem Parameter arg wird der Funktion ein einziges Argument übergeben. arg wird normalerweise als Zeiger auf Anwendungsparameter übergeben. Der erste Parameter ist ein Zeiger auf eine bereits vorab zu allokierende Thread-Datenstruktur pthread_t. Eine zusätzliche Attributbeschreibung attr ermöglicht es, genauere Eigenschaften eines Threads festzulegen, wie z. B. Konfiguration des Kellers, Festlegung der Scheduling Strategie und der Priorität des Threads. Diese Eigenschaften werden festgelegt mit pthread_attr...-Funktionen. In vielen Fällen kann der Wert NULL für dieses Argument verwendet werden, um anzuzeigen, dass default-Charakteristiken für diesen Thread vorliegen. pthread_create gibt bei erfolgreicher Ausführung einen Nullwert zurück; ein nicht Nullwert zeigt und identifiziert einen Fehler.

Der gestartete Thread läuft dann nebenläufig zu seinem Erzeuger ab und meldet am Ende seiner Bearbeitung ein Ergebnis zurück mit der Operation:

```
int pthread_exit(pthread_addr_t result);
```

Auf dieses Ergebnis kann vom Thread-Erzeuger an beliebiger Stelle gewartet werden mit der Operation:

4.4 Threads

```
int pthread_join(    pthread_t thread,
                     // Identifikation des Thread
                     pthread_addr_t *result);
                     // Ergebnis der Bearbeitung
```

Der Aufrufer spezifiziert den betreffenden Thread über dessen Datenstruktur `thread` und erhält eine Referenz auf das Ergebnis über den Ausgabeparameter `result`. Anschließend kann der Thread explizit gelöscht werden durch:

```
int pthread_detach(  pthread_t thread);
                     // Identifikation des Thread
```

Die Operation `pthread_detach()` zerstört den internen Threadkontrollblock und gibt den threadlokalen Keller frei. Danach ist natürlich kein `pthread_join` für diesen Thread mehr möglich.

Neben `pthread_exit()` kann ein Thread auch explizit durch einen anderen beendet werden oder er kann sich auch selbst im Rahmen eines Fehlerfalles abbrechen. Dazu dient die Operation:

```
int pthread_cancel(  pthread_t thread);
                     // Identifikation des Thread
```

Ein Thread kann allerdings auch verhindern, dass eine `pthread_cancel()`-Operation sofort wirksam wird. Dies ist für kritische Abschnitte wichtig, deren Abbruch zu inkonsistenten Werten von Semaphoren führen würde. Die Ausschlussoperation ist:

```
int pthread_setcancel(int state);
                     // Cancel-Status
```

Eine Statusangabe von `state=CANCEL_OFF` verzögert etwaige `pthread_cancel`-Operationen für den aufrufenden Thread und `state=CANCEL_ON` erlaubt diese wieder.

In folgendem Beispiel erzeugt ein Vater-Thread für jedes Paar eines Feldes einen Thread zur Addition der beiden Elemente. Der erzeugte Thread gibt dann die Addition der beiden Elemente als Ergebnis zurück.

Programm 4.1: Addition von Integerpaaren durch jeweils einen Thread

```
#include <pthread.h>
#define length 10
int field [length] [2];
// Feld von Paaren, die addiert werden
int sums [length];
// Summenfeld
```

```c
void add_op_thread(pthread_addr_t arg)
        // Operation zum Addieren
{
int* input = (int*) arg;
  // Eingabeparameter des Thread
int output;

output = input[0] + input[1];
  // Addition
    pthread_exit((pthread_addr_t) output);
  // Rückgabe Ergebnis und Terminieren
}


main (void) // main thread, Erzeugerthread
{
pthread_t thread[length];
  // zu erzeugende Bearbeitungsthreads
int i, result;
  // Laufvariable, Einzelergebnis

for (i=0; i < length; i++)
  // Erzeugung der Bearbeitungsthreads
   pthread_create ( &thread[i],
                   // thread Datenstruktur
                   NULL,
                   // thread-Attribut
                   add_op_thread,
                   // aufzurufende Funktion
                   (pthread_addr_t)field[i]);
                   // Zeiger auf Parameter
for (i=0; i < length; i++)
{ // Warten auf Ergebnis der einzelnen Threads
  pthread_join(thread[i],
              // Identifikation des Thread
              &result);
              // Ergebnis der Bearbeitung
// Einfügen des Ergebnisses
sums[i] =result;
// Löschen der Threads
pthread_detach(thread[i]);
      }
}
```

4.4.3.2 Wechselseitiger Ausschluss

Zum wechselseitigen Ausschluss, beim Zugriff auf gemeinsame Daten von mehreren Threads aus, oder zur Realisierung von kritischen Abschnitten, stehen binäre Semaphore zur Verfügung. Die Semaphore nehmen die Zustände gesperrt und frei an. Ein Thread wird bei einem gesperrten Semaphor so lange blockiert, bis der Semaphor freigegeben wird. Warten mehrere Threads an einem Semaphor, so wird einer freigegeben und die übrigen bleiben blockiert.

Ein Semaphor oder auch Mutex (mutual exclusion) wird durch folgende Operation erzeugt und initialisiert:

```
int pthread_mutex_init(  pthread_mutex_t *mutex,
                         // Mutex
                         pthread_mutexattr_t attr);
                         // Mutex-Attribut
```

Der Parameter `mutex` ist eine vorab allokierte Datenstruktur des Mutex-Typs. Das Mutex-Attribut beschreibt die Art des Semaphors genauer; um ein Default-Attribut zu verwenden, reicht ein NULL-Attribut.

Das Sperren eines Semaphors geschieht mit:

```
int pthread_mutex_lock(pthread_mutex_t *mutex);
```

Der Thread, der diesen Aufruf ausführt, blockiert bis zur Freigabe des Semaphors durch einen anderen Thread. Zur Vermeidung der Blockierung und des Wartens kann auch getestet werden, ob ein Semaphor frei ist. Ist er frei, so wird er gesperrt, falls er aber gesperrt war, so wartet der testende Thread nicht und er kann darauf reagieren, indem er auf den Zugriff zu den gemeinsamen Daten verzichtet. Die Testoperation lautet:

```
int pthread_mutex_trylock(pthread_mutex_t *mutex);
```

Durch den Rückgabewert lässt sich dann feststellen, ob gesperrt war oder nicht (1 = Sperren erfolgreich, Zugriff zu gemeinsamen Daten ist möglich, 0 = Sperren nicht möglich, Semaphor war gesperrt, Zugriff zu gemeinsamen Daten ist nicht möglich).

Die Freigabe eines gesperrten Semaphors geschieht durch:

```
int pthread_mutex_unlock(pthread_mutex_t *mutex);
```

Zum Löschen eines Semaphors dient:

```
int pthread_mutex_destroy(pthread_mutex_t *mutex);
```

Zur Illustration der Mutex-Operationen greifen wir Programm 4.1 wieder auf, indem wir die Gesamtsumme `total` über alle Paare von Integer in jedem Thread aufsummieren.

Damit wird total zu einem gemeinsamen Datum von allen Threads und muss unter wechselseitigen Ausschluss gestellt werden

Programm 4.2: Wechselseitiger Ausschluss beim Zugriff zu gemeinsamem Datum total

```
#include <pthread.h>
#define length 10
int field [length] [2];
  // Feld von Paaren, die addiert werden
int total = 0; // Gesamtaddition
pthread_mutex_t mutex; // Semaphor

void add_op_thread(pthread_addr_t arg)
  // Operation zum Addieren
{
int* input = (int*) arg;
// Eingabeparameter des Thread
    int output;

pthread_mutex_lock (&mutex);
// Sperren des Semaphors
total += input[0] + input[1];
  // Addition und Zugriff zu total unter
  // wechselseitigem Ausschluss

pthread_mutex_unlock(&mutex);
  // Freigabe des Semaphors
}

main (void) // main Thread, Erzeugerthread
{
  pthread_t thread[length];
    // zu erzeugende Bearbeitungsthreads
  int i, dummy;
    // Laufvariable,
    // dummy als Ergebnisrückgabe

  pthread_mutex_init(&mutex,
                     // mutex-Datenstruktur
                     NULL);
                     // mutex default-Attribut
  for (i=0; i < length; i++)
    // Erzeugung der Bearbeitungsthreads
    pthread_create( &thread[i],
             // thread Datenstruktur
```

```
                    NULL,
                      // thread-Attribut
                    add_op_thread,
                      // aufzurufende Funktion
                    (pthread-addr_t) field[i]);
                      // Zeiger auf Parameter
  for (i=0; i < length; i++)
  {
    // Warten auf Ergebnis der einzelnen Threads
    pthread_join(thread[i],
                      // Identifikation des Thread
                 &dummy);
                      // Ergebnis der Bearbeitung

    // Löschen der Threads
    pthread_detach(thread[i]);
  }
  pthread_mutex_destroy(&mutex);
    // Löschen des Semaphors
}
```

4.4.3.3 Bedingungsvariable

Allgemeine Synchronisationsbedingungen können mit Hilfe von *Bedingungsvariablen* (*condition variables*) formuliert werden. Eine Bedingungsvariable ist assoziiert mit einer Sperrvariablen und gibt einen booleschen Zustand dieser Variablen an. Der Unterschied zwischen Sperrvariablen und Bedingungsvariablen besteht darin, dass Sperrvariable zum kurzzeitigen Sperren dienen, wie es bei kritischen Abschnitten benötigt wird, während Bedingungsvariable zum längeren Warten dienen, bis eine Bedingung wahr wird.

Wie bei Semaphoren stehen bei Bedingungsvariablen Funktionen bereit zum Erzeugen und Löschen:

```
int pthread_cond_init(pthread_cond_t *condvar,
                        // Bedingungsvariable
                      pthread_cond_attr_t attr);
                        // Bedingungsvariable-Attribut
int pthread_cond_destroy(pthread_cond_t *condvar);
                        // Bedingungsvariable
```

Bedingungsvariablen sind assoziiert mit einem Semaphor, deshalb muss immer mit einer Bedingungsvariablen auch ein Semaphor erzeugt werden. Ein Thread kann auf eine Bedingungsvariable warten mit der Operation:

```
int pthread_cond_wait (pthread_cond_t *cond,
                        // Bedingungsvariable
```

```
                    pthread_mutex_t *mutex);
                    // mit Bedingungsvariable
                    // assoziierter Semaphor
```

`pthread_cond_wait()` gibt die mit der Bedingung assoziierte Sperrvariable mutex frei und blockiert den Thread, bis die Bedingung wahr wird (signalisiert durch `pthread_cond_signal()` oder `pthread_cond_broadcast()`). Anschließend wird die Sperrvariable wieder gesperrt und der Thread fährt mit seiner Ausführung fort. Da es keine Garantie gibt, dass die Bedingung wahr ist, wenn der Thread mit seiner Ausführung fortfährt, sollte der aufgeweckte Thread die Bedingung selbst auswerten und erst fortfahren, wenn sie wahr ist. Dies kann folgendermaßen realisiert werden:

```
pthread_mutex_lock (&mutex);
// ...
while (/* condition is not true */)
  pthread_cond_wait(&condvar, &mutex);
// ...
pthread_mutex_unlock(&mutex);
```

Unter Angabe eines Timeouts ist es auch möglich, nur für eine begrenzte Zeit auf eine Bedingungsvariable zu warten; dazu dient die Operation:

```
int pthread_cond_timedwait(pthread_cond_t *cond,
                    // Bedingungsvariable
                    pthread_mutex_t *mutex,
                    // assoziierter Mutex
                    struct timespec *abstime);
                    // absolute Zeit
```

Die Operation gibt den Wert −1 zurück, wenn der angegebene absolute Zeitpunkt erreicht ist, ohne dass die Bedingung eingetroffen ist. Die Absolutzeit entspricht dem folgenden Zeitformat:

```
struct timespec {unsigned long sec;
            // Sekunden-Komponente
            long nsec;
            // Nanosekunden-Komponente
            };
```

Zur Umwandlung der absoluten Zeit in eine relative Zeit steht die folgende Operation zur Verfügung:

```
int pthread_get_expiration_np (
    struct timespec *delta,    // relative Zeit
```

4.4 Threads

```
                    struct timespec *abstime);   // absolute Zeit
```

Wenn eine Bedingung und damit die dazugehörige Bedingungsvariable wahr wird, so kann dies durch die nachfolgende Operation signalisiert werden:

```
int pthread_cond_signal(pthread_cond_t *cond);
                            // Bedingungsvariable
```

Falls irgendwelche anderen Threads warten (an der pthread_cond_wait- oder pthread_cond_timedwait()-Operation), dann wird wenigstens einer dieser Threads aufgeweckt und er kann fortfahren. Warten keine Threads, dann hat die Operation keine Wirkung.

Sollen alle wartenden Threads weiter fortfahren und nicht nur einer, so kann dies durch die nachfolgende Operation bewerkstelligt werden:

```
int pthread_cond_broadcast(pthread_cond_t *cond);
                            // Bedingungsvariable
```

4.4.3.4 Erzeuger-Verbraucher (Pipe) mit Threads

Zur Illustration von Bedingungsvariablen dient das Erzeuger-Verbraucher-Problem (siehe [B 90]) oder die unter Unix implementierte Pipe (siehe Abschn. 4.3.6 pipe, Abschn. 4.3.7 queue). Erzeuger und Verbraucher repräsentieren Threads, die auf einen gemeinsamen Umlaufpuffer zugreifen. Wir benutzen eine Sperrvariable lock zum wechselseitigen Ausschluss beim Zugriff auf den Puffer. Falls dann ein Thread exklusiven Zugriff auf den Puffer hat, benutzen wir die Bedingungsvariable non_full, um den Erzeuger warten zu lassen, bis der Puffer nicht voll ist, und die Bedingungsvariable non_empty, um den Verbraucher warten zu lassen, bis der Puffer nicht leer ist.

Programm 4.3: Erzeuger-Verbraucher-Problem

```
/*
 Producer consumer with bounded buffer
 The producer reads characters from stdin and puts them into
 the buffer. The consumer gets characters form the buffer and
 writes them to stdout. The two threads execute concurrently
 except when synchronised by the buffer.
*/

#include <stdio.h>
#include <pthread.h>

typedef struct buffer
{
    pthread_mutex_t lock;
```

```c
      pthread_cond_t non_empty, non_full;
      char *chars; // chars [0 .. size-1]
      int size;
      int next_free, next_full;
      // producer and consumer indices
      int count; // number of unconsumed indices
} *buffer_t
buffer_t buffer_alloc (int size)
{
  buffer_t b;
  extern char *malloc();
  b = (buffer_t)malloc(sizeof(struct buffer));
  pthread_mutex_init (&(b->lock), NULL);
  pthread_cond_init(&(b->non_empty), NULL);
  pthread_cond_init(&(b->non_full),NULL);
  b->chars = malloc ((unsigned) size);
  b->size =size;
  b->next_free = b->next_full = b->count = 0;
  return b;
}

void buffer_free(buffer_t b)
{
  pthread_mutex_destroy(&(b->lock));
  pthread_cond_destroy(&(b->non_empty));
  pthread_cond_destroy(&(b->non_full));
  free(b->chars);
  free(b);
}

void producer (buffer_t b)
{
char ch;
do
{
  ch = getchar();
  pthread_mutex_lock (&(b->lock));
  while (b->count == b->size)
     pthread_cond_wait (&(b->non_full), &(b->lock));
    // assert b->count >= 0 && b->count < b->size
  b->chars[b->next_free] = ch;
  b->next_free = (b->next_free + 1) % b->size;
  b->count += 1;
  pthread_cond_signal(&(b->non_empty));
  pthread_mutex_unlock(&(b->lock));
```

4.4 Threads

```
}
while (ch != EOF);
}
void consumer(buffer_t b)
{
char ch;
do
{
  pthread_mutex_lock(&(b->lock));
  while (b->count == 0)
  pthread_cond_wait(&(b->non_empty),&(b->lock));

  // assert b->count > 0 && b->count < b->size
  ch = b->chars[b->next_full];
  b->next_full = (b->next_full + 1) % b->size;
  b->count -= 1;
  pthread_cond_signal(&(b->non_full));
  pthread_mutex_unlock(&(b->lock));
  if (ch != EOF)
    printf("%c", ch);
}
while (ch != EOF);
}

#define BUFFER_SIZE 10
main()
{
  buffer_t b;
  b = buffer_alloc(BUFFER_SIZE);

  pthread_t thread1, thread2;

  int dummy;

  pthread_create(&thread1, NULL, producer,
                      (pthread_addr_t) b);
  pthread_create(&thread2, NULL, consumer,
                      (pthread_addr_t) b);

  pthread_join(thread1, &dummy);
  pthread_join(thread2, &dummy);

  pthread_detach(&thread1);
  pthread_detach(&thread2);
  buffer_free(b);
}
```

4.5 OpenMP

OpenMP setzt den *fork/join-Parallelismus* [M 07] von Unix ein, so wie er in Abschn. 4.3.1 beschrieben ist. Das Ausführungsmodell sieht dabei folgendermaßen aus:

1. Bei Programmstart läuft nur der Masterthread, mit der Thread-Identifikation 0. Dieser führt die sequentiellen Anteile des Algorithmus aus.
2. An einem Punkt des Ablaufs benötigt der Algorithmus parallele Abläufe: Der Masterthread generiert zusätzliche weitere Threads (fork). Optimal ist, wenn die Anzahl der erzeugten Threads der Anzahl der vorliegenden Prozessoren entspricht.
3. Der Masterthread und die generierten Threads arbeiten den parallelen Teil ab. An dessen Ende, auf das der Masterthread wartet, beenden sich die erzeugten Threads oder sie werden suspendiert.
4. Bei Beendigung der Threads kehrt die Kontrolle zurück zum Masterthread (join). Es wird nun zu Punkt 1 zurückgekehrt und der Kreislauf kann von neuem beginnen.

Bei einem OpenMP-Programm wechseln sich parallele Regionen mit seriellen Abschnitten ab.

Aus Programmiersicht stehen zur Verfügung:

1. *Direktiven* an den Compiler, welche für C und C++ die Form haben
   `#pragma omp direktive-name [clause[clause]...]`
   Eine Direktive ist eine Präprozessor-Direktive, deshalb das #.
2. *Bibliotheksfunktionen* bzw. Klassen, die in C mit
   `#include <omp.h>`
   einzubinden sind. Die Bibliotheksfunktionen dienen z. B. zur Bestimmung der Threadanzahl während der Laufzeit, zur Ermittlung, ob das Programm sich aktuell im parallelen oder sequentiellen Zustand befindet, usw.
3. *Umgebungsvariablen* bzw. Properties, die in C mit set zu setzen sind. Umgebungsvariablen liefern Information, wie z. B. die Thread-Identifikation. Durch gezieltes Verändern bestimmter Umgebungsvariable lässt sich die Ausführung von OpenMP verändern, so kann die Anzahl von Threads z. B. die Schleifenoptimierung zur Laufzeit beeinflusst werden.

Eine interessante Eigenschaft von OpenMP ist, dass die Programme auch korrekt laufen, wenn der Compiler die OpenMP-Direktiven nicht kennt und als Kommentar bewertet (also ignoriert). Ein OpenMP-Programm, bei dem die Direktiven ignoriert werden, liefert dasselbe Ergebnis, nur läuft es natürlich langsamer.

4.5.1 Parallel Pragma

Die Direktive

```
#pragma omp parallel
{
  block
}
```

definiert eine parallele Region (mehrere Threads) über einem Anweisungsblock. Die Threads werden beim Passieren der Parallel-Direktive erzeugt und blockieren am Ende der Region. Solange nichts anderes angegeben ist, werden die Daten von den Threads geteilt.

Die Anzahl der Threads entspricht

1. auf vielen Systemen der Anzahl der zur Verfügung stehenden Prozessoren, oder
2. kann über eine Umgebungsvariable festgelegt werden, z. B. für vier Threads mit set OMP_NUM_THREADS=4, oder
3. ist über die Bibliotheksfunktion omp_set_num_threads() einstellbar.

Normalerweise ist die Anzahl der Threads konstant für alle Regionen, sie kann sich jedoch im dynamischen Modus verändern. Dazu stehen die Bibliotheksfunktionen omp_set_dynamic() und die Umgebungsvariable OMP_DYNMIC zur Verfügung.

Programm 4.4: Pragma parallel

```
#include <omp.h>
main() {
int nthreads, tid;
#pragma omp parallel private (nthreads, tid)
  {
    /* Hole und drucke die Nummer des Threads */
    tid = omp_get_thread_num();
    printf("Hello World from thread = %d\n", tid);
  /* Block wird nur von Thread mit Id = 0
      (Master) ausgeführt */
  if (tid == 0) {
    nthreads = omp_get_num_threads();
    printf("Number of Threads = %d\n, nthreads);
  }
  } /* Implizite Barriere, alle Threads bis auf den
      Master Thread beenden sich */
}
```

4.5.2 Gültigkeitsbereiche von Daten

Bei der Programmierung mit gemeinsamem Speicher sind zumeist die Daten in allen Threads sichtbar. Bei der Programmierung besteht jedoch die Notwendigkeit für Daten, die jeder Thread besitzt, und dem Austausch von Daten zwischen dem sequentiellen und dem parallelen Teil. Dafür dienen die sogenannten **Data Clauses**.

An Datenklauseln bietet OpenMP an:

- `Shared`-Daten sind gleichzeitig für alle Threads zugreifbar und änderbar. Sie liegen für alle Threads an der gleichen und gemeinsamen Speicherstelle. Ohne Angabe einer Klausel sind die Daten per default gemeinsame Daten. Die einzige Ausnahme davon bildet die Schleifenvariablen.
- Bei `private`-Daten besitzt jeder Thread eine Kopie der Daten. `private` Daten besitzen keinen Initialwert, und die Werte werden nicht außerhalb des parallelen Abschnitts bewahrt.
- `Firstprivate`-Daten sind `private`-Daten, mit dem Unterschied, dass sie mit dem letzten Wert vor (first) dem parallelen Abschnitt initialisiert werden.
- `Lastprivate`-Daten sind `private`-Daten, mit dem Unterschied, dass der Thread, welcher die letzte Iteration ausführt, anschließend den Wert aus dem parallelen Abschnitt herauskopiert. `firstprivate` und `lastprivate` können beide in der Klausel vorkommen.
- `Threadprivate`-Daten sind globale Daten im parallelen Programmabschnitt, jedoch `private`. Der globale Wert wird über den parallelen Abschnitt hinweg bewahrt.
- `copyin` ist analog zu `firstprivate` für `private`-Daten, allerdings für globale Daten, welche nicht initialisiert werden. `copyin` überträgt explizit den globalen Wert an die privaten Daten. Ein `copyout` existiert nicht, da der globale Wert erhalten bleibt.
- `Reduction`-Daten sind `private`-Daten, die jedoch am Ende auf einen globalen Wert zusammengefasst (reduziert) werden. So lässt sich zum Beispiel die Summe aller Elemente eines Feldes parallel bestimmen.

4.5.3 Lastverteilung unter Threads

Die `for`-Direktive teilt Schleifeniterationen unter Threads auf. Im Rumpf der Schleife darf es natürlich zwischen den Iterationen keine Datenabhängigkeiten geben. Am Ende der parallelen Region steht wieder eine implizite Barriere. Das

```
#pragma omp for nowait
```

hebt die Barriere auf, was sinnvoll sein kann, falls zwei hintereinanderliegende Konstrukte vorliegen und die Barriere erst nach dem zweiten gesetzt werden soll. Jeder Thread arbeitet eine Menge von Schleifendurchläufen ab. Das nachfolgende `for`-Konstrukt teilt

4.5 OpenMP

bei drei Threads die Schleifendurchläufe 1 bis 4 auf Thread 1, die Durchläufe 5 bis 8 auf Thread 2 und die Durchläufe 9 bis 12 auf Thread 3 auf.

```
#pragma omp parallel
#pragma omp for
  for(i = 1, i < 13, i++)
    c[i] = a[i] + b[i];
```

Das folgende Code-Fragment

```
#pragma omp parallel
{
#pragma omp for
  for(i = 0, i < MAX, i++) {
    res[i] = huge();
  }
}
```

ist durch Kombination der Direktiven äquivalent zu

```
#pragma omp parallel for
  for(i = 0, i < MAX, i++) {
    res[i] = huge();
  }
```

omp for-Konstrukte können durch Verwendung der schedule-Klausel die Zuteilung zu den einzelnen Threads folgendermaßen beeinflussen:

- schedule(static [,chunk]) teilt jedem Thread statisch chunk-Iterationen zu.
- schedule(dynamic [,chunk]) jeder Thread holt sich chunk-Iterationen aus einer Warteschlange.
- schedule(guided [,chunk]) wirkt wie dynamic, nur dass die chunk-Größe während der Ausführung bis chunk wächst.
- schedule(runtime) dabei kommt der Schedule-Parameter aus der Umgebungsvariable OMP_SCHEDULE.

4.5.3.1 section Pragma

Beim section Pragma können unabhängige Codeabschnitte parallel ausgeführt und somit verschiedenen Threads zugewiesen werden. Das nachfolgende Codefragment zeigt drei unabhängige Codeabschnitte, die parallel durch drei Threads bearbeitet werden.

```
#pragma omp parallel sections
{
  #pragma omp section
    independent1();
  #pragma omp section
    independent2();
  #pragma omp section
    independent3();
}
```

4.5.3.2 single Pragma

Eine parallele Region kann Code enthalten, der nur von einem Thread ausgeführt werden soll (z. B. eine E/A-Operation). Dazu dient die single-Direktive, die einen Codebereich klammert. Der erste Thread, der diese Stelle erreicht, führt den single-Bereich aus. Am Ende des Bereichs warten dann die Threads (implizite Barriere).

```
#pragma omp parallel
{
  DoManyThings();
  #pragma omp single
    {
        printf("Hello from single"\n");
    }/* Die anderen Threads warten hier */
  DoRestofThings();
}
```

4.5.3.3 master Pragma

Kann ein Codeblock nur vom Master-Thread ausgeführt werden und nicht von jedem Thread, wie bei `single`, so muss dieser Codebereich durch die `master`-Direktive geklammert werden.

```
#pragma omp parallel
{
  DoManyThings();
#pragma omp master
    {/* Springe weiter falls nicht Master */
       printf("Hello from master"\n");
    }/* Keine implizite Barriere */
  DoRestofThings();
}
```

4.5.4 Synchronisation

Mit den `single`- und `master`-Direktiven konnte festgelegt werden, dass immer nur ein Thread bzw. der Master den Code ausführt. Damit greift immer nur ein Thread auf die Daten zu und die anderen haben keinen Zugriff. Wollen nun alle Threads auf die gemeinsame Daten zugreifen, so muss zur Vermeidung von Wettlaufsituationen der Zugriff unter wechselseitigen Ausschluss gestellt werden.

4.5.4.1 Kritische Abschnitte

Ein mit dem `critical` Pragma umschlossener Programmabschnitt wird von allen Threads durchlaufen, allerdings niemals gleichzeitig. Somit ist der wechselseitige Ausschluss gewährleistet, und zu einem Zeitpunkt kann nur ein Thread in dem kritischen Abschnitt sein.

```
float res;
#pragma omp parallel
{
  float B; int i;
#pragma omp for
  for (i= 0; i<niters; i++) {
    B= big_job(i);
#pragma omp critcal
  consume(B,res);/* Kritischer Abschnitt */
  }
}
```

Die `atomic`-Direktive ist analog zur `critical`-Direktive, jedoch mit dem Hinweis an den Compiler, spezielle Funktionen wie z. B. atomare Transaktionen zu verwenden. Der Compiler ist jedoch an diesen Hinweis nicht gebunden und kann ihn ignorieren.

Die Klausel `ordered` führt die Iterationen einer Schleife in der sequenziellen Ordnung aus. Die einzelnen Schleifendurchläufe werden also dabei serialisiert.

Die Laufzeitbibliothek `omp.h` enthält einfache Funktionen für Locks und bietet somit weitere Möglichkeiten zur Synchronisation.

Die Funktion

- `omp_init_lock` initialisiert den Lock mit einer Lockvariablen.
- `omp_set_lock` versetzt den ausführenden Thread in einen Wartezustand, bis der spezifizierte Lock frei ist. Ist der Lock frei, so belegt der Thread den Lock.
- `omp_test_lock` versucht einen Lock zu belegen. Ist der Lock frei, so belegt er den Lock und gibt einen Wert ungleich Null zurück. Ist der Lock belegt, so wird der Wert Null zurück gegeben. Der Thread geht dabei in keinen Wartezustand.
- `omp_unset_lock` gibt den Lock frei.
- `omp_destroy_lock` zerstört schließlich den Lock.

4.5.5 Barrieresynchronisation

Die OpenMP-Konstrukte

- parallel,
- for und
- single

beinhalten *implizite Barrieren*. Unnötige Barrieren versetzen die Threads in einen Wartezustand, und beim Warten erledigen sie keine Arbeit. Unnötige Barrieren kann man mit der nowait-Klausel unterdrücken (siehe Abschn. 4.5.3). Dies geschieht jedoch auf eigene Gefahr.

Neben impliziten Barrieren können Barrieren explizit gesetzt werden mit der barrier-Direktive. An der barrier-Direktiven wartet jeder Thread, bis alle anderen Threads die Barriere erreicht haben.

```
#pragma omp parallel shared (A,B,C)
{
  DoSomeWork(A,B);
  Printf("Processed A into B\n");
#pragma omp barrier
 /* Warte bis alle Threads eintreffen */
  DoSomeWork(B,C);
  Printf("Processed B into C\n");
}
```

4.6 Unified Parallel C (UPC)

4.6.1 Identifier THREADS und MYTHREAD

Zur Bestimmung der Anzahl der laufenden Threads dient der Identifier THREADS. Jeder Thread bekommt dabei einen eindeutigen Identifier MYTHREAD von 0 bis THREADS − 1. Zum Einsatz kommen MYTHREADS und THREADS zur Unterteilung der Arbeit zwischen Threads und zur Bestimmung welcher Thread die einzelnen Teile der Arbeit ausführen soll.

Nachfolgendes Programm 4.5 teilt das UPC-Programm helloworld mit der Compileroption -THREADS 4 auf vier Threads auf:

```
upcc - o hello -THREADS 4 helloworld.upc
```

Durch die statische Festlegung auf vier Threads zur Compilierzeit läuft helloworld.upc (main) parallel in vier Threads ab.

Programm 4.5: helloworld. upc

```
#include <upc.h>
#include <stdio>

main()
{
printf("Thread %d of %d: hello UPC world\n",
       MYTHREAD,THREADS);
}
```

Mit #include <upc.h> stehen neben Anderem die Identifier THREADS und MYTHREAD zur Verfügung. Eine mögliche Ausgabe des Programms 4.5 und damit der parallelen Ausführung von printf durch vier Threads ist Folgende:

```
Thread 1 of 4: hello UPC world
Thread 3 of 4: hello UPC world
Thread 2 of 4: hello UPC world
Thread 0 of 4: hello UPC world
```

Die einzelnen Ausgabezeilen können in beliebiger Reihenfolge erscheinen.

4.6.2 Private und Shared Data

Es gibt in UPC zwei Typen von Daten (Variablen, Felder und Strukturen):

- Für einen Thread *private* (private) Daten, auf die nur der Thread zugreifen darf und
- *gemeinsame* (shared) Daten, die mehr als ein Thread lesen und schreiben dürfen und zur Kommunikation unter Threads dienen.

Bei default sind Variablen private, somit erzeugt die Deklaration

```
int fahrenheit, celsius;
```

eine Instanz für jede Variable und jeden Thread. Auf jede Instanz darf nur der dazugehörige Thread zugreifen, und die verschiedenen Instanzen können unterschiedliche Werte besitzen.

Im Gegensatz dazu legt die Deklaration

```
static shared int step=10;
```

eine gemeinsame Variable vom Typ int und Wert 10 an. Es gibt nur eine Instanz von step, und diese Instanz ist für alle Threads sichtbar.

4.6.3 Shared Arrays

Wir nehmen im Folgenden an, dass THREADS den Wert 4 besitzt, also vier Threads sind parallel aktiv. Die Deklaration

```
shared int y[THREADS];
```

gewährt allen vier Threads Zugriff zu dem gemeinsamen Feld y mit Feldgröße vier. Jedoch besitzt das gemeinsame Feld y eine logische Partition, indem jedes Feldelement eine Affinität zu genau einem Thread besitzt. y[0] gehört zu Thread 0, y[1] gehört zu Thread 1, y[2] gehört zu Thread 2 und y[3] gehört zu Thread 3. Auf die einem Thread gehörenden Feldelemente hat ein Thread schnelleren Zugriff (da eine Plattform ihn in dem Speicher ablegt, der zu diesem Thread (Prozess) gehört), als auf Feldelemente, die nicht zu diesem Thread gehören. Per default werden Feldelemente Round-Robin auf die Threads verteilt.

Gemeinsame Felder lassen sich blockweise auf die Threads verteilen. Nehmen wir wieder an, dass THREADS vier ist, so werden durch die nachfolgende Deklaration bei Blockgröße (blocksize) vier immer vier Feldelemente auf die vier Threads verteilt:

```
shared [4] int y[4*THREADS];
```

Element i von einem geblockten Feld gehört zu dem Thread mit folgender Nummer [i/blocksize] mod THREADS.

4.6.4 Zeiger

Zeiger sind eines der hervorstechenden Merkmale von C. UPC überträgt dieses Pointer-Konzept auf private und shared Daten. Der häufigste Gebrauch und Einsatz von Zeigern sind:

```
int *p1;
```

Pointer auf private Daten oder lokale gemeinsame Daten.

```
shared int *p2;
```

Unabhängiger Zugriff von Threads auf gemeinsame (shared) Daten.

```
shared int *shared p3;
```

Gemeinsamer Zugriff von allen Threads auf gemeinsame Daten (shared). Zeiger auf shared-Daten besitzen drei Felder:

1. Die Nummer des Threads,
2. die lokale Adresse des Blocks und
3. die Position innerhalb des Blocks.

Zeigerarithmetik unterstützt geblockte und ungeblockte Feldverteilungen. Die Umwandlung von `shared` zu `private`-Daten ist erlaubt, jedoch nicht umgekehrt. Bei der Umwandlung eines Zeigers von `shared` in einen `private`-Zeiger geht die Nummer des Threads verloren. Diese Umwandlung ist auch nur erlaubt, falls die Daten, auf die der Zeiger zeigt, dem lokalen Thread gehören.

4.6.5 Lastverteilung unter Threads, upc_forall

Unabhängige Iterationen einer Zählschleife können über mehrere Threads verteilt werden mit einer `upc_forall`-Schleife. Bei der `upc_forall`-Schleife muss die Zugehörigkeit der Feldelemente zu den Threads mit angegeben werden. Dazu gehen wir im Folgenden von vier Threads aus und der shared-Deklarationen der drei Felder a[100], b[100] und c[100] und der `private`-Deklaration i:

```
shared int a[100], b[100], c[100];
int i;
```

Zur Angabe der Zugehörigkeit der Feldelemente zu den Threads gibt es drei Möglichkeiten:

1. Explizite Angabe der Zugehörigkeit mit einem shared-Pointer:
   ```
   upc_forall (i=0; i<100; i++; &a[i])
   a[i]=b[i]*c[i];
   ```
2. Implizite Angabe der Zugehörigkeit mit einem Integer-Ausdruck und Verteilung auf die Threads mit Round-Robin:
   ```
   upc_forall (i=0; i<100; i++; i)
   a[i]=b[i]*c[i];
   ```
3. Implizite Angabe der Zugehörigkeit und Verteilung in Einheiten:
   ```
   upc_forall (i=0; i<100; i++; (i*THREADS)/100)
   a[i]=b[i]*c[i];
   ```

Bei vier Threads ergibt das folgende Verteilung: Schleifendurchlauf 0..24 auf Thread 0, Schleifendurchlauf 25..49 auf Thread 1, Schleifendurchlauf 50–74 auf Thread 2 und Schleifendurchlauf 75–99 auf Thread 3.

4.6.6 Sperrfunktionen

Auf gemeinsame (shared) Daten dürfen mehrere Threads nur unter wechselseitigem Ausschluss zugreifen. Dazu bietet UPC **Locks** an. Eine Lock-Variable hat den Typ `upc_lock_t`. Da die Realisierung des Locks implementationsabhängig ist, können Locks nur durch Zeiger manipuliert werden.

Die kollektive Funktion

```
upc_lock_t *upc_all_lock_alloc(void)
```

wird von allen Threads ausgeführt, und alle Threads erhalten den Pointer. `upc_all_lock_alloc` belegt dynamisch einen Lock.

Die Funktion

```
upc_lock_t *upc_global_lock_alloc(void)
```

führt ein Thread aus, der auch den Pointer erhält. `upc_global_lock_alloc` belegt ein Lock.

Die Umklammerung eines kritischen Abschnitts, und somit der wechselseitige Ausschluss geschieht mit den beiden Funktionen

```
void upc_lock(upc_lock_t *l) und
void upc_unlock(upc_lock_t *l).
```

Die Funktion

```
int upc_lock_attempt (upc_lock_t *l);
```

versucht einen Lock zu belegen. Ist der Lock nicht durch einen anderen Thread belegt, so belegt die Funktion den Lock und sie gibt den Wert 1 zurück. Andernfalls gibt sie den Wert 0 zurück.

Die Freigabe eines Locks geschieht mit

```
void upc_lock_free(upc_lock_free(upc_lock_t *ptr))
```

4.6.7 Barrieresynchronisation

UPC bietet Synchronisation durch **Barrieren** an; d. h. alle Threads müssen die Barriere erreichen, bevor einer von ihnen weiter fort fahren kann. Die dazu entsprechende Funktion heißt:

```
upc_barrier expression;
```

Der Ausdruck `expression` ist optional und dient zur Markierung der Barriere für Zwecke des Debugging. Dies trifft auch auf die nachfolgenden Split Phase-Barrieren zu.

Barrieresynchronisation ist unerwünscht, da die Threads an der Barriere warten und in ihrem Code nicht voranschreiten können. Zur Vermeidung dieser Leerlaufzeiten führt UPC nicht-blockierende Barrieren oder *Split Phase-Barrieren* ein.

Beendet ein Thread seine Berechnung, so informiert er darüber die anderen Threads mit

```
upc_notify expression;
```

Er kann dann, anstatt zu warten, lokale Berechnungen durchführen. Erst wenn er diese Berechnungen durchgeführt hat, geht er mit

```
upc_wait expression;
```

möglicherweise in den Wartezustand. Haben alle anderen Threads das `upc_notify` ausgeführt, so befreit das den Thread aus dem Wartezustand und er kann in die nächste Phase der Berechnungen eintreten.

`upc_notify` und `upc_wait` sind kollektive Operationen und werden von allen Threads ausgeführt. Nachdem alle Threads die *parallele Phase* abgeschlossen haben, informieren sie darüber die anderen Threads mit einem `upc_notify`. Sie treten dann in eine *Synchronisationsphase* ein und mit `upc_wait` warten sie, bis die anderen Threads ebenfalls ihre parallele Phase abgeschlossen haben (*Split Phase-Barrieren*).

4.7 CUDA

4.7.1 Host und Device

Für eine Applikation steht der *Host* (CPU) und ein oder mehrere physikalisch davon getrennten *Devices* (GPUs) zur Verfügung. Der sequentielle Teil der Applikation ist geeignet für den Host. Daneben gibt es auch Teile der Applikation, welche dieselbe arithmetische Operation gleichzeitig auf großen Datenstrukturen ausführen. Dies sind die parallel auszuführenden Teile und sie sind geeignet zur Ausführung auf den GPUs. Host und Device verwalten ihren eigenen Speicher. Der Host übernimmt dabei die folgende Device-Speicherverwaltung:

- Allokation und Deallokation von Speicher.
- Das Kopieren der zu bearbeitenden Daten vom Host zum Device.
- Das Rückkopieren der Ergebnisse vom Device zum Host.

Das folgende Programm 4.6 zeigt an einer parallelen Vektoraddition, wie Speicher auf dem Device belegt wird mit `cudaMalloc()`, wie die Eingabe zum Device transferiert wird, mit cudaMemcpy(..., cudaMemcpyHostToDevice) und wie das Ergebnis der Vektoraddition (Aufruf der Funktion addauf N = 512 Blocks mit einem Thread) zum Host zurücktransferiert wird mit cudaMemcpy(.. cudaMemcpyDeviceToHost). Anschließend wird auf dem Device der Speicher freigegeben cudaFree().

Programm 4.6: Parallele Vektoraddition auf dem Device [Z 11] mit N=512 Threads

```
#define N 512
int main(void) {
    int *a, *b, *c; // host copies of a, b, c
    int *d_a, *d_b, *d_c; // device copies of a, b, c
    int size = N * sizeof(int);
    // Alloc space for device copies of a, b, c
    cudaMalloc((void **)&d_a, size);
    cudaMalloc((void **)&d_b, size);
    cudaMalloc((void **)&d_c, size);
    // Alloc space for host copies of a, b, c and setup input values
    a = (int *)malloc(size); random_ints(a, N);
    b = (int *)malloc(size); random_ints(b, N);
    c = (int *)malloc(size);
    // Copy inputs to device
    cudaMemcpy(d_a, a, size, cudaMemcpyHostToDevice);
    cudaMemcpy(d_b, b, size, cudaMemcpyHostToDevice);
    // Launch add() kernel on GPU with N blocks
    add<<<N,1>>>(d_a, d_b, d_c);
    // Copy result back to host
    cudaMemcpy(c, d_c, size, cudaMemcpyDeviceToHost);
    // Cleanup
    free(a); free(b); free(c);
    cudaFree(d_a); cudaFree(d_b); cudaFree(d_c);
    return 0;
}
```

4.7.2 Kernels, Thread, Block, Grid

CUDA-C hat Erweiterungen gegenüber C. Die wichtigste Erweiterung ist die Möglichkeit *Kernels* zu definieren. *Kernels* müssen in C geschrieben werden, während der Host-Code auch C++ erlaubt. Kernels entsprechen normalen C-Funktionen mit dem Unterschied, dass Sie bei jedem Aufruf nicht nur einmal sondern von mehreren Threads parallel auf der GPU ausgeführt werden. Die Anzahl der Threads, die den Kernel ausführen sollen, werden beim Aufruf als Parameter angegeben. Für Kernels auf dem Device gelten gegenüber C jedoch die folgenden Einschränkungen:

4.7 CUDA

- Keine Rekursion,
- keine Funktionszeiger,
- C/C++ Standardbibliotheken sind nicht verfügbar und
- keine virtuellen Methoden.

Threads sind organisiert in **Blöcken** (**Blocks**) und mehrere Blöcke zusammen ergeben ein **Grid**.

Um eine Funktion auf dem Host oder Device laufen zu lassen muss die Funktion mit folgenden Qualifiern versehen werden:

- __host__ für Funktionen die auf dem Host laufen und nur vom Host aufgerufen werden. Dies ist der Default-Wert.
- __global__ für Funktionen die auf dem Device laufen und von dem Host aufgerufen werden. Der zurückgegebene Wert muss void sein.
- __device__ für Funktionen die auf dem Device laufen und von dem Device aufgerufen werden. Die __device__-Funktion kann keine Funktionen auf dem Host aufrufen!
- __host__ und __device__-Qualifier können miteinander kombiniert werden zur Erzeugung von Host- und Device-Code.

Beim Aufruf der Kernelfunktion muss die Anzahl der Blöcke und und zu startende Thread angegeben werden. Dies geschieht in <<< >>> und dies entspricht der Ausführungskonfiguration

```
__global__ myKernel(float*p) {...};
myKernel<<<blockGrid,threadGrid[, Ns]>>>(h_p);
```

Dabei ist

- blockGrid – die Dimension der Blocks,
- threadGrid – die Dimension der Threads pro Block und
- Ns – die Größe des benutzten Shared Memory.

Diese Parameter sind vom Typ dim3, einen durch CUDA definierten Typ 3 Integer, wobei nicht initialisierte Typen per Default 1 sind. Sie können durch x,y,z angesprochen werden. 1d Syntax ist bei Kernelaufrufen erlaubt:

```
myKernel<<<4,6>>>(h_p);
```

Startet 4 Blocks (linear) mit jeweils 6 Threads von myKernel.

Alle __global__ und __device__ Funktionen haben Zugriff auf die folgenden automatisch definierten Variablen:

- `dim3 gridDim` ist die Dimension des Grid in Blocks (die Dimension muss mindestens zweidimensional sein).
- `dim3 blockDim` ist die Dimension des Blocks in Threads.
- `dim3 blockIdx` ist der Block-Index innerhalb des Grids.
- `dim3 threadIdx` ist der Thread-Index innerhalb eines Blocks.

Um die verschiedenen einzelne Threads und Blöcke zur Laufzeit zu unterscheiden dazu dienen der Block-Index und der Thread-Index.

Jeder Thread eines Blocks besitzt Register und lokalen Speicher und zur Kommunikation mit anderen Thread einen gemeinsamen Speicher (**Shared Memory**). Threads aus zwei verschiedenen Blöcken können nicht über den Shared Memory miteinander kommunizieren, sondern müssen dazu den globalen Speicher (**Global Memory**) benutzen. Daneben gibt es konstanten Speicher (**Constant Memory**) für Konstanten, die nur gelesen aber nicht geändert werden können. Der Host hat ebenfalls Zugriff auf den Global Memory und Constant Memory. Wo die Variablen liegen kann durch Variablen-Qualifier festgelegt werden. Variablen ohne solche Qualifier liegen in den Registern des Thread mit Ausnahme von Feldern, die im lokalen Speicher liegen. Variablen mit dem Qualifiern

- `__device__ __local__` sind lokale Variablen eines Thread und liegen im lokalen Speicher,
- `__device__ __shared__` die Variable liegt im Shared Memory und kann von allen Threads des Blockes zugegriffen werden,
- `__device__` die Variable liegt im Globalen Memory und ist grid-weit zugreifbar,
- `__device__ __constant__` die Variable liegt im Constant Memory und kann grid-weit zugegriffen werden.

Zur Synchronisation von Threads eines Blocks die Shared Memory besitzen, dient eine Barrierensynchronisation. Mit `void __syncthreads();` kann kein Thread die Barriere überwinden, bis alle Threads die Barriere erreicht haben.

Beim Zugriff auf globalen und shared Speicher stehen zur Realisierung des wechselseitigen Ausschlusses mehrere verschiedene atomare Operationen zur Verfügung:

- Add (add) (Abschn. 2.1.2, Programm 2.7), Sub (subtract), Inc (increment), Dec (decrement),
- And (bitwise and), Or (bit-wise or), Xor (bitwise exclusive or),
- Min (Minimum), Max (Maximum),
- Exch (Exchange) (Abschn. 2.1.2, Programm 2.2) und
- Compare-and-Swap (Abschn. 2.1.2, Programm 2.7).

Eine Unterstützung des Hardware Transactional Memory für GPUs und Tausenden von konkurrenten Transaktionen sind mit dem Kilo TM Modell in [FSB 12] beschrieben.

4.8 Ada

Der Ada-Term für einen Prozess ist ***Task***. Eine Task-Deklaration besitzt eine Spezifikation (task) und einen Körper (task body). Die Task-Spezifikation legt die Kommunikation (Eingangsaufrufe – entry) mit anderen Tasks fest. Der Taskkörper ist eine ausführbare Folge von Anweisungen und enthält Annahmeanweisungen (accept) für die in der Spezifikation angegebenen Eingangsaufrufe. Die Deklaration von Tasks kann in Blöcken, Paketspezifikationen, Paketkörper, Unterprogrammkörper und in Taskkörper erfolgen. Tasks werden nicht ausgeführt, sondern aktiviert. Die Aktivierung geschieht entweder

- *implizit*, nach der Elaboration der Taskdeklaration, und die Task beginnt mit der Ausführung des Taskkörpers (task body), oder
- *explizit* durch new. Der Deklarationsteil enthält dazu die Deklaration eines Tasktyps (task type), der dann dynamisch und möglicherweise auch mehrfach durch new die Tasks von diesem Typ startet.

Der Master, der die Task gestartet hat, und die Task selbst laufen nach deren Aktivierung parallel. Der Master wartet, bis sich alle von ihm gestarteten Tasks beendet haben. Die Task selber terminiert, wenn

- die letzte Anweisung ausgeführt wurde, und
- alle von ihr gestarteten Tasks terminiert sind, oder
- die Terminierung erzwungen wurde.

4.8.1 Ada-Rendezvous

Synchronisation und Kommunikation von Tasks erfolgen mit ***Eingangsaufrufen*** (entry call) und ***Annahmeanweisungen*** (accept). Die Tasksspezifiktion enthält die Spezifikation des Eingangsaufrufes:

```
task Print_Page is
  entry Send(P: in Page);
end Print_Page;
```

Eingangsaufrufe (entry calls) von anderen Tasks entsprechen Proceduraufrufen:

```
Print_Page.Send(Current_Page);
```

Oder mit Angabe des formalen Parameters:

```
Print_Page.Send(P => Current_Page);
```

Der Körper der (mit dem `entry`) gerufenen Task muss eine Annahmeanweisung (`accept`) ausführen:

```
accept Send(P: in Page) do
-- Anweisungen
end Send;
```

Annahmeanweisungen (`accept`) stehen in Taskkörper (`task body`), die Taskspezifikation enthält die Deklaration des `entry`.

Die Kommunikation zwischen Tasks geschieht mit Hilfe von Eingangsaufrufen (`entry calls`) und Annahmeanweisungen (`accepts`). Eine Sendetask führt dabei einen Eingangsaufruf aus und eine Empfangstask die Annahmeanweisung. Der Eingangsaufruf in einer Task hat zunächst die Wirkung, dass die Ausführung der Task ruht. Es wird so lange gewartet, bis die aufgerufene Task eine Annahmeanweisung für den gerufenen Eingang erreicht. Gelangt umgekehrt die bedienende Task an eine Annahmeanweisung für einen Eingang, zu welchem noch kein Eingangsaufruf vorliegt, so unterbricht die Task die Ausführung bis ein entsprechender Eingangsaufruf vorliegt. Hat die Sendetask den Eingangsaufruf und die Empfangstask die Annahmeanweisung erreicht, so erfolgt wie bei einem Prozeduraufruf die Ersetzung der formalen durch die aktuellen Parameter, und die gerufene Task führt den Rumpf der Annahmeanweisung aus. Die rufende Task bleibt dabei weiterhin blockiert.

Nach der Ausführung des Rumpfes der Annahmeanweisung setzen die beiden Tasks ihre Verarbeitung mit der auf den Eingangsaufruf bzw. der Annahmeanweisung folgenden Anweisung parallel und asynchron fort.

Diese Interaktion ist das **Rendezvous** in Ada.

Rufen mehrere Tasks den gleichen Eingang einer Task auf, so werden sie in eine Warteschlange für diesen Eingang eingereiht. Beim Erreichen einer Annahmeanweisung wird jeweils die erste Task der Warteschlange bedient. Die Einreihung in die Warteschlange erfolgt nach dem Prinzip First In, First Out (FIFO).

Zur Illustration des Rendezvous wählen wir die Realisierung des wechselseitigen Ausschlusses und damit die Simulation eines binären Semaphors mit den Operationen P und V. Dazu definieren wir eine Servertask mit den Eingängen P und V. Während die rufenden Tasks die Eingänge P und V kennen, kennt die Servertask nicht die Tasks, die diese Eingänge aufrufen und ihre Dienstleistung in Anspruch nehmen. Das Ada-Rendezvous ist deshalb *einseitig anonym*.

Nachfolgendes Ada-Programm zeigt eine Servertask Sema mit den Eingängen P und V und zwei Tasks P1 und P2, die diese Eingänge aufrufen und damit einen wechselseitigen Ausschluss realisieren.

4.8 Ada

Programm 4.9: Semaphor Server und Clients P1 und P2

```
-- ...
-- gerufene Task stellt die Dienstleistungen P und V
-- zur Verfügung:
-- Taskspezifikation
task Sema is
  entry P;
  entry V;
end Sema;

task P1;

task P2;

-- Taskkörper
task body Sema
begin
  loop
    accept P;
    accept V;
  end loop;
end Sema;

-- Rufende Tasks P1 und P2 rufen die Eingänge P und V auf.

task body P1 is
begin
  loop
    Sema.P;
       -- Kritischer Abschnitt
    Sema.V;
  end loop;
end P1;

task body P2 is
begin
  loop
    Sema.P;
       -- Kritischer Abschnitt
    Sema.V;
  end loop;
end P2;
```

Ruft die Task P1 den Eingang P auf, so muss sie warten bis die Sematask die Annahmeanweisung ausführt und damit das Rendezvous initiiert. Zu beachten ist, dass die

Annahmeanweisung in Programm 4.8 keinen Rumpf enthält. P1 kann nach Beendigung des Rendezvous in den kritischen Abschnitt gelangen. Ruft die Task P2 den Eingang P auf, so muss sie warten, da die Sematask auf ein Rendezvous mit einem V-Aufruf wartet. Dies wird erst erreicht, wenn die Task P1 den kritischen Abschnitt verlässt und das Rendezvous mit dem V-Aufruf durchführt.

4.8.2 Selektive Ada-Rendezvous

Zur Verfeinerung der Beziehungen zwischen Clienttasks und Servertasks kann eine Servertask auf mehrere Anforderungen (Eingangsaufrufe) von Clients warten und eine entsprechende angeforderte Dienstleistung auswählen und sie vollbringen. Für solch ein Angebot von alternativen Dienstleitungen einer Servertask dient eine *Selectanweisung* (select). Fordern andere Tasks gleichzeitig von einer Servertask mehrere Dienstleistungen an, so wickelt die Servertask sie nacheinander ab. Die Reihenfolge dabei ist indeterministisch, aber fair.

Stellt eine Servertask ihre Dienstleistungen nur unter gewissen Bedingungen zur Verfügung, so können die verschiedenen Alternativen in der Selectanweisung mit einer Bedingung (oder einem *Wächter – Guard*) versehen werden. Eine Selectanweisung mit Wächtern hat folgendes Aussehen:

```
select
  when Condition_1 =>
    accept Entry_1 do
      -- Körper der Annahmeanweisung_1
    end Entry_1;
    -- andere Anweisungen
  or
    when Condition_2 =>
      accept Entry_2 do
        -- Körper der Annahmeanweisung_2
      end Entry_2;
-- andere Anweisungen
or
  ...
  else - optional
    -- Anweisungen für den else-Teil
end select;
```

Eine Selectanweisung mit Wächtern besitzt die folgende Semantik:
Zunächst werden alle den Alternativen vorausgehende Wächter (Bedingungen) ausgewertet. Eine Alternative heißt

- *offen*, falls ihr entweder keine Bedingung vorausgeht (alternative without a guard) oder wenn die Bedingung `true` ist, andernfalls heißt die Alternative
- *gesperrt*, und die Bedingung ist `false`.

Sind alle Alternativen gesperrt, so werden die Anweisungen des `else`-Zweiges ausgeführt, falls dieser vorhanden ist. Fehlt der `else`-Zweig, so löst dies eine Ausnahme (exception PROGRAM_ERROR) aus. Andernfalls wird aus allen offenen Alternativen diejenige ausgewählt, für welche ein Eingangsaufruf vorliegt. Liegt kein Eingangsaufruf vor, so werden die Anweisungen des `else`-Zweiges ausgeführt. Fehlt der `else`-Zweig, so wartet die Task auf einen passenden Eingangsaufruf.

Für mögliche weitern Formen der Selectanweisung mit mehreren alternativen Annahmeanweisungen und auf das Gegenstück auf der Clientseite, der Selectanweisung für Eingangsaufrufe, sei auf die Literatur verwiesen [N 03, B 06].

4.8.3 Erzeuger-Verbraucher (Pipe) mit selektivem Rendezvous

Zur Illustration des selektiven Ada-Rendezvous dient das Erzeuger-Verbraucher-Problem oder die Implementierung einer Pipe. Die Verwaltung der Pipe, realisiert als Umlaufpuffer, übernimmt eine Servertask `Buffer`. Die Task `Buffer` bietet einer Task `Producer` die Dienstleistung `send` an und einer Task `Consumer` die Dienstleistung `receive`. Die Tasks `Producer` und `Consumer` sind somit Clienten der Servertask `Buffer`.

Programm 4.10: Erzeuger-Verbraucher-Problem mit selektivem Ada-Rendezvous

```ada
-- ...
subtype Message_Type is INTEGER;

-- Server
task Buffer is
  entry Send (Message : in Message_Type);
  entry Receive (Message : out Message_Type);
end;

task Producer;

task Consumer;

-- Taskkörper
task body Buffer is
  Max_Messages : constant := 12;
  Subtype Buffer_Range is INTEGER
    range 0 .. (Max_Messages -1);
-- Umlaufpuffer
```

```ada
   Cyclic_Buffer : array (Buffer_Range) of Message_Type;
   Next_Free : Buffer_Range := 0;
   Next_Full : Buffer_Range := 0;
   Count : Buffer_Range := 0;
   begin
     loop
        select
          when Count < Max_Messages =>
             accept Send (Message : in Message_Type) do
                Cyclic_Buffer (Next_Free) := Message;
                Next_Free := (Next_Free + 1) MOD Max_Messages;
                Count := Count + 1;
             end Send;
        or
          when Count > 0 =>
             accept Receive (Message : out Message_Type) do
                Message := Cyclic_Buffer (Next_Full);
                Next_Full := (Next_Full + 1) MOD Max_Messages;
                Count := Count - 1;
             end Receive;
        end select;
     end loop;
   end Buffer;

-- Clients

task body Producer is
   Message : Message_Type;
begin
   loop
-- Produziere Nachricht
Buffer.Send(Message);
   end loop;
end Producer;

task body Consumer is
   Message : Message_Type;
begin
   loop
      Buffer.Receive_Message;
       -- Verarbeite Nachricht
   end loop;
end Consumer;
```

Ist in obigem Programm in der Selektanweisung eine Bedingung `false`, dann ist in jedem Fall die andere Bedingung `true`; d. h. wenn der Puffer leer ist, dann trifft die erste Alternative zu, und wenn der Puffer voll ist, so trifft die zweite Alternative zu.

4.8.4 Geschützte Objekte

Ada 83 kennt als einziges Synchronisationsmittel das Rendezvouskonzept und bietet somit nur ein nachrichtenorientiertes Synchronisationsmittel. Nachrichtenbasierte Synchronisation bedingt immer das Anlegen einer Task, welche die Kommunikation anbietet, und verursacht somit Taskingoverhead. Weiterhin ist ein asynchroner Datenaustausch mit dem Rendezvouskonzept ineffizient und umständlich zu programmieren. Für rein datenorientierte Synchronisation, wie dem Monitorkonzept, führte dann Ada 95 *geschützte Objekte* (protected type) ein. Geschüze Objekte sind also eine Simulation des Monitorkonzepts und bestehen, wie in Ada üblich, aus einer Spezifikation und einem Körper. Geschützte Objekte sind abstrakte Datentypen mit gemeinsamen und gekapselten Daten (geschützte Daten) und Zugriffsoperationen auf diese gemeinsamen Daten. Die Zugriffsoperationen können sein:

- Funktionen, die nur lesend auf die gemeinsamen Daten zugreifen. Standardmäßig dürfen Funktionen nur in-Parameter haben; d. h. die Parameter dürfen nicht gesetzt werden und somit links von Zuweisungen stehen. Dadurch dass von Funktionen nur lesend auf die Daten zugegriffen wird, laufen Funktionen nicht unter wechselseitigem Ausschluss.
- Prozeduren, die lesend und schreibend auf die gekapselte Daten zugreifen. Durch die schreibenden Zugriffe müssen Prozeduren implizit unter wechselseitigem Ausschluss laufen. Prozeduren, wie nachfolgende Eingänge greifen also exklusiv auf die gemeinsamen Daten zu.
- Eingänge, können lesend und schreibend auf die gemeinsamen Daten zugreifen und laufen somit unter implizitem wechselseitigem Ausschluss. Asynchrone Eingangsaufrufe initiieren die Ausführung des Körpers der Eingänge.
- Mit Eingängen lassen sich Interruptroutinen assoziieren (pragma Attach_Handler) [CS 98]. Ein asynchroner Eingangsaufruf startet dann die Interruptroutine.
- Verknüpft sind Eingänge mit Bedingungen (when Condition) wie bei bedingten kritischen Abschnitten. Ergibt die Auswertung der Bedingung true, so ist der Eingang offen und ein vorliegender Eingangsaufruf wird akzeptiert.

Mit einem geschützten Objekt lassen sich leicht zählende oder allgemeine Semaphore [BA 06] implementieren. Der Zähler `Count` ist dabei ein gekapselter Typ, und der Eingang `P` und die Prozedur `V` dekrementieren bzw. inkrementieren ihn. Dabei laufen der Eingang `P` und die Prozedur `V` unter wechselseitigem Ausschluss.

Programm 4.11: Zählender Semaphor mit geschütztem Objekt

```
protected type Counting_Sema (Initial Natural) is
  entry P;
  procedure V;
private
  Count: Natural := Initial;
end Counting_Sema;

protected body Counting_Sema is
  entry P when Count > 0
  begin
    Count := Count - 1;
  end P;
  procedure V is
  begin
    Count := Count + 1;
  end V;
end Counting_Sema;
```

Literatur

[A 07]   Ada Home: Ada 95 Reference Manual. http://www.adahome.com/rm95/, 2007.

[A 83]   The Programming Language Ada. Reference Manual. American National Standards Institute, Inc., ANSI/MIL-STD-1815A-1983. Lecture Notes in Computer Science 155, Springer Verlag, 1983.

[A 95]   Adler R. M.: Distributed Coordination Models for Client/Server Computing. IEEE Computer, Vol. 28, No. 4, April 1995.

[ARB 07] OpenMP Architecture Review Board. http://www.openmp.org, 2007.

[B 06]   Barnes J.G.P.: Programming in Ada 2005. Addison Wesley 2006.

[B 90]   Bengel G.: Betriebssysteme. Aufbau, Architektur und Realisierung. Hüthig Verlag 1990.

[B 97]   Butenhof D.R.: Programming with POSIX Threads. Addison Wesley Longman, Reading, Massachusetts, 1997.

[BA 06] Ben-Ari M: Principles of Concurrent and Distributed Programming. 2nd Edition. Pearson Education Limited 2006.

[BH 05] Buhr P.A., Harji A.S.: Implicit-Signal Monitors. ACM Transaction on Programming Languages and Systems, Vol. 27, No. 6, Nov. 2005.

[BK 00] Bull J. M., Kambites M. E.: JOMP – an OpenMp like interface for Java. Proceedings of the ACM 2000 Conference on Java Grande. San Francisco, California, USA, 2000.

[C 12]   NVIDIA: CUDA API Reference Manual, Version 5, http://docs.nvidia.com/cuda/pdf/CUDA_Toolkit_Reference_Manual.pdf, 2012.

[CD 88] Cooper E.; Draves R.: C Threads. Technical Report; Departement of Computer Science, Carnegie Mellon University, Pittsburgh, Pennsylvania, Oct 1988.

Literatur

[CDK 01]   Chandra R., Dagum L., Kohr D., et al.: Parallel Programming in OpenMP. Academic Press 2001.

[CF 13]   The Portland Group: CUDA Fortran Programming Guide and Reference, Release 2013, http://www.pgroup.com/doc/pgicudaforug.pdf, 2013.

[CJH 12]   Campanoni S., Jones T.M., Holloway G., Wei G.-Y., Brooks D.: Helix: Making the Extraction of Thread-Level Parallelism Mainstream, IEEE Micro Vol. 32, No. 4, July/August 2012.

[Co 12]   Cook S.: A Developer's Guide to Parallel Computing With Gpus. Morgan Kaufmann Publishers, 2012.

[CS 98]   Carter J. R., Sanden Bo I.: Practical Use of Ada 95's Concurrency Features. IEEE Concurrency. Parallel, Distributed & Mobile Computing. Vol. 6, No. 4, Oct.–Dec. 1998.

[DM 98]   Dagum L., Menon R.: OpenMP: An Industry-Standard API for Shared Memory Programming. IEEE Computational Science & Engineering. Vol. 5, No. 1. Jan/March 1998.

[ECS 05]   El-Ghazawi T., Carlson W., Sterling T. Yelick K.: UPC. Distributed Shared Memory Programming. John Wiley & Sons, Inc. 2005.

[EPCC 07]   Edinburgh Parallel Computng Centre (EPCC), Java Grande: JOMP Home Page. http://www2.epcc.ed.ac.uk/computing/research_acitivities/jomp/index_1.html, 2007.

[F 11]   Farber R.: CUDA Application Design and Devlopment. Morgan Kaufmann, 2011.

[FSB 12]   Fung W.W.L, Singh I., Brownsword A., Aamodt T.M.: Kilo TM: Hardware Transactional Memory for GPU Architectures. IEEE Micro, Vol. 32, No. 3, May/June 2012.

[GNU 07]   GNU: GNAT-GNU Project–Free Software Foundation (FSF) http://www.gnu.org/software/gnat/gnat.html, 2007.

[GYJ 97]   Gosling J.; Yellin F.: Java Team: Das Java API, Band 1: Die Basispakete. [Übers. aus dem Amerikan. von Birgit Kehl]. Addison Wesley Longman Verlag 1997.

[H 04]   Herold H.: Linux/Unix Systemprogrammierung. 3. aktualisierte Auflage. Addison Wesley 2004.

[H 93]   P. Brinch Hansen P.: Monitors and Concurrent Pascal: A Personal History. In ACM SIGPLAN Notices, Vol. 28, No. 3, March 1993.

[H1 11]   Hwu W.W, Editor: GPU Computing Gems. Emerald Edition, Morgan Kaufmann, 2011.

[H2 11]   Hwu W.W, Editor: GPU Computing Gems. Jade Edition, Morgan Kaufmann, 2011.

[Ha 75]   Brinch Hansen P.: The Programming Language Concurrent Pascal. IEEE Transaction on Software Engineering, SE-1; pp 199–207, 1975.

[HH 97]   Hughes C.; Hughes T.: Object-oriented Multithreading Using C++. John Wiley & Sons, Inc. 1997.

[Ho 74]   Hoare C. A. R.: Monitors – An Operating Systems Structuring Concept. Communications of the ACM, Vol. 11, No. 10, 1974.

[KH 12]   Kirk D.B., Hwu W.W.: Programming Massively Parallel Processors, 2nd Edition: A Hands-on Approach. Morgan Kaufmann, 2012.

[KY 02]   Kredel H., Yoshida A.: Thread und Netzwerkprogrammierung mit Java. 2. aktualisierte und erweiterte Auflage. dpunkt.verlag, 2002.

[M 03]   Marowka A.: Extending OpenMP for Task Parallelismus. Parallel Processing Letters, Vol. 13, No. 3, Sept. 2003.

[M 07] Marowka A.: Parallel Computing on Any Desktop. Communications of the ACM, Vol. 50, No. 9, Sept. 2007.

[N 03] Nagl M.: Software Technik mit Ada 95. Entwicklung großer Systeme. 2. Auflage, Vieweg Verlag 2003.

[NBF 98] Nichols B.; Buttlar D.; Farrell J.: Pthreads Programming. O'Reilly Associates Inc. 1998.

[O 01] Oechsle R.: Parallele Programmierung mit Java Threads. Fachbuchverlag Leipzig im Carl Hanser Verlag 2001.

[O 07] Oechsle R.: Parallele und verteilte Programmierung in Java. 2., vollständig überarbeitete und erweiterte Auflage. Carl Hanser Verlag 2007.

[OW 04] Oaks s., Wong H.: Java Threads, Understanding and Mastering Concurrent Programming, 3rd Edition. O'Reilly 2004.

[Q 04] Quinn M., J.: Parallel Programming in C with MPI and OpenMP. McGraw-Hill Inc., 2004.

[R 07] Reinders J.: Intel Threading Building Blocks. Outfitting C++ for MultiCore Processor Parallelism. O'Reilly Media, Inc. 2007.

[SK 10] Sanders J., Kandrot E.: Cuda by Example: An Introduction to General-Purpose GPU-Computing. Addison-Wesley Professional 2010.

[UPC 07] The George Washington University, The High Performance Computing Laboratory: Unified Parallel C. http://upc.gwu.edu/, 2007.

[Z 06] Zahn M. Unix-Netzwerkprogrammierung mit Threads, Sockets und SSL. Springer Verlag 2006.

[Z 11] Zender Cyril, CUDA C/C++ Basics, Supercomputing 2011, Tutorial, Nividia Corperation, www.nvidia.com/docs/IO/116711/sc-11-cuda-C.basics.pdf, 2011.

[ZK 93] Zimmermann Ch.; Kraas A.W.: Mach, Konzepte und Programmierung. Springer Verlag 1993.

Programmiermodelle für verteilten Speicher 5

Bei den Modellen für verteilten Speicher unterscheiden wir wieder, wie bei den Modellen für gemeinsamen Speicher, in

- *nebenläufige* und
- *kooperative* Modelle.

Die kooperativen Modelle untergliedern sich in

- *nachrichten-basierte* Modelle, wobei ein Prozess einem anderen Prozess eine Nachricht zusenden (send) kann, die dieser dann empfängt (receive). Der Aufruf eines Dienstes wird dabei in eine Nachricht verpackt.
- *Entfernte Aufrufe*, wobei der Dienst direkt aufgerufen wird. Der Dienst kann sein
  - eine Prozedur,
  - eine Methode eines Objektes,
  - eine durch sein Interface spezifizierte Methode und damit eine Methode einer Komponenten oder
  - ein Dienst (Service).

5.1 Überblick nebenläufige Modelle

Die *nebenläufigen* Programmiermodelle für verteilten Speicher unterscheiden sich in:

- *Nachrichtenbasierte Modelle*, d. h. sie besitzen eine Sende- (send) und Empfangsanweisung (receive) zur Übermittlung von Werten an andere parallele Prozesse.
- Auf *Datenparallelität* basierende Modelle. Datenparallelität bezeichnet diejenige Parallelität, die erhalten wird, wenn die gleiche Operation auf einige oder alle Elemente eines Daten-Ensembles (meistens Felder) angewandt wird.

5.1.1 Nachrichtenbasierte Modelle

Die Thread Nebenläufigkeit basiert auf einem gemeinsamen Speicher über die sich Threads synchronisieren. Zum gleichzeitigen und konkurrierenden Zugriff von mehreren Threads auf gemeinsame Daten dienen Locks. Die Locks führen dann möglicherweise zum Blockieren der Threads. Die Kommunikation unter Thread geschieht durch Lesen und Schreiben desselben Speicherbereichs, das zu Dateninkonsistenzen führt. Zur Vermeidung der Blockierung von Threads und möglicherweise erzeugten Dateninkonsistenzen benutzen die nachrichtenbasierte Modelle Prozesse, die im Speicher voneinander isoliert sind und sie operieren nicht auf gemeinsamen Daten. Eine Ausnahme davon ist die Sprache Go das die Goroutinen auf Threads mit gemeinsamem Speicher abbildet. Dadurch, dass die nachrichtenbasierten Modelle nur ein Senden und Empfangen von Nachrichten zur Verfügung stellen und keinen gemeinsamen Speicher zur Verfügung haben, eignen Sie sich für Systeme mit verteiltem Speicher.

Die wichtigsten Vertreter der nachrichtenbasierten nebenläufigen Modelle sind:

1. Das **Message Passing Interface** (**MPI**) ist eine Nachrichtenaustauschbibliothek, die auf homogenen Parallelrechnern eine effiziente und schnelle Kommunikation ermöglicht. MPI ist das heute wohl am meisten eingesetzte Modell für parallele und nebenläufige Programmierung. MPI besitzt eine Broadcast-Anweisung, indem ein Prozess an alle anderen Prozesse einen Wert senden kann. Weiterhin eine **Barriersynchronisation**, bei der die Prozesse warten, bis alle Prozesse eine Barriere erreicht haben und dann wieder parallel weiterarbeiten. Ab MPI-2 stehen auch dynamische Prozesse zur Verfügung. Die komplette Bibliothek ist in nachfolgendem Abschn. 5.3 beschrieben.
2. *Occam* ist der „Assembler" für *Transputer*. Transputer ist ein von der Firma Inmos (britische Semiconductor Company und später Tochter von SGS-Thomson) in den 1980er Jahren entwickelter RISC-Mikroprozessor (16 Bit – T212, 32 Bit – T414, 32 Bit und Floating-point Prozessor – T800 und der 1993 letztmalig auf den Markt gekommene 200 MIPS starke T 9000 mit Superskalarverarbeitung) [T 07]. Neben dem Mikroprozessor besitzt ein Transputerchip vier bidirektionale Verbindungskanäle. Je nachdem wie viele der Verbindungskanäle man bei einem Transputer benutzt, können bei zwei Kanälen eine Pipe, bei drei ein Baum und bei vier eine Matrix oder Torus oder ein Hypercube der Dimension 4 aufgebaut werden. Durch die beliebige Zusammenschaltung der vier bidirektionalen Kanäle lassen sich mit Transputern problemangepasste parallele Rechnerstrukturen aufbauen. Die Anweisung PLACED PAR- von Occam bildet dann die logischen parallelen Prozesse und Verbindungskanäle auf reale Transputer und deren reale Verbindungen ab.
Der Transputer hat nur auf dem Markt der massiv parallelen Computer Fuß fassen können. Für den Desktop-Market war er durch das fehlende Betriebssystem (kein Unix, kein MS-DOS) nicht allgemein genug und für den Microcontroller- und Embedded-Markt zu mächtig und zu teuer. Somit zählt heute der Transputer zur Geschichte der Mikroprozessorentwicklung.

Occam baut auf den *Communicating Sequential Processes* (*CSP*) Formalismus von Hoare [H 78] auf und ist somit eine Implementierung der CSP. Für Occam existieren neben Transputerplattformen auch noch andere Plattformen (z. B. Intel) und Java-Implementierungen [WJ 07]. Abschnitt 5.4 enthält eine kurze Sprachbeschreibung von Occam.

3. Die Plattform *PVM* (*Parallel Virtual Machine*) [GBD 94], die es ermöglicht, mehrere Rechner mit einem Unix- oder Windows-Betriebssystem zu einer parallelen Recheneinheit mit verteiltem Speicher, einer *virtuellen Maschine*, zusammenzufassen.

   Die University of Tennessee, Oak Ridge National Laboratory (ORNL) und Emory University entwickelten PVM. Die erste Version vom Oak Ridge National Laboratory herausgegeben, datiert auf 1989. Eine weitere von der University of Tennessee umgeschriebene Version wurde 1991 freigegeben. Eine Version 3, welche Fehltoleranz und gute Portabilität bietet, kam 1993 heraus und kann unter [PVM 07] heruntergeladen werden.

   In der Grundversion enthält PVM nur Bibliotheken für C und Fortran. Mittlerweile stehen auch Bibliotheken für andere Sprachen, wie z. B. Java (JPVM) [V 07], Perl und ein Aufsatz für C++ der PVM um objektorientierte Eigenschaften erweitert mit Namen CPPVM [G 01], zur Verfügung. Verschiedene Linux-Distributionen enthalten ebenfalls PVM.

   Weiterentwicklungen von PVM und Verschmelzung von PVM mit MPI, ein Kollaborationsprojekt von ORNL, University of Tennessee und Emory University, sind die *H*eterogenous *A*daptable *R*econfigurable *NE*tworked *S*ystems (*HARNESS*) [OTE 07]. Das Hauptziel von PVM ist nicht die Erreichung einer möglichst hohen Rechenleistung um jeden Preis, wie bei MPI, sondern die Möglichkeit, verschiedenste Hardware und Architekturen und unterschiedlichen Betriebssystemen zu einem heterogenen Cluster zusammenzuschließen. MPI im Gegensatz dazu geht von homogenen Rechnern aus, und der Fokus liegt auf der Erzielung einer möglichst hohen Rechenleistung. Abschnitt 5.5 enthält eine Einführung in PVM.

4. Die nachfolgend beschriebenen Sprachen *Google Go*, *Erlang* und *Scala* bestehen aus Funktionen oder unterstützten Funktionen und werden dementsprechend als *funktionale Sprachen* bezeichnet. Funktionen haben im Vergleich zu von Neumann- (imperative) Sprachen (bei denen eine sequentielle Abarbeitung vorliegt – Befehl für Befehl nacheinander und Änderung des Zustandes des Speichers) den Vorteil, dass die einzelnen Funktionen auf die einzelnen Prozessoren verteilt werden können und somit echt parallel bearbeitbar sind [B 78]. Ein weiterer Vorteil bei funktionalen Sprachen ist die leichtere Verifizierung und Beweisbarkeit von Programmen. Dies ist dadurch bedingt, dass Funktionen keine Seiteneffekte besitzen und der Aufruf einer Funktion mit demselben Parametern immer dasselbe Ergebnis liefert. Die Abwesenheit der Seiteneffekte liefert die *referenzielle Transparenz.* D. h. der Wert eines Funktionsaufrufes hängt nur von den Werten der aktuellen Parameter ab.

5.1.1.1 Google GO

Die Entwicklung der **Programmiersprache Go** erfolgte durch Mitarbeiter der Firma Google. Referenzimplementierungen für Linux und Mac OS X Plattformen sind seit 2009 unter der BSD-Lizenz verfügbar. Weitere Plattformen sollen folgen. Ein Referenzmanual in der Version 1 [GoM 12] bietet die Internetseite golang.org daneben ein Tutorial [GoT 11] das auch in deutscher Sprache [GoT 11] vorliegt. Trotz seiner kurzen Existenz, verfügt Go über eine reichhaltige Auswahl von Paketen (Bibliotheken) [GoP 11]. An Lehrbüchern über Go sind bisher drei Werke erschienen [M 11, FB 11, B 10].

Die Entwickler von Go sind Russ Cox, Robert Griesemer, Ian Lance Taylor, Rob Pike und Ken Thompson. Da Ken Thompson und Rob Pike die Sprache B ein Vorläufer von C, und das Verteilte Betriebssystem Plan 9 entwickelten, ist Go von diesen Entwicklungen beeinflusst. Ein Codeblock wird, wie in C, mit öffnender und schließender geschweifter Klammer umschlossen. Go ist, wie C, hauptsächlich für die Systemprogrammierung vorgesehen. Um die bei der Systemprogrammierung geforderten Performance zu erreichen, erzeugen Go-Compiler Maschinencode und nicht wie bei Java Zwischencode, der dann von einer virtuellen Maschine interpretiert werden muss. Go übernahm von Java die automatische Speicherbereinigung und eine explizite Speicherfreigabe ist nicht möglich. Pointer sind nur zur Listenverarbeitung und Referenzübergabe von Parameter einsetzbar. Eine Pointerarithmetik gibt es nicht und auch keine Pointer auf Felder. Go verfügt über Interfaces und stellt dabei einen einfachen Polymorphismus zur Verfügung. Zur Ausnahme- und Fehlerbehandlung stehen die beiden built-in Funktionen `panic` und `recover` sowie das Schlüsselwort `defer` zur Verfügung.

Go benutzt das **Duck Typing,** bei dem aus dem Verhalten eines Typs auf dessen Typ dynamisch geschlossen wird, so dass der Compiler den Typ bestimmen kann. Die Bezeichnung geht auf den Ausspruch des amerikanischen Dichters James Whitcomb Riley zurück: „When I see a bird that walks like a duck and swims like a duck and quakes like a duck, I call that bird a duck". Das Weglassen des Typs führt auf kurze und prägnante Deklarationen in Go. Nebenläufigkeit in Go geschieht mit Goroutinen in Anlehnung an das Wort Coroutinen, die ihren Ablauf unterbrechen und später wieder fortsetzen können. Als Goroutine eignet sich jede Funktion und die Initiierung der Nebenläufigkeit geschieht mit `go function()`. Goroutinen tauschen ihre Information über Nachrichtenkanäle aus. Sie basieren wie bei Occam auf den Communicating Sequential Processes (CSP) von Hoare. Kanäle sind ungepuffert was einer synchronen Kommunikation entspricht. Sie können jedoch auch mit einem Puffer erzeugt werden, was einer asynchronen Kommunikation entspricht. Kanalkommunikation benötigt keinen gemeinsamen Speicher und kann somit über Rechnergrenzen hinweg stattfinden.

Goroutinen sind gegenwärtig auf Threads (PThreads) eines Rechners mit einem gemeinsamen Speicher abgebildet. Für den Datenaustausch zwischen Goroutinen über gemeinsame Variablen bietet das Paket sync einen Typ Mutex mit den Methoden `Lock()` und `Unlock()` an. Daneben steht in sync ein Read-Write-Mutex zur Verfügung den beliebig viele Threads lesen können aber nur ein Thread schreiben kann. Die Simulation eines zählenden Semaphors mit den Semaphoroperationen P() und V() mit Hilfe eines gepufferten Kanals ist in [GoLP 11] beschrieben.

Soll eine Kommunikation über Rechnergrenzen hinweg stattfinden, so muss auf das Paket net zurückgegriffen werden, das eine Kommunikation über Sockets anbietet. Eine andere Möglichkeit besteht in der Verwendung der entfernten Prozeduraufrufe und dem rpc-Paket. Um Goroutinen mit der Kanalkommunikation über Rechnergrenzen zu ziehen und die Kanäle auf Netzwerkverbindungen abzubilden, kann das Paket netchan eingesetzt werden. Wegen dieses Pakets ist Go hier unter den Programmier-Modellen für verteilten Speicher eingeordnet, und nicht bei den Programmiermodellen mit gemeinsamem Speicher zu denen Go mit der Abbildung der Goroutinen auf Threads gehört. Eine Einführung in Go enthält Abschn. 5.6.

5.1.1.2 Erlang

Die Sprache *Erlang* ist nach dem dänischen Mathematiker und Ingenieur Agner Krarup Erlang benannt, dessen Erlang-Verteilung fast von allen Telefongesellschaften aufgegriffen und genutzt wurde. Entwickler der Sprache ist Ericsson, ein schwedisches Telekommunikations-Unternehmen. Erlang kann deshalb auch für *Er*icsson *lang*uage stehen. Entwickler bei Ericsson war Joe Armstrong [Ar 07, Ar 10] und andere. Seit 2000 ist Erlang als freie Software (Open Source) verfügbar [Er 11]. Ein Referenzhandbuch ist bei [EM 11] zu finden und ein Tutorial bei [ET 11]. An Lehrbüchern gibt es [CT 09, Ar 07, LMC 11] und für die nebenläufige Programmierung allgemein [AVW 96] sowie für das funktionale Programmieren allgemein [R 07].

Die Sprache Erlang selbst ist sehr kompakt. Was Erlang so mächtig macht, sind das Laufzeitsystem und die umfangreichen Bibliotheken und Frameworks. Laufzeitsystem und Bibliothek zusammen bilden das System Erlang/OTP, dabei ist OTP die Abkürzung für Open Telecom Platform. Zur Erreichung der Plattformunabhängigkeit, implementiert die Laufzeitumgebung eine virtuelle Maschine (VM). Zur Erreichung einer besseren Performanz kann der Quelltext auch in Maschinensprache kompiliert werden, der dann in der VM abläuft. Die Erlang-VM übernimmt noch zusätzlich die Speicherverwaltung für die Prozesse und besitzt zur automatischen Speicherfreigabe einen Garbage-Collector. Die VM ist symmetrisch multiprocessingfähig (SMP-fähig) und startet pro Kern des Prozessors einen Scheduler. Die einzelnen Prozesse werden dann auf die Scheduler verteilt und sind somit echt parallel ausführbar. Bei einer zukünftigen Erhöhung der Kerne eines Prozessors steigt die Anzahl der Scheduler und die Prozesse werden dadurch ohne Codeänderung performanter. Für Java existiert eine JVM-basierte Erlang Maschine (Erjang).

Auch in Erlang besteht ein Programm in der Ausführung von Funktionen, wobei die Funktionen keinen gemeinsamen globalen Zustand haben [B 07]. Dementsprechend sind auch Prozesse in Erlang isoliert und besitzen im Gegensatz zu Threads keinen gemeinsamen Zustand, also keinen gemeinsamen Speicher. Damit sind die Fehlerquellen bei Threads, die durch Lesen und Schreiben des gemeinsamen Speichers entstehen, ausgeschlossen. Die einzige Möglichkeit die Prozesse zur Kommunikation haben, ist ein Nachrichtenversand und auf der Gegenseite ein Empfang. Die Nachrichtenkommunikation basiert auf dem Actor-Modell [HBS 73, A 85]. Bei diesem Modell ist der Nachrichtenaustausch asynchron und nicht blockierend. Jeder Prozess besitzt eine Mailbox oder Port, in der die noch nicht verarbeiteten Nachrichten gepuffert sind. Das Senden der Nachrichten geschieht nach dem send-und-pray-Verfahren (unzuverlässige Kommunikation). Auf der Empfangsseite steht ein Pattern-Matching zur Extraktion von komplexen Werten aus der Nachricht zur Verfügung. Dies erlaubt die Nachrichten selektiv aus der Mailbox zu entnehmen. Die Ankunftsreihenfolge der Nachrichten in der Mailbox ist nicht deterministisch.

Um dennoch die Synchronisation und den wechselseitigen Ausschluss mit Semaphoren durchführen zu können, kann mit dem asynchronen Senden und Empfangen ein Mutex-Semaphor mit `wait` und `signal` implementiert werden. Dieses Vorgehen ist in [CT 09] unter „A Mutex Semaphore" beschrieben und behandelt einen Fileserver bei dem nur ein Prozess eine Datei schreiben und/oder lesen kann.

Die Kommunikation kann also lokal oder über Rechnergrenzen hinweg stattfinden, also zwischen den Einheiten eines Erlang-Cluster. Ein Erlang-Cluster besteht aus mehreren VMs, die auf demselben oder auf unterschiedlichen Rechnern laufen. Die VMs sind dabei paarweise über TCP-Verbindungen verknüpft, so dass sie beliebig miteinander kommunizieren können.

Die Erlang-Fehlerphilosophie [L 09] beruht auf mindestens zwei Rechnern, bei denen ein Rechner den Fehler des anderen als Nachricht erhält und im einfachsten Fall den Neustart des Prozesses durchführt. In Erlang ist der Prozess nicht nur eine Einheit des nebenläufigen Programms, sondern Fehler sind auch auf die einzelnen Prozesse beschränkt. Bei einer großen Anzahl von Prozessen kann das System aufgeteilt werden in Worker-Prozesse, welche die Berechnungen durchführen und in Supervisor-Prozesse welche überprüfen, ob sich die Worker-Prozesse korrekt verhalten.

Da große Telekommunikationssysteme immer am Laufen gehalten werden müssen, verbietet sich ein Abschalten für Updates und Wartungen. Updates und somit die Ersetzung von Code, sind im laufenden Betrieb möglich (siehe dazu [CT 09] Kap. 8 „Software Upgrade").

Erlang zeichnet sich ferner durch dynamische Typisierung aus. Der Typ von Variablen oder Funktionsparameter wird nicht deklariert, sondern erst zur Laufzeit bestimmt. Das Laufzeitsystem versucht jeden Term oder Ausdruck zu einem Wert eines impliziten Datentyps zu evaluieren. Ein Erlang-Programm besteht hauptsächlich aus Funktionen, die meist rekursiv, und in Modulen organisiert sind. Variable sind Single-Assignment-Variablen (Variablen, die einen Wert benötigen, dessen Wert aber nicht mehr änderbar ist). Der Bereich der Variablen ist auf die Funktion beschränkt in der sie deklariert sind [B 07]. Nachdem die Variable definiert ist, kann sie durch die Single-Assignment-Eigenschaft nicht umdefiniert werden. (Eine Funktion hätte einen Zustand, wenn es möglich wäre, ihre Variablen umzudefinieren). Weist man einer Variablen einen Wert zu, dann ist sie gebunden (bound) an den Wert. Ist sie gebunden, dann kann sie nicht erneut gebunden werden.

Zur verteilten Programmierung stehen Sockets zur Verfügung [CT 09]. Das Bibliotheks-Modul `gen_udp` bietet UDP-Sockets und das Modul `gen_tcp` bietet TCP-Sockets. Neben Sockets existiert eine umfangreiche Netzbibliothek mit SSL, HTTP, FTP, und TFTP. Für Remote Procedure Calls (RPCs) dient ein Modul `rpc`, das Call-Service für entfernte Prozeduren anbietet. Mit dem Modul `rpc` lassen sich auch Funktionen anderer Programmiersprachen zu einem Erlang Modul hinzufügen. Das Modul `global` dient zur netzwerkweiten Registrierung von Namen [Ar 07]. Bei Verteilung von Programmen über das Netz kann jedes Programm auf einem Erlang-Knoten ausgeführt werden und der Nachrichtenverkehr verläuft wie auf einem Knoten. Eine weitere Einführung in Erlang geschieht in Abschn. 5.7.

5.1.1.3 Scala

Die Sprache *Scala* wurde seit dem Jahr 2001 von Prof. Martin Odersky an der École Polytechnique Fédérale de Lausanne entwickelt und Version 1 von Scala erschien im Jahr 2003. Die zurzeit letzte Version ist vom August 2011 und besitzt die Versionsnummer 2.9.1. Scala ist Italienisch und bedeutet Treppe oder Leiter und soll eine Stufe über Java hinausgehen. Der Name Scala entsteht aber auch durch das Zusammenziehen der Wörter *sca*lable *la*nguage. Die Skalierbarkeit beruht darauf, dass Scala für kleine Scripts wie für große verteilte Anwendungen anwendbar ist. Für kleine Anwendungen ist von Vorteil, dass Scala eine funktionale Sprache ist und jede Funktion ein Objekt ist. Für große Systeme ist Scala eine rein objektorientierte Sprache (Alles ist ein Objekt und jeder Wert und jede Funktion ist ein Objekt). Ein weiterer Grund für die Skalierbarkeit ist die Erzeugung lauffähigen Codes für die Java Virtual Machine (JVM) oder für die Common Language Runtime (CLR) für .NET. Scala-Programme können dadurch bei großen Systemen mit Java-Programmen und der JVM oder mit C# und der CLR zusammenarbeiten.

Bei der .NET-Umgebung steht Scala in Konkurrenz mit F#. F# [Sm 10, P 07] ist funktional, imperativ und objektorientiert. Mit dem Famework F#: Mailbox Processor Class sind in F# Briefkästen, die durch einen Thread verwaltetet werden, implementierbar. Solch ein Thread mit einem Briefkasten ist ein sogenannter Aktor (s. unten).

Entwickelt wurde F# von Microsoft Research und wird von der Microsofts Entwicklungsabteilung fortgeführt. Die Sprache ist voll unterstützt vom .NET-Framework und ist Teil vom Visual Studio 2010.

Alle Java-Library-Klassen sind in Scala importierbar und das Paket `java.lang` wird automatisch importiert. Scala-Klassen können Java-Klassen erweitern und Java Interfaces können implementiert werden. Scala kann Java und Java kann Scala aufrufen.

Durch die Möglichkeit Java einzubinden ist, kann die Nebenläufigkeit durch die Thread-Bibliothek von Java implementiert werden. Scala's eigene Bibliothek `scala.actor` enthält eine Implementierung von Aktoren. Den Umgang mit dem Actor-Framework der Scala-Standard-Bibliothek beschreiben Haller und Sommers [HS 11]. Jeder Thread in Scala ist ein Aktor. Die Umkehrung gilt allerdings nicht, da nicht jeder Aktor einen Thread benötigt. Aktoren basieren auf dem Kommunikationsmodell von Erlang. Wie in Erlang können Aktoren ihre Tätigkeit durch den Austausch von Nachrichten koordinieren. Die Nachrichten werden in Mailboxes hinterlegt bis ein Aktor sie verarbeitet.

Scala enthält Actors, die auf Threads abgebildet werden. Mit dem Package `scala.actors.scheduler` kann Einfluss genommen werden auf das Scheduling der Actors und in einem Thread können mehrere Actors ablaufen.

Zur verteilten Programmierung und der Verteilung der Actors über das Netz dient das Package `scala.actors.remote`. In dem Paket bindet `alive` einen Actor an einen Port. und `register` registriert einen Namen für den Actor. Dies ermöglicht verteilte Programme mit dem Actor-Modell zu implementieren. Es steht natürlich auch das Socket-Package aus Java (`java.net`) zur Verfügung mit dem dann im Vergleich zu Actors eine synchrone Kommunikation möglich ist.

Sprachelemente wie z. B. Operatoren und zusätzliche Kontrollstrukturen lassen sich in Benutzerklassen implementieren. Dadurch lassen sich für jede Anwendungs-Domäne eigene Sprachelemente festlegen. Scala erlaubt somit für eine Anwendungsdomäne eine eigene Domain Specific Language (DSL) [G 11] zu erstellen.

Scala ist statisch typisiert und alle Typen überprüft der Compiler zur Compilierzeit.

Das *Akka-Framework* [Ak 11] basiert auf dem Actor-Modell und erweitert Scala um ein höheres Abstraktionslevel. Mit Actors liegt eine Abstraktion einesteils für Nebenläufigkeit, wie auch für Parallelität vor. Ereignisse sind nicht blockierend und asynchron. Das aus Erlang bekannte Fehlermodell mit hierarchischen Supervisor (oder bei Erlang Master) steht zur Verfügung. Software Transactional Memory (STM) (siehe Abschn. 2.1.4.10) dient zur Realisierung vom wechselseitigen Ausschluss bei nebenläufigen Aktoren. Verteilte Software und Transactional Memory, über Rechnergrenzen hinweg, befindet sich in der Entwicklung. Aktoren und Transactional Memory können zusammengefasst werden zu Transaktoren. Dies ermöglicht atomaren Nachrichtenverkehrsfluss mit automatischem Wideranlauf und Zurücksetzen. der Transaktion. Verteilte Aktoren mit entfernter Überwachung und entfernte Fehlerbehandlung leisten die Remote Actors. Das Akka-Framework bietet sowohl eine Java-API als auch eine Scala-API und kann unter [AkDl 11] heruntergeladen werden.

Ab Version 2.9 enthält Scala ein Parallel Collections Framework [PRB 11]. Die Parallel Collection API ist in [OS 11] beschrieben. Darin sind für gewöhnliche Collections wie Arrays, Mengen, Listen und Maps die damit verbundenen Operationen darauf parallelisiert. Diese parallelen Einheiten werden automatisch auf die verschiedenen Prozessoren verteilt.

Ein Framework für Webapplikationen liegt mit *Lift* vor [LWF 11, Po 11, FK 11, P 11], einem sogenannten Full Stack Web Applikation Framework. Neben der umfangreichen Lift-Version liegen noch einfachere Frameworks vor. Z. B. das Framework *Scalatra* [Sc 11] das von dem Framework Sinatra [Si 11] inspiriert ist. Sinatra ist ein Webframework das in Ruby implementiert ist.

Für die Scala-Programmerstellung stehen eine Vielzahl von Entwicklungswerkzeugen bereit: Wie z. B. Eclipse, Netbeans oder IntelliJ und natürlich die Unix-Editoren Emacs und vim.

Für Scala liegt eine umfangreiche Dokumentation auf der offiziellen Homepage von Scala [S 11] vor: Referenzmanual [O 11], Überblick über Scala [OAC 11], Einstieg in Scala mit Hello World-Programm [SS 11], Tutorials [SH 11, ST 11] und Beispiele [OE 11]. Auf der Scala Distribution-Seite [SD 11] kann Scala heruntergeladen werden. An Literatur existiert eine Vielzahl von Werken über Scala: Einsteiger-, Umsteigerwerke: [LS 10, Sch 11, Po 09, SR 11, M 12, E 11, S 10, R 10, S 09] objektorientierte und funktionale Sprache [P 10, B 11, WP 10, OSV 10]. Eine einführende Beschreibung der Sprache Scala enthält Abschn. 5.8.

5.1.2 Datenparallelität ausnutzende Modelle

Zwei Beispiele für Datenparallelität ausnutzende Sprachen sind:

1. **High Performance Fortran (HPF)** [KLS 94] ist eine auf Fortran 90 basierende Sprache zur besseren Ausnutzung der Datenparallelität in Fortran-Programmen. Fortran ermöglicht einfachere Datenparallelisierung als C, da keine Zeiger vorhanden sind und somit keine dynamischen Datenstrukturen unterstützt werden.

Der HPF-Compiler gaukelt einem HPF-Programmierer, auch in verteilter Umgebung, einen globalen Adressraum (Indexraum für Felder) vor, wie bei einem seriellen Fortran-Programm. Die Verteilung der Daten auf die verteilten Speicher der einzelnen Prozessoren eines Parallelrechners wird mit Hilfe von *Direktiven* gesteuert. Der HPF-Compiler erzeugt automatisch die erforderlichen Aufrufe der Kommunikationsroutinen für den Zugriff auf die verteilten Daten. Die Effizienz des HPF-Programms hängt dann hauptsächlich davon ab, wie geschickt der Programmierer die Daten mit Hilfe der Direktiven auf die Prozessoren verteilen kann, so dass beim Zugriff möglichst wenig (impliziter) Kommunikations-Overhead erforderlich ist; das ist das Problem der Lokalität der Zugriffe.

Die zentralen Ideen von HPF und der angebotenen Direktiven sind:

Mit der TEMPLATE-Direktive lassen sich Indexräume (Index Template) definieren, z. B.:

```
!HPF$ TEMPLATE t(1:100, 1:100)
```

Die ALIGN-Direktive beschreibt die Ausrichtung von Feldern zu Indexräumen oder zu anderen Feldern, wie z. B.:

```
!HPF$ ALIGN A(I,J) WITH t(J,I)
!HPF$ ALIGN B(I,J) WITH t(2*I, 2*J)
```

Die Layout-Direktive DISTRIBUTE beschreibt, wie einzelne Index-Dimensionen auf p Prozessoren verteilt werden, d. h. die Partitionierung der Felder.

```
REAL A(100,100), B(50,50), C (100,100,2)
!HPF$ DISTRIBUTE t(BLOCK,*), C (CYCLIC,BLOCK,*)
```

Dabei gibt

BLOCK an: Datenelement i wird auf Prozessor i DIV p abgebildet.
CYCLIC: Datenelement i wird auf Prozessor i MOD p abgebildet.
*:   Elemente dieser Dimension werden nicht verteilt.

Mit REDISTRIBUTE und REALIGN ist zur Laufzeit eine Reorganisation der Daten möglich.

Die PROCESSORS-Direktive erklärt eine oder mehrere geradlinige Prozessoranordnungen. Die Intrinsic-Funktion NUMBER_OF_PROCESSORS liefert die Anzahl der aktuellen physikalischen Prozessoren zurück. Durch die PROCESSORS-Direktive unterstützt HPF mehrdimensionale virtuelle Prozessortopologien. Eine Matrix-Multiplikation auf einem 2*2-Grid zeigt nachfolgendes Programm:

Programm 5.1: Virtuelle Prozessortopologie

```
REAL*4, DIMENSION (1000,1000) :: A,B,C
!HPF$ PROCESSORS GRID(2,2)
!HPF$ DISTRIBUTE C(BLOCK,BLOCK) onto GRID
!HPF$ ALIGN A(I,J) WITH C(I,*)
!HPF$ ALIGN B(I,J) WITH C(*,J)
INTEGER : I,J,K
DO I = 1, 1000
   DO J = 1, 1000
      DO K = 1, 1000
         C(I,J) = C(I,J) + A(I,K) * B(K,J)
      END DO
   END DO
END DO
```

Zum Anzeigen, dass der Compiler für die iterativen Schleifendurchläufe parallelen Code erzeugen kann, d. h. der Schleifencode wird unabhängig voneinander durchlaufen und kann konfliktfrei parallel ausgeführt werden, dienen die INDEPENDENT–Direktive und für Zählschleifen die FORALL-Anweisung, wie z. B.:

FORALL (I = 1 : 100) A(I,2) = C(I,5,1)

Daneben existieren noch parallele Zuweisungen, wie z. B.:

M(1:N,7) = 0.5.

2. *High Performance Java* (*HPJava*) ist eine Umgebung für wissenschaftliche und parallele Programmierung unter Java. HPJava unterstützt paralleles Programmieren auf verteilten und gemeinsamen Speichern – besonders für Datenparallelität und verteilten Feldern ähnlich wie bei High Performance Fortran. HPJava erweitert Java mit multidimensionalen Feldern (multiarray) mit Eigenschaften ähnlich den Feldern in Fortran. Das HPJava Development Kit steht im Web unter [PTLHP 07] zum Herunterladen bereit.

Das *Java Grande Forum* (*JGF*) [JGF 07] versucht, eine zum Einsatz in High Performance Anwendungen besser geeignete Java-Umgebung zu definieren; z. B. durch neue Schlüsselwörter `strictfp` und `fastfp` für eine CPU und Floating Point-Einsatz mit neuen Klassen für mehrdimensionale Felder oder durch Festlegen einer Schnittstelle für das Message Passing Interface.

5.2 Überblick kooperative Modelle

5.2.1 Lokalisierung des Kooperationspartners (Broker)

Will ein Prozess kooperativ mit einem anderen Prozess zusammenarbeiten und somit einen Dienst des anderen Prozesses aufrufen, so muss er die Adresse (den Rechner) des Kooperationspartners kennen. Die Lokalisierung des Kooperationspartners kann auf folgende Art und Weise geschehen:

1. Durch direkte Angabe der Adresse des Partners (*statisches Binden*).
2. Durch Umsetzen eines logischen Namens des Kooperationspartners in eine physikalische Adresse über einen Broadcast oder über einen Broker (*dynamisches Binden*).

Im Fall 1 erfolgt das Binden eines Partners mit einem entsprechenden Aufruf statisch bei der Übersetzung des aufrufenden Programms. Falls der Partner auf einer anderen Maschine laufen soll oder falls sich die Schnittstelle des Partners ändert, müssen bei diesem Verfahren diejenigen Programme, welche Aufrufe an den Partner vornehmen, gefunden und neu übersetzt werden. Die Anwendung ist dadurch von einer konkreten Systemkonfiguration und speziell von den Netzwerkadressen abhängig.

Im Fall 2 kann das Binden dynamisch bei Beginn des Programmablaufs oder gar erst bei der Ausführung des Aufrufes erfolgen. Die Indirektion über einen Broker ermöglicht eine Änderung der Adressen des Partners, ohne dass der andere Partner davon beeinträchtigt ist. Dadurch können dynamische Systemrekonfigurationen und mobile Partner unterstützt werden.

Zum dynamischen Binden muss ein Mechanismus zum Exportieren der angebotenen Aufrufschnittstellen (Dienstes) existieren. Das bedeutet, der Server sendet seinen Namen, seine Versionsnummer, eine Identifikation, möglicherweise weitere Informationen und seine Adresse zu einem **Broker**.

Die Adresse ist dabei systemabhängig und kann eine Ethernet-Adresse, eine IP-Adresse, eine X.500-Adresse oder eine Prozessidentifikation sein. Zusätzlich kann noch weitere umfangreiche Information, z. B. die Authentifikation betreffend, mitgeschickt werden. Der Broker trägt dann den Namen des Dienstes und seine Adresse in eine Namenstabelle ein. Dieser Vorgang heißt **Registrierung** des Dienstes. Soll ein Dienst nicht mehr länger zur Verfügung stehen, so kann der Namenstabelleneintrag durch **Deregistrierung** gelöscht werden. Dazu muss der Broker eine bekannte und feste Adresse haben; diese Adresse für den Broker ist beispielsweise bei RPCs immer die Adresse 111. Eine andere Möglichkeit, die im Internet genutzt wird, ist, den logischen Namen des Brokers über das Domain Name System (DNS) aufzulösen. Mit der erhaltenen IP-Adresse von dem Broker kann dann der Broker angesprochen werden und die Adresse des Dienstes ermittelt werden.

Nach der Registrierung des Aufrufes steht der Aufruf mit seiner Adresse im Netz zur Verfügung. Ein Client kann dann den Dienst in folgenden Schritten in Anspruch nehmen:

1. Ein Client fragt nach der Adresse des Dienstes beim Broker nach.
2. Der Broker gibt dem anfragenden Client die Adresse des Servers, der den Dienst anbietet.
3. Mit der Adresse des Servers kann der Client den Dienst des Servers aufrufen.
4. Der Server führt den Dienst aus, und der Server gibt das Ergebnis des Aufrufes an den Client zurück.

Die kooperativen Nachrichten- und Aufrufmodelle folgen alle dem in Abb. 5.1 dargestellten Dreieck Client-Broker-Server.

5.2.2 Datenrepräsentation auf unterschiedlichen Maschinen

Bei der Nachrichtenübertragung sind wir davon ausgegangen, dass die beiden Kooperationspartner eine identische Datendarstellung benutzen. Ein großes verteiltes System enthält jedoch verschiedene Maschinen. Jede dieser Maschinen benutzt eine andere Repräsentation für Zahlen, Characters und andere Daten. Beispielsweise benutzen IBM-Großrechner EBCDIC-Code zur Darstellung von Characters, während Personal Computer und Minicomputer ASCII-Code verwenden. Ähnliche Probleme treten mit der Darstellung von Ganzzahlen und Gleitkommazahlen auf. Manche Maschinen benutzen für Ganzzahlen das Einerkomplement und manche das Zweierkomplement. Bei Gleitkommazahlen variieren die Größe der Mantisse und des Exponenten von Maschine zu Maschine, falls nicht ein genormtes Format (ANSI/IEEE 754-Gleitkommazahlen-Format) verwendet wurde.

Ein weiteres Problem ist durch die Ablage der Bytes im Speicher gegeben. Entweder liegt das niederwertigste Byte auf der niedrigsten Speicheradresse oder umgekehrt,

5.2 Überblick kooperative Modelle

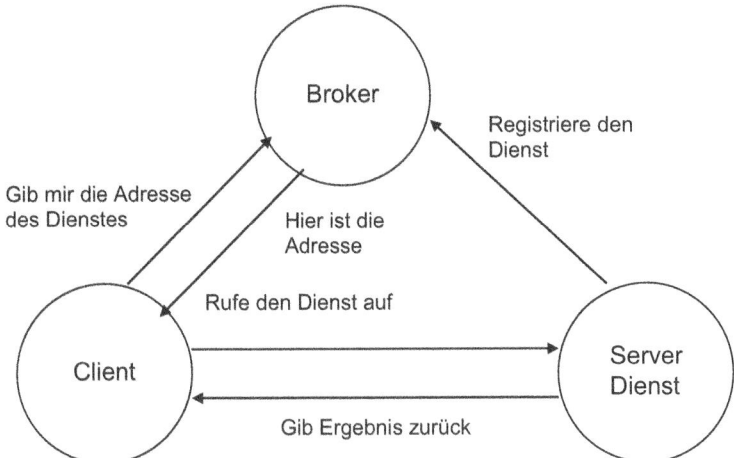

Abb. 5.1 Dreieck Client-Broker-Server

das höchstwertige Byte liegt auf niedrigster Speicheradresse. Die beiden Byte-Ordnungen heißen *little endian* bzw. *big endian*. Intel-, National Semiconductor Prozessoren und VA-Xen benutzen das little endian-Format, während Motorola-Prozessoren, die IBM 370 und Sparc-Rechner das big endian-Format benutzen.

Nachrichten werden Byte für Byte über das Netzwerk geschickt. Dadurch ist das erste abgeschickte Byte auch das erste Byte, das ankommt. Sendet eine Maschine mit Datendarstellung little endian an eine Maschine mit Datendarstellung big endian, so wird das niederwertigste Byte zum höchstwertigen Byte. Beispielsweise wird eine Integer-Zahl 1 zu 2^{24}, da Bit 0 im little endian-Format zu Bit 24 wird im big endian-Format.

Mit Information über die Typen der einzelnen Parameter, kann von einer Datendarstellung in eine andere Datendarstellung (big endian – little endian, EBCDIC – ASCII, Einerkomplement – Zweierkomplement) gewandelt werden. Dabei muss die zu übertragende Nachricht eine Indikation enthalten, welches Datenformat vorliegt. Der Client-Stub hängt dabei vor die Nachricht die Indikation des verwendeten Formats. Kommt die Nachricht beim Server-Stub an, überprüft er das verwendete Datenformat des Clients. Stimmt das Datenformat des Clients mit seinem eigenen überein, braucht nicht gewandelt zu werden.

Liegt keine Übereinstimmung vor, wandelt er die Nachricht vom fremden Datenformat in sein eigenes Datenformat um. Hängen im Netz n verschiedene Maschinen mit verschiedenen Datendarstellungen, sind dafür ***n * (n − 1) Konvertierungsroutinen*** notwendig. Die Anzahl der Konvertierungsroutinen für einen Datentyp steigt dadurch quadratisch mit der Anzahl n der Maschinen.

Diese Anzahl lässt sich auf 2 * n reduzieren (der Anstieg ist nur linear), falls ein maschinenunabhängiges Netzwerkdatenformat (Transferformat) verwendet wird. Der Client-Stub wandelt dabei die eigene Datendarstellung in die Netzwerkdatendarstellung. Die

Nachricht wird dann in der Netzwerkdatendarstellung übertragen, und der Server-Stub wandelt die Netzwerkdatendarstellung wieder in seine eigene Datendarstellung um. Ein Nachteil dieses Verfahrens ist, dass zwei unnötige Konvertierungen durchgeführt werden, falls beide Maschinen gleich sind und somit die gleiche Datendarstellung benutzen. Außerdem ist die direkte Konvertierung effizienter, da nur ein Konvertierungsvorgang pro Aufruf oder Rückmeldung erforderlich ist, während bei einem maschinenunabhängigen Transferformat zwei Konvertierungen nötig sind.

Dem Xerox Courier RPC-Protokoll unterliegt ein Datenrepräsentationsstandard, den sowohl die Clients als auch der Server verwenden müssen. Es ist die big endian-Reihenfolge. Die maximale Größe irgendeines Feldes beträgt 16 Bit. Zeichen werden in dem *16-Bit-Xerox-NS-Zeichensatz* verschlüsselt. Dieser benutzt 8-Bit-ASCII für normale Zeichen, wobei auf andere spezielle Zeichensätze wie beispielsweise Griechisch ausgewichen werden kann. Der griechische Zeichensatz ist sinnvoll, wenn z. B. ein mathematischer Text an bestimmte Drucker gesendet wird.

Der von Sun RPC verwendete Datenrepräsentationsstandard heißt *eXternal Data Representation (XDR)*. Er besitzt eine big endian-Reihenfolge, und die maximale Größe irgendeines Feldes beträgt 32 Bit.

Anstelle eines einzigen Netz-Standards unterstützt **NDR (Network Data Representation)** mehrere Formate. Dies ermöglicht dem Sender, sein eigenes internes Format zu benutzen, falls es eines der unterstützenden Formate ist. Der Empfänger muss, falls sich sein Format von dem des Senders unterscheidet, dieses in sein eigenes Format umwandeln. Dies wird als die Methode „der Empfänger wird es schon richten" bezeichnet. Diese Technik besitzt dadurch den Vorteil, dass wenn zwei Systeme mit gleicher Datenrepräsentation miteinander kommunizieren, sie überhaupt keine Daten umzuwandeln brauchen.

XDR und NDR benutzen das so genannte *implizite Typing*. Das bedeutet, dass nur der Wert einer Variablen über das Netz geschickt wird und nicht der Variablentyp. Im Gegensatz dazu verwendet das von der ISO (International Standards Organization) definierte Transferformat (Transfersyntax) das *explizite Typing*. Die dazugehörige Beschreibung von Datenstrukturen ist in der Beschreibungssprache ASN.1 (Abstract Syntax Notation 1) gegeben. ASN.1 überträgt den Typ jedes Datenfeldes (verschlüsselt in einem Byte) zusammen mit dessen Wert in einer Nachricht. Wenn beispielsweise eine 32-Bit-Integer übertragen werden soll, so würde bei impliziten Typing nur der 32-Bit-Wert über das Netz übertragen. Bei explizitem Typing in ASN.1 würde dagegen ein Byte übermittelt, welches angibt, dass der nächste Wert ein Integer ist. Dem folgen ein weiteres Byte, das die Länge des Integer-Feldes in Byte angibt, sowie ein, zwei, drei oder vier Bytes, die den tatsächlichen Wert des Integers enthalten.

5.2.3 Nachrichtenbasierte Modelle

Die auf einem Cluster oder Grid ablaufenden Programme sind parallele Programme, die durch einen Nachrichtenaustausch miteinander kommunizieren können. Jedes parallele

5.2 Überblick kooperative Modelle

Programm benötigt Funktionen zum Senden und Empfangen von Daten oder Nachrichten. Für den Nachrichtenaustausch stehen zur Verfügung:

1. ***TCP/IP-Sockets*** mit den Send- und Receive-Funktionen. Die Programmierung, welche die auf TCPI/IP basierende Socket API benutzen und zur Absicherung des Nachrichtenverkehrs das Secure Socket Layer (SSL) einsetzen, bezeichnet man als ***Netzwerkprogrammierung*** [Z 06]. Für synchrone Nachrichtenübertragung sind Sockets das meist verbreitete und am besten dokumentierte Nachrichtenübertragungssystem. Jedes Betriebssystem bietet Sockets an, und sie sind dadurch der de facto-Standard für Netzwerkapplikationen auf TCP/IP-Netzen. Sockets wurden 1981 im Rahmen eines DARPA (Defense Advanced Research Projects Agency)-Auftrages an der University of California at Berkeley entwickelt und sind dadurch im 4.3BSD (Berkeley Software Distribution) Unix-System enthalten. 1986 führte AT&T das Transport Layer Interface (TLI) ein, das die gleichen Funktionalitäten wie Sockets anbietet, jedoch in einer mehr netzwerkunabhängigen Art. Unix SVR4 enthält beides, Sockets und TLI, aber wie schon erwähnt sind Sockets weiter verbreitet. BSD-Sockets und TLI sowie ihre Programmierung sind bei Stevens [S 92] und Padovano [P 93] beschrieben. Eine Beschreibung der bei den Windows-Betriebssystemen zur Verfügung gestellten Sockets, die so genannten WinSock, ist in [Bo 96] enthalten. TCP/IP-Sockets sind in allen Betriebssysteme eingebettet, und ***OpenSolaris,*** ein Open-Source-Projekt von Sun Microsystems, dürfte zur Zeit wohl die effizienteste Implementierung des TCP/IP-Stacks und damit der Socket-API anbieten. Die Programmierung und den Umgang mit der Socket-API in den Programmiersprachen C, Java, Python, Perl, Ruby und Tcl beschreibt Jones [J 04]. Weiterhin besitzt die Programmiersprache Java diverse Klassen zur Socketprogrammierung [J 99]. Abschnitt 5.9 führt in die Socketprogrammierung ein.

2. ***Java Message Service (JMS)***: Nachteilig bei TCP/IP-Sockets ist der synchrone Nachrichtenaustausch. Ein Client versendet eine Nachricht, daraufhin wird er blockiert, und er muss warten bis eine Rückantwort zurückkommt. Bei asynchroner Kommunikation kann ein Client eine Nachricht an einen Message Service (***Message-Server***) senden und sofort in seinem Programmlauf fortfahren, ohne auf die Rückmeldung des Kommunikationspartners warten zu müssen. Ein weiterer Vorteil der asynchronen Nachrichtenübertragung liegt darin, dass Sender und Empfänger durch den dazwischenliegenden Message-Server nur lose gekoppelt sind. Sie brauchen daher nicht die gleiche Technologie zu verwenden. Unterschiedliche Clients senden ihre Nachricht, die mit einem Bestimmungsort versehen ist, an den Message-Server. Der Empfänger bekommt die Nachricht von dem Message-Server und verarbeitet sie.
Der ***Java Message Service (JMS)*** stellt einen zentralen Message-Server zur Verfügung, dessen Implementierung in der JMS-Spezifikation JMS Provider heißt. Eine JMS-Anwendung besteht aus vielen JMS-Clients und gewöhnlich einem JMS Provider.

Die Komponenten einer JMS-Anwendung heißen:
- **Producer**, für den Clientteil einer Anwendung, welcher die Nachricht erzeugt und an das Ziel (Destination) verschickt.
- **Destination**, für ein Objekt, über welches der Client den Bestimmungsort einer Nachricht beim Senden bzw. Empfangen spezifiziert.
- **Consumer**, für den Teil der Anwendung, der die Nachricht von ihrem Ziel empfängt und verarbeitet.

JMS stellt zwei Nachrichtenmodelle zur Verfügung, die in der JMS-Spezifikation **Messaging Domains** genannt werden:
1. *Point-to-Point*-Modell (PTP, 1 : 1-Kommunikation) siehe Abb. 5.2a: Der Erzeuger erzeugt eine Nachricht und verschickt diese über einen virtuellen Kanal, der Queue genannt wird. Eine Warteschlange (Queue) kann viele Empfänger haben, aber nur ein Empfänger kann die Nachricht konsumieren. PTP bietet einen `QueueBrowser`, der einem Client erlaubt, den Inhalt der Queue zu inspizieren, bevor er die Nachricht konsumiert.
2. *Publish/Subscribe*-Modell (Pub/Sub, 1:m-Kommunikation) siehe Abb. 5.2b: Ein Erzeuger produziert die Nachricht und verschickt diese über einen virtuellen Kanal, der Topic genannt wird (*publish*). Ein oder mehrere Empfänger können sich zu einem Topic verbinden (*subscribe*). Jeder zu dem Topic registrierter Empfänger erhält dann eine Kopie der Nachricht.

Das Application Programming Interface für den Message Server ist in Abschn. 5.10 beschrieben.

5.2.4 Entfernte Aufruf-Modelle

Die bisher vorgestellten Modelle basierten darauf, dass das verteilte System bereits in Clients, Server oder verteilte Prozessen untergliedert ist und somit schon die verteilte Struktur vorliegt. Diesem Programmiermodell liegt das Senden und Empfangen von Nachrichten zwischen den Prozessen als Basis der Verteilung zugrunde. Es entspricht dadurch weniger der Vorstellung, die vorhandene, nicht verteilte Anwendung auf mehrere Rechner zu verteilen. Eine noch nicht verteilte monolithische Anwendung lässt sich als eine Ansammlung von Prozeduren betrachten. Diese Ansammlung von Prozeduren teilt man dann in Proceduraufrufer und damit Clients und die Prozedur selbst, die dadurch zu einem Server wird. Man prägt also nachträglich der monolithischen Struktur eine Client-Server-Struktur auf und verteilt die Prozeduren auf mehrere Rechner. Durch dieses Vorgehen erscheint die verteilte Abarbeitung der Prozeduren wie eine zentralisierte Abwicklung der Prozeduren. Das verteilte System stellt sich dem Benutzer dadurch wie ein zentrales monolithisches System dar. Voraussetzung für dieses Vorgehen ist, dass ein Programm (Prozedur) eine Prozedur auf einer anderen Maschine aufrufen kann; d. h. es müssen **entfernte Prozeduraufrufe** (*Remote Calls, RCs*) vorliegen.

5.2 Überblick kooperative Modelle

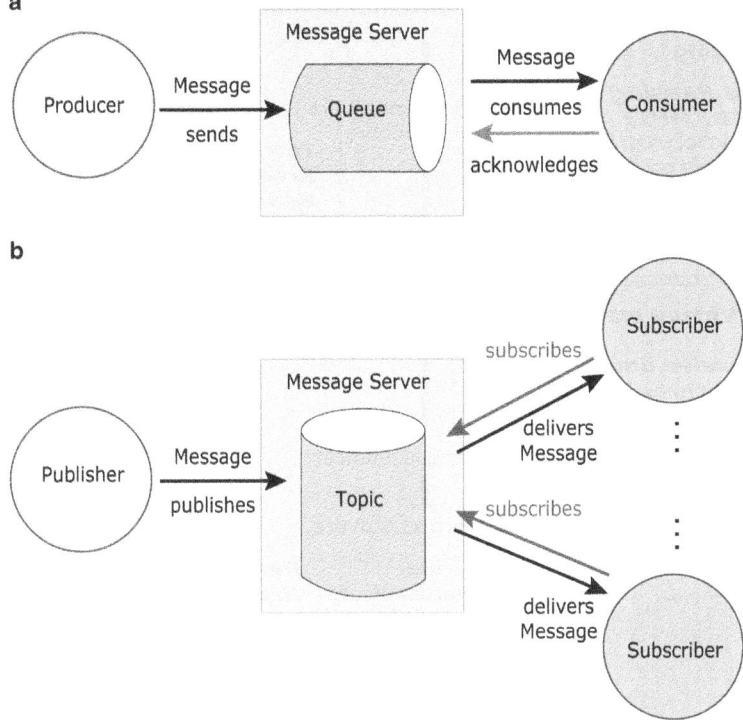

Abb. 5.2 PTP versus Pub/Sub. **a** Point-to-Point Messaging (PTP), **b** Publish/Subscribe Messaging (Pub/Sub)

Die entfernten Aufrufmodelle (siehe Abschn. 5.11) gehen von

- entfernten Prozeduraufrufen, den sogenannten Remote Procedure Calls – RPCs (Abschn. 5.11.3), hin zu
- entfernten Objekt- und somit Methodenaufrufen mit der Common Object Request Broker Architecture – CORBA (Abschn. 5.11.4) und den auf Java basierenden Remote Method Invocation- RMI (Abschn. 5.11.5), weiter zu
- entfernten Komponentenaufrufen, dem Distributed Component Object Model (DCOM) und dem .NET Remoting (Abschn. 5.11.6) bis hin zu
- entfernten Serviceaufrufen mit den Web Services (Abschn. 5.11.7) und dem vereinfachten Serviceaufruf, dem XML-RPC (Abschn. 5.11.7.2).

Abbildung 5.3 zeigt überblickshaft die Programmiermodelle für gemeinsamen und verteilten Speicher, wobei zwischen den nebenläufigen und kooperativen Modellen unterschieden wird.

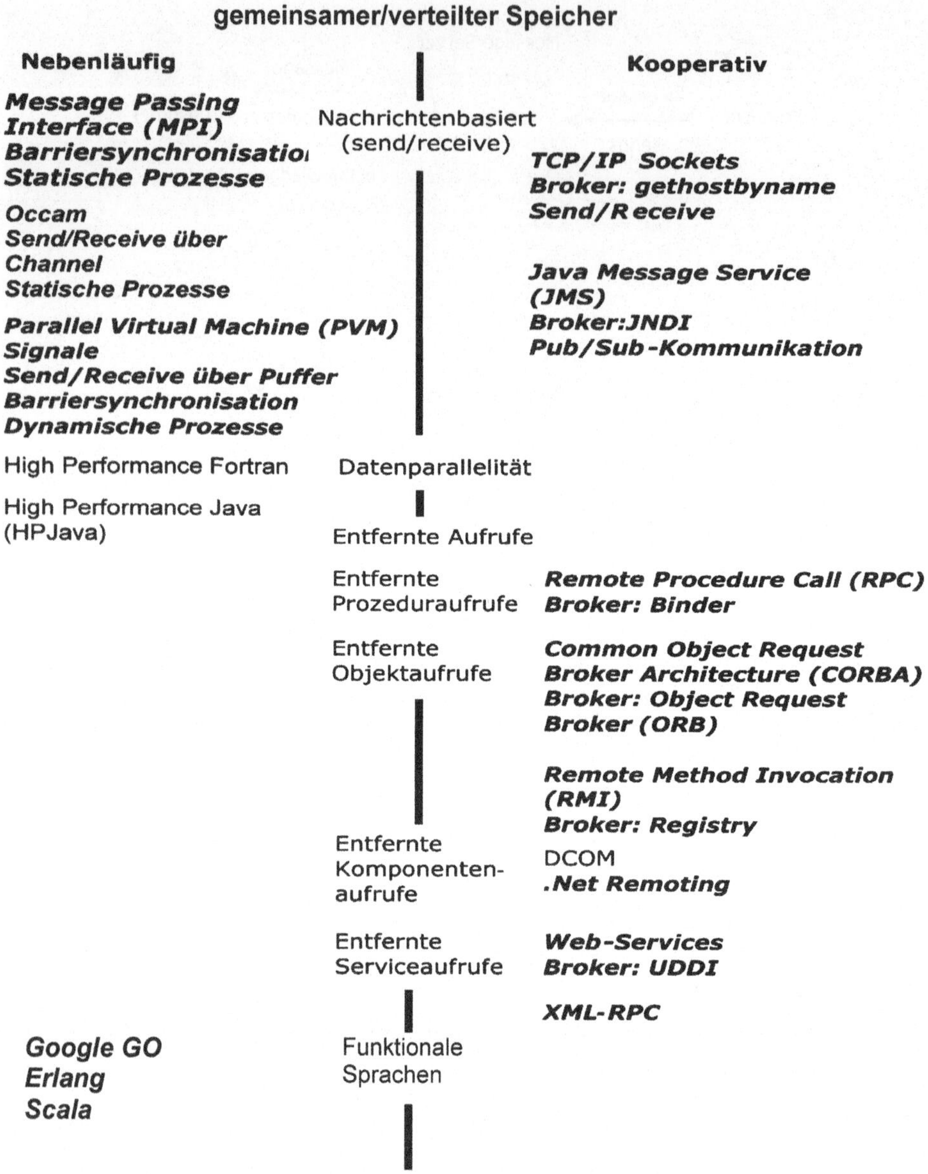

gemeinsamer/verteilter Speicher

Nebenläufig		Kooperativ
Message Passing Interface (MPI) **Barriersynchronisation** **Statische Prozesse**	Nachrichtenbasiert (send/receive)	
		TCP/IP Sockets **Broker: gethostbyname** **Send/Receive**
Occam **Send/Receive über Channel** **Statische Prozesse**		
		Java Message Service (JMS) **Broker: JNDI** **Pub/Sub-Kommunikation**
Parallel Virtual Machine (PVM) **Signale** **Send/Receive über Puffer** **Barriersynchronisation** **Dynamische Prozesse**		
High Performance Fortran	Datenparallelität	
High Performance Java (HPJava)		
	Entfernte Aufrufe	
	Entfernte Prozeduraufrufe	**Remote Procedure Call (RPC)** **Broker: Binder**
	Entfernte Objektaufrufe	**Common Object Request Broker Architecture (CORBA)** **Broker: Object Request Broker (ORB)**
	Entfernte Komponentenaufrufe	**Remote Method Invocation (RMI)** **Broker: Registry** DCOM **.Net Remoting**
	Entfernte Serviceaufrufe	**Web-Services** **Broker: UDDI**
		XML-RPC
Google GO Erlang Scala	Funktionale Sprachen	

Abb. 5.3 Programmiermodelle für gemeinsamen/verteilten Speicher

5.3 Message Passing Interface (MPI)

Das *Message Passing Interface* (*MPI*) ist eine von IEEE standardisierte Kommunikationsbibliothek für die Programmiersprechen C, C++, Fortran 77 und Fortran 90. Das MPI-Forum [MPI 94], eine internationale Entwicklergemeinschaft aus Vertretern der Industrie, Universitäten und Forschungseinrichtungen, entwickelt MPI seit 1992. Im Jahr 1995 erschien *MPI-1*, die erste Version des Standards, 1997 erschien mit *MPI-2* die zweite Version. Das Konsortium *Open MPI* [OM 07] stellt eine Open Source MPI-2-Implementation zur Verfügung. Bei MPI-2 [GHL 00], [BM 06] kam zusätzlich die dynamische Prozesserzeugung und Prozessverwaltung und die parallele Ein- und Ausgabe hinzu.

5.3.1 Dynamische Prozesse

Bei MPI-1 muss die Anzahl von Prozessen einer MPI-Anwendung konstant sein. Beim Start der Anwendung wird sie festgelegt und kann im Nachhinein nicht mehr verändert werden. Unter MPI-2 können Prozesse bei Bedarf und somit dynamisch erzeugt werden. Des Weiteren können, getrennt gestartet, unabhängige MPI-Programme miteinander kommunizieren. Dies ermöglicht, Client Server-Anwendungen mit gehenden und kommenden Clients mit MPI-2 zu realisieren.

5.3.2 Schreib- und Lesefunktionen

Der MPI-Standard stellt eine Vielzahl von Schreib- und Lesefunktionen zur Verfügung. Diese Funktionen orientieren sich an den nachfolgend vorgestellten unterschiedlichen Sende- und Empfangsfunktionen. MPI-2 stellt eine Dateisystemschnittstelle mit paralleler Semantik zur Verfügung. Die Schnittstelle ist architekturunabhängig und abstrahiert von den Unterschieden bei verschiedenen parallelen Dateisystemen, wie NFS, PVFS oder GPFS. Auf diesen verschiedenen parallelen Dateisystemen basiert die Implementation des MPI-2-Dateisystems.

Anleitungen für MPI mit Beispielen in C und Fortran sind in [GLS 99, GLS 07, GLT 99] enthalten. Das komplette Referenzmanual zu MPI liegt in [GOH 98] und [SOH 00] vor, und eine Beschreibung der C-Schnittstelle des MPI-Standards ist im Anhang von [BM 06] beschrieben. Die offizielle Version der MPI-Dokumentation stellt das MPI-Forum online [MPI 07] zur Verfügung. Der folgende Abschnitt gibt nur einen Überblick über die MPI-Funktionen und enthält nicht alle Funktionen der MPI-Bibliothek. Um einen vollständigen Überblick zu erhalten, sollte man auf die Referenz-Handbücher zu MPI zurückgreifen.

5.3.3 Implementationen von MPI

Es existieren MPI-Implementationen für viele Hardware-Plattformen von kommerziellen Anbietern und frei erhältliche diverse Implementierungen des MPI-Standards:

- MPICH, MPICH2 [MPC 07] ist eine am Argonne National Laboratory entwickelte freie MPI-Implementierung. MPICH2 ist eine komplette Neuentwicklung des Argonne National Laboratory. Die neuste Version MPICH-2 unterstützt neben TCP/IP-Netzen auch Infiniband.
- MPICH-GM ist eine auf MPICH basierende MPI-Implementation von Myricom für Myrinet.
- MPICH G2 [MPG 07] ist ein Abkömmling von MPICH, die auf einem Clusterverbund und somit einem Grid läuft. Die Bibliothek setzt auf dem Globus Toolkit auf, das die Unterschiede zwischen den verschiedenen Clustern überbrückt.
- Intel MPI Library [MPII 07]: Es handelt sich um eine auf MPICH2 basierende kommerzielle MPI-Implementierung von Intel. Die Bibliothek unterstützt Infiniband.
- Scali MPI Connect [MPIS 07] ist eine kommerziell von Scali vertriebene MPI-Implementation, die TCP/IP-, Ethernet-, SCI-, Myrinet- und Infiniband-Netze unterstützt.
- MPI/Pro [MPIV1 07] ist eine kommerzielle MPI-Implementation, die unter Linux, MAC OS X und Windows läuft. ChaMPIon/Pro [MPIV2 07] ist eine weitere kommerzielle MPI-Implementation, welche die Kommunikation unter TCP/IP, Shared Memory, Myrinet, Infiniband und Quadrics unterstützt. Die MPI-Implementation ist multithreaded, wodurch Kommunikation und Berechnung eines MPI-Programmes gleichzeitig abgewickelt werden können.
- LAM/MPI [LM 07]. LAM steht für *L*ocal *A*rea *M*ulticomputer und ist Bestandteil der meisten Linux-Distributionen und somit frei erhältlich. LAM/MPI implementiert den Standard MPI-1 vollständig und den Standard MPI-2 fast vollständig. Es unterstützt TCP/IP-, Infiniband- und Myrinet-Netze.
- Zum Starten von MPI-Programmen und zum Teil auch für die Kommunikation verwendet LAM/MPI einen Dämon. Dieser Dämon muss auf allen Knoten gestartet werden und muss vor Start des MPI-Programmes laufen.
- LAM/MPI unterstützt heterogene Cluster und ist Gridfähig. Bei Grids wird auf das Globus Toolkit zurückgegriffen. LAM/MPI stellt zur Compilation und Ausführung eine komfortable Laufzeitumgebung zur Verfügung, die überblickshaft folgende Komponenten umfasst:

  lamboot – LAM-Universum starten.
  lamshrink – LAM-Universum schrumpfen.
  lamgrow – LAM-Universum vergrößern.
  lamhalt – LAM-Universum stoppen.
  lamwipe – LAM-Universum stoppen (langsam).
  laminfo – Information über LAM-Konfiguration ausgeben.

lamnode – Information über LAM-Knoten ausgeben.
lamclean – LAM-System aufräumen Universum schrumpfen.
lamexec – Nicht-MPI-Programm auf LAM-Knoten starten.
mpicc – C-Wrapper-Compiler.
mpic++ – C++-Wrapper-Compiler.
mpif77 – FORTRAN-Wrapper-Compiler.
mpirun – MPI-Programm auf LAM-Knoten starten.
mpiexec – MPI-Programm auf LAM-Knoten starten.
mpitask – MPI-Programm überwachen.

5.3.4 MPJ

Message Passing in Java (MPJ) [CGJ 00] ist ein objektorientiertes Interface für die Standardbibliothek MPI. Das Interface *mpiJava* ist keine Erweiterung von Java, sondern auf kompatible Java-Entwicklungsumgebungen und MPI-Umgebungen portierbar. mpiJava kann unter [PTL 07] heruntergeladen werden.

5.3.5 Initialisieren und Beenden von Prozessen

Die Schnittstelle zur MPI-Bibliothek ist in mpi.h enthalten. In mpi.h sind alle MPI-Funktionen deklariert und die MPI-spezifischen Konstanten definiert. Alle Bezeichner in mpi.h beginnen mit MPI_. Bei Konstanten besteht der Rest aus Großbuchstaben (z. B. MPI_DOUBLE). Bei Funktionen folgen ein oder mehrere durch Tiefstriche getrennte Worte, wobei nur der erste Buchstabe des ersten Wortes großgeschrieben wird (z. B. MPI_Init).

Neben den benutzerdefinierten Datentypen stellt MPI einige vordefinierte Datentypen bereit, die Maschinenunabhängigkeit garantieren. Diese sind:

MPI_BYTE

MPI_CHAR

MPI_DOUBLE

MPI_FLOAT

MPI_INT

MPI_LONG

MPI_LONG_DOUBLE

MPI_PACKED

MPI_REAL

MPI_SHORT

MPI_UNSIGNED
MPI_UNSIGNED_CHAR
MPI_UNSIGNED_LONG
MPI_UNSIGNED_SHORT

5.3.5.1 MPI_Init

Um das MPI-System zu initialisieren, ist ein Aufruf der Funktion `MPI_Init` nötig. `MPI_Init` muss vor allen anderen MPI-Funktionen aufgerufen werden und darf nicht mehrfach aufgerufen werden.

```
int MPI_Init(int *argc , char ***argv);
```

Die Bedeutung der beiden optionalen Argumente `argc` und `argv` ist identisch mit den Kommandozeilen-Argumenten der C-main-Funktion. `argc` ist ein Pointer auf die Anzahl der übergebenen Argumente (Pointer auf das erste Argument der main-Funktion) und argv ist ein Pointer auf den Argumentvektor (Pointer auf das zweite Argument der main-Funktion).

Auch MPI-Programme, die keine Kommandozeilenargumente abfragen, müssen die Parameter `argc` und `argv` angeben, denn diese werden an die Initialisierungsfunktion MPI_Init weitergereicht. Ein Test, ob die `MPI_Init` bereits aufgerufen wurde, geschieht mit der Funktion

```
int MPI_Initialized(int *flag);
```

`flag` hat den Wert `TRUE`, wenn `MPI_Init` bereits aufgerufen wurde, ansonsten `FALSE`.

5.3.5.2 MPI_Finalize

Zum Beenden einer MPI-Umgebung dient die Funktion

```
int MPI_Finalize();
```

Alle MPI-Prozesse müssen diese Routine vor ihrer Beendigung aufrufen.

5.3.6 Kommunikator und Rang

Ein *Kommunikator* ist eine Gruppe von Prozessen, die sich zueinander Nachrichten senden und somit zusammen arbeiten. Nach der Initialisierung durch `MPI_Init` existiert bereits der vordefinierte Kommunikator oder die Gruppe `MPI_COMM_WORLD`, die den Typ `MPI_Comm` besitzt. Er enthält die Gruppe aller gestarteten Prozesse (Prozessstart mit `mpirun` oder `mpiexec`). Ein Kommunikator definiert einen Raum, den eine Nachricht nicht verlassen kann.

5.3.6.1 MPI_Comm_size und MPI_Comm_rank

Zur Abfrage der gestarteten Prozesse innerhalb eines Kommunikators dient die Funktion

```
int MPI_Comm_size(MPI_Comm Comm, int *size);
```

Der erste Parameter ist der Kommunikator und `MPI_Comm_size` liefert im zweiten Parameter die Anzahl p der Prozesse. Die p Prozesse eines Kommunikators sind von 0 bis p − 1 durchnummeriert. Die Nummer eines Prozesses ist sein **Rang**.

Der Rang eines Prozesses innerhalb des Kommunikators bestimmt die Funktion

```
int MPI_Comm_rank(MPI-Comm comm, int *myrank)
```

mit ihrem zweiten Argument.

Die Differenzierung der Prozesse nach ihrem Rang erlaubt mehrere parallele Prozesse, welche das gleiche Aussehen haben, aus dem gleichen Programmcode zu generieren. Über den Rang der Prozesse kann dann der Kontrollfluss in verschiedenen Prozessen unterschiedlich gesteuert werden.

Die Funktion

```
int MPI_Get_processor_name(char *Name, int *len)
```

liefert den Namen der Maschine zurück, auf der der aufrufende Prozess läuft. Dieser Name stimmt mit dem Namen überein, welcher die C-Funktion `gethostbyname` liefert.

5.3.7 Blockierendes Senden und Empfangen

Der grundlegende Kommunikationsmechanismus bei MPI ist die Punkt-zu-Punkt-Kommunikation (1:1-Kommunikation). Bei dieser Kommunikation sendet ein Prozess eine Nachricht an einen empfangenden Prozess. Der sendende Prozess wartet dabei, bis der empfangende Prozess an der Empfangsanweisung steht, und der empfangende Prozess wartet bis der sendende Prozess an der Sendeanweisung steht. Diese Interaktion (blockierendes Senden und Empfangen) heißt **Rendezvous** (siehe Abschn. 4.8.1).

Die Funktion zum blockierenden Senden von Daten ist:

```
int MPI_Send(void *buf, int count,
             MPI_Datatype type, int dest,
             int tag, MPI_Comm comm);
```

Der erste Parameter `buf` enthält die Adresse der zu versendenden Daten, und im Parameter `count` steht die Anzahl der zu versendenden Daten. Der Parameter `type` beschreibt den Typ, der zu versendenden Datenelemente. Der Empfänger der Daten ist durch `dest` und `comm` festgelegt. Der Parameter `dest` gibt den Rang des Prozesses in der Gruppe (Kommunikator) comm an (Standardgruppe ist MPI_COMM_WORLD). Der Parameter tag ist ein **Etikett**, das der Sender dem Empfänger übermittelt, um die Art der Nachricht anzuzeigen. Die Prozesse tauschen gewöhnlich viele Nachrichten aus, bei denen die Daten vom gleichen Typ, aber von unterschiedlicher Bedeutung sind. Ein Etikett (tag) bietet die Möglichkeit, dass der Empfänger die Nachricht selektieren kann.

Die zu MPI_Send korrespondierende Funktion zum Empfangen ist:

```
int MPI_Recv(void *buf, int maxbuf,
             MPI_Datatype type,
             int source,int tag,
             MPI_Comm comm,
             MPI_Status &status);
```

Die ersten sechs Parameter korrespondieren zu den Parametern von MPI_Send. Der Empfangsbuffer buf muss ein vom Empfänger bereitgestellter Speicher sein, der mindestens maxbuf Datenelemente des Typs type aufnehmen kann. source gibt den Rang des Senders an, um sicherzugehen, dass der Empfänger auch die richtige Nachricht erhält.

Es gibt eine vordefinierte Konstante MPI_ANY_SOURCE, falls ein Prozess von irgendeinem Sender eine Nachricht empfangen will. Die Variable status vom Typ MPI_STATUS ist eine Struktur mit den Komponenten

```
typedef struct{int MPI_SOURCE;
               int MPI_TAG;
               int MPI_ERROR;
               ...
              } MPI_Status;
```

Wurde die Nachricht mit MPI_ANY_SOURCE empfangen, so kann der Empfänger mit status.MPI_SOURCE sowohl den Rang des Absenders, als auch das Etikett mit status.MPI_TAG der Nachricht abfragen.

Die Punkte in MPI_Status stehen für weitere Komponenten, auf die mit der Funktion

```
int MPI_Get_count(MPI_Status *status,
                  MPI_Datatype type,
                  int *count);
```

zugegriffen wird. MPI_Get_count liefert in count die Anzahl der tatsächlich übertragenen Elemente. Eine typische Anwendung von MPI_GET_Count ist das Sondieren einer eingehenden Nachricht mit

```
int MPI_Probe(int src, int tag,
              MPI_Comm comm,
              MPI_Status *stat);
```

5.3 Message Passing Interface (MPI)

`MPI_Probe` kehrt zum Aufrufer zurück, sobald eine Nachricht vom Absender `src` mit Etikett `tag` zum Empfang vorliegt. Die Nachricht selbst wird dabei nicht empfangen, jedoch wird die Statusvariable gesetzt. Der Empfänger kann mit `MPI_Get_Count(&status, ...)` die Größe der Nachricht ermitteln, kann genügend Speicherplatz reservieren und die Nachricht schließlich mit `MPI_Recv` empfangen.

Der MPI-Standard bietet vier Modi für das blockierende Senden an:

- Standardmodus: MPI_Send,
- Gepufferter Modus: MPI_Bsend,
- Synchroner Modus: MPI_Ssend,
- Empfangsbereiter Modus: MPI_Rsend.

Beim blockierenden Senden und Empfangen muss dem Senden von einem Prozess eine Empfangsanweisung eines anderen Prozesses gegenüberstehen, sonst entstehen ***Verklemmungen*** (***Deadlocks***). Ein Deadlock zeigt das folgende Programm:

```
Prozess 0:                  Prozess 1:
...                         ...
MPI_Send(dest=1);           MPI_Send(dest=0);
MPI_Recv(src=1);            MPI_Recv(src=0);
...                         ...
```

Das Weiterleiten einer Nachricht durch gleichzeitiges Senden und Empfangen geschieht mit:

```
int MPI_Sendrecv(void *sendbuf, int sendcount,
      MPI_Datatype sendtype,
                  int dest, int sendtag,
void *recvbuf, int recvcount,
MPI_Datatype recvtype,
int src, int srctag,
MPI_Comm comm,
MPI_Status *status);
```

`MPI_Sendrecv` enthält die kombinierten Parameter von `MPI_Send` und `MPI_Recv` und ist wie `MPI_Send` eine blockierende Operation. `MPI_Sendrecv` führt diese beiden Befehle in zwei unabhängigen Verarbeitungssträngen, also quasiparallel aus. Adressat `dest` und Absender `src` dürfen identisch sein. Die beiden Speicherbereiche `sendbuf` und `recvbuf` dürfen nicht identisch sein und dürfen sich auch nicht überlappen, da `MPISendrecv` umkopiert. Das Umkopieren der Daten vom Empfangs- in den Sendepuffer unterbleibt bei der Funktion

```
int MPI_Sendrecv_replace(void *buf, int count,
                 MPI_Datatype type,
             int dest,
                 int sendtag,
             int src,
             int recvtag,
                 MPI_Comm comm,
                 MPI_Status *status);
```

Anzahl und Typ der Daten für beide Richtungen müssen allerdings bei MPI_Sendrecv_ replace identisch sein.

5.3.8 Nichtblockierendes Senden und Empfangen

Für das sofortige (I – Immediate) oder nicht blockierende Senden dient die Funktion `MPI_Isend`. Diese Funktion stößt den sofortigen Transfer an.

```
int MPI_Isend(void *buf, int count,
          MPI_Datatype type,
          int dest, int tag,
          MPI_Comm comm,
          MPI_Request *request);
```

Die Argumente von `MPI_Isend` entsprechen denen von `MPI_Send`, nur das letzte Objekt `request` ist neu hinzugekommen. Request dient zum Abfragen des Endes der Sendeoperation. Das Abfragen geschieht mit den Routinen `MPI_Test` oder beim Warten auf Abschluss der Kommunikation mit `MPI_Wait`.

Das Gegenstück zur Routine `MPI_Isend` ist die nicht blockierende Empfangsoperation `MPI-Irecv`:

```
int MPI_Irecv(void *buf, int maxbuf,
          MPI_Datatype type,
          int source, int tag,
          MPI_Comm comm,
          MPI_Request *request);
```

Die Parameter von `MPI_Irecv` entsprechen denen von `MPI_Recv`, nur das Argument `status` wurde durch das Argument `*request` vom Typ `MPI_Request` ersetzt. Mit `MPI_Wait` kann auf Abschluss der Empfangsoperation gewartet werden, und mit `MPI_Test` kann der Empfang getestet werden.

Die Routine `MPI_Test` überprüft, ob eine nicht blockierende Sendeoperation beendet ist. Ist die Sendeoperation beendet, enthält die Variable `flag` den Wert `TRUE`, andernfalls den Wert `FALSE`.

5.3 Message Passing Interface (MPI)

```
int MPI_Test(MPI_request * request, int *flag,
             MPI_Status *status);
```

Die Routine `MPI_Wait` blockiert den aufrufenden Prozess so lange, bis die Kommunikation vollständig abgeschlossen ist:

```
int MPI_Wait (MPI_Request *request,
              MPI_Status *status);
```

Ein Prozess, der mehrere Transferwünsche gleichzeitig aktiviert hat, sollte bei der Komplettierung dieses Transfers flexibel sein. Der MPI-Standard bietet dafür drei Varianten (Any-Variante, All-Variante und Some-Variante) von `MPI_Wait` und `MPI_Test` an.

5.3.8.1 Any-Variante
Ist mindestens einer der Transfers abgeschlossen, so lässt sich die Blockierung lösen mit `MPI_Waitany` oder mit `MPI_Testany` testen.

```
int MPI_Waitany(int count,
                MPI_Request *array_of_requests,
                 int *index,
                MPI_Status *status);

int MPI_Testany(int count,
                MPI_Request *array_of_requests,
                int *index,
                int *flag,
                MPI_Status *status);
```

5.3.8.2 All-Variante
Will man nicht auf irgendeine der ausgeführten Transfers warten, sondern auf alle, so benutzt man `MPI_Waitall` bzw. die nicht blockierende Test-Variante `MPI_Testall`.

```
int MPI_Waitall(int count,
                 MPI_Request *array_of_requests,
                MPI_Status *array_of_statuses);

int MPI_Testall(int count,
                MPI_Request *array_of_requests,
                int *flag,
                MPI_Status *array_of_statuses);
```

5.3.8.3 Some-Variante
Ist mindestens einer der angegebenen Transfers beendet, so kann das Blockieren beendet werden mit `MPI_Waitsome` und wieder mit `MPI_Testsome` getestet werden.

```
int MPI_Waitsome(int incount,
                 MPI_Request *array_of_requests,
                    int *outcount,
                 int *array_of_indices,
                 MPI_Status *array_of_statuses);

int MPI_Testsome(int incount,
                 MPI_Request *array_of_requests,
                 int *outcount,
                 int *array_of_indices,
                 MPI_Status *array_of_statuses);
```

5.3.9 Persistente Kommunikation

Jeder Aufruf von `MPI_Isend` erzeugt ein *Ticket* vom Typ `MPI_Request`, das nach Abwicklung der Transaktion durch `MPI_Wait` gelöscht wird. Ein Prozess, der in einer Schleife viele gleiche oder ähnliche Nachrichten (gleiche Anzahl, gleicher Typ) zum selben Partner schickt, löst und annulliert bei jedem Durchlauf ein Ticket mit identischen Parametern. Viel besser und effizienter ist es, wenn ein Prozess ein Ticket löst, das für beliebig viele Nachrichten gilt. Die Ausstellung eines solchen Tickets geschieht mittels `MPI_Send_init`:

```
int MPI_Send_init(void *buf,
                  int count,
                  MPI_Datatype type,
                  int dest,
                  int tag,
                  MPI_Comm comm,
                  MPI_Request *request);
```

Die Parameter von `MPI_Send_init` sind dieselben wie bei `MPI_Isend`. `MPI_Send_init` verhält sich aber ganz anders:

- `MPI_Send_init` liefert ein Ticket `MPI_Request`, welches für beliebig viele Nachrichten gültig ist.
- `MPI_Send_init` stößt keinen Nachrichtentransfer an. Insbesondere braucht der Sendepuffer `buf` beim Aufruf von `MPI_Send_init` noch keine Daten zu enthalten. Nach Aufruf von `MPI_Send_init` ist der Nachrichtentransfer mit Ticket `request` noch inaktiv.

Die Aktivierung bzw. der Anstoß des Nachrichtentransfers geschieht mit dem Aufruf der Funktion `MPI_Start`.

```
int MPI_Start(MPI_Request *request);
```

5.3 Message Passing Interface (MPI)

Auf die Abwicklung eines aktivierten Nachrichtenverkehrs kann mit den üblichen Funktionen `MPI_Wait` oder `MPI_Test` gewartet werden. Das Ticket wird dabei nicht annulliert, sondern nur inaktiviert. Ein `MPI_Start` aktiviert dann wieder das Ticket. Das Paar `MPI-Start/Wait` kann beliebig oft ausgeführt werden, der Aufwand zur Ticketverwaltung fällt dabei nur einmal an.

Wie die Aktivierung des Sendetickets mit `MPI_Start_init` kann das Empfangsticket beim Empfang der Nachricht mit `MPI_Recv_init` aktiviert werden.

```
int MPI_Recv_init(void *buf,
                  int count,
                  MPI_Datatype type,
                  int src,
                  int tag,
                  MPI_Comm comm,
                  MPI_Request *request);
```

Eine ganze Liste von Tickets `reqs[0], , ,reqs[nreq -1]` kann man mit

```
int MPI_Startall(int nreq, MPI_request *reqs);
```

aktivieren. Das Feld `reqs` kann auch eine Mischung aus Sende- und Empfangstickets enthalten.

Persistente und nicht persistente Transfers sind kompatibel zueinander. Ein mit einem persistentem Ticket verschickte Nachricht kann mit einem einzigen Ticket empfangen werden und umgekehrt.

Dauertickets gibt es für alle vier Sendemodi: Neben `MPI_Send_init` gibt es auch `MPI_Bsend_init`, `MPI_Send_init` und `MPI_Rsend_init`.

Zur Annullierung eines Dauertickets muss explizit die Funktion

```
int MPI_Request_free(MPI_Request *request);
```

aufgerufen werden. `MPI_Request_free` setzt `request` auf den Wert `MPI_REQUEST_NULL`.

5.3.10 Broadcast

Außer der Punkt-zu-Punkt-Kommunikation (1:1-Kommunikation), bei der ein Prozess eine Nachricht direkt an einen anderen Prozess sendet, ist auch eine 1:n-Kommunikation oder ein Broadcast möglich. Bei einem **Broadcast** sendet ein Prozess eine Nachricht an mehrere Empfänger. Dies lässt sich auch über eine Abfolge von Punkt-zu-Punkt-Nachrichten realisieren, aber einfacher und eleganter geht das mit der Rundsende-Funktion `MPI_Bcast`:

```
int MPI_Bcast(void *buf,
              int count,
              MPI_Datatype type,
              int root,
              MPI_Comm comm);
```

MPI_Bcast verschickt die in buf abgelegten Daten an *alle* Prozesse der Gruppe comm. Sie ist somit gleichzeitig Sende- und Empfangsfunktion und muss von *allen Prozessen* der Gruppe aufgerufen werden. MPI_Bcast ist somit eine *kollektive Kommunikationsfunktion*. Kollektive Kommunikationsfunktionen müssen grundsätzlich von allen Prozessen des verwendeten Kommunikators ausgeführt werden. Nachrichten, die mit MPI_Bcast verschickt werden, können nicht mit MPI_Recv oder MPI_Irecv empfangen werden. Der Parameter root enthält den Rang des Senders, d. h. des Prozesses, der den Broadcast auslöst und somit die Daten verteilt. Alle anderen Prozesse der Gruppe com sind somit Empfänger des Broadcast.

MPI_Bcast synchronisiert die Prozesse nicht. Wenn BPI_Bcast in einem Prozess die Kontrolle an den Aufrufer zurückgibt, so hat der Absender root inzwischen MPI_Bcast aufgerufen. Über den Zustand der anderen Prozesse relativ zu MPI_Bcast kann man dagegen keine verlässlichen Annahmen machen. Der MPI-Standard schreibt in diesem Fall keine Synchronisation vor.

5.3.11 Barrierensynchronisation

Um Prozesse innerhalb der Gruppe comm explizit zu synchronisieren muss die Funktion MPI_Barrier benutzt werden:

```
int MPI_Barrier(MPI_Comm comm);
```

Auch MPI_Barrier ist eine kollektive Funktion und muss von allen Prozessen in der Gruppe comm aufgerufen werden. MPI_Barrier kehrt erst dann zum Aufrufer zurück, wenn die Funktion von allen Prozessen in comm aufgerufen wurde; d. h. wenn *alle Prozesse* die Barriere überwunden haben.

5.3.12 Weitere kollektive Kommunikationsfunktionen

Das Rundsenden an alle Prozesse mit MPI_Bcast ist nur eine von insgesamt vierzehn kollektiven Operationen des MPI-Standards. Weitere kollektive Funktionen erlauben

- das Verteilen der Daten auf verschiedene Prozesse (MPI_Bcast, MPI_Scatter und MPI_Scatterv),

- Einsammeln von Daten von verschiedenen Prozessen (`MPI_Gather`, `MPI_Gatherv` und `MPI_Allgather`),
- Versenden von allen Daten an alle Prozesse (`MPI_Alltoall`),
- Einsammeln von Daten von verschiedenen Prozessen und Zusammenfassen (Reduktion) der Daten (`MPI-Reduce`, `MPI_Allreduce` und `MPI_Scan`) und
- Versenden von allen Daten an alle Prozesse und deren Zusammenfassung (`MPI_Reduce_Scatter`).

Alle beteiligten Prozesse der Gruppe `comm` rufen dabei die entsprechende Funktion (***kollektive Kommunikationsfunktionen***) auf.

5.3.13 Kommunikator und Gruppenmanagement

Die kollektiven Kommunikationsfunktionen wirken immer auf alle vorhandenen Prozesse. Zur Einschränkung der kollektiven Operationen auf Untermengen von Prozessen müssen die Kommunikatoren eingeschränkt werden, und es müssen neben dem Standard-Kommunikator `MPI_COMM_WORLD` neue Kommunikatoren definierbar sein. Die neuen Kommunikatoren besitzen dann wieder den Typ `MPI_Comm`. Mit dem Typ `MPI_Comm` lassen sich dann neue Kommunikatoren definieren und einander zuweisen.

Ein neuer Kommunikator lässt sich mit `MPI_Comm_dup` duplizieren und somit erzeugen:

```
int MPI_Comm_dup(MPI_Comm comm, MPI_Comm *newcomm)
```

`MPI_Comm_dup` erzeugt eine Kopie `newcomm` des Kommunikators `comm` mit identischer Prozessgruppe. Alle Prozesse in `comm` müssen `MPI_Comm_dup` aufrufen, da er eine kollektive Operation ist. Somit lässt sich für den Standardkommunikator `MPI_COMM_WORLD` ein neuer Kommunikator `myworld` erzeugen, der die gleichen Prozesse besitzt wie `MPI_COMM_WORLD`.

```
MPI_Comm myworld;
....
MPI_Comm_dup(MPI_COMM_WORLD, &myworld);
```

Zur Unterteilung des Kommunikators `comm` in mehrere Kommunikatoren mit disjunkten Prozessgruppen geschieht mit der Funktion `MPI_Comm_split`.

```
int MPI_Comm_split(MPI_COMM comm,
                   int color,
                       int key,
                   MPI_Com *newcomm)
```

MPI_Comm_split ist eine kollektive Operation und muss von allen Prozessen in comm aufgerufen werden. Alle Prozesse mit dem gleichen Wert von color landen im selben neuen Kommunikator newcomm. Der Rang der Prozesse in newcomm ist durch den Wert von key geregelt. Treten gleiche key-Werte auf, so entspricht die Rangordnung der im alten Kommunikator comm.

Wenn ein Kommunikator nicht mehr benötigt wird, so rufen alle Prozesse die kollektive Funktion

```
int MPI_Comm_free(MPI_Comm *comm)
```

auf.

5.3.14 Prozessgruppen

Prozessgruppen sind in einen Kommunikator eingebettet und besitzen den Datentyp MPI_Group. Mit der Funktion

```
int MPI_Comm_group(MPI_Comm comm, MPI_Group *grp)
```

verschafft man sich Zugriff und somit einen Handle grp auf die Prozessgruppe von comm.

Mit einem bereits vorhandenen Kommunikator comm, der alle Prozesse von grp enthält, kann man einen neuen Kommunikator newcomm schaffen mit der Prozessgruppe grp. Dies geschieht mit der Funktion

```
int MPI_Comm_create(MPI_Comm comm,
                    MPI_Group grp,
                    MPI_Comm *newcomm)
```

MPI_Comm_create ist eine kollektive Funktion, die von allen Prozessen des Kommunikators comm aufgerufen werden muss, auch solchen, die nicht in grp enthalten sind.

Die Erzeugung neuer Gruppen aus bereits vorhandenen Gruppen geschieht mit den Funktionen MPI_Group_incl oder MPI_Group_excl.

```
int MPI_Group_incl(MPI_Group grp,
                   int n,
                   int *rank,
                   MPI_Group *newgrp)
int MPI_Group_excl(MPI_Group grp,
                   int n,
                   int *rank,
                   MPI_Group *newgrp)
```

5.3 Message Passing Interface (MPI)

`MPI_Group_incl` erzeugt aus der Vorlage `grp` die neue Gruppe `newgrp`. Sie enthält n Prozesse, wobei der Rang i der neuen Gruppe dem Rang `rank[i]` der Vorlage entspricht.

`MPI_Group_excl` überträgt die bei `MPI_Group_incl` nicht ausgewählten Prozesse in die neue Gruppe `newgrp`. `MPI_Group_excl` arbeitet komplementär zu `MPI_Group_incl`.

Mit einem Beispiel dazu, sei

grp = (a,b,c,d,e,f,g) und n = 3 und rank = [6,0,2].

Damit liefert

`MPI_Group_incl` die Gruppe (f,a,c) und
`MPI_Group_excl` die Gruppe (b,d,e,g).

Die Angabe des ranges aus n Tripel und somit einer Folge von Rängen spezifiziert mehrere Gruppen, die in die neue Gruppe übernommen werden. Die ersten beiden Werte eines Tripels geben den ersten und letzten Rang an, der dritte Wert den Abstand aufeinanderfolgender Ränge. Mit `MPI_Group_range_incl` lassen sich dann mit n Tripel eine neue Gruppe festlegen und mit `MPI_Group_range_excl` die dazu komplementäre Gruppe.

```
int MPI_Group_range_incl(MPI_Group grp,
                         int n,
                             int ranges [] [3],
                         MPI_Group *newgrp)
int MPI_Group_range_excl(MPI_Group grp,
                         int n,
                             int ranges [] [3],
                         MPI_Group *newgrp)
```

Mit einem Beispiel dazu, sei

grp = (a,b,c,d,e,f,g,h,i,j) und n = 3 und
ranges = [[6,7,1] [1,6,2] [0,9,4].

Damit liefert das erste Tripel die Gruppe (g,h), das Zweite (b,d,f) und das Dritte schließlich (a,e,i).

Insgesamt liefert `MPI_Group_range_incl` die Gruppe (g,h,b,d,f,a,e,i).

Aus zwei Gruppen grp1 und grp2 lassen sich mit den üblichen Mengenoperationen neue Gruppen bilden:

```
int MPI_Group_union(MPI_Group grp1,
```

```
                    MPI_Group grp2,
                    MPI_Group *newgrp)

int MPI_Group_intersection(MPI_Group grp1,
                    MPI_Group grp2,
                    MPI_Group *newgrp)

int MPI_Group_difference(MPI_Group grp1,
                    MPI_Group grp2,
                    MPI_Group *newgrp)
```

Bei der Festlegung der Ordnung der Ränge ist dabei das erste Argument `grp1` bestimmend und wird unter Wahrung der Ordnung der Elemente aus `grp1` übernommen.

Zur Freigabe der Ressourcen, die eine Gruppe belegt, sollte man diese, falls sie nicht mehr benötigt wird, freigeben.

```
int MPI_Group_free(MPI_Group *grp)
```

Zur Erhaltung des Überblicks über die vorhandenen Gruppen gibt es, wie bei den Kommunikatoren, Funktionen zur Feststellung der Anzahl und des Ranges der Prozesse.

```
int MPI_Group_size(MPI_Group grp,int *size)
int MPI_Group_rank(MPI_Group grp,int *rank)
```

Zwei Gruppen lassen sich vergleichen mit der Funktion

```
int MPI_Group_compare(MPI_Group grp1,
                    MPI_Group grp2,
                    int *result)
```

Sie liefert in result den Wert

- `MPI_IDENT`, falls `grp1` und `grp2` dieselben Prozesse in derselben Ordnung enthalten.
- `MPI_SIMILAR`, falls `grp1` und `grp2` dieselben Prozesse, aber in unterschiedlicher Ordnung enthalten.
- `MPI_UNEQUAL` in allen anderen Fällen.

5.4 Occam

Der Begriff Occam geht auf den englischen Philosophen William von Occam (ca. 1290–1369) zurück. Er prägte den Satz „Entia non sunt multiplicanda praeter necessistatem" –

„Die Sachen sind nicht zu multiplizieren (komplizieren) bevor es notwendig ist". Demgemäß ist Occam [I 88, TO 07] eine einfache blockstrukturierte Sprache mit Typen und Typüberprüfungen. Sie enthält Funktionen und Prozeduren, jedoch keine rekursive Prozeduren, besitzt statische parallele Prozesse mit blockierender, synchroner und ungepufferten Kommunikation und lässt sich gut auf Transputerarchitekturen bzw. -netze abbilden.

Zur Verdeutlichung der Blockstruktur müssen alle Ausdrücke eines Blockes in Occam eingerückt werden. Eine Reihe von Anweisungen (Block) müssen dadurch auf der gleichen Einrückungsebene stehen. Diese Kenntlichmachung der Blockstruktur durch Einrückungen findet man auch in anderen Programmiersprachen vor, und heißt *off-side rule*. Zur Einsparung des Strichpunktes endet jeder Ausdruck am Ende der Zeile.

5.4.1 SEQ- versus PAR-Konstrukt

Das Konstrukt SEQ schreibt die *sequenzielle* Ausführung der aufgelisteten Ausdrücke vor. Das SEQ-Konstrukt endet, wenn der letzte Prozess terminiert.

```
SEQ
  x := x + 1
  y := x * x
```

Bei PAR kann die Liste der Ausdrücke *parallel* ausgeführt werden. Das nachfolgende Programm enthält als Ausdrücke die Prozeduraufrufe P1(), P2(), P3(). Die Komponentenprozesse P1, P2, P3 werden zusammen und parallel ausgeführt. Das PAR-Konstrukt endet, wenn alle parallelen Prozesse beendet sind.

```
PAR
  P1()
  P2()
  P3()
```

Das PAR-Konstrukt realisiert einen *fork/join-Parallelismus*. Zu Beginn „vergabelt" obiges Programm in die drei Prozesse P1, P2, und P3. Am Ende des PAR-Konstrukts wird gewartet bis alle Prozesse beendet sind (implizite Barriere) und der Kontrollfluss vereinigt sich.

5.4.2 Kommunikation mit ! und ?

Die Kommunikation zwischen Prozessen geschieht über benannte **Kanäle**. Ein Prozess gibt mit dem **Ausrufezeichen** (!) Daten aus, während ein anderer Prozess mit dem **Fragezeichen** (?) die Daten einliest. Die Ein- und Ausgabe ist dabei synchron und blockierend.

Die Eingabe im nachfolgenden Programm liest einen Wert über den Kanal c1 ein, addiert eins und gibt das Ergebnis über Kanal c2 aus.

```
SEQ
  c1 ? x
  x := x + 1
  c2 ! x
```

Das PAR-Konstrukt erlaubt die parallele Kommunikation auf Kanal c1 und c2.

```
PAR
  c1 ? x
  c2 ! y
```

Die Kommunikation ist blockierend und synchron und ungepuffert, wie beim Ada-Rendezvous. Der Unterschied zum Ada-Rendezvous ist jedoch, dass die Kommunikation über eine send/receive, bzw. ! / ? von Nachrichten über Kanäle geschieht, während bei Ada entfernte Aufrufe vorliegen (siehe Abschn. 4.7.1).

5.4.3 ALT-Konstrukt mit Wächter (Guard)

Das ALT-Konstrukt spezifiziert eine Liste von **bewachten Eingabe-Kommandos** (*Guards*). Die **Wächter** sind eine Kombination von booleschen Ausdrücken und einem Eingabekommando. (Beide sind dabei optional.) Jeder Wächter, für den die Auswertung des booleschen Ausdruckes true ergibt und eine entsprechende Eingabe über den Kanal vorliegt, ist *offen*. Irgendeine der offenen Alternativen wird ausgewählt und ausgeführt.

```
ALT
count1 < 100 & c1 ? data
  SEQ
    count1 := count1 + 1
    merged ! data
count2 < 100 & c2 ? data
  SEQ
    count2 := count2 + 1
    merged ! data
status ? request
  SEQ
    out ! count1
    out ! count2
```

Obiges Programm liest zunächst, da die beiden Wächter offen sind, die Daten vom Kanal c1 und c2 ein, je nachdem an welchem Kanal die Daten vorliegen. Die Daten werden dann über den Kanal `merged` ausgegeben. Erreicht `count1` oder `count2` die Grenze Hundert, so werden die beiden Wächter `false`, was die entsprechende Kanäle (`c1` oder `c2`) sperrt. Eine Anfrage am Kanal `status` bewirkt die Ausgabe von `count1` und `count2` über den Kanal `out`.

Das `ALT`-Konstrukt von Occam entspricht dem selektiven Ada-Rendezvous (siehe Abschn. 4.7.2). Der Unterschied liegt nur darin, dass bei Ada vorliegende entfernte Eingangsaufrufe vorliegen müssen und bei Occam müssen Eingaben (Nachrichten) über einen Kanal vorliegen.

5.4.4 IF- WHILE- Konstrukt, SEQ- und PAR-Zählschleifen

Eine bedingte Anweisung hat die Form:

```
IF
  Cond1
    P1
  Cond2
    P2
  Cond3
    P3
  ...
```

P1 wird ausgeführt, wenn `Cond1 true` ist, `P2` wird ausgeführt, wenn `Cond2 true` ist und so weiter. Nur einer der Prozesse wird dabei ausgeführt, und anschließend terminiert das `IF`-Konstrukt.

Eine while-Schleife

```
WHILE Cond
  P
```

führt den Prozess `P` so lange aus, bis der Wert von `Cond False` ist.

Eine Zählschleife wiederholt einen Prozess P für eine feste Anzahl n.

```
SEQ i = 1 FOR n
  P
```

Der Prozess P wird n mal ausgeführt.

```
SEQ i = 3 FOR 4
  User[i] ! Message
```

Die Botschaft `Message` wird sequenziell über Kanal `User[3]`, `User[4]`, `User[5]` und `User[6]` ausgegeben.

Zur Konstruktion eines Feldes von parallelen Prozessen kann der Replikator auch beim PAR-Konstrukt benutzt werden.

```
PAR i = 0 FOR n
  Pi
```

Die nachfolgende parallele Zählschleife führt ein Feld von n gleichen Prozessen parallel aus. Der Index i hat den Wert 0,1, ..., n-1 in P0, P1, ..., Pn-1.

```
PAR i = 3 FOR 4
  User [i] ! Message
```

Die parallele Zählschleife gibt die Botschaft `Message` parallel über die einzelnen Kanäle `User [3]` bis `User [6]` aus.

5.4.5 Prozeduren

Eine Prozedurdefinition definiert einen Namen für einen Prozess. Die formalen Parameter folgen in Klammern dem Prozedurnamen:

```
PROC Name(Formalpar1,
          Formalpar2,
          ...)
  P
:
```

An Parameterübergabearten stehen Wert- (VAL) und Referenzübergabe zur Verfügung.

```
PROC Writes(CHAN of BYTE Stream,
            VAL [] Byte String)
  SEQ I = 0 FOR SIZE String
    Stream ! String[i]
:
```

Eine Prozedur kann durch Angabe des Prozedurnamens und der aktuellen Parameter aufgerufen werden:

```
SEQ
  ...
  Writes(Screen, "Hello world")
  -- Ruft die spezifizierte Prozedur auf
  ...
```

5.4.6 Konfiguration

Ein Occam-Programm lässt sich entweder auf einem Prozessor (Transputer) oder für viele Prozessoren (Transputer-Netz) konfigurieren. Das logische Verhalten des Programmes ändert sich dabei nicht, jedoch verbessert sich das Laufzeitverhalten mit der Anzahl der verwendeten Prozessoren.

Zur Ausführung auf einem Multiprozessorsystem steht das PLACED PAR-Konstrukt zur Verfügung:

```
PLACED PAR
  PROCESSOR 1
    P1
  PROCESSOR 2
    P2
  PROCESSOR 3
    P3
  ...
```

Die einzelnen Prozesse P1, P2, P3, ... werden auf den entsprechenden Prozessoren ausgeführt.

Entsprechend zur parallelen Schleife gibt es ein paralleles PLACED PAR:

```
PLACED PAR i = 0 FOR n
  PROCESSOR i
    Pi
```

Zur Festlegung, welcher logische Kanal einem physikalischen Kanal entspricht, dient PLACE:

```
PLACE Name AT expr:
```

5.5 Parallel Virtual Machine (PVM)

Die *Parallel Virtual Machine* (PVM) besteht aus drei Komponenten:

1. Der **PVM-Dämon** (pvmd3), um mehrere Rechner zu einem virtuellen Parallelrechner zusammenzuschließen. Der Dämon auf jedem Rechner ist das Steuerungsmodul für die Tasks und bildet die Kommunikation der zwischen den PVM-Programmen (Tasks) auf TCP/IP oder UDP (siehe Abschn. 5.9 über TCP/IP-Sockets) ab.
2. Die **Bibliothek libpvm3.a** zum Zwecke des Nachrichtenaustausches und der Verwaltung von Prozessen. Wir gehen nachfolgend nur auf die PVM-Routinen für die Sprache C und die C-Notation ein.

3. Die **PVM-Konsole** mit Kommandos zu Installation, Starten, Beenden, Erweiterung und Einschränkung, Überwachung und Anzeige von Informationen der Parallel Virtual Machine. **XPVM** stellt ein graphisches Interface für die PVM-Konsole zur Verfügung. XPVM enthält mehrere animierte Darstellungen zur Beobachtung und zum Debuggen der Ausführung von PVM-Programmen.

5.5.1 Dämon-Prozesse

Auf jedem an der parallelen virtuellen Maschine beteiligten Rechner läuft im Hintergrund ein **Dämon-Prozess** pvmd3. Der Dämon läuft als normaler Benutzer-Prozess, der mit den PVM-Programmen mittels der PVM-Bibliotheksroutinen kommuniziert. Die Dämonen kommunizieren ihrerseits untereinander und vermitteln die Datenübertragungen zwischen den Tasks.

Das Kommando

```
pvmd mytoplogy&
```

startet den Dämon-Prozess, der auch als **Master-Dämon** bezeichnet wird. Die anderen heißen **Slave-Dämonen**. Das Argument für pvmd, der sogenannte Hostfile mytopology, definiert die an dieser parallelen virtuellen Maschine beteiligten Rechner. Der Master-Dämon startet alle benötigten Dämonen (Slaves) auf allen verlangten Rechnern. Obwohl alle Dämonen gleichberechtigt sind, ist nur der Master in der Lage zur parallelen virtuellen Maschine Rechner hinzuzufügen und zu entfernen. Außerdem protokolliert der Master alle PVM-Fehlermeldungen in einer Log-Datei.

Das Starten von remote Tasks geschieht mit ssh (secure Shell) mit DSA/RSA Authentifizierung via private oder public Schlüssel. Dies kann auch auf unsichere Art geschehen mit rsh (remote shell) und Einträgen für alle Rechner in der Datei .rhosts.

Über den Zustand der Dämonen und der Tasks kann man sich mit der PVM-Konsole informieren. Einige Beispielkommandos sind: help, conf, ps, add <hostnane(n)>, delete <hostname(n)>, spawn <dateiname> und halt.

5.5.2 Task Erzeugung und Start

Beim PVM-Modell besteht die Anwendung aus Tasks. Die Tasks erlauben ein Parallelisieren des Problems entweder

- durch eine **funktionale Zerlegung** (Jede Task führt eine andere Funktion aus, siehe Abschnitt Funktionale Zerlegung) oder
- durch eine **Datenzerlegung** (Die Tasks sind gleich, aber jede Tasks bearbeitet nur ein Teil der Daten, siehe Abschnitt Datenzerlegung) oder

5.5 Parallel Virtual Machine (PVM)

- durch eine *Mischung* der beiden obigen Methoden (siehe Abschnitt Funktions- und Datenzerlegung).

Alle Tasks werden durch einen *Task Identifier (tid)* vom Typ 32-Bit Integer identifiziert. Nachrichten werden von einer tid gesendet und empfangen. Die tids sind über die komplette Virtuelle Maschine eindeutig und sie sind nicht durch den Benutzer wählbar. Ein lokaler Dämon erzeugt die `tid`. Die `tid` besteht aus mehreren Feldern und enthält verschiedenste Informationen, wie z. B. die Adresse des lokalen Dämons und die Nummer der zugewiesenen CPU.

Zur Laufzeit kann eine Task erzeugt und gestartet werden mit der Routine

```
int numt = pvm_spawn(char *task,
                     char **argv,
                         int flag,
                     char *where,
                         int ntask,
                         int *tids)
```

Die Routine startet `ntask` Kopien des ausführbaren Programms `task` (Namen der ausführbaren Datei). Zum Starten auf einem spezifischen Rechner muss in der Variablen `flag` der Wert `PvmTaskHost` und in der Variablen `where` der Hostname des Rechners stehen. Entscheidet PVM selbst, welcher Prozess die Task erhält, muss `flag` den Wert `PvmTaskDefault` erhalten. `tids` enthalten die einzelnen Taskidentifikatoren. Der Rückgabewert `numt` enthält die Anzahl der gestarteten Tasks. Ist der Wert negativ, kam es zu einem Fehler.

Eine von Unix übernommene Methode ist das Senden von Signalen an Prozesse. So kann eine Task mit einem Kill-Signal terminiert werden:

```
int info = pvm_kill(int tid)
```

Das Senden eines beliebigen Signals an eine andere Task geschieht mit

```
int info = pvm_sendsig(int tid, int signum)
```

Dabei ist `signum` die Signal-Nummer vom Typ Integer.

Die Beendigung der eigenen Task und die Mitteilung an den Dämon geschehen mit

```
int info = pvm_exit(void)
```

Dem `pvm_exit` muss noch ein `exit()` zur Beendigung der Task folgen.

Zur Ermittlung der `tid` der eigenen Task dient

```
int tid = pvm_mytid(void)
```

Ist die Task nicht durch pvm_spawn erzeugt worden, so generiert pvm-mytid eine neue eindeutige tid und übergibt Sie dem PVM-System.

Zur Ermittlung der tid der Task, welche die Task gestartet hat, dient

```
int tid = pvm_parent(void)
```

5.5.3 Hinzufügen und Entfernen von Rechnern

Durch pvm_spawn und pvm_kill lassen sich Tasks dynamisch, zur Laufzeit, zu der PVM hinzufügen und aus dieser entfernen. Ebenso lassen sich dynamisch Rechner zu der PVM hinzufügen bzw. aus dieser entfernen:

```
int info = pvm_addhosts(char **hosts,
                int nhost,
                int *infos)

int info = pvm_delhosts(char **hosts,
                int nhost,
                int *infos)
```

Die Variable hosts enthält ein Feld mit Strings, in denen die Namen der Rechner stehen, die der PVM hinzugefügt bzw. aus dieser entfernt werden sollen. In der Variable nhost steht die Anzahl der Rechner, also die Länge des in hosts übergebenen Feldes. infos ist ein Feld mit Integer-Werten. In diesem befinden sich die Statusmeldungen der neuen bzw. ehemaligen Hosts. Positive Werte sind die Host-Id der neuen Hosts. Negative Werte zeigen an, dass es bei der Ausführung zu einem Fehler gekommen ist.

Die Host-Id (dtid) eines Rechners, auf dem die Task mit der tid läuft, erhält man mit

```
dtid = pvm_tidtohost(tid)
```

5.5.4 Taskkommunikation

PVM kennt drei verschiedene Methoden zur Tasksynchronisation und Kommunikation:

1. Senden und Empfangen von Signalen (siehe Abschn. 5.5.2 Task Erzeugung und Start).
2. Durch Senden einer Nachricht über einen Sendepuffer.
3. Barrieresynchronisation (siehe Abschn. 5.5.6).

Die einzelnen Nachrichten werden über die von PVM vergebene Task-ID (tid) adressiert. Ein Benutzer kann aber auch ein selbst definiertes Kennzeichen (sogenannte mgstags) vergeben. Das Senden erfolgt in drei Schritten:

5.5 Parallel Virtual Machine (PVM)

1. Anlegen und Initialisierung eines Sendepuffers,
2. Schreiben (Packen) einer Nachricht in den Sendepuffer und
3. Verschicken des Sendepufferinhalts.

Das Anlegen eines neuen Sendepuffers und die Festlegung des Datentyps geschieht mit

```
int bufid = pvm_mkbuf(int encoding)
```

Ein mit pvm_mkbuf angelegter Nachrichtenpuffer ist auch als Sendepuffer einsetzbar. Das Initialisieren eines Sendepuffers und die Festlegung des Datentyps geschehen mit

```
int bufid = pvm_initsend(int encoding)
```

Es genügt, den Puffer beim mehrmaligen Senden einer oder verschiedener Nachrichten einmal zu initialisieren.

Die Variable encoding legt den Nachrichtentyp fest. Mögliche Werte sind:

- PvmDataDefault oder 0 für das XDR-Format (External Data Representation). Für heterogene Rechner mit unterschiedlichen Datenrepräsentationen, da hier Konvertierungen stattfinden müssen.
- PvmDataRaw oder 1 für ein hardwareabhängiges Binärformat. Für homogene Rechner mit gleichen Datenrepräsentationen und somit Einsparung der Konvertierungen.
- PvmDataInPlace oder 2, um die Nachricht nicht in den Sendepuffer zu kopieren, sondern nur einen Zeiger auf die Nachricht und ihre Größe zu setzen.

Ein mit pvm_mkbuf oder pvm_initsend erzeugter Nachrichtenpuffer entfernt die Routine

```
int info = pvm_freebuf(int bufid)
```

Die Identifikation des aktuellen Sende- oder Empfangspuffers erhält man mit

```
int bufid = pvm_getsbuf(void)
int bufid = pvm_getrbuf(void)
```

Existieren mehrere Nachrichtenpuffer, so kann man den aktiven Sende- bzw. Empfangspuffer wechseln mit

```
int oldbuf = pvm_setsbuf(int bufid)
int oldbuf = pvm_setrbuf(int bufid)
```

Die Variable bufid enthält die Identifikation des neuen Sende- bzw. Empfangspuffers. Der Rückgabewert oldbuf enthält die Identifikation des alten Sende- bzw. Empfangspuffers.

Bevor eine Nachricht gesendet bzw. empfangen werden kann, muss diese in einen Nachrichtenpuffer gepackt werden bzw. aus dem Nachrichtenpuffer entpackt werden. Setzt man für TYPE z. B. die Typen byte, double, float, int, uint, long und short, so haben die Routinen für das Packen für diese Typen und den Typ string folgendes Aussehen:

```
int info = pvm_pkTYPE(TYPE *xp, int nitem, int stride)
int info = pvm_pkstr(char *p)
```

Jede pvm_pkTYPE-Routine packt Felder des Datentyps TYPE in den aktuellen Sendepuffer, nitems Elemente werden verpackt. Sie werden einem Feld (*xp) entnommen, in dem sie im Abstand stride aufeinander folgen. Da pvm_pkstr() per Definition eine mit NULL begrenzte Zeichenkette packt, benötigt dieser Aufruf nicht die Argumente nitem und stride.

Entsprechend zu den Verpackungsroutinen sehen die Entpackungsroutinen aus:

```
int info = pvm_upkTYPE(TYPE *p, int nitem, int stride)
int info = pvm_upkstr(char *p)
```

Jede pvm_upkTYPE-Routine packt Daten aus dem aktiven Empfangspuffer aus. nitems Elemente werden ausgepackt und einem Feld (*p) im Abstand stride zugewiesen.

Die Abfolge der pvm_pk-Aufrufe beim Senden und der zugehörigen pvm_upk-Aufrufe beim Empfangen muss unbedingt übereinstimmen.

Zum Abschicken der verpackten Nachricht im aktiven Sendepuffer dient

```
int info = pvm_send(int tid, int msgtag)
```

Die Variable tid gibt die Task-ID des Prozesses an, für den die Nachricht bestimmt ist. Die Variable mgstag gibt der Nachricht eine Markierung oder einen Tag mit, um den Inhalt der Nachricht zu beschreiben. Die Nachrichtenkommunikation mit pvm_send ist asynchron, d. h. die sendende Task fährt mit ihrer Arbeit fort, sobald die Nachricht auf dem Weg zum empfangenden Prozess ist.

Zum Verpacken der Nachricht in einen Sendepuffer und sofortiges Verschicken dient

```
int info = pvm_psend(int tid,
                     int msgtag,
                     char*buf,
                     int len,
                     int datatype)
```

buf enthält einen Pointer auf den Sendepuffer. Der Parameter len gibt die Länge des Sendepuffers an und der Parameter datatype gibt den Datentyp der Nachricht an.

5.5 Parallel Virtual Machine (PVM)

Der Empfang von Nachrichten erfolgt in zwei Schritten:

1. Empfangen der Nachricht und
2. Lesen (Entpacken) der Nachricht aus dem Empfangspuffer.

Zum Empfangen einer Nachricht dient

```
int bufid = pvm_recv(int tid, int msgtag)
```

`pvm_recv` realisiert blockierendes oder synchrones Empfangen, d. h. die Task blockiert so lange, bis eine Nachricht mit dem Tag `msgtag` von der Task mit der Task-ID `tid` eintrifft. Enthalten die Variablen `tid` oder `msgtag` den Wert -1, bedeutet dies, dass alles akzeptiert wird. Haben `tid` und `msgtag` den Wert -1, so werden alle Nachrichten von allen Tasks akzeptiert. Die Variable `bufid` enthält den Identifier des neuen aktiven Empfangspuffers. Nach dem Empfangen einer Nachricht muss diese entpackt werden (siehe dazu die oben beschriebenen Entpackungsroutinen).

5.5.5 Gruppen

Für manche Applikationen ist es vorteilhaft, dynamische Gruppen von Tasks zu haben. Ein PVM-Programm kann dann Tasks durch Instanznummern $0 - (p - 1)$ ansprechen, wobei p die Anzahl der Tasks in der Gruppe ist.

Das Aufnehmen und Verlassen einer Task in bzw. von einer benutzerbenannten Gruppe geschieht mit

```
int inum = pvm_joingroup(char *group)
int info = pvm_lvgroup(char *group)
```

`inum` ist die Instanznummer der Task in dieser Gruppe.

Die Größe einer Gruppe und die Instanznummer einer Task in einer Gruppe erhält man mit

```
int size = pvm_gsize(char *group)
int inum = pvm_getinst(char *group)
```

5.5.6 Barrieresynchronisation und Broadcast

Zum Blockieren einer Task, bis eine bestimmte Anzahl (`count`) von Prozessen einer Gruppe (im Allgemeinen alle Mitglieder einer Gruppe) die Barriere erreicht haben, geschieht mit

```
int info = pvm_barrier(char *group, int count)
```

Jeder Prozess, der pvm_barrier() aufruft, muss den gleichen Zähler count angegeben.

Zum Versenden einer Nachricht an alle Gruppenmitglieder dient

```
int info = pvm_bcast(char *group, int msgtag)
```

pvm-bcast() versieht die Nachricht mit msgtag und sendet sie an alle Tasks in der spezifizierten Gruppe, außer sich selbst.

Zur Ausführung einer globalen arithmetische Operation (z. B. globale Summe oder globales Maximum) über alle Gruppenmitglieder geschieht mit

```
int info = pvm_reduce(void (*func)(),
                      void *data,
                      int nitem,
                      int datatype,
                      int msgtag,
                      char *group,
                      int root)
```

Das Ergebnis der Reduktionsoperation steht in root. func und kann eine vordefinierte Funktion (PvmMax, PvmMin, PvmSum, PvmProduct) oder eine benutzerdefinierte Funktion sein.

5.6 Google Go

5.6.1 Modularisierung und Import von Paketen

Wie in Java kann durch Pakete (packages) ein Programm modularisiert werden. In einem Paket sind zusammengehörige Funktionen, Typen, Konstante und Variable gebündelt. Jedes Paket liegt in einer Quelldatei. Pakete können ineinander geschachtelt sein. Beim Zugriff auf geschachtelte Pakete sind Hierarchiestufen durch einen Schrägstrich (/) voneinander getrennt. Ein Paket kann via import andere Pakete importieren (C: #include) um deren Funktionen zu nutzen. Die aus C++ bekannten Schlüsselwörter private und public fehlen. Um eine Methode public zu machen, muss sie mit einem Großbuchstaben beginnen. Damit steht Sie andern Paketen zur Verfügung. Methoden mit einem Kleinbuchstaben beginnend, sind nur aus dem Paket heraus verwendbar und somit intern oder private.

Das nachfolgende Hallo Welt Programm [GoT 11] importiert eine großgeschriebene (und damit public) Funktion Printf aus dem Paket fmt und startet die Funktion main() aus dem Paket main.

Programm 5.2: Hallo-Welt-Programm

```
package main
import "fmt"                    // formatted I/O
func main() {
    fmt.Printf("Hallo, Welt;\n")
}
```

In Go beginnen alle Funktionsdeklarationen mit dem Schlüsselwort `func`.

Im Hallo-Welt-Programm sind die Strichpunkte weggelassen. Bei Go fügt der Compiler beim Zeilenende, der wie eine Anweisung aussieht, automatisch den Strichpunkt ein. Der Strichpunkt muss jedoch geschrieben werden, wenn mehr als eine Anweisung in einer Zeile steht, und in Klauseln von for-Schleifen oder ähnlichen Konstrukten.

5.6.2 Deklarationen

5.6.2.1 Konstantendeklarationen

Das Binden einer Liste von Identifiern zu einer Liste von konstanten Ausdrücken geschieht mittels Konstantendeklarationen. Falls der Typ bei einer Konstantendeklaration fehlt, so bestimmt sich gemäß Duck-Typings, der Typ der Konstanten aus dem Typ des zugewiesenen Ausdruckes.

Beispiele:

```
const Pi float64 = 3.14159365358979323846
const (
        size int64 = 1024
        eof = -1                // untyped integer constant
)
const u, v, w float32 = 1,2,3 // u = 1.0, v = 2.0, w = 3.0
```

Innerhalb von Konstantendeklarationen repräsentiert der vordefinierte Identifier `iota` aufeinanderfolgende Integer-Konstanten. `const` setzt `iota` auf 0 und jede Konstantenspezifikation inkrementiert `iota` um eins.

Beispiele:

```
const (
        u = iota*48
        // iota == 0; u == 0 (untyped integer constant)
        v float64 = iota*48
        // iota == 1; v == 48.0 (float64 constant)
        w = iota *48
        // iota == 2; w == 96 (untyped integer const)
)
```

Bei der Verwendung mehrerer `iota`-Anweisungen in einer Mehrfachzuweisung geben diese immer den gleichen Wert zurück.

Beispiel:

```
const(
        a1,b1 = iota, iota -1       // 0,-1
        a2,b2                       // 1, 0
        a3,b3                       // 2, 1
)
```

5.6.2.2 Typdeklarationen

Eine Typdeklaration bindet einen Identifier mit einem Typnamen, erzeugt einem neuen Typ dessen zugrundeliegender Typ der des Basistyps ist. Der neue Typ ist vom Basistyp verschieden.

Beispiel:

```
type TreeNode struct{
    left,rigth *TreeNode
    value float32
}
```

Eine Typdeklaration kann zur Verknüpfung einer Methode mit der Typdeklaration benutzt werden. Eine Methode ist eine Funktion mit einem Empfänger. Empfänger ist in diesem Fall der deklarierte Typname (siehe nachfolgend unter Funktionsdeklaration).

Beispiel [GoM 12]:

```
type Timezone int
const (
        EST TimeZone = - (5+ iota)   // -5
        CST                          // -6
        MST                          // -7
        PST                          // -8
)
func (tz TimeZone) String() string {
        return fmt.Sprintf("GMT+%dh", tz)
}
```

5.6.2.3 Variablendeklarationen

Eine Variablendeklaration legt eine Variable an, bindet einen Namen mit der Variablen, gibt ihr einen Typ und weist ihr optional einen Wert zu. Falls kein Typ bei der Variablendeklaration angegeben ist, bestimmt sich der Typ aus dem Typ des zugewiesenen Ausdruckes. Fehlt die Wertzuweisung so wird die Variable auf den initialen Nullwert gesetzt.

Beispiele [GoM 12]:

```
var i int                    // = 0
var u, v, w float64          // u = 0.0, v = 0.0, w = 0.0
var k = 0                    // type int = 0
var (
    i int                    // = 0
    u, v, s = 2.0, 3.0, "bar"
    // type u float64 = 2.0
    // type v float64 = 3.0
    // type s string = bar
)
```

Bei verkürzten Deklarationen kann beim Vorliegen einer Zuweisung eines initialen Ausdrucks an die Variable der Typ entfallen. Verkürzte Deklarationen verbinden die Deklaration mit einer Zuweisung. Der Operator ist der Doppelpunkt gefolgt von einem Gleichheitszeichen (:=). Normale Zuweisungen und Mehrfachzuweisungen benutzen das Gleichheitszeichen (=).

Beispiele:

```
i, j := 0, 10
// i int = 0, j int = 10
f := func () int {return 7}
// type of f int initialized by function call initialized to 7
```

Verkürzte Deklarationen erscheinen nur innerhalb von Funktionen und als Initialisierer in if-, for-, und switch-Anweisungen für temporäre Variablen.

5.6.2.4 Funktionsdeklarationen

Go bietet die folgenden Arten und Variationen von Funktionsdeklarationen:

1. *Funktionen mit Bezeichner*: Beginnt der Bezeichner mit einem Großbuchstaben, so ist die Funktion im Package public und bei Kleinschreibung ist die Funktion dem Package vorbehalten und somit private.
2. *Anonyme Funktionen*: Sie entsprechen den Funktionen besitzen jedoch keinen Bezeichner. Eine anonyme Funktion kann bei einer Definition einer Variablen zugewiesen oder als Argument einer Funktion übergeben werden. Eine anonyme Funktion hat Zugriff auf jede Variable, die bei der Definition der Funktion sichtbar war, einschließlich lokaler Variablen. Dies ermöglicht *Closures* oder *Funktionsabschlüsse*: Die in der Funktion enthaltenen Variablen sind gewissermaßen abgeschlossen und ein Zugriff darauf geschieht nur über die Funktion. Diese Variablen können als Zustandsinformation betrachtet werden, und eine Zustandsänderung ist nur über die anonyme Funktion möglich.

Beispiel [FB 11]:

```
package main
import "fmt"
func getGenerator() (func() int) {
      var n int
      return func() int {
            n += 1
            return n
      }
}


func main() {
var gen1 = getGenerator()
var gen2 = getGenerator()

fmt.Println(gen1(), gen1(), gen2())
fmt.Println(gen1(), gen1(), gen2())
}
```

Obiger Generator `gen1` und `gen2` erzeugt dann bei jedem Aufruf einen eindeutigen Identifier und erzeugt als Ausgabe folgende Werte:

```
1    2    1
3    4    2
```

Als weiteres haben wir eine Funktion zu Berechnung der Fibonacci Zahlen einmal als Closure und einmal als rekursive Funktion.

Beispiel Funktion Fibonacci als Closure und rekursive Funktion:

```
package main
import "fmt"
func fibonacci() func() int {
      a,b := 0, 1
      return func() int {
            a,b = b, a+b
            return b
      }
}

func fib(i int) int {
    if i < 1 {
          return 1
```

```
            }
      return fib(i - 1) + fib(i - 2)
}

func main() {
      f := fibonacci()
      for i := 0; i < 10; i++ {
              fmt.Println(fib(i))
              fmt.Println(f())
      }
}
```

3. **Methoden**: Bei Funktionen mit einem Empfänger, wobei der Empfänger ein Typ T oder *T (entspricht einer Klasse) ist, erlaubt die Definition von Methoden für diesen Typ (Klasse). Die Methode ist dadurch an den Basistyp gebunden. Der Empfänger steht nach func und vor dem Methodennamen.

Beispiel:

```
type (  Point struct {x,y float64}
        Polar *Point
        )

func (p *Point) Length() float64 {
      return math.Sqrt(p.x * p.y + p.x * p.y)
      }

func (p *Point) Scale(factor float64) {
      p.x *= factor
      p.y *= factor
      }
```

Das obige Beispiel bindet die Methoden Length und Scale an den Empfängertyp *Point und damit an den Basistyp Point.

4. Gorutinen: Eine Goroutine startet mit go funk() eine nebenläufige Routine, welche die Funktion funk() ausführt. funk hat nur Parameter und falls die Funktion eine Rückgabe besitzt, so wird sie verworfen. Da Goroutinen als Threads und einen Threadpool implementiert sind, laufen alle Goroutinen eines Programmes im gleichen Adressraum. Es wird nicht gewartet bis alle Goroutinen fertig sind, sondern die Goroutine terminiert, sobald das Hauptprogramm terminiert. Goroutinen enden, wenn die Hauptfunktion abgearbeitet ist und somit endet oder ein return ausführt oder aus dem Paket runtime die Routine runtime.Goexit() aufgerufen wird. Soll ein

wait implementiert werden, so muss eine synchrone Kanalkommunikation implementiert werden. Die Rückgabe von Ergebnissen einer Goroutine an den Aufrufer lässt sich mit einer synchronen Sendeanweisung an eine im Aufrufer enthaltene synchrone Empfangsanweisung realisieren. Goroutinen ohne Kanalkommunikation dienen für im Hintergrund zu bewerkstelligende Aufgaben. Rückgaben erfolgen dann dabei über Variablen. Dabei ist zu beachten, dass die Modifikation der gemeinsamen Variablen bei mehreren Goroutinen zur Vermeidung von Race Conditions unter wechselseitigem Ausschluss stehen muss.

5.6.3 Datentypen

Ein Typ (`type`) lässt sich durch Deklaration auf Basis von vorher deklarierter Typen festlegen. Dadurch hat ein deklarierter Typ einen zugrundeliegenden Basistyp. Vordeklariert sind numerische Datentypen, `bool` und `string`. Zusammengesetzte Typen sind Array, Struct, Pointer, Function, Interface, Slice, Map und Channel.

5.6.3.1 Numerische Datentypen und Bool

Unabhängig von der zugrundeliegenden Rechnerarchitektur stehen folgende numerische Typen zur Verfügung:

```
uint8      unsigned 8-bit integers
uint16     unsigned 16-bit integers
uint32     unsigned 32-bit integers
uint64     unsigned 64-bit integers
int8       signed 8-bit integers
int16      signed 16-bit integers
int32      signed 32-bit integers
int64      signed 64-bit integers
float32    32-bit floating-point numbers
float64    64-bit floating-point numbers
complex64  float32 realpart and float32 imagpart
complex128 float64 realpart and float64 imagpart
byte       alias for unit8
```

Für komplexe Datentypen steht eine eingebaute Funktion `complex` zur Verfügung, die eine komplexe Zahl aus einem Realteil und Imaginärteil konstruiert. Zugriff auf den Realteil einer komplexen Zahl erhält man mit `real` und einen Zugriff auf den Imaginärteil mit `imag`. Ein imaginäres Literal ist eine Gleitkommazahl oder Dezimalzahl gefolgt von einem kleingeschriebenen Buchstaben `i`.

Abhängig von der Architektur des Prozessors stehen folgende Typen zur Verfügung:

```
uint     32-bit or 64-bit unsigned integer
int      32-bit or 64-bit integer
uintptr  unsigned integer, groß genug zur Speicherung eines
         Zeigerwertes
bool     boolean truth value: true or false
```

5.6.3.2 Strings

Strings verhalten sich wie ein Feld von Bytes. Jedoch kann der Inhalt eines Strings nicht geändert werden. Auf das Element i eines Strings s und somit auf das Byte i kann mit dem Indexoperator [], und somit s[i] zugegriffen werden, jedoch ist der Zugriff über den Adressoperator &s[i] nicht möglich und somit ungültig. Der Index i beginnt bei Null und s[0] liefert das erste Element des Strings.

Die Länge eines Strings liefert die Funktion len. Darüber hinaus steht ein Paket strings zur Verfügung mit vielfältigen Möglichkeiten und Funktionen zur Manipulation von Strings.

5.6.3.3 Arrays und Slices

Ein Array oder Feld ist eine aufsteigende nummerierte Folge von Elementen des gleichen Typs. Die Anzahl der Elemente eines Arrays a lässt sich über die Funktion len(a) ermitteln. Die einzelnen Elemente eines Feldes a können mit Werten zwischen 0 und len(a) −1 indiziert werden. Feldtypen sind immer eindimensional können jedoch kombiniert werden zur Bildung von mehrdimensionalen Feldern.

Beispiel:

```
matrix [100] [100] float64
// same as matrix [100] ([100] float64)
```

Ein Slice ist ein zusammenhängender Teil eines Feldes und enthält eine nummerierte Sequenz von Elementen aus diesem Feld. Ein Slice s kann wie eine Feld indiziert werden und dessen Länge kann mit len(s) ermittelt werden. Die eingebaute Funktion capacity (cap(s)) liefert die Summe aus der Länge des Slice und der Anzahl der Elemente, vom Ende des Slice bis zum Ende des zugrundeliegenden Feldes.

Zur Erzeugung eines Slices einer bestimmten Länge aber ohne Inhalt dient die Funktion make ([]T, length) oder mit dem optionalen Parameter capacity: make ([]T, length, capacity).

Das Slicekonzept ermöglicht Felder in mehrere verschiedene Teile zu zerlegen. Mehrere Goroutinen können dadurch diese einzelnen Teilfelder getrennt und parallel bearbeiten.

5.6.3.4 Structs

Zur Gruppierung von Daten dienen Structs. Structs sind eine zusammenhängende Menge von Feldern.

Beispiel [GoM 12]:

```
// struct with 6 fields
struct {
        x,y int
        u float32
        _ float 32    //padding, blank identifier, no binding,
// ignore it
        A *[] int
        F func()
        }
```

Ein Feld einer Struct ohne expliziten Feldnamen aber mit einem Typ ist ein anonymes Feld. Der unqualifizierte Typname dient dann als Feldname.

Beispiel [FB 11]:

```
type Person struct {
    alter int
    name string
    float              // float is an anonymous float value
}
// ...
// access to the anonymous float
p := Person (61, "Monika", 60,5)
fmt.Printl(p.name, p.alter, p.float)
```

Um Strukturen (und dadurch Klassen) wieder zu verwenden, können Strukturen ineinander verschachtelt werden. Der Zugriff auf solche inneren Strukturen ist dann durch vollständige Qualifizierung möglich.

Zusätzlich zum Namen eines Feldes kann noch optional eine beschreibende Zeichenkette angefügt werden. Mit dem Package `reflect` kann dann der Typ untersucht werden und auch die beschreibende Zeichenkette.

5.6.3.5 Pointers

Ein Pointer oder Zeiger zeigt auf Variablen von einem bestimmten Basistyp. Der Wert eines nicht initialisierten Pointer ist `nil`. Zu beachten ist, dass Go keine Pointerarithmetik besitzt und damit sind in Go Pointer keine Adressen. Die eingebaute Funktion `new()` nimmt einen Datentyp entgegen, reserviert den dazu notwendigen Speicherplatz, initialisiert ihn und liefert einen Zeiger zurück. Die Freigabe des dynamisch mit `new()` angelegten Speicherplatzes übernimmt dabei der im Laufzeitsystem vorhandene Garbage Collector. Für Restarbeiten bei der Freigabe des Speichers bietet das Package `runtime` die Funktion `SetFinalizer()`. Die Dereferenzierung bei Zugriffen auf die referenzierte Variable nimmt der Compiler automatisch vor.

Weiterhin finden Pointertypen ihre Verwendung zur Referenzübergabe bei Funktionen, wenn also Parameterwerte verändert werden sollen, oder das Ergebnis der Funktion ein Zeiger ist. Ist das Ergebnis ein Zeiger, so kann der Adressoperator & zur Rückgabe benutzt werden.

5.6.4 Function

Ein Funktionstyp bezeichnet eine Menge von Funktionen mit gleichen Parametern und Ergebnistypen. Funktionen können Variablen zugewiesen werden oder als Parameter an andere Funktionen übergeben werden. Funktionen können ohne Parameter und Ergebnis sein, bis hin zu mehreren Parametern und/oder mehreren Ergebnissen. Mit ... lässt sich eine variable Anzahl von Parametern eines bestimmten Typs spezifizieren. Die Parameterübergabe erfolgt als Wert. Bei Referenztypen (slice, chan, maps und interface) erfolgt die Übergabe durch Referenz, obwohl kein *-Operator geschrieben werden muss.

Beispiele [GoM 12]:

```
func()      // function without parameter and result
func(x int) // function with one parameter of type int
func() int  // function without parameter result of type int
func(prefix string, values ...int) // function with parameter
// string and variable number of parameters of
// type int
func(a,b int, z float64, opt ...interface{}) (success bool)
// function with parameters a, b of type int, z of type
// float64, variable number of parameters opt of type
// interface, result success of type bool
```

Mit return kann die Ausführung der Funktion beendet und ein oder mehrere Ergebniswerte können an den Aufrufenden zurückgegeben werden. Definiert eine Funktion eine Rückgabe, so müssen alle Ablaufpfade innerhalb der Funktion eine return-Anweisung besitzen.

Beispiel [GoR 11]:

```
func complex_f1() (re float64, im float64) {
          return - 7.0, -4.0
          // returns two float64 to the caller
}
// or alternative solution
func complex_f1() (re float64, im float64) {
          re = -7.0
          im = -4.0
          return
          // returns two float64 to the caller
}
```

5.6.5 Interface

Ein Interface deklariert die Namen und die Signatur einer Menge von Methoden. Das Interface ist die Deklaration der Methoden und die Methoden selbst sind die Implementierung. Dadurch, dass einem Interface mehrere Implementierungen gegeben werden können, erlaubt die Formulierung von generischen Methoden. Dabei muss nicht explizit angegeben werden, dass ein Typ ein Interface realisiert. Der Entwickler legt nur die Signatur fest und der exakte Weg der Implementierung steht ihm frei. Dies entspricht den pur virtuellen Funktionen aus C++.

Beispiel [GW 11]:

```
// Define an interface type (called Sorter) with methods needed
// for sorting

type Sorter interface {
    Len() int
    Less(i,j int) bool
    Swap(i,j int)
}


// Define your own new type (slices) we want to sort
type Xi []int      // int slice
type Xs []string   // string slice

// Two implementations of the methods of the Sorter interface

// Implementation for integers
func (p Xi) Len() int           { return len(p) }
func (p Xi) Less(i.j int) bool  { return p[i] < p[j] }
func (p Xi) Swap(i,j int)       { p[i], p[j] = p[j], p[i] }

// Implementation for strings
func (p Xs) Len() int           { return len(p) }
func (p Xs) Less(i.j int) bool  { return p[i] < p[j] }
func (p Xs) Swap(i,j int)       { p[i], p[j] = p[j], p[i] }

// Generic Sort function (Bubble sort) that works on the
// Sorter interface
func Sort(x Sorter) {
    for i := 0; i < x.Len; i++ {
        for j := i; j < x.Len(); j++ {
            if x.Less(i,j) {
                x.Swap(i, j)
            }
```

5.6 Google Go

```
        }
    }
}

// use of the generic sort function

ints := Xi{5, 29. 17 , 9, 15, 3, 36, 79, 7, 8}
strings := Xs{"Go", "Bengel", "Miek", "Parallel", "function"}

// call Sort with interface ints
Sort(ints)
fmt.Printf("%v\n", ints)
// call Sort with interface strings
Sort(strings)
fmt.Printf("%v\n", strings)
```

Das leere Interface (interface {}), also ein Interface ohne Methoden kann von jedem Typ implementiert werden. Mit einem Type Switch kann dann der implementierte Typ ermittelt werden. Ein Type Switch vergleicht Typen und keine Werte miteinander.

Beispiel [GoM 12]:

```
// Any is an empty interface
type Any interface {}
// ...
// type Switch

switch i := Any.(type) {
case nil:
    printString ("Any is nil")
case float64:
    printFloat64(i)     // i is a float64
case func (int) float64
    printFunction(i)    // i is a function (int) float64
case bool, string:
    printstring("type is bool or string")
default:
    printString("don't know the type")
}
```

5.6.6 Map

Bei Map handelt es sich um zusammengesetzte Datentypen. Sie bilden Werte eines Schlüsseltyps auf Werte eines Elementtyps ab.

Beispiel [GoE 11]:

```
// mapping of Timezones (string) on int
var timeZone  =  map [string] int {
"UTC":   0*60*60,
"EST":  -5*60*60,
"CST":  -6*60*60,
"MST":  -7*60*60,
"PST":  -8*60*60,
}
```

Mit make und einer eventuellen Größe kann ein Speicherbereich für eine Map angelegt werden. Dabei ist zu beachten, dass make einen Wert vom Typ T und nicht vom Typ *T zurückgibt.

Beispiel:

```
m := make(map[string] int, 100 )
// map strings on int, intial space 100
```

5.6.7 Channel

Der Datentausch zwischen Goroutinen ist über den gemeinsamen Speicher möglich und die Synchronisation bzw. der wechselseitige Ausschluss kann mit dem Paket sync bewerkstelligt werden. Kanäle sind das Sprachmittel für die Kommunikation und Synchronisation zwischen parallelen Einheiten, hier Goroutinen. Sie sind zunächst lokal auf einen Rechner beschränkt. Soll die Kommunikation der Kanäle über Rechnergrenzen gehen, so findet das Paket netchan seinen Einsatz. netchan ermöglicht die Enden eines Kanals auf zwei über ein Netzwerk miteinander verbundene Rechner zu verteilen.

Chan ist ein Datentyp zum Austausch von Daten mit bestimmtem Typ zwischen Goroutinen. var c chan int deklariert ein Channel über den int ausgetauscht werden. c ist dabei eine Referenz auf einen Kanal. Die Erzeugung eines Kanals geschieht mit der Funktion make(). Beim make lässt sich die Puffergröße des Kanals angeben.

Beispiel [FB 11]:

```
c1 := make (chan int)        // unbuffered, synchronous channel
c2 := make (chan int, 100)   // buffered asynchronous channel,
// buffersize = 100
```

Der Operator für das Senden und Empfangen der Daten ist ein Pfeil in der Form <-. Beim Versenden der Nachricht steht der Kanal links vom Pfeil. Beim Empfangen steht der Kanal rechts vom Pfeil.

Beispiel:

```
c:= make(chan int)   // synchronous channel (blocking send and
                     // receive)
// goroutine_1 sending value 5
// ...
c <- 5

// goroutine_2 receiving the value 5 and assigns it to n
// ...
n := <-c
```

Bei einem ungepufferten Kanal verläuft die Synchronisation nach der Rendezvoustechnik. Beide Goroutinen müssen die Sende- bzw. Empfangsanweisung erreicht haben, dann findet der Nachrichtenaustausch statt. Mit der Rendezvoustechnik lassen sich Synchronisationsaufgaben zwischen Goroutinen erledigen. Bei gepufferter Nachrichtenübertragung wird der Sender erst blockiert, wenn der Puffer voll ist, und der Empfänger blockiert, wenn der Puffer leer ist.

Mit dem `select`-Konstrukt lassen sich mehr Kanäle auslesen und/oder schreiben. `select` blockiert so lange bis zu empfangende Daten vorliegen und/oder die zu sendenden Daten wieder angenommen werden. Bei mehreren nicht blockierenden Send und/oder Receive werden die Ausdrücke aller `case`-Zweige von oben nach unten ausgewertet (Vorsicht Seiteneffekte!) und die Daten werden dann zufällig gesendet und/oder empfangen. Bei nicht vorliegenden Daten kann das Blockieren umgangen werden mit einem `default`-Zweig, der in diesem Falle ausgeführt wird.

Beispiel [GoM 12]:

```
func (s *Server) backend() {
for {
    select {
    case inOne := <-s.inputChanOne:
        // input one
        // ...
    case inTwo := <-s.inputChanTwo:
        // input two
        // ...
    case s.statusChan <- s.status():
        // output of status
        // ...
    case <-stopChan:
        // input of stop-Signal
        return
    default:
        // No input and no output
```

```
            //Background operation
            s.backgroundOperation()
        }
    }
}
```

Ein `close(ch)` schließt einen Kanal `ch` und mit `closed(ch)` kann getestet werden, ob der Kanal `ch` geschlossen ist.

5.6.8 Kontrollstrukturen

5.6.8.1 If

Eine einfache Verzweigung kann mit einer `if`-Anweisung realisiert werden, wobei die bedingten Anweisungen in einem Block stehen. Zu beachten ist hier, dass im Vergleich zu C die Bedingung nicht geklammert ist. Durch Verkettung von `else` und `if` lässt sich eine umfangreiche Fallunterscheidung realisieren, dafür sollte jedoch das `switch` benutzt werden. Der Bedingung kann eine einfache Anweisung vorausgehen, die vor der Bedingungsauswertung ausgeführt wird.

Beispiel:

```
func isSmallerfx (y int) bool {
if x := f();   x < y {
    return true
}
return false
}
```

5.6.8.2 Switch

Neben dem `Type-Switch` gibt es noch den `Expression-Switch`. Die Switch-Ausrücke werden von oben nach unten ausgewertet. Der erste Ausdruck der gleich dem `Switch-Expression` entspricht, triggert die dazugehörige Anweisung des Falles (Case). Die anderen Fälle werden übersprungen. Ergeben alle Case-Fälle keine Übereinstimmung so kann eine optionale `default`-Anweisung ausgeführt werden. Das Default kann irgendwo im Switch stehen. Sowohl `case-` als auch bei `default` kann die letzte Anweisung ein `fallthrough` sein. In diesem Fall fließt die Kontrolle von Ende des Falles zur ersten Anweisung des nächsten Falles. Ohne `fallthrough` fließt die Kontrolle zum Ende des Switches.

Beispiel [M 11]:

```
func Season (month int) string {
      switch month {
      case 3, 4, 5:
```

```
            return "Frühling"
        case 6, 7, 8:
            return "Sommer"
        case 9,10, 11:
            return "Herbst"
        case 12,1,2:
            return "Winter"
    }
    return "Unbekannt"
}
```

5.6.8.3 for

In Go sind Zählschleifen und while-Schleifen zusammengefasst zu `for`-Schleifen. Es stehen damit vier Varianten zur Verfügung:

- Endlosschleifen,
- Schleifen mit Bedingungen,
- Zählschleifen und
- Iterationsschleifen über unterschiedliche Arten von Datenmengen.

Ein `for` ohne Bedingung führt den Block dazu endlos aus. Ein `return` in der Schleife beendet die umgebende Funktion und damit die Schleife. Ein `break` verlässt die umgebende Schleife und es wird mit der auf die Schleife folgenden Anweisung fortgefahren. `continue` bewirkt den Abbruch des Schleifendurchlaufes und Start eines neuen Durchlaufes. Dabei können sowohl `break` als auch `continue` mit einer Sprungmarke versehen werden. Mit `goto Marke` erfolgt ebenfalls ein Sprung auf eine mit einer `Marke` versehene Anweisung.

Eine `for`-Schleife mit Bedingung wird ausgeführt, solange die Bedingung `true` ergibt. Eine Endlosschleife mit einer Bedingung ist dann `for true {... };`

Zählschleifen bestehen aus Initialisierungsteil, Bedingung und Nachanweisung. Beispiel [GoR 11]:

```
for i := 0; i < 10; i++ {
    f(i)
}
```

Initialisierung, Bedingung und Nachanweisung sind optional und können weggelassen werden, nur die Semikola sind Pflicht. Eine fehlende Bedingung wird als `true` evaluiert. Somit ist `for;;{ ... }` eine Endlosschleife.

Iterationsschleifen liefern das jeweils nächste Element, so lange noch Elemente vorhanden sind. Ausgedrückt wird das mit `for`-Schleifen, die eine `range`-Klausel besitzen. Diese Schleifen iterieren über alle Einträge in einem Feld, einer Slice, eines Strings, oder einer Map oder Werte, oder über Werte, die von einem Kanal empfangen werden. Ein `range` über einen Kanal liest so lange aus dem Kanal, bis dieser geschlossen wird.

Bespiel [GoR 11]:

```
var a [10] string
for i, s := range a {
    // type of i is int
    // type of s is string
    // s == a[i]
    g(i,s)
}
```

5.6.9 Anwendungsbeispiel Echo-Server

Als etwas größeres Anwendungsbeispiel wollen wir einen Echo-Server implementieren, wobei der Echoserver die Ihm zugesandte Nachricht zurücksendet. Siehe auch dazu das Beispiel des Echo-Servers mit Datagram-Sockets in Abschn. 5.9.4 und in Abschn. 5.7 weitere Implementierungen des Echo-Servers.

Beispiel:

```
package main

import ("fmt")
const Echo string ="Please echo my string"
const Number_of_Clients = 100

// Client i sending and receiving Echo
func Client (RequestReply chan string, i int) {

    RequestReply <- Echo
               <- RequestReply
}

// parallel Echoserver starting Reply after Receiving echo
func Reply (Echostr string, RequestReply chan string) {
    RequestReply <- Echostr
}

// Server receiving and sending Echo to Client forever
func Echoserver( RequestReply chan string){
for {
    EchoString := <- RequestReply
    RequestReply <- EchoString
    // for a parallel Echoserver replace the line by
    // go Reply (EchoString, RequestReply)
```

```
        }
}

func main(){

fmt.Println ("Ping IO main\n")
RequestReply := make(chan string)

// start Server
go Echoserver(RequestReply)

// start i Clients
for i := 0; i < Number_of_Clients; i++ {
    fmt.Println(i, "Client\n")
    go Client(RequestReply, i)
    }

for {
    }
}
```

5.6.10 Ausnahmebehandlung

Mit der `defer`-Anweisung kann ein Befehl oder Funktionsaufruf zur späteren Ausführung (beim Verlassen des Gültigkeitsbereichs) bekannt gemacht werden.

Fehler, in Go Panic genannt, können per `defer` eine Funktion anmelden, die falls der Fehler auftritt, ausgeführt wird. Mit dem Aufruf von `recover` kann getestet werden, ob ein Panic aufgetreten ist. Der Fehler kann dann behandelt werden oder er kann weiter propagiert werden. Mit `panic` lässt sich der Fehler an die nächste Fehlerbehandlungsroutine weiterleiten.

5.7 Erlang

5.7.1 Module und Funktionen

Programme in Erlang bestehen aus Modulen, welche Funktionen enthalten. Einige Funktionen können exportiert werden und können außerhalb des Moduls aufgerufen werden. Funktionen bestehen aus einer Folge von Funktions-Klauseln, die durch Strichpunkte getrennt werden und mit einem terminierenden Punkt (.) enden. In nachfolgendem Listing steht zu Beginn der `-module (name)` gefolgt von den Namen der exportierenden Funktionen als Liste mit zusätzlicher Angabe der Anzahl der Parameter nach dem/. Mit

-import (Module, Funktionen) gibt man die zu importierenden Funktionen an. Ein Modul simple, das die Fakultätsfunktion fact() und die Funktion square() exportiert, sieht folgendermaßen aus.

Beispiel Module simple:

```
-module (simple).
-export([square/1, fact/1]).

square(X) -> X*X.         % clause head and body

fact (N) when N>0 ->      % first clause head
    N*fact (N-1);         % first clause body
fact (0) ->               % second clause head
                          % second clause body
```

Erlang erlaubt Mustervergleiche (engl. „pattern matching"). So nennt man die Verwendung von Termen als formale Parameter. Dabei sind die Parameterterme die Muster (engl. „pattern") der Funktionsargumente.

Die Funktion fact berechnet die Fakultät einer Zahl. 0 und N sind dabei die Muster (Pattern), von denen die Ergebnisbestimmung abhängt. Für Zahlen größer als 0 greift nur das Muster N, so dass die erste Alternative verwendet wird. Diese errechnet das Ergebnis durch N * fact (N-1), wobei sie sich, so lange (N-1) > 0 rekursiv selbst aufruft, bis sie bei 0 ankommt. Dort greift dann das Muster 0, so dass die zweite Alternative verwendet wird, welche die Rekursion sauber abschießt, 1 zurückgibt und die Rücksprungkette einleitet.

Ruft man fact/1 auf, so werden die aktuellen Parameter gegen das Muster in jeder Klausel getestet. Bei einer Übereinstimmung wird der entsprechende Körper in der Klausel (nach dem ->) ausgeführt. Der Wert des letzten Ausdrucks ist der Wert der aufgerufenen Funktion (ohne eine Return-Anweisung).

Erlang ist dynamisch typisiert [L 09] und ein Aufruf von fact („Bengel") kompiliert zwar, jedoch wird ein Laufzeitfehler ausgelöst, da zu keiner Klausel eine Übereinstimmung von „Bengel" gefunden wird.

5.7.2 Variablen, Atome, Tupel, Listen

Folgende Datenstrukturen stehen in Erlang zur Verfügung [Ar 10]:

- **Variablen**: Variablen entsprechen unbekannten Werten (nicht Speicherzellen!) und benötigen einen Wert, der nicht mehr geändert werden kann (single assignments). Dieser Wert kann dann erfolgreich in Pattern-Matching-Operationen benutzt werden. Variablen beginnen mit einem Großbuchstaben wie beispielsweise Day und File. Anony-

me Variable werden mit einem Unterstrich (_) geschrieben. Der Wert von anonymen Variablen kann ignoriert werden.
- *Atome*:. Atome entsprechen Konstanten und ähneln Aufzählungstypen. Sie beginnen mit einem Kleinbuchstaben; z. B. sind monday, red und blue Atome.
- Tupel: Entsprechen den structs in C und dienen zur Speicherung einer festen Anzahl von Feldern. Tuplels schreibt man in geschweifte Klammern. Z.B. ist {Var, monday, 13} ein Tupel bestehend aus einer Variablen, einem Atom, und einem Integer.
- *Listen*: Listen dienen zur Speicherung einer variablen Anzahl von Elementen. Listen sind umschlossen von eckigen Klammern [ ]. Die Liste [a, U, b, V] enthält z. B. zwei Atome a und b und zwei Variablen U und V.

Das *Pipe-Symbol* oder der senkrechte Strich dient dazu die Sequenz der Elemente der Liste in einen Kopf (head) und einen Rest (tail) aufzuspalten. Haben wir eine Liste X von Integers [SMR 10]:
X = [1, 2, 3, 4, 5, 6]
dann teilt der Code
[H | T] = X.
die Liste in einen Kopf X, 1 und speichert ihn in der Variablen H und einen Rest [2, 3, 4, 5, 6] und speichert ihn in der Variablen T.

Neben dem Pipe-Symbol für Listen gibt es noch den ++- und den --- Operator zur Vereinigung (Konkatenation) von zwei Listen und der Subtraktion von zwei Listen.

Erlang bietet eine große Anzahl von Funktionen auf Listen. Dabei wird der Modulname vom Funktionsnamen durch einen Doppelpunkt getrennt. Einige Listenfunktionen sind [CT 09]:
lists:max ([5, 6, 7]). liefert 7
lists:reverse ([5, 6, 7]). liefert [7, 6, 5]
lists:sort (7, 5, 6, 8). liefert [5, 6, 7, 8]
lists:member (10, [5,6,7]). liefert false
...

5.7.3 if, case, loop

Die Syntax eines if ist:

```
if
Guard1 ->
     Seq1;
Guard2 ->
     Seq2;
...
end
```

Die einzelnen Guards werden von oben nach unten ausgewertet bis ein Guard `true` ergibt. In diesem Fall wird die dazugehörige Sequence ausgeführt. Den Wert dieser Sequenz ergibt der Wert des `if`. Ergibt kein Guard `true` so wird ein Laufzeitfehler ausgelöst. Zur Vermeidung eines Laufzeitfehlers kann im letzten Zweig der Guard `true` verwendet werden.

Ein `case` erlaubt die Auswahl zwischen verschiedenen Alternativen:

```
case Expr of
     Pattern1 [when Guard1]   -> Seq1;
     Pattern2 [when Guard2]   -> Seq2;
     ...
     PatternN [when GuardN]   -> SeqN
end
```

Die Auswertung des `case` wertet `Expr` aus und das erhaltene Ergebnis wird mit dem Muster (Pattern) verglichen. Ergibt ein Muster Übereinstimmung und der Guard liefert `true`, wird die dazu korrespondierende Sequenz ausgewertet. Der Wert dieser Sequenz ist der Wert des `case`. Falls es keine Übereinstimmung mit dem Muster gibt und kein Guard `true` ergibt, wird ein Laufzeitfehler ausgelöst.

Im nachfolgenden Beispiel für `case` und `if` geben wir für die Funktion fact() verschiedene Arten der Implementierung an [AVW 96]:

Einfachste Art:

```
fact(0) -> 1;
fact(N) -> N * fact(N - 1).
```

Mit Guards:

```
fact(0) -> 1;
fact(N) when N > 0 -> N * fact(N - 1).
```

Mit if:

```
fact(N) ->
if
    N == 0 -> 1;
    N > 0  -> N * fact(N - 1)
end.
```

Mit case:

```
fact(N) ->
case
```

```
    N of 0 -> 1;
    N when N > 0 -> N * fact(N - 1)
end.
```

Mit Variablen zum Speichern von temporären Werten:

```
fact(0) -> 1;
fact(N) when N > 0 -> N1 = N - 1,
 F1 = fact(N1),
 N * F1.
```

Alle obigen Definitionen sind korrekt und äquivalent.

Benutzt man in C oder Java Schleifen, so benutzt man als Schleifenzähler eine Variable i, die durch Inkrementieren (i++) den nächsten Schleifendurchlauf durchführt. Da i++ keine Single Assignment Anweisung ist und i erneut gebunden wird, ist dies in Erlang nicht möglich. Eine Möglichkeit besteht darin eine weitere Variable j einzuführen und j an den neuen Wert zu binden (j = i + 1).

Wegen der Single-Assignment-Bedingung sind in Erlang Schleifen mit Hilfe von Rekursion implementiert [B 07]. Damit die Rekursion keine zusätzlichen Variablen und damit zusätzlichen Speicher benötigt, muss sie *tail recursive* sein. Eine Funktion ist *tail recursive*, wenn die letzte Anweisung und somit Rückgabewert der Funktion ein rekursiver Aufruf der Funktion ist.

Die nachfolgende Funktion fact()

```
fact(0) -> 1.
fact(N) -> N * fact(N - 1).
```

ist nicht tail recursive, da bei Rückkehr von fact(N - 1) das Ergebnis mit N multipliziert werden muss und dann erst zurückgekehrt werden kann. Funktionen die rekursiv sind, jedoch nicht tail recursive, können durch Einführung eines Akkumulators als weiteren Parameter in tailrecursive Funktionen überführt werden:

```
fact(N) ->
     fact(N, 1).
fact (0, Acc) ->
     Acc,
fact (N, Acc) ->
     fact (N - 1, N * Acc).
```

Bei den obigen Funktionen ist die erste Funktion die Setup-Funktion, die zweite Funktion ist die Termination-Funktion und die dritte ist die tail recursive Funktion [B 07].

5.7.4 Funktionale Objekte

Funktionen können wie alle anderen Daten behandelt werden und heißen *Funs*. Funs können anderen Funktionen als Argumente übergeben werden, können in Datenstrukturen (Tupel und Listen) abgespeichert werden, oder als Nachricht einem anderen Prozess zugesendet werden. Weiterhin können Funs das Ergebnis von Funktionen sein. Funs haben folgende Syntax:

```
MyFunc = fun (...) ->
    % fun code goes here
end.
```

Einsatzgebiete von Funs können bei Erlang Funktionsabschlüsse (Closures) sein.

5.7.5 Nebenläufigkeit und Nachrichtenaustausch

5.7.5.1 Prozesse

Das Primitiv `spawn/1` [L 09] erzeugt einen neuen Prozess, der seine Prozessidentifikation (`pid`) dem Aufrufer zurückgibt. Ein Prozess ist eine unabhängig gestartete sequentielle Einheit mit einem eigenen Aufrufkeller. Wie bei Betriebssystemprozessen besitzen Erlang-Prozesse keinen gemeinsamen Speicher. Der einzige mögliche Datenaustausch zwischen Prozessen ist das Senden und Empfangen von Nachrichten.

Das Primitiv `self/0` übergibt die `pid` dem Aufrufer. Eine `pid` dient zur Adressierung von Nachrichten an den Prozess.

Der neue Prozess beginnt mit der Ausführung der Funktion, welche in `spawn/1` spezifiziert ist und terminiert bei Funktionsrückkehr.

Es gibt mehrere `spawn`-Funktionen: `spawn/3` startet die Ausführung eines neuen Prozesseses [AVW 96]

```
Pid = spawn(Module, FunctionName, ArgumentList)
```

und `spawn/4` dient zum Starten eines Prozesses auf einem anderen Knoten [EM 11], indem als erster Parameter der Knoten angegeben werden muss.

Neben der Adressierung durch eine `pid` kann mit der Funktion `register (Name, Pid)` ein Name mit einer `pid` assoziiert werden. `Registered()` listet alle registrierten Prozesse. Terminiert der Prozess so wird die Registrierung aufgehoben und die `pid` kann erneut vergeben werden.

5.7.5.2 send/receive

Jeder Erlang Prozess besitzt eine Mailbox in welcher die eingehenden Nachrichten abgelegt werden. Das Senden einer Nachricht bewirkt das Kopieren der Nachricht in die

Empfängermailbox des entsprechenden Prozesses. Die Ablage der Nachrichten in die Mailbox geschieht in der Reihenfolge der Auslieferung und nicht in der Absenderreihenfolge. Beim Senden einer Nachricht an einen nicht existierenden Prozess, wird die Nachricht verworfen, ohne einen Fehler zu generieren.

Das Versenden einer Nachricht geschieht mit dem !-Operator.

```
Pid ! Message
```

Die Nachricht `Message` wird an den Prozess mit Prozessidentifikation `Pid` asynchron, d. h. ohne Warten, gesendet.

Das Empfangen einer Nachricht geschieht mit dem selektiven `receive` mit folgender Syntax:

```
receive
    Pattern1 [when Guard1] ->
            Expressions1;
    Pattern2 [when Guard2] ->
            Expressions2;
    ...
end
```

Das `receive` untersucht die erste und älteste Nachricht in der Mailbox des Prozesses. Falls der `Guard1` true ist, wird diese Nachricht mit dem `Pattern1` verglichen. Liegt Übereinstimmung vor, so wird die Nachricht aus der Mailbox entnommen der `Expressions1` ausgeführt. Falls keine Übereinstimmung mit dem ersten `Pattern1` vorliegt so wird `Pattern2` versucht und so weiter.

Ist mit keinem der Pattern eine Übereinstimmung zu erreichen, so wird die erste Nachricht aus der Mailbox entnommen und in einer Save Queue abgelegt. Es wird dann mit der zweiten Nachricht weitergefahren und so weiter bis entweder eine Übereinstimmung erreicht ist, oder alle Nachrichten in der Mailbox untersucht sind.

- Falls eine Übereinstimmung mit einer Nachricht vorliegt, so werden alle Nachrichten der Save Queue, so wie sie beim Prozess eingetroffen sind, in die Mailbox zurückgeschrieben.
- Liegt bei allen Nachrichten keine Übereinstimmung vor, so wird der Prozess suspendiert und er wartet bis eine neue Nachricht in der Mailbox vorliegt. Mit der neuen Nachricht wird dann wie unter Punkt 1 beschrieben verfahren.

Das `receive` wartet möglicherweise auf eine Nachricht, die nie eintrifft. Zur Vermeidung des unendlichen Wartens kann das `receive` ein optionales Timeout enthalten.

```
receive
    Pattern1 [when Guard1] ->
```

```
                Expressions1;
      Pattern2 [when Guard2] ->
                Expressions2;
         ...
      after Time ->
                Expressions
end
```

`Time` ist ein Ausdruck vom Typ Integer und liefert die Zeit in Millisekunden. Die Genauigkeit der Zeit hängt natürlich von dem zugrundeliegenden Betriebssystem und der Hardware ab. `Time` ist dabei die maximale Wartezeit die der Prozess auf eine Nachricht wartet.

Ein `receive` kann auch nur aus einem Timeout bestehen. Dies erlaubt die Implementierung einer `sleep(T)`-Funktion. Der laufende Prozess wird dabei T Millisekunden suspendiert.

Beispiel : sleep-Funktion:

```
sleep(T) ->
    receive
    after T ->
          true
    end.
```

5.7.5.3 Anwendungsbeispiel Echo-Server

Zur Illustration des `spawn`, `send` und `receive` und des Primitives `self()` implementieren wir einen weiteren Echo-Server [CT 09].

Programm Echo-Server

```
-module(Echo_Server).
-export([go/0, loop/0]).

% go starts (spawns) an Echo_Server and is a client for the
% Echo_Server (loop/0) and sends first hello to the Echo_Server
% then the Echo_Server receives hello and sends back hello to
% go

go() ->
    Pid = spawn(Echo_Server, loop, []),
    Pid ! {self(), hello},
    receive
           {Pid, Msg} ->
                  io:format("~w~n",[Msg])
    end,
```

```
    Pid ! stop.

% Echo_Server - loop()
loop() ->
    receive
           {From, Msg} ->
                      From ! {self(), Msg},
                      loop();
           stop ->
                      true
end.
```

Der Client und der Echo-Server sind zwei nebenläufige Prozesse die keine gemeinsamen Daten besitzen, die jedoch auf demselben Knoten ablaufen. Der Ablauf der Shell auf einem Knoten sieht folgendermaßen aus:

```
1>c(Echo_Server).
2>{ok,Echo_Server}
3>Echo_Server:go(),
4>hello
5>stop
```

Das stop in Zeile 5 rührt daher, dass der Echo-Server:go() als Rückgabewert und Ergebnis den Wert stop hat.

Eine Version des Echo-Servers mit Registration (register) des Echo-Servers ist in [CT 09] beschrieben.

Bei einem verteilten Echo-Server laufen der Client und der Server auf zwei verschiedenen Knoten.

Nachfolgendes Programm zeigt dieses Vorgehen. Ein verteilter Echo_Server bei dem zur Kommunikation das Socketpaket eingesetzt wird, und hier speziell TCP-Sockets, zeigt nachfolgendes Programm [F 11].

Programm: Echo-Server mit Socket

```
-module(Echo_Server).
-author('Jesse E.I. Farmer <jesse@20bits.com>').
-export([listen/1]).

-define(TCP_OPTIONS, [binary, {packet, 0}, {active, false},
                     {reuseaddr, true}]).

% Call echo:listen(Port) to start the service.
listen(Port) -> {ok, LSocket} = gen_tcp:listen(Port, ?TCP_OPTIONS),
accept(LSocket).
```

```
% Wait for incoming connections and spawn the echo loop when
% we get one.

accept(LSocket) ->
    {ok, Socket} = gen_tcp:accept(LSocket),
    spawn(fun() -> loop(Socket) end),
    accept(LSocket).

% Echo back whatever data we receive on Socket.
loop(Socket) ->
    ase gen_tcp:recv(Socket, 0) of
        {ok, Data} -> gen_tcp:send(Socket, Data),
loop(Socket);
{error, closed} ->
    ok
end.Ausnahmebehandlung
```

5.7.5.4 Ausnahmen

Laufzeitfehler sind Ausnahmen die das Erlangsystem auslöst. Typische Fehler oder Ausnahmen sind:

- Muster-Übereinstimmungsfehler (pattern matching error),
- Typfehler bei Argumenten von Funktionen,
- explizit generierte Fehler durch Aufruf der Funktionen:
- `throw (Why);` Es wird eine Ausnahme ausgelöst die der Aufrufer bearbeiten kann.
- `exit (Why);` Beendet den laufenden Prozess. Die Meldung { 'EXIT', Pid, Why} wird an alle Prozesse. die mit dem laufenden Prozess verbunden sind, geschickt.
- `erlang:error(Why)`, dient zum Abfangen von „crashing errors".

5.7.5.5 Abfangen von Fehlern

Mit dem aus Java bekannten `try ... catch` können die Fehler abgefangen und behandelt werden. Das Erlang-Konstrukt hat folgendes Aussehen:

```
try  FuncOrExprSeq of
     Pattern1 [when Guard1] -> Expr1;
     Pattern2 [when Guard2] -> Expr2;
...
catch
     ExceptionType1: ExPattern1 [when ExGuard1] -> ExExpr1;
ExceptionType2: ExPattern2 [when EXGuard2] -> ExExpr2;
...
after
     AfterExpressions
end
```

try ... catch arbeitet wie folgt: die Auswertung von FuncOrExprSeq erfolgt zuerst. Nach dessen Auswertung sind zwei Fälle zu unterscheiden:

1. Eine Ausnahme wurde dabei ausgelöst: Es wird eine Übereinstimmung mit dem Ausnahmemuster1, Pattern1, Ausnahmemuster2 (Pattern2) und so weiter gesucht. Wird eine Übereinstimmung gefunden, so wird der entsprechende Ausdruck (expr) ausgeführt, natürlich unter der Voraussetzung, dass der entsprechende Guard true ergibt.
2. Bei der Auswertung von FuncOrExprSeq wurde keine Ausnahme ausgelöst. Es wird für den Rückgabewert der Funktion eine Übereinstimmung mit dem Muster1 (Pattern1), dem Muster2 (Pattern2) und so weiter gesucht. Wurde eine Übereinstimmung gefunden, so wird der entsprechende Ausdruck (Expr) ausgeführt.

Der Code hinter after dient für Aufräumarbeiten nach der Auswertung des FuncOrExprSeq und der Wert von AfterExpressions geht verloren. Der Code des after kann entfallen, falls keine Aufräumarbeiten von Nöten sind.

5.8 Scala

5.8.1 Semikolon

Für das fehlende Semikolon benutzt Scala den Semikolon Interferenz-Mechanismus und das Zeilenende entspricht dem nicht vorhandenen optionalen Semikolon. Sollen zwei Anweisungen oder Ausdrücke in einer Zeile stehen, so muss zwischen ihnen ein Semikolon stehen, um die Anweisungen bzw. Ausdrücke zu trennen.

5.8.2 Hallo Welt!

Scala bietet folgende verschiedene Möglichkeiten eines „Hallo Welt!"-Programmes [ScT 11]:

- Mit dem Scala Interpreter und als Scala-Script,
- mit einem main-Programm,
- mit der Java-Swing-Bibliothek oder als
- Erweiterung des Application-Trait.

5.8.2.1 Scala Interpreter und Scala-Skript

Ist der Scala Interpreter auf der Maschine gestartet (mit scala), so reicht eine einzige Anweisung zur Ausgabe der Hallo Welt!-Nachricht.

Programm:

```
scala> println ("Hallo Welt!")
```

Zur Ausführung als Scala-Skript muss eine Textdatei (HelloWorld.scala) mit dem Inhalt

```
println ("Hallo Welt!")
```

erstellt werden.

Der Aufruf des Scala-Interpreters mit der Textdatei HelloWorld.scala

```
$ scala HelloWorld.scala
```

liefert dann die Begrüßung Hallo Welt!

Bei der Kompilation oder Interpretation von Scala werden automatisch der Code von java.lang- Package bei Java oder das system-Package bei der .Net-Plattform importiert. Weiterhin wird automatisch die Definitionen der Scala-Standard-Bibliothek scala importiert. Mit diesem Paket steht ein predef-Objekt zur Verfügung. Die oben aufgerufene Prozedur println ist somit eine Methode des Objektes predef, das automatisch importiert wurde. Mit dem Importieren des predef-Objektes stehen noch weitere nützliche Typen, Objekte und Methoden zur Verfügung.

5.8.2.2 main-Programm

Als ein Programm mit einer Prozedur main hat das „Hallo Welt"-Programm [SH 11] folgendes Aussehen:

Programm HelloWorld

```
object HelloWorld {
def main(args: Array[String]) {
    println("Hallo Welt!")
    }
}
```

Die object-Deklaration führt ein ***Singleton-Object*** ein. Ein Singleton-Objekt ist eine Klasse mit einer einzigen Instanz. Damit liegt eine Klassendeklaration genannt HelloWorld vor und eine Instanz dieser Klasse, die ebenfalls HelloWorld heißt. Die Instanz wird auf Anforderung angelegt, wenn Sie das erste Mal gebraucht wird.

Das Singleton-Objekt besitzt eine Methode main, welche die Argumente der Kommandozeile, ein Feld von Strings übernimmt. Der Körper der Methode main ruft die vordefinierte Funktion println auf. Da main eine Prozedur ist, gibt sie keinen Wert zurück. Deshalb hat main keinen Rückgabewert und main durchbricht hier als Prozedur die Grenzen der funktionalen Programmierung.

5.8.2.3 Swing-Applikation

Zum Versehen der Helloworld-Applikation mit einer graphischen Oberfläche kann die Swing-Bibliothek von Java eingebunden werden. Die Swing-Bibliothek erlaubt die leichte und von Java bekannte Implementierung von grafischen Oberflächen. Durch

```
import swing._
```

steht die komplette Swing-Bibliothek von Java zur Verfügung. Das Wildcardzeichen Unterstrich (_) in Scala entspricht dem * von Java und es soll alles importiert werden.

Programm :

```
import swing._

object HelloWorldGUI extends SimpleSwingApplication{
    def top = new MainFrame {
            contents = new Label("Hello world!")
    }
}
```

5.8.2.4 Application Trait

Durch Erweiterung des Application-Trait ist das Objekt ein Einstiegspunkt (ähnlich main) zu einem kompilierten Programm. Die main-Methode braucht in diesem Fall nicht ausprogrammiert zu werden. Der Inhalt der main-Methode steht im Rumpf der Klasse bzw. des Objektes.

Beispiel;

```
object HelloWorldTrait extends Application{
    println ("Hallo Welt!")
}
```

Die Erweiterung des HelloWorldTrait erbt dabei die main-Methode von Application. Der Körper von HelloWorldTrait definiert dadurch das main-Programm.

Die Erweiterung des Applikation-Trait hat folgende Nachteile und Einschränkungen:

- Es können, wie bei main üblich, keine Kommandozeilenargumente args übergeben werden.
- Manche JVM-Implementierungen können den vom Application-Trait ausgeführten Code nicht optimieren.
- Programme die aus mehreren Threads bestehen sollten keinen Application-Trait benutzen, da es zu Deadlocks kommen kann. Somit sind Application-Threads nur für Programme die aus einem einzigen Thread bestehen einsetzbar.

5.8.3 Modularisierung mit Paketen

Pakete oder Packages entsprechen den Compilationseinheiten und dienen zur Strukturierung des Quellcodes. In obigen Beispielen wurde bisher kein Package explizit angegeben. Ohne Angabe steht alles im unbenannten oder leeren Package und somit in einem speziellen Package. Das Schlüsselwort `package` muss am Anfang der Datei stehen und ein Name für das Package definiert ein benanntes Package.

Ein Package ist ein spezielles Objekt, welches eine Menge von Klassen, Objekten und Packages definiert. Allerdings nicht enthalten in einem Package sind Typsynonyme und Werte (`val`). Für Typsynonyme und Werte muss ein Objekt zu einem Package-Objekt gemacht werden. Dem Schlüsselwort `object` muss dabei dem Schlüsselwort `package` vorangestellt werden und die Quellcodedatei muss unter `package.scala` abgespeichert werden.

Packages dürfen Packages enthalten und sind somit hierarchisch angeordnet. Die Trennung der verschiedenen Hierarchie-Ebenen erfolgt mit einem Punkt.

Falls ein Objekt im Package mit `private` definiert wurde, so ist es nur innerhalb des Packages zugreifbar. Das Gleiche gilt für den `protected`-Modifier für ein Package p (z. B. `protected[p]`).

5.8.4 Import von Paketen

Eine Klausel `import` hat folgendes Aussehen: `import p.I`, dabei ist I der importierte Ausdruck welcher eine Menge von Komponenten von p ohne Qualifikation zugreifbar macht.

Die Klausel   macht ohne Qualifikation zugreifbar:
`import p._` Alle Komponenten von p (analog zu `import p.*` in Java).
`import p.x` Die Komponente x von p.
`import p.{x => a}` Die Komponente x von p umbenannt in a.
`import p.{x, y}` Die Komponente x und y von p.
`import p1.p2.z` Die Komponente z von p2 welche eine Komponente von p1 ist.

Weiterhin ist die Klausel `import p1._, p2._` eine Kurzschreibweise für `import p1._; import p2._`.

Implizit importiert in jede Übersetzungseinheit sind in der angegebenen Reihenfolge die folgenden Packages und Objekte:

`package java.lang,`
`package scala,`

und das Object `scala.Predef`.

Komponenten, die später importiert werden, verdecken die Komponenten die früher importiert wurden.

5.8.5 Typen, Variablen und Funktionen

5.8.5.1 type
Zur besseren Lesbarkeit von Scala-Programmen können mit dem Schlüsselwort `type` Typsynonyme definiert werden. Z B. kann mit der type-Definition [B 11]

```
type IntList = List [Int]
```

das Programm den Typ `IntList` verwenden.

5.8.5.2 val und var
Für Variable müssen zuerst der Bezeichner gefolgt von einem Doppelpunkt und anschließendem Typ angegeben werden. Kann der Compiler auf den Typ schließen (interference), so können Typ und Doppelpunkt entfallen. Eine Variablendefinition muss immer mit `var` oder `val` beginnen und muss eine Initialisierung beinhalten, außer als Member einer Klasse oder Traits. Mit `val`-definierte Variablen sind nicht änderbar und entsprechen somit Konstanten in anderen Programmiersprachen, `var`-Variable sind änderbar und somit Variable.

Beispiel:

```
val of_full_age: Int = 18   // constant, not immutable
var age = 60                // Interference, Duck-Typing
// type Int, immutable
```

5.8.5.3 Funktionen – def
Mittels `def` lassen sich Funktionen und Methoden mit oder ohne Parameter definieren. Parameter stehen in Klammern und haben die Form `name: typ`. Nach der Parameterliste steht durch einen Doppelpunkt getrennt der Ergebnistyp der Funktion. Soll die Funktion ein Ergebnis berechnen, muss immer ein Gleichheitszeichen folgen, dem sich der Funktionsrumpf anschließt.

Beispiel [B 11]:

```
def sum (x: Int, y: Int): Int = {
    return x+y
}
```

Ist der zuletzt berechnete Ausdruck im Funktionsrumpf der Rückgabewert, so ist das `return` optional und kann weggelassen werden. Besteht der Funktionsrumpf aus einem einzigen Ausdruck so können auch die geschweiften Klammern weggelassen werden. Kann der Ergebnistyp der Funktion automatisch ermittelt werden, so kann dieser ebenfalls entfallen. Demgemäß hat die kürzeste Schreibweise der Funktion sum folgendes Aussehen:

Beispiel [B 11]:

```
def sum (x: Int, y: Int) = x+y
```

Ab Version 2.8.0 von Scala können die Argumente beim Aufruf benannt werden, oder den Argumenten können Defaultwerte mitgegeben werden, so dass die Argumente mit ihren Werten beim Aufruf weggelassen werden können. Die nachfolgenden Funktionsaufrufe für sum sind äquivalent:

Beispiel [B 11]:

```
sum(1,2)
sum(x=1, 2)
sum(1, y=2)
sum(x=1, y=2)
sum(y=2, x=1)
```

Eine Funktion kann auch eine variable Anzahl von Parametern haben. Dies wird angezeigt mit einem * nach Angabe des gemeinsamen Namens für alle Parameter und dem Typ eines einzelnen Parameters.

Gibt eine Funktion keinen Wert zurück, so hat die Funktion den Ergebnistyp Unit. Unit entspricht dem void in anderen Programmiersprachen. Funktionen mit Ergebnis typ Unit heißen in Scala Prozeduren und sind die bekannten Prozeduren aus anderen Sprachen. Der einzige Effekt für Prozeduren ist die Bewirkung von Seiteneffekten. Prozeduren verletzen somit das Prinzip der funktionalen Programmierung (Funktionen liefern immer einen Wert zurück und haben keine Seiteneffekte).

Beim Aufruf einer Funktion werden die Parameter standardgemäß durch call by value übergeben. Das heißt die Funktionsargumente werden vor der Ausführung der Funktion ausgewertet. Steht dem Parametertyp ein => voran, dann wird für diesen Parameter call by name verwendet. Das heißt der Parameter wird erst ausgewertet, wenn er benötigt wird. Wird er im Funktionskörper nicht benötigt so muss er auch nicht ausgewertet werden.

Beispiel:

```
// call by value: arguments are evaluated by begin
def sumOfSquares (x: Double, y: Double) =
    square(x) + square(y)

// call by name: arguments are evaluated when needed
def sumOfSquares (x: => Double, y: => Double) =
```

5.8 Scala

```
    square(x) + square(y)
// Show the differences of an evaluation for
// sumOfSquares(2*2, 3+3)
```

Funktionen können als Parameter und/oder Ergebnis Funktionen haben. Dies ermöglicht Funktionen höherer Ordnung zu definieren. Funktionen sind dabei Werte und somit Funktionsliterale und können damit Parameter oder Ergebnis von anderen Funktionen sein.

Beispiel:

```
def funcwithfuncParam (func: Int => String, v: Int): String =
    {func(v);
    }
```

5.8.5.4 Anonyme Funktionen

Die Definition von *anonymen Funktionen* also von Funktionen, an die noch kein Namen gebunden ist, gestaltet sich in Scala einfach. Der folgende Ausdruck liefert den Nachfolger einer Integer-Zahl.

```
(x: Int) => x + 1
```

Dies ist eine Abkürzung für folgende anonyme Klassendefinition:

Beispiel [O 11]

```
new Function1[Int, Int] {
    def apply(x: Int): = x + 1
}
```

Anonyme Funktionen finden Ihren Einsatz bei Funktionen die keine Namensbindung benötigen oder möglicherweise als Kurzschreibweise. Anonyme Funktionen sind bequem bei der Übergabe als Argument an Funktionen höherer Ordnung. Typische Beispiele dafür sind die nachfolgend beschriebenen Currysierung und Funktionsabschlüsse (Closures).

5.8.5.5 Currysierung

Currysierung wandelt eine Funktion mit mehreren Parametern in eine Reihe von Funktionen mit nur einem Parameter um. Der Mathematiker Haskell Brooks Curry gab dem Verfahren den Namen und mit dem Vornamen Haskell wurde die rein funktionale Sprache Haskell benannt.

Beispiel [B 11]:

```
def add (x: Int, y: Int) = x + y
// func add with two parameters
```

```
add(1,2)      // 3

// with currying, we get a function with one parameter
// called with a first parameter, we get a function which can
// called with the second parameter

def add(x: Int) = (y: Int)  => x + y
add(1)(2)    // 3

// to get a real functional style, we can change the syntax to
// get a shorten version of add
def add (x: Int)(y: Int) = x + y
add(1)(2)    // 3
```

Im Paket Scala steht eine Methode `curried` als `Function` Singleton zur Verfügung, die eine Funktion mit n Parameter in n currysierte Funktionen umwandelt.

```
def add (x: Int, y: Int) = x + y
val addCurried = Function.curried(add_)
// the underscore in add_ tells the compiler to treat
// add as a function value
add(1, 2)           // 3
addCurried(1)(2)    // 3
```

`Function` enthält auch eine Methode `uncurried` welche n-currysierten Funktionen in eine Funktion mit n Parametern wandeln.

5.8.6 Objektorientierung

5.8.6.1 Class

Mit dem Schlüsselwort `class` deklariert man eine Klasse. Mit den weiteren Schlüsselwörtern `final` verhindert man das weitere Ableiten der Klasse und mit `abstract` kann die Klasse nicht instanziiert werden, da die Implemetierung der Klasse fehlt. Mit `def` für Funktionen lassen sich dann Methoden der Klasse definieren. Zwei oder mehrere Methoden einer Klasse können denn gleichen Namen haben (überladene Methode), solange ihre vollständigen Signaturen eindeutig sind.

Jede Deklaration die von überall sichtbar ist, ist öffentlich und besitzt kein weiteres Schlüsselwort. In Scala gibt es kein Schlüsselwort `public`. Geschützte Member sind für den definierenden Typ sowie für abgeleitete und verschachtelte Typen sichtbar und besitzen das Schlüsselwort `protected`. Geschützte Typen sind nur innerhalb desselben Packages und in Unterpackages sichtbar. Der Gültigkeitsbereich kann durch `protected[scope]` weiter eingeschränkt werden. Verwendet man `private` für ein

Member, so ist die Sichtbarkeit auf das umgebende Package begrenzt. Die Sichtbarkeit kann dabei mit `private[scope]` weiter eingeschränkt werden.

Jede Klasse hat einen Primärkonstruktor der den gesamten Rumpf der Klasse erfasst. Alle Parameter für den Konstruktor werden hinter dem Klassennamen aufgeführt. Beim Erzeugen einer Instanz einer Klasse mit `new` wird jeder Parameter, der mit einem Parameter in der Parameterliste korrespondiert mit dem Parameterwert initialisiert.

Mit dem Schlüsselwort `this` kann eine Klasse sich selbst referenzieren.

Mit `extends` nach dem Klassenname und vor der ererbten Klasse lässt sich Vererbung realisieren. Scala kennt nur Einfachvererbung und keine Mehrfachvererbung. Mehrfachvererbung kann mit Hilfe von Traits realisiert werden.

5.8.6.2 Generic Classes

Für die Elemente einer Klasse sind generische Typparameter vorgesehen. Dies ist besonders angebracht für Kollektionen. Die Elemente der Kollektion können damit je nachdem was benötigt wird mit einem `new` für den angegebenen Typ erzeugt werden. Für die Kollektion Stack hat eine generische Klasse mit den Methoden `push`, `pop` und `top` folgendes Aussehen:

Beispiel [OC 07]:

```
class Stack[T] {
var elems : List [T] = Nil
def push (X: T): Unit = elems = x :: elems
def pop : Unit = elems = elems.tail
def top : T = elems.head
}
```

Beim Anlegen eines Kellers ist zu beachten, dass das Subtyping von generischen Typen invariant ist [OC 07]. Invarianz bedeutet für unser Beispiel, dass beim Vorliegen eines Characterstack (`Stack[Char]`) dieser nicht als beispielsweise Integer Stack (`Stack[Int]`) benutzt werden kann.

Beispiel:

```
val IntStack = new Stack[Int]    // stack of Ints
val CharStack = new Stack[Char]  // stack of Char
```

5.8.6.3 Singleton

Statische Member oder das Schlüsselwort `static` kennt Scala nicht. Um das gleiche zu erreichen kann man eine Klasse definieren von der es nur eine Instanz gibt (Singleton). Das Schlüsselwort `class` wird hierbei durch `object` ersetzt. Ein `object` wird vom Laufzeitsystem bei Bedarf geladen. Der Rumpf des Objektes dient dabei als Konstruktor und es gibt dabei keine Möglichkeit dem Konstruktor eine Parameterliste mitzugeben (sonst wäre es kein Singleton mehr). Alle im Objekt definierten Daten müssen mit Vorgabewerten definiert werden.

5.8.6.4 Closure

Funktionen können nicht nicht nur auf ihre Parameter und lokalen Variablen zugreifen, sondern auch auf Variablen ihres Kontextes (Scope), welche zum Auswertungszeitpunkt gültig sind. Falls sich bei mehrfacher Verwendung der Funktion der Wert einer Variablen des Kontextes gegenüber einem früheren Auswertungszeitpunkt ändert, können sich auch der Rückgabewert und das Verhalten der Funktion ändern. Funktionen, welche auf die Variablen ihres Kontextes innerhalb von Funktionen zugreifen sind durch die äußere Funktion abgeschlossen, deshalb die Bezeichnung Funktionsabschluss oder Closure.

5.8.7 Traits

Hat ein Interface Members, die für alle Instanzen verwendet werden können und noch weitere Members, die zu anderen Members in keiner Beziehung stehen, so besteht das Interface aus einem festen wiederverwendbaren Members und aus abstrakten Members die später spezielle Ausprägungen erhalten. Dies Vorgehen ist in Scala mit Traits möglich und man benutzt das Schlüsselwort `trait` dafür. Ein Trait definiert Methoden, welche von den einbindenden Klassen definiert werden müssen oder in der Klasse als `abstract` definiert sind, damit können keine Instanzen von dieser Klasse direkt angelegt werden. Die implementierten Teile eines Trait, die eigenständig genutzt werden können, bezeichnet man als Mixins. Das Einbinden (mix in) eines Traits definiert einen Vertrag, den eine Klasse erfüllen muss. Durch das Einbinden kann diese Klasse als vom Typ des entsprechenden Traits angesehen werden, ohne dass der konkrete Typ der Klasse bekannt sein muss.

Eine Klasse kann beliebig viele Traits erweitern bzw. einbinden (mix in) und somit deren Eigenschaften erben. Vorausgesetzt, dass eine Klasse von keiner anderen Klasse explizit durch die Verwendung des Schlüsselwortes `extends` abgeleitet wird, wird das erste Trait durch die Verwendung des Schlüsselwortes `extends` eingebunden. Alle weiter einzubindenden Traits werden mit Hilfe des Schlüssewortes `with` eingebunden.

5.9 TCP/IP-Sockets

Sockets ermöglichen die Kommunikation zwischen Prozessen, die auf einem System oder zwei getrennten Systemen ablaufen können. Sockets stellen eine Kommunikationsverbindung zwischen Prozessen her.

Unter Unix sind Sockets der Kommunikationsstandard. Alle Anwendungsprotokolle wie z. B. SSH, HTTP und FTP basieren auf Sockets. Sockets mit C unter Linux beschreibt Pollakowski [Po 09].

Ein Kommunikationsendpunkt für einen Prozess kann mit dem `socket`-Aufruf erzeugt werden, der dann einen Deskriptor für den Socket zurückgibt. Da mehrere Kommunikationsprotokolle unterstützt werden, benötigt der `socket`-Aufruf das zu verwendende

Protokoll. Eine Adresse für den Kommunikationsendpunkt lässt sich dann anschließend mit einem `bind`-Aufruf an den Socket binden. Ein Serverprozess hört dann an einem Socket mit dem `listen`-Aufruf das Netz ab. Clientprozesse kommunizieren mit dem Serverprozess über einen weiteren Socket, das andere Ende eines Kommunikationsweges, das sich auf einem anderen Rechner befinden kann. Der Betriebssystemkern hält intern die Verbindungen aufrecht und leitet die Daten vom Client zum Server. Da der Kommunikationsweg zwischen zwei Sockets in beide Richtungen geht, kann auch der Server Daten an den Client senden. Das Senden und Empfangen von Daten geschieht mit `write`- und `read`-Systemaufrufen.

5.9.1 Domänen und Socketadressen

Das BSD-Unix-System unterstützt verschiedene Kommunikationsnetzwerke, die unterschiedliche Protokolle und verschiedene Adressierungskonventionen benutzen. Sockets, welche die gleiche Protokollfamilie und die gleiche Adressierung benutzen, werden in Domänen (Bereiche) zusammengefasst. BSD-Unix stellt die folgenden Protokollfamilien (Domänen) zur Verfügung:

- *Internet-Domain* mit den Protokollen TCP, UDP und IP,
- *Xerox-XNS-Domain* mit den Protokollen SPP und IDP und
- *Unix-Domain* zur Kommunikation von Prozessen auf dem gleichen Rechner (lokale Kommunikation).

5.9.2 Adressierungsstruktur

Die Adressierungsstruktur in den einzelnen Domänen sieht folgendermaßen aus:

- *Internet* verwendet eine 32-Bit lange Adresse, welche die Netz-ID und Host-ID angibt, und eine 16-Bit lange Portnummer, die den Prozess identifiziert.
- *XNS* verwendet eine 32-Bit langeNetz-ID, eine 48-Bit langeHost-ID und eine 16-Bit lange Portnummer für die Prozesse.
- *Unix-Domain* verwendet zur Identifizierung der Prozesse eindeutige Pfadnamen des UNIX-Dateisystems, die eine Länge von bis zu 108 Bytes aufweisen können.

Viele Socket-Systemaufrufe verlangen einen Zeiger auf eine Adressstruktur, wobei sich diese Strukturen nicht nur dem Aufbau nach, sondern auch der Länge nach unterscheiden. Um mit Socket-Adressstrukturen von unterschiedlicher Größe arbeiten zu können, wird den Systemaufrufen neben einem Zeiger auf die Struktur auch immer die Größe der Adressstruktur übergeben.

5.9.3 Umwandlungsfunktionen

Nicht alle Computersysteme speichern die einzelnen Bytes von Mehrbytegrößen in derselben Reihenfolge. Entweder wird mit dem niederwertigen Byte an der Startadresse begonnen, was auch als little endian-Anordnung bezeichnet wird, oder man beginnt mit dem höherwertigen Byte an der Startadresse, was man auch als big endian-Anordnung bezeichnet. TCP/IP und XNS verwenden das big endian-Format. Zur Transformation der benutzerbezogenen Darstellung in die Netzwerkdarstellung stehen in <netinet/in.h> die folgenden Funktionen zur Verfügung:

```
#include <sys/types.h>
u_long htonl (u_long hostlong);
u_short htons (u_short hostshort);
u_long ntohl (u_long netlong);
u_short ntohs (u_short netshort);
```

Die Buchstaben der Funktionen stehen für die Bedeutung der jeweiligen Funktion. So steht htonl für host to network long und wandelt einen Long-Integer-Wert aus der benutzerbezogenen Darstellung in die Netzwerkdarstellung um.

In den verschiedenen Socket-Adressstrukturen (Internet, XNS, UNIX) existieren unterschiedliche Bytefelder, die alle belegt sein müssen. In 4.3 BSD-Unix stehen deshalb drei Routinen zur Verfügung, die auf benutzerdefinierten Byte-Strings basieren. Unter benutzerdefiniert ist zu verstehen, dass es sich um keinen Standardstring in C handelt, der bekannter weise mit einem Nullbyte abschließt. Die benutzerdefinierten Byte-Strings können innerhalb des Strings durchaus Nullbytes besitzen. Dies beeinflusst jedoch nicht das Ende des Strings. Deshalb muss die Länge des Strings als Argument mit übergeben werden.

bcopy kopiert die angegebene Anzahl von Bytes von einem Ursprung zu einem Ziel.

```
bcopy (char *src, char *dest, int nbytes);
```

bzero schreibt die angegebene Anzahl von Nullbytes in das Ziel.

```
bzero (char *dest, int nbytes);
```

Die Funktion bcmp vergleicht zwei beliebige Byte-Strings und liefert null, wenn beide Strings identisch sind, ansonsten ungleich null.

```
int bcmp (char *ptr1, char *ptr2, int nbytes);
```

5.9.4 Sockettypen

Mit jedem Socket assoziiert ist ein Typ, der die Semantik der Kommunikation beschreibt. Der Sockettyp bestimmt die Eigenschaften der Kommunikation, wie Zuverlässigkeit, Ordnung und Duplikation von Nachrichten. Folgende in <sys/socket.h> definierten Sockettypen gibt es:

```
#define SOCK_DGRAM       1   /* datagram */
#define SOCK_STREAM      2   /* virtual circuit */
#define SOCK_RAW         3   /* raw socket */
#define SOCK_SEQPACKET   4   /* sequenced packet */
```

SOCK_DGRAM spezifiziert das verbindungslose Transportprotokoll UDP, bei dem jede Nachricht die Information für den Transport enthalten muss. Die übertragenen Nachrichten heißen Datagramme. Ein Datagram-Socket unterstützt den bidirektionalen Fluss der Daten, sie brauchen jedoch nicht in der Reihenfolge anzukommen, in der sie abgesendet wurden, noch müssen sie überhaupt den Empfänger erreichen, noch werden sie mehrmals im Fehlerfalle übertragen. Weiterhin ist die Nachrichtenlänge bei verbindungslosen Protokollen auf eine Maximallänge begrenzt. Dieser Sockettyp wird deshalb benutzt zur Übertragung von kurzen Nachrichten, die keine zuverlässige Übertragung erfordern.

SOCK_STREAM spezifiziert das verbindungsorientierte Transportprotokoll TCP, bei dem eine virtuelle Verbindung zwischen zwei Prozessen hergestellt wird. Ein Stream-Socket erlaubt den bidirektionalen zuverlässigen Fluss der Nachrichten, wobei die Nachrichten in der Absenderreihenfolge beim Empfänger ankommen.

SOCK_RAW erlaubt Zugriff auf das Netzwerkprotokoll und seine Schnittstellen. Raw-Sockets erlauben damit einer Anwendung den direkten Zugriff auf die Kommunikationsprotokolle.

SOCK_SEQPACKET stellt einen zuverlässigen Paket-Socket zur Verfügung, bei dem die Pakete in der Absenderreihenfolge ankommen.

Nicht alle Kombinationen von Socket-Familie und Socket-Typ sind möglich. Bei AF_UNIX sind SOCK_DGRAM und SOCK_STREAM erlaubt und bei AF_INET sind SOCK_DGRAM mit dem Protokoll UDP und SOCK_STREAM mit dem Protokoll TCP und SOCK_RAW mit dem Protokoll IP erlaubt.

Im Folgenden beschränken wir uns auf die Betrachtung von Datagram-Sockets (SOCK_DGRAM) und Stream-Sockets (SOCK_STREAM) und das Protokoll AF_INET, d. h. UDP bzw. TCP.

Bei der Vorstellung der Systemaufrufe, die im File <sys/socket.h> definiert sind, stellen wir zunächst die Aufrufe für Datagram-Sockets vor und anschließend die Aufrufe für Stream-Sockets.

Abb. 5.4 Typische Aufrufabfolge für verbindungslose Kommunikation

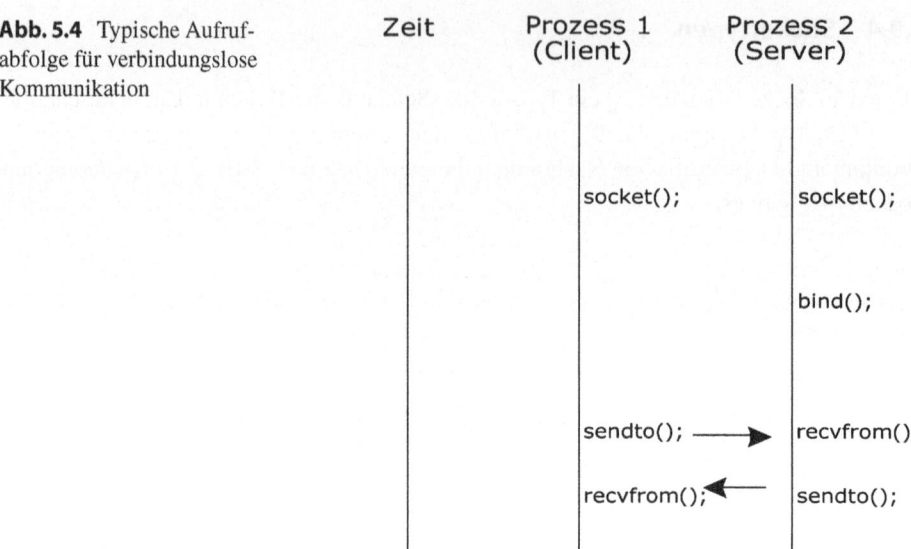

5.9.5 Datagram-Sockets

Die Abb. 5.4 zeigt eine typische Aufrufreihenfolge für verbindungslose Client-Server-Kommunikation. Zuerst müssen der Server und der Client mit dem Socket-Systemaufruf einen Kommunikationsendpunkt festlegen. Mit dem Socket-Aufruf wird der Typ des Kommunikationsprotokolls festgelegt, in unserem Fall also SOCK_DGRAM. Im bind-Aufruf des Servers registriert der Server seine Adresse im System, so dass alle Nachrichten mit dieser Adresse an ihn weitergeleitet werden. In dem anschließenden sendto-Aufruf gibt der Client die Adresse des Empfängers (Servers) an, an die er Daten senden will; das bedeutet, der Client kennt die Adresse des Servers. Mit recvfrom auf der Server-Seite erhält der Server die Nachricht und die Adresse des Senders, und somit die vom Client abgeschickte Nachricht und dessen Adresse. Neben dieser Aufrufkombination gibt es natürlich noch weitere sinnvolle Kombinationen für verbindungslose Kommunikation.

5.9.5.1 socket-Systemaufrufe
Der erste Systemaufruf eines Prozesses, bevor eine Ein- oder Ausgabe stattfindet, ist der Socketaufruf. Er hat folgendes Aussehen:

```
#include <sys/types.h>
#include <sys/socket.h>
int socket (int family, int type, int protocol);
```

Anstelle von `family` kann stehen:

`AF_INET` für ein Internet-Protokoll,
`AF_NS`   für ein Xerox NS-Protokoll oder
`AF_UNIX` für ein Unix-internes-Protokoll.

Anstelle von `type` kann stehen:

`SOCK_DGRAM`   für einen Datagram-Socket (verbindungslos),
`SOCK_STREAM`   für einen Stream-Socket (verbindungsorientiert),
`SOCK_RAW`   für einen RAW-Socket oder
`SOCK_SEQPACKET` für einen Packet-Socket.

`protocol` wird benötigt, falls spezielle Protokolle benutzt werden sollen. Die Konstanten für die Protokolle sind in `<netinet/in.h>` oder in `<netns/ns.h>` definiert. In unserer Standardanwendung setzen wir den Wert von `protocol` auf Null.

Der `socket`-Aufruf liefert einen Integerwert zurück, ähnlich einem Dateideskriptor. Diesen Wert bezeichnet man deshalb als `sd` (socket descriptor) oder `sockfd` (socket file descriptor).

5.9.5.2 bind-Systemaufruf

Der `bind`-Systemaufruf weist einem noch unbekannten Socket eine Adresse zu.

```
#include <sys/types.h>
#include <sys/socket.h>
int bind (int sockfd,
          struct sockaddr *myaddr,
          int addrlen);
```

`sockfd` ist der Socketdeskriptor aus dem vorhergehenden `socket`-Systemaufruf.
`myaddr` ist die mit der eigenen Adresse belegte Adressstruktur.
`addrlen` gibt die Länge der Adressstruktur an.

5.9.5.3 sendto- und recvfrom-Systemaufruf

Ein Prozess, der weiß, an welche Adresse (Protokoll, Host, Port) und damit an welchen Socket er Daten senden soll, verwendet den Aufruf von `sendto`. Ist der lokale Socket vorher nicht explizit gebunden worden durch `bind`, so führt der Aufruf von `sendto` ein implizites `bind` durch. Dadurch erhält der Socket des Prozesses eine lokale Adresse. Ein `sendto` übermittelt stets mit den Daten implizit seine lokale Adresse, die der Empfänger mit seinem zugehörigen Aufruf von `recvfrom` in einer geeigneten Struktur ablegt. `sendto` und `recvfrom` sind unsymmetrisch in dem Sinne, dass der `sendto`-Aufruf den Empfänger kennen muss, während der Aufruf von `recvfrom` von irgendwoher Daten entgegen nimmt, und anschließend den Sender kennt.

```
#include <sys/socket.h>
int sendto (int sockfd, char *buff, int nbytes,
            int flags, struct sockaddr *to,
            int addrlen);
int recvfrom (int sockfd, char *buff, int nbytes,
              int flags, struct sockaddr *from,
              int *addrlen);
```

sockfd ist der Socketdeskriptor.
buff ist ein Puffer zur Aufnahme der zu sendenden bzw. empfangenden Daten.
nbytes gibt die Anzahl der Bytes im Puffer an.
flags betrifft das Routing beim sendto und wird auf null gesetzt. Beim recvfrom gestattet der Parameter ein vorausschauendes Lesen, ein Lesen ohne die Daten aus dem Socket zu entfernen. Das bedeutet, der nächste Aufruf von recvfrom erhält die gleichen Daten noch einmal und liest sie so, als wären sie zuvor nicht gelesen worden. Dies wird erreicht durch Setzen des Flags mit der Konstanten MSG_PEEK.
to enthält die vorbesetzte Adresse des Empfängers.
from dient zur Aufnahme der Adresse des Senders.
addrlen gibt die Länge der Adressstruktur des Empfängers an, bzw. dient zur Aufnahme der Länge der Adressstruktur des Senders beim Empfänger.

Die Funktionen geben die Länge der Daten zurück, die gesendet oder empfangen wurden.

5.9.5.4 close-Systemaufruf
Der Systemaufruf close schließt einen Socket.

```
#include <sys/socket.h>
int close(int sockfd);
```

sockfd ist der Socketdeskriptor.

5.9.5.5 Netzwerk-Hilfsfunktionen
Mit einer ganzen Reihe von Hilfsfunktionen können Informationen über den Host, über Netzwerknamen und über Protokollnamen im Internet eingeholt werden. Diese Funktionen liegen in <netdb.h>, die Datenbasis für diese Funktionen liegen in den Verwaltungsdateien /etc/hosts, /etc/networks und /etc/protocols. Als Beispiel für alle anderen Funktionen betrachten wir im Folgenden die Funktion gethostbyname genauer. gethostbyname liefert für einen Hostnamen eine Struktur zurück, welche die Internet-Adresse enthält.

```
#include <netdb.h>
struct hostent *gethostbyname (char *host);
struct hostent{char *h_name;
```

```
              char *h_aliases[];
              int h_addrtype;
              int h_length;
              char **h_addr_list;
};
#define h_addr h_addr_list[0]
```

`host`	ist der Name des Host.
`h_name`	ist der offizielle Namen des Host.
`h_aliases`	enthält alle Aliasnamen des Host.
`h_addrtype`	ist der Adresstyp des Host (z. B. `AF_INET`).
`h_length`	gibt die Länge der Adresse an; bei `AF_INET` ist die Adresslänge vier Bytes.
`h_addr_list`	enthält alle Internet-Adressen.
`h_addr`	ist die erste und meistens auch die einzige Internet-Adresse.

5.9.5.6 Anwendungsbeispiel Echo-Server

Datagram-Sockets dienen nur zum Versenden von kurzen Botschaften (unzuverlässige Datenübertragung). Das folgende Beispiel, das aus dem Buch von Stevens [S 92] entnommen wurde, zeigt deshalb nur, wie eine Nachricht an den Server geschickt wird und der Server die empfangene Nachricht wieder an den Client zurückschickt (Echo-Server).

Den Port des Servers haben wir dabei durch eine define-Direktive festgelegt; er hat die Portnummer 7777.

Die Maschinenadresse für den Socket kann irgendeine gültige Netzwerkadresse sein. Besitzt die Maschine mehr als eine Adresse, so kann irgendeine mit der „wildcard"-Adresse `INADDR_ANY` (Konstante in `<netinet/in.h>`) gewählt werden. Falls eine „wildcard"-Adresse gewählt wurde, so kann nur von `INADRR_ANY`, d. h. von irgendeiner Adresse der Maschine empfangen werden, man kann jedoch nicht an irgendeine Adresse etwas senden. Deshalb bestimmt der Sender (Client) in nachfolgendem Beispiel die Adresse des Senders durch die Hilfsfunktion `gethostbyname()`.

Ein Datagram-Server hat dann folgendes Aussehen:

Programm 5.3: Server für Datagram-Sockets

```
/* This program creates a datagram socket,binds a name to it, reads
   from the socket and sends back the data, which was read from socket.
*/
#include <stdio.h>
#include <sys/types.h>
#include <sys/socket.h>
```

```c
#include <netinet/in.h>

#define S_PORT 7777     /* server port */

main()
{
    int sd,             /* socket descriptor */
        addrlen_client; /* length of address(sender) */

    struct sockaddr_in client, server;
    char buf[1024];     /* buffer for receiving and sending data */

    /* Create socket from which to read. */
    sd = socket (AF_INET, SOCK_DGRAM, 0);
    if (sd < 0)
    {
         perror("opening datagram socket");
         exit(1);
    }

    /* Create name with wildcards */
    server.sin_family = AF_INET;
    server.sin_port = htons(S_PORT);
    server.sin_addr.s_addr = htonl(INADDR_ANY);
    if (bind (sd, (struct sockaddr*)&server, sizeof(server)) < 0) {
         perror ("binding datagram socket");
         exit(1);
    }

    bzero(buf,sizeof(buf));/* clear buffer */
    addrlen_client = sizeof(client);
    /* set addrlen */

    /* Wait and read from socket. */
    if (recvfrom(sd, buf, sizeof(buf), 0,
           (struct sockaddr*)&client,&addrlen_client) < 0) {
           perror("receiving datagram message ");
           exit(1);
    }

    /* Send data back (echo). */
    if (sendto(sd, buf, sizeof(buf), 0,
           (struct sockaddr *)&client, sizeof(client)) < 0) {
           perror("sending datagram message ");
           exit(1);
```

```
        }
        /* Close socket. */
        close(sd);
        exit(0);
}
```

Ein Client, der Daten an den Server schickt und dann diese Daten wieder vom Server zurückbekommt, hat folgendes Aussehen:

Programm 5.4: Client für Datagram-Server

```
/*  This program dgramsend sends a datagram to a
    receiver whose name is retrieved from the
    command line argument.
    The form of the command line is:
    dgramsend hostname portnumber */

#include <stdio.h>
#include <sys/types.h>
#include <sys/socket.h>
#include <netinet/in.h>
#include <netdb.h>

#define DATA "Please echo the data ..."
main(argc, argv)
     int argc;
     char *argv[];
{
     int sd,/* socket descriptor */
     addrlen_server;/* length of address (sender) */

     struct sockaddr_in server;
     struct hostent *hp, *gethostbyname();

     char buf[1024];/* buffer for receiving data */

     /* Create socket on which to send. */
     sd = socket (AF_INET, SOCK_DGRAM, 0);
     if (sd < 0) {
          perror("opening datagram socket");
          exit(1);
     }

     /* Construct name with no wildcards, of the socket to send to.
        gethostbyname returns a structure including the network address
```

```
                of the specified host.
                The port number is taken from the command line. */

        hp = gethostbyname(argv[1]);
        if (hp == 0) {
                fprintf(stderr, "%s: unknown host\n", argv[1]);
                exit(2);
        }

        server.sin_family = AF_INET;

        /* Copy network address into server address. */

        bcopy((char *)hp->h_addr, (char *)&server.sin_addr, hp->h_length);

        /* Get port number from command line argument. */

        server.sin_port = htons(atoi(argv[2]));

        /* Send data. */
         if (sendto( sd, DATA, sizeof(DATA), 0, (struct sockaddr *)&server,
                sizeof(server)) < 0) {
                perror("sending datagram message ");
                exit(1);
        }

        /* Get back data (echo). */

        if (recvfrom( sd, buf, sizeof(buf), 0, (struct sockaddr *)&server,
                &addrlen_server) < 0) {
                perror("receiving datagram message ");
                exit(1);
        }
        /* Close socket. */

        close (sd);
        exit(0);
}
```

5.9.6 Stream-Sockets

Die Abb. 5.5 zeigt einen typischen Ablauf einer verbindungsorientierten Kommunikation. Der Socket-Aufruf legt wieder den Kommunikationsendpunkt fest, jetzt jedoch mit verbindungsorientierter Kommunikation d. h. mit dem Parameter SOCK_STREAM. Damit

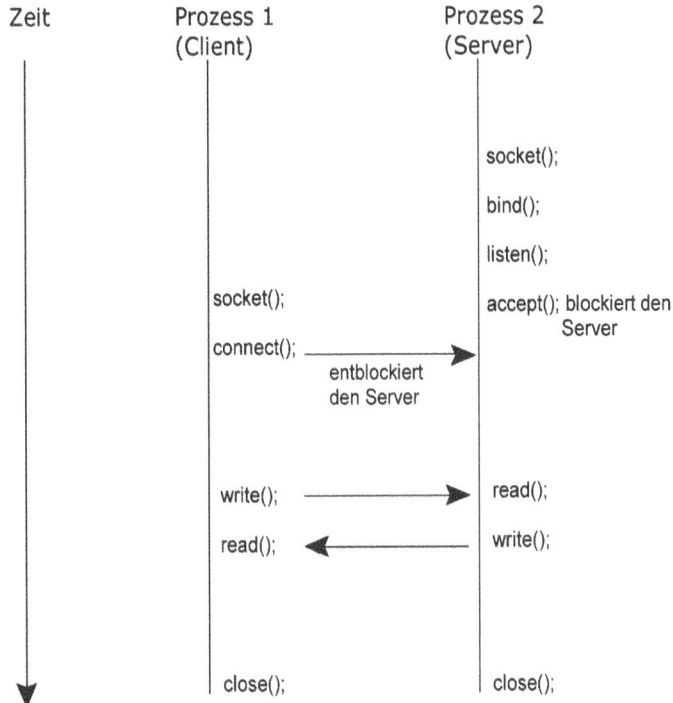

Abb. 5.5 Typische Aufrufabfolge für verbindungsorientierte Kommunikation

ein Prozess zum Server wird und mehrere Clients bedienen kann, muss er den listen-Aufruf absetzen. Mit listen wird der Socket zu einem hörenden Socket und kann damit die Verbindungswünsche der Clients abhören.

Bevor Daten zwischen stream-Sockets austauschbar sind, müssen beide Sockets miteinander verbunden werden. Die Aufrufe accept und connect stellen diese Verbindung her. Beide Aufrufe realisieren ein unsymmetrisches Rendezvous. Unsymmetrisch deshalb, weil es nur stattfindet, wenn der Server zeitlich vor dem Client sein accept startet. Am accept wird der Server dann blockiert und er wartet auf den Client. Dessen connect führt das Rendezvous herbei. Startet der Client sein connect zeitlich vor dem accept des Servers, so kommt kein Rendezvous zustande. Das connect kommt mit einer Fehlermeldung zurück. Steht die Verbindung zwischen Client und Server, können beide mit read und write Daten austauschen. Die Verbindung wird dann aufgelöst, wenn einer der Sockets geschlossen (close) wird.

5.9.6.1 listen-Systemaufruf

Der Systemaufruf listen zeigt die Empfangsbereitschaft des Servers bezüglich einer Verbindung an, und außerdem wird eine Warteschlange für die Verbindungen von Clients eingerichtet. Er wird gewöhnlich nach dem Aufruf von socket und bind verwendet und unmittelbar vor den accepts für die Clients.

```
#include <sys/socket.h>
int listen (int sockfd, int backlog);
```

sockfd ist der Socketdeskriptor.

backlog gibt die Anzahl der möglichen Verbindungsanforderungen wieder, die maximal in die Warteschlange gestellt werden können. Dieser Wert wird normalerweise mit fünf angegeben, dem derzeitigen Höchstwert.

5.9.6.2 accept-Systemaufruf

Nachdem der Server den Aufruf von listen ausgeführt hat, wartet er mit einem Aufruf von accept auf eine aktuelle Verbindung von einigen Clientprozessen. accept nimmt die erste Anforderung in der Warteschlange, dupliziert den als Parameter angegebenen Socketdeskriptor und gibt den Socketdeskriptor des Duplikats als Funktionswert zurück. Über diesen wird die Verbindung zum Client hergestellt. Stehen keine Verbindungsanforderungen mehr an, d. h. ist die Warteschlange leer, wartet der Prozess, der accept ausführt, bis eine Anforderung ankommt.

```
#include <sys/types.h>
#include <sys/sockets.h>
int accept (int sockfd, struct sockaddr *peer, int *addrlen);
```

sockfd ist der Socketdeskriptor.

peer dient zur Aufnahme der Adressstruktur des Clients, die beim Aufruf von connect durch den Client, gefüllt wird. Mit Hilfe dieses Parameters kann der Server den Namen des Clients herausfinden. Interessiert sich der Server nicht für den Client und somit für den Namen des Clients, kann man einen Nullpointer für diesen Parameter angeben.

addrlen dient zur Aufnahme der Länge der Adressstruktur des Clients. Ist für den Server der Client uninteressant, kann er ebenfalls hier einen Nullpointer angeben. Normalerweise blockiert das accept den Server, und es wird gewartet, bis die Verbindung hergestellt ist. Es gibt beim Aufruf von accept keine Möglichkeit anzugeben, dass nur bestimmte Verbindungen akzeptiert werden. Dadurch obliegt es dem Servercode, die Verbindung zu analysieren und die Verbindung abzubrechen, falls der Server nicht mit dem Prozess sprechen möchte.

5.9.6.3 connect-Systemaufruf

Mit dem Aufruf von connect kann ein Client eine Verbindung mit einem Server-Socket herstellen. Dazu muss der Client die Adresse (Protokoll, Hostname, Port) des Servers kennen. Kommt die Verbindung nicht zustande, so liefert connect einen Fehlercode zurück.

5.9 TCP/IP-Sockets

Wird mit einem ungebundenen Socket (vorher wurde kein `bind` durchgeführt) der Aufruf von `connect` ausgeführt, so findet durch das `connect` eine lokale Adressbindung statt (implizites `bind`) mit anschließender Übertragung dieser Adresse an den Server.

```
#include <sys/types.h>
#include <sys/sockets.h>
int connect(int sockfd, struct sockaddr *servaddr, int addrlen);
```

> `sockfd` ist der Socketdeskriptor.
> `servaddr` ist die vorbesetzte Adresse des Servers.
> `addrlen` gibt die Länge der Adressstruktur an.

5.9.6.4 Die Systemaufrufe read und write

Steht die Verbindung zwischen einem Server und einem Client, können mit `read` und `write` Daten ausgetauscht werden.

```
#include <sys/sockets.h>
int read(int sockfd, char *buff, int nbytes);
int write(int sockfd, char *buff, int nbytes);
```

> `sockfd` ist der Socketdeskriptor.
> `buff` ist ein Puffer für die zu schreibenden bzw. zu lesenden Daten.
> `nbytes` gibt die Anzahl der Bytes im Puffer an.

Zusätzlich zu `read` und `write` können die Aufrufe `send` und `recv` verwendet werden. Diese Aufrufe unterscheiden sich von `read` und `write` durch ein zusätzliches Flag, das gesetzt werden kann. Das Flag hat dabei die gleiche Bedeutung wie beim `sendto` und `recvfrom` für verbindungslose Sockets.

```
#include <sys/sockets.h>
int send(int sockfd,char *buff, int nbytes, int flags);
int recv(int sockfd, char *buff, int nbytes, int flags);
```

5.9.6.5 Anwendungsbeispiel rlogin

Das folgende Beispiel (Programm 5.5) das wieder aus dem Buch von Stevens [S 92] entnommen wurde, zeigt einen Client, der ein Remote-Login auf einer anderen Maschine ausführt. Dabei benutzt er die Netzwerk-Hilfsfunktion `getservbyname`, welche den Servicenamen und optional ein qualifizierendes Protokoll, auf die Struktur `servent` abbildet.

Programm 5.5: Remote-Login-Client

```c
/* This program rlogin realize a remote login on
   another machine which is retrieved from
   the command line argument.
   The form of the command line is: rlogin hostname
*/

#include <stdio.h>
#include <sys/types.h>
#include <sys/socket.h>
#include <netinet/in.h>
#include <netdb.h>

main(argc, argv)
int argc;
char *argv[];
{
    int sd;   /* socket descriptor */
    struct sockaddr_in server;
    struct hostent *hp, *gethostbyname();
    struct servent *sp, *getservbyname();

/* Create socket. */
    sd = socket (AF_INET, SOCK_STREAM, 0);
    if (sd < 0) {
            perror("rlogin: socket ");
            exit(1);
    }

/* Get destination host with gethostbyname() call. */
    hp = gethostbyname(argv[1])
    if (hp == 0) {
            fprintf(stderr, "%s: unknown host \n", argv[1]);
            exit(2);
    }

/* Locate the service definition for a
   remote login with getservbyname() call */
    sp = getservbyname("login", "tcp");
    if (sp == 0) {
            fprintf(stderr, "tcp login: unknown service \n");
            exit(3);
    }

server.sin_family = AF_INET;
```

5.9 TCP/IP-Sockets

```
/* Copy network address into server address.        */
    bcopy((char *) hp->h_addr,(char*)&server.sin_addr,hp->h_length);
/* Set port-number of server. */
    server.sin_port = sp->s_port;
/* Connect to server; connect does bind for us. */
    if (connect(sd, (struct sockaddr *)&server, sizeof(server)) < 0)
{
            perror ("rlogin: connect ");
            exit(4);
    }

/* Details of the remote login protocol will
   not be considered here.*/

/* ...
*/
    close(sd);
    exit(0);

}
```

Ein Server für mehrere Remote-Login-Clients hat folgenden Code:

Programm 5.6: Remote-Login-Server

```
#include <stdio.h>
#include <sys/types.h>
#include <sys/socket.h>
#include <netinet/in.h>
#include <netdb.h>

main()
{
    int sd;  /* socket descriptor */
    struct sockaddr_in server, client;
    struct servent * sp, *getservbyname();
    /* Create socket. */
    sd = socket (AF_INET, SOCK_STREAM, 0);
    if (sd < 0) {
            perror("rlogin: socket ");
            exit(1);
    }

    /* Locate the service definition for a remote login with
       getservbyname() call */
```

```c
        sp = getservbyname("login", "tcp");
        if (sp == 0) {
            fprintf(stderr, "tcp login: unknown service \n");
            exit(2);
        }

        /* Details to disassociate server from
        controlling terminal will not be
        considered here. */

        /* ...
        */

        server.sin_family = AF_INET;
        server.sin_addr.s_addr = htonl(INADDR_ANY);
        server.sin_port = sp->s_port;

        /* Server-Socket gets address. */
        if bind(sd, (struct sockaddr*)&server, sizeof(server)) < 0) {
                syslog(LOG_ERR, "rlogin: bind");
                exit(3);
        }
        listen (sd, 5);
        for (;;) {
                int nsd;   /* new socket descriptor for accept */
                int addrlen_client = sizeof(client);
                nsd = accept(sd, (struct sockaddr *) &client,
                            &addrlen_client);
                if (nsd < 0) {
                        syslog(LOG_ERR, "rlogin: accept ");
                    continue;
            }
        /* Parallel server, create a child */
        if (fork() == 0) {
                /* child */
                close(sd);/* close socket of parent */
                doit(nsd, &client);
                /* Does details of the remote login protocol. */
        }
        /* parent */
        close(nsd);
        }
        exit(0);
}
```

5.10 Java Message Service (JMS)

Das Application Programming Interface (API) für den Message-Server ist von Sun Microsystems spezifiziert und die Weiterentwicklung und Versionsverwaltung liegt ebenfalls in den Händen von Sun. Ein Quick Reference Guide für die JMS API ist in Monson-Haefel und Chappel [MC 01] im Anhang enthalten oder kann von Sun Microsystems direkt bezogen werden. Die nachfolgende Beschreibung der JMS API unterteilt sie zunächst in die für Nachrichten (`Message`) zuständige API und dann in einem zweiten Schritt in die API für JMS-Clients (Producer und Consumer).

5.10.1 Message API

PTP- oder Pub/Sub-Nachrichten werden in einer Warteschlange (Queue oder Topic) beim Message-Server abgelegt und sind vom Typ `javax.jms.Message`. Eine Nachricht (`Message`) hat drei Teile:

1. *Nachrichtenkopf* (`header`): Er enthält Daten über den Nachrichten-Erzeuger, wann wurde die Nachricht angelegt, wie lange ist die Nachricht gültig, eindeutiger Identifikator der Nachricht, usw. Ein Nachrichtenkopf, der seinen Wert automatisch vom JMS Provider zugewiesen bekommt, kann von einer Applikation mit `get`-Methoden abgefragt und mit `set`-Methoden gesetzt werden. Automatisch zugewiesene Nachrichtenköpfe sind:
   - `JMSDestination`: Identifiziert das Ziel (`Queue` oder `Topic`).
   - `JMSDeliveryMode`: `PERSISTENT` oder `NON_PERSISTENT` Speicherung der Nachricht; dient zur Unterscheidung der exactly once oder at most once-Semantik.
   - `JMSMessageID`: Eindeutige Identifikation der Nachricht.
   - `JMSTimestamp`: Zeitpunkt des Aufrufes der `send`-Methode.
   - `JMSExpiration`: Verfallszeit der Nachricht in Millisekunden; kann mit `setTimeToLive()` gesetzt werden.
   - `JMSRedelivered`: Boolescher Wert für erneutes Senden der Nachricht an den Consumer.
   - `JMSPriority`: Wert von 0–9 zum Setzen der Priorität der Auslieferung der Nachricht an den Consumer.
   - Neben den automatisch gesetzten Nachrichtenköpfen gibt es die folgenden Nachrichtenköpfe, die durch den Anwender mit der `set`-Methode explizit zu setzen sind:
   - `JMSReplyTo`: Ziel, an das der Consumer eine Rückantwort an den Producer schicken kann.
   - `JMSCorrelationID`: Assoziation der Nachricht mit einer vorhergehenden Nachricht oder einem applikationsspezifischen Identifier.

- `JMSType`: Dient zur Identifikation der Nachrichtenstruktur und legt den Typ der Nutzdaten fest.
2. **Eigenschaften** (`property`): Eigenschaften sind zusätzliche Header, die einer Nachricht zugewiesen werden können. Sie liefern genauere Information über eine Nachricht. Mit Zugriffsmethoden (`get`) können sie gelesen und mit Änderungsoperationen (`set`, `clear`) können sie geschrieben werden. Der Wert einer Eigenschaft kann vom Typ string, boolean, byte, double, int, long oder float sein.
3. **Nutzdaten** (`payload`): Sie können abhängig vom transportierten Inhalt unterschiedlichen Typ haben.

Die sechs `Message`-Interfaces sind:

1. `Message` ist die einfachste Form einer Nachricht und dient als Basis für die anderen Nachrichtentypen. Die Nachricht enthält keine Nutzdaten und kann somit nur zur Ereignisübermittlung benutzt werden, und ein Consumer kann mit `OnMessage(Message message)` darauf reagieren.
2. `TextMessage` beinhaltet eine einfache Zeichenkette, welche über die Methoden `setText(String payload)` und `String getText()` verwaltet wird. Sie dient zur Übertragung von Textnachrichten und auch komplexeren Character-Daten, wie beispielsweise XML-Dokumente.
3. `ObjectMessage` kann serialisierbare Java-Objekte transportieren. Die entsprechenden Zugriffsfunktionen sind `setObject(java.io.serializable payload)` und `java.io.serializable getObject()`.
4. `BytesMessage` transportiert einen Bytestrom, der typischerweise zum Umverpacken bestehender Nachrichtenformate genutzt wird. Die Methoden des BytesMessage-Interface entsprechen den Methoden in den I/O-Klassen `java.io.DataInputStream` und `java.io.DataOutputStream`.
5. `StreamMessage` arbeitet mit einem Strom primitiver Datentypen (`int`, `double`, `char`, etc.). Die Methoden des StreamMessage-Interface sind `write<TYPE>()` und `read<TYPE>()`.
6. `MapMessage` kann key-value-Paare unterschiedlichen Typs transportieren, welche über ein Schlüssel-Wert-Paar lokalisiert werden. Es existieren Zugriffsmethoden für die meisten Datentypen, wie beispielsweise `float getFloat(String key)` und `setFloat(String key, float value)`.

5.10.2 Producer-Consumer API

Neben der oben beschriebenen Message-API ist die restliche JMS-API zweigeteilt für PTP- und Pub/Sub-Kommunikation, wie die Abb. 5.6 zeigt. Durchgezogene Pfeile zeigen die Erweiterung des Interface an (`extends`) und die gestrichelten Pfeile zeigen, welches Interface welches Objekt (`create`) erzeugt. Die gepunktete und gestrichelte Linie zeigen

5.10 Java Message Service (JMS)

Abb. 5.6 Interfaces für PtP und Pub/Sub

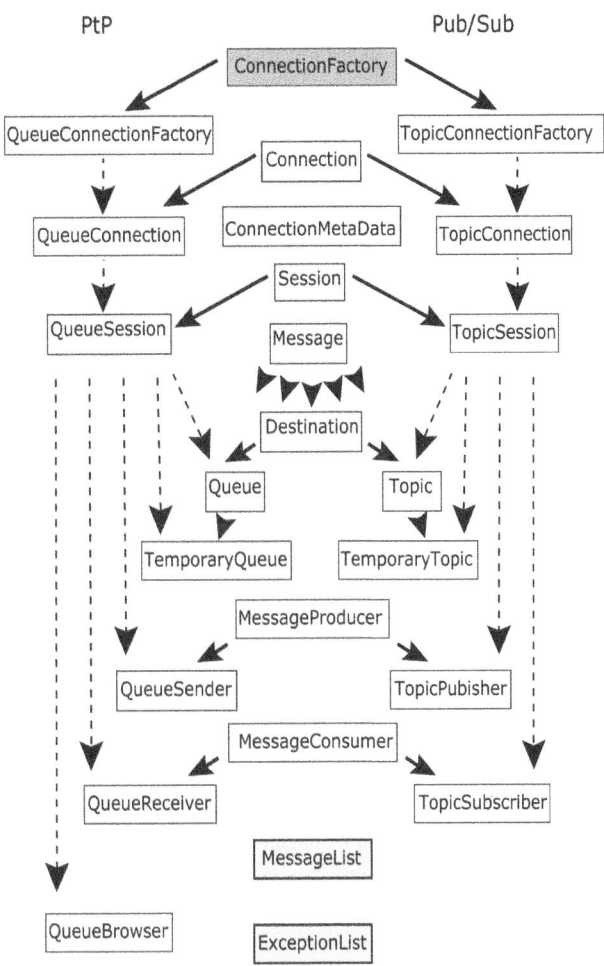

an, dass die create-Funktion ein Queue-Objekt zurückgibt. Die dickere Umrandung für den MessageListener und den ExceptionListener zeigen an, dass diese Interfaces durch den Entwickler implementiert werden müssen (implements).

5.10.2.1 ConnectionFactory, QueueConnectionFactory, TopicConnectionFactory

Das Interface ConnectionFactory ist leer und kann von einem JMS-Provider unterschiedlich implementiert werden, z. B. für ein spezielles Protokoll das benutzt wird, oder für eine Verbindung, der ein bestimmtes Sicherheitsprotokoll zu Grunde liegt. ConnectionFactory dient als Basisinterface für QueueConnectionFactory und TopicConnectionFactory.

`QueueConnectionFactory` besitzt zwei überlagerte Funktionen

`QueueConnection createQueueConnection()`

und

`QueueConnection createQueueConnection(String username, String password)`

zum Anlegen einer PTP-Verbindung.

Wie bei PTP-Verbindungen besitzt `TopicConnectionFactory` die zwei überlagerten Funktionen

`TopicConnection createTopicConnection()`

und

`TopicConnection createTopicConnection(String username, String password)`

zum Anlegen einer Pub/Sub-Verbindung.

5.10.2.2 Connection

Ein `Connection`-Objekt repräsentiert eine physikalische Verbindung einer PTP- (`QueueConnection`) oder Pub/Sub-Verbindung (`TopicConnection`). Ein JMS-Client kann viele Verbindungen von einer `ConnectionFactory` anlegen. Jedoch ist dieses Verfahren aufwändig, da jede Verbindung einen eigenen Socket benötigt, I/O-Streams, Speicher, etc. Es ist effizienter, mehrere `Session`-Objekte vom gleichen `Connection`-Objekt anzulegen, da eine Sitzung die gleiche Verbindung gemeinsam benutzen kann.

`Connection` definiert einige allgemeine Methoden, die ein JMS-Client benutzen kann. Unter anderem die Methoden

`ConnectionMetaData getMetadata(),`
`void start(),`
`void stop()`

und

`void close().`

Mit einer `Connection` lässt sich ein `ExceptionListener` assoziieren. Dazu dienen die folgenden `get`- und `set`-Funktionen

5.10 Java Message Service (JMS)

```
ExceptionListener getExceptionListener()
```

und

```
setExceptionListener(ExceptionListener listener).
```

Neben einem `ExceptionListener` kann mit einer `Connection` ein Identifier für den Client mit `get`- und `set`-Funktionen assoziiert werden:

```
String getClientID()
```

und

```
setClientID(String ClientID).
```

5.10.2.3 ConnectionMetaData

`ConnectionMetaData` stellt `get`-Methoden zur Gewinnung von Information bereit, welche die JMS-Version und den JMS-Provider beschreiben. Die Information enthält beispielsweise die Identität des JMS-Provider, die unterstützte JMS-Version und die JMS-Provider-Versionsnummer.

5.10.2.4 QueueConnection

`QueueConnection` repräsentiert eine eindeutige Verbindung des Producers zum Message-Server. Die Methode

```
QueueSession createQueueSession(boolean transacted,
                                int acknowledgeMode)
```

erzeugt eine `Session` und

```
ConnectionConsumer createConnectionConsumer(
         Queue queue, String messageSelector,
         ServerSessionPool sessionPool, int maxMessages)
```

erzeugt eine Verbindung für den Consumer.

5.10.2.5 TopicConnection
TopicConnection repräsentiert eine eindeutige Verbindung zum Message-Server. Die Methode

```
TopicSession createTopicSession(boolean transacted, int acknowledgeMode)
```

erzeugt eine TopicSession und

```
ConnectionConsumer createConnectionConsumer(
         Topic topic, String messageSelector,
         ServerSessionPool sessionPool, int maxMessages)
```

erzeugt eine Verbindung für den Consumer. Zum Anlegen einer dauerhaften Verbindung (überlebt die Lebenszeit des Consumer und wird dauerhaft beim JMS-Server gespeichert) dient:

```
ConnectionConsumer createDurableConnectionConsumer(
         Topic topic, String subscriptionsName,
         String messageSelector, ServerSessionPool sessionPool,
         int maxMessages)
```

5.10.2.6 Session
Ein Session-Objekt ist ein Kontext bestehend aus einem Thread zum Produzieren und zum Konsumieren der Nachricht. Session erweitert somit das Interface java.lang.Runnable. Session legt Message-Objekte für den Consumer und Producer an. Die Methoden umfassen sechs createMessage()-Methoden (eine für jeden Typ eines Message-Objekts). Im Einzelnen sind das die folgenden Methoden:

```
Message createMessage(),
BytesMessage createBytesMessage(),
MapMessage createMapMessage(),
ObjectMessage createObjectMessage(),
ObjectMessage createObjectMessage(Serializable object),
StreamMessage createStreamMessage(),
TextMessage createTextMessage()
```

und

```
TextMessage createTextMessage(String Text).
```

Der Session-Manager überwacht den Bereich der Transaktionen um die send- und receive-Operationen mit den Methoden

5.10 Java Message Service (JMS)

```
boolean getTransacted(),
void commit(),
void rollback(),
void close()
```

und

```
void recover().
```

Für asynchrones Empfangen kann eine Session ein MessageListener aufsetzen mit den Methoden

```
MessageListener getMessageListener()
```

und

```
setMessageListener(MessageListener listener).
```

Der Session-Manager serialisiert dann das Ausliefern der Nachrichten an ein MessageListener-Objekt. Bezüglich Serialisieren von Objekten siehe Abschn. 5.11.5.4.

5.10.2.7 QueueSession

Ein Client kann mehrere QueueSession-Objekte zur feineren Granularität von Sendern und Empfängern anlegen. QueueSession enthält eine Methode zum Inspizieren einer Queue

```
Queue createQueue(String queueName)
```

und zum Anlegen einer temporären Queue mit

```
TemporaryQueue createTemporaryQueue().
```

Die obige Funktion createQueue dient nicht zum Anlegen einer Queue beim Message-Server, sondern es wird ein Queue-Objekt, das eine bestehende Queue beim Message-Server repräsentiert, zurückgegeben. Die Queue selbst muss durch ein Verwaltungswerkzeug des Providers beim Setup oder Konfigurieren des Message-Server angelegt werden.

Zum Anlegen eines QueueSender-Objekts und eines QueueReceiver-Objekts stehen die folgenden Methoden bereit:

```
QueueSender createSender(Queue queue),
QueueReceiver createReceiver(Queue queue)
```

und

```
QueueReceiver createReceiver(Queue queue, String message Selector).
```

Eine `Queue` kann mit einem Browser inspiziert werden. Die Methoden, welche eine `QueueBrowser` erzeugen, sind:

```
QueueBrowser createBrowser(Queue queue)
```

und

```
QueueBrowser createBrowser(Queue queue, String message Selector).
```

5.10.2.8 TopicSession

Ein Client kann, wie bei `QueueSession`, wieder mehrere `TopicSession`-Objekte anlegen für mehrere Publisher und Subscriber.

Die Methoden zum Anlegen eines `Topic` sind:

```
Topic createTopic(String TopicName)
```

und eines temporären `Topic`

```
TemporaryTopic createTemporaryTopic().
```

Zum Anlegen eines `TopicPublisher`-Objekts dient

```
TopicPublisher createPublisher(Topic topic).
```

Die Methoden zum Anlegen eines `TopicSubscriber`-Objekts sind:

```
TopicSubscriber createSubscriber(Topic topic),
TopicSubscriber createSubscriber(Topic topic, String messageSelector,
boolean nolocal)
```

und für dauerhafte Subscriber

```
TopicSubscriber createDurableSubscriber(Topic topic, String name)
```

und

5.10 Java Message Service (JMS)

```
TopicSubscriber createDurableSubscriber(Topic topic, String name,String
messageSelector, boolean Nolocal)
```

Mit `unscribe` wird das Interesse an dem Topic gelöscht:

```
void unscribe (String name).
```

5.10.2.9 Destination, Queue, Topic

`Destination` ist ein leeres Interface, welches durch `Queue` und `Topic` erweitert wird. Queue und Topic sind durch den Message-Server verwaltete Objekte. Sie dienen als Handle oder Identifier für eine aktuelle Queue (physical queue, physical topic) beim Message-Server.

Eine Physical Queue ist ein Kanal von dem viele Clients Nachrichten empfangen und senden können. Mehrere Empfänger können sich zu einer Queue verbinden, aber eine Nachricht in der Queue kann nur von einem Empfänger konsumiert werden. Nachrichten in der Queue sind geordnet, und Consumer erhalten die Nachricht in der vom Message-Server festgelegten Ordnung.

Das Interface `Queue` besitzt die folgenden beiden Methoden:

```
String getQueueName()
```

und

```
String toString().
```

Ein Physical Topic ist ein Kanal, von dem viele Clients Nachrichten beziehen (subscribe) und sie abonnieren können. Liefert ein Client eine Nachricht beim `Topic` ab (publish), so erhalten alle Clients die Nachricht, die sie abonniert haben.

Das Interface `Topic` besitzt die folgenden beiden Methoden:

```
String getTopicName()
```

und

```
String toString().
```

5.10.2.10 TemporaryQueue, TemporaryTopic

`TemporaryQueue` und `TemporaryTopic` sind nur aktiv während eine Session zu ihr verbunden ist, also so lange noch eine Verbindung der `Queue` oder des `Topic` zu einem Client besteht. Da eine temporäre `Queue` oder `Topic` von einem JMS-Client angelegt wird, ist eine `Queue` bzw. ein `Topic` nicht für andere JMS-Clients verfügbar. Um sie für einen anderen JMS-Client verfügbar zu machen, muss er die Identität der `Queue` oder des `Topic` im `JMSReplyTo` Header erhalten.

Die beiden Interfaces `TemporayQueue` und `TemporaryTopic` besitzen nur eine Methode

```
void delete()
```

zum Löschen der `Queue` bzw. des `Topic`.

5.10.2.11 MessageProducer

Der `MessageProducer` sendet eine Nachricht an ein `Topic` oder eine `Queue`. Das Interface definiert die folgenden `get`-Methoden und die dazu korrespondierenden `set`-Methoden:

```
boolean getDisableMessageID(),
boolean getDisableMessageTimestamp(),
int getDeliveryMode(),
int getPriority(),
long getTimeToLive()
```

und

```
void setDisableMessageID(boolean value),
void setDisableMessageTimestamp(boolean value),
void setDeliveryMode(int deliveryMode),
void setPriority(int defaultPriority),
setTimeToLive(long timetolive).
```

Zum Beenden des Sendens dient

```
void close().
```

5.10.2.12 QueueSender

Nachrichten, die von einem `QueueSender` an eine `Queue` gesendet werden, erhält der Client, der mit dieser Queue verbunden ist. Das Interface `QueueSender` enthält eine Methode:

```
Queue getQueue()
```

Weiterhin die folgenden vier überlagerten `send`-Methoden:

```
void send(Message message),
void send(Queue queue, Message message),
void send(Message message, int deliveryMode, int priority,
long timeToLive),
void send( Queue queue, Message message, int deliveryMode,
int Priority, long timeToLive).
```

5.10.2.13 TopicPublisher

Nachrichten, die von einen `TopicPublisher` an ein `Topic` gesendet werden, werden kopiert und an alle Clients gesendet, die sich mit diesem `Topic` verbunden haben.

Das Interface `TopicPublisher` enthält eine Methode

```
Topic getTopic().
```

Weiterhin die folgenden vier überlagerten `publish`-Methoden:

```
void publish(Message message),
void publish(Topictopic, Message message),
void publish(Message message, int deliveryMode,
int priority, long timeToLive),
void publish(Topic topic, Message message,
int deliveryMode, int Priority, long timeToLive).
```

5.10.2.14 MessageConsumer

`MessageConsumer` können die Nachricht asynchron oder synchron konsumieren. Um sie asynchron zu konsumieren, muss ein JMS-Client ein `MessageListener`-Objekt zur Verfügung stellen, d. h. er muss das Interface `MessageListener` implementieren.

Mit

```
MessageListener getMessageListener()
```

kann der Consumer sich den `MessageListener` geben lassen und mit

```
setMessageListener(MessageListener listener)
```

kann er ihn setzen.

Zum synchronen Konsumieren einer `Message` kann ein JMS-Client einer der Methoden

```
Message receive(),
Message receive(long timeout) oder
Message receiveNoWait()
```

aufrufen.

Zum Beenden des Empfangens dient

```
void close().
```

5.10.2.15 QueueReceiver

Jede Message in einer Queue wird nur an einen QueueReceiver ausgeliefert. Viele Empfänger können sich mit einer Queue verbinden, jedoch kann jede Nachricht in einer Queue nur von einem der Empfänger konsumiert werden. QueueReceiver enthält eine Methode

`Queue getQueue().`

TopicSubscriber

Sobald eine Nachricht vorliegt, wird sie an den TopSubscriber ausgeliefert. Topic Subscriber enthält die beiden Methode

`Topic getTopic()`

und

`boolean getNoLocal().`

MessageListener

Der MessageListener wird durch ein JMS Client implementiert, d. h. er muss die einzige Methode

`void onMessage(Message message)`

des MessageListener implementieren.

Er empfängt asynchron Nachrichten von einem QueueReceiver oder einem TopicSubscriber. Die Session muss sicherstellen, dass die Nachrichten seriell an den MessageListener übergeben werden, so dass sie einzeln bearbeitbar sind. Ein MessageListener-Objekt kann von vielen Verbrauchern angelegt werden, jedoch ist die serielle Auslieferung nur garantiert, wenn alle Verbraucher von der gleichen Session angelegt wurden.

QueueBrowser

Der QueueBrowser ermöglicht es, Nachrichten in einer Queue zu inspizieren, ohne sie zu konsumieren. Dazu bietet das Interface die folgenden Funktionen:

```
Queue getQueue(),
String getMessageSelector()
```

und

`Enumeration getEnumeration().`

Zum Beenden des Browser dient

`void close().`

5.10.2.16 JMSException

Alle Funktionen des JMS API lösen bei Fehlern und Ausnahmen die Ausnahme vom Typ `JMSException` aus. Die Klasse `JMSException` erweitert die Klasse `java.lang.Exception` um die folgenden Prozeduren und Funktionen:

```
JMSException(String reason),
JMSException(String reason, String errorCode),
String getErrorCode(),
Exception getLinkedException()
```

und

```
void setLinkedException(java.lang.Exception ex).
```

Die JMS API-Dokumentation von beschreibt noch weitere Ausnahmen vom Typ `JMSException`. Beispielhaft sei die `MessageEOFException` genannt, die ausgelöst wird, wenn ein Strom unerwartet während des Lesens einer `StreamMessage` oder `ByteMessage` endet.

ExceptionListener

JMS-Provider stellen einen `ExceptionListener` zur Verfügung, um zusammengebrochene Verbindungen wiederherzustellen und um den JMS-Client darüber zu informieren.

Der `ExceptionListener` wird durch ein JMS-Client implementiert, d. h. er muss die einzige Methode

```
void onException(JMSException exception)
```

des `ExceptionListener` implementieren.

5.10.3 Anwendungsbeispiel Erzeuger-Verbraucher-Problem (Pipe)

Die nachfolgenden Programme zeigen eine Point-to-Point-Kommunikation (`Queue Connection`) zwischen einem Erzeuger und einem Verbraucher. Der Erzeuger produziert einfachheitshalber eine einzige Nachricht und schickt diese Nachricht an einen Message-Server. Der Verbraucher konsumiert dann asynchron diese Nachricht.

Die Aufruffolge des Erzeugers befindet sich im Konstruktor des Producers und wird beim Anlegen des Erzeugers (im `main`) durchlaufen. Die Aufruffolge beginnt mit dem Anlegen einer Verbindung zu dem Java Naming and Directory Interface (JNDI) das von dem Message-Server benutzt wird. Durch Anlegen des `javax.naming.-Initial`

Context-Objekts wird eine solche Verbindung geschaffen. InitialContext ist eine Netzwerkverbindung zu dem Namensserver und dient zum Zugriff auf die vom Message-Server verwalteten Objekte.

Mit dem JNDI InitialContext-Objekt kann dann nach einer Queue ConnectionFactory gesucht werden (lookup), die dann zum Herstellen einer Verbindung zum Message-Server dient. Die ConnectionFactory konfiguriert der Systemadministrator, der zuständig für den Message-Server ist, und sie ist bei verschiedenen Providern unterschiedlich implementiert. Beispielsweise kann sie so konfiguriert werden, dass die hergestellte Verbindung ein spezielles Protokoll, ein bestimmtes Sicherheitsschema oder irgendeine Clusterstrategie benutzt. Es können sogar mehrere Objekte vom Typ ConnectionFactory existieren, wobei jedes ihren eigenen JNDI lookup-Namen besitzt.

Mit der ConnectionFactory lässt sich dann eine Verbindung (QueueConnection) für eine Queue zum Message-Server anlegen. Die Verbindung ist eindeutig für den Message-Server. Jede so angelegte Verbindung benötigt viele Ressourcen, wie beispielsweise ein TCP/IP-Socket-Paar, I/O-Streams und Speicher; deshalb sollten die Verbindung mehrfach durch verschiedene Sessions benutzt werden.

Für die Verbindung können beliebig viele Session-Objekte angelegt werden, was ressourcenschonender ist, als das Anlegen von weiteren Verbindungen. Das Session-Objekt ist eine Factory zum Anlegen einer Nachricht (Message-Objekt) und zum Anlegen eines QueueSender.

QueueSender ist ein vom Message-Server verwaltetes Objekt, wie die ConnectionFactory, und es wird wieder die lookup-Methode von JNDI benutzt, um einen Handle auf dieses Objekt zu erhalten. Mit dem QueueSender lassen sich dann durch send(Message) Nachrichten an den Message-Server senden.

Mit start(), stop() und close() lässt sich eine Verbindung manipulieren. Mit start() können Clients Nachrichten über die Verbindung geben und beim Message-Server ablegen. stop() stoppt den eingehenden Nachrichtenstrom bis die Methode start() wieder aufgerufen wird. close() zerstört die Verbindung und löscht alle Objekte (QueueSession, QueueSender), die mit der Verbindung assoziiert sind.

Programm 5.7: Message Producer

```
import javax.jms.*;
import javax.naming.*;
import java.util.Properties;

public class Producer
    private QueueConnectionFactory qFactory = null;
    private QueueConnection qConnect = null;
    private QueueSession qSession = null;
    private Queue sQueue = null;
```

5.10 Java Message Service (JMS)

```java
    private QueueSender qSender = null;

    /* Constructor. Establish the Producer */
    public Producer (String broker, String username, String password)
        throws Exception
    {
        // Obtain a JNDI connection
        Properties env = new Properties();
        // ... specify the JNDI properties sprecific to the provider

        InitialContext jndi = new InitialContext(env);

        // Look up a JMS QueueConnectionFactory
        qFactory = (QueueConnectionFactory)jndi.lookup(broker);

        // Create a JMS QueueConnection object
        qConnect = qFactory.createQueueConnection(username,password);

        // Create one JMS QueueSession object
        qSession = qConnect.createQueueSession(false,
                    Session.AUTO_ACKNOWLEDGE);

        // Look up for a JMS Queue hello
        sQueue = (Queue)jndi.lookup("hello");

        // Create a sender
        qSender = qSession.createSender(sQueue);

        // Start the Connection
        qConnect.start();
    }

    /* Create and send message using qSender */
    protected void SendMessage() throws JMSException {
        // Create message
        TextMessage message = qSession.createTextMessage ();
        // Set payload
        Message.setText(username+" Hello");
        // Send Message
        qSender.send(message);
    }

    /* Close the JMS connection */
    public void close() throws JMSException {qConnect.close();
```

        }

        /* Run the Producer */
        public static void main(String argv[]) {
            String broker, username, password;
            if (argv.length == 3) {
                    broker = argv[0];
                    username = argv[1];
                    password = argv[2];
            } else {
                    return;
            }
        // Create Producer
        Producer producer = new Producer(broker, username, password);
        SendMessage();
        // Close connection
        producer.close();
        }
}
```

Der nachfolgende Verbraucher (Programm 5.8) ist vollständig symmetrisch zum Erzeuger aufgebaut: Über die `ConnectionFactory` erhält man eine Verbindung (`Connection`), die von einer Session genutzt wird, und die Session erzeugt dann den Receiver. Da der Verbraucher jedoch die Nachricht asynchron verarbeiten soll, muss der Verbraucher den `MessageListener` implementieren. Dazu muss die Methode `OnMessage` implementiert werden, und am Ende der Konstruktor-Aufruffolge muss der Empfänger den `MessageListener` setzen (`setMessageListener`).

**Programm 5.8: Message Consumer**

```
import javax.jms.*;
import javax.naming.*;
import java.util.Properties;
import java.io.*;

public class Consumer implements MessageListener {
    private QueueConnectionFactory qFactory = null;
    private QueueConnection qConnect = null;
    private QueueSession qSession = null;
    private Queue rQueue = null;
    private QueueReceiver qReceiver = null;

    /* Constructor. Establish the Consumer */
    public Consumer (String broker, String username, String password)
```
```

5.10 Java Message Service (JMS)

```java
            throws Exception{

            // Obtain a JNDI connection
            Properties env = new Properties();
            // ... specify the JNDI properties sprecific to the provider
            InitialContext jndi = new InitialContext(env);

            // Look up a JMS QueueConnectionFactory
            qFactory = (QueueConnectionFactory)jndi.lookup(broker);

            // Create a JMS QueueConnection object
            qConnect = qFactory.createQueueConnection(username,password);

            // Create one JMS QueueSession object
            qSession = qConnect.createQueueSession(false,
                    Session.AUTO_ACKNOWLEDGE);

            // Look up for a JMS Queue hello
            rQueue = (Queue)jndi.lookup("hello");

            // Create a receiver
            qReceiver = qSession.createReceiver(rQueue);

            // set a JMS message listener
            qReceiver.setMessageListener(this);

            // Start the Connection
            qConnect.start();
    }

    /* Receive message from qReceiver */
    public void onMessage (Message message){
       try {
            TextMessage textMessage = (TextMessage) message;
            String text = textMessage.getText();
            System.outprintln("Message received - " + text + " from" +
               message.getJMSCorrelationID());
       }
       catch (java.lang.Exception rte) {
       rte.printStackTrace();
       }
    }

    /* Close the JMS connection */
    public void close() throws JMSException {qConnect.close();
```

}

```
/* Run the Consumer */
public static void main(String argv[]) {
    String broker, username, password;
    if (argv.length == 3) {
        broker = argv[0];
        username = argv[1];
        password = argv[2];
    }
    else {
        return;
    }
    // Create Consumer
    Consumer consumer = new Consumer(broker, username, password);
    System.out.println("\Consumer started: \n");
    // Close connection
    consumer.close();
    }
}
```

Für eine Pub/Sub-Kommunikation muss, wie bei der oben beschriebenen PTP-Kommunikation, die entsprechende Topic-Aufruffolge (`TopicConnectionFactory`, `TopicConnection`, `TopicSession`, `lookup Topic`, `Publisher` oder `Subscriber`) durchlaufen werden. Auf ein konkretes Topic-Anwendungsbeispiel verzichten wir hier und verweisen auf Monson-Haefel und Chappel [MC 01], das ein einführendes Chat-Beispiel (der Chat- und damit JMS-Client ist hier gleichzeitig ein Producer und Consumer) enthält und den Unterschied zwischen PTP- und Pub/Sub-Kommunikation an einem Groß/Einzelhandel-Szenario erläutert.

5.10.4 JMS-Provider

Ein führendes Produkt bei Enterprise-MOM ist IBMs *MQSeries*. Es wurde 1993 eingeführt, also vor den Zeiten von Java und JMS. Ursprünglich basierte MQSeries auf dem PTP-Modell, und mit der Version 5 wurde das Pub/Sub-Modell eingeführt. MQSeries unterstützt das JMS API und ist somit ein JMS-Provider.

Oracle (vormals Sun Microsystems) ist nicht nur für die JMS API verantwortlich, sondern liefert auch mit *Java Message Queue (JMQ)* eine Referenzimplementierung. JMQ entspricht der JMS 1.0.2-Spezifikation. Der Message-Server ist in C geschrieben und läuft auf Solaris-Sparc, Windows/NT und Windows 2000. Zur Erhöhung der Anzahl der Plattformen wird JMQ in der Version 2.0 in Java implementiert.

5.11 Kooperative Modelle mit entfernten Aufrufen

5.11.1 Ablauf von entfernten Aufrufen

Ruft ein Prozess auf einer Maschine A einen Dienst auf einer Maschine B auf, so wird der aufrufende Prozess suspendiert und die Abarbeitung der aufgerufenen Prozedur findet auf der Maschine B statt. Information vom Aufrufer zum Aufgerufenen kann über die Parameter transportiert werden, und Information kann über das Ergebnis der Prozedur zurücktransportiert werden (siehe Abb. 5.7) Durch dieses Vorgehen zeigt ein Remote Procedure Call das vertraute Verhalten von lokalen Prozeduraufrufen.

5.11.2 Abbildung des entfernten Aufrufes auf Nachrichten

Mit dem entfernten Prozeduraufruf lassen sich Anwendungen gut in das Client-Server-Modell überführen: Verschiedene Server stellen Schnittstellenprozeduren zur Verfügung, die dann entfernte Clients mit Hilfe von RPCs aufrufen. Das RPC-System übernimmt dabei die Kodierung und Übertragung der Aufrufe einschließlich der Parameter und des Ergebnisses. Teilweise wird auch die Lokalisierung von Servern, die Übertragung komplexer Parameter- und Ergebnisstrukturen, die Behandlung von Übertragungsfehlern und die Behandlung von möglichen Rechnerausfällen durch das System übernommen. Generell lässt sich ein RPC-System, wie in Abb. 5.8 gezeigt, realisieren.

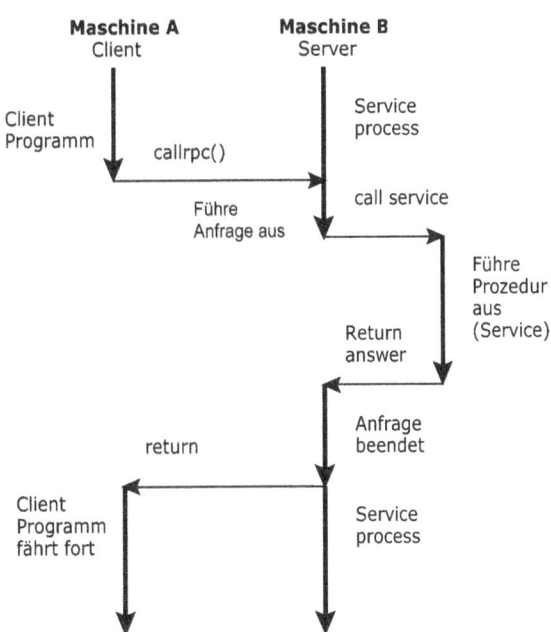

Abb. 5.7 Aufruf einer entfernten Prozedur

Abb. 5.8 Komponenten und Ablaufstruktur eines RPC-Systems

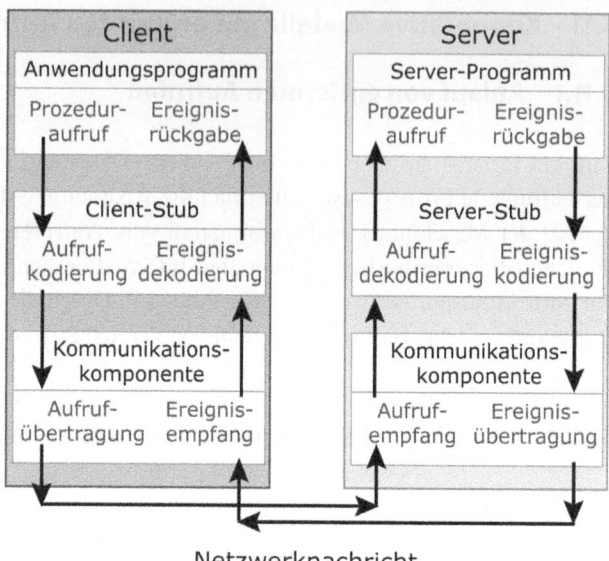

Ein Anwendungsprogramm ruft eine Prozedur auf und blockiert. Die Implementierung der Prozedur steht jedoch nicht lokal zur Verfügung, sondern wird von einem entfernten Server angeboten; dies ist aber für das aufrufende Programm transparent.

5.11.2.1 Stubs

Das lokale System auf der Seite des Aufrufers transformiert dazu den entfernten Aufruf in den Aufruf einer lokalen Systemprozedur, den so genannten **Client-Stub** (*Stub – Stummel*). In der Stub-Komponente muss Information vorliegen oder Information beschafft werden, welcher Server die gewünschte Prozedur anbietet; dieser Server kann sich sogar auf dem gleichen physikalischen Rechner befinden. Im Gegensatz zu einer konventionellen Prozedur werden vom Client-Stub nicht die Parameter in Registern oder auf dem Keller abgelegt, sondern die Parameter werden in eine Nachricht verpackt. Der **Client-Stub** kodiert somit die Spezifikation der aufgerufenen Prozedur, d. h. ordnet ihr eine eindeutige Aufrufkennung zu, bestimmt die Adresse des Zielrechners und verpackt die Parameter in ein vereinbartes Übertragungsformat für Nachrichten. Anschließend beauftragt der Stub eine Kommunikationskomponente mit dem Versenden der Nachricht. Nach dem Senden blockiert der Stub und wartet, bis eine Nachricht zurückkommt.

Die Kommunikationskomponente überträgt den kodierten Aufruf an den Zielrechner. Dabei ist diese Komponente verantwortlich für das Routing, die Quittierung und im Fehlerfalle die Wiederholung von Übertragungspaketen.

Kommt die Nachricht dann bei der Kommunikationskomponente des Servers an, wird sie zu dem **Server-Stub**, der mit dem Server assoziiert ist, weitergeleitet. Typischerweise führt der Server-Stub eine Endlosschleife aus und wartet am Anfang der Schleife auf einkommende Nachrichten. Nach Empfang einer Nachricht entpackt der Server den Aufruf und die Parameter, bestimmt die entsprechende aufzurufende Prozedur des Servers und ruft sie auf. Aus der Sicht des Servers handelt es sich um eine konventionelle Prozedur, die der Client aufgerufen hat. Nach der Prozedurausführung erhält der Server-Stub das Ergebnis der Prozedur. Er verpackt die Rückgabeparameter mit der Aufrufkennung in eine Nachricht und versendet sie mit Hilfe der Kommunikationskomponente des Servers an den Client. Nach dem Versenden geht der Server-Stub wieder an den Anfang der Schleife zurück und wartet auf die nächste Nachricht.

Die Kommunikationskomponente des Clients empfängt die Nachricht, leitet sie an den Client-Stub weiter, der die entsprechende Dekodierung und das Entpacken vornimmt, und übergibt das Resultat an das Anwendungsprogramm. Das Anwendungsprogramm deblockiert und setzt seine lokale Programmabarbeitung fort. Aus der Sicht des Anwendungsprogramms sieht dabei die entfernte Prozedurausführung wie eine lokale Prozedurausführung auf dem gleichen Rechner aus.

5.11.2.2 Parameter- und Ergebnisübertragung

Die Aufgabe des Client-Stub ist, die Prozedurparameter zu übernehmen und in eine Nachricht zu verpacken und sie dem Server-Stub zuzusenden. Dieser Vorgang wird Parameter marshalling (anordnen, arrangieren) genannt. Zur Betrachtung dieses Vorgangs sehen wir uns zunächst die Parameterübergabe in konventionellen Prozeduren an und wie sie sich auf entfernte Prozeduren übertragen lässt.

In C können die Parameter *by value* oder *by reference* übergeben werden. Die Wertübergabe bereitet dabei für einen entfernten Prozeduraufruf keine Schwierigkeit, da der entfernten Prozedur ein Wert übergeben wird. Für die aufgerufene Prozedur ist ein Wertparameter eine initialisierte lokale Variable, die beliebig modifizierbar ist. Die Modifikation des Wertparameters hat dabei keine Auswirkung auf die der Prozedur übergebenen Variablen.

Ein Referenzparameter in C ist ein Zeiger auf eine Variable (Adresse einer Variablen) und kein Wert einer Variablen. Da die entfernte Prozedur in einem anderen Adressraum als die aufrufende Prozedur läuft, kann die Adresse einer Variablen nicht übergeben werden. Eine mögliche, jedoch sehr einschränkende Lösung ist das Verbieten von Pointern und Referenzübergaben. Soll diese einschränkende Lösung nicht gewählt werden, so muss die call by reference-Semantik nachgebildet werden, was durch die Parameterübergabeart *call-by-copy/restore* möglich ist. call-by-copy/restore kopiert die Variablen auf den Keller des Aufgerufenen, wie bei call by value. Bei Prozedurrückkehr werden die Parameter zurückkopiert in die Variablen, wodurch die Werte der Variablen des Aufrufes überschrieben werden. Dieses Vorgehen entspricht dann einem call by reference mit der Ausnahme von dem Fall, in dem der gleiche Parameter mehrfach in der Parameterliste auftritt. Dazu betrachte man das folgende Programmbeispiel in C:

Programm 5.9: Parameterübergabeart call-by-copy/restore

```
f(int *x, int *y)
{
```

```
    *x = *x + 1;
    *y = *y + 1;
}
main()
{
    int a;
    a = 0;
    f(&a, &a);
    printf("%d", a);
}
```

Eine lokale Prozedurabwicklung liefert als Ergebnis den Wert 2, weil die beiden Additionen sequenziell abgewickelt werden. Bei einem Remote Procedure Call wird jedoch zweimal kopiert. Jede Kopie wird unabhängig von der anderen auf eins gesetzt. Am Ende der Prozedur wird a (= 1) zurückkopiert. Das zweite Kopieren überschreibt das Erstkopierte. Dadurch liefert in diesem Fall die call-by-copy/restore-Semantik den Wert von eins und unterscheidet sich dadurch von der call by reference-Semantik.

Effizienter können die Parameter gehandhabt werden, wenn sie wie in der Programmiersprache Ada als *Eingangsparameter* (in) oder *Ausgangsparameter* (out) spezifiziert sind. Liegt ein in-Parameter vor, so kann der Parameter wie bei der Wertübergabe kopiert werden. Liegt ein out-Parameter vor, so braucht der Parameter nicht kopiert zu werden, d. h. der aufgerufenen Prozedur übergeben zu werden. Nach Prozedurausführung wird der Wert des Parameters out von der Ausführungsumgebung zum Aufrufer transportiert und in der Aufrufumgebung in den Parameter und somit der Variablen kopiert. In-out-Parameter können dann durch call-by-copy/restore behandelt werden.

Obiges beschriebenes Vorgehen behandelt Zeiger auf einfache Felder und Strukturen. Was jedoch nicht abgedeckt ist, sind Zeiger auf komplexe Datenstrukturen, wie beispielsweise Listen, Bäume und Graphen. Manche Systeme versuchen auch diesen Fall abzudecken, indem man einen Zeiger einem Server-Stub übergibt und einen speziellen Code in der Server-Prozedur generiert zur Behandlung von Zugriffen durch Zeiger. Die Adresse (Zeiger) wird dabei in der Serverprozedur abgelegt. Falls der Inhalt der Adresse vom Server gewünscht wird, sendet der Server eine Nachricht an den Client zum Lesen der Speicherzelle, auf welcher die Adresse zeigt. Der Client kann dann den Inhalt der Adresse, also den Wert, lesen und an den Server zurückschicken. Diese Methode ist jedoch sehr ineffizient, da bei jedem Zugriff auf eine Speicherzelle über einen Zeiger Botschaften ausgetauscht werden müssen.

Eine andere Möglichkeit besteht darin, die komplette, komplexe Datenstruktur vom Adressraum des Clients in den Adressraum des Servers zu kopieren.

5.11.2.3 Behandlung von globalen Variablen

Die entfernte Prozedur läuft im Adressraum des Servers ab. Der Aufruf der Prozedur liegt jedoch im Adressraum des Clients. Deshalb können nur diejenigen Prozeduren auch entfernte Prozeduren sein, die keine Zugriffe auf globale Variablen im Prozedurkörper enthalten.

5.11.3 Remote Procedure Calls (ONC RPCs, DCE RPCs, DCOM)

Am Markt existieren mehrere miteinander inkompatible Versionen von RPC-Systemen:

1. Das bekannteste, mit jeder Linux-Distribution ausgelieferte RPC-System ist ONC (Open Network Computing) RPC oder auch Sun RPC genannt. Zur Generierung der Stubs steht ein Generator rpcgen zur Verfügung. Eingabesprache für den rpcgen ist sprachunabhängig und geschieht mit RPCL (Remote Procedure Call Language). Der Broker oder Portmapper, der als Dämon auf dem Server läuft, lauscht an dem UDP- und TCP-Port 111.
Die maschinenunabhängige Datenrepräsentation ist *XDR* (*eXternal Data Representation*). Bei dieser Datenrepräsentation muss der Sender immer seine Daten in XDR umwandeln und im XDR-Format übertragen, und der Empfänger muss dann die Daten vom XDR-Format in seine eigene Datenrepräsentation zurückwandeln.
Sun RPCs wurde ursprünglich von Sun für das *Network File System* (*NFS*) entwickelt. Der *Network Information Service* (*NIS*) basiert größtenteils auch auf Sun-RPCs.
2. Die von Microsoft mit Windows NT ausgelieferten *DCE-RPCs* wurden von der Distributed Computing Environment (DCE) [P 95] abgeleitet. Das Herzstück von dieser Umgebung und das Programmiermodell zur Festlegung von Client-Server-Beziehungen sind RPCs. Der Broker oder *EndPointMapper* lauscht auf dem UDP- und TCP-Port 135. Anwendungen werden mit Hilfe der *Interface Definition Language* (*IDL*) programmiert.
An Stelle eines einzigen Netzstandards wie bei XDR und somit bei Sun-RPCs, verwenden DCE-RPCs die Datenrepräsentation *NDR* (*Network Data Representation*). NDR ermöglicht dem Sender, sein eigenes internes Format zu benutzen, falls es eines der unterstützenden Formate ist. Der Empfänger muss, falls sich sein eigenes Format von dem des Senders unterscheidet, diese in sein eigenes Format umwandeln.
Um die COM-Technologie von Microsoft über ein Netzwerk kommunizieren zu lassen, setzte Microsoft DCE-RPCs ein. Dieses objektorientierte RPC-System nannte Microsoft *DCOM* (*Distributed Component Object Model*) (siehe auch Abschn. 5.11.6 Entfernte Komponentenaufrufe).
3. Ein Versuch der ISO, ein standardisiertes *ISO RPC* zu etablieren, ist fehlgeschlagen, und davon gibt es kaum Implementierungen. Das Transferformat der Daten bei ISO RPCs benutzt *explizites Typing*, d. h. der Typ der Daten muss explizit mit angegeben werden. XDR und NDR benötigen keine Typangaben, sondern benutzen ein implizites Typing. Die Beschreibungssprache für das explizite Typing ist ASN.1 (Abstract Syntax Notation 1).

4. In der SAP-Software bezeichnet RFC den Remote Function Call. Damit lassen sich Funktionsbausteine innerhalb von SAP R/3 aufrufen. Dies ermöglicht externen Subsystemen, Daten in ein SAP-System hinein oder aus einem SAP-System hinaus zu transportieren.

5.11.4 Entfernte Methodenaufrufe (CORBA)

Einer der eifrigsten und auch recht erfolgreichen Verfechter der objektorientierten Modellierung und ihrer Verbindung mit verteilter Programmierung ist die *Object Management Group* (*OMG*) [OMG 07]. Die OMG wurde 1989 gegründet und ist ein internationales Konsortium, das von ursprünglich acht Mitgliedern auf über 700 Mitglieder angewachsen ist. Die OMG implementiert keine Produkte, sondern ihre Aufgabe liegt in der Festlegung von Spezifikationen für Schnittstellen und Protokolle. Die Mitglieder reichen Spezifikationen ein, die von der OMG veröffentlicht und mit interessierten Mitgliedern diskutiert werden und anschließend einer Abstimmung durch die OMG unterliegen. Im Zuge dieses Verfahrens hat die OMG ein abstraktes Objektmodell und eine objektorientierte Referenzarchitektur definiert, die *Object Management Architecture* (*OMA*) [OMA 07].

Ein wesentlicher Bestandteil dieser Referenzarchitektur ist der *Object Request Broker* (*ORB*), woraus sich die geläufigere Bezeichnung *Common Object Request Broker Architecture* (*CORBA*) [P 98] für die Architektur ableitet. Der ORB ermöglicht die Kommunikation und Koordination zwischen beliebigen CORBA-Objekten und ist eine Technologie, die bekannt ist unter *Distributed Object Management* (*DOM*) [MR 97]. Die DOM-Technologie stellt auf hoher Ebene eine objektorientierte Schnittstelle auf Basis von verteilten Services zur Verfügung.

Mit einer *Interface Definition Language* (*IDL*) [IDL 07] (OMG IDL ist ein ISO International Standard, Nummer 14750) erstellt ein Programmierer eine formale Spezifikation der Schnittstelle, die eine Serveranwendung zur Verfügung stellt. Diese Schnittstellenbeschreibung setzt ein *IDL-Compiler* in ein Objektmodell der verwendeten Programmiersprache um; d. h. er erzeugt die (Client-)Stubs und (Server-)Skeletons. Die Stubs und Skeletons verbinden die sprachenunabhängigen IDL-Schnittstellenspezifikationen mit dem sprachspezifischen Implementierungsquelltext. Den IDL-Compiler liefert der Hersteller des ORB.

5.11.4.1 Object Management Architecture (OMA)

Die Object Management Architecture (OMA) enthält vier Architekturelemente, die um den Object Request Broker (ORB) gruppiert sind (Abb. 5.9). Der ORB schafft die Kommunikationsinfrastruktur, zum Weiterleiten von Anfragen an andere Architekturkomponenten und ist somit in Abb. 5.9 als allgemeiner Kommunikationsbus dargestellt. Die Objekte, die Anforderungen versenden und empfangen können, sind durch Kreise repräsentiert.

5.11 Kooperative Modelle mit entfernten Aufrufen

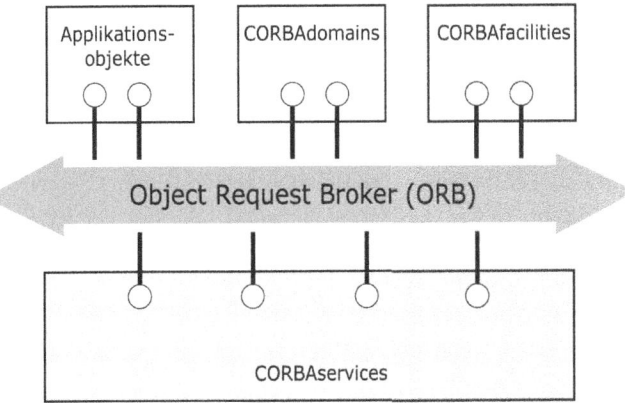

Abb. 5.9 Object Management Architecture

Das Fundament der Architektur bilden die Objektdienste (*CORBAservices*). Objektdienste sind Services auf Systemebene, die Basisoperationen auf Objekten anbieten. Alle CORBAservices besitzen ein in der Interface Definition Language (IDL) spezifiziertes Interface. Die folgenden verschiedenen Services zeigen die Vielfalt der möglichen Services, von denen die CORBA-Hersteller nur wenige implementiert haben:

- Das *Instanzenmanagement* (*Lifecycle Services*) von Objekten, wozu z. B. Operationen wie `create`, `delete`, `copy` und `move` zählen.
- *Verwaltung von Objektnamen* (*Naming Service*), so dass Komponenten andere Komponenten über ihren Namen lokalisieren können.
- Der *Event Service* erlaubt Komponenten, ihr Interesse an speziellen Ereignissen dynamisch zu registrieren und zu deregistrieren. Der Service definiert einen Ereigniskanal, der Ereignisse sammelt und unter den Komponenten verteilt.
- Der *Concurrency Control Service* stellt einen Lock Manager zur Verfügung.
- Der *Time Service* dient zur Synchronisation der Zeit in verteilten Umgebungen.
- Der *Transaction Service* stellt ein Zwei-Phasen-Commit-Protokoll zur Verfügung.
- Der *Security Service* ist ein Rahmenwerk für verteilte Objektsicherheit.
- Der *Persistence Service* erlaubt die dauerhafte Speicherung von Komponenten auf verschiedenen Speicher-Servern, wie Objekt-Datenbanken (ODBMSs), relationale Datenbanken (RDBMSs) oder einfache Files.
- Der *Relationship Service* speichert die Beziehungen zwischen Objekten und stellt Metadaten über die Objekte bereit.
- Der *Externalization Service* bietet einen Ein-/Ausgabestrom für Komponenten.
- Der *Query Service* ist eine Obermenge von SQL und bietet Datenbankanfragen und -abfragen.
- Mit dem *Properties Service* können zu den Komponenten benannte Werte oder Eigenschaften, wie z. B. Titel oder Datum, assoziiert werden.

- Der *Trader Service* erlaubt Objekten, ihren Service anzubieten und um Kunden für diesen Service zu werben.
- Der *Collection Service* ist ein Interface zum Anlegen und Manipulieren von Kollektion von Objekten.

CORBAfacility sind Kollektionen von in IDL spezifizierten Rahmenwerken, welche Services bieten, die direkt von den Applikationsobjekten benutzt werden können. Die CORBAfacilities können die CORBAservices benutzen, von ihnen erben oder sie erweitern. Die CORBAfacilities umfassen folgende Facilities:

- Distributed Document Component Facility,
- System Management Facility,
- Internationalization and Time Operation Facilities,
- Data Interchange Facility.

Die *CORBAdomain* umfasst bereichsspezifische Rahmenwerke. Beispiele für solche sich zurzeit in Entwicklung befindlichen Bereiche sind: Business Object Framework, Manufacturing, Transportation, Finanzen, Gesundheitswesen, Telecombereich.

5.11.4.2 Object Request Broker (ORB)

Der Object Request Broker ist das Herz beim CORBA-Referenzmodell und ermöglicht einem Client das Senden einer Anforderung an eine Objektimplementierung, wobei unter Objektimplementierung der Code und die Daten, welche das aktuelle Objekt implementieren, verstanden wird. Das Interface, welches der Client sieht, ist unabhängig von der Lokalisierung der Objektimplementierung und von der Programmiersprache, in der das Objekt implementiert ist, oder irgendwelchen anderen Aspekten, die nicht durch das Interface spezifiziert sind. Zwischen dem Client und dem Objekt ist bei CORBA ein *Forwarding Broker* [B 14] zwischengeschaltet.

Client-Stubs für jede Schnittstelle werden zur Einbindung von Clients zur Verfügung gestellt, die diese Schnittstellen nutzen. Der Client-Stub für eine bestimmte Schnittstelle stellt eine Pseudoimplementierung für jede Methode in der Schnittstelle zur Verfügung. Anstatt Server-Methoden direkt auszuführen, kommunizieren die Methoden des Stubs mit dem ORB, damit für die benötigten Parameter eine Formatübertragung bzw. eine umgekehrte Formatübertragung durchgeführt werden kann. Auf der anderen Seite stehen die Skeletons, die das Gerüst bilden, auf dem der Server erzeugt wird. Für jede Methode einer Schnittstelle generiert der IDL-Compiler eine leere Methode im Server-Skeleton. Der Entwickler stellt dann für jede dieser Methoden die Implementierung zur Verfügung.

Abbildung 5.10 definiert eine Architektur von Interfaces, bestehend aus drei Komponenten:

1. Interface für den Client,
2. Interface für die Objektimplementierung und
3. Interface für das ORB.

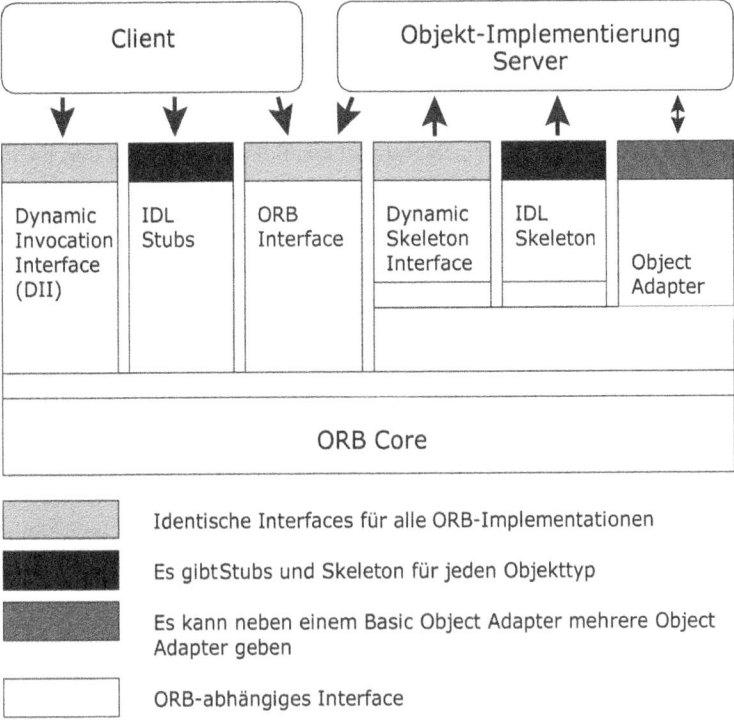

Abb. 5.10 Struktur des CORBA-Interface

5.11.4.3 Interfaces auf der Seite des Clients

Interfaces auf der Seite des Clients
Die clientseitige Architektur stellt Clients das folgende Interface zum ORB und zu Serverobjekten zur Verfügung:

1. **IDL Stubs**. Das IDL Stub-Interface enthält Funktionen, die aus einer IDL-Interface-Definition generiert und zum Clientprogramm hinzugebunden werden. Dies ist das statische Interface, das die Sprache des Clients in die ORB-Implementierung abbildet. Das IDL Stub-Interface erlaubt die Interaktion eines Clients mit einem Objekt, das auf einem anderen Rechner liegt, indem die Methoden des Objekts aufgerufen werden, als ob das Objekt lokal vorliegen würde.
2. **Dynamic Invocation Interface (DII)**. Das DII–Interface erlaubt das Absetzen einer Anforderung an ein Objekt zur Laufzeit. Dieses Interface ist notwendig, wenn das Interface des Objekts bei der Konstruktion der Clientsoftware und somit zur Kompilierungszeit nicht bekannt ist; daher kann es auch nicht wie bei IDL-Stubs zum Clientcode hinzugebunden werden. Mit dem DII-Mechanismus kann durch einen Aufruf an das ORB auf ein Objekt zugegriffen werden, das eine Spezifikation für die

Methoden und deren Parameter besitzt. Diese Spezifikation ist in einem *Implementation Repository* abgelegt, so dass das ORB die Objektimplementierung lokalisieren und aktivieren kann.

ORB-Interface. Das ORB-Interface gestattet einen direkten Zugriff durch Client- oder Servercode zu den Funktionen des ORB. In der gegenwärtigen Spezifikation für CORBA enthält dieses Interface nur wenige Operationen, wie beispielsweise die Umwandlung einer Objektreferenz in einen String.

5.11.4.4 Interfaces auf der Implementierungsseite

Das implementierungsseitige Interface besteht aus den folgenden up-call Interfaces, welche Aufrufe vom ORB zu der Objektimplementierung durchführen.

1. **IDL Skeleton**. Das IDL Skeleton-Interface ist das serverseitige Gegenstück zum IDL-Stub-Interface. Der IDL-Skeleton wird aus der IDL-Interface-Definition generiert.
2. **Dynamic Skeleton Interface (*DSI*)**. Das DSI ist das Gegenstück vom Dynamic Invocation Interface auf der Serverseite. Es bindet zur Laufzeit Anfragen vom ORB zu einer Objektimplementierung. Das Dynamic Skeleton inspiziert dazu die Parameter einer vom ORB eingehenden Anfrage, bestimmt das Zielobjekt und die Methode mit Hilfe des Implementation Repository und nimmt die Rückantwort von der Objektimplementierung entgegen.
Das DSI ist weiterhin geeignet zum Bau von Brücken zwischen verschiedenen ORBs. Ruft ein Client von einem ORB einen Server eines anderen ORBs auf, so geht die Anfrage an das andere ORB, das es nun mit Hilfe des DSI an den Server weiterleitet.
3. **Object Adapter**. Die eigentliche Kommunikationsanbindung an die Objektimplementierung übernimmt dabei der Object Adapter. Der Object Adapter liefert die Laufzeitumgebung zur Instanziierung von Serverobjekten zum Weiterleiten der Anforderungen an die Serverobjekte und dient zum Abbilden der Objektreferenzen auf die Serverobjekte. Der Object Adapter hat drei verschiedene Interfaces:
   - Ein privates Interface zum IDL Skeleton.
   - Ein privates Interface zum ORB Core.
   - Ein public Interface, das durch die Objektimplementierung genutzt wird.
   Durch diese drei Interfaces ist der Adapter von der Objektimplementierung und von dem ORB Core so weit wie möglich isoliert und abgeschottet.

Der Adapter kann ausgetauscht werden und spezielle Funktionalität anbieten, um zum Beispiel Serverobjekte nicht als Prozesse, sondern als Datenbankobjekte realisieren zu können. Um ein Ausufern bei den Objektadaptern zu vermeiden, spezifiziert CORBA einen Standard-Adapter, den so genannten *Basic Object Adapter* (*BOA*). Der BOA muss mit jedem ORB mitgeliefert werden und kann für die meisten CORBA-Objekte eingesetzt werden. Der BOA enthält Interfaces zur Generierung von Objektreferenzen, zur Registrierung von Objektimplementierungen, zur Aktivierung von Objektimplementierungen und

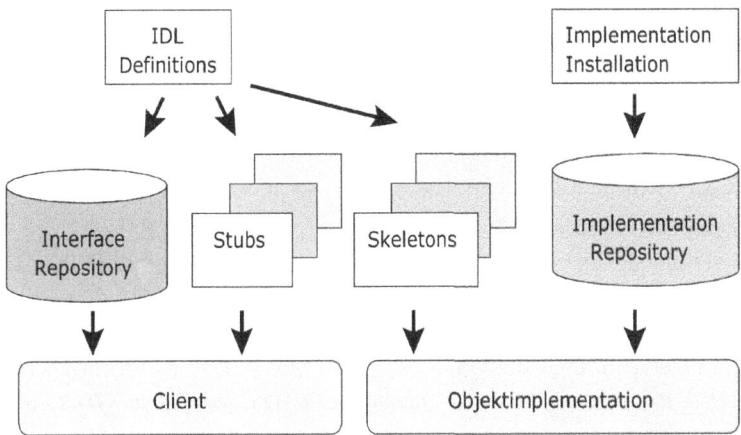

Abb. 5.11 Interface und Implementation Repository

einige sicherheitsrelevante Anfragen, z. B. zur Authentifizierung. Bei der Aktivierung von Objektimplementierungen kann nach der Methode Shared, Unshared, Per Request oder Persistent Server vorgegangen werden [B 14].

5.11.4.5 Core
Der *ORB Core* repräsentiert die Objekte und die Anfragen. Er leitet die Anfragen vom Client zu einem Objektadapter, der zu dem Zielobjekt gehört. Da CORBA ein weites Feld von Objektmechanismen, Objektlebenszeiten, Strategien und Implementierungssprachen unterstützt, kann der ORB Core kein einzelnes Interface anbieten. Stattdessen wurde der ORB mit Komponenten versehen, die diese Unterschiede dem ORB Core gegenüber maskieren. Ein Beispiel und die wichtigste Komponente ist dabei der Objektadapter.

5.11.4.6 Repositories
Der Broker-Mechanismus wird unterstützt durch einen Speicher für Schnittstellenbeschreibungen (*Interface Repository*) und eine Ablage für die dahinterstehende Implementierung (*Implementation Repository*). Das Interface Repository ermöglicht den Zugriff auf Typinformationen einer Schnittstelle zur Laufzeit und kann zur Unterstützung des DII eingesetzt werden. Das Implementation Repository dient dem Broker zur bedarfsweisen Aktivierung der Objektimplementierung, wenn also ein Aufruf dafür vorliegt. Die Abb. 5.11 zeigt, wie Interface und Implementationsinformation den Clients und der Objektimplementierung zur Verfügung gestellt werden. Das Interface ist definiert in der Interface Definition Language (IDL) oder im Interface Repository; aus der IDL-Definition wird der Stub des Clients oder das Skeleton der Objektimplementation generiert. Die Information zur Objektimplementierung wird zur Installationszeit aufgebaut und im Implementation Repository gespeichert; sie dient zur Weiterleitung einer Abfrage an die Objektimplementierung.

5.11.4.7 ORB-Interoperabilität

CORBA ist ein offener Standard und nur eine Referenzarchitektur und beschreibt nicht irgendwelche Implementierungstechnologien. Verschiedene Anbieter und Organisationen können ihre eigene Version des CORBA-Standards implementieren. Zur Herstellung der Interoperabilität zwischen verschiedenen CORBA-Produkten ist in CORBA das Interface zwischen den Clients und dem ORB beibehalten und die Verantwortung für die Interoperabilität an den ORB delegiert.

Die den verschiedenen ORBs unterliegende Kommunikation und Koordination ist festgelegt durch das *General Inter-ORB Protocol* (*GIOP*). Das GIOP definiert eine Transfer-Syntax, die bekannt ist unter *Common Data Representation* (*CDR*) und sieben verschiedene Nachrichtentypen. Die Abbildung von GIOP auf TCP/IP ist beschrieben im *Internet Inter-ORB Protocol* (*IIOP*). Die *interoperable Objektreferenz* (*IOR*) ist der Mechanismus, mit dem auf die Objekte zugegriffen wird, durch das IIOP und zwischen verschiedenen ORB-Anbietern. Die IOR enthält die ORBs-interne Objektreferenz, die Internetadresse und eine Portnummer. Die IOR wird verwaltet durch die ORB und ist nicht sichtbar für einen Anwendungsprogrammierer. Zusätzlich zum IIOP liefert das DCE Environment Specfic Inter-ORB Protocol (DCE ESIOP) Unterstützung für den DCE-RPC-Mechanismus, so dass ein CORBA-System mit DCE-basierten Systemen zusammenarbeiten kann. Für RMI-Systeme kann die Anbindung an CORBA mit RMI-IIOP [IIOP 07] erfolgen.

5.11.4.8 CORBA Component Model (CCM)

Das *CORBA Component Model* (*CCM*) [CCM 07, NRS 04] stellt die wesentlichste Erweiterung der Version 3.0 [S 01] der CORBA-Spezifikation dar und erweitert die CORBA 2 Spezifikation um Komponenten. Das CORBA Component Model basiert konzeptionell in vielen Bereichen auf dem Java Enterprise Beans (EJB)-Ansatz [BR 07], siehe auch [B 14], und erweitert diesen u. a. hinsichtlich der Unterstützung anderer Sprachen außer Java. Die Laufzeitumgebung von CORBA-Komponenten ist wie bei EJBs der Container, der die Heterogenität der benutzten Hard- und Software verbirgt.

Ähnlich wie bei den EJBs werden unterschiedliche Arten von Bausteinen unterschieden: *Session-* und *Entity*-Bausteine, die ihrem jeweiligen Äquivalent in der EJB-Architektur entsprechen; darüber hinaus *Service*-Komponenten, die einen zustandslosen Dienst bereitstellen, sowie *Process*-Komponenten zur Modellierung von Abläufen.

Eine Komponente kapselt ihren inneren Aufbau durch Interfaces Das Interface wird durch folgende Ports angeboten:

- *Facets* sind Interfaces, welche die Komponente anbietet. Die Interfaces sind voneinander verschieden und benannt.
- *Receptable* sind Schnittstellen, so dass eine Komponente auf andere Komponenten zugreifen kann.
- *Event Source* (*Ereignisproduzent*) bietet die Möglichkeit, ein Ereignis zu senden.
- *Event Sink* (*Ereigniskonsument*) kann ein Ereignis empfangen.

- *Stream Source* dient zur Übertragung von Streams.
- *Stream Sink* empfängt Streams.

Wie ein Objekt kann eine Komponente *Attribute* besitzen. Sie dienen weniger als Zustandsmerkmale wie bei Objekten, sondern sind für Konfigurationszwecke gedacht.

5.11.5 Remote Method Invocation (RMI)

Remote Method Invocation (RMI) [RMI 07] ermöglicht es, Methoden für Java-Objekte aufzurufen, die von einer anderen Java Virtuellen Maschine (JVM) erzeugt und verwaltet werden – wobei diese in der Regel auf einem anderen Rechner laufen. Ein solches Objekt einer anderen JVM nennt man dementsprechend *entferntes Objekt* (*remote Object*).

RMI ist eine rein Java-basierte Lösung, deshalb muss nicht auf eine eigene Sprache zur Definition der Schnittstelle zurückgegriffen werden. Der *Compiler rmic* generiert den Stub für den Client und den Server direkt aus den existierenden Klassen für das Programm.

Der Server-Stub heißt bei Java *Skeleton* und stellt nur ein Skelett für den Aufruf dar. Im Gegensatz dazu ist der Client-Stub ein Stellvertreter (*Proxy*) für das aufzurufende Objekt. Dadurch unterscheidet sich aus Sicht des Clients ein entfernter Aufruf nicht von einem lokalen Aufruf. Dem Client liegt ja ein Stellvertreter des entfernten Objektes vor.

Die Ansprache eines entfernten Objekts von der Client-Seite aus geschieht über einen handle-driven Broker. Alle entfernten Objekte sind beim Broker oder der *Registry* registriert. Die Adresse der Registry ist standardmäßig die Portnummer 1099.

Möchte nun ein Client eine Methode eines entfernten Objekts aufrufen, so muss er zunächst in der Registry nachschauen, ob das entfernte Objekt registriert ist. Ist es registriert, kann der Client anschließend den Stub für die entfernte Methode anfordern. Mit dem erhaltenen Stub kann dann die entfernte Methode aufgerufen werden (siehe Abb. 5.12).

Zur Implementierung der Ansprache eines entfernten Objekts und damit eines Servers, auf dem das entfernte Objekt liegt, stehen vier Packages zur Verfügung:

- `java.rmi` definiert die Klassen, Interfaces und Ausnahmen, wie sie auf der Seite des Clients (Objekte, welche entfernte Methoden aufrufen) gesehen werden.
- `java.rmi.registry` ist die Registry und definiert die Klassen, Interfaces und Ausnahmen zur Benennung von entfernten Objekten und dient zur Lokalisierung der Objekte.
- `java.rmi.server` definiert die Klassen, Interfaces und Ausnahmen, die auf der Serverseite sichtbar sind.
- `java.rmi.dgc` behandelt die verteilte Speicherbereinigung (distributed Garbage Collection).

5.11.5.1 Package java.rmi

Clients, welche die entfernte Methode aufrufen, und ebenfalls Server benutzen die Klassen des Packages `java.rmi`, und müssen sie deshalb importieren. Das Package enthält

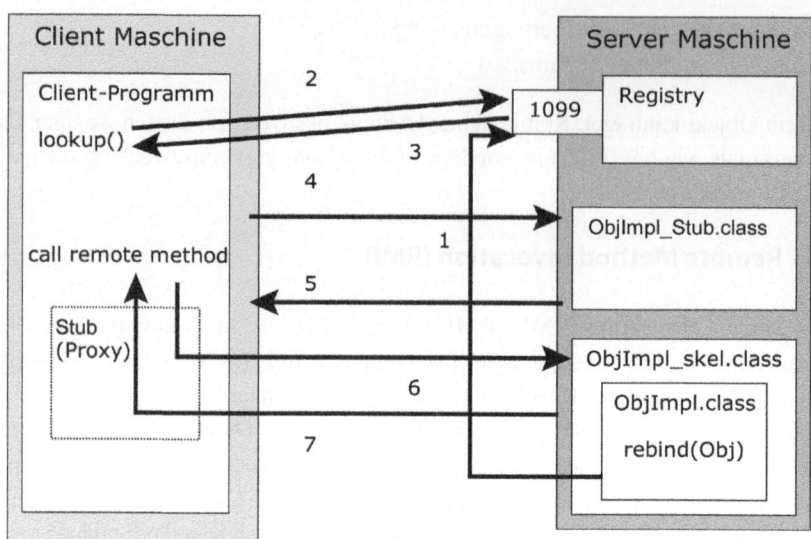

1. Registriere entferntes Objekt in der Registry.
2. Lookup(): wo ist das entfernte Objekt?
3. Entferntes Objekt gefunden.
4. Gib mir den Stub.
5. Hier ist der Stub.
6. Rufe entfernte Methode auf.
   Stub: Verpacke Parameter und sende serialisierten Strom zum Server.
   Skeleton: Entpacke Parameter und rufe Methode auf.
7. Gib Ergebnis zurück.
   Skeleton: Verpacke Parameter und sende serialisierten Strom zum Client.
   Stub: Entpacke Parameter und gib Ergebnis zurück.

Abb. 5.12 Aufruf einer entfernten Methode mit Hilfe der Registry

- das Interface Remote,
- die Klasse rmi.Naming,
- die Klasse RMISecurityManager und
- einige Ausnahmen.

Interface Remote

Zur Festlegung eines entfernten Interfaces dient das Interface Remote aus dem Package java.rmi. Das Interface Remote ist ein kennzeichnendes Interface und deklariert keine Methoden. Auf ein Objekt der Klasse, welche das Interface Remote direkt oder indirekt als entferntes Objekt implementiert, kann von jeder Java VM (Virtuellen Maschine) zugegriffen werden, die eine Verbindung mit dem Rechner hat, auf der das entfernte Objekt ausgeführt wird.

5.11 Kooperative Modelle mit entfernten Aufrufen

java.rmi.Naming

Die Klasse `java.rmi.Naming` ist die Implementierung der Registry. Die Registry bildet den Uniform Resource Locator (URL) auf das entfernte Objekt ab.

Jeder Eintrag in die Registry hat einen Namen und eine Objektreferenz. Die Clients geben den URL an und bekommen eine Objektreferenz zurück. Die Klasse `Naming` implementiert keinen hierarchischen, sondern einen flachen Namensraum. Mit der Methode `bind()` kann ein Server einen Namen für ein entferntes Objekt eintragen.

```
public static void bind(String url, Remote ro)
    throws RemoteException, AlreadyBoundException, AccessException,
        UnknownHostException;
```

Ist das Binden erfolgreich, so erhält der Client den Namen des entfernten Objekts mit Hilfe der URL.

Ist an die URL schon ein Name gebunden, kann mit `rebind` ein neuer Name an die URL gebunden werden.

```
public static void rebind(String url,Remote obj)
    throws RemoteException, AccessException, UnknownHostException;
```

Zum Entfernen eines Objekts aus der Registry steht die Methode `unbind` zur Verfügung.

```
public static void unbind(String url)
    throws NotBoundException, AccessException, UnknownHostexception;
```

Der mit einem URL assoziierte Name kann sich ein Client mit der Methode `lookup` geben lassen:

```
public static Remote lookup(String url)
    throws RemoteException, NotBoundException, AccessException,
        UnknownHostException;
```

Zum Auflisten aller Namensbindungen an einen URL dient die Methode `list`.

```
public static String[] list(String url)
    throws RemoteException, AccessException, UnknownHostException;
```

Schließlich besitzt das `Naming` Interface neben diesen fünf Methoden noch ein öffentliches, als `final` deklariertes, statisches Feld `REGISTRY_PORT`. Der standardmäßige Port, den die Registry abhört, ist der Port 1099.

RMISecurityManager
Ein Client lädt einen Stub von einem möglicherweise nicht vertrauenswürdigen Server. Normalerweise verpackt ein Stub nur die Parameter und sendet sie über das Netz, empfängt die Rückgabewerte und entpackt sie dann wieder. Ein vom rmic-Compiler generierter Stub verhält sich gutmütig, jedoch kann der Stub abgefangen und manipuliert werden, so dass ein Sicherheitsloch entsteht. Weiterhin ist für die Java VM (Virtuelle Maschine) der Stub nur eine Klasse mit Methoden, die irgendetwas tun können. Die Java VM erlaubt das Herunterladen von Klassen nur, wenn ein Security-Manager zwischengeschaltet ist. Ist kein Security-Manager zwischengeschaltet, so kann eine Stub-Klasse nur von der lokalen Maschine geladen werden.

Der `RMISecurityManager` ist eine Unterklasse von `java.lang.SecurityManager` und besitzt einen Konstruktor ohne Argumente.

```
public RMISecurityManager();
```

Zum Setzen des Security-Managers kann die statische Methode `System.setSecurityManager()` eingesetzt werden. Das Programm (siehe Abschnitt) und das Programmfragment zeigen, wie ein neuer Security-Manager innerhalb dieser Methode angelegt wird:

```
System.setSecurityManager(newRMISecurityManager());
```

5.11.5.2 Package java.rmi.registry

Die Registry für entfernte Objekte wird durch das Package `rmi.registry` verwaltet. Die Clients können durch Anfragen an die Registry herausfinden, welche entfernten Objekte zur Verfügung stehen, und erhalten dann eine entfernte Referenz auf diese Objekte.

Eine Implementierung der Registry oder genauer gesagt des Interfaces `java.rmi.registry.Registry`, haben wir bereits kennengelernt, es war die Klasse `java.rmi.Naming` (siehe vorhergehenden Abschnitt). Alle öffentlichen Methoden von `java.rmi.Naming` sind dadurch öffentliche Methoden von `java.rmi.registry.Registry`.

Soll nicht die vorhandene Implementierung der Registry java.rmi.Naming benutzt werden, sondern eine eigene Registry geschrieben werden, so steht das Interface java.rmi.registry.RegistryHandler zur Verfügung. Es besitzt die Methode

```
public abstract Registry registryStub(String Host, int port)
    throws RemoteException, UnknownHostException;
```

welche ein Stub-Objekt zurückgibt, das zur Kommunikation mit der Registry auf einem bestimmten Rechner an einem bestimmten Port dient.

5.11 Kooperative Modelle mit entfernten Aufrufen

Eine weitere Methode

```
public abstract Registry registryImpl(int port)
    throws RemoteException;
```

konstruiert eine Registry an einem bestimmten Port und gibt sie zurück.

Zur Lokalisierung einer Registry für den Client dient eine Klasse `java.rmi.registry.LocateRegistry`. Sie besitzt vier polymorphe Methoden `getRegistry()`.

```
public static Registry getRegistry() throws RemoteException;

public static Registry getRegistry(int port) throws RemoteException;

public static Registry getRegistry(String host)
    throws RemoteException, UnknownHostException;

public static Registry getRegistry(String host,int port)
    throws RemoteException, UnknownHostException;
```

Es ist egal, wo die Registry läuft, auf dem lokalen Host und dem standardmäßigen Port 1099, oder auf dem lokalen Host und einem speziellen Port, oder auf einem speziellen Host und dem Port 1099, oder auf einem speziellen Host und einem speziellen Port, in jedem Fall liefert `getRegistry()` die Registry zurück.

Eine weitere und letzte Methode in `java.rmi.registry.LocateRegistry` dient zum Anlegen und Starten der Registry an einem bestimmten Port.

```
public static Registry createRegistry(int port) throws RemoteException;
```

5.11.5.3 Package java.rmi.server

Das Package `java.rmi.server` enthält das Gerüst zur Bildung von entfernten Objekten. Neben weiteren Ausnahmen, Interfaces und Klassen, die dieses Package enthält, benötigt man zur Implementierung von entfernten Objekten die folgenden Klassen:

- Die Basisklasse `RemoteObject` für entfernte Objekte,
- die Klasse `RemoteServer`, die `RemoteObject` erweitert, und
- die Klasse `UnicastRemoteObject`, die `RemoteServer` erweitert.

Kommt eine Applikation mit einer Unicast-Kommunikation (Eins-zu-eins-Kommunikation basierend auf Sockets) aus und benötigt sie keine Multicast-Kommunikation (Eins-zu-viele-Kommunikation), so muss man nur die Klasse `UnicastRemoteObject` erweitern und braucht sich nicht um die darüber liegenden Klassen `RemoteServer` und `RemoteObject` zu kümmern.

Remote Object

Die Klasse `RemoteObject` ist eine spezielle Version von der Klasse `java.lang.Object` aus dem Package `java.lang`. `java.lang.Object` ist hier also ausgelegt für entfernte Objekte.

Die Klasse `RemoteObject` bietet die Methoden `equals()`, `toString()` und `hashCode()`.

Die Methode `equals()` dient zum Vergleich von zwei entfernten Objekten.

```
public boolean equals(Object obj);
```

Die Methode `toString()` liefert den Hostnamen, die Portnummer und eine Referenznummer für das entfernte Objekt.

```
public String toString();
```

Die Funktion `hashCode()` liefert einen Hashcode-Wert für das entfernte Objekt.

```
public native int hashCode();
```

Remote Server

Die Klasse `RemoteServer` erweitert die Klasse `RemoteObject`. `RemoteServer` ist eine abstrakte Klasse und dient zur Implementierung von Servern. Ein solcher spezieller Server ist beispielsweise das nachfolgend beschriebene `UnicastRemoteObject`. Das `UnicastRemoteObject` ist die einzige Unterklasse von `RemoteServer`.

Die Klasse `RemoteServer` besitzt eine Methode zur Lokalisierung des Clients, mit dem der Server kommuniziert. `getClientHost` liefert den Hostnamen des Clients, der die gerade laufende Methode aufgerufen hat.

```
public static String getClientHost() throws ServerNotActiveException;
```

`getClientPort()` liefert die Portnummer des Clients, der die gerade laufende Methode aufgerufen hat.

```
public int getClientPort() throws ServerNotActiveException;
```

Zu Testzwecken ist es nützlich, die Aufrufe an das entfernte Objekt zu kennen. Übergibt man `setlog` eine Null, anstatt eines Ausgabestroms, so wird das Logging abgeschaltet.

```
public static void setLog(OutputStream os);
```

Soll dem Ausgabestrom noch mehr Information hinzugefügt werden, so muss der `PrintStream` manipuliert werden.

```
public static PrintStream getLog();
```

UnicastRemoteObject
Zum Anlegen eines entfernten Objekts muss die Klasse `UnicastRemoteObject` in einer eigenen Unterklasse erweitert werden, und die Unterklasse muss eine Unterklasse von `java.rmi.Remote` implementieren:

```
public class OwnclassImpl extends UnicastRemoteObject
    implements Ownclass{ ...
```

Das `UnicastRemoteObject` läuft auf einem Host und übernimmt das Verpacken und Entpacken der Argumente und Rückgabewerte. Das Versenden der Pakete geschieht dann über TCP-Sockets. Eine Anwendung braucht sich darum jedoch nicht zu kümmern, sie kann einfach die Klasse `UnicastRemoteObject` benutzen.

Die Klasse `UnicastRemoteObject` ist somit ein Rahmenwerk für entfernte Objekte. Benötigt man beispielsweise entfernte Objekte, welche UDP benutzen, oder Objekte, welche die Arbeitslast auf mehrere Server verteilen, so muss die Klasse `RemoteServer` erweitert und es müssen die abstrakten Methoden dieser Klasse implementiert werden. Für gewöhnliche Aufgaben reicht jedoch die Unterklasse `UnicastRemoteObject` aus, und es kann einfach diese Unterklasse benutzt werden.

5.11.5.4 Serialisieren von Objekten

Im Vergleich zu anderen Systemen wie RPCs und CORBA erlaubt RMI nicht nur, Parameter, Ausnahmen und Ergebnisse, also irgendwelche primitive Datentypen an Objekte zu versenden, sondern auch ganze Java-Objekte mit deren Methoden. Um die Kopie eines Objekts von einer Maschine auf eine entfernte Maschine zu verschicken, muss das Objekt in einen Strom von Bytes konvertiert werden. Dabei ist zu beachten, dass ein Objekt andere Objekte enthalten kann und diese Objekte ebenfalls in einen Byte-Strom konvertiert werden müssen.

Das **Serialisieren von Objekten (Object Serialization)** ist ein Verfahren, das Objekte in einen Byte-Strom umwandeln und aus dem Byte-Strom wieder das ursprüngliche Objekt rekonstruieren kann. Der Herstellungsprozess erzeugt ein neues Java-Objekt, das identisch ist mit dem ursprünglichen Objekt.

Der Byte-Strom kann dann über das Netz an andere Maschinen geschickt werden, oder er kann in eine Datei geschrieben und zu einem späteren Zeitpunkt wieder von der Datei gelesen werden. Dies ermöglicht eine permanente Speicherung des Zustandes eines Objekts.

Aus Sicherheitsgründen besitzt Java Einschränkungen bezüglich der Objekte, die serialisiert werden können. Alle primitiven Typen von Java und entfernte Objekte können serialisiert werden. Nicht entfernte Objekte müssen zum Serialisieren das Interface `java.io.Serializable` implementieren:

```
import java.io.Serializiable;
public class Serial_Class implements Serializable { ...
```

5.11.5.5 RMI-Programmierung

Die Erstellung eines RMI-Programms geschieht in folgenden Schritten:

1. Definiere das entfernte Interface (*Interface Definition File*), das die entfernten Methoden beschreibt, welche der Client benutzt, um mit dem entfernten Server in Interaktion zu treten.
2. Definiere die Server-Applikation, welche das entfernte Interface implementiert (*Interface Implementation File*).
3. Aus dem Interface Implementation File kann mit Hilfe des rmic-Compilers der *Stub-Class-File* (Impl_Stub.class) generiert werden.
4. Starte die Registry und den Server.
5. Definiere den Client, der die entfernten Methoden des Servers aufruft, und starte den Client.

Dieses Vorgehen illustrieren wir an einem Beispiel, bei dem der Client vom Server und somit von der entfernten Methode einen String „Hello World" zurückbekommt. Das Beispiel ist aus dem Buch über Java Netzwerkprogrammierung [H 97] entnommen.

Interface Definition File

Zum Anlegen eines entfernten Objekts muss ein Interface definiert werden, welches das Interface java.rmi.Remote erweitert. Die Unterklasse von Remote gibt an, welche Methoden des entfernten Objekts durch einen Client aufgerufen werden können.

In unserem einfachen Beispiel hat das entfernte Objekt nur eine einzige Methode sayHello(), welche einen String zurückgibt und möglicherweise eine Ausnahme RemoteException auslöst.

Programm 5.10: Interface Hello.java

```
// Hello interface definition
import java.rmi.*;
public interface Hello extends Remote {
    public String sayHello()
        throws RemoteException;
}
```

Interface Implementation File

Die Klasse HelloImpl implementiert das Remote Interface Hello und erweitert die Klasse UnicastRemoteObject. Diese Klasse besitzt einen Konstruktor, eine Methode main() und eine Methode sayHello(). Nur die Methode sayHello() ist für den Client verfügbar, da nur sie im Hello-Interface definiert ist. Die beiden anderen Methoden main() und HelloImpl() werden von der Server-Seite benutzt und sind nicht für den Client benutzbar.

Programm 5.11: HelloImpl.java

5.11 Kooperative Modelle mit entfernten Aufrufen

```java
// HelloImpl definition
import java.rmi.*;
import java.rmi.server.*;
import java.net.*;

public class HelloImpl extends UnicastRemoteObject implements Hello {

public HelloImpl() throws RemoteException {
    super();
}

public String sayHello() throwsRemoteException {
    return "Hello World!";
}

public static void main(String args[]) {
    try { // create server object
            HelloImpl h = new HelloImpl();
            String serverObjectName= "//localhost/hello";
            // bind HelloImpl to the rmi.registry
            Naming.rebind(serverObjectName, h);
            System.out.println("hello Server ready.");
    }
catch(RemoteException re) {
    System.out.println(
    "Exception in HelloImpl.Main: " + re);
    }
            catch(malformedURLException e) {
            system.out.println(
                "MalformedURLException in HelloImpl.Main: " + e);
            }
    }
}
```

Der Konstruktor `HelloImpl()` ruft den standardmäßigen Konstruktor der Superklasse auf.

Die Methode `sayHello()` gibt den String „Hello World!" an den Client zurück, der das entfernte Objekt aufgerufen hat. Die Methode unterscheidet sich von der lokalen Methode nur dadurch, dass eine entfernte Methode in einem entfernten Interface deklariert werden muss. Die Methode selber bleibt jedoch davon unberührt und sieht wie im lokalen Fall aus.

Die Methode `main()` enthält den Code für den Server. Dieser kann von der Kommandozeile, durch einen HTTP-Server oder durch einen anderen Prozess gestartet werden.

Da die Methode `main()` statisch ist, wird noch keine Instanz von `HelloImpl` angelegt, wenn `main()` läuft. Deshalb legen wir ein `HelloImpl`-Objekt an und binden den Namen „hello" in der Naming Registry an das Objekt. Dies geschieht, indem wir die Methode `rebind` aus dem Package `java.rmi.Naming` benutzen. Normalerweise benutzt man `rebind` anstatt `bind`, da, falls der Name schon vorher gebunden wurde, so überschreibt der neue Name des Objekts dann den alten Namen.

Nach der Registrierung gibt der Server auf `System.out` die Nachricht aus, dass er bereit ist und nun entfernte Aufrufe entgegennimmt.

Geht bei der Serverinitialisierung etwas schief, gibt der `catch`-Block eine einfache Fehlermeldung aus.

Generierung des Stub und Skeleton

Bis hierhin wurde der Servercode festgelegt. Bevor der Server entfernte Aufrufe entgegennehmen kann, müssen der vom Client benötigte Stub-Code und der vom Server benötigte Skeleton-Code generiert werden. Diese Aufgabe übernimmt der im Java Development Kit (JDK) enthaltene ***RMI-Compiler*** `rmic`.

`rmic` muss für jede `UnicastRemoteObject`-Subklasse aufgerufen werden. Die Kommandofolge

```
$javac HelloImpl.java
$rmic HelloImpl
```

kompiliert `HelloImpl.java` und anschließend generiert sie die `class`-Dateien `HelloImpl_Stub.class` und `HelloImpl_Skel.class`.

Die `HelloImpl_Stub.class` muss für den Client verfügbar sein (entweder lokal oder durch Download), um eine entfernte Kommunikation mit dem Server-Objekt zu bewerkstelligen.

Verwendet man das Java Software Development Kit in der Version 1.2 (J2SDK), so wird die Skeleton-Class (`HelloImpl_Skel.class`) nicht mehr benötigt, und es muss nur noch die Stub-Class angelegt werden. Beim J2SDK kann dies dem rmic-Compiler durch die Option `-v1.2` mitgeteilt werden.

Ab der Java Standard Edition 5.0 werden Stubs zur Laufzeit dynamisch generiert, sodass rmic nicht mehr gebraucht wird. rmic steht aber weiterhin zur Verfügung, um Clients unter früheren Java-Versionen zu unterstützen [A 07].

Starten der Registry

Läuft im System nicht permanent die RMI-Registry, so muss sie unter Unix gestartet werden durch

```
$rmiregistry&
```

Eine RMI-Registry wird nur einmal gestartet und kann beliebig viele entfernte Objekte verwalten und beliebig viele Clients bedienen. Die RMI-Registry hört standardmäßig den Port 1099 auf der Maschine ab, auf der sie gestartet wurde.

5.11 Kooperative Modelle mit entfernten Aufrufen

Nachdem dann die RMI-Registry läuft, starten wir den Server:

```
$java HelloImpl&
Hello Server ready
$
```

Nun ist der Server und die RMI-Registry bereit, um entfernte Methodenaufrufe von Clients entgegenzunehmen.

Definition des Clients und dessen Start

Das Laden von Stub-Klassen über das Netz ist eine potenziell unsichere Aktivität, die ein `SecurityManager` überwacht. Dazu muss im Client zu Beginn der `main()`-Methode ein derartiger erzeugt werden.

Bevor ein Client eine entfernte Methode aufrufen kann, muss er eine entfernte Referenz auf das Objekt besitzen. Dazu muss er bei der Registry auf der Servermaschine nach dem entfernten Objekt nachfragen. Zum Nachfragen kann er die `Naming`-Methode `lookup()` der Registry benutzen. Um nach einem Objekt auf einem entfernten Host nachzufragen, muss `lookup()` eine rmi-URL mitgegeben werden, beispielsweise „rmi://minnie.bts.fh-mannheim.de/hello". Nach dem `lookup()` ruft der Client das entfernte Objekt `sayHello` genau so auf wie ein lokales Objekt. Das Ergebnis des Aufrufes wird im `String message` gespeichert und anschließend auf `System.out` ausgegeben.

Programm 5.12: HelloClient.java

```java
// HelloClient definition
import java.rmi.*;

public class HelloClient {

  public static void main (String args[]) {
    System.setSecurityManager(new RMISecurityManager());

    try {
            Hello h = (Hello) Naming.lookup(
            "rmi://minnie.bts.fh-mannheim.de/hello");

            // call remote method
            sayHello String message = h.sayHello();
            System.out.println("HelloClient: " + message);
    }
```

```
        catch (Exception e) {
            System.out.println("Exception in main:"     + e);
        }
    }
}
```

Damit liegt nun der `HelloClient` für den `HelloServer` vor. Mit dem nachfolgenden Kommando kann der Client nun gestartet werden:

```
$java HelloClient
HelloClient: Hello World!
$
```

5.11.6 Entfernte Komponentenaufrufe (.NET)

.NET ist keine offene Plattform wie beispielsweise CORBA oder die nachfolgend beschriebene Web-Service-Plattform, sondern ausschließlich in den Händen von Microsoft liegende Plattformentwicklung für verteilte Umgebungen. Durch die Unterstützung offener Webservice-Standards wie HTTP, SOAP und WSDL ist .NET interoperabel mit anderen Plattformen.

Mit .NET steigt Microsoft vom Anbieter von Desktop-Software zum Anbieter von Server-Software auf. Geprägt ist .NET durch eine historisch gewachsene Sammlung von Microsoft-Technologien. Die historische Entwicklung verlief dabei in folgenden Schritten:

1. ***Object Linking and Embedding*** (***OLE***) basiert auf dem Clipbord aus den 1980er Jahren und somit der Windows-Zwischenablage. Die Zwischenablage erlaubt es, mit ihren elementaren Funktionen Kopieren und Einfügen komplexe Dokumente zu erzeugen und zu verarbeiten. OLE erlaubt verschiedene Klassen von Dokumenten miteinander zu verknüpfen. Ersetzt man nun für die Dokumente Komponenten, dann führt dies Entwicklung zu COM.
2. ***Component Object Model*** (***COM***) ist ein Komponentenmodell für lokale Komponenten und deren Interaktion und Komposition. COM definiert einen Binärstandard für Komponenten, die als Blackbox agieren und ihre Funktionalität an genormten Schnittstellen publizieren.
3. ***Distributed Component Object Model*** (***DCOM***) [EE 98] erweitert COM um die Fähigkeit, Rechnergrenzen zu überwinden und somit um entfernte Komponentenaufrufe. Der Ort der Komponenten ist dabei unerheblich. Die Umsetzung der Ortstransparenz und damit die Brokeraufgabe übernimmt das Betriebssystem. Dazu werden weltweit eindeutige Identifikatoren (Globally Unique Identifier – GUID) eingesetzt, die von der Distributed Computing Environment (DCE) von der Open Software Foundation (OSF) übernommen wurden. Sicherheitsmechanismen überwachen die Verwaltung

Abb. 5.13 NET-Plattform

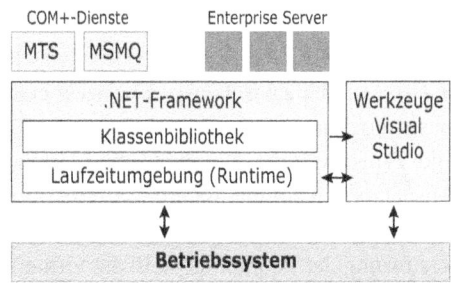

und den Zugriff auf die Komponenten. Zum Verpacken mehrerer Komponenten dienen Komponenten-Server, die seit Windows NT als Dienste angemeldet werden. Basis von DCOM ist das seit 1992 für Windows verfügbare DCE-RPC-Protokoll.

4. **COM+** [EE 00]: DCOM definiert nur entfernte Methodenaufrufe, und es fehlen die Dienste für verteilte Transaktionen und Kommunikation mit Nachrichten. COM+ fasst diese fehlenden Dienste in Form von vorliegenden separaten Microsoft-Produkten zusammen. Diese Produkte für Transaktionen waren der Distributed Transaction Coordinator (DTC) und der Microsoft Transaction Server (MTS). Für die nachrichtenbasierte Kommunikation kam der Message Queue Server (MSMQ) hinzu.

Die .NET-Plattform (siehe Abb. 5.13) besteht aus dem Betriebssystem dem darüberlegenden .NET Framework, bestehend aus einer Laufzeitumgebung und einer Klassenbibliothek, den Diensten von COM+ und den Enterprise Server. Enterprise Server sind viele der bekannten Microsoft Server; z. B. der Exchange Server, der SQL Server oder auch der BizTalk Server.

5.11.6.1 NET Framework

Das .NET Framework [R 02] besitzt die drei folgenden Bestandteile:

1. Die Laufzeitumgebung *Common Language Runtime* (*CLR*),
2. Die Klassenbibliothek *Framework Class Library* (*FCL*),
3. Eine **Menge von Programmiersprachen**, was durch die CLR ermöglicht wird. Neben den Standard-Microsoft-Sprachen wie C#, Visual C++, Visual Basic und der Microsoft-Variante von Java unterstützt CLR ebenso Sprachen, wie Smalltalk, COBOL, Tcl/TK, Perl oder Phyton. Ein kurzer Überblick und eine Beschreibung der einzelnen .NET-Sprachen C#, Visual Basic .Net, J#, JScript .NET, C++ .NET ist in [R 04] enthalten.

Laufzeitumgebung: Common Language Runtime (CLR)
Ein Compiler für .NET-Sprachen erzeugt keinen Maschinencode, der direkt vom Betriebssystem ausführbar ist. Stattdessen wird, wie bei Java, Zwischencode erzeugt, der eine virtuelle Maschine ausführt. Die *Common Language Runtime* (*CLR*) ist die virtuelle

Maschine (VM) von .NET (zum Überblick siehe Abb. 5.14). Die CLR führt den standardisierten (ECMA-Standard 335) Zwischencode der *Common Intermediate Language* (*CIL*) aus. Die Zwischensprache wird erst zur Laufzeit kompiliert und für die konkrete Basismaschine angepasst und optimiert. Sie stellt weiterhin Mechanismen zur Speicher- und Typverwaltung (automatische Garbage Collection und Typüberprüfung), sowie für Ausnahmebehandlung bereit. Sie besitzt eine COM-, DCOM-, und COM+-Schnittstelle, so dass die Interoperabilität zwischen .NET und diesen Systemen gegeben ist. Zur Unterstützung der Parallelität stellt sie virtuelle Prozesse zur Verfügung und bietet somit ein Multithreading an.

Im Gegensatz zur Java VM, die nur Java Bytecode akzeptiert, wurde die CLR von Anfang an für den Betrieb mit mehreren Programmiersprachen konzipiert. Ziel war nicht nur die Unterstützung von verschiedenen Sprachen, sondern auch die Interoperabilität zwischen den Sprachen. Dieses Ziel wird erreicht durch das für alle Sprachen verbindliche Typsystem, dem *Common Type System* (*CTS*).

Die Interoperabilität wurde durch Vereinbarungen, der *Common Language Specification* (*CLS*) erreicht, welche das Typsystem von verschiedenen Programmiersprachen einschränken und auf einen gemeinsamen Nenner bringen. Die Bibliothek, welche den Code enthält, der die Vorgaben der CLS erfüllt und gewährleistet, heißt *CLS Frameworks*. Dieses Framework gewährleistet die Zusammenarbeit und Interoperabilität von verschiedenen Programmiersprachen.

Die ausschließliche Verwendung von Typen des eingeschränkten Typsystems CLS bringt zwei Vorteile:

1. *Interoperabilität zwischen Klassen,* in verschiedenen Sprachen formuliert, ist bereits zur Compilierzeit möglich. Jede Klasse wird auf die gemeinsame Zwischensprache CIL abgebildet. Damit kann eine Klasse in einer Programmiersprache von einer anderen Klasse in einer anderen Programmiersprache erben oder kann deren Methoden aufrufen.
2. *Interoperabilität über Rechnergrenzen* zwischen Klassen in verschiedenen Sprachen ist zur Laufzeit möglich. Voraussetzung dabei ist natürlich dass der Kommunikations-

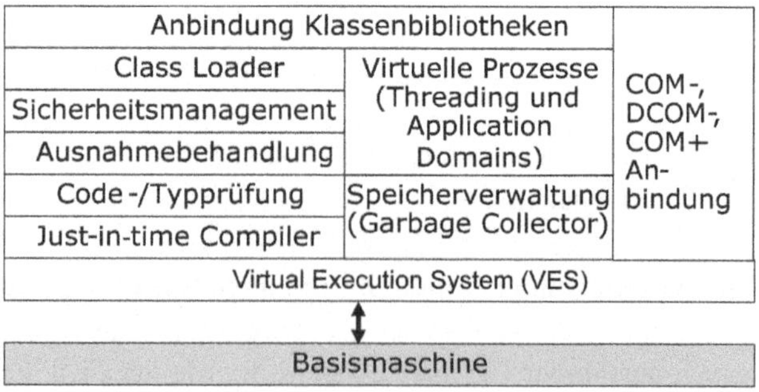

Abb. 5.14 Common Language Runtime

Anbindung Klassenbibliotheken		COM-, DCOM-, COM+ An-bindung
Class Loader	Virtuelle Prozesse (Threading und Application Domains)	
Sicherheitsmanagement		
Ausnahmebehandlung		
Code-/Typprüfung	Speicherverwaltung (Garbage Collector)	
Just-in-time Compiler		
Virtual Execution System (VES)		
↕		
Basismaschine		

partner auf der Laufzeitumgebung CLR läuft und nicht auf einer anderen virtuellen Maschine, z. B. der Java VM.

Klassenbibliothek: Framework Class Library (FCL)
Die Klassenbibliothek ist eine von Grund auf neu konstruierte, homogene, polymorphiebasierte Klassenbibliothek. Sie deckt ein breites Spektrum von komplexen Anwendungssystemen ab und heißt deshalb *Framework Class Library* (*FCL*).

Bedingt durch die Größe der Klassenbibliothek mit über 3000 Klassen ist diese in *Namensräume* organisiert. Ein Namensraum enthält alle Klassen, die logisch und funktional zusammengehören. Namensräume sind hierarchisch als Baum organisiert. Die Klassenbibliothek umfasst zwei Bäume und somit zwei Wurzelelemente System und Microsoft. Microsoft enthält Microsoft-spezifische Dinge, wie beispielsweise Zugriff auf die Windows-Registry. Der Baum System ist unabhängig von der Microsoft-Umgebung und kann auf andere Umgebungen portiert werden. Im Namensraum System liegen beispielsweise Klassen zur Ereignis- und Ausnahmebehandlung und für einfache und komplexe Datentypen. Der Namensraum System. Web enthält die Webtechnologien. Der Namensraum System. XML bietet Funktionalitäten zum Bearbeiten von XML-Dokumenten.

Der Teil der Klassenbibliothek, der für die Konstruktion Verteilter Systeme relevant ist und die Klassen, Datenstrukturen und Ereignisse dazu zusammenfasst, ist das .NET Remoting Framework. Die zu diesem Framework gehörenden Klassen liegen in System.Runtime.Remoting.

.NET-Remoting
Die .NET-Plattform unterstützt die nachfolgenden, teilweise inkompatiblen Technologien für die Kommunikation von Programmen:

1. *ASP.NET* [HS 04] aus der Framework Class Library für Webanwendungen, und zusätzlich wird eine Webservice-Umgebung ASP.NET Runtime zur Verfügung gestellt.
2. Die *DCOM-Technologie* für entfernte Proceduraufrufe, die nicht auf den Mechanismen der CLR aufsetzt.
3. *MS Message Queue* ist ein nachrichtenbasierter Message Server. Message Queue ist Bestandteil von COM+ und ist ein Enterprise Server.
4. *.NET-Remoting* [KCH 04] ist eine Technologie für TCP- und HTTP- basierte entfernte Methoden/Serviceaufrufe, die ähnlich wie der Java RMI arbeitet und wie schon erwähnt die Kommunikationsinfrastruktur des .NET Frameworks ist.

Kernkonzept von .NET-Remoting sind *Kommunikationskanäle* (*Channels*), die den Transport von Nachrichten an und von Remote-Anwendungen regeln. Für die entfernte Kommunikation stehen TCP und HTTP zur Verfügung, und für die lokale Kommunikation auf einem Rechner, ohne Verwendung eines Netzwerkprotokoll-Stacks, gibt es den Kanal *Inter Process Communication* (*IPC*) [MDN 07]. IPC basiert auf den Named Pipes. Entfernte Proceduraufrufe laufen über den TCP-Kanal und Webservice-Aufrufe über den HTTP-Kanal.

Abb. 5.15 .NET-Remoting Channel-Architektur

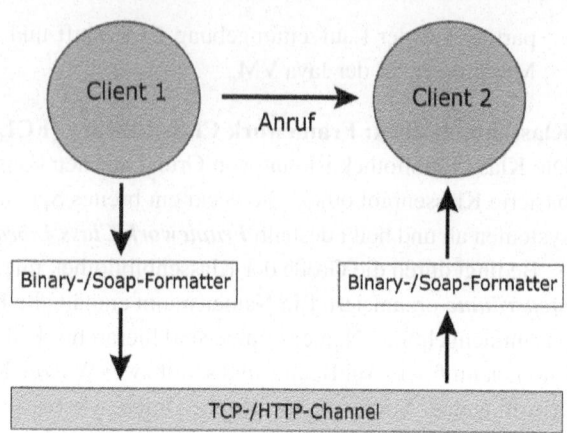

Vor dem Transport wandelt ein *Formatierungsobjekt* (*Formatter*) die Nachrichten in das entsprechende Protokollformat (TCP oder HTTTP). Bei einem TCP-Kanal kommt ein Binär-Formatierer (BinaryFormatter) zum Einsatz. Bei einem HTTP-Kanal geschieht die Umwandlung mit einem SOAP-Formatierer (`SOAPFormatter`) (siehe Abb. 5.15).

Die Aktivierung von entfernten Objekten geschieht auf zwei unterschiedliche Arten [MDN 07]:

1. Bei *Client Activated Objects* (*CAO*) besitzt der Client die Kontrolle über Art und Anzahl der Serverobjekte. Bei jeder Instanziierung im Client wird ein zugehöriges Objekt auf dem Server erzeugt.
2. Bei *Server Activated Objects* (*SAO*) übernimmt der Server – transparent für den Client – die Instanziierung und Verwaltung des entfernten Objekts. Es gibt zwei Aktivierungsmodi:
   - *SingleCall*: Das entfernte Objekt lebt genau für die Dauer des Aufrufes. Danach gibt es der Garbage Collector frei.
   - *Singleton*: Das entfernte Objekt gibt es nur einmal und es bearbeitet Aufrufe innerhalb von parallelen Threads, d. h. es existiert nur eine Instanz für alle Clients und alle Aufrufe.

.NET 3.0

Die *Windows Communication Foundation* (*WCF*) [KB 07] ist Teil von .NET 3.0. Sie umfasst eine Kommunikationsinfrastruktur. Der Nachrichtenaustauch ist realisiert via .NET Sockets, .Net Remoting (siehe Abschnitt .NET Remoting), Message Queue Server, sowie die Standards aus dem Web Service Umfeld (siehe Abschn. 5.11.7).

Neben der Kommunikationsinfrastruktur WCF ist in .NET 3.0 die *Windows Presentation Foundation* (*WPF*) enthalten. Sie trägt bei zur Vereinheitlichung der Programmierung von Benutzeroberflächen in Windows- und Webanwendungen. Das dritte Framework von

.NET 3.0 ist die *Windows Workflow Foundation* (*WF*). Sie bietet eine API und eine Laufzeitumgebung zur Definition und Ausführung von Workflows.

5.11.7 Entfernte Serviceaufrufe (Web Services)

Das *World Wide Web Consortium* (kurz: *W3C*) [W3C 07] ist das Gremium zur Standardisierung das WWW betreffender Techniken. Die Grundlage von Web Services bilden drei Standards der W3C, die alle auf *XML* (*Extended Mark Up Language*) [XML 06] basieren:

1. *SOAP* (ursprünglich für *Simple Object Access Protocol* oder *Service Oriented Architecture Protocol*, die beide nicht den vollständigen Sinn von SOAP treffen) das zum Austausch von XML-Nachrichten. Bei der W3C liegt SOAP als W3C-Note in der Version 1.2 vor [SO 07].
   SOAP verpackt die XML-Daten und verschickt sie über ein Anwendungsprotokoll zum Transport (wie HTTP oder SMTP). SOAP arbeitet nach dem Request/Response-Prinzip. Eine Applikation sendet eine SOAP-Nachricht an eine andere Applikation als *Request*. Die Applikation antwortet dann mit einer SOAP-Nachricht als *Response*. Dies entspricht genau dem HTTP-Protokoll und ist ein Grund, HTTP für den Transport von SOAP-Nachrichten einzusetzen.
2. *UDDI* (*Universal Description, Discovery and Integration*) ist eine weltweite webbasierte Registrierungsstelle für Web Services. Die UDDI-Spezifikation [UDD 04] beschreibt eine Vorgehensweise, um Information über Web Services zu publizieren (registrieren) und zu finden. Der Zugriff erfolgt dabei über einen Web-Browser oder programmgesteuert über SOAP.
3. *WSDL* (*Web Service Description Language*) dient zur vollständigen XML-Beschreibung der Schnittstelle und damit der Funktion eines Web-Service. Daneben legt WSDL fest, wie auf ein Web Service zugegriffen wird, also mit welchem Protokoll (HTTP, SMTP, ...). Um die Funktion nutzen zu können, benötigt man seine Lokation und somit die URL der Funktion.
   WSDL nimmt eine ähnliche Rolle bei Web Services ein, wie die Interface Definition Language (IDL) bei CORBA. Allerdings erfolgt bei IDL von CORBA eine Bindung an eine Programmiersprache; dagegen ist WSDL an das Protokoll SOAP gebunden.

5.11.7.1 Web Service-Architektur
Um nun eine einheitliche Entwicklung der Web Services zu erreichen und die Interoperabilität zwischen verschiedenen Softwarehersteller zu erreichen, hat das W3C eine *Web Service-Architektur* [WSA 04] festgelegt, die in Abb. 5.16 beschrieben ist und die folgende Komponenten enthält:

- *Dienstanbieter (Service Provider)*: Stellt den Dienst bereit und publiziert ihn bei der UDDI Service Registry.

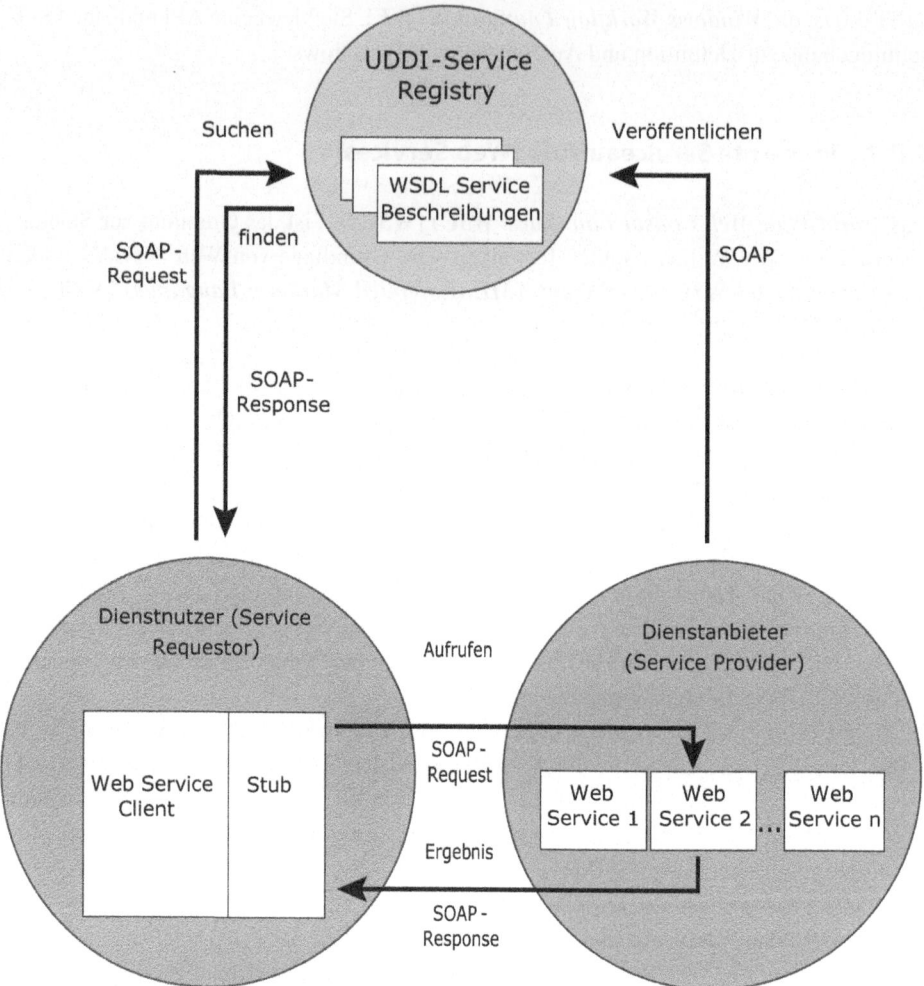

Abb. 5.16 Web Service Architektur (SOAP)

- *Service Registry (UDDI)*: die Beschreibung für die Dienste.
- *Dienstbenutzer (Service Requestor)*: Nutzt den Web Service. Ein Dienstbenutzer eines Web Service ist eine Anwendung, auch Web Service Client genannt.

Die Nutzung eines Web Service geschieht in folgenden Schritten (siehe Abb. 5.16):

1. Ein Benutzer sucht mit Hilfe eines Web-Browsers oder eines Software-Systems einen gewünschten Dienst bei der UDDI-Service Registry. Von dieser bekommt er die URL des dort registrierten Dienstes zurück.

2. Der Web Service-Client ruft bei der UDDI-Service Registry die Schnittstelle des Web Service ab. Hierfür sendet der Client einen SOAP-Request mit der URL an die UDDI-Service Registry.
3. Die gewünschte Spezifikation der Schnittstelle des Web Service wird als WSDL-Datei an den Web Service Client in einem SOAP-Response übermittelt. Ein WSDL-Compiler generiert aus dieser WSDL-Datei einen passenden Stub. Dieser Stub wird an den Web Service Client angebunden.
4. Der Web Service Client ruft nun den Web Service beim Dienstanbieter auf. Hierfür sendet er ein SOAP-Request mit den entsprechenden Angaben in XML an den Dienstanbieter.
    1. Der Web Service wird beim Dienstanbieter ausgeführt.
    2. Das Ergebnis des Web Service wird als SOAP-Response in XML an den Web Service Client übermittelt.

5.11.7.2 XML-RPC

XML-RPC (*Extensible Markup Language – Remote Procedure Call*) ist eine Spezifikation und eine Menge von Implementierungen für verschiedene Betriebssysteme, Sprachen und Umgebungen für entfernte Prozeduraufrufe über das Internet [XR 07]. Das dazugehörige Protokoll basiert auf dem Transportprotokoll HTTP, und die Darstellung der übertragenen Daten geschieht in der *Extensible Markup Language* (*XML*).

Methodenaufrufe mit dynamischen Proxy
XML-RPC realisiert ursprünglich nur die Aufrufe von Prozeduren und keine Methodenaufrufe, da für den Aufruf einer Methode auch ein Objekt, auf dem die Methode ausgeführt wird, übergeben werden muss. *Dynamische Proxies* in Java erlauben auch die Aufrufe von Methoden [A 07]. Ein dynamischer Proxy ist eine Klasse, die nicht vor Programmlauf durch einen Compiler oder Generator, sondern erst zur Laufzeit dynamisch generiert wird.

Einige Beispiele für die zahlreichen Implementierungen von XML_RPCs sind: ASP, C, C++, Delphi, Flash. Haskell, Java, Javascript, Lua, .NET, OCaml, Perl PHP, Python, Ruby, TCL. Die Bekannteste und Gebräuchlichste davon ist die von Apache Software Foundation: Java Apache XML-RPC Version 3.0 [Ap 07]. Diese XML-PRC-Implementierung setzen wir in nachfolgendem Beispiel ein.

XML-RPC ist ein Vorgänger von SOAP. Im Gegensatz zu SOAP ist der XML-RPC wesentlich einfacher und schlanker:

- *Kein Broker* wie die UDDI: Es braucht keine Registrierung und Suche des Clients bei der UDDI stattzufinden, sondern die Prozedur kann direkt über die URL aufgerufen werden.
- Es ist *keine Schnittstellenbeschreibung*, im Stil von WSDL und bei COBRA die IDL, vorhanden.
- Es genügt ein *einfacher minimaler Parser*, z. B. XML-Parser MinML [W 07].

- *Einfachheit von XML-RPC Datentypen*: Es stehen <i4> bzw. <int> für einen 4Byte-Integer, <boolean>, <string>, <double>, <dateTime.iso8601> und <base64> als Base64-codierte Daten (Bytes) zur Verfügung. Mit einem <array> lassen sich mehrere Variable zusammenfassen. Der Typ <struct> dient für komplexere Anwendungen, der mehrere <member> enthält, die jeweils ein <name>- und <value>-Element beinhalten. <struct> ist mit den Maps und Hashtables in java.util.Map vergleichbar.

Eine einfache XML-RPC-Anwendung in Java demonstriert das nachfolgende Beispiel, das aus Abts entnommen ist [A 07].

Zur Implementierung eines XML-RPC-Servers stellt Apache XML-RPC Klassen bereit:

- `org.apache.xmlrpc.webserver.WebServer`: Sie implementiert einen speziell für die Behandlung von XML-RPC-Anfragen geeigneten HTTP-Server, der in die eigene Anwendungen eingebettet wird. Für Testzwecke ist dies geeignet. Bei höheren Ansprüchen können dafür ausgereifte Servlet Container, wie beispielsweise von Apache Tomcat, eingesetzt werden.
- `org.apache.xmlrpc.server.XmlRpcServer`: Sie verarbeitet die XML-RPC-Anfrage. Sie dient zum Erzeugen (`WebServer(int port)`), Starten (`start()`) und Stoppen (`shutdown()`) eines HTTP-Servers. Die Methode `getXmlRpcServer()` liefert ein `XmlRpcServer`-Objekt. `setHandlerMapping` registriert die Handler für das `XmlRpcServer`-Objekt.
- `org.apche.xmlrpc.server.PropertyHandlerMapping` ist ein Handler für eine entfernt aufrufbare Methode. `addhandler(String key, Class typ)` fügt eine Handlerklasse `typ` mit dem Namen `key` hinzu. Das Gegenstück `removeHandler(String key)` entfernt alle Handler mit dem Namen `key`.

Die Klasse Echo implementiert die Methoden `getEcho` und `getEchoWithDate`, die ein „Echo" ohne bzw. mit Serverdatum zurückgeben. Die Methode `getEcho` soll entfernt aufgerufen werden.

Programm 5.13: Klasse Echo

```
import java.util.*;
import java.text.*;

public class Echo {
  public String getEcho(String s) {
    return s;
  }
  public String getEchoWithDate(String s) {
    Simple DateFormat f = new SimpleDateFormat("dd.mm.yyy hh:mm:ss");
    return"[" + f.format(new Date()) + "]" + s;
```

5.11 Kooperative Modelle mit entfernten Aufrufen

    }
}

Die nachfolgende Klasse `Echoserver` erzeugt eine Instanz der Klasse `WebServer`. Sie registriert den Echo-Dienst mit dem Namen `echo` und startet schließlich den Server.

Programm 5.14: Klasse Echo-Server

```
import org.apche.xmlrpc.server.*;
import org.apche.xmlrpc.webserver.*;

public class EchoServer   {
    public static void main(String[] args)
        throws Exception {int port = Integer.parseInt(args[0]);

    PropertyHandlerMapping phm = new PropertyHandlerMapping();
    phm.addHandler("echo", Echo.class);

    WebServer webServer = new WebServer(port);
    XmlRpcServer server = WebServer.getXmlRpcServer();
    Server.setHandlerMapping(phm);
    WebServer.start();
    }
}
```

Zur Implementierung eines XML-RPC-Client stellt Apache XML-RPC die folgenden Klassen zur Verfügung:

- `org.apache.xmlrpc.client.XmlRpcClient`: Sie implementiert einen speziell für die Versendung XML-RPC-Anfragen geeigneten HTTP-Client. `setConfig(config)` setzt die Konfiguration `config` für den Client.
- `org.apache.xmlrpc.client.XmlRpcClientConfigImpl` zur Konfiguration eines `XmlRpcClient`-Objekts. Die Methode `setServerURL(Java.net.URL url)` legt den URL des Servers fest. `execute(string method, Object [] params)` erzeugt eine XML-RPC-Abfrage und sendet sie mittels HTTP zum Server. Die zurückgeschickte XML-RPC-Antwort wird geparst und als Objekt vom Typ `Object` zurückgegeben. Der String `method` hat den Aufbau `Dienstname.Methodenname`. `Dienstname` ist der Name, unter dem der Dienst auf der Serverseite registriert ist. `Methodenname` ist der Name der Methode, die den Dienst implementiert hat. Das Array `params` enthält die erforderlichen Parameter.

`EchoClient` ruft die beiden Methoden `get.Echo` und `getEchoWithDate` mit dem Argument „Hallo" auf.

Programm 5.15: EchoClient

```
import java.net.*;
import org.apache.xmlrpc.client.*;

public class EchoClient {
    public static void main(String[] args)
        throws Exception {
        URL url = new URL(args[0]);
        XmlRpcClientConfigImpl Config = New XmlRpcClientConfigImpl();
        Config.setServerURL(url);
        XmlRpcClient client = new XmlRpcClient();
        Client.SetConfig(config);

        Object [] params = {"Hallo"};
        String s = (String) client.execute("echo.getEcho", params);
        System.out.println(S);

        Object [] params = {"Hallo"};
        String s = (String) client.execute("echo.getEchoWithDate",
                                           params);
        System.out.println(S);
    }
}
```

Die Methode getecho der Klasse Echo soll entfernt von einem Client aufgerufen werden. Der Client und Server führt beim entfernten Methodenaufruf die nachfolgenden Schritte aus. Für den beschriebenen Ablauf siehe auch Abb. 5.17.

C1. Der Client importiert org.apache.xmlrpc.client.*. Damit erzeugt der Client eine XMLRpcClient-Instanz. Er konfiguriert Sie und setzt die URL des Servers (setServerURL).

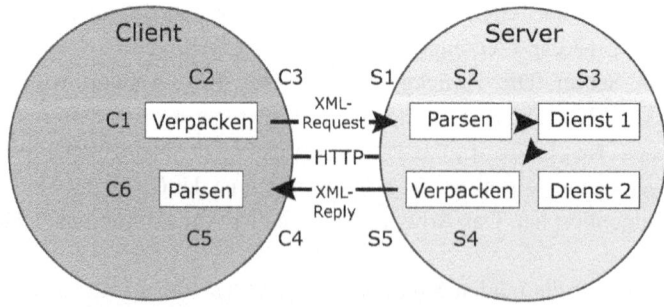

Abb. 5.17 Kommunikation zwischen XML-RPC-Client und XML-RPC-Server

5.11 Kooperative Modelle mit entfernten Aufrufen

C2. Mit `Object execute(string method, Object[] params)` erzeugt der Client eine XML-RPC-Anfrage. Der `string method` hat den Aufbau `Dienstname.Methodenname`
Das Array `params` enthält die erforderlichen Parameter. Diese Angaben werden in folgendes XML-Dokument verpackt:

```
<?xml version="1.0"?>
   <methodCall>
      <methodName>echo.getecho</methodName>
      <params>
         <param>
               <value><string>Hallo</string></value>
         </param>
      </params>
   </methodCall>
```

C3. Mit HTTTP-Post wird das XML-Dokument an den Server geschickt.
S1. Der Server empfängt die HTTP-Anfrage und leitet die Verarbeitung des XML-Dokumentes ein.
S2. Das XML-Dokument wird geparst und anschließend die angegebene Methode des Dienstes aufgerufen.
S3. Die Methode wird ausgeführt und das Ergebnis an den XML-Verarbeitungsprozess übergeben.
S4. Der Verarbeitungsprozess verpackt das Ergebnis in ein XML-Dokument. Das XML-Dokument hat folgendes Aussehen:

```
<?xml version="1.0"?>
   <methodResponse>
   <params>
      <param>
         <value><string>Hallo</string></value>
      </param>
   </params>
   </methodResponse>
```

S5. Der Server schickt das XML-Dokument als Antwort auf die HTTP-Anfrage zurück.
C4. Der XML-RPC-Client empfängt das XML-Dokument.
C5. Der XML-RPC-Client parst den Rückgabewert.
C6. Übergabe als Objekt an das Client-Programm.

Obiges Beispiel benutzt die Klasse `WebServer`, die einen einfachen HTTP-Server implementiert, der zudem XML-RPC-Anfragen verarbeiten kann. Soll der Webserver und die XML-RPC-Verarbeitung getrennt laufen, so bietet Apache Tomcat mit der Klasse `org.apache.xmlrpc.webserver.XmlRpcServletServer` einen Servlet-Container, als Ablaufumgebung für Webanwendungen. Die Programmierung von XML-RPCs mit Servlet ist in Abts [A 07] beschrieben.

Literatur

[A 07]   Abts D.: Masterkurs Client Server Programmierung mit Java. 2. erweiterte und aktualisierte Auflage. Vieweg Verlag 2007.

[A 85]   Agha Gul, A.: Actors: A Model of Concurrent Computation in Distributed Systems. Technical Report 844, Massachusetts Institute of Technology, Artificial Intelligence Laboratory, 1985

[Ak 11]   Akka Project. http://www.akka.io/, 2011.

[AkDl 11] Akka Downloads. http://www.akka.io/downloads/, 2011.

[Ap 07]   Apache.org: About Apache XML-RPC. http://ws.apache.org/xmlrpc/, 2007.

[Ar 07]   Armstrong, J.: Programming Erlang: Software for a Concurrent World. Pragmatic Bookshelf 2007.

[Ar 10]   Armstrong J.: Erlang. Communications of the ACM, Vol. 53, No. 9, 09/2010.

[AVW 96]   Armstrong J., Virding R., Wickström C., Williams M.: Concurrent Programmming in ERLANG, Second Edition. Prentice Hall, PTR, 1996. Herunterladbar unter http://www.erlang.org/download/erlang_book_part1.pdf

[B 07]   Baruch R., Thinking in Erlang; A Guide to Functional Programming in Erlang for the Procedural Developer. http://www.maht0x0r.net/library/computing/erlang.pdf, 2007.

[B 10]   Baugh J.P.: Go Programming. John P. Baugh, 2010.

[B 11]   Braun O.: Scala, Objektfunktionale Programmierung. Carl Hanser Verlag München, 2011

[B 14]   Bengel G.: Grundkurs Verteilte Systeme, Grundlagen und Praxis des Client-Server und Distributed Computing. 4. Auflage. Springer Vieweg 2014.

[B 78]   Backus J.: Can Programming Be Liberated from the von Neumann Style? A Functional Style and Its Algebra of Programs. Communications of the ACM Vol. 21, No. 8 Aug. 1978.

[BM 06]   Bauke H., Mertens S.: Cluster Computing, Praktische Einführung in das Hochleistungsrechnen auf Linux-Clustern. Springer Verlag 2006.

[Bo 96]   Bonner P.: Network Programming with Windows Sockets. Prentice-Hall Inc. 1996.

[BR 07]   Bachschat M., Rücker B.: Enterprise JavaBeans 3.0. Grundlagen – Konzepte – Praxis. 2. Auflage. Elsevier GmbH München 2007.

[CCM 07]   Object Management Group: CORBA Component Model, V 4.0. http://www.omg.org/technology/documents/formal/components.htm, 2007.

[CGJ 00]   Carpenter B., Getov V., Judd G., Skjellum T., Fox G.: MPJ: MPI-like Message Passing for Java. Concurrency: Practice and Experience, Volume 12, Number 11, Sept. 2000.

[CT 09]   Cesarini F., Thompson S.: Erlang Programming, O'Reilly Media Inc., 2009.

[E 11]   Essser F.: Scala für Umsteiger. Oldenburg Wissenschaftsverlag GmbH. 2011.

[EE 00]	Eddon G., Eddon H.: Inside COM+. COM+ Architektur und Programmierung. Microsoft Press 2000.
[EE 98]	Eddon G., Eddon H.: Inside Distributed COM. Microsoft Press 1998.
[EM 11]	Erlang Reference Manual, User'Guide Version 5.8.4. http://www.erlang.org/doc/reference_manual. 2011.
[Er 11]	Erlang/OTP R14B03. http://www.erlang.org, 2011.
[ET 11]	Getting Started with Erlang Version 5.4. http://www.erlang.org/download/getting_started-5.4.pdf. 2011.
[F 11]	Farmer J. : Networking Programming in Erlang. http://20bits.com/articles/network-programming-in-erlang/ 2011.
[FB 11]	Feike R., Blass S.: Programmierung in Google GO, Addison Wesley Verlag 2011.
[FK 11]	Fiedler T., Knabe C.: Entwicklung von Web-Applikationen mit Lift und Scala. Einführung anhand einer durchgehenden Beispielapplikation. http://public.beuth-hochschule.de/~scalal/liftBuch-screeen.pdf
[G 01]	Görzig S.: CPPvm – C++ and PVM. Lectures Notes in Computer Science. Vol. 2131/2001. Springer Verlag 2001.
[G 11]	Ghosh D.: DSLs in Action. Manning Publications Co., 2011.
[GBD 94]	Geist A., Beguelin A., Dongarra J. et al.: PVM: Parallel Virtual Machine. A Users' Guide and Tutorial for Networked Parallel Computing. The MIT Press 1994. Auch verfügbar in Postscript- und HTML-Form unter http://www.netlib.org/pvm3/book/pvm-book.html
[GHL 00]	Gropp W, Huss-Lederman S., Lumsdaien A., et al.: MPI – The Complete Reference: Volume 2, The MPI-2 Extensions. The MIT Press, Cambridge, MA 2000.
[GLS 07]	Gropp W., Lusk E., S., Skjellum A.: MPI – Eine Einführung. Portable parallele Programmierung mit dem Message-Passing Interface. Oldenburg Verlag München Wien, 2007. Deutsche Übersetzung von [GLS 99].
[GLS 99]	Gropp W., Lusk E., S., Skjellum A.: Using MPI: Portable Parallel Programming with the Message Passing Interface, 2nd edition. The MIT Press Cambridge, MA 1999.
[GLT 99]	Gropp W., Lusk Thakur R.: Using MPI-2: Advanced Features of the Message-Passing Interface. The MIT Press Cambridge, MA 1999.
[GoE 11]	Go Authors: Effective Go, http://golang.org/doc/effective_go.html, 2011.
[GOH 98]	Gropp W., Otto S., Huss-Lederman S., Lumsdaien A., et al.: MPI – The Complete Reference. (2-Volume Set). The MIT Press, Cambridge, MA 1998.
[GoLP 11]	Go Authors: Go Language Patterns, Semaphores, http://sites.google.com/site/gopatterns/-concurrency/semaphores, 2011.
[GoM 12]	Go Authors: The Go Programming Language Specification, Version of March 3 2012, http://golang/ref/spec, 2011.
[GoP 11]	Go Authors: Directory src/pkg, http://golang.org/pkg/2011.
[GoR 11]	The Go Programming Language Specification: http://golang.org/ref/spec.
[GoT 11]	Eine Anleitung zum Programmieren in GO, http://bitloeffel.de/DOC-/golang/go_tutorial_de.html, 2011.
[GW 11]	Gieben M., Winkel JC.: Learning Go, http://www.miek.nl/downloads/2011/go-0.3.pdf, 2011.

[H 78]   Hoare C. A. R.: Communicating Sequential Processes, Communications of the ACM, Vol. 21. No. 8, 1978.

[H 97]   Harold E.R.: Java Network Programming. O'Reilly & Associates Inc. 1997.

[HBS 73]   Hewitt C., Bishop P., Steiger R.: A Universal Modular Actor Formalism for Artificial Intelligence. In Proceedings of the International Joint Conference on Artificial Intelligence. Die Nachrichtenkommunikation basiert auf dem Actor-Modell 1973

[HS 04]   Homer A. Sussmann D.: Distributed Data Applications with ASP.NET. Second Edition. Apress 2004.

[HS 11]   Haller P., Sommers F.: Actors in Scala. Artima 2011.

[I 88]   Inmos Limited, Occam 2 Reference Manual, Prentice Hall International, 1988.

[IDL 07]   Object Management Group: OMG IDL: Details. http://www.omg.org/gettingStarted/omg-idl.htm, 2007.

[IIOP 07]   Sun Developer Network (SDN): Java over IIOP. http://java.sun.com/javase/technologies/core/basic/rmi/index.jsp, 2007

[J 04]   Jones M.T.: BSD Sockets Programming from a Multi-Language Perspective. Charles River Multimedia Inc. 2003.

[J 99]   Jobst F.: Programmieren in Java, 2., aktualisierte und erweiterte Auflage. Carl Hanser Verlag 1999.

[JGF 07]   Java Grande Forum: Java Grande Forum Homepage. http://www.javagrande.org, 2007.

[KB 07]   Kuhrmann M., Beneken G.: Windows Communication Foundation. Konzepte – Programmierung – Migration. Elsevier GmbH, Sektrum Akademischer Verlag 2007.

[KCH 04]   Kuhrmann M. Calame J. Horn E.: Verteilte Systeme mit .NET Remoting. Grundlagen – Konzepte – Praxis. Elsevier GmbH, Spektrum Akademischer Verlag, 2007.

[KLS 94]   Koelbel C. H., Loveman D.B., Schreiber R.S., Steele Jr. G.L., Zosel M. E.: The High Performance Fortran Handbook. The MIT Press 1994.

[L 09]   Larson J.: Erlang for Concurrent Programming. Communications of the ACM, Vol. 52, No. 3. 03/2009.

[LM 07]   LAM/MPI Parallel Computing. http://www.lam-mpi.org/, 2007.

[LMC 11]   Logan M., Merritt E., Carlson R., Erlang and OTP in Action. Manning Publications Co, 2011

[LS 10]   Christos KK. L., Syropoulos A.: Setps in Scala, Introduction to Object-Functional Programming Cambridge University Press 2010

[LWF 11]   Lift Web Framework, http://liftweb.net/, 2011.

[M 11]   Müller Frank: Systenprogrammierung in Google Go, Grundlagen – Skalierbarkeit – Performanz – Sicherheit, dpunkt.verlag GmbH, 2011.

[M 12]   Much T.: Scala: Der Schnelleinstieg für Entwickler. Galileo Computing 2012.

[MC 01]   Monson-Haefel R.; Chappell D.A.: Java Message Service. O'Reilly & Associates Inc. 2001.

[MDN 07]   Microsoft Developer Network: .NET Remoting 2.0. http://www.microsoft.com/germany/msdn/library/net/NETRemoting20.mspx?mfr=true, 2007.

[MPC 07]   MPICH2. http://www-unix.mcs.anl.gov/mpi/mpich/, 2007

[MPG 07]   MPICH-G2. http://www3.niu.edu/mpi/, 2007

[MPI 07] MPI Forum: MPI Documents. http://www.mpi-forum.org/docs/docs.html, 2007.

[MPI 94] Message Passing Interface Forum. MPI: A Message-Passing Interface standard. International Journal of Supercomputerr Applications., Vol. 8, No. 3/4 1994.

[MPII 07] Intel: Intel MPI Library 3.1 for Linux or Microsoft Windows Compute Cluster (CCS). http://www3.niu.edu/mpi/, 2007.

[MPIS 07] Scali: MPI Connect. http://www.scali.com/content/view/35/, 2007.

[MPIV1 07] Verari Systems Software: Verari Systems Software's Commercial Version of MPI Standard. http://www.mpi-softtech.com/documents/MPIPro_RevH.pdf, 2007.

[MPIV2 07] Verari Systems Software: ChaMPIon/Pro. http://www.verarisoft.com/champion_pro.php, 2007.

[MR 97] Mowbray T.J.; Ruh W.A.: Inside CORBA, Distributed Object Standards and Applications. Addison Wesley Longman, Inc. 1997.

[NRS 04] Neubauer B., Ritter T., Stoinski F.: CORBA Komponenten. Effektives Software-Design und Programmierung. Springer Verlag 2004.

[O 11] Odersky M.: The Scala Language Reference Manual, Version 2.9 http://www.scala-lang.org/docu/files/ScalaReference.pdf, 2011

[OAC 11] Odersky M., Altherr P., Cremet V., et al.: An Overview of the Scala Programming Language, Second Edition. http://www.scala-lang.org/docu/files/ScalaOverview.pdf. 2011.

[OC 07] Odersky M., Cremet V., Dragos I., et.al.: A Tour of the Scala Programming Language. http://www.scala-lang.org/docu/files/ScalaTour.pdf, 2007.

[OE 11] Odersky M.: Scala by Example. http://www.scala-lang.org/docu/files/ScalaByExample.pdf. 2011.

[OM 07] Open MPI: Open Source High Performance Computing. http://www.open-mpi.org/, 2007.

[OMA 07] Object Management Group: Object Management Architecture. http://www.omg.org/oma/, 2007.

[OMG 07] Object Management Group: The Object Management Group (OMG). http://www.omg.org/, 2007.

[OS 11] Odersky M., Spoon L.: The Scala 2.8 Collections API. http://www.scala-lang.org/docu/files/collections-api/collections.html. 2011.

[OSV 10] Odersky M, Spoon L., Venners B.: Programming in Scala, Second Edition. Artima developer, 2010.

[OTE 07] ORNL, University of Tennessee und Emory University: Heterogenous Adaptable Reconfigurable NEtworked Systems (HARNESS). http://www.csm.ornl.gov/harness/, 2007.

[P 07] Pickering R.: Foundations of F#. Apress 2007.

[P 10] Piepmeyer L.: Grundkurs funktionale Programmierung mit Scala. Hanser Fachbuchverlag 2010

[P 11] Perrett T.: Lift in Action. Mannings Publications & Co. 2011.

[P 93] Padovano M.: Networking Applications on Unix System V Release 4. Prentice-Hall Inc. 1993.

[P 95]   Peterson M.T.: DCE. A Guide to Developing portable Applications. McGraw-Hill Inc. 1995.

[P 98]   Pope A.: The CORBA Reference Guide. Understanding the Common Object Request Broker Architecture. Addison Wesley 1998.

[Po 09]   Pollakowski M.: Grundkurs Socketprogrammierung mit C unter Linux. Das Einsteigerbuch, 2. Auflage, 2009.

[Po 11]   Pollack D.: Simply Lift. http://simply.liftweb.net/, 2011.

[PRB 11]   Prokopec A., Rumpf T., Burgwell P., Odersky M.: A generic Parallel Collection Framework. http://infoscience.epfl.ch/record/150220/files/pc.pdf.

[PTL 07]   Pervasive Technology Labs at Indiana University: mpiJava Home Page. http://www.hpjava.org/mpiJava.html, 2007.

[PTLHP 07] Pervasive Technology Labs at Indiana University: HPJava Home Page. http://www.hpjava.org/index.html, 2007.

[PVM 07]   PVM home: PVM Parallel virtual Machine. http://www.csm.ornl.gov/pvm/pvm_home.html, 2007.

[R 02]   Richter J.: Microsoft .NET Framework Programmierung. Microsoft Press 2002.

[R 04]   Rottmann H.: Warum ausgerechnet .NET? Fakten und Vergleiche mit Java und C++ – Beispielprogramme – Glasklare Entscheidungshife. Vieweg Verlag 2004.

[R 07]   Reinders J.: Intel Threading Building Blocks. Outfitting C++ for MultiCore Processor Parallelism. O'Reilly Media, Inc. 2007.

[R 10]   Raychaudhuri N.: Scala in Action. Manning Publications Co. 2010.

[RMI 07]   Sun Developer Network (SDN): Remote Method Invocation Home. http://java.sun.com/javase/technologies/core/basic/rmi/index.jsp, 2007.

[S 01]   Siegel J.: CORBA 3. Fundamentals and Programming. John Wiley & Sons Inc., 2001.

[S 09]   Subramaniam V.: Programming Scala, Tackle Multi-Core Complexity on the Java Virtual Machine. Pragmatic Bookshelf, 2009.

[S 10]   Suereth J.D.: Scala in Depth. Manning Publications Co. 2010.

[S 11]   Offizielle Webseite von Scala. http://www.scala-lang.org/, 2011.

[S 92]   Stevens W.R.: Programmieren von Unix-Netzen. Coedition Carl Hanser Verlag, Prentice Hall International Inc. 1992.

[Sc 11]   Offizielle Webseite von Scalatra. http://www.scalatra.org/, 2011.

[Sch 11]   Schirmer U.M.: Scala: Ein praktischer Einstieg in objektfunktionales Programmieren mit Scala. Dpunkt Verlag 2011.

[ScT 11]   Scala Tutorial, Version 2, Sept. 2011, Hello World. http://www.scalatutorial.de/topic148.html.

[SD 11]   Scala Distribution. http://www.scala-lang.org/downloads, 2011.

[SH 11]   Schinz M., Haller P.: Scala Tutorial für Java Programmierer. http://www.scala-lang.org/docu/files/ScalaTutorial-de_DE.pdf. Die englische Version: http://www.scala-lang.org/docu/files/ScalaTutorial.pdf. 2011.

[Si 11]   Offizielle Webseite von Sinatra. http://www.sinatrarb.com/, 2011.

[Sm 10]   Smith C.: Programming F#. O'Reilly Media Inc., 2010.

[SMR 10]	Sottile M. J., Mattson T. G., Rasmussen C.E.: Introduction to Concurrency in Programming Languages. CRC Presss, 2010.
[SO 07]	Soap Version 1.2: http://www.w3.org/TR/soap12, 2007.
[SOH 00]	Snir M., Otto S., Huss-Ledermann S. et al.: MPI – The Complete Reference. 2nd Edition. The MIT Press, Cambridge, MA, 2000.
[SR 11]	Seeberger H., Roelofsen R.: Durchstarten mit Scala. entwickler.press, 2011.
[ST 11]	Scala Tutorial. Deutsches Tutorial für Umsteiger imperativer Programmiersprachen. http://www.scalatutorial.wordpress.com, 2011.
[T 07]	The Transputer Archive. http:/vl.fmnet.info/transputer/, 2007.
[TO 07]	SGS-Thomson Microelectronics Limited: occam® 2.1 reference manual, 1995. http://www.wotug.org/occam/documentation/oc21refman.pdf, 2007.
[UDD 04]	OASIS: UDDI Version 3.0.2 http://uddi.org/pubs/uddi_v3.htm, 2004.
[V 07]	University of Virginia: JPVM The Java Virtual Machine. http://www.cs.virginia.edu/~ajf2j/jpvm.html, 2007
[W 07]	Wilson Partnership: MinML a minimal XMLParser. http://www.wilson.co.uk/xml/minml.html, 2007.
[W3C 07]	W3C World Wide Web Consortium: http://www.w3.org/, 2007.
[WJ 07]	WoTUG: Java Implementation of Occam. http://wotug.org/occam/#java, 2007.
[WP 10]	Wampler D., Payne A.: Deutsche Übersetzung und Aktualisierung von Staudemeyer J.: Programmieren mit Scala. O#Reilly Verlag GmbH Co KG 2010.
[WSA 04]	W3C: Web Services Architecture. http://www.w3.org/TR/ws-arch/, 2004.
[XML 06]	W3C: Extensible Markup Language (XML). http://www.w3.org/XML/, 2006.
[XR 07]	XML-RPC.COM: XML-RPC Home Page. http://www.xmlrpc.com, 2007.
[Z 06]	Zahn M. Unix-Netzwerkprogrammierung mit Threads, Sockets und SSL. Springer Verlag 2006.

Parallelisierung 6

6.1 Leistungsmaße für parallele Programme

Hauptziel bei der Parallelverarbeitung eines Problems mit Multiprozessoren, Cluster oder Grid ist die **Reduktion der Laufzeit** des Problems oder der Aufgabe [RR 00, J 92]. Die Reduktion der Laufzeit zielt auf eine geforderte schnellere Lösung eines Problems. Die Laufzeitreduktion kann aber auch dazu genutzt werden, genauere und exaktere Lösungen zu erreichen oder ermöglicht es, Probleme mit gleichartigen größeren Datenmengen zu bearbeiten. Als Vorlage für die nachfolgend erläuterten Leistungsmetriken diente die Arbeit von Bilek [B 06].

6.1.1 Laufzeit

Bei der Bewertung paralleler Algorithmen oder deren Implementierung als Programm wird die Laufzeit durch einen Programmlauf auf der Zielplattform ermittelt.

Die **Laufzeit** des parallelen Programms

$$T_p(n)$$

ist die Zeit zwischen dem Start der Abarbeitung des parallelen Programms und der Beendigung der Abarbeitung aller beteiligten Prozessoren. Die Laufzeit wird in Abhängigkeit von der Anzahl p der beteiligten Prozessoren und der Problemgröße n angegeben.

Die Laufzeit $T_p(n)$ eines parallelen Programms setzt sich aus folgenden Zeiten zusammen [RR 00, U 97]:

- **Rechenzeit** (T_{CPU}): Zeit für die Durchführung von Berechnungen unter Verwendung von Daten im lokalen Speicher der einzelnen Prozessoren.
- **Kommunikationszeit** (T_{COM}): Zeit für den Austausch von Daten zwischen den Prozessoren.

- **Wartezeit** (T_{WAIT}): Z. B. wegen ungleicher Verteilung der Last zwischen den Prozessoren, Datenabhängigkeiten im Algorithmus oder Ein- Ausgabe.
- **Synchronisationszeit** (T_{SYN}): Zeit für die Synchronisation der beteiligten Prozesse bzw. Prozessoren.
- **Platzierungszeit** (T_{Place}): Zeit für die Allokation der Tasks auf die einzelnen Prozessoren, sowie eine mögliche dynamische Lastverteilung zur Programmlaufzeit.
- **Startzeit** (T_{Start}): Zeit zum Starten der parallelen Tasks auf allen Prozessoren.

Zur Reduktion der Laufzeit $T_p(n)$ des parallelen Programms muss die **Overheadzeit**

$$T_{\text{CWS}} = T_{\text{COM}} + T_{\text{WAIT}} + T_{\text{SYN}}$$

reduziert werden, indem die Kommunikationszeit, Wartezeit und/oder Synchronisationszeit vermindert wird.

Die Summation der Platzierungszeit und Startzeit ist die **Rüstzeit**

$$T_{\text{Setup}} = T_{\text{Place}} + T_{\text{Start}}.$$

Bei der Durchführung von Laufzeitmessungen gilt der Ratschlag: Vermesse mit einer Maus einen Elefanten und vermesse nie mit einem Elefanten eine Maus.

Der Ratschlag besagt, dass die Laufzeit des Messprogramms so minimal wie möglich sein sollte, im Vergleich des zu vermessenden Programms. Dadurch ist die Laufzeit des Messprogramms so klein im Vergleich zum vermessenden Programm, so dass sie vernachlässigbar ist. Ist die Laufzeit des Messprogramms nicht klein genug, so muss die Problemgröße des zu vermessenden Programms erhöht werden, so dass sich dessen Laufzeit vergrößert. Ist die Laufzeit des Messprogramms aus technischen Gründen nicht klein zu halten, so muss die Laufzeit des Messprogramms ermittelt werden und von der Laufzeit des zu messenden Programms abgezogen werden.

6.1.2 Speedup

Die Reduktion der Laufzeit für das Gesamtproblem bei einer Parallelisierung, gibt der **Speedup**, die **Beschleunigung** oder die **Leistungssteigerung** an:

$$S_p(n) = \frac{T'(n)}{T_p(n)}.$$

$T'(n)$ ist dabei die Laufzeit des schnellsten bekannten sequentiellen Algorithmus. $T_1(n)$ ist die Laufzeit des parallelen Programms auf einem Prozessor, die nicht mit $T'(n)$ übereinstimmen muss. Der Speedup gibt die Größe des Erfolgs an, bei einer Parallelisierung.

Der Speedup ist normalerweise nach oben beschränkt durch die Anzahl p der Prozessoren:

$$S_p(n) \leq p.$$

6.1 Leistungsmaße für parallele Programme

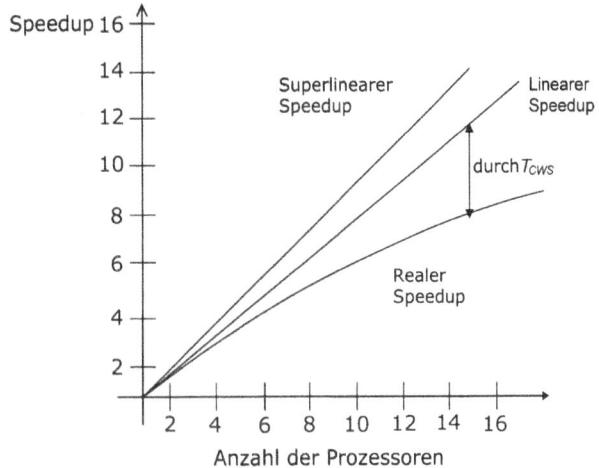

Abb. 6.1 Realer, idealer und superlinearer Speedup

Ist der Speedup gleich p, so spricht man von einem **linearen Speedup**: Ist der Speedup $> p$ so liegt **superlinearer Speedup** vor (siehe Abschn. 6.2.1, wo bei den Monte-Carlo-Simulationen superlinearer Speedup erreicht wurde). Für realen, linearen und superlinearen Speedup siehe Abb. 6.1.

6.1.3 Kosten und Overhead

Die **Kosten** eines parallelen Programms sind ein Maß für die von allen Prozessoren bei der Problemlösung durchgeführte Arbeit [RR 00]. Sie werden angegeben als:

$$C_p = T_p(n) * p.$$

Kosten sind ein Maß für die von allen Prozessoren durchgeführte Arbeit. Setzt man den Faktor Laufzeit des parallelen Programms als Anzahl der durchgeführten Operationen in dieser Laufzeit an, so lässt sich Folgendes definieren: Ein paralleles Programm ist **kostenoptimal**, wenn dies zur Problemlösung genau so viele Operationen ausführt wie ein sequentielles Programm mit der Laufzeit $T'(n)$ (Anzahl der durchgeführten Operation). Bei Kostenoptimalität gilt:

$$C_p = T'(n).$$

Kostenoptimalität besagt, dass im parallelen Fall von den einzelnen parallelen Prozessen die gleiche Anzahl von Operationen ausgeführt wird, wie im sequentiellen Fall.

Der **Overhead** gibt die Differenz zwischen den Kosten des parallelen Programms und des sequentiellen Programms an und ist definiert als:

$$H_p(n) = C_p(n) - T'(n) = p * T_p(n) - T'(n).$$

Ist ein paralleles Programm kostenoptimal, so ist sein Overhead Null ($H_p(n) = 0$). Beim Übergang von der sequentiellen Lösung zur parallelen Lösung sind also keine zusätzlichen Operationen und Redundanzen hinzugekommen, da ja die Laufzeiten gleich sind.

6.1.4 Effizienz

Die *Effizienz* eines parallelen Programms gibt die relative Verbesserung der Verarbeitungsgeschwindigkeit bezogen auf die Anzahl eingesetzter Prozessoren an. Dazu wird die Leistungssteigerung (Speedup) mit der Anzahl p der Prozessoren normiert. Demgemäß ergibt sich:

$$E_p(n) = \frac{S_p(n)}{p} = \frac{T'(n)}{p * T_p(n)} = \frac{T'(n)}{C_p(n)}.$$

Die Effizienz zeigt somit an, wie effizient wurde der ursprünglich sequentielle Algorithmus parallelisiert und wie effizient werden die p Prozessoren für einen vorgegebenen parallelen Algorithmus ausgenutzt. Die Effizienz bewertet somit die Zusatzlast und Redundanz (Overhead $H_p(n)$), die mit der Parallelisierung einhergeht.

Für die Effizienz sind die drei Fälle [A 97] zu unterscheiden (siehe Abb. 6.2):

1. $E_p(n) < 1$: Der Algorithmus ist suboptimal bezüglich seiner Kosten. Dies ist in der Praxis der Normalfall, wobei Werte nahe 1 anzustreben sind.
2. $E_p(n) = 1$: Der Algorithmus ist kostenoptimal.
3. $E_p(n) > 1$: Es liegt ein superlinearer Speedup vor, oder aber der parallele Algorithmus ist optimaler bzgl. seiner Laufzeit als der zum Vergleich herangezogene sequentielle Algorithmus. Anders ausgedrückt: Der parallele Algorithmus ist optimaler bzgl. der Laufzeit als der beste, bzgl. der Laufzeit, bekannte sequentielle Algorithmus.

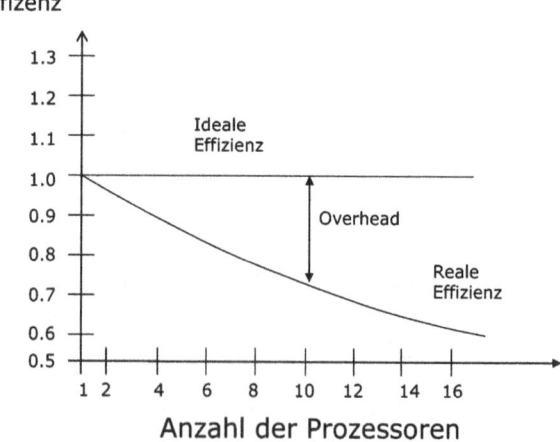

Abb. 6.2 Ideale und reale Effizienz

6.1.5 Amdahls Gesetz

Amdahls Gesetz [A 67], benannt nach dem Computer-Architekten *Gene Amdahl*, wird benutzt um für ein Gesamtsystem die maximal zu erwartenden Verbesserungen vorherzusagen, wobei von dem Gesamtsystem nur Teilsysteme verbessert werden. Das Gesetz wird im Bereich des parallelen Rechnens benutzt zur Festlegung des theoretisch maximal erreichbaren Speedup, bei p Prozessoren und in den Programm vorhandenen sequentiellen, nicht parallelisierbaren Anteilen

Bei einer Implementierung eines parallelen Algorithmus existiert für jede Problemgröße ein bestimmter *sequentieller Anteil f*, der nicht parallelisiert werden kann und daher sequentiell (von einem einzigen Prozessor) ausgeführt werden muss. Für f gilt:

$$0 \geq f \geq 1.$$

Ist der sequentielle Anteil gleich null, so ist der Algorithmus vollständig parallel ausführbar. Ist der sequentielle Anteil gleich eins so ist kein Teil des Algorithmus parallel ausführbar. Der parallel ausführbare Anteil des Algorithmus ergibt sich entsprechend zu

$$(1 - f).$$

Die Zeit, die zur sequentiellen Ausführung des Algorithmus unter Verwendung eines einzigen Prozessors benötigt wird, sei $T^*(n)$. Die gesamte Laufzeit des Algorithmus ergibt sich aus dem sequentiellen Anteil plus des parallelen Anteils. Die gesamte parallele Laufzeit ist dann größer gleich der Summation der Zeit für den sequentiellen Teil und den parallelen Teilen, dividiert durch Anzahl p der Prozessoren:

$$T_p(n) \geq f * T'(n) + \frac{(1-f) * T'(n)}{p}.$$

Für den maximal möglichen Speedup folgt:

$$\begin{aligned} S_p(n) &= \frac{T'(n)}{T_p(n)} \\ &= \frac{T'(n)}{f * T'(n) + \frac{(1-f)*T'(n)}{p}} \\ &= \frac{1}{f + \frac{(1-f)}{p}} \quad \text{(\textit{Amdahlsches Gesetz})}. \end{aligned}$$

Aus Amdahls Gesetz geht hervor, dass bereits ein relativ kleiner, nicht parallelisierbarer Anteil eines Algorithmus den maximal erreichbaren Speedup begrenzt. Liegt beispielsweise für einen bestimmten Algorithmus und eine gegebene Problemgröße der parallelisierbare Anteil bei 95 %, gilt also $f = 0.05$, so ist der maximal erreichbare Speedup auf 20 beschränkt.

Für $f > 0$ und eine große Anzahl von Prozessoren $p \to \infty$ folgt aus dem Amdahl'schen Gesetz näherungsweise:

$$S_p(n) \geq \frac{1}{f}.$$

Beträgt der sequentielle Anteil f nur 10 Prozent, so kann das Problem nur um den Faktor 10 beschleunigt werden, egal wie groß der Wert von n gewählt wurde. Aus diesem Grund sind parallele Berechnungen nur für eine kleine Anzahl von Prozessoren oder nur mit sehr kleinen Werten von f sinnvoll, und massive Parallelität lohnt sich nicht. Es lohnt sich also nur für Probleme, die ohne großen Aufwand parallelisierbar sind und in denen keine sequentiellen Anteile vorkommen. Diese Probleme besitzen einen vorgegebenen und somit dem Problem inne wohnenden inhärenten Parallelismus. Diese Probleme heißen **embarrassingly parallel problems** (embarrassingly – beschämend). In Abschn. 6.2.1 gehen wir auf solche beschämend einfach zu parallelisierende Probleme ein.

6.1.6 Gustafsons Gesetz

Amdahl hat bei einer Ausführung des parallelen Programms die Problemgröße konstant gehalten und diese über p Prozessoren verteilt. Das Gesetz von Amdahl kann jedoch keine Aussage über den Speedup machen bei einer festen Laufzeit und einer Erhöhung der Problemgröße und der Prozessoren. Jon L. Gustafson [G 88] nimmt dazu an, dass in der Praxis die Problemgröße mit der Prozessoranzahl ebenfalls anwächst, also der verteilbare Anteil des Problems wächst dagegen linear mit der Problemgröße und der Prozessoranzahl.

Sei f_1 der sequentielle Anteil des Problems bei einer festen Problemgröße, die in einer festen Zeit auf einem Prozessor abgearbeitet werden kann. Die Verringerung des sequentiellen Anteils bei größeren Problemgrößen und Erhöhung der Anzahl der Prozessoren p lässt sich durch folgende Formel ausdrücken:

$$f = \frac{f_1}{p*(1-f_1)+f_1}.$$

Mit Amdahls Gesetz folgt:

$$S_p(n) = \frac{1}{f + \frac{1-f}{p}}$$

$$= \frac{1}{\frac{f_1}{p*(1-f_1)+f_1} + \frac{1-\frac{f_1}{p*(1-f_1)+f_1}}{p}}$$

$$= p*(1-f_1) + f_1 \quad \text{(\textbf{Gustafsons Gesetz})}.$$

Aus dem Gesetz von Gustafson ergibt sich demnach (unter der Voraussetzung einer festen Laufzeit f_1 und einer Begrenzung der Problemgröße durch die Prozessoranzahl), dass der Speedup mit einem konstanten sequentiellen Teil annähernd linear mit der Prozessorzahl wächst. Damit ist bei massiv parallelen Maschinen oder Cluster und großem p und entsprechend hohen Problemgrößen ein Speedup nahe p möglich.

Eine Anwendung heißt **skalierbar**, falls eine wachsende Problemgröße durch den Einsatz einer wachsenden Anzahl von Prozessoren so kompensiert werden kann, dass die zur Problemlösung benötigte Zeit konstant bleibt. Die Effizienz eines parallelen Programms wird in einem solchen Fall, bei gleichzeitigem Ansteigen der Prozessorzahl und der Problemgröße, konstant gehalten [RR 00].

Welches Gesetz gilt nun? Das von Amdahl oder das von Gustafson? Diese Frage lässt sich auf die einfache Form bringen:

- Ist die Anwendung nicht skalierbar, so gilt das Gesetz von Amdahl.
- Ist die Anwendung perfekt skalierbar, so gilt das Gesetz von Gustafson.

6.1.7 Karp-Flatt-Metrik

Bei den Gesetzen von Amdahl und Gustafson spielt die Overheadzeit T_{CWS}, keine Rolle, und der sequentielle Anteil f ist dabei unabhängig von der Anzahl der Prozesse p. Die Verluste durch Kommunikation T_{COM} und die ungleiche Lastverteilung und daraus entstehende Wartezeit T_{WAIT} und Synchronisationszeit T_{SYN}. also der Overhead der Parallelisierung, bleibt dabei unberücksichtigt. Zur Bestimmung des Overheads der Parallelisierung ist der Speedup nach Gustafson ungeeignet, stattdessen wird er für mehrere Werte von p experimentell bestimmt, und durch Auflösung des Gesetzes von Amdahl nach f kann er bestimmt werden.

Nach Amdahls Gesetz gilt:

$$\frac{1}{S_p(n)} = f + \frac{1-f}{p}.$$

Diese Gleichung lässt sich nach dem sequentiellen Anteil f auflösen:

$$f = \frac{1/S_p(n) - 1/p}{1 - 1/p} \quad \textit{(Karp-Flatt-Metrik)}.$$

Der experimentell bestimmbare serielle Anteil ist die Karp-Flatt-Metrik [KF 90]. Sie erlaubt die Berechnung des empirischen sequentiellen Anteils f.

Da f abhängig von p ist, lassen sich Aussagen machen über die Overhead-Zeit T_{CWS}. Die Karp-Flatt-Metrik zeigt also an, ob die Effizienz eines parallelen Programms durch den inhärenten sequentiellen Anteil oder durch den parallelen Overhead dominiert wird. Durch die Abhängigkeit der Karp-Flatt-Metrik von der Anzahl der Prozessoren p lassen sich weitergehende Schlüsse ziehen, wie z. B. ob die Effizienz von einer ungleichen Lastverteilung und somit durch die Wartezeit T_{WAIT} und Synchronisationszeit T_{SYN} begrenzt wird oder von der Kommunikationszeit T_{COM}.

6.2 Parallelisierungstechniken

Der Übergang von einem vorliegenden Problem auf eine parallele Problemlösung ist stark beeinflusst von der Struktur des Problems und der zu verarbeitenden Daten. Deshalb betrachten wir die Struktur des Problems und der Daten, um zu einer Zerlegung des Problems in Teilprobleme zu kommen und eine parallele Lösung zu erhalten.

6.2.1 Inhärenter Parallelismus

Besteht das Problem aus vielen Teilproblemen, die voneinander total unabhängig sind, d. h. zwischen den Teilproblemen besteht keine funktionale Abhängigkeit und die Datenbereiche der Teilprobleme sind nicht gemeinsam und getrennt, so besitzt das Problem einen *inhärenten Parallelismus*.

Da bei inhärentem Parallelismus das Ausgangsproblem in n unabhängige Teilprobleme zerfällt, kann man bei der Verwendung von p Rechnerknoten oder Prozessoren das Problem effizient lösen, indem n/p Teilprobleme auf die Knoten eines Rechnernetzes oder Prozessoren verteilt und anschließend parallel bearbeitet. Inhärent parallele Probleme lassen sich (fast) ohne jede Kommunikation zwischen den Teilproblemen lösen [BM 06]. Lediglich vor oder nach der eigentlichen Berechnung ist Kommunikation nötig. Vor der Berechnung müssen die Daten an die Knoten verteilt und nach der Berechnung die Ergebnisse eingesammelt werden. Durch die fehlende oder nur minimal vorhandene Kommunikation ist ein (fast) linearer Speedup möglich.

Bei inhärentem Parallelismus können die beiden Fälle auftreten:

1. Die Anzahl der Rechenoperationen zur Lösung der Teilprobleme kann stark variieren und nicht konstant sein.
2. Die Prozesse können auf unterschiedlich schnellen CPUs laufen.

Sind Punkt eins und zwei erfüllt, so hängt die Gesamtlaufzeit des parallelen Programms bei einer statischen Lastverteilung vom aufwendigsten Teilproblem oder von der langsamsten CPU ab. Während einige Prozesse noch rechnen, sind die anderen schon mit ihrem Teilproblem fertig und müssen warten.

Neben einer Vielzahl von Problemen, siehe [BM 06], die solch eine perfekte Parallelisierung erlauben, sind weitere typische Probleme das allgemein bekannte Seti-Projekt [ACK 02] und die Monte-Carlo-Simulationen. Ergebnisse von Monte-Carlo-Simulationen sind immer mit einem statistischen Fehler behaftet. Die Größe dieses Fehlers lässt sich leicht abschätzen, wenn man eine Monte-Carlo-Simulation mehrfach wiederholt und die Streuung der Einzelergebnisse analysiert. Die mehrfachen Monte-Carlo-Simulationen sind natürlich voneinander vollkommen unabhängig und können parallel ausgeführt werden. Die Landesbank Baden-Württemberg in Stuttgart hat die Monte-Carlo-Simulationen eingesetzt zur Risikoanalyse [B 01]. Für diese Monte-Carlo-Simulationen standen 16 Windows NT-Rechner zur Verfügung. Dabei wurde **mehr als linearer Speedup** (superlinearer Speedup) erreicht! Dies ist nur verständlich, wenn man das Seitenaustauschverhalten der virtuellen Speicherverwaltung betrachtet: Mit jedem weiteren Rechner, der hinzukam, reduziert sich die Daten für die Monte-Carlo-Simulationen. Mit der Reduktion der Daten geht einher eine Reduktion des Aus- und Einlagern der Seiten und somit eine Reduktion des Overheads der virtuellen Speicherverwaltung.

6.2.2 Zerlegungsmethoden

Eine vorherrschende Technik zur Entdeckung von Parallelität in Algorithmen ist die Strategie „*Teile-und-Herrsche*" (*Divide and Conquer*). Zur Lösung eines komplexen Problems zerlegt man das Problem in zwei oder mehrere einfachere Unterprobleme von ungefähr gleicher Größe. Die beiden Unterprobleme sind unabhängig voneinander. Dieser Prozess wird rekursiv dann auf die Unterprobleme angewandt. Die Rekursion endet, wenn das Unterproblem nicht weiter zerlegt werden kann. Der nachfolgende Algorithmus [F 95] beschreibt die Strategie:

Programm 6.1: Divide and Conquer

```
procedure Divide_and_Conquer (problem)
begin
   if base_case then
      solve problem
   else
      partition problem into subproblems L and R;
      Divide_and_Conquer(L);
      Divide_and_Conquer(R);
      combine solutions to problems L and R;
   end if;
end;
```

Das durch Divide and Conquer zu lösende Problem habe die Größe n. Vernachlässigen wir das Aufteilen des Problems und das Kombinieren von Teillösungen zu einer Gesamtlösung und gehen wir noch zusätzlich von einem binären Baum aus, bei dem auf der untersten Ebene p Unterprobleme zu lösen sind, so ergeben sich folgende Laufzeiten:

$$T'(n) = n,$$
$$T_p(n) = \frac{n}{p}.$$

Dies ergibt folgenden Speedup:

$$S_p(n) = \frac{T'(n)}{T_p(n)}$$
$$= \frac{n}{n/p}$$
$$= p.$$

Divide and Conquer liefert also einen nicht ganz linearer Speedup, da wir das Aufteilen der Probleme und das Kombinieren der Ergebnisse vernachlässigt haben.

Um ein sequentielles Problem einer parallelen Lösung zuzuführen, stehen die folgenden grundsätzlichen Zerlegungsmöglichkeiten offen:

1. Funktionale Zerlegung mit einhergehender Zerlegung des Programmcodes, oder
2. Datenzerlegung und somit einer Aufteilung der Daten.
3. Eine Kombination von beiden Methoden.

6.2.2.1 Funktionale Zerlegung

Eine funktionale Zerlegung (*function decomposition, function demarcation*) unterteilt das Problem in mehrere Arbeitsschritte, Aufgaben oder Funktionen. Diese Funktionen können an mehreren voneinander unabhängigen Teilen des Gesamtproblems arbeiten, was dem inhärenten Parallelismus nahe kommt, da die einzelnen Funktionen problemlos parallel ausführbar sind. Bestehen aber zwischen den Verarbeitungsschritten Datenabhängigkeiten, oder anders gesagt, die einzelnen Verarbeitungsschritte durchfließt ein Datenstrom, so führt dies zu einer ***Pipeline*** oder zur ***Fließbandverarbeitung***.

Bei Fließbandverarbeitung zerfällt das Ausgangsproblem in n voneinander abhängiger Teilprobleme. Die Teilprobleme kann man bei der Verwendung von p Rechnerknoten oder Prozessoren lösen, indem man die n/p Teilprobleme auf die Knoten eines Rechnernetzes oder Prozessoren verteilt. Da jedes Teilproblem die Daten des vorhergehenden Teilproblems weiter verarbeitet, müssen diese Datenabhängigkeiten durch Synchronisation und Kommunikation gelöst werden.

Durch statische Allokation der n/p Teilprobleme auf p Prozessoren lässt sich das Gesamtproblem parallel lösen. Am Anfang der Pipe werden die Daten eingefüttert und am Ende der Pipe erhält man das Ergebnis.

Die einzelnen Teilprobleme in einer Pipe können entweder alle gleichartig sein, d. h. sie führen alle die gleichen Rechenoperationen aus, oder die einzelnen Teilprobleme sind von unterschiedlicher Art, d. h. jedes Teilproblem löst eine andere Aufgabe, und die Anzahl der durchgeführten Rechenoperationen ist unterschiedlich. Die Laufzeit der gesamten Pipe hängt natürlich dann stark von der Laufzeit des Elementes mit den meisten durchgeführten Rechenoperationen und damit der längsten Laufzeit von allen Elementen, ab.

Es sei p die Stufen der Pipeline oder die Länge der Pipeline oder die Pipeline besitzt p Elemente. n ist die Problemgröße oder die Anzahl der Elemente, die am linken Ende in die Pipe eingefüttert werden und am rechten Ende die Pipe verlassen. Die Laufzeit für das sequentielle Problem, also ohne Pipeline ist

$$T'(n) = p * n.$$

Die Laufzeit im parallelen Fall, also mit der Pipeline ist

$$T_p(n) = p + n.$$

Somit erbringt eine Pipeline folgende Leistungssteigerung:

$$\begin{aligned}S_p(n) &= \frac{T'(n)}{T_p(n)} \\ &= \frac{p * n}{p + n} \\ &= \frac{p * n}{n * \left(\frac{p}{n} + 1\right)} \\ &= \frac{p}{\frac{p}{n} + 1}.\end{aligned}$$

Für große n ($n \to \infty$) folgt daraus

$$S_p(n) = p.$$

Bei einer Pipeline mit gleichen Aufgaben ist somit ein linearer Speedup zu erwarten.

Negativ bei einer Pipeline ist natürlich der Ausfall eines Elementes der Pipeline. Fällt ein einziges Element der Pipeline aus, so ist der Bearbeitungsstrom unterbrochen und das vorhergehende Pipeline-Element wird sein Teilergebnis nicht mehr los und die nachfolgenden Elemente bekommen keine Teilergebnisse zur Bearbeitung übergeben.

Ein Beispiel für eine Pipeline mit unterschiedlichen Aufgaben ist die **Befehlspipeline**, wie sie in Abschn. 2.1.1 besprochen wurde. Bei Superskalar-Architekturen teilt sich die Pipeline bei der Befehlsausführung in mehrere Zweige auf. Zur Unterscheidung einer Befehlspipeline von einer Pipeline, die auf der funktionalen Zerlegung mit einem Datenstrom beruht, spricht man im zweiten Fall auch von einer **Makro-Pipeline** [U 97].

6.2.2.2 Datenzerlegung

Bei einer einmaligen Zerlegung der Daten oder des Eingabebereichs (Domain decompostion) und Zuführung der Bereiche auf mehrere parallele Prozessoren auf denen der gleiche Algorithmus läuft, führen auf das **Master Worker**-Schema. Führt man die Zerlegung der Daten rekursiv mehrfach durch, so ergeben sich **Berechnungsbäume**.

Abb. 6.3 Master Worker-Schema

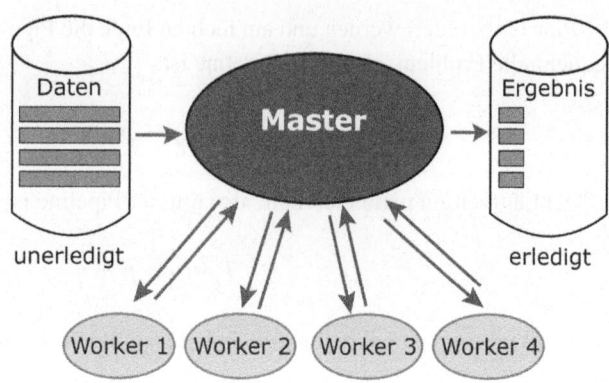

Master Worker-Schema

Bei Master Worker verteilt ein *Master* die verschiedenen Datenbereiche an eine bestimmte Anzahl von *Workers* und nimmt die Ergebnisse von den Workers entgegen.

Nach Programmstart fragen alle Workers beim Master nach einem unerledigten Datenbereich an. Der Master nimmt von einem Stapel die unerledigten Datenbereiche und weist sie den einzelnen Worker zu. Nachdem der Worker den aktuellen Datenbereich bearbeitet hat, schickt er das Ergebnis an den Master zurück und fragt nach einem nächsten zu bearbeitenden Datenbereich. Der Overhead der Parallelisierung ist hier die Rüstzeit, also die Zeit zum Start des Programms und das Verteilen der Datenbereiche und das Einsammeln der Ergebnisse (Abb. 6.3).

In einem ersten Ansatz setzen wir eine Regularität der Daten und Uniformität der Arbeit voraus, d. h. für alle Teildaten wird die gleiche Anzahl von Rechenoperationen benötigt, und alle Algorithmen sind gleich und laufen auf gleich schnellen CPUs. Vernachlässigt man die Kommunikation zwischen dem Master und den Workers und die Arbeit des Workers, so ist mit folgendem Speedup zu rechnen:

Dabei sei n sei die Größe der einzelnen Datenzerlegungen und p die Anzahl der Workers

$$T'(n) = p * n.$$

Die Laufzeit im parallelen Fall, also die Laufzeit eines einzelnen Workers ist:

$$T_p(n) = n.$$

Somit erbringt das Master Worker-Schema folgende Leistungssteigerung:

$$\begin{aligned}S_p(n) &= \frac{T'(n)}{T_p(n)} \\ &= \frac{p*n}{n} \\ &= p.\end{aligned}$$

Bei den Speedup-Betrachtungen wurde die Kommunikation zwischen dem Master und den Worker außer Acht gelassen. Je feiner man die Granularität der Datenzerlegung wählt, umso mehr steigt die Kommunikation zwischen dem Master und den Workers an, die zu übertragenden Daten nehmen jedoch ab und die Arbeitslast des Masters steigt an. Dies kann bei sehr feiner Granularität der Daten sogar auf eine Überlastung des Masters führen und der Master wird zu einem leistungsbeschränkenden Flaschenhals.

Eine C-Bibliothek zur Realisierung und Implementierung des Master Worker-Schemas ist bei Bauke und Mertens [BM 06] beschrieben. Beispiele für das Master Worker-Schema sind dort ebenfalls enthalten.

Berechnungsbäume
Nimmt man die Datenzerlegung mehrmalig und rekursiv nach dem Divide and Conquer-Schema vor, so entstehen Berechnungsbäume.

So führt die mehrfache Zerlegung eines zu sortierenden Feldes zu einem binären Baum. Ein Beispiel dafür ist der *Merge*-Sortieralgorithmus. Beim Absteigen des Baumes wird das Feld in zwei gleich große Felder aufgeteilt. Die Blätter sortieren dann parallel die einzelnen Teilfelder. Und nach dem Sortieren werden immer zwei gleich große Teilfelder zusammengeschmolzen (merge). Nicht ganz so symmetrisch und somit zu einem unausgeglichenen Baum führt die Parallelisierung des *Quicksort*-Algorithmus. Der Quicksort-Algorithmus vertauscht die Feldelemente, bis es für die Lage des sortierten Elementes keine Veränderungen mehr gibt. Die Liste ist somit in zwei möglicherweise unterschiedlich große Teillisten aufgespaltet. Die beiden Teillisten können dann mit zwei rekursiven Aufrufen und somit parallel in zwei weitere ungleich große Teillisten aufgeteilt werden.

Die Algorithmen zur parallelen Bearbeitung von Daten nennt Hillis und Steele [HS 86] Data Parallel Algorithms. Sie geben in ihrem Artikel eine Vielzahl von Beispielen von parallelen Algorithmen gemäß Datenzerlegung:

- Summation eines Feldes von Zahlen,
- alle partiellen Summen eines Feldes,
- Zählen von aktiven Prozessoren und deren Durchnummerierung,
- lexikalische Analyse eines String,
- Radix Sort und
- paralleles Bearbeiten von Pointers und darauf basierende Listoperationen.

Diese Algorithmen sind auf den ersten Blick sequentieller Natur. Für große Datenmengen lohnt sich hier jedoch eine parallele Bearbeitung.

6.2.2.3 Funktions- und Datenzerlegung
Die Zerlegung des Problems kann nach Gesichtspunkten einer funktionalen Zerlegung und/oder einer Datenzerlegung vorgenommen werden. Die dabei entstehenden Teilprobleme lassen sich

Abb. 6.4 Entwurfsmethodik für parallele Programme

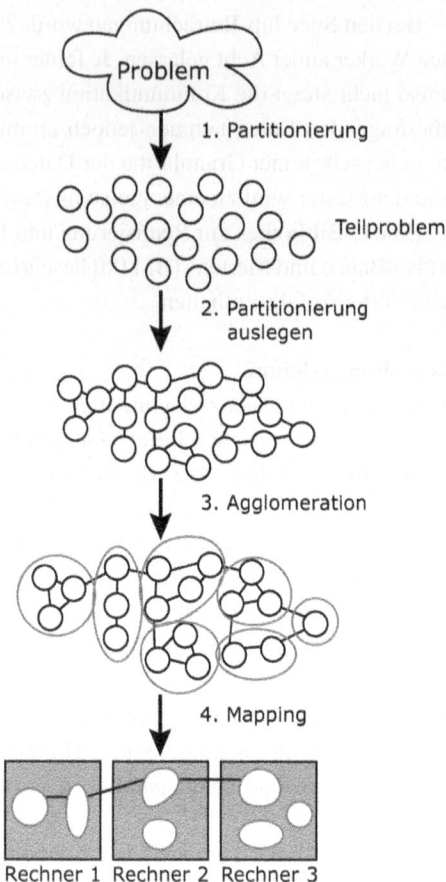

1. vor der Laufzeit auf die Prozessoren abbilden und somit statisch allokieren, oder
2. ein Lastausgleicher bestimmt dynamisch zur Laufzeit einen Prozessor oder Server und übergibt ihm das Teilproblem zur Bearbeitung.

Methodisches Vorgehen

Foster [F 95] beschreibt einen Weg, wie man von einer Zerlegung des Problems zu einer Allokation der Teilprobleme auf Prozessoren kommt, in vier Schritten (Abb. 6.4).

1. *Partitionierung, Zerlegung*: Der erste Schritt zerlegt das Problem in mehrere Teilprobleme oder Teilaufgaben. Die Unterteilung geschieht dabei durch Funktions- und Datenzerlegung. Zur Verringerung des Kommunikationsaufwandes sollen identische Daten auf mehreren Knoten gespeichert und somit repliziert werden. Ziel dieser Phase ist, alle Möglichkeiten der Parallelausführung zu erkennen.
2. *Auslegung der Kommunikation*: Zur Koordination der Prozesse muss die benötigte Kommunikation und die dazugehörigen Algorithmen festgelegt werden. Ziel des

Abb. 6.5 Dynamische Allokation der Teilprobleme auf eine Server Farm

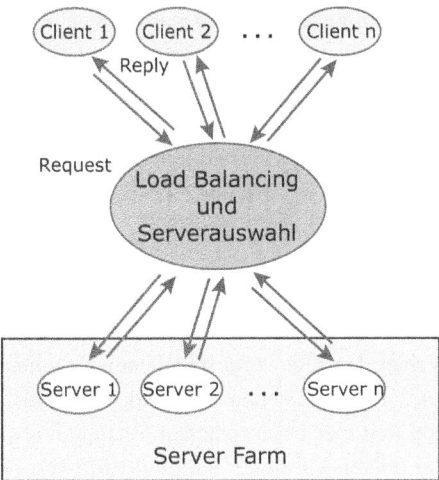

zweiten Schrittes ist, die Kommunikation so zu gestalten, dass sie möglichst effizient ist und eine Blockierung der Prozesse vermieden wird.

3. *Agglomeration* (*Zusammenballung*): Die ersten beiden Schritte liefern eine effiziente Parallelisierung. Die Leistungsfähigkeit und Kosten der eingesetzten Hardware führen in diesem Schritt zu einer Bündelung der Aufgaben. Wurde das Problem in zu viele Teilaufgaben bezüglich der vorhandenen Prozessoren zerlegt, so kann dies durch Bündelung der Teilaufgaben korrigiert werden.
4. *Mapping*: Jede Task wird einem Prozessor zugewiesen. Tasks, die konkurrent und ohne Kommunikation untereinander ablaufen, laufen auf verschiedenen Prozessoren. Tasks, die häufig miteinander kommunizieren, laufen möglichst auf dem gleichen Prozessor. Mapping kann statisch sein oder dynamisch zur Laufzeit durch einen Lastausgleicher (Load Balancer) stattfinden.

Dynamische Allokation

Die bei einer Problemzerlegung entstehenden Teilprobleme können dynamisch zur Laufzeit mehreren Servern zur Bearbeitung übergeben werden. Die zu bearbeitenden Daten entstehen dabei meist dynamisch und möglicherweise parallel und meistens zur Laufzeit durch Anfragen von Clients an den Server. Zur Bearbeitung der Daten oder der Anfragen benutzt man ein *Server Cluster*, eine *Computer Farm* oder eine *Server Farm*. Unter einer Server Farm versteht man eine Gruppe von vernetzten Servern, die sich an einer Lokation befinden (siehe Abb. 6.5)

Eine Server Farm enthält verschiedene oder gleichartige Server, und die Arbeitslast wird dabei auf die verschiedenen Server verteilt. Dies bedingt ein Lastausgleicher, der die Anfrage nach Rechenleistung oder Service einem Server dynamisch zuordnet und ein Scheduling der Anfragen nach Priorität vornehmen kann. Fällt ein Server in der Farm aus, kann ein anderer Server der Farm einspringen und dessen Arbeit mit übernehmen. Zur Erreichung der Ausfalltoleranz sind die Server als Primary und Backup ausgelegt.

Eine **Web Server Farm** oder **Web Farm** ist eine Webseite, die mehr als einen Server zur Befriedigung der Anfragen zur Verfügung stellt oder ein Internet Service Provider der Web Hosting Services durch mehrere Server betreibt. Ein typisches Beispiel für eine Web Farm ist das in Abschn. 2.4.5 beschriebene Google Cluster.

6.2.3 Weitere parallele Verfahren und Algorithmen

Neben den hier vorgeschlagenen Schemata oder Verfahren zur Gewinnung einer parallelen Lösung, stehen noch eine Vielzahl von Algorithmen zur Verfügung, die teilweise von den hier beschriebenen Verfahren abstammen oder ihnen ähneln, eine Kombination der obigen Verfahren oder teilweise von originärer Natur sind. Sie alle hier vorzustellen, würde den Rahmen des Buches sprengen. Die nachfolgenden Literaturhinweise, geordnet nach unterschiedlichen Anwendungsgebieten, mögen hier ausreichen:

- allgemein parallele Algorithmen [A 00, A 97, B 94, CRQR 89, GGK 03, GO 96, GR 88, H 83, Q 87, Q 94, RR 00, MB 05, J 92],
- parallele Sortier- und Suchalgorithmen [A 85, BDH 84, M 79],
- parallele Graph Algorithmen [QD 84],
- parallele Numerik [F 90, GO 96, S 03, S 10],
- parallele Metaheuristiken [A 05].

Literatur

[A 00] Andrews G., R.: Foundations of Multithreaded, Parallel, and Distributed Programming. Addison-Wesley, 2000.

[A 05] Alba E. (Ed.): Parallel Metaheuristics. A New Class of Algorithms. John Wiley & Sons 2005.

[A 67] Amdahl G.: Validity of the Single Processor Approach to Achieving Large-Scale Computing Capabilities. AFIPS Conference Proceedings, (30), pp. 483–485, 1967.

[A 85] Akl S. G.: Parallel Sorting Algorithms. Academic Press Inc. 1985.

[A 97] Akl S., G.: Parallel Computation: Models and Methods. Prentice Hall 1997.

[ACK 02] Anderson D.P., Cobb J., Korpela E., Lebofsky M., Werthimer D.: SET@home: An Experiment in Public Resource Computing. Communictaions of the ACM Vol. 45, No. 11, Nov. 2002.

[B 01] Bolzhauser P.: Performance Cluster mit PVM, MPI, LSF und DQS. Parallelisierung einer Monte Carlo Simulation. Diplomarbeit Fachhochschule Mannheim 2001.

[B 06] Bilek M.: Parallelisierungsverfahren, Prinzipien, Modelle und Techniken für HPC-Anwendungen. Diplomarbeit Hochschule Mannheim, 2006.

[B 94] Bräunl T.: Parallele Programmierung – Eine Einführung. McGraw Hill 1994.

Literatur

[BDH 84]   Bitton D., DeWitt D.J., Hsiaio D.K., Menon J.: A Taxonomy of Parallel Sorting. ACM Computing Surveys, Vol. 16, No. 3, Sept. 1984.

[BM 06]   Bauke H., Mertens S.: Cluster Computing. Springer Verlag 2006.

[CRQR 89] Cosnard M., Robert Y. Quinton P., Raynal M. (EDs.): Parallel & Distributed Algorithms. Proceedings of the International Workshop on Parallel & Distributed Algorithms, Elsevier Sciene Publisher B.V. 1989.

[F 90]   Frommer A.: Lineare Gleichungssysteme auf Parallelrechner. Vieweg Verlag 1990.

[F 95]   Foster I.: Designing and Building Parallel Programs. Addison Wesley 1995. Auch verfügbar in HTML-Form unter http://www-unix.mcs.anl.gov/dbpp/text/node1.html.

[G 88]   Gustavson J.: Reevaluating Amdahl's Law. Communications of the ACM, Vol. 31, No. 5, 1988.

[GGK 03]   Grama A., Gupta A., Karypis G., Kumar, V.: Introduction to Parallel Computing (2nd Edition). Addison Wesley Professional 2003.

[GO 96]   Goloub, G.H.; Ortega J.M.: Scientific Computing – Eine Einführung in das wissenschaftliche Rechnen und Parallele Numerik. Teubner Stuttgart 1996.

[GR 88]   Gibbons A., Rytter W.: Efficient Parallel Algorithms, Cambridge University Press 1988.

[H 83]   Hoßfeld F.: Parallele Algorithmen. Informatik – Fachberichte 64. Springer Verlag 1983.

[HS 86]   Hillis W.D., Steele G.L.: Data Parallel Algorithms. Communications of the ACM, Vol. 29, No. 12, Dec 1986.

[J 92]   JaJa J.: An Introduction to Parallel Algorithms. Addison Wesley, Reading, MA 1992.

[KF 90]   Karp A.H., Flatt H.P.: Measuring Parallel Processor Performance. Communictaions of the ACM, Vol. 33, No. 5, May 1990

[M 79]   Mehlhorn K.: Konzepte der Komplexitätstheorie am Beispiel des Sortierens. Informatik Fachberichte, GI 9. Jahrestagung, Springer Verlag 1979.

[MB 05]   Miller R., Boxer L.: Algorithms Sequential & Parallel. A Unified Approach. Second Edition Charles River Media Inc. 2005.

[Q 87]   Quinn M.: Designing Efficient Algorithms for Parallel Computers. Mc Graw Hill Inc. 1987.

[Q 94]   Quinn M.: Parallel Computing. Theory and Practice. Second Edition. Mc-Graw-Hill, Inc. 1994.

[QD 84]   Quinn M.J., Deo N.; Parallel Graph Algorithms. ACM Computing Surveys, Vol. 16, No. 3, Sept. 1984

[RR 00]   Rauber T, Rünger G.: Parallele und Verteilte Programmierung. Springer Verlag Berlin Heidelberg 2000.

[S 03]   Schwandt H.: Parallele Numerik. Eine Einführung. Teubner Verlag 2003.

[S 10]   Schüle J.: Paralleles Rechnen, Performancebetrachtungen zu Gleichungslöser. Oldenburg Wissenschaftsverlag GmbH, 2010.

[U 97]   Ungerer T.: Parallelrechner und parallele Programmierung. Spektrum Akademischer Verlag 1997.

7 Verteilte Algorithmen

7.1 Verteilt versus zentralisiert

Ein verteiltes System unterscheidet sich von einem zentralisierten (Einprozessor-)System in den nachfolgend diskutierten drei Punkten:

1. Das Nichtvorhandensein eines globalen Zustandes
   Bei einem zentralisierten Algorithmus werden Entscheidungen getroffen, die auf der bisherigen Beobachtung des Zustandes des Systems basieren. Nicht der komplette Zustand der Maschine wird in einer Maschinenoperation herangezogen, sondern die Variablen werden nacheinander betrachtet. Nachdem alle relevante Information vorliegt, wird eine Entscheidung gefällt. Zwischen der Inspektion und der Entscheidung werden keine Daten modifiziert, was die Integrität der Entscheidung garantiert.
   Knoten in einem verteilten System haben nur Zugriff auf ihren eigenen Zustand und nicht auf den globalen Zustand des Gesamtsystems. Demzufolge ist es nicht möglich, eine Entscheidung zu treffen, die auf dem globalen Zustand des Gesamtsystems basiert. Man könnte nun davon ausgehen, dass ein Knoten Information über den Zustand der anderen Knoten einholt und dann eine Entscheidung darauf basierend gefällt wird. Im Gegensatz zu zentralisierten Systemen kann sich jedoch bei einem verteilten System der Zustand der anderen Maschinen geändert haben vor dem Eintreffen der Rückantworten von den anderen Maschinen. Die Konsequenz daraus ist, dass die gefällte Entscheidung auf alten und somit ungültigen Daten beruht.
   Eine nachfolgende anschauliche Überlegung zeigt, dass ein globaler Zustand bei einem verteilten System nicht erreichbar ist.
   Nehmen Sie an, x sei eine Variable, die auf einer Maschine B vorliegt. Ein Prozess auf Maschine A liest x zum Zeitpunkt T_1. Dazu sendet Maschine A eine Anforderungsnachricht für x zu Maschine B. Kurze Zeit später zum Zeitpunkt T_2 schreibt ein Prozess auf Maschine B in die Variable x. Die Herstellung eines globalen Zustandes erfordert nun, dass das Lesen auf der Maschine A den alten Wert von x liest, unabhän-

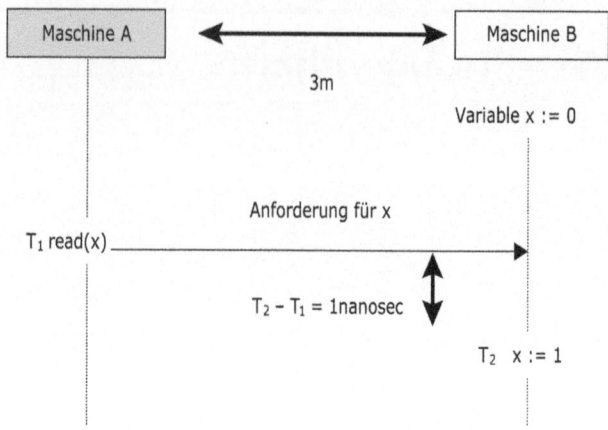

Abb. 7.1 Überlegungen zur Nichterreichung eines globalen Systemzustandes

gig davon, wie weit die Maschinen A und B örtlich auseinander liegen und wie eng T_2 und T_1 zeitlich zusammen liegen. Eine Erläuterung des Sachverhalts zeigt Abb. 7.1. Nehmen wir nun gemäß Abb. 7.1 folgende Werte an: $T_2 - T_1$ sei eine Nanosekunde (10^{-9} sec) und die Maschinen stehen 3 m entfernt voneinander; die Lichtgeschwindigkeit ist $3 * 10^8$ m/sec. Damit nun die Anforderung für x von der Maschine A vor dem Setzen der Variablen x auf 1 bei der Maschine B ankommt (in der Zeit $T_2 - T_1 = 10^{-9}$ sec), benötigt man eine Signalgeschwindigkeit von $3 * 10^9$ m/sec. Dies entspricht der zehnfachen Lichtgeschwindigkeit und ist nach Einsteins Relativitätstheorie unmöglich.

2. Das Nichtvorhandensein eines globalen Zeitrahmens
   Die Ereignisse, welche mit der Ausführung eines zentralisierten Algorithmus assoziiert sind, sind total geordnet durch ihre zeitliche Reihenfolge; für jedes Paar von Ereignissen gilt: Ein Ereignis ist früher oder später als ein anderes Ereignis. Die Zeitrelationen der Ereignisse eines verteilten Algorithmus sind nicht total; für Ereignisse auf der gleichen Maschine kann entschieden werden, dass ein Ereignis vor einem anderen liegt. Bei Ereignissen auf zwei verschiedenen Maschinen, die nicht in einer Ursache-Wirkungsrelation zueinander stehen, kann nicht entschieden werden, ob ein Ereignis vor einem anderen eintrat. Diese Ereignisse lassen sich auch nicht in eine Ursache-Wirkungsrelation bringen durch ein Senden und Empfangen von Nachrichten, wo die Wirkung des Empfangens der Nachricht der Ursache des Sendens der Nachricht vorausgeht. Dann könnte die Ausführung wieder als eine Folge von globalen Zuständen betrachtet werden, und es läge die unter 1. beschriebene Problemstellung für die Plausibilitätsbetrachtung vor.

3. Das nicht deterministische Verhalten
   Bei einem zentralisierten System ist die Berechnung basierend auf Eingabewerten eindeutig; bei einem gegebenen Programm und einer Eingabe ist nur eine Berechnung möglich. Im Gegensatz dazu ist bei einem verteilten System, mit Ausnahme von Synchronisationsoperationen, die globale Reihenfolge der Ereignisse nicht de-

terministisch. Jeder Programmlauf hat die Möglichkeit, eine andere Reihenfolge der Ereignisse zu liefern als seine Vorgänger und Nachfolger. Dennoch muss jeder korrekte Programmlauf das gleiche Ergebnis liefern.

Betrachten Sie dazu die Situation, in der ein Server-Prozess viele Anfragen von einer unbekannten Anzahl von Clients erhält. Der Server kann die Bearbeitung der Anfragen nicht aussetzen, bis alle Anfragen eingetroffen sind, und sie dann in einer bestimmten Reihenfolge bearbeiten, da für ihn unbekannt ist, wie viel Anfragen er bekommt. Die Konsequenz daraus ist, er muss jede Anfrage sofort bearbeiten und die Reihenfolge, in der er sie bearbeitet, ist die Reihenfolge, in der die Anfragen eintreffen. Die Reihenfolge, in welcher die Clients ihre Abfragen senden, sei bekannt, da jedoch die Übertragungszeiten unterschiedlich sind, können die Abfragen in einer anderen Reihenfolge eintreffen.

Diese Unüberschaubarkeiten führen bei der Programmierung von verteilten Systemen zu fehlerhaften Anwendungen der Kommunikationsdienste. Hierunter fallen neben fehlerhaftem Inhalt der transformierten Information vor allem das Vergessen nötiger Synchronisationspunkte oder eine Anwendung der falschen Reihenfolge derselben. Zur Entdeckung derselben ist ein Monitorsystem nützlich, das die zeitliche Reihenfolge der Aktionen oder Ereignisse widerspiegelt.

7.2 Logische Ordnung von Ereignissen

7.2.1 Lamport-Zeit

Für viele Zwecke ist es ausreichend, dass alle Maschinen sich auf eine gemeinsame Zeit einigen, wobei diese Zeit nicht mit der realen Zeit übereinstimmen muss. D. h. die Zeit auf allen Maschinen ist intern konsistent und braucht nicht mit der externen realen Zeit übereinzustimmen. In diesem Fall sprechen wir von logischen Uhren (*logical clocks*). Wird neben der Konsistenz der internen Uhren zusätzlich noch gefordert, dass sich die Uhren nur um eine gewisse kleine Zeitdifferenz von der realen Uhrzeit unterscheiden, so sprechen wir von physikalischen Uhren (*physical clocks*).

Zur logischen Uhrensynchronisation brauchen sich nicht alle Prozesse auf eine gemeinsame feste Zeit zu einigen, sondern es reicht die Bestimmung, in welcher zeitlichen Relation zwei Ereignisse miteinander stehen. Bei zwei Ereignissen a und b muss also bestimmt werden, liegt Ereignis a zeitlich vor Ereignis b oder umgekehrt. Dazu definieren wir eine Relation →, genannt *liegt-vor* (*happens before*). Der Ausdruck a → b bedeutet, dass alle Prozesse übereinstimmen, dass erst Ereignis a, dann das Ereignis b auftritt. Die liegt-vor-Relation kann in folgenden beiden Situationen beobachtet werden:

1. Sind a und b Ereignisse des gleichen Prozesses und a tritt vor b auf, dann gilt die Relation a → b.

2. Ist a das Ereignis des Sendens einer Botschaft von einem Prozess und b das Ereignis des Empfangens der Botschaft von einem anderen Prozess, so gilt a → b. Eine Nachricht kann nicht empfangen werden, bevor sie abgeschickt wurde oder kann nicht zur gleichen Zeit empfangen werden, zu der sie abgeschickt wurde, da sie eine endliche Zeit braucht, bis sie ankommt.

Liegt-vor ist eine transitive Relation; aus a → b und b → c folgt a → c. Da ein Ereignis nicht vor sich selbst liegen kann, hat die Relation → eine irreflexive, partielle Ordnung.

Falls zwei Ereignisse a und b in verschiedenen Prozessen liegen und kein Nachrichtenaustausch vorliegt (sogar indirekt über einen dritten Prozess), dann stehen a und b nicht miteinander in der liegt-vor-Relation (es gilt weder a → b noch b → a). Man sagt, diese Ereignisse sind **konkurrent**, was bedeutet, dass nichts ausgesagt werden kann, aber auch nichts ausgesagt werden muss, wann die Ereignisse aufgetreten sind und welches Ereignis zuerst aufgetreten ist.

Um zu bestimmen, ob ein Ereignis a vor einem Ereignis b liegt, brauchen wir keine gemeinsame Uhr oder eine Menge von perfekt synchronisierten Uhren. Die Bestimmung der liegt-vor-Relation kann folgendermaßen ohne eine physikalische Uhr vorgenommen werden:

Mit jedem Ereignis a assoziieren wir einen **Zeitstempel** oder **Zeitwert** $C(a)$. Für jedes Paar von Ereignissen a und b, für das a → b gilt, muss der Zeitstempel von a kleiner sein als der Zeitstempel von b ($C(a) < C(b)$). Sind also a und b Ereignisse des gleichen Prozesses und a liegt vor b, so muss $C(a) < C(b)$ sein. Falls a das Senden einer Nachricht ist und b das Empfangen einer Nachricht durch einen anderen Prozess, so muss gelten $C(a) < C(b)$. Zusätzlich gilt, der Zeitstempel C muss immer anwachsen und kann nicht dekrementiert werden. Zeitkorrekturen können nur durch Addition von positiven Werten vorgenommen werden und nicht durch Subtraktion.

Um nun den einzelnen Ereignissen Zeiten zuzuordnen, ordnen wir jedem Prozess P_i eine **logische Uhr** C_i zu. Die logische Uhr kann als einfacher Zähler implementiert werden, der bei jedem Ereignis in Prozess P_i um eins inkrementiert wird. Da die logische Uhr monoton ansteigende Werte erhält, wird jedem Ereignis in Prozess P_i eine eindeutige Zahl zugeordnet.

Liegt Ereignis a vor Ereignis b, so gilt $C_i(a) < C_i(b)$.

Der Zeitstempel C für ein Ereignis ist dann der Wert der logischen Uhr C_i. Die Ereignisse innerhalb eines Prozesses P_i besitzen damit eine **globale Ordnung**.

Die globale Ordnung gilt jedoch noch nicht für mehrere Prozesse. Um das zu zeigen, betrachten wir zwei Prozesse P_1 und P_2, die miteinander kommunizieren (siehe Abb. 7.2). Nehmen wir an, P_1 sendet eine Nachricht an P_2 (Ereignis a) zur Zeit $C_1(a) = 200$. P_2 erhält die Nachricht (Ereignis b) zur Zeit $C_2(b) = 195$. Diese Situation verletzt unsere Bedingung, dass bei a → b der Zeitstempel von a kleiner sein muss als der Zeitstempel von b.

Zur Einhaltung der kleiner-Relation zwischen zwei Zeitstempeln, stellen wir die logische Uhr des empfangenen Prozesses vor, wenn der Zeitstempel der Nachricht größer ist als der Zeitstempel des Prozesses. Erhält ein Prozess P_i eine Nachricht (Ereignis b) mit

7.2 Logische Ordnung von Ereignissen

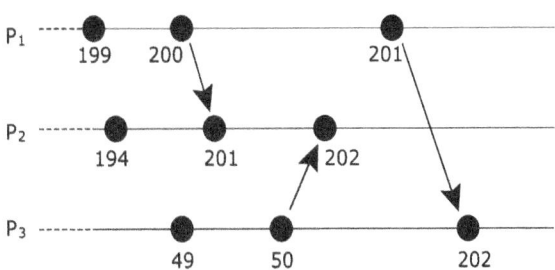

Abb. 7.2 Ereignisse mit Zeitstempel

Zeitstempel t und es gilt

$$C_i(b) < t,$$

so stellen wir die Uhr des Prozesses P_i vor, so dass

$$C_i(b) = t + 1.$$

In unserem obigen Beispiel wird also beim Empfang der Nachricht von Prozess P_1 (Ereignis b) die Uhr C_2 des Prozesses P_2 vorgestellt auf

$$C_2(b) = 200 + 1 = 201.$$

Um die partielle Ordnung der Ereignisse ($\rightarrow$) auf eine totale Ordnung zu erweitern, können wir eine totale Ordnung $\rightarrow$ folgendermaßen definieren:

Ist a ein Ereignis in Prozess P_i und b ein Ereignis in Prozess P_j, dann gilt a $\rightarrow$ b wenn

(i) $C_i(a) < C_j(b)$ oder
(ii) $C_i(a) = C_j(b)$ und $P_i < P_j$.

Die Umkehrung gilt nicht (siehe nachfolgenden Abschn. 7.2.2). Dies ist bedingt durch die Bedingung (ii). Die Bedingung (ii) behandelt dabei den Fall, dass die Zeitstempel von zwei Ereignissen a und b gleich sind, d. h. die beiden Ereignisse sind konkurrent. In diesem Fall benutzen wir die Identifikationsnummer der Prozesse, um eine totale Ordnung festzulegen.

Durch dieses Verfahren haben wir allen Ereignissen in einem verteilten System eine Zeit zugeordnet, welche die folgenden Bedingungen erfüllt:

1. Liegt ein Ereignis a vor einem Ereignis b im gleichen Prozess, so gilt $C(a) < C(b)$.
2. Ist a das Ereignis des Sendens einer Nachricht und b das Ereignis des Empfangens einer Nachricht, so gilt $C(a) < C(b)$.
3. Für alle Ereignisse a und b gilt $C(a) \neq C(b)$.

Dieser Algorithmus stammt von Lamport [L 78] und liefert eine totale Ordnung aller Ereignisse eines verteilten Systems.

Einsatz findet der Lamport-Algorithmus bei der Generierung von Zeitstempeln und falls die Zeitstempel eindeutig sein müssen. Damit bildet dieser Algorithmus die Basis für ein Monitor- und Debuggingsystem für verteilte Systeme. Weiterhin findet der Algorithmus seinen Einsatz bei der Lösung des Konkurrenzproblems bei Transaktionen (siehe [B 14]) und bei einem verteilten Algorithmus für den wechselseitigen Ausschluss (siehe wieder [B 14]).

7.2.2 Vektoruhren

Die **Lamport-Zeit** hat einen gravierenden Nachteil, nämlich die Tatsache, dass aus $C(a) < C(b)$ nicht auf $a \to b$ geschlossen werden kann [PF 06]. Dies liegt an den konkurrenten Ereignissen, die beide den gleichen Zeitstempel besitzen und bei der Totalordnung über den Index des Prozesses gegangen wird.

Zur Umgehung dieses Nachteils hat Mattern [M 89] die **Vektoruhren** entwickelt. Dabei besitzt jeder Prozess P_i eine einfache lokale Uhr C_i. Ein idealisierter externer Beobachter, der Zugriff hat auf alle lokalen Uhren, weiß damit die lokale Zeit von allen Prozessen. Diese Zeiten für alle Prozesse lassen sich zu einem Vektor mit der lokalen Zeit für jeden Prozess zu einer sogenannten Vektoruhr V zusammenfassen. Die Vektoruhren der Prozesse repräsentieren somit die lokale Zeit des Prozesses und eine Abschätzung der lokalen Zeiten der anderen Prozesse. Bei n Prozessen gelten für die Vektoruhren die folgende Regeln:

1. Jedes Ereignis von P_i dekrementiert die lokale Uhr C_i um eins und damit das i-te Element des Vektors V_i ($V_i[i]$):

$$V_i = \begin{pmatrix} V_i[1] \\ \vdots \\ V_i[i-1] \\ V_i[i]+1 \\ V_i[i+1] \\ \vdots \\ V_i[n] \end{pmatrix}$$

2. Sendet ein Prozess P_i eine Nachricht an den Prozess P_j, so inkrementiert P_i seine lokale Uhr C_i ($V_i[i] + 1$). Er sendet dann die Nachricht und zusätzlich den Stand seiner lokalen Uhren $V_i[1]$ bis $V_i[n]$. Empfängt P_j die Nachricht, so setzt er seine Uhr V_j auf folgende

7.2 Logische Ordnung von Ereignissen

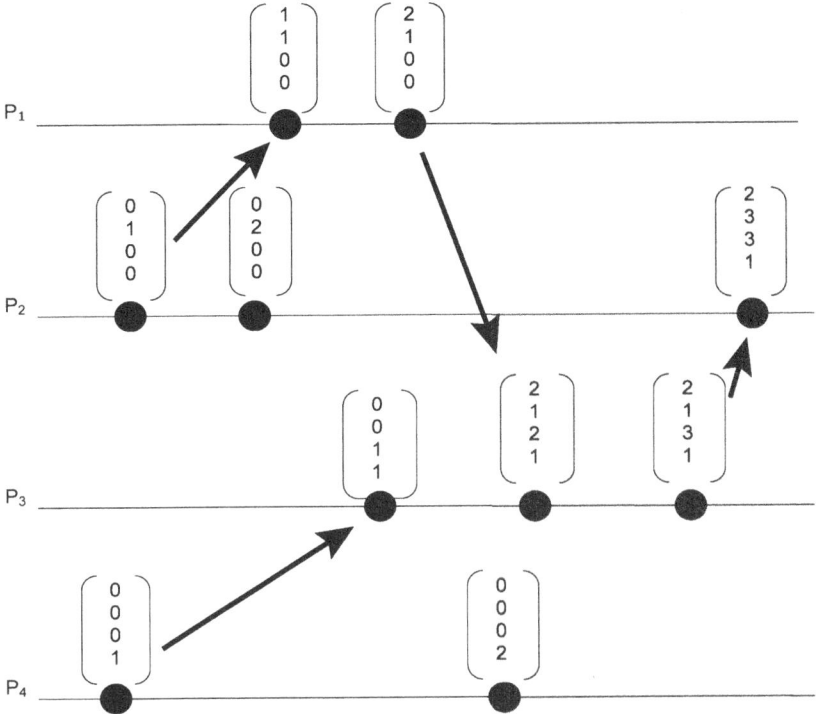

Abb. 7.3 Fortschalten der Vektoruhren

Werte:

$$V_j = \begin{pmatrix} \max(V_j[1], V_i[1]) \\ \vdots \\ \max(V_j[j-1], V_i[j-1]) \\ V_j[i] + 1 \\ \max(V_j[j+1], V_i[j+1]) \\ \vdots \\ \max(V_j[n], V_i[n]) \end{pmatrix}$$

Die Abb. 7.3 erläutert an einem Beispiel das Fortschalten der Uhren.

Wie beim Lamport-Algorithmus kann nun eine Ordnung der Ereignisse durch die Vektoruhren angegeben werden. Dazu vergleicht man die Zeitstempel der Vektoruhren miteinander:

1. $V_1 = V_2 \Leftrightarrow V_1[i] = V_2[i]$, $\forall\ i = 1, \ldots, n$,
2. $V1 \leq V2 \Leftrightarrow V1[i] \leq V2[i]$, $\forall\ i = 1, \ldots, n$,
3. $V1 < V2 \Leftrightarrow V1 \leq V2 \wedge V1 \neq V_2$.

Für zwei Ereignisse a und b gilt bei Vektoruhren das gleiche wie bei Lamportuhren:

1. $a \to b \Rightarrow V(a) < V(b)$,
2. $(V(a) < V(b)) \land \neg (V(b) < V(a)) \Rightarrow$ a und b sind konkurrent.

Im Gegensatz zu Lamportuhren gilt aber für Vektoruhren auch die folgende Implikation:

3. $V(a) < V(b) \Rightarrow a \to b$.

Die Realisierung der Vektoruhren benötigen mehr Speicher- und verursachen mehr Netzlast als die Lamportuhren. Im Gegensatz zu den Lamportuhren lassen sich mit Vektoruhren von zwei Ereignissen feststellen, ob diese gleichzeitig und somit parallel aufgetreten sind. Für Monitor- und Debugsysteme sind sie somit besser einsetzbar.

7.3 Auswahlalgorithmen

Viele verteilte Algorithmen sind so angelegt, dass ein zentraler Server(-prozess) vorhanden ist und die restlichen Prozesse nur Clients von diesem Server sind. Fällt dann dieser zentrale Server aus, so ist das System lahm gelegt. Deshalb repliziert man gerne den Server, so dass bei Ausfall des Servers ein anderer Server dessen Funktion übernehmen kann. Dazu muss jedoch der Ausfall erkannt werden, und es muss aus den Replikaten ein neuer Server bestimmt werden. Deshalb benötigen wir Verfahren, die bei Ausfall eines zentralen Servers einen neuen Server bestimmen. Voraussetzung hierfür ist, dass auf n Rechnern eine Kopie des Server-Algorithmus läuft. Von den n Prozessen ist jedoch nur ein Prozess tätig, der so genannte Master; alle restlichen Prozesse dienen als Reserve und leiten die Nachrichten an den Master weiter. Der Ausfall des Masters wird durch Timeout-Kontrolle von den untergeordneten Prozessen bemerkt. Verfahren, die dann einen neuen Master bestimmen oder wählen, heißen *Auswahlalgorithmen*, oder *Leader Election* [L 96], da nach der Wahl alle Prozesse übereinstimmen, wer der neue Master ist.

7.3.1 Bully-Algorithmus

Ein *verteilter Auswahlalgorithmus*, der so genannte *Bully-Algorithmus* [G 82], wählt von n Prozessen $P_1, P_2, \ldots, P_n$, stets denjenigen Prozess mit dem *höchsten Index als Master* aus, d. h. der Master ist

$$P_m \text{ mit } m = \max\{i \mid 1 \leq i \leq n, P_i \text{ ist aktiv}\}.$$

Der Index bestimmt damit den bulligsten Prozess.

7.3 Auswahlalgorithmen

Bemerkt ein Prozess P_i, dass der Master ausgefallen ist, dann wird eine Wahl und somit der Bully-Algorithmus gestartet:

1. P_i schickt eine Wahlnachricht an alle P_j mit $j > i$ und wartet ein Zeitintervall T auf eine Antwort. Die Wahlnachricht wird auch an den alten Master geschickt, um ausgefallene Prozesse von überlasteten Prozessen zu unterscheiden.
2. Erhält ein Prozess P_j eine Wahlnachricht von P_i, wobei $j > i$ ist, schickt er eine Rückantwort an P_i, um P_i zu beruhigen, und startet seinen eigenen Auswahlalgorithmus (Schritt 1).
3. Erhält P_i innerhalb des Zeitintervalls T keine Rückantwort, so bestimmt sich P_i zum neuen Master und setzt davon alle Prozesse P_j, $j < i$, in Kenntnis, d. h. er sendet ihnen eine Koordinatornachricht. Damit wird sichergestellt, dass immer derjenige Prozess mit dem größten Index Master wird. Der stärkste, bulligste Prozess gewinnt, daher der Name Bully-Algorithmus.
4. Erhält Prozess P_i mindestens eine Rückantwort innerhalb von T, so wartet er ein weiteres Zeitintervall T' auf die Bestätigung, dass ein Prozess P_j, $j > i$ neuer Master ist. Ist innerhalb von T' ein neuer Koordinator gefunden, dann ist die Auswahl beendet. Trifft innerhalb von T' keine Rückantwort ein, so wird wieder mit dem Auswahlalgorithmus bei Schritt 1 begonnen.

Wird ein ausgefallener Prozess, welcher vor dem Ausfall der Master war, wieder gestartet, so hält er eine Wahl ab und sendet dann an alle Prozesse eine Koordinatornachricht. Er wird wieder zum Master, falls er die höchste Nummer von allen zu diesem Zeitpunkt ausgeführten Prozessen besitzt.

Abbildung 7.4 zeigt die Arbeitsweise des Bully-Algorithmus an sieben Prozessen, die von eins bis sieben durchnummeriert sind. Zuerst ist Prozess sieben der Koordinator, der gerade ausgefallen ist. Dieser Ausfall wird als erstes von Prozess vier bemerkt, der daraufhin den Auswahlalgorithmus startet.

Der Bully-Algorithmus erhöht zwar die Fehlertoleranz des zentralen Ansatzes, jedoch muss dieser Vorteil mit einem hohen Kommunikationsaufwand bezahlt werden. Bei n Prozessen liegt der Kommunikationsaufwand im schlechtesten Falle bei $O(n^2)$. Dieser Aufwand berechnet sich wie folgt:

Die größtmögliche Anzahl von Nachrichten wird verschickt, wenn Prozess P_n ausfällt und dies von Prozess P_1 bemerkt wird. In diesem Fall verschickt P_1 an die Prozesse P_2, $P_3 \ldots P_n$ eine Wahlnachricht, also insgesamt $n - 1$ Stück. Dadurch startet jeder der Prozesse P_2, $P_3 \ldots P_{n-1}$ erneut den Auswahlalgorithmus, und jeder Prozess P_i versendet $(n - i)$ Auswahlnachrichten. Die Summe der Auswahlnachrichten ergibt somit:

$$\sum_{i=1}^{n-1} n - i.$$

Abb. 7.4 Arbeitsweise des Bully-Algorithmus

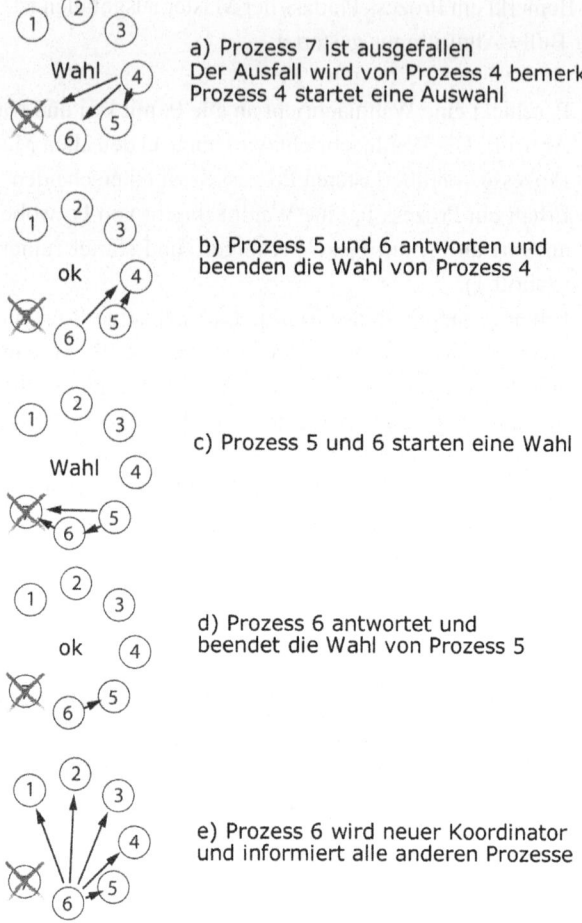

a) Prozess 7 ist ausgefallen
Der Ausfall wird von Prozess 4 bemerkt.
Prozess 4 startet eine Auswahl

b) Prozess 5 und 6 antworten und beenden die Wahl von Prozess 4

c) Prozess 5 und 6 starten eine Wahl

d) Prozess 6 antwortet und beendet die Wahl von Prozess 5

e) Prozess 6 wird neuer Koordinator und informiert alle anderen Prozesse

Nach Empfang der Auswahlnachricht versendet jeder Prozess P_i noch $(i-1)$ Rückantworten: Die Summe der Rückantworten ergibt somit:

$$\sum_{i=1}^{n-1} i - 1.$$

Die Summe der Auswahlnachrichten und Rückantworten ergibt somit:

$$\sum_{i=1}^{n-1} n - i + \sum_{i=1}^{n-1} i - 1 = \sum_{i=1}^{n-1} n - 1 = (n-1)^2.$$

Der neue Koordinator P_{n-1} verschickt zusätzlich noch Benachrichtigungen, dass er der neue Koordinator ist, an die Prozesse $P_1, P_2, \ldots P_{n-2}$, insgesamt also $n-2$ Nachrichten.

Die Gesamtanzahl der Nachrichten ergibt sich zu:

$$(n-1)^2 + (n-2) = n^2 - n - 1 = O(n^2).$$

Dieser hohe Nachrichtenaufwand für den Bully-Algorithmus ist nur vertretbar unter der Voraussetzung, dass der Algorithmus nur in seltenen Fehlerfällen aufgerufen wird.

7.3.2 Ring-Algorithmus

Der folgende Auswahlalgorithmus basiert auf einem *logischen Ring von zusammengeschlossenen Prozessen*. Der Ring der Prozesse ist in eine Richtung ausgelegt. Die Nachrichten des Auswahlalgorithmus werden immer nur in eine Richtung gesendet. Jeder Prozess im Ring kennt seinen möglichen Nachfolger, an den er eine Nachricht schicken muss. Ist der Nachfolgeprozess ausgefallen, kann der Sender übergehen zu dessen Nachfolger und falls dieser ausgefallen ist, auf dessen Nachfolger, und so weiter, bis er einen nicht ausgefallenen Nachfolger vorfindet.

Bemerkt ein Prozess P_i, dass der Master ausgefallen ist, dann startet er die Wahl:

1. Prozess P_i legt eine Aktivenliste an und trägt sich selbst als aktiver Prozess mit seinem Index in diese Liste ein. Er sendet anschließend die Liste der aktiven Prozesse an seinen Nachfolger.
   Erhält ein Prozess P_j von seinem Vorgänger die Aktivenliste, so sind zwei Fälle zu unterscheiden:
   a) Prozess P_j erhält zum ersten Mal die Aktivenliste, und er selbst befindet sich noch nicht in der Aktivenliste. Er trägt sich in die Aktivenliste ein (möglicherweise auch nur seinen Index) und sendet die Aktivenliste an seinen Nachfolger.
   b) Prozess P_j ist in der Aktivenliste, und er selbst steht am Kopf der Liste. Der Prozess weiß jetzt, dass die Liste einmal im Ring zirkuliert ist und im Moment alle aktiven Prozesse enthält. Er kann die Wahl beenden, und er kann einen bestimmten Prozess wählen (bei Indizes denjenigen Prozess mit dem größten Index) und ihn als neuen Koordinator bestimmen. Er nimmt die Aktivenliste vom Ring und sendet stattdessen die Nachricht mit dem neuen Koordinator an seinen Nachfolger.
2. Ist die Koordinatornachricht einmal im Ring zirkuliert, kennt jeder Prozess im Ring den neuen Koordinator. Erhält der Prozess zum zweiten Mal die Koordinatornachricht, so kann er sie vom Ring nehmen, und er braucht sie nicht mehr an seinen Nachfolger zu senden.

Im Vergleich zum Bully-Algorithmus, dessen Zeitaufwand $O(n^2)$ war, benötigt der Ring-Algorithmus nur 2n Nachrichten: n Nachrichten zum Versenden der Wahlnachricht im Ring und n Nachrichten zum Versenden der Koordinatornachricht.

7.4 Übereinstimmungsalgorithmen

Für ein verteiltes System benötigen wir einen Mechanismus, der es einer Menge von Prozessen erlaubt, dass sie über einen „gemeinsamen Wert" übereinstimmen. Solche Übereinstimmungen sind leicht zu erreichen, und sie sind per se gegeben, wenn von Fehlerfreiheit des Kommunikationsmediums und des Prozesses oder des Prozessors, auf dem der Prozess läuft, ausgegangen wird. Kommt keine Übereinstimmung zustande, dann liegt das an mehreren Gründen:

1. Das Kommunikationsmedium kann fehlerhaft sein, und es können Nachrichten verloren gehen oder die Nachricht ist korrumpiert.
2. Die Prozesse selber können fehlerhaft sein, was dann ein unvorhersehbares Prozessverhalten hervorruft. Im besten Fall können die Prozesse ein „fail-stop failure" aufweisen. Bei diesem Fehler stoppt der Prozess und der Fehler kann entdeckt werden. Im schlechtesten Fall weist der Prozess ein *„byzantine failure"* auf, wo der Prozess weiter arbeitet, aber ein fehlerhaftes Ergebnis liefert. In diesem Fall kann der Prozess inkorrekte Nachrichten an andere Prozesse schicken, oder noch schlimmer, er kann mit anderen ausgefallenen Prozessen kooperieren und versuchen, die Integrität des Systems zu zerstören.

Diese Fehlerfälle lassen sich durch das *„Byzantine Generals Problem"* [LSP 82] veranschaulichen:

Mehrere Divisionen der byzantischen Armee umgeben ein feindliches Lager. Ein General kommandiert je eine dieser Divisionen. Die Generäle müssen zu einer gemeinsamen Übereinstimmung kommen, ob im Morgengrauen der Feind angegriffen wird oder nicht. Es ist wichtig, dass alle Generäle übereinstimmen, da ein Angriff von nur einigen Divisionen zu einer Niederlage führt. Die verschiedenen Divisionen sind geographisch zerstreut, und die Generäle können nur miteinander kommunizieren durch Botschafter, die von einem Lager zum anderen laufen. Zwei Gründe können eine Übereinstimmung der Generäle verhindern und nicht zustande kommen lassen:

1. Botschafter können vom Feind gefangen genommen werden und damit ist ein Überbringen der Botschaft nicht möglich. Dieser Fall korrespondiert zu einer unzuverlässigen Kommunikation in einem verteilten System. Wir behandeln diesen Fall nachfolgend unter unzuverlässige Kommunikation.
2. Unter den Generälen können Verräter sein, die eine Übereinstimmung verhindern wollen. Diese Situation korrespondiert mit fehlerhaften Prozessen in einem verteilten System. Wir behandeln diesen Fall unter dem Punkt byzantinische fehlerhafte Prozesse.

7.4.1 Unzuverlässige Kommunikation

Wir nehmen an, wenn ein Prozess ausfällt, dass er stoppt und nicht mehr weiter arbeitet (*fail-stop failure*), und wir setzen eine **unzuverlässige Kommunikation** zwischen den Prozessen voraus.

Nehmen wir an, ein Prozess P_i auf einer Maschine A sendet eine Nachricht an Prozess P_j auf einer Maschine B. P_i auf der Maschine A möchte wissen, ob seine Nachricht bei P_j angekommen ist. Dieses Wissen ist notwendig, damit Prozess P_i mit seiner weiteren Verarbeitung fortfahren kann. Beispielsweise entscheidet sich P_i für die Ausführung einer Funktion Success, falls die Nachricht angekommen ist, und für eine Funktion Failure, falls die Nachricht nicht angekommen ist.

Zur Entdeckung von Übertragungsfehlern kann folgendes time-out-Schema dienen: Mit der Nachricht setzt der Prozess P_i ein Zeitintervall, in dem er bereit ist, die Quittierung der Nachricht anzunehmen. Wenn P_j die Nachricht empfängt, sendet er sofort eine Quittierungsnachricht an P_i. Erreicht P_i die Quittierungsnachricht innerhalb des Zeitintervalls, so ist P_i sich sicher, dass seine Nachricht empfangen wurde; tritt jedoch ein TimeOut auf, so überträgt P_i die Nachricht erneut und er wartet wieder auf die Quittierungsnachricht. Dies führt der Prozess P_i so lange aus, bis er entweder die Quittierungsnachricht erhält oder von dem System auf der Maschine B informiert wird, dass der Prozess P_j nicht mehr läuft. Im ersten Fall führt er die Funktion Success aus und im zweiten Fall die Funktion Failure. Da Prozess P_i sich nur für einen der beiden Fälle entscheiden kann, muss er so lange die Nachricht übertragen, bis einer der beiden Fälle aufgetreten ist.

Nehmen wir nun noch zusätzlich an, dass Prozess P_j ebenfalls wissen möchte, ob seine Quittierungsnachricht angekommen ist. Dieses Wissen braucht P_j zum gleichen Zweck wie P_i, um nämlich entscheiden zu können, wie er mit seiner Bearbeitung fortfährt. Z. B. möchte P_j eine Funktion Success aufrufen, wenn er sicher ist, dass die Quittierungsnachricht angekommen ist. Mit anderen Worten formuliert, beide Prozesse P_i und P_j möchten eine Funktion Success aufrufen, genau dann, wenn sie darüber übereinstimmen. Es wird sich zeigen, dass bei unzuverlässiger Kommunikation diese Aufgabe nicht zu bewerkstelligen ist. Dazu formulieren wir die Problemstellung allgemeiner: Bei einer verteilten Umgebung mit unzuverlässiger Kommunikation ist es nicht möglich für Prozesse P_i und P_j, dass sie über ihre gegenwärtigen Zustände übereinstimmen.

Zum Beweis der obigen Behauptung nehmen wir an, dass eine minimale Sequenz von Nachrichtenaustauschen existiert, so dass nach dem Nachrichtenaustausch beide Prozesse übereinstimmen, dass sie die Funktion Success ausführen. Sei m' die letzte Nachricht, die P_i an P_j sendet. Da P_i nicht weiß, ob seine Nachricht bei P_j ankommt (da die Nachricht verloren gehen kann), führt P_i die Funktion Success aus, unabhängig vom Ergebnis des Nachrichtenversandes. Somit kann m' aus der Nachrichtensequenz gestrichen werden, ohne die Entscheidungsprozedur zu beeinflussen. Damit ist die ursprüngliche Sequenz nicht minimal gewesen, und wir kommen zu einem Widerspruch der Annahme. Es existiert also keine solche Sequenz von Nachrichten, und beide Prozesse kommen niemals zur Übereinstimmung der Ausführung der Funktion Success.

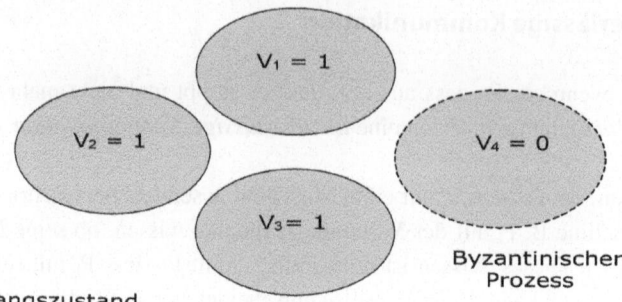

a) Ausgangszustand

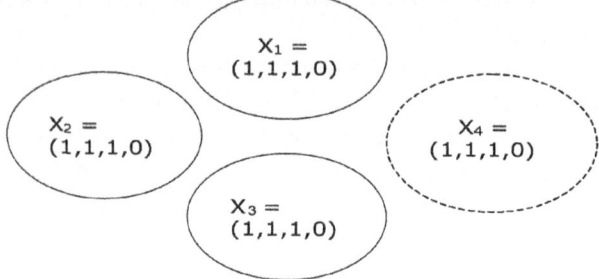

b) Nach der ersten Kommunikationsrunde

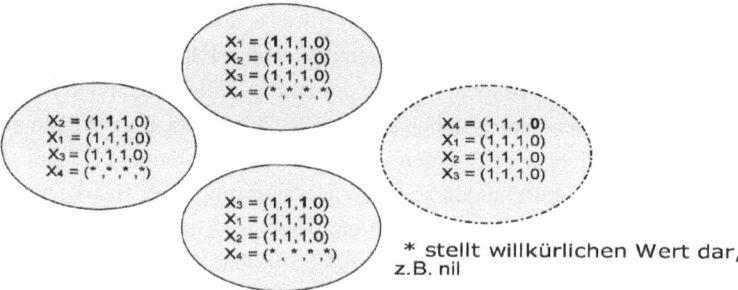

* stellt willkürlichen Wert dar, z.B. nil

c) Nach der zweiten Kommunikationsrunde

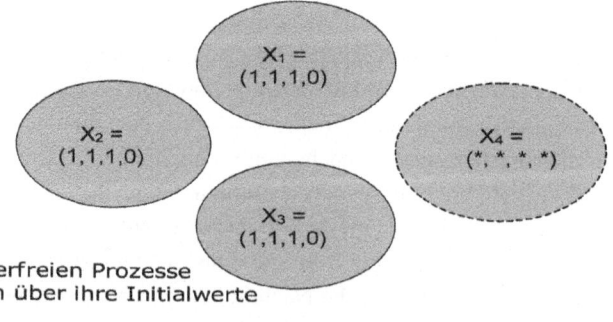

Die fehlerfreien Prozesse stimmen über ihre Initialwerte überein.

d) Konstruktion des Übereinstimmungsvektors

Abb. 7.5 Arbeitsweise des Übereinstimmungsalgorithmus

7.4.2 Byzantinische fehlerhafte Prozesse

Nehmen wir nun an, dass das Kommunikationssystem zuverlässig ist, jedoch die Prozesse fehlerhaft und mit unvorhersehbarem Verhalten arbeiten (Byzantine Failure). Betrachten wir ein System von n Prozessen, bei denen nicht mehr als f Prozesse fehlerhaft sind. Jeder der Prozesse P_i besitzt einen privaten Wert V_i. Wir benötigen nun einen Algorithmus, der für jeden nicht fehlerhaften Prozess P_i einen Vektor $X_i = (A_{i,1}, A_{i,2}, \ldots, A_{i,n})$ konstruiert mit den beiden folgenden Eigenschaften:

1. Ist P_j ein fehlerfreier Prozess, so ist $A_{i,j} = V_j$.
2. Sind P_i und P_j fehlerfreie Prozesse, so gilt $X_i = X_j$.

Für dieses Problem gibt es mehrere Lösungen [L 96]. Alle Lösungen besitzen jedoch die folgenden Eigenschaften:

1. Ein Lösungsalgorithmus zur Übereinstimmung kann nur gefunden werden, wenn $n \geq 3 * f + 1$ ist, oder anders ausgedrückt: Es gibt keine Lösung zur Übereinstimmung, wenn $2 \leq n \leq 3f$.
2. Die Anzahl der Kommunikationsrunden zur Erreichung einer Übereinstimmung ist proportional zu $f + 1$.
3. Die Anzahl der zu versendenden Nachrichten zur Erreichung der Übereinstimmung ist hoch. Keinem einzelnen Prozess kann vertraut werden, so dass alle Prozesse die gesamte Information sammeln müssen, um eine eigene Entscheidung zu treffen.

Anstelle eines allgemeinen und zu komplexen Algorithmus zur Lösung der Übereinstimmung stellen wir einen Lösungsalgorithmus für den einfachen Fall vor, bei dem $f = 1$ und $n = 4$ ist. Der Algorithmus benötigt zwei Kommunikationsrunden:

1. Jeder Prozess sendet seinen eigenen Wert zu allen anderen Prozessen.
2. Jeder Prozess sendet seine in der ersten Runde erhaltenen Informationen zu allen anderen Prozessen.

Ein fehlerhafter Prozess kann das Senden einer Nachricht verweigern. In diesem Fall kann ein fehlerfreier Prozess irgendeinen willkürlichen Wert wählen und annehmen, dass dieser Wert von dem fehlerhaften Prozess gesendet wurde.

Nach Beendigung der zwei Runden kann ein fehlerfreier Prozess P_i seinen Vektor $X_i = (A_{i,1}, A_{i,2}, A_{i,3}, A_{i,4})$ wie folgt konstruieren:

- $A_{i,i} = V_i$.

Für $j \neq i$ gehen wir wie folgt vor: Wenn wenigstens zwei von den drei von Prozess P_j gesendeten Werte (in zwei Kommunikationsrunden) übereinstimmen, dann wird die

Majorität der zwei Werte genommen und $A_{i,j}$ auf diesen Wert gesetzt. Im anderen Fall wird ein default-Wert genommen, z. B. nil, und $A_{i,j}$ auf diesen Wert gesetzt.

Zur Erreichung einer Übereinstimmung benötigt man mindestens vier Prozesse, bei denen einer byzantinisches Verhalten zeigen kann. Bei drei Prozessen mit einem byzantinischen Prozess ist keine Übereinstimmung zu erreichen. Dies bedeutet, dass bei der Fehlertoleranztechnik triple-modular redundancy, mit dreifach redundanten Prozessen und einer Entscheidung über die Majorität, keine Übereinstimmung zu erreichen ist, falls ein byzantinisch fehlerhafter Prozess darunter ist.

Abbildung 7.5 zeigt die Arbeitsweise des Übereinstimmungsalgorithmus für vier Prozesse P_1, P_2, P_3, P_4, wobei Prozess P_4 ein Prozess mit byzantinischem Verhalten ist. Der private Wert 1 kann dabei die Entscheidung Angriff repräsentieren und der Wert 0 die Entscheidung kein Angriff.

Literatur

[B 14]   Bengel G.: Grundkurs Verteilte Systeme, Grundlagen und Praxis des Client-Server und Distributed Computing. 4. Auflage, Springer Vieweg 2014.

[G 82]   Garcia-Molina H.: Elections in Distributed Computing Systems. IEEE Transactions on Computers, Vol 31., No. 1, 1982.

[L 78]   Lamport L.: Time, clocks and the ordering of events in a distributed system. Communications of the ACM, Vol. 21, No. 7, 1978.

[LSP 82] Lamport L.; Shostak R.; Pease M.: The Byzantine Generals Problem. ACM Transaction on Programming Languages and Systems, Vol. 4, No. 3, 1982.

[L 96]   Lynch N.A.: Distributed Algorithms. Morgan Kaufmann Publishers Inc., 1996.

[M 89]   Mattern, F.:Virtual Time and Global States of Distributed Systems. In [CRQR 89]: Cosnard M., Robert Y. Quinton P., Raynal M. (EDs.): Parallel & Distributed Algorithms. Proceedings of the International Workshop on Parallel & Distributed Algorithms, Elsevier Sciene Publisher B.V. 1989.

[PF 06] Peschel-Findeisen T.: Nebenläufige und Verteilte Systeme. Theorie und Praxis. Mitp-Verlg 2006.

Rechenlastverteilung 8

Durch den konkurrierenden Zugriff von mehreren Anwendern auf die Ressourcen eines verteilten Systems entsteht der Bedarf, die Zuordnung dieser Ressourcen zu regeln. Die Rechenleistung der einzelnen Prozessoren des Systems ist dabei die wichtigste Ressource, die von allen Anwendungen zur Bewältigung der anfallenden Rechenlast benötigt wird. Seit den Anfängen der parallelen und verteilten Systeme ist deshalb eine Vielzahl von Methoden entstanden, um die *Lastverteilung* den unterschiedlichsten Bedürfnissen entsprechend durchzuführen.

Die zu verteilenden Objekte sind die Prozesse der Anwendungen. Der Begriff Task ist mitunter auch anzutreffen. Der Begriff **Job** findet hier im Sinne eines Arbeitsauftrags des Anwenders an das Rechnersystem Verwendung. Er ist in *Tasks* unterteilt, die im Allgemeinen zueinander in Beziehung stehen. Die Begriffe Task und Prozess werden synonym verwendet, wenn es sich bei den betrachteten Anwendungen um zusammengesetzte Jobs handelt.

Ein *lokaler Prozess* wird auf dem Rechner ausgeführt, auf dem er gestartet wurde, während alle Prozesse, die von der Lastverteilung ausgelagert werden, auch die Bezeichnung *Remote-Prozesse* tragen [S 96]. Unter Umständen eigenen sich nicht alle Prozesse für die Auslagerung. *Reguläre Prozesse* können nur lokal ausgeführt werden. Prozesse, die verteilt ausgeführt werden können, heißen auch *generische Prozesse* [W 99].

In der Regel wird für die Rechenressourcen der Begriff Prozessor verwendet. Synonym können hier auch die Begriffe Rechner oder Knoten vorkommen.

Je nach Art des Systems verfolgt die Verteilung der Prozesse auf die Prozessoren unterschiedliche Ziele:

- Minimierung der Kosten der Interprozesskommunikation,
- Erreichung eines hohen Parallelisierungsgrades und damit einen hohen Speedup,
- effiziente Auslastung aller Prozessoren,
- minimale Bearbeitungszeiten für Prozesse,
- Minimierung der totalen Ausführungskosten.

Im *High Performance Computing* (*HPC*) interessiert in erster Linie aus der Anwendersicht die Zeit, die zur Erledigung einer bestimmten Menge an Arbeit (Berechnungen) erforderlich ist. Umgekehrt steht im *High Throughput Computing* (*HTC*) die Systemsicht im Vordergrund, in einer bestimmten Zeit möglichst viel Arbeit zu erledigen.

Besonders geeignete Verfahren der Lastverteilung sollten die folgenden Eigenschaften aufweisen [SS 94, S 96]:

- keine Verwendung von Vorwissen über die zu verteilenden Prozesse,
- dynamische Arbeitsweise mit Entscheidungen, die auf dem aktuellen Systemzustand basieren,
- schnelle Algorithmen,
- geringer Overhead durch die Beschaffung von Informationen über den Systemzustand,
- Stabilität: Das System darf nicht in einen Zustand geraten, in dem es nur noch mit Lastausgleich beschäftigt ist anstatt die Anwendungsprozesse auszuführen,
- Skalierbarkeit bei Hinzunahmen neuer Knoten in das System,
- Ortstransparenz: Der Anwender muss nicht wissen, auf welchem Rechner sein Prozess ausgeführt wird,
- hohe Ausfallsicherheit,
- Fairness gegenüber den Nutzern. Zu diesem Punkt gehört auch, dass der Besitzer eines Rechners jederzeit die Ressourcen für sich beanspruchen kann und laufende fremde Prozesse unterbrochen werden.

Die in diesem Kapitel vorgestellten Arten der Lastverteilung erfüllen diese Kriterien in unterschiedlichem Maße. Auf der obersten Ebene kann die Verteilung der Prozesse entweder *statisch* oder *dynamisch* erfolgen. Statische Verfahren verteilen die Prozesse vor der Laufzeit an die Prozessoren. Dabei wird in der Regel auch Vorwissen über die Prozesse genutzt. Somit sind die ersten beiden Kriterien nicht erfüllt. Dynamische Verfahren weisen Prozessen erst beim Start einen Prozessor zu und sorgen gegebenenfalls auch danach für einen Lastausgleich. Sie benutzen dazu Informationen über den Systemzustand. Die Lastverteilung bei dynamischen Verfahren kann entweder mit *zentraler* Kontrolle von einem Rechner des Systems aus oder *dezentral*, und somit verteilt auf mehrere Rechner, vorgenommen werden. Den höchsten Grad des Lastausgleichs erreicht die dezentrale Kontrolle mit migrierenden Prozessen. *Migration* bedeutet eine Unterbrechung laufender Prozesse, den Transfer auf einen anderen Rechner und die Wiederaufnahme der Berechnungen auf diesem neuen Rechner. Migrierende Verfahren heißen auch unterbrechend (*preemptive*), im Gegensatz zu nicht unterbrechenden Verfahren (*non-preemptive*), die nur neu zu startende Prozesse verteilen [W 99]. Diese grobe Einteilung ist in Abb. 8.1 wiedergegeben. Sie bestimmt auch die weitere Gliederung des Kapitels.

Sowohl die statische als auch die dynamische Lastverteilung gehören zu den *globalen* Lastverteilungsverfahren. Prozesse werden auf Rechner in einem Netzwerk verteilt, sofern diese geeignet sind. *Lokale* Lastverteilung arbeitet nur auf einem Rechner und teilt Zeitscheiben an Prozesse zu [W 99]. Sie wird hier nicht weiter behandelt.

Abb. 8.1 Taxonomie Lastverteilung

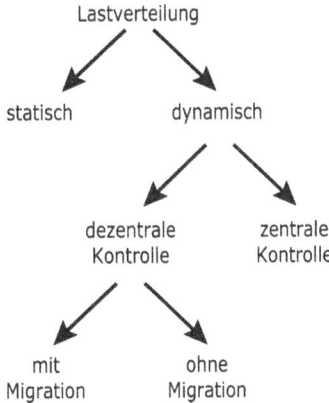

Außer der statischen (Abschn. 8.1) und der dynamischen Lastverteilung (Abschn. 8.2) handelt der Abschn. 8.3 vom Scheduling im Grid Computing, das gegenüber herkömmlichem Verteiltem Rechnen bezüglich der Lastverwaltung einige Besonderheiten aufweist.

8.1 Statische Lastverteilung

Die statischen Verfahren teilen den Prozessen vor dem Lauf Prozessoren zu und nutzen dazu auch a priori bekannte Parameter der Jobs. Diese Parameter beschreiben das *Anforderungsprofil* der Prozesse, etwa an die CPU, die Laufzeitumgebung oder auch Speicheranforderungen. Auch zeitliche Abhängigkeiten und Kommunikationskosten gehören dazu.

Eine ausreichend genaue Kenntnis des Anforderungsprofils zu erlangen, ist jedoch problematisch [W 98]. Besonders wichtig ist die Kenntnis der Ausführungszeiten von Jobs auf geeigneten Rechnern sowie der Speedup-Charakteristik. Verschiedene Stufen von *Vorwissen* sind zu unterscheiden [FRS 97]:

- kein Vorwissen,
- die Verteilung der Ausführungszeiten im gesamten Workload ist bekannt, aber es liegen keine Informationen über einzelne Jobs vor,
- die Jobs sind Klassen mit spezifischen Eigenschaften zugeordnet,
- Ausführungszeiten für Jobs für jede beliebige Rechnerkombination liegen vor.

Anwenderangaben sind nicht immer zuverlässig. Oft sind genauere Werte erst nach wiederholten Durchläufen zu bestimmen. Außerdem können sie von den zu bearbeitenden Daten abhängig sein.

Die statische Lastverteilung wird auch *Scheduling-Problem* genannt. Sie erstellt einen Ablaufplan (*Schedule*) um eine Menge von Prozessen nach den gegebenen Anforderungen auf Prozessoren ablaufen zu lassen. Eine Unterscheidungsmöglichkeit ist die zwi-

Abb. 8.2 Gantt-Diagramm

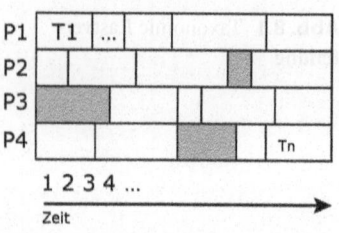

schen einfacheren **Queuing-Systemen** und **Planenden Systemen** [HKS 03]. Erstere verteilen die Prozesse in Queues, ohne Startzeiten festzulegen. Planende Systeme erstellen vollständige Ablaufpläne mit Startzeiten und der Zuweisung von Zeitintervallen auf Rechnern an Jobs. Sie planen somit in die Zukunft. Reservierungsmöglichkeiten für Ressourcen können dann genutzt werden, und es sind umfassende Optimierungen möglich.

Der Ablaufplan mit Startzeiten lässt sich mit einem Gantt-Diagramm beschreiben. Ein Gantt-Diagramm (Abb. 8.2) listet die Prozessoren vertikal und die Zeit horizontal. Die Zeitachse hat keine kontinuierlichen Werte, sondern ist in einzelne diskrete Zeitscheiben unterteilt. Die Blöcke innerhalb des Diagramms repräsentieren die Laufzeit der Prozesse (T für Task). Grau hinterlegte Blöcke stehen für Zeitscheiben, für die ein Prozessor nicht belegt wird. Gründe dafür können sein:

- Berücksichtigung von Abhängigkeiten zwischen den Tasks,
- Berücksichtigung von Kommunikationszeiten,
- Prozessor ist nicht verfügbar.

Die Ausführbarkeit eines Schedules (*feasibility*) [B 07] ist gegeben, wenn es zu keinen Überlappungen der Zeitintervalle für denselben Job oder auf demselben Rechner kommt. Er ist optimal, wenn er eines oder mehrere Kriterien erfüllt.

Die statische Lastverteilung gibt einen Ablaufplan zunächst fest vor. Es besteht allerdings die Möglichkeit für alle noch nicht gestarteten Prozesse, eine **Umplanung** vorzunehmen. Auslöser für diese Umplanungen können sein:

- Verzug beim bisherigen Plan, der nicht mehr akzeptabel ist,
- Anforderungen von neuen Tasks,
- Rechnerausfälle.

Die Strategie, einmal eingeplante Prozesse nicht mehr umzuplanen, heißt auch **at-most-once-schedule**. Besteht die Möglichkeit der Umplanung, heißt die Strategie **multiple-schedule** [W 99].

Die Komplexität des Scheduling-Problems ist direkt einsichtig, wenn man bedenkt, dass es für die Zuweisung von m Prozessen an q Prozessoren, wenn keine Einschränkungen aus den Ressourcenanforderungen vorliegen, q^m Möglichkeiten gibt.

Das Problem, eine optimale Zuordnung von Prozessen an die Prozessoren zu finden, wird in der Literatur häufig als NP-vollständig bezeichnet [J 03], da es bis auf einfache

Fälle nicht in polynominaler Zeit gelöst werden kann [KA 99]. Für Optimierungsprobleme ist die richtige Bezeichnung allerdings NP-schwer [S 96], das ist äquivalent zum Begriff NP-vollständig, der eigentlich nur für Entscheidungsprobleme mit der Ergebnismenge {*ja, nein*} definiert ist. Optimierungsproblemen lassen sich aber Entscheidungsprobleme zuordnen, indem ermittelt wird, ob der Zielfunktionswert einer zulässigen Lösung einen bestimmten Wert erreicht (*ja*) oder nicht (*nein*) [B 07].

Die bisherigen Ausführungen zur statischen Lastverteilung haben zwei Bereiche angesprochen, die in den weiteren Abschnitten ausführlicher dargestellt sind. Von besonderer Wichtigkeit ist die Modellierung von Jobs, aus denen die zu verteilenden Prozesse resultieren. Im letzten Abschnitt schließlich folgt eine genauere Betrachtung von Verfahren für die statische Lastverteilung.

8.1.1 Jobmodelle

Sofern es sich bei einem Job nicht um einen einzelnen Task handelt, existieren in der Regel Beziehungen zwischen den Tasks, die bei der Lastverteilung zu berücksichtigen sind. Dieser Abschnitt erläutert drei Modelle.

1. *Task-Präzedenz-Graphen*: Die Tasks bilden die Knoten in einem gerichteten azyklischen Graphen (Directed Acyclic Graph: DAG). Die gerichteten Kanten stellen die zeitliche Reihenfolge oder die Präzedenz der Tasks dar.
2. *Task-Interaktionsgraphen*: Bei einem Task-Interaktionsgraph repräsentieren die Tasks ebenfalls die Knoten. Die Kanten stellen die Interaktion oder Kommunikation zwischen zwei Tasks dar.
3. *Workflows*: Den Ablauf der Tasks legt eine Workflowbeschreibung für die Jobs fest. Workflows gewinnen vor allem im Grid Computing zunehmend an Bedeutung.

In allen drei Varianten ist der einfachste Fall enthalten, das ist ein Job mit einem Task, der als einzelner, unteilbarer Prozess auf einem bestimmten Rechner zu platzieren ist.

Einen wichtigen Teil im Rahmen der Schedulingaufgabe bildet die **Partitionierung** der Graphen [W 99]. Dabei handelt es sich um eine Zerlegung in Gruppen von Tasks (Partitionen), die dann einem Prozessor zugeordnet werden. Hauptziel dabei ist die Minimierung des Overheads der Interprozesskommunikation. Aber auch das Parallelisierungspotential soll so gut wie möglich ausgeschöpft werden. Beide Ziele widersprechen sich. Bei feingranularer Partitionierung wird der Overhead erhöht; je grober partitioniert wird, umso mehr parallele Tasks werden zusammen auf demselben Prozessor eingeplant.

8.1.1.1 Task-Präzedenz-Graphen

Die Implementierung von DSM kann auf folgenden verschiedenen Ebenen angesiedelt sein: Gegeben sei eine Menge von Prozessen $P = \{P_1, P_2, \ldots, P_n\}$, deren Ausführung auf einer Menge von identischen Prozessoren stattfindet. Eine partielle Ordnungsrelation

Abb. 8.3 Beispiel Task-Präzedenz-Graph

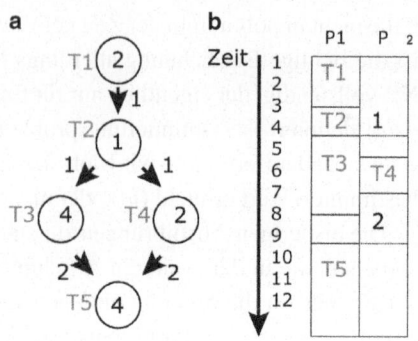

auf P sei ebenfalls gegeben. Sie entspricht der zeitlichen Reihenfolge oder Präzedenzordnung zwischen den Prozessen. Die partiell geordnete Menge *(P, <)* wird beschrieben durch einen Task-Präzedenz-Graphen **G = (V, A)**. Die Knoten *V* repräsentieren die Prozesse. *A*, die gerichteten Kanten, stellen die Präzedenz zwischen den Prozessen dar. Den Knoten des Graphen $u \in V$ ist die Ausführungszeit der Tasks als Kostenfunktion *w(u)* zugeordnet. Den gerichteten Kanten $(u,v) \in A$ ist ebenfalls eine Kostenfunktion $w(u,v) = (l,l')$ zugeordnet. l' sind die Kommunikationskosten innerhalb des Prozesses, falls *u* und *v* dem gleichen Prozessor zugewiesen werden. l sind die Kommunikationskosten, falls die Knoten *u* und *v* zwei unterschiedlichen Prozessoren zugewiesen werden. Normalerweise sind die *Intra*prozessor-Kosten l' (Kommunikation innerhalb eines Prozessors) klein im Vergleich zu den *Inter*prozessor-Kosten *l* und können vernachlässigt werden. Es gilt $w(u,v) = l$.

Abbildung 8.3 zeigt eine Applikation, bestehend aus fünf Tasks, dargestellt als Präzedenz-Graph (a). Die Zahlen in den Knoten des Präzedenzgraphen sind die Ausführungszeiten der Tasks. Die Zahlen an den Kanten sind die Zeiten für die Interprozesskommunikation. Das Beispiel ist [W 99] entnommen.

Im dazugehörigen Ablaufplan (b) für zwei Prozessoren ist das dazugehörige Gantt-Diagramm um 90° gedreht, um eine bessere Übereinstimmung mit dem Präzedenz-Graphen herzustellen. Die Ursache für die nicht belegten Zeitscheiben in Prozessor *P2* vor Ausführung des Tasks *T4* und in *P1* vor Ausführung von *T5* ist der Kommunikationsoverhead. Wegen der Kommunikationskosten in Höhe von einer Zeiteinheit kann *T4* nach Beendigung von *T2* auf Prozessor *P1* erst nach einer Zeiteinheit eingeplant werden. In gleicher Weise muss mit der Einplanung von *T5* auf *P1* zwei Zeiteinheiten gewartet werden.

Grundlage der **vertikalen Partitionierung** eines Präzedenz-Graphen [LHF 91] ist der kritische (längste) Pfad. Die **horizontale Partitionierung** teilt einen gegebenen Task-Präzedenz-Graphen in horizontale Schichten. Den Tasks wird schichtweise eine Priorität zugewiesen.

Abb. 8.4 Beispiel Task-Interaktionsgraph

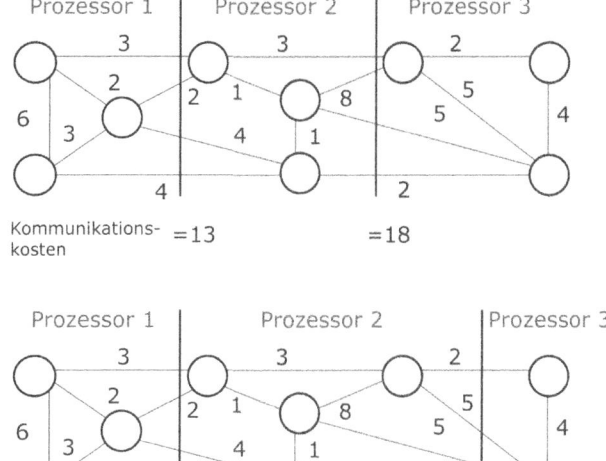

8.1.1.2 Task-Interaktionsgraphen

Beim *Task-Interaktionsgraphen* handelt es sich um ein statisches Modell. Der zeitliche Ablauf eines Jobs und die zeitlichen Abhängigkeiten zwischen den Tasks bleiben unberücksichtigt. Die Kanten stellen eine Interaktion zwischen zwei kommunizierenden Prozessen dar. Jede Kante $(u,v) \in A$ besitzt ein Kantengewicht $w(u,v)$, das die Kommunikationskosten zwischen den Knoten u und v repräsentiert. $w(u,v)$ bezeichnet die Kommunikationskosten, die anfallen, falls die Knoten u und v zwei unterschiedlichen Prozessoren zugewiesen werden. Das Knotengewicht $w(u)$ für einen Knoten $u \in V$ repräsentiert die Task-Ausführungszeit als Kostenfunktion.

Ausgehend vom Task-Interaktionsgraphen gibt es mehrere Algorithmen zur statischen Verteilung [W 99, T 95, G 91]. Vorgestellt sei hier nur eine einfache graphenbasierte Methode [W 98], die eine Aufteilung des Task-Interaktionsgraphen bezüglich minimaler Kommunikationskosten vornimmt. Aufgabe ist es, eine möglichst günstige Partitionierung des Graphen zu finden, bei der die Kommunikationskosten an den Schnitten minimal und die Prozessoren trotzdem nicht überlastet sind.

Abbildung 8.4 [T 95] zeigt zwei mögliche Verteilungen von Tasks auf drei Prozessoren. In der oberen Partitionierung sind allen Prozessoren jeweils drei Tasks zugeordnet. In der unteren Partitionierung bearbeitet *Prozessor 1* drei Tasks, *Prozessor 2* vier Tasks und *Prozessor 3* nur zwei Tasks. Obwohl die obere Partitionierung gleichverteilt aussieht, treten höhere Kommunikationskosten (13 und 18) auf, als in der unteren (13 und 14).

8.1.1.3 Workflows

Workflows sind in mehrfacher Hinsicht eine Erweiterung der Jobmodelle. Sie sind insbesondere für den Einsatz im Grid Computing geeignet. Kennzeichnend für Grids sind heterogene, domänenübergreifende Netzwerke auf der einen Seite und vielfältige Arten von Anwendungen mit hohem Rechenzeitbedarf, hohem Speicherbedarf oder beidem (s. Abschn. 8.3). Die Workflows werden häufig ausschließlich als gerichtete azyklische Graphen (DAG) beschrieben. Sie entsprechen insofern den Task-Präzedenz-Graphen. Die Knoten symbolisieren also die Tasks, die gerichteten Kanten die Reihenfolge und gleichzeitig den Datentransfer.

In vielen Workflowdarstellungen gibt es Workflowelemente, mit denen sich komplexere Konstrukte beschreiben lassen, wie Schleifen (Loops) und bedingte Verzweigungen, die `if`- oder `switch`-Anweisungen entsprechen [W 07]. Bei DAGs handelt es sich um statische Beschreibungen, die vor dem Start einer Applikation deren Ablauf vollständig wiedergeben. Die volle Bandbreite der Workflows ermöglicht die Beschreibung dynamischer Abläufe. Teile des Workflows entwickeln sich erst beim Ablauf der Prozesse in Abhängigkeit der vorangehenden Berechnungen. **Dynamische Workflows** können systematisch zur Laufzeit stückweise in DAGs überführt werden.

Es existieren verschiedene Workflowbeschreibungen, die für Applikationen in heterogenen Systemen eingesetzt werden. Eine Auswahl wird im Folgenden vorgestellt.

Ein Beispiel, bei dem nur DAGs bearbeitet werden, ist das Werkzeug **DAGMan** (Directed Acyclic Graph Manager) für das Lastverwaltungssystem **Condor** [TTL 04]. Es operiert auf einem höheren Level als **Meta-Scheduler**. Condor selbst berücksichtigt keine zeitlichen Abhängigkeiten der Jobs untereinander. Das Werkzeug DAGMan übernimmt diese Aufgabe. Es erhält eine Eingabedatei mit der deklarativen Beschreibung der Jobs und ihrer Abhängigkeiten im DAG. Spezielle Parent-Child-Anweisungen beinhalten die Informationen über die Jobreihenfolge. DAGMan übergibt die Jobs in einzelnen Dateien in der richtigen Reihenfolge an Condor und stellt überdies die Einhaltung dieser Reihenfolge durch Condor sicher.

Die **Business Process Execution Language** (**BPEL**, oder **BPEL4WS** für BPEL for Web Services) ist eine Sprache, die der Beschreibung von Geschäftsprozessen dient [ACD 03]. Sie basiert auf XML und ist aus den früheren Sprachen XLANG von Microsoft [MS 01] und Web Service Flow Language (WSFL) von IBM [IBM 01] hervorgegangen. Mittels BPEL können Web Services zu komplexen, strukturierten Anwendungen zusammengefasst werden (**Web-Service-Orchestrierung**).

BPEL enthält so genannte **Structured Activities**, die einen Workflow aufbauen. `sequence` und `flow` ermöglichen sequentielle und parallele Abläufe. Verzweigungen werden durch `switch` und `pick` ausgedrückt, wobei `switch` bedingte Verzweigungen darstellt und `pick` eine Wahl durch äußere Ereignisse. Schleifen lassen sich durch die Aktivität `while` modellieren. **Basic Activities** sind in den Structured Activities enthalten. Die wichtigste dieser Aktivitäten ist wohl `invoke`, zum Ausführen von Web Services, andere dienen unter anderem der Fehlerbehandlung oder versetzen die Applikation in einen Wartezustand. Es besteht die Möglichkeit, durch Scopes Aktivitäten zu einer Einheit zusammenzufassen.

Die Ausführung von BPEL-Prozessinstanzen wird von den BPEL Engines übernommen. Dazu ist das so genannte Deployment, das Transferieren der BPEL-Prozesse in die Engine, erforderlich. Es gibt eine ganze Reihe von BPEL Engines, sowohl als Open Source als auch proprietäre Engines.

Erweiterungen von BPEL [DFH 07] erlauben die Verwendung zustandsbehafteter Web Services im Web Service Resource Framework (WSRF), das einen Standard für Grid-Anwendungen bildet. Diese Web Services haben eine Identität und persistente Attribute, die ihren Zustand festhalten.

Einen weiteren Zugang zu komplexen Workflows speziell für das Grid Computing bietet die *Abstract Grid Workflow Language* (*AGWL*) [FQ 05]. Damit lassen sich Anwendungen durch Spezifikation von Kontroll- und Datenfluss zu Workflows zusammenstellen. Es gibt auch hier Aktivitäten. Sie tauschen Datenpakete über Ein- und Ausgabeports aus. Die Kontrollflusskonstrukte beinhalten Schleifen und bedingte Verzweigungen sowie auch Konstrukte, die anzeigen, welche Aktivitäten parallel ausgeführt werden können. Außerdem können Eigenschaften und Randbedingungen angegeben werden. So lässt sich beispielsweise die Art der Ausführung einer Aktivität spezifizieren. Schließlich kennt AGWL untergeordnete Workflows, die von anderen Workflows aus gestartet werden können.

Eine viel versprechende Form von graphenbasierter Workflowsprache verwendet *Petri-Netze* [S 90]. Eine Grid-Lösung der Fraunhofer Gesellschaft nutzt dazu High-Level-Petri-Netze (HLPN) [AHP 06]. Die zugehörige Sprache heißt *GworkflowDL* (*Grid Workflow Definition Language*). Petri-Netze sind gerichtete Graphen mit zwei Knotentypen: Transitionen und Stellen. Beide sind abwechselnd durch gerichtete Kanten verbunden. Die Stellen beinhalten so genannte Token, das sind Datenelemente. Die Transitionen repräsentieren in der hier vorgestellten Verwendung Services. Die Transitionen können feuern, wenn ihre vorgelagerter Stelle (Eingabestelle) Token enthält. Sie verarbeiten dann das Token und erzeugen auf der nachgelagerten Stelle (Ausgabestelle) ein neues Token. Hier liegt somit ein einheitliches Modell für Kontroll- und Datenfluss vor, und das Feuern der Transitionen modelliert die tatsächlich stattfindende Programmausführung.

GridAnt [LAA 02] ist ein Beispiel für eine Workflowbeschreibung, die vollständig auf einer Scriptsprache aufgebaut ist und nicht mit dem Modell eines Graphen arbeitet. Der Nachteil solcher Beschreibungen liegt darin, dass sie weniger intuitiv sind und daher den Nutzer stärker in Anspruch nehmen.

8.1.2 Lösungsverfahren

Wie in der Einleitung zu diesem Kapitel bereits dargestellt, existieren außer in wenigen speziellen Fällen keine optimalen Lösungsverfahren. In den optimal lösbaren Fällen existieren spezielle Randbedingungen, die den Suchraum entsprechend eingen. Ein Beispiel

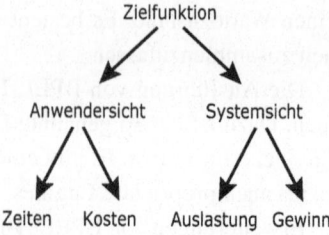

Abb. 8.5 Taxonomie Zielfunktionen

sind DAGs zur Verteilung in einem Zwei-Prozessor-System unter Verwendung des Algorithmus Max Flow/Min Cut [ST 85].

Somit bleiben oft nur suboptimale Lösungsverfahren übrig, die nach verschiedenen Methoden versuchen, dem Scheduling-Problem zu Leibe zu rücken [B 07].

Das Scheduling-Problem hat allerdings eine extrem große Zahl von Varianten:

- Sie sind abhängig von den Jobs, die zu verteilen sind, und von deren Anforderungen an die Ressourcen.
- Weiter sind sie von der Rechnerumgebung abhängig; etwa, ob es sich um eine homogene oder eine heterogene Umgebung handelt.
- Schließlich existiert eine Vielzahl von Optimalitätskriterien (Zielfunktionen).

Zielfunktionen können aus Anwendersicht und aus Ressourcensicht gegeben sein. [FRS 97] nennen als Beispiele für gebräuchliche Zielfunktionen aus Anwendersicht:

- Gesamtbearbeitungszeit (Makespan). Das ist die Fertigstellungszeit des letzten Tasks.
- Anzahl der Überschreitungen einer Deadline.
- Summe der gewichteten Fertigstellungszeiten.
- Summe der gewichteten Antwortzeiten. Das sind die Fertigstellungszeiten, gerechnet ab einer frühestmöglichen Startzeit.
- Summe der gewichteten Verzugszeiten.

Für die Ressourcensicht ist insbesondere die Auslastung wichtig. Auch der Grad der Parallelisierung spielt eine Rolle und geht in Form von Speedup-Faktoren in eine Zielfunktion ein. Aus ökonomischer Sicht spielen eventuelle Kosten für Berechnungen eine Rolle. Der Anwender möchte diese minimieren. Der Ressourcenprovider möchte den Gewinn maximieren. Zur Konstruktion von Zielfunktionen lassen sich einzelne Funktionen durch Aufsummieren kombinieren [B 07] und gewichten. Abbildung 8.5 zeigt eine grobe Übersicht der Zielfunktionen mit Einzelkriterien:

Die Lösungsverfahren sind aufgrund detaillierten Vorwissens in der Regel deterministisch [W 98]. Daneben kommen auch probabilistische Verfahren vor, die auf statischen Systemeigenschaften beruhen und einfache Regeln für die Prozessverteilung beinhalten [S 96]. Im Folgenden sind einige wichtige Verfahren genauer dargestellt. Ihre Anwendbarkeit hängt von der speziellen Charakteristik eines Scheduling-Problems ab:

8.1 Statische Lastverteilung

Für Probleme, die nicht zu groß sind, kommen Methoden der *dynamischen Programmierung* zum Einsatz. Sie setzen voraus, dass sich das Problem in Teilprobleme zerlegen lässt und dass sich die optimalen Lösungen dieser Teilprobleme zum Optimum des Gesamtproblems zusammensetzen lassen [B 07, BK 06]. Auch Verfahren der *linearen Programmierung* kommen vor. Eine lineare Zielfunktion ist in einem durch lineare Gleichungen und Ungleichungen begrenzten Teilgebiet des Lösungsraums zu optimieren. Bei der ganzzahligen linearen Programmierung kommen Variablen des Lösungsraums vor, die nur ganzzahlige Werte annehmen können [B 07, BK 06].

Eine verwandte Methode ist der *Branch-and-Bound-Algorithmus* [LM 92, B 07]. Der Suchraum ist so aufgebaut, dass jeder Punkt darin mit einem möglichen Schedule korrespondiert [GL 87]. Das Problem wird in Teilprobleme zerlegt entsprechend einer Zerlegung des Suchraums in Teilräume (*Branching Tree*). Für den Zielfunktionswert in den Unterräumen muss die Berechnung von unteren Schranken möglich sein. Für das gesamte Problem ist eine möglichst kleine obere Schranke zu finden. Unterräume werden entweder nicht durchsucht, wenn deren untere Schranke größer als die obere Schranke für das Gesamtproblem ist (das heißt alle Lösungen sind schlechter als die bereits bekannte), oder in zu durchsuchenden Unterräumen wird eine bessere obere Schranke für das Gesamtproblem ermittelt. Der Algorithmus findet die optimale Lösung, was aber je nach Problemgröße entsprechend lange dauern kann.

Lokale Suchverfahren kommen häufig zur Lösung von diskreten Optimierungsproblemen zum Einsatz, bei denen in einer endlichen Menge, dem Suchraum, nach einer Lösung gesucht wird, die eine Zielfunktion minimiert. Ausgehend von einer Startlösung wird eine bestimmte Nachbarschaft durchsucht, bis ein Abbruchkriterium erfüllt ist, in der Regel bis keine kleinere Lösung in der Nachbarschaft der jeweils aktuellen Lösung mehr gefunden wird. Die einfachen Algorithmen konvergieren schnell gegen ein lokales Minimum, dessen Wert beliebig weit vom Wert des globalen Minimums entfernt sein kann.

Simulated Annealing [LEE 92, B 07] ist ein Verfahren, um diese schnelle Konvergenz zu umgehen. Auch hier wird eine Lösung aus der jeweiligen Nachbarschaft akzeptiert, falls sie besser ist. Aber auch schlechtere Lösungen werden mit einer Wahrscheinlichkeit akzeptiert, die vom Abstand von der besseren Lösung und von der bisherigen Anzahl der Schritte des Algorithmus abhängt. Damit kann Simulated Annealing ein lokales Minimum auch wieder verlassen, allerdings ist es auch möglich, dass der Wert um ein solches schwingt. Die Laufzeit ist ein häufiges Abbruchkriterium für diesen Algorithmus.

Der Algorithmus *Tabu Search* [B 07] soll dieses Schwingen vermeiden. In einer Tabu-Liste sind bereits betrachtete Lösungen enthalten, die nachfolgend nicht mehr akzeptiert werden. Der Algorithmus schränkt diese Liste aber ein, um eine zu lange Suche darin zu vermeiden. Damit ist die Größe der vermeidbaren Zyklen vom Grad dieser Einschränkung abhängig.

Eine weitere Klasse von Algorithmen werden zur Lösung von Scheduling-Problemen herangezogen: die *Evolutionären Algorithmen* mit den beiden Grundformen Genetische Algorithmen und Evolutionsstrategie [H 75, M 94, R 94, KA 97, GGM 94]. Für diese Algorithmen werden Populationen von Lösungen (Individuen) einer der natürlichen Evolution nachempfundenen Prozedur der Erzeugung, Selektion, Mutation und Vererbung unterworfen. Die Selektion basiert auf der Fitness der Individuen, die der Zielfunktion entspricht. Der Erfolg der Verfahren hängt ab von den Methoden der Erzeugung, der Populationsgrößen, den Mutationsarten und -raten. Sie finden recht schnell viel versprechende Regionen im Suchraum, können aber lange für das Auffinden des exakten Optimums benötigen. Es gibt keine Konvergenzgarantie in endlicher Zeit.

Memetische Algorithmen [J 06] versuchen, Vorteile von evolutionären Verfahren, lokalen Suchverfahren und Heuristiken unter Vermeidung der Nachteile zu kombinieren. Dazu werden alle oder ein Teil der Nachkommen in einem Evolutionszyklus einer lokalen Verbesserung unterzogen. Sie konvergieren schneller und sicherer als reine Evolutionäre Algorithmen, allerdings auch hier ohne Konvergenzgarantie.

Die genannten Verfahren haben alle den Nachteil, extrem rechenintensiv und damit zeitaufwändig zu sein. Deshalb wird häufig mit einfacheren Heuristiken gearbeitet. Sie arbeiten nicht auf dem tatsächlichen Suchraum, sondern benutzen Parameter, die das reale System näherungsweise modellieren, und sie benutzen einfache Regeln.

Eine Variante ist das *List Scheduling* [W 99]. Es beruht auf zwei Schritten:

- Sequenzierung der Prozesse durch Zuweisung einer Priorität, gegebenenfalls unter Beachtung von Randbedingungen, etwa von zeitlichen Abhängigkeiten.
- Der Prozess am Anfang der Liste wird jeweils an einen passenden Prozessor verteilt.

Für beide Schritte kommen verschiedene Strategien in Betracht, die von der jeweiligen Problemstellung abhängen können. Die Sequenzierung verwendet verschiedene Parameter der Tasks, zum Beispiel die geschätzte Ausführungszeit oder geforderte Fertigstellungszeit. Auch Kombinationen von Parametern können betrachtet werden. Eine häufig angewandte Strategie ist die Suche nach der **kritischen Pfadlänge** beim Vorliegen von zeitlichen Abhängigkeiten. Sie bestimmt die kürzest mögliche Gesamtbearbeitungszeit, jede Verzögerung von Tasks im kritischen Pfad wirkt sich also direkt darauf aus. Deshalb werden diese Tasks bei der Verteilung bevorzugt. Die Strategie geht also von der vertikalen Partitionierung aus. Ebenso ist es auch möglich von Taskgruppen aus einer horizontalen Partitionierung auszugehen.

Bei heterogenen Rechnersystemen oder bei homogenen, auch bei speziellen Anforderungen von Tasks, können Strategien zur Auswahl der Prozessoren zum Zug kommen. Beispielsweise können (unabhängige) Tasks nach ihren Anforderungen gruppiert und zusammen einem passenden Rechner zugewiesen werden.

Eine ganze Reihe von Heuristiken ist in [DA 06] ausführlich dargestellt. Gerade bei Heuristiken ist die Zuordnung zu statischen oder dynamischen Verfahren nicht eindeutig.

8.2 Dynamische Lastverteilung

Eine *dynamische Lastverteilung* garantiert die *Leistungstransparenz* eines verteilten Systems. Nach dieser soll ein Benutzer keine Leistungsunterschiede im System bemerken. Daraus ergibt sich die Forderung nach einer automatischen und dynamischen Rekonfigurierung beziehungsweise Verteilung von Last.

Verfahren der dynamischen Lastverteilung arbeiten zur Laufzeit der Prozesse und benutzen in der Regel – zumindest über Prozesse – kein Vorwissen. Stattdessen ist der aktuelle Zustand des Rechnersystems ausschlaggebend, um die dynamischen Anforderungen an Ressourcen zu befriedigen. Der Fokus der Lastverteilung wandert vom Anforderungsprofil hin zur Last im Rechnersystem und damit zur Verbesserung der Systemleistung.

Zwei Beispiele von Umgebungen verdeutlichen den Bedarf an dynamischer Lastverteilung:

- In einem *Workstation-Modell* [S 96, W 98] sind die Workstations mehrerer Benutzer miteinander vernetzt. Dabei kann eine Workstation entweder gerade benutzt sein, das heißt es laufen Prozesse, oder sie ist unbenutzt (idle) und könnte Berechnungen übernehmen. Die Aufgabe der Lastverteilung besteht darin, Prozesse auf unbenutzte Workstations auszulagern und damit Last von den ursprünglichen Rechnern zu nehmen. Wesentlich ist, dass ein zurückkehrender Benutzer, der neue Jobs startet, Vorrang auf seiner Workstation haben muss.
- In einem *Prozessorpool* [S 96, W 98] nimmt ein zentraler Server Prozesse von Nutzern, die über Terminals verbunden sind, entgegen, und verteilt sie dynamisch auf die Rechner im Pool. Jeder Nutzer erhält dabei eine passende Anzahl von Prozessoren je nach Parallelisierungsgrad der Anwendung.

Die Aufgaben, die im Rahmen der Lastverteilung durchzuführen sind, entsprechen den Aufgaben eines *Regelkreises* [L 92]. Dabei sind folgende Komponenten zu unterscheiden:

- eine Komponente zur *Lasterfassung* oder *Lastmessung* (Messfühler),
- eine *Lastbewertungskomponente* (Regler),
- eine *Lastverschiebekomponente* (Stellglied).

Der Sachverhalt ist auch in Abb. 8.6 aus [L 92] dargestellt.

Je nachdem, wo die Lastbewertung erfolgt, ist zwischen *anwendungsintegrierter* Lastverwaltung und *systemintegrierter* Lastverwaltung zu unterscheiden. Bei ersterer ist diese Komponente in das Programmsystem integriert und das Anwendungsprogramm hat die Kontrolle darüber. Bei letzterer befinden sich alle Komponenten der Lastverwaltung im Rechnersystem, und damit auch die Kontrolle [L 92].

Eine wichtige Klassifizierung von Lastverteilungsverfahren unterscheidet zwischen *Load Sharing* und *Load Balancing* oder auch *Lastverteilung* und *Lastausgleich* [L 92]. Load Sharing hat zum Ziel, Prozesse so zu verteilen, dass kein Rechner ungenutzt bleibt,

Abb. 8.6 Regelkreis

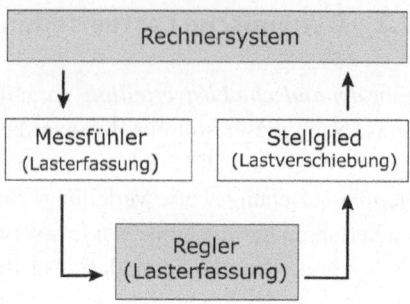

solange noch passende Prozesse auf anderen Rechnern warten. Load Balancing geht weiter als Load Sharing. Ziel ist es, die Verteilung der Last im gesamten System möglichst ausgeglichen zu halten. Das führt zu einer größeren Häufigkeit von Tasktransfers [SS 94]. Für Load-Balancing-Verfahren in einer gegebenen Umgebung muss abgeschätzt werden, ob der größere Aufwand auch durch den Gewinn der Lastverteilung wieder ausgeglichen wird. Die folgenden Ausführungen beziehen sich auf Load Balancing, falls Load Sharing nicht explizit erwähnt wird.

Die Verfahren lassen sich ferner nach *zentralen Verfahren* mit einem Load Balancer auf einem Prozessor und nach *dezentralen Verfahren*, bei denen die Aufgaben auf die Rechner des Systems verteilt sind, unterscheiden. Nähere Informationen dazu enthalten die Abschn. 8.2.1 und 8.2.2.

Bei der Betrachtung des Wirkungsbereiches [L 92] der Lastverwaltung kann zwischen drei Varianten unterschieden werden:

- minimaler Wirkungsbereich (gewöhnlich die direkten Nachbarn),
- maximaler Wirkungsbereich, das heißt das gesamte System,
- megrenzter Wirkungsbereich dazwischen. Die Wirkungsbereiche müssen so gewählt werden, dass das gesamte System überdeckt ist.

Eine weitere Unterscheidungsmöglichkeit betrifft die Verfahren mit und ohne Migration. Migration bedeutet ein Unterbrechen und Verschieben von bereits laufenden Prozessen (*preemptive*). Sie ist ungleich komplexer als die Variante, bei der nur neu hinzukommende Prozesse im System zu verteilen – zu platzieren – sind (*non-preemptive*). Die Bezeichnung preemptive aus dem Englischen bedeutet *bevorrechtigt* und steht hier für den Vorrang von Prozessen, die andere, laufende Prozesse unterbrechen können. Im Deutschen werden diese Vorgänge daher auch unterbrechend und nicht unterbrechend genannt. Eine *Prozessplatzierung* oder Initial Placement, das ist die Verteilung neuer Tasks oder Prozesse, ist trivialerweise immer erforderlich. *Prozessmigration* kommt auch zentral vor, ist jedoch eher bei dezentralen Verfahren sinnvoll. Deshalb ist der Abschnitt für diese Verfahren weiter in 8.2.2.1 (Ohne Migration) und Abschn. 8.2.2.2 (Mit Migration) unterteilt.

Ein Spezialfall der dynamischen Lastverteilung sind adaptive Verfahren, die ihre Parameter dynamisch an den aktuellen Systemzustand anpassen. So kann etwa die Ermittlung

8.2 Dynamische Lastverteilung

Abb. 8.7 Architektur Dynamische Lastverteilung

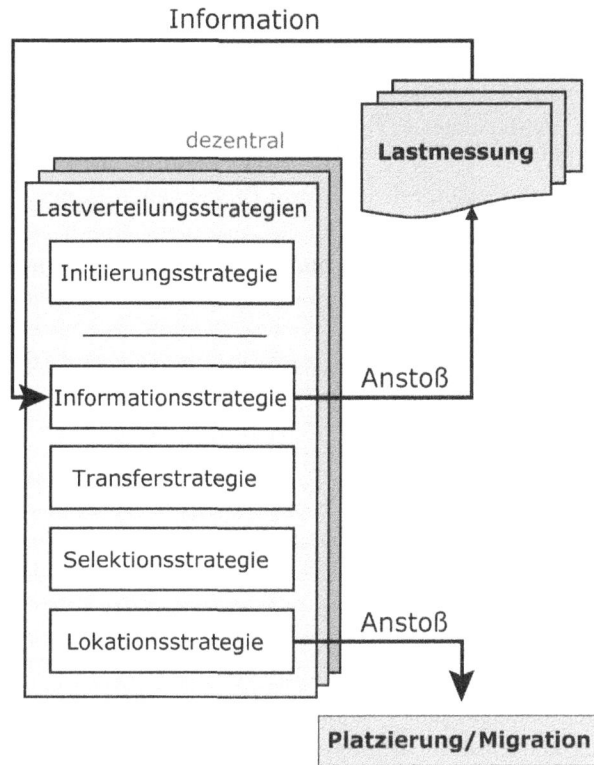

von Lastinformationen eingestellt werden, wenn das gesamte System stark ausgelastet ist und kaum Möglichkeiten einer Verbesserung bestehen [SS 94]. Damit fällt der Overhead dieser Systemkomponente weg. Auch Anpassungen aufgrund der Vorgeschichte sind denkbar [L 92].

Während Abb. 8.6 die gesamte Lastverwaltung als Regelkreis darstellt, zeigt Abb. 8.7 die Architektur einer automatischen dynamischen Lastverteilung. Die Lastbewertungskomponente mit dem Lastverteilungsalgorithmus (hier als *Lastverteilungsstrategie* bezeichnet) erhält Informationen aufgrund der Lastmessung und gibt gegebenenfalls den Anstoß zur Prozessplatzierung oder zur Prozessmigration.

Ein Lastverteilungsalgorithmus hat in der Regel vier Teilbereiche, denen Strategien (Policies) für die Bewältigung unterschiedlicher Aufgaben entsprechen. Zur gesamten Lastverteilungsstrategie gehört noch eine Initiierungsstrategie.

Diese fünf *Strategien* in Kurzfassung sind:

- Initiierungsstrategie (*Initiation Policy*), die festlegt, von welchen Knoten die Initiative zur Lastverteilungsaktivität ausgeht,

- Informationsstrategie (*Information Policy*), die bestimmt, wann Information ausgetauscht wird, von welchen Knoten Information angefordert beziehungsweise verbreitet wird und welche Informationen wichtig sind,
- Transferstrategie *(Transfer Policy)* zur Entscheidung, ob ein Lastausgleich erforderlich ist,
- Selektionsstrategie (*Selection Policy*), durch die ein zu transferierender Prozess ausgewählt wird,
- Lokationsstrategie (*Location Policy*) mit der bestimmt wird, welcher Knoten an einem als erforderlich erkannten Lastausgleich beteiligt sein soll.

Auch die nachfolgende detaillierte Betrachtung geht vom dezentralen Fall mit Migration aus. Wesentliche Einschränkungen oder Ergänzungen werden in den jeweiligen Abschnitten behandelt.

Initiierungsstrategien [W 99]: Bei *senderinitiierter* Strategie geht die Aktivität von den überlasteten oder stark ausgelasteten Rechnern aus, die ihre **Last abstoßen** wollen; bei *empfängerinitiierter* Strategie sind es die schwach ausgelasteten Rechner, die **Last anziehen** wollen. Auch eine Kombination beider Vorgehensweisen ist möglich, eine *symmetrisch initiierte* Strategie.

Informationsstrategien [W 99, SS 94]: Diese Strategien bestimmen, wann und von welchen Knoten Informationen gesammelt werden und welche Daten zu ermitteln sind. Der Zeitpunkt kann zum Beispiel aperiodisch nach Bedarf festgelegt sein, oder die Rechner können ihre Lastinformationen periodisch austauschen, wobei die Periode variabel sein kann und sich nach der jeweiligen Systemleistung richtet. Bei einer weiteren Strategie wird eine aktive Verbreitung von Informationen eines Knotens durch eine Zustandsänderung angestoßen. Möglicherweise ist der Aufwand für eine globale Informationssuche zu groß, und es ist festgelegt, dass die Suche nur lokal in einer bestimmten Nachbarschaft stattfindet. Umgekehrt kann die Lastverteilung umso genauer erfolgen, je mehr Information zur Verfügung steht.

Die Verteilung von Informationen über die Last auf den Rechnern eines Systems benötigt in jedem Fall Zeit, umso mehr, je weiträumiger Information ermittelt wird. Der Informationsstand ist dadurch praktisch immer etwas veraltet und kann so eine falsche Bewertung verursachen [W 98, L 92]. So besteht etwa bei einer senderinitiierten Strategie der Bedarf nach weitergehenden Festlegungen für den Fall, dass ein potentieller Empfänger bei Eintreffen eines zu übernehmenden Prozesses bereits wieder höher ausgelastet ist.

Transferstrategien [W 99, S 96, SS 94] entscheiden darüber, ob ein Rechner als Empfänger oder als Sender an einer Lastübertragung beteiligt sein kann. Üblich ist, mit Schwellenwerten (***Thresholds***) für die Last auf den betrachteten Prozessoren zu arbeiten. In einer Variante gibt es genau einen Schwellenwert als Übergang zwischen „Sender" (überlastet) und „Empfänger" (gering ausgelastet). Dieser kann statisch sein oder dynamisch der mittleren Last auf dem System angepasst werden [S 96]. Ein Nachteil ist, dass der Zustand eventuell ständig hin und her pendelt und zu Instabilitäten durch unsinnige

8.2 Dynamische Lastverteilung

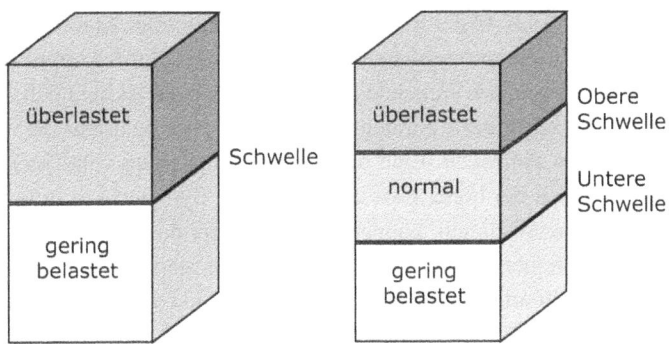

Abb. 8.8 Schwellwertstrategien

Transfers führt. Mit einer **Zwei-Schwellen-Strategie** (*Double-Threshold Policy*), die eine Übergangszone schafft, können die Instabilitäten der Ein-Schwellen-Strategie reduziert werden (s. Abb. 8.8 mit beiden Strategien zum Vergleich) [S 96]. Als **High-Low-Policy** (für oberen und unteren Schwellwert: High Mark, Low Mark) ist diese Strategie in [AC 88] enthalten.

Selektionsstrategien [SS 94]: Diese Strategien beziehen sich auf die Auswahl von Prozessen für eine Verteilung. Sie kommt zum Zug, sobald ein Knoten überlastet ist und zum potentiellen Sender wird. Ein wichtiger Punkt ist der Ausgleich des Overheads des Prozesstransfers durch die Einsparung an Rechenzeit. Um dies zu bestimmen existieren teilweise besondere Strategien (*Profitability Policies*) [W 99]. Als weiteres Kriterium ist zu beachten, dass eventuell verbleibende Systemaufrufe über das Netzwerk zusätzliche Last verursachen.

Lokationsstrategien: Hier wird ermittelt, welche Rechner als Empfänger und welche als Sender von Last infrage kommen. Dazu werden entweder Rechner einzeln abgefragt (Polling) oder die Abfrage erfolgt durch Sammelaufruf (Broadcast). Einzelabfragen können seriell oder parallel erfolgen, Knoten können zufällig dafür ausgewählt sein oder die Strategie stützt sich auf Informationen aus vorangegangenen Abfragen [SS 94]. Eine Abfrage kann sich nur an die Nachbarschaft richten oder global erfolgen [W 99]. Für die Abgabe von Prozessen kann bei einer Schwellenwert-Strategie eine Orientierung an den Thresholds (s. Transferstrategien) der potentiellen Empfängerknoten erfolgen. Der Empfänger darf nicht überlastet werden durch die Annahme des Prozesses. Weiterhin gibt es die Strategie, den Empfänger aus einer bestimmten Anzahl zufällig gewählter Knoten auszuwählen. Derjenige Knoten innerhalb der Gruppe mit der geringsten Last (falls nicht bereits überlastet) wird Empfänger. Schließlich sind noch **Auktionsstrategien** zu nennen sowie Strategien mit festen Paarungen zwischen stark belasteten und wenig belasteten Knoten [S 96].

Zum Abschluss der Beschreibung der verschiedenen Strategien zeigt eine Diskussion aus [SS 94] Auswirkungen sender- und empfängerinitiierter Strategien auf die Performance der Lastverteilung auf. In der Regel hat ein senderinitiierter Algorithmus Vorteile in geringausgelasteten Systemen; empfängerinitiierter Lastausgleich kommt hier meistens zu spät für die wenigen neu ankommenden Prozesse. Dagegen ist bei hoch ausgelasteten Systemen eine empfängerinitiierte Strategie geeigneter. Hier belasten die vielen Sender das System unnötig mit Anfragen. Eine dynamische Anpassung von Thresholds ist für senderinitiierte Methoden bei hoher Last zu empfehlen. Symmetrisch initiierte Systeme schaffen einen gewissen Ausgleich, können aber vor allem die Probleme der senderinitiierten Komponente bei hoher Last oft nicht beseitigen. Ein stabiler symmetrisch initiierter Algorithmus aus [SK 90] arbeitet mit zwei Thresholds und realisiert einen allmählichen Übergang zwischen den Initiierungsstrategien durch dynamisch angepasste Empfänger-, Sender-, und OK-Listen bei jedem Knoten. Ein stabiler senderinitiierter Algorithmus als Modifikation davon wird in [SS 94] beschrieben. Generell verursachen empfängerinitiierte Verfahren bei geringer Last nicht dieselben Probleme mit unnötigen Anfragen wie umgekehrt die senderinitiierten bei hoher Last, was an der freien Systemkapazität liegt, die diese Zusatzlast aufnehmen kann.

Für die dynamische Lastverteilung ist die **Lastmessung** die wichtigste Komponente (vgl. Abb. 8.7). Dabei handelt es sich häufig mehr um eine Abschätzung der aktuellen Last auf einem Knoten, für die verschiedene Parameter und Kriterien herangezogen werden können. Wie diese Knoteninformationen dann zu verteilen sind, ist Gegenstand der oben beschriebenen Informationsstrategien. Eine Lastmessung muss in kürzeren Zeitintervallen erfolgen, damit die Informationen für den Lastbewertungsalgorithmus den aktuellen Zustand wiedergeben. Sie muss daher effizient sein und beschränkt sich oft auf einen einzigen Parameter. Es kommen verschiedene Strategien zur Lastabschätzung in Betracht:

Eine einfache Methode ist die Zählung der Gesamtzahl der Prozesse auf dem betreffenden Knoten [S 96]. Die momentane Auslastung ist dadurch zwar wiedergegeben, aber ihre Entwicklung ist stark von den Restlaufzeiten der Prozesse abhängig.

Um dem zu begegnen, erfolgt eine Aufsummierung der Restlaufzeiten aller Prozesse, mit dem Problem, diese geeignet abzuschätzen [S 96]. Der Wert selbst kann eine prozessunabhängige Schätzung sein oder die Gesamtlaufzeit des Prozesses wird geeignet abgeschätzt und die verstrichene Laufzeit abgezogen.

Häufig ist auch die Bestimmung der Auslastung anhand der Länge der CPU-Warteschlange anzutreffen. Obwohl in vielen Fällen eine brauchbare Größe, kann es jedoch vorkommen, dass die Annahme vieler Prozesse stattfindet, bevor die ersten tatsächlich eintreffen, und es so zu Überlastung kommt. Abhilfe schafft ein Inkrementieren einer Hilfswarteschlange bei Akzeptanz eines Prozesses mit einem Timeout für das Dekrementieren bei ausbleibendem Prozess [SS 94]. Auch Faktoren wie etwa die Taktfrequenz eines Prozessors gehen in die Abschätzungen mit ein. Ferner sind Informationen aus vorangegangenen Läufen eines Prozesses bei wiederholter Ausführung hilfreich, um die durch diesen Prozess verursachte Last zu bestimmen [W 99].

Da die zuvor genannten Methoden bei modernen Rechnern mit einer größeren Zahl permanent existierender Prozesse kein aussagekräftiges Ergebnis liefern und die Länge der CPU-Warteschlange oft nicht allzu gut mit der tatsächlichen Last korreliert, wird haupt-

8.2 Dynamische Lastverteilung

sächlich auf die **CPU-Auslastung** zurückgegriffen. Sie ist definiert als die Anzahl der CPU-Zyklen die pro Zeiteinheit tatsächlich Prozesse ausgeführt haben [T 95]. Dieselbe Information kann auch alternativ die Leerlaufzeit des Prozessors liefern [BK 88].

Weitere Messgrößen können die freien Seiten im Speichersystem sein, da Speicherverfügbarkeit durchaus eine Rolle bei der Prozessvergabe spielt. Größen wie die Anzahl gesendeter oder empfangener Nachrichten oder die Menge an gesendeten oder empfangenen Daten bestimmen die Kommunikationslast im verteilten System [W 98].

Die Ermittlung der Messgrößen zur Lastbestimmung benötigt einen Monitoring-Prozess, der seinerseits Last auf die Knoten bringt [SS 94]. Diese zusätzliche Last sollte die Messung nicht zu stark beeinträchtigen [W 98].

Ähnlich wie im statischen Fall, können Prozesse verschiedenen Klassen zugeordnet sein, die Formulierung und Lösung des Load-Balancing-Problems beeinflussen [LK 98]. Außerdem wird der Load-Balancing-Prozess vereinfacht, wenn ein System dedizierte Datenserver hat. Wenn Daten zusätzlich bewegt werden müssen, ergibt sich dadurch noch einmal zusätzlicher Overhead [W 99].

8.2.1 Zentrale Lastverteilungssysteme

Bei der *zentralen Lastverteilung* gibt es eine zentrale Lastbewertungskomponente mit vier der in Abb. 8.7 dargestellten Strategien. Eine besondere Initiierungsstrategie ist hier nicht gegeben. Die Lastmessung muss natürlich auch hier lokal auf jedem einzelnen Knoten eines Systems erfolgen, und auch eine eventuell vorgesehene Migration ist selbstverständlich ein verteilter Vorgang, der die beteiligten Rechner umfasst. Der zentrale Serverknoten mit der Lastbewertung kann auch ein dedizierter **Lastausgleichsserver** sein. Eine zentrale Lastbewertung muss entweder maximalen Wirkungsbereich haben oder eine Menge von begrenzten Wirkungsbereichen, die das gesamte System abdecken.

Ein einfaches Beispiel aus dem Parallelen Rechnen ist die **Prozessorfarm** [OA 02], die auch in Abschn. 6.2.2.4 als Master-Worker-Schema beschrieben ist. Der Master führt die sequentiellen Anteile eines Programms aus und verteilt parallele Teile an die Worker. Informationen der Worker hält der Master zentral. Sie sind dessen Entscheidungsgrundlage. Die Initiierung erfolgt durch die Worker, die nach Bearbeitung einer zugewiesenen Rechenlast neue Tasks beim Master anfordern (ereignisgesteuert).

Durch die Zentralisierung, insbesondere den Zusammenfluss aller System- und Lastinformationen sowie der Informationen über alle zu verteilenden Prozesse bei einer Instanz, kann diese sehr effizient Entscheidungen insbesondere zur Platzierung von Prozessen treffen. In der Regel erfolgt eine Statusauffrischung seitens der Knoten, häufig ist diese periodisch. Dadurch lässt sich das Altern von Information eher vermindern als durch Anfrage seitens des Servers [S 96].

Die Zuverlässigkeit einer zentralen Lastverteilung stellt ein Problem dar. Der zentrale Serverknoten ist der Flaschenhals für den Informationsfluss. Sein Ausfall bedeutet den Zusammenbruch der Lastverteilung für das gesamte System. Durch das Anlegen von Replikaten des Servers lässt sich die Ausfallwahrscheinlichkeit stark herabsetzen. Der Aufwand, diese ständig konsistent zu halten, ist sehr hoch. Strenge Konsistenz wird allerdings als verzichtbar angesehen, so dass ein einfacherer Mechanismus zur Aktualisierung der Severkopien ausreicht [S 96]. Wenn kurzzeitige Verzögerungen von wenigen Sekunden akzeptabel sind, sind Serverkopien verzichtbar. Stattdessen kann eine bestimmte Anzahl von Knoten den Server überwachen. Bei Serverausfall kann ein neuer Serverprozess auf dem registrierenden Knoten gestartet werden, der sich die benötigten Informationen neu beschafft und seine Arbeit aufnimmt [TL 89].

Ein weiterer Minuspunkt für die zentralen Verfahren ist ihre schlechte Skalierbarkeit [ZLP 96].

Teilweise wird Information über das System vom zentralen Serverknoten aus wieder verteilt an die Knoten des Systems, damit diese, etwa bei einer Migration oder zur Einschätzung der eigenen Auslastung darauf zugreifen können. Ein Beispiel dafür ist ein zentraler Algorithmus aus [FMD 98]: Er verteilt den Wert der mittleren Systemlast an alle Prozessoren, die dann in drei Klassen (*ungenutzt, überlastet* und *die anderen*) eingeteilt werden. Der Algorithmus bringt ungenutzte und überlastete Knoten zusammen. Den Grad der Über- und Unterlast berücksichtigt der Rendezvous-Algorithmus [DFM 95]. Im allgemeinen Fall erfolgt eine Einteilung in die Klassen *Überlast, Unterlast, Durchschnittliche Last*.

Das von [HLA 95] vorgestellte Verfahren **SASH** (*Self-Adjusting Scheduling for Heterogeneous Systems*) ist ein Beispiel für zentralen Lastausgleich mit einem dedizierten zentralen Serverknoten. Es arbeitet mit einer Variante des Branch-and-Bound-Verfahrens und ist insofern interessant, als es Schedules untersucht und dabei wiederholt Phasen durchläuft, an deren Ende die verplanten Tasks bei den zugewiesenen Prozessoren in die Warteschlange eingereiht werden.

Das Lastverwaltungssystem **Condor** der University of Wisconsin-Madison [C 07] ist ein vielfach genutztes, ausgereiftes System, das mit einem zentralen Manager für die Lastverteilung arbeitet. Es wird in Workstation-Netzwerken eingesetzt, um ungenutzte (idle) Rechner für die Bearbeitung rechenintensiver Prozesse zu nutzen. Condor, das auch in Gridumgebungen als Lastverteiler zum Einsatz kommt, hat einige bemerkenswerte Eigenschaften.

Workstation-Umgebungen sind selten rein homogene Umgebungen, so dass im Allgemeinen nicht alle Knoten des Systems die Anforderungen von Prozessen erfüllen. Darum ist das **Matchmaking**-Konzept ein Kernstück von Condor. Die Anforderungen der Clients und das Angebot der Rechner sind in so genannten Classified Advertisments (Class-Ads) spezifiziert. Die ClassAds werden von Agenten für die Benutzer und für die Rechenknoten an einen Matchmaker übergeben. Diese zentrale Komponente stellt die passenden ClassAds zusammen und übergibt sie den beteiligten Agenten, denen die Umsetzung durch so genanntes Claiming obliegt. Der Vorgang des Matchmakings nach [NSW 04, Kap. 9] ist in Abb. 8.9 dargestellt.

Bei Workstations handelt es sich um Rechner, die bei Bedarf einem Besitzer zur Verfügung stehen müssen. Sie sollen dann nicht durch fremde Prozesse belastet werden. Aus

8.2 Dynamische Lastverteilung

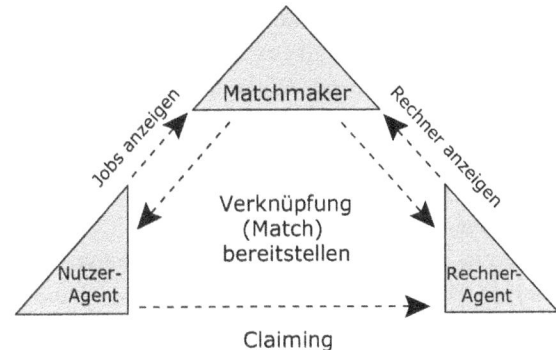

Abb. 8.9 Condor-Matchmaking

diesem Grund muss Condor präemptiv arbeiten. Ferner kann Condor auch periodisch testen, ob es für laufende Prozesse nicht einen besseren Rechner findet. Condor führt damit nach der oben dargelegten Einteilung zwar kein vollständiges Load Balancing, aber doch ein Load Sharing durch. Die Migration der Prozesse wird durch die **Checkpointing**-Funktionalität von Condor unterstützt, die den Zustand der Prozesse sichert und damit die Wiederaufnahme des Prozesslaufs nach der Migration ermöglicht. (Für eine ausführliche Beschreibung der Vorgänge bei einer Prozessmigration s. Abschn. 8.2.2.2)

LoadLeveler® [LL 01] ist eine kommerzielle Cluster Management Software (CMS) von IBM. Ein Lastausgleich erfolgt über einen zentralen Manager, der neue Jobs an einen geeigneten Knoten zuweist. LoadLeveler unterstützt Checkpointing und Migration. Das System ist gut skalierbar und fehlertolerant.

8.2.2 Dezentrale Lastverteilungssysteme

Bei *dezentraler Lastverteilung* verfügen mehrere oder sogar alle Rechner eines Systems über eine Lastbewertung, die die Lastverteilungsstrategien (siehe Abb. 8.7) implementiert. Es sind auch gemischte Verfahren denkbar; zum Beispiel kann die Informationshaltung zentral erfolgen, während die eigentliche Bewertung mit den Entscheidungen zum eventuellen Lastausgleich dezentral erfolgt. Selektionsstrategien müssen je nachdem, wer den Lastausgleich initiiert, nur noch den jeweils anderen Partner festlegen. Die Wirkungsbereiche aller Lastbewertungskomponenten im System müssen sich überlappen, um einen Lastfluss durch das gesamte System zu gewährleisten und sie müssen auch das gesamte System abdecken.

Die dezentralen Lastverteilungsalgorithmen lassen sich in *kooperative* und *nicht-kooperative* Verfahren unterteilen [S 96, L 92]. Kooperative Verfahren sind komplexer als nicht-kooperative, da hier die einzelnen Lastverteilungseinheiten miteinander kommunizieren – etwa Lastinformationen austauschen – um einen gemeinsamen Algorithmus auszuführen. Mithin wird mehr Overhead produziert. Dagegen agieren die nicht-kooperativen Einheiten völlig autonom. Kooperation kann auch so vonstatten gehen, dass verschiedene Lastbewertungseinheiten verschiedene Teile eines Algorithmus' ausführen. Schließlich gibt es noch eine indirekte Kooperation, die auf der Wechselwirkung durch überlappende Wirkungsbereiche beruht. Kooperative Algorithmen gelten als stabiler als nicht-kooperative.

Im dezentralen Fall ist noch eine **Strategie der Prioritätszuweisung (*Priority Assignment Policy*)** erwähnenswert [LT 86]. Die Zuweisung kann entweder egoistisch mit Bevorzugung lokaler Prozesse, altruistisch mit Bevorzugung fremder Prozesse oder ausgeglichen in Abhängigkeit von der Anzahl an lokalen beziehungsweise fremden Prozessen erfolgen. Die beste Leistungssteigerung erbringt die altruistische Variante, wenngleich sie aus der Sicht eines Rechnerbesitzers sicher nicht ganz einsichtig ist.

Mit einem dezentralen System wird der Flaschenhals bezüglich des Informationsflusses zentraler Systeme vermieden. Es ist deshalb flexibler und kann rascher auf dynamische Veränderungen reagieren. Jede Komponente läuft parallel und im Allgemeinen unabhängig von den anderen. Sie trifft Entscheidungen für die Knoten in ihrem Wirkungsbereich, in der Regel nach einer systemweiten Zielfunktion. Im Extremfall einer vollständigen Dezentralisierung gelten die Entscheidungen einer Komponente ausschließlich für die (ankommenden und abgehenden) Prozesse des eigenen Knotens [S 96].

Dezentrale Algorithmen sind deutlich ausfalltoleranter als die zentralen Verfahren. Auf der Negativseite erhöhen sie die Systemlast, indem der Informationsaustausch auf mehrere beziehungsweise alle Prozessoren des Systems übergeht. Massiv parallele Systeme benötigen schon aus Gründen der Skalierbarkeit ein dezentrales Lastverteilungsverfahren [W 99, CLZ 99].

Obwohl der Informationsaustausch bei rein dezentralen Verfahren zwischen den einzelnen Knoten stattfindet, erfolgt nicht immer ein Sammelaufruf (Broadcast) an alle oder eine Anfrage bei allen. Er ist – nicht zuletzt aus Gründen der Systembelastung – oft auf eine gewisse Nachbarschaft beschränkt. Durch die Überlappung von Wirkungsbereichen kommt es allerdings nach einer ausreichenden Anzahl von Lastverteilungsdurchläufen zu einer globalen Verteilung von Information [W 99, CLZ 99].

Beim ***Tiling-Algorithmus*** [DFM 95] ist das gesamte Rechnernetz in nicht überlappende Bereiche eingeteilt. Innerhalb dieser Bereiche erfolgt in jedem Lastausgleichsschritt ein vollständiges präemptives Load Balancing. Für den Folgeschritt werden die Bereiche jeweils leicht verschoben, so dass sie die alten Knoten nur zum Teil beinhalten und Last langsam durch das System wandern kann. Beim ***Average-Neighbor-Algorithmus*** ist das Netz ebenfalls in Bereiche aufgeteilt, die sich hier jedoch überlappen. Von einem zentralen Prozessor in einem Bereich (Insel) aus wird die Last innerhalb der Insel verteilt und kann durch die Überlappungen gleichmäßig durch das System wandern. Wegen der allmählichen Bewegung von Last durch das System und dem damit über viele Schritte hinweg verbundenen globalen Lastausgleich spricht man in Analogie zu physikalischen Phänomenen von Diffusion (***Diffusive Algorithmen*** [CLZ 99]).

Wenn jeweils nur zwei direkte Nachbarn Last austauschen (***Nearest Neighbor*** [W 99]) wird die Last solange vom stärker ausgelasteten zum geringer ausgelasteten Knoten weitergegeben, solange ein solches Gefälle existiert. Ein Diffusionsparameter im Intervall [0,

8.2 Dynamische Lastverteilung

1] bestimmt den Anteil der Lastdifferenz zwischen den beiden beteiligten Knoten, der verschoben wird. Es gibt, abhängig von der Architektur des Netzwerkes, weitere Möglichkeiten des zweiseitigen Lastaustausches. In einem Gitter oder **Hypercube** lässt sich ein Gradientenmaß definieren, so dass Last immer in Richtung des größten Gradienten fließen kann. In einem Hypercube können jeweils zwei benachbarte Knoten entlang einer festen Dimension Last austauschen, wobei die Dimension bei jedem Lastausgleichsschritt wechselt. Nach einem Umlauf ist die Last für alle Knoten ausgeglichen. Mit diesem Prinzip ist es auch möglich, im Hypercube der Dimension n mit bis zu 2n − 3 unterbrochenen Verbindungen dennoch einen Lastausgleich durchzuführen [W 97].

Die Nearest-Neighbor-Verfahren sind auch ein gutes Beispiel für direkte kooperative Verfahren, bei denen aufgrund von Lastinformationen beider Knoten eine Zusammenarbeit beim Lastausgleich stattfindet.

Die steigende Komplexität verteilter Systeme, die aus der Größe der Systeme (Nutzer, Prozesse, Prozessoren) und aus der steigenden Heterogenität (Anwendungen und Ressourcen) resultiert, hat selbstverständlich auch Einfluss auf die Anforderungen an Lastverteilungsmethoden. Diese Entwicklung wird seit längerem schon erkannt und eine neue Klasse von Algorithmen soll ihr begegnen [F 96, S 96]. Dabei handelt es sich um Verfahren, die auf dem ökonomischen Prinzip des Wettbewerbs beruhen und die eine besondere Lokationsstrategie bieten. Sie arbeiten mit Agenten, die eigennützige Ziele verfolgen und in die beiden Klassen Kunden (*Clients*) und Lieferanten (*Suppliers*) eingeteilt sind. Diese Agenten repräsentieren dann die Anwendungen mit ihrem primären Ziel der Optimierung der eigenen Performance und die Computersysteme mit dem primären Ziel der Gewinnmaximierung, dem Ziele wie Erhöhung des Durchsatzes und Steigerung der Systemperformance untergeordnet sind. Auch Modelle mit kooperierenden Agenten sind vertreten. Neben den Agenten werden auch Geld und eine Preisbildung modelliert. Für letztere sind neben Warenbörsen (*Commodity Markets*) auch verschiedene Auktionsmodelle (*Auction Markets*) gebräuchlich. Daneben kommen auch spieltheoretische Modelle vor [F 96]. Ein Problem der Verfahren sind starke Nachfrageschwankungen. Sie führen zu starken Preisschwankungen und in der Folge zu übermäßiger Migration.

8.2.2.1 Lastausgleich ohne Migration

Wenn ein Lastverteilungsverfahren ohne Prozessmigration arbeitet, ist der Aufwand sehr viel geringer als bei der Einbeziehung der Migration. Ein vollständiges Load Balancing ist jedoch nicht zu erreichen, da die Auswahl an Prozessen mit entsprechenden Lasten geringer ist und zu jedem Zeitpunkt nur die gerade ankommenden Prozesse zum Lastausgleich beitragen. Der Untergrund an länger im System befindlichen, laufenden Prozessen, aus denen der Ausgleichsmechanismus schöpfen kann, fehlt. Es liegt eher ein Load Sharing vor.

Bezüglich der Strategien für Lastausgleichsverfahren ändert sich nicht viel. In der Gesamtsicht (Abb. 8.7) fehlt natürlich die Migration. Als *Initiierungsstrategie* eignet sich praktisch nur die senderbasierte Strategie, aus demselben Grund wie ein vollständiger Lastausgleich kaum zu erreichen ist. Ein potenzieller Empfänger wird sich vergeblich bemühen, wenn es zum Zeitpunkt seiner Anfrage keine neu ankommenden Prozesse gibt. Bei den *Transferstrategien* fallen bei den Entscheidungsprozessen jeweils die Teile weg, die präemptive Transfers in Betracht ziehen müssen, und der Vorgang wird dadurch einfacher. Einfacher wird auch die Abschätzung des Transferaufwands bei der *Selektion*, da dieser für Prozessplatzierung viel geringer ist als für Prozessmigration.

Ein Beispiel für einen einfachen dezentralen Algorithmus ohne Migration ist der *Zufallsalgorithmus* [SS 94]. Das Verfahren schickt von jedem Prozessor aus die dort ankommenden neuen Tasks an zufällig ausgewählte Knoten im gesamten Netz. Die Wahrscheinlichkeit, einen Prozess zu erhalten, ist für jeden Knoten gleich.

8.2.2.2 Lastausgleich mit Migration

Das Ziel des Load Balancing, die Lastverhältnisse in einem verteilten System stets ausgeglichen zu halten, erfordert außer einer optimalen Platzierung neuer Tasks auch, Last durch laufende Prozesse von einem überlasteten Knoten im Netz abzubauen und sie zu gering belasteten oder unbelasteten Knoten zu transferieren. Das bedeutet, laufende Prozesse auszulagern beziehungsweise zu migrieren. *Migration* in dezentralen Systemen ermöglicht den höchsten Grad an Lastausgleich. Dieser Abschnitt beschreibt ausführlich diese Prozessmigration und geht am Ende noch kurz auf andere Migrationsformen (Code- und Jobmigration) ein.

Systeme mit der Möglichkeit zur Migration bieten folgende Vorteile [S 96, SS 94]:

- Verringern von Laufzeiten durch parallele Prozessausführung oder Transferieren auf schnellere CPUs. Voraussetzung ist, dass der Gewinn die Kosten der Migration überwiegt.
- Erhöhen des Durchsatzes durch Nutzung freier Kapazitäten.
- Reduktion der Netzwerkbelastung durch kürzere Wege zu zusätzlich benötigten Ressourcen, auch hier unter Beachtung der Migrationskosten.
- Verlässlichkeit erhöhen, indem zum Beispiel kritische Prozesse auf verlässliche Rechner transferiert oder Kopien der Prozesse angelegt und transferiert werden.
- Zur Bewältigung von Lastspitzen oder heterogener Lastverteilung.
- Transferieren von Prozessen bei Shutdowns oder wenn Besitzer von Rechnern eigene Jobs starten.
- Transfer auf Rechner mit höheren Sicherheitsanforderungen.
- Ständige Umverteilung kann auch das Verhungern (starvation) von Prozessen vermeiden.

An dieser Stelle interessieren die Vorteile, die Last verringern und zur Leistungssteigerung beitragen.

An einen Migrationsmechanismus sind unter anderen folgende Anforderungen zu stellen [S 96]:

- Transparenz bezüglich Objektnamen und -orten, Systemaufrufen sowie Interprozesskommunikation.

8.2 Dynamische Lastverteilung

- Transparenz gegenüber dem Nutzer, der eine Migration nicht bemerken soll.
- Möglichst geringe Kosten für den Transfer und die spätere Ausführung auf dem neuen Knoten.
- Keine Restabhängigkeit zum alten Knoten, da Zugriffe mit zusätzlicher Last verbunden wären und die Fehlertoleranz abnimmt.

Im Migrationsfall kommen zu den bisherigen Lastverteilungsstrategien (siehe Abb. 8.7) noch *Migrationsstrategien* hinzu. Sie sind eigentlich Selektionsstrategien, denn sie legen auch fest, welche Prozesse ausgewählt werden können. Einmal geht es dabei um die Anzahl von Migrationen, die für einen bestimmten Prozess erlaubt sind [S 96]. Völlige Freiheit hat den Nachteil, dass Instabilitäten begünstigt werden. Daher kann eine bestimmte Anzahl festgelegt sein, die nicht überschritten werden darf (*Migrationsbegrenzung*). Diese kann zum Beispiel auch von der Prozessgröße abhängen. Bei der Auswahl kann es auch eine Rolle spielen, wie lange ein Prozess schon ohne Unterbrechung läuft.

Der Ablauf einer Migration kann folgendermaßen unterteilt werden:

- Die *Initiierunsstrategie* ist entweder sender- oder empfängerseitig.
- Die Transferentscheidung wird nach einer der oben beschriebenen *Transferstrategien* vorgenommen.
- Ein zu migrierender Prozess auf dem Quellknoten wird gewählt nach einer *Selektionsstrategie*.
- Eine der *Lokationsstrategien* entscheidet über den Zielknoten, zu dem der Prozess auszulagern ist.
- Der Transfer wird durchgeführt. Die Ortstransparenz wird am ehesten gewährleistet, wenn der komplette Prozesszustand transferiert wird [SS 94].

Die Durchführung der Migration besteht aus folgenden Einzelaktivitäten [S 96]:

- Einfrieren des Prozesses,
- Transfer des Adressraums und des Prozesszustands auf den Zielknoten,
- Weiterleitung von Nachrichten für den migrierenden Prozess,
- Ermöglichen der Fortführung der Kommunikation mit Koprozessen,
- Aktivieren des Prozesses auf dem Zielknoten.

Zum *Einfrieren* muss der Prozess entweder sofort oder nach einem nicht-unterbrechbaren Systemaufruf blockiert werden. Schnelle E/A-Operationen werden zu Ende geführt, bei langsamen muss für eine korrekte Weiterführung nach dem Neustart gesorgt sein. Informationen zu geöffneten Dateien sind festzuhalten.

Der *Transfer des Adressraums* und der Zustandsinformationen kann nach drei Methoden durchgeführt werden (Abb. 8.10–8.12) [S 96]:

Abb. 8.10 Vollständiges Einfrieren

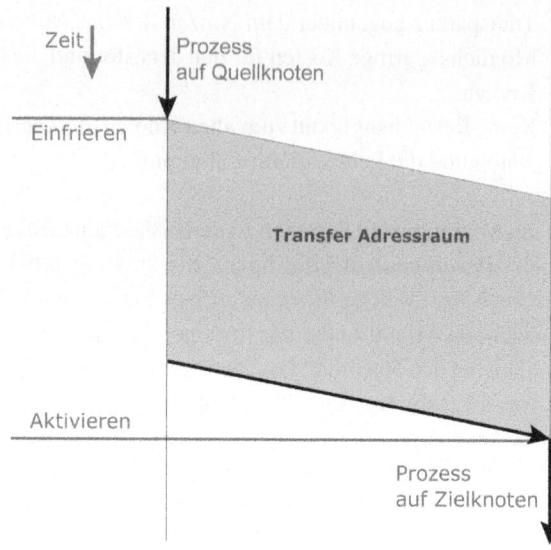

Abb. 8.11 Vortransferierung

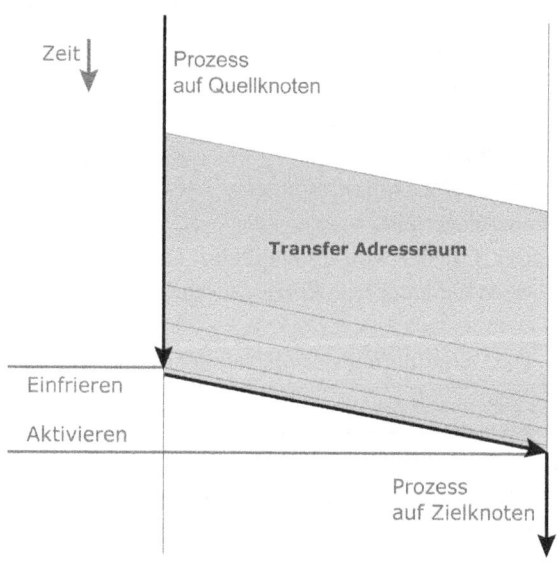

- *Vollständiges Einfrieren*: Der Prozess bleibt während der gesamten Prozedur gestoppt. Das Vorgehen ist langsam, es kann zu Timeouts kommen und der Nutzer kann, besonders bei interaktiven Prozessen, beeinträchtigt sein.
- Bei *Vortransferierung* (auch Pre-Copying) transferiert den Adressraum des noch laufenden Prozesses. Seiten, die der Prozess währenddessen modifiziert, werden sukzessive in abnehmender Zahl nachgeladen, bis nur noch wenige restliche Seiten nach dem Stoppen des Prozesses zu transferieren sind. Die Einfrierzeit des Prozesses ist reduziert, die Gesamtzeit kann sich aber wegen des redundanten Nachladens erhöhen.

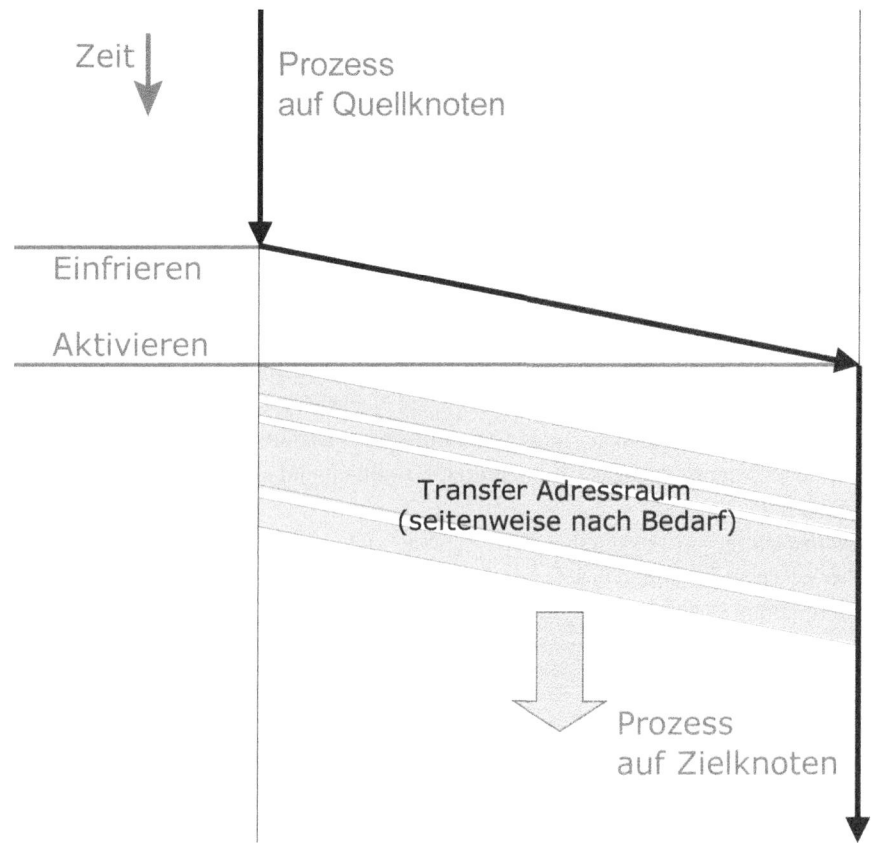

Abb. 8.12 Transfer bei Referenzierung

- *Transfer bei Referenzierung* (auch Copy-on-Reference): Bei dieser Methode wird der Adressraum auf dem Quellknoten zurückgelassen und der Prozess zunächst auf dem Zielknoten gestartet. Seiten werden sukzessive bei Bedarf nachgeladen. Für die Migration ist die Zeitersparnis zwar hoch, auf der anderen Seite sind die Kosten für die weitere Ausführung hoch, und durch die andauernde Abhängigkeit vom Quellknoten vermindert sich die Fehlertoleranz. Die durch solche Restabhängigkeiten hervorgerufenen Probleme werden durch mehrfache Migration noch verstärkt.

Bei *Nachrichtenweiterleitung* werden drei Typen unterschieden [S 96]:

- Nachrichten, die, während der Prozess eingefroren ist, am Quellknoten eintreffen,
- Nachrichten, die nach der Weiterführung auf dem Zielknoten beim Quellknoten eintreffen,
- Nachrichten, die nach der Weiterführung erst an den Prozess versendet werden.

Es gibt vier Methoden, mit den Nachrichten zu verfahren [S 96]:

- *Rücksendung* mit der Maßgabe, es erneut zu probieren, wobei der Sender den Empfänger selbstständig ausfindig machen muss. Der Vorteil ist, dass keine Zustandsinformation des migrierten Prozesses auf dem Quellknoten zurückbleibt, jedoch ist die Ortstransparenz gegenüber dem Sender verletzt.
- *Weiterleitung vom Ursprungsknoten* aus: Der Quellknoten leitet eintreffende Nachrichten weiter, wodurch der Prozess von diesem Knoten abhängig bleibt. Das Weiterleiten verursacht zusätzliche Last. Außerdem sind spätere Prozessoren verpflichtet, den Ort des Prozesses jeweils dem Ursprungsknoten bekannt zu machen.
- *Wiederholte Weiterleitung*: Nachrichten des Typs 1 werden zum Abschluss des Migrationsvorgangs noch hinterher gesendet. Spätere Nachrichten werden über alle eventuell vom Prozess durchlaufenen Knoten weitergeleitet. Dadurch hängt der Prozess nach mehrfacher Migration sogar von mehreren Knoten ab und auch die Last wird entsprechend erhöht.
- *Aktualisierung* von potentiellen Sendern: Nachrichten des Typs 1 und 2 werden hinterher gesendet. Während des Transfers werden alle mit dem zu migrierenden Prozess in Verbindung stehenden potentiellen Sender von Nachrichten über den neuen Ort des Prozesses informiert. Damit werden die Nachteile der anderen Methoden weitgehend vermieden.

Die Behandlung von Koprozessen kennt zwei grundsätzliche Möglichkeiten [S 96]:

- *Verbot der Trennung*: Auf die Beendigung von Kindprozessen wird gewartet. Elternprozess und Kindprozesse müssen gemeinsam migriert werden. Dadurch kann Parallelisierungspotential nicht genutzt werden.
- *Kommunikation über den Ursprungsknoten* erlaubt die unabhängige Migration. Dies hat wieder die bekannten Nachteile der erhöhten Last und der geringeren Fehlertoleranz.

Nach der kompletten Übertragung des Gesamtzustands des zu migrierenden Prozesses auf den Zielknoten erfolgt dessen Aktivierung, und der alte Prozess auf dem Quellknoten kann gelöscht werden.

Die beschriebenen Prozeduren funktionieren in homogenen Systemen. In heterogenen Systemen mit verschiedenen Architekturen, Laufzeitumgebungen, Bibliotheken und Utilities gestaltet sich eine Prozessmigration schwieriger. Datenformate sind in der Regel anzupassen. Eine ausführliche Diskussion dieses Sachverhalts sprengt den Rahmen dieses Buches. [S 96] und [TS 06] bieten bei tiefergehendem Interesse einen Einstieg in die Thematik.

Nach einem Modell von Fuggetta et al. [FPV 98] wird der Adressraum einschließlich Prozesszustand in drei Segmente unterteilt:

8.2 Dynamische Lastverteilung

- Codesegment,
- Ressourcensegment (Daten, Drucker, andere Prozesse, etc.),
- Ausführungssegment (Zustand, Laufzeitstapel, etc.).

Die so genannte **Codemigration** wird unterschieden in *schwache* und *starke* Migration [TS 06]. Bei der schwachen Codemigration wird nur das Codesegment transferiert; ein Beispiel sind Java Applets. Bei starker Migration wird auch das Ausführungssegment übertragen; sie entspricht der Prozessmigration.

Betrachtet man **Jobs** in einer Form, in der sie aus einzelnen **Threads** (oder Prozessen) aufgebaut sind, die auch parallel laufen und miteinander kommunizieren können, dann lassen sich verschiedene Stufen der Unterbrechung unterscheiden [FRS 97]:

- Ohne Migration: Ein Job läuft von Anfang bis Ende auf den einmal zugewiesenen Prozessoren.
- Lokale Unterbrechung: Die Unterbrechung von Threads wird zwar ermöglicht, etwa aus Prioritätsgründen, sie werden aber auf demselben Prozessor später fortgeführt.
- Migration: Einzelne Threads können von Prozessor zu Prozessor migrieren (entspricht der oben beschriebenen Prozessmigration).
- *Gang Scheduling*: Dabei werden alle Threads eines Jobs simultan behandelt. Sie werden also simultan unterbrochen und wieder fortgeführt, entweder ohne Migration auf denselben Prozessoren oder mit Migration von Prozessen. Ziel ist es beim Gang Scheduling, parallel laufende, kommunizierende Threads nicht einzeln zu unterbrechen, damit keine Wartezeiten entstehen und je nach Prozessor- oder Systemlast auch Verhungern (starvation) auftreten kann.

Zum Abschluss soll nun noch die Stabilität von dynamischen Lastverteilungsverfahren mit Migration betrachtet werden. Der Begriff **Thrashing** [W 99, S 96] kennzeichnet einen Systemzustand, bei dem die Leistung sehr stark abfällt, weil der oder die Prozessoren nur mit unsinnigen Aufgaben beschäftigt sind, die sich wechselseitig bedingen. Es tritt auf, wenn jeder Prozessor unabhängige Scheduling-Entscheidungen treffen kann. Ein Beispiel ist eine Ein-Schwellen-Transferstrategie, bei der ein überlasteter Prozessor einen Prozess an einen gering belasteten abgibt, sich dadurch die Lastverhältnisse umkehren und der betreffende Prozess permanent hin- und her geschoben wird [W 99].

Ferner können auch ein oder mehrere Prozessoren Last auf einen gering belasteten Knoten auslagern und damit eine Kaskade von Migrationen auslösen, die zwar den jeweils betroffenen Knoten entlasten, aber insgesamt das System nur noch mehr belasten [S 96].

Gegenmaßnahmen sind zum Beispiel das Sammeln von Informationen über Migrationen und das Vermeiden von Schleifen aufgrund dieser Kenntnisse über die Vorgeschichte [S 96]. Instabilitäten resultieren nicht zuletzt auch aus dem Determinismus der Verfahren, etwa immer den am geringsten belasteten Prozessor zur Migration heranzuziehen. Ein gewisses Maß von Zufall kann hier zum Beispiel verhindern, dass mehrere Prozessoren nahezu gleichzeitig denselben Empfänger für das Auslagern ihrer Last wählen.

Mehr Informationen zu algorithmisch induzierten Instabilitäten sind in [CK 88] zu finden.

8.3 Grid Scheduling

Der wesentliche Unterschied eines Grids zu anderen verteilten Systemen liegt darin, dass die Gridressourcen über beliebig viele administrative Domänen verteilt sind. In der Bewältigung dieser zusätzlichen Schwierigkeit liegt auch die Besonderheit des *Grid Scheduling*. Ein *Job* im Grid Scheduling ist jeder Vorgang, der Ressourcen benötigt. Auch der Begriff *Ressource* ist im Grid sehr weit gefasst. Es kann sich dabei um alles handeln, was ein Job für seine Aufgabe benötigt und das ihm über einen Scheduling-Prozess zugeführt werden kann. Natürlich ist auch hier die Rechenleistung der Rechner im Grid der am meisten interessierende Ressourcentyp [NSW 04, Kap. 2].

Ein weiteres Merkmal im Grid Computing ist die hohe Dynamik in Grid-Systemen. Diese tritt zum einen bei den Anwendungen auf, die unvorhersehbar völlig unterschiedliche Charakteristiken aufweisen können. Zum anderen betrifft es die Ressourcen. Der zur Verfügung stehende Pool ändert sich häufig in seiner Zusammensetzung und bezüglich der Nutzungsbedingungen.

Koallokation hat im Grid Computing eine sehr große Bedeutung. Dabei sind für eine Anwendung mehrere Ressourcen verschiedener Typen gleichzeitig erforderlich und somit vom Scheduler auch zur selben Zeit einzuplanen [CFK 99].

In der Regel wird es in einem Grid so sein, dass innerhalb einer Domäne lokale Scheduler für die dortigen Rechner zuständig sind. Ein Grid Scheduler besitzt die Ressourcen nicht, er hat oft auch nicht die Kontrolle über alle Jobs. Er agiert im Auftrag eines bestimmten Gridnutzers. Seine Informationen bezieht ein Grid Scheduler aus einem *Grid-Informationssystem* (GIS), zum Beispiel das *Globus Monitoring and Discovery System* (MDS4) in der Grid Middleware Globus Toolkit 4 [GT 07].

Der gesamte Prozess des Grid Scheduling kann in drei Phasen mit jeweils mehreren Einzelschritten unterteilt sein [NSW 04, Kap. 2]:

- Phase 1: Ressourcensuche,
- Phase 2: Systemauswahl,
- Phase 3: Jobausführung.

Die *Ressourcensuche* ermittelt eine Menge von Ressourcen, die in Phase 2 in die engere Wahl kommen. Sie müssen bestimmte minimale Anforderungen erfüllen. Phase 1 lässt sich in drei Einzelschritte unterteilen:

- *Autorisierungsfilter*: Hier werden dieselben Anforderungen gestellt wie in normalen verteilten Systemen. Der Nutzer muss autorisiert sein, auf die Ressource zuzugreifen. Im Grid ist lediglich die Anzahl an Ressourcen sehr viel größer, so dass es sinnvoll ist, die Ressourcen ohne Zugriffsrecht gleich zu Beginn herauszufiltern.

8.3 Grid Scheduling

- *Definition der Anwendungsanforderungen*: Der Nutzer spezifiziert minimale Anforderungen, die der Job an die gewünschten Ressourcen stellt. Dieser Schritt deutet auf eine interaktive Vorgehensweise in dieser Phase des Grid Scheduling hin, wie sie heute häufig anzutreffen ist. Eine automatische Vorgehensweise würde diesen Schritt vor das Scheduling verlegen. So können Anforderungen etwa in einer Workflowdefinition des Jobs hinterlegt sein, die dem Grid Scheduler eingangs zu übergeben ist [HD 03, SJQ 06].
- *Filtern bezüglich Anwendungsanforderungen*: Die im zweiten Schritt angegebenen oder den Jobs bereits mitgegebenen Anforderungen schränken die Menge der bislang in Frage kommenden Ressourcen weiter ein.

Anforderungen der Anwendung kann sich auf bestimmte Betriebssysteme und Prozessoren, Speicherplatz, Laufzeitumgebungen, das Netzwerk und Datenzugriffsmöglichkeiten beziehen. Sie können auch Vorgaben bezüglich Antwortzeiten oder Kosten machen.

Bis zu diesem Punkt wird Vorwissen aus dem Job benutzt, um eine Ressourcenvorauswahl zu treffen. Die nächste Phase ist der *Systemauswahl*, der endgültigen Auswahl eines Rechnersystems (oder auch von Einzelrechnern) gewidmet. Ohne Zugriff auf einzelne Knoten muss nach der Auswahl des Systems ein lokaler Scheduler die weitere Verteilung übernehmen. Hier sind zwei Einzelschritte zu unterscheiden:

- *Dynamische Informationsbeschaffung* über ein GIS oder auch über lokale Scheduler. Bestimmte Nutzungsbedingungen sind zu beachten.
- *Systemauswahl*: An diesem Punkt erfolgt dann die dynamische Lastverteilung im Grid, jedenfalls soweit der Grid Scheduler aufgrund seiner Berechtigungen dazu in der Lage ist. Hier ist auch die Gelegenheit, insbesondere bei der Verteilung von mehreren Jobs gleichzeitig, die Lastverteilung zu optimieren. In Grids ist eine multikriterielle Optimierung angebracht, da verschiedene Beteiligte verschiedene Schwerpunkte setzen. Ein Beispiel für ein Lastverteilungssystem ist Condor (s. a. Abschn. 8.2.1), das sich inzwischen auch als Grid-System etabliert hat und dessen Matchmaking-Technik an dieser Stelle zum Einsatz kommt.

Für die Phase 3, die *Jobausführung*, soll hier nur ein kurzer Überblick gegeben werden, da sie mit der Lastverteilung nur insofern zu tun hat, als die Ergebnisse des Grid Scheduling in dieser Phase umzusetzen sind. Sie ist unterteilt in einen optionalen Schritt der *Reservierung* von Ressourcen. Die nächsten Schritte sind die *Jobübergabe*, ein *Vorbereitungsschritt*, zum Beispiel zum Transfer benötigter Daten, die *Jobüberwachung* zur Laufzeit, um Fortschritte melden zu können, die *Beendigung der Jobs* und *Aufräumarbeiten*.

Die Qualität der Ressourcenzuteilung kann verbessert werden, wenn Voraussagen über die zu erwartende Performance einer Grid-Anwendung gemacht werden können [NSW 04, Kap. 3]. Es sind drei Methoden verfügbar:

- Die **Theoretische Vorhersage** hängt von der Kenntnis der Anwendung und ihrer Berechnungsmodelle ab.
- **Vorhersagen aus der Vorgeschichte** hängen davon ab, wie oft die Anwendung unter denselben Voraussetzungen ausgeführt wird.
- Als weitere Möglichkeit bleiben die **Vorhersagen aus Testläufen**.

Die Bereitstellung von dynamischen Informationen zur Performance von Grid-Ressourcen, wie CPU-Auslastungen und Datendurchsatz im Netzwerk, ist für das Grid Scheduling ebenso notwendig wie die Kenntnis von statischen Informationen, die sich während einer normalen Programmlaufzeit nicht ändern, wie zum Beispiel CPU-Taktfrequenzen.

Systeme, die Performance-Daten liefern, stellen drei Basisfunktionalitäten zur Verfügung [NSW 04, Kap. 14]:

- **Monitoring**: Sammlung und Verwaltung von Performance-Daten,
- **Vorhersage**: Berechnung von Vorhersagewerten der zukünftigen Performance,
- **Bereitstellung** der Daten in verschiedenen Formaten für verschiedene Scheduler.

Der **Network Weather Service (NWS)** [WSH 99] ist ein solches Performance-Vorhersagesystem, das mit verschiedenen Grid-Infrastrukturen kompatibel ist. Die Monitoring-Daten und damit die Vorgeschichte sind die Grundlage für die Vorhersagen.

Neben dem erwähnten Condor-System sind weitere Schedulingsysteme im Einsatz:

- **LSF®** [LSF 07]: Das kommerzielle Produkt Platform LSF® (Load Sharing Facility) kommt als lokales Schedulingsystem zum Einsatz (*lower-level*) und wird von globalen Grid Schedulern angesprochen (*higher-level*) [NSW 04, Kap. 12].
- **PBS** [P 07]: Das Portable Batch System, das als OpenPBS verfügbar ist und in einer kommerziellen Version PBS Professional®, gehört als Queuing-System ebenfalls zu den lower-level Schedulern.
- **Maui** [CRM 07] ist ein Open-Source-Scheduler, der mit verschiedenen Ressourcenverwaltungssystemen zusammenarbeiten kann; er erweitert dabei deren Möglichkeiten, etwa im **Prioritätsmanagement** oder zur Optimierung der Schedules.
- **Silver** [CRS 07] (kommerzieller Produktname: Moab Grid Scheduler®) ist ein Grid Scheduler, der auf Maui aufbaut. Als **Meta-Scheduler** erlaubt er die **Zusammenarbeit** mit mehreren verteilten Ressourcenverwaltungen in Grids.

Die genannten Systeme sind **Job Scheduler**, das sind Scheduler, die über Domänengrenzen hinweg die ankommenden Anwendungen bedienen. Sie finden auch in herkömmlichen verteilten Systemen Verwendung. Demgegenüber gehören **Application-Level Scheduler** zu den jeweiligen Anwendungen, die ihre eigenen Scheduling-Entscheidungen treffen [NSW 04, Kap. 18]. Ein Beispiel ist

Abb. 8.13 Job Scheduler und Application-Level Scheduler

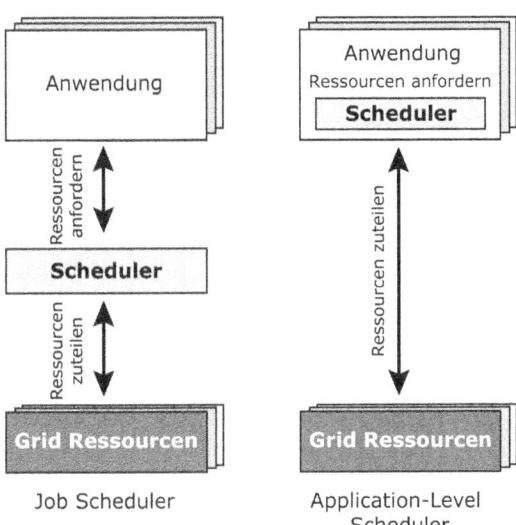

- *AppLeS*: Der Application Level Scheduler ermöglicht so genanntes adaptives *Scheduling* für Grid-Anwendungen. Jeder Anwendung ist ein Agent zugeordnet, der die Scheduling-Aufgabe übernimmt. [BWC 03].

Abbildung 8.13 zeigt schematisch die Arbeitsweise der beiden Typen (analog zu [NSW 04, Kap. 18]).

Die Einteilung von **Grid Scheduling-Algorithmen** in verschiedene Kategorien unterscheidet sich praktisch nicht von der Einteilung in anderen verteilten Systemen. Eine Taxonomie in [DA 06] gibt einen guten Überblick über verschiedene Kategorien und auch Informationen und Referenzen zu einer Vielzahl von Algorithmen und Verfahren. Taxonomien, die verschiedene Aspekte des Grid Scheduling betreffen, und Beschreibungen von Algorithmen finden sich auch in [NSW 04] und [W 07]. Besondere Bedeutung gewinnen im Grid Scheduling auch ökonomische Modelle (s. a. Abschn. 8.2.1). Eine weitergehende Darstellung dieser Ansätze ist im Rahmen dieses Werkes nicht möglich. Zum Einstieg in die Thematik sei auf [B 02] und [FSY 06] verwiesen.

Literatur

[AC 88] Alonso, R., Cova, L.L.: Sharing Jobs among Independently Owned Processors. Proceedings of the 8th International Conference on Distributed Computing Systems, IEEE, New York, 282–288, 1988.

[ACD 03] Andrews, T., Curbera, F., Dholakia, H., Goland, Y., Klein, J., Leymann, F., Liu, K., Roller, D., Smith, D., Thatte, S., Trickovic, I., Weerawarana, S.: Business Process Execution Language for Web Services, Version 1.1. Specification, BEA Systems, IBM Corp., Microsoft Corp., SAP AG, Siebel Systems, 2003.

[AHP 06] Alt, M., Hoheisel, A., Pohl, H.-W., Gorlatch, S.: A Grid Workflow Language Using High-Level Petri Nets. R. Wyrzykowski et al. (Eds.), PPAM 2005, LNCS 3911, pp. 715–722, Springer, Berlin, Heidelberg, 2006.

[B 02] Buyya, R.: Economic-based Distributed Resource Management and Scheduling for Grid Computing. Dissertation, Monash University, Melbourne, Australia, 12. April 2002.

[B 07] Brucker P.: Scheduling Algorithms. Fifth Edition. Springer Verlag 2007.

[BK 06] Brucker P., Knust S.: Complex Scheduling. Springer Verlag 2006.

[BK 88] Bonomi, F., Kumar, A.: Adaptive Optimal Load Balancing in a Heterogeneous Multi-server System with a Central Job Scheduler. Proceedings 8th Int. Conf. on Distributed Computing Systems, San Jose, CA, 1988, Computer Society Press, Washington, D.C., 500–508.

[BWC 03] Berman, F., Wolski, R., Casanova, H., Cirne, W., Dail, H., Faerman, M., Figueira, S., Hayes, J., Obertelli, G., Schopf, J., Shao, G., Smallen, S. Spring, S., Su, A., Zagorodnov, D.: Adaptive computing on the Grid using AppLeS. IEEE Trans. on Parallel and Distributed Systems (TPDS), 14(4):369–382, 2003.

[C 07] Condor – High Throughput Computing, http://www.cs.wisc.edu/condor/, 2007.

[CFK 99] Czajkowski, K., Foster, I.T. Kesselman, C.; Resource Co-Allocation in Computational Grids. Proceedings of the 8th IEEE International Symposium on High Performance Distributed Computing, S. 37, 1999.

[CK 88] Casavant, T.L., Kuhl, J.G.: Effects of Response and Stability on Scheduling in Distributed Computing Systems. IEEE Trans. Softw. Eng., Vol. 14, No. 2, 141–154, 1988.

[CLZ 99] Corradi A., Leonardi L., Zambonelli F.: Diffuse Load-Balancing Policies for Dynamic Applications. IEEE Concurrency, Vol. 7, No 1, Jan.-March 1999.

[CRM 07] Cluster Resources Inc.: Maui Cluster Scheduler®. http://www.clusterresources.com/pages/products/maui-cluster-scheduler.php, 2007.

[CRS 07] Cluster Resources Inc.: Moab Grid Suite®. http://www.clusterresources.com/pages/products/moab-grid-suite.php, 2007.

[DA 06] Dong, F., Akl, S.G.: Scheduling Algorithms for Grid Computing: State of the Art and Open Problems. Technical Report 2006-504, School of Computing, Queen's University, Kingston, Ontario, January 2006.

[DFH 07] Dörnemann, T., Friese, T., Herdt, S., Juhnke, E., Freisleben, B.: Grid Workflow Modelling Using Grid-Specific BPEL Extensions. German e-Science 2007, Baden-Baden; http://www.ges2007.de

[DFM 95] Dekeyser, J.L., Fonlupt, C., Marquet, P.: Analysis of Synchronuous Dynamic Load Balancing Algorithms. ParCo '95, Gent, Belgium, Advances in Parallel Computing, Vol. 11, 455–462, 1995.

[F 96] Ferguson, D.F., Nikolaou, C., Sairamesh, J., Yemini, Y.: Economic Models for Allocating Resources in Computer Systems. In: Scott Clearwater, (ed.), Market-Based Control: A Paradigm for Distributed Resource Allocation, Scott Clearwater. World Scientific, Hong Kong, 1996.

[FMD 98] Fonlupt, C., Marquet, P., Dekeyser, J.: „Data-Parallel Load Balancing Strategies"; Parallel Computing, 24, 1665–1684, 1998.

[FPV 98] Fuggetta, A., Picco, G.P., Vigna, G.: Understanding Code Mobility. IEEE Trans. Softw. Eng., 24, 5, 342–361, May 1998.

[FQ 05]	Fahringer, T., Qin, J., Hainzer, S.: Specification of Grid Workflow Applications with AGWL: An Abstract Grid Workflow Language. In Proceedings of IEEE International Symposium on Cluster Computing and the Grid 2005 (CCGrid 2005), Cardiff, UK, May 9–12 2005, IEEE Computer Society Press.
[FRS 97]	Feitelson, D.G., Rudolph, L., Schwiegelshohn, U., Sevcik, K.C., Wong, P.: Theory and Practice in Parallel Job Scheduling. IPPS '97 Workshop on Job Scheduling Strategies for Parallel Processing, Geneva, April 1997.
[FSY 06]	Franke, C., Schwiegelshohn, U., Yahyapour, R.: Job Scheduling for Computational Grids. Forschungsbericht, Dortmund University, Department of Electrical Engineering and Information Technology, 2006.
[G 91]	Goscinski A.: Distributed Operating Systems – The Logical Design. Addison Wesley 1991.
[GGM 94]	Greenwood, G.W., Gupta, A., McSweeney, K.: Scheduling Tasks in Multiprocessor Systems Using Evolutionary Strategies. International Conference on Evolutionary Computation, pp. 345–349, 1994
[GL 87]	Greenblatt B., Linn G.J.: Branch and Bound Style Algorithms for Scheduling Communicating Tasks in a Distributed System. Proc. Of the IEEE Spring CompCon. Conf, 1987.
[GT 07]	The Globus® Alliance, http://www.globus.org/toolkit/mds/, 2007.
[H 75]	Holland J. J.; Adaption in Natural and Artifical Systems, Univ. of Michigan Press 1975.
[HD 03]	Hoheisel, A., Der, U.: An XML-based Framework for Loosely Coupled Applications on Grid Environments; P.M.A. Sloot et al. (Eds.): ICCS 2003, 245–254, Springer-Verlag Berlin Heidelberg, 2003.
[HKS 03]	Hovestadt, M, Keller, O.A., Streit, A.: Scheduling in HPC Resource Management Systems: Queuing vs. Planning. Proceedings of the 9th Workshop on Job Scheduling Strategies for Parallel Processing (JSSPP) at GGF8, Seattle, WA, USA, June 24, 2003, LNCS 2862, 1–20.
[HLA 95]	Hamidzadeh, B., Laija, D.J., Atif, Y.: Dynamic Scheduling Techniques for hetereogeneous Computing Systems. Concurrency: practice and Experience, Vol. 7, 633–652, 1995.
[IBM 01]	IBM: Web Services Flow Language (WSFL 1.0). http://xml.coverpages.org/WSFL-Guide-200110.pdf, May 2001.
[J 03]	Jansen K.: The mutual exclusion scheduling problem for Permutation and comparability graphs. Information and Computation 180, 2 January 2003.
[J 06]	Jakob, W: Towards an Adaptive Multimeme Algorithm for Parameter Optimisation Suiting the Engineers' Needs. In: Runarsson, T.P., et al. (eds.): Conf. Proc. PPSN IX, LNCS 4193, Springer, Berlin (2006) 132–141.
[KA 97]	Kwok Y.-K., Ahmad I.: Efficient scheduling of arbitrary task graphs to multiprocessors using a parallel genetic algorithm. Journal of Parallel and Distributed Computing Vol. 47, Number 1, 1997.
[KA 99]	Kwok, Y.-K., Ahmad, I.: Static Scheduling Algorithms for Allocating Directed Task Graphs to Multiprocessors. ACM Computing Surveys, 31 (4), 406–471, December 1999.
[L 92]	Ludwig, T.: Lastverwaltungsverfahren für Mehrprozessorsysteme mit verteiltem Speicher. Dissertation, Technische Universität München, 1992.

[LAA 02] von Laszewski, G., Alunkal, B., Amin, K., Hampton, S,, Nijsure, S.: GridAnt – Client Side Grid Workflow Management with Ant. http://www-unix.globus.org/cog/projects/gridant/, 2002

[LEE 92] Lee K.G.: Efficient parallelization of simulated annealing using multiple Markov chains: an application to graph partition. Proc. of the 1992 Int'l Conf. on Parallel Processing 1992.

[LHF 91] Lee B., Hurson A.R., Feng T.-Y.: A Vertically Layered Allocation Scheme for Data Flow Systems. Journal of Parallel and Distributed System Vol. 11, No. 3, 1991.

[LK 98] Li, J., Kameda, H.: „Load Balancing Problems for Multiclass Jobs in Distributed/Parallel Computer Systems"; IEEE Transaction on Computers, Vol. 47, No. 3, pp 322–332, 1998.

[LL 01] S. Kannan et al., IBM: http://www.redbooks.ibm.com/redbooks/pdfs/sg246038.pdf, 2001.

[LM 92] Lüling R. and B. Monien B.: Load Balancing for Distributed Branch & Bound Algorithms. Intern. Par. Processing Symp., IPPS 1992.

[LSF 07] Platform Computing Inc.: http://www.platform.com/Products/Platform.LSF.Family/Platform.LSF/Home.htm, 2007.

[LT 86] Lee, K.J., Towsley, D.: A Comparison of Priority-Based Decentralized Load Balancing Policies. Proceedings of the 10th Symposium on Operating System Principle, Association for Computing Machinery, New York, 70–77, 1986.

[M 94] Michalewicz, Z.: Genetic Algorithms + Data Structures = Evolution Programs. Springer, Berlin, 2nd edition, 1994.

[MS 01] Microsoft: XLANG – Web Services for Business Process Design. http://xml.coverpages.org/XLANG-C-200106.html, 2001.

[NSW 04] Nabrzyski, J., Schopf, J.M., Weglarz, J. (Hrsg.): Grid Resource Management – State of the Art and Future Trends. Kluwer Academic Publishers, 2004.

[OA 02] Osman, A., Ammar, H.: Dynamic Load Balancing Strategies for Parallel Computers, International Symposium on Parallel and Distributed Computing (ISPDC), Romania, July 2002.

[P 07] Altair Engineering, Inc.: PBS® GridWorks®. http://www.pbsgridworks.com, 2007.

[R 94] Rechenberg, I.: Evolutionsstrategie '94. Frommann-Holzboog Verlag, Stuttgart, 1994.

[S 90] Starke, P.H.: Analyse von Petri-Netz-Modellen. B.G. Teubner, Stuttgart, 1990.

[S 96] Sinha P. K.: Distributed Operating Systems, Concepts and Design. IEEE Press 1996.

[SJQ 06] Stucky, K.-U., Jakob, J., Quinte, A., Süß, W.: Solving Scheduling Problems in Grid Resource Management Using an Evolutionary Algorithm. R. Meersman, Z. Tari et al. (Eds.): OTM 2006, LNCS 4276, pp. 1252–1262, Springer-Verlag Berlin Heidelberg, 2006

[SK 90] Hivaratri, N.G., Krueger, P.: Two Adaptive Location Policies for Global Scheduling. Proc. of the 10th International Conference on distributed Computing Systems, 1990, 502–509.

[SS 94] Singhal, M., Shivaratri, N.G.: Advanced Concepts in Operating Systems. McGraw-Hill, Inc., 1994.

[ST 85]	Shen, C.C., Tsai, W.H.: A Graph Matching Approach to Optimal Task Assignment in Distributed Computing Systems with Minimax Criterion. IEEE Transactions on Computers, C-94, 197–203, 1985.
[T 95]	Tanenbaum A.: Distributed Operating Systems. Prentice-Hall 1995.
[TL 89]	Theimer, M.M., Lantz, K.A.: Finding Idle Machines in a Workstation-Based Distributed System. IEEE Transactions on Software Engineering, Vol 15, 1444–1458, 1989.
[TS 06]	Tanenbaum, A.S., van Steen, M.: Distributed Systems – Principles and Paradigms. Pearson – Prentice Hall, 2006.
[TTL 04]	Thain, D., Tannenbaum, T., Livny, M.: Distributed computing in practice: The condor experience. Concurrency and Computation: Practice and Experience, 2004.
[W 07]	Wieczorek, M., Prodan, R., Hoheisel, A.: Taxonomies of the Multi-criteria GridWorkflow Scheduling Problem. CoreGRID Technical Report Number TR-0106, August 21, 2007, Institute on Resource Management and Scheduling, CoreGRID – Network of Excellence, URL: http://www.coregrid.net, 2007
[W 97]	Wu, J.: Dimension-Exchange-Based Global Load Balancing in Faulty Hypercubes. Parallel Processing Practice and Experience, 9, 1, 41–61, 1997.
[W 98]	Weber M.: Verteilte Systeme. Spektrum Akademischer Verlag GmbH Heidelberg, 1998.
[W 99]	Wu J.: Distributed System Design. CRC Press 1999.
[WSH 99]	Wolski, R, Spring, N., Hayes, J.: The Network Weather Service: A Distributed Resource Performance Forecasting Service for Metacomputing. Future Generation Computer Systems, 15, 5–6, 757–768, 1999.
[ZLP 96]	Zaki, M.J., Li, W., Parthasarathy, S.; Customized Dynamic Load Balancing for a Network of Workstations. Proceedings of the 5th IEEE Int. Symp., HPDC, 1996, 282–291.7.

Virtualisierungstechniken 9

Virtualisierung ist eine Herangehensweise in der Informationstechnologie, die Ressourcen so in einer logischen Sicht zusammenfasst, dass ihre Auslastung optimiert wird und sie Anforderungen automatisch zur Verfügung stehen. Der Lösungsansatz besteht in der Verknüpfung von Servern, Speichern und Netzen zu einem virtuellen Gesamtsystem, aus welchem die Anwendungen direkt und bedarfsgerecht ihre Ressourcen beziehen.

Man muss unterscheiden zwischen der

- *Virtualisierung von Hardware*, die sich mit der Verwaltung von Hardware-Ressourcen, beschäftigt, und die
- *Virtualisierung von Software*, die sich mit der Verwaltung von Software-Ressourcen, wie z. B. Anwendungen und Betriebssystemen beschäftigt.

Eine Virtualisierung bietet vielfältige Vorteile:

- *Serverkonsolidierung* bedeutet Zusammenlegen vieler virtueller Server auf möglichst wenigen physikalischen Servern. Zur optimalen Ausnutzung der vorhandenen Hardware-Ressourcen können auf den physikalischen Hosts virtuelle Server mit aufeinander abgestimmten Leistungsmerkmalen sowie zueinander passenden Lastprofilen zusammengelegt werden. Daraus ergibt sich nicht nur eine Kostensenkung bei der Hardware, sondern die Konsolidierung führt auch im laufenden Betrieb zu einem niedrigeren Stromverbrauch und weniger Klimatisierungsaufwand.
- *Vereinfachte Administration*, die Zahl der physischen Server verringert sich. Bei den virtuellen Servern können sehr ausgereifte Managementwerkzeuge eingesetzt werden: Die Erstellung und Anpassung der einzelnen virtuellen Server ist durch Templates oder Installationsvorlagen leicht automatisierbar.
- *Vereinfachte Bereitstellung*: Verringern der Zeit für die Bereitstellung einer neuen Infrastruktur wie z. B. eines Servers innerhalb von Minuten mit hervorragenden Automatisierungsfunktionen.

- **Hohe Verfügbarkeit der Systeme und Services** ist gewährleistet durch Migrationsfähigkeit der Systeme und Services und durch einfaches Duplizieren oder Klonen der virtuellen Maschinen. Durch Replikation der physikalischen Ressourcen ist ein praktisch unterbrechungsfreier Betrieb bei Datensicherung, Hardware-Upgrades und Ausfällen möglich.
- **Service-Levels**: Virtualisierung bietet neue Möglichkeiten zur Vereinbarung von garantierten Ressource-Zuwendungen an Applikationen. Das Lastverhalten von Anwendungen kann damit sehr genau überwacht und eingestellt werden.
- **Optimierung von Software-Tests und Software-Entwicklung**: Unterschiedliche Testumgebungen, unterschiedliche Betriebssysteme und Versionen oder unterschiedliche Setups und Umgebungen sind ohne zusätzliche Hardware schnell aufzusetzen.
- **Unterstützung von alten Anwendungen**: Migrieren von sog. Legacy-Betriebssystemen und Legacy-Anwendungen, die auf neuer aktueller Hardware nicht mehr laufen würden (z. B. Windows NT4).
- **Höhere Sicherheit**: Einrichtung einer eigens hoch abgesicherten und isolierten virtuellen Installation für Internet-Dienste oder Web-Browser. Auch unternehmenskritische Anwendungen können in einer virtuellen Maschine gekapselt werden und in einer sicheren Umgebung ablaufen.

Die verschiedenen Techniken der Virtualisierung sind:

1. **Betriebssystemvirtualisierung**, welche die Ausführung mehrerer Betriebssysteme auf einem Rechner erlaubt.
2. **Java Virtuelle Maschine (JVM)**, welche die Ausführung von Programmen auf jedem Betriebssystem ermöglicht.
3. **Softwarevirtualisierung**, welche die lokale Ausführung von Programmen ohne vorherige Installation erlaubt.
4. **Hardwarevirtualisierung**, welche die Verwaltung von heterogenen Hardware-Ressourcen in sog. Ressource-Pools ermöglicht.

9.1 Betriebssystemvirtualisierung

Die Virtualisierung von Betriebssystemen erlaubt die Ausführung mehrerer Betriebssysteminstanzen auf einem Rechner. Das Gast-System ist hierbei stets für die gleiche CPU-Architektur ausgelegt (sonst spricht man von Emulation). Das Konzept der Betriebssystemvirtualisierung ist nicht neu: Es reicht zurück in die 1960er Jahre des vergangenen Jahrhunderts und stammt aus dem Umfeld der Großrechner. Dort stellt der sog. Virtuelle Maschinen-Monitor (VMM) oder Hypervisor jedem Benutzer einen spezifischen Anteil an Ressourcen als Kopie der unterliegenden Hardware in Form einer virtuellen Maschine zur Verfügung (Abb. 9.1).

9.1 Betriebssystemvirtualisierung

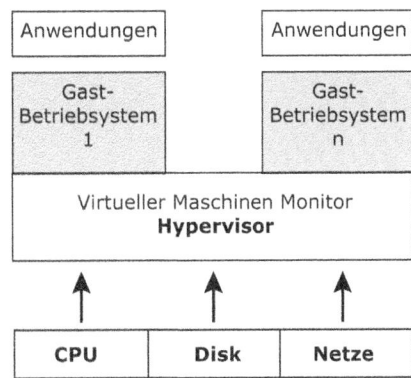

Abb. 9.1 Betriebssystemvirtualisierung

Es entsteht so die Illusion, jeder Benutzer besitze einen eigenen persönlichen Rechner mit allen Ein/Ausgabe-Operationen, Interrupts und Betriebsmodi des realen Rechners. Durch diese Technik können verschiedene Gastbetriebssysteme konkurrent auf einem einzigen physischen Großrechner laufen.

Das erste und bekannteste kommerziell eingesetzte Betriebssystem in diesem Umfeld war VM/370 von IBM, das auf Großrechnern als Trägersystem für eine Vielzahl von Betriebssystemen dienen kann wie z. B. MVS oder AIX. Auch der Betrieb von Dialogsystemen wie Conversational Monitor System (CMS) ist möglich. Die aktuelle Version z/VM unterstützt auch Linux-Instanzen.

Das **Control Program (CP)** sorgt für die Partitionierung und Zuteilung von Hardware-Ressourcen wie Prozessorleistung und Datenspeicher entsprechend der Anforderungen der Anwendungen [IBM 72]. Als Folge der enormen Leistungssteigerung der Mikroprozessoren gibt es die Virtualisierung inzwischen nicht nur auf leistungsstarken Großrechnern, sondern auch im Mikroprozessor-Bereich [I 06, A 06].

Mögliche Virtualisierungskonzepte bei Betriebssystemen sind:

- Vollvirtualisierung bildet einen kompletten Rechner inklusive BIOS nach und unterstützt mehrere unterschiedliche unmodifizierte Betriebssysteme nebeneinander.
- Containervirtualisierung erlaubt die mehrfache Ausführung desselben Betriebssystems auf einem Rechner.
- Paravirtualisierung virtualisiert Teilaspekte und kann entsprechend angepasste Betriebssysteme sehr performant unterstützen.

9.1.1 Vollvirtualisierung

Bei der Vollvirtualisierung stellt das Gastbetriebssystem der virtuellen Maschine im Idealfall alle Bereiche der physischen Hardware in Form von virtueller Hardware über spezielle Gerätetreiber zur Verfügung. Dadurch kann ein unverändertes Gastbetriebssystem in einer

Abb. 9.2 Vollvirtualisierung

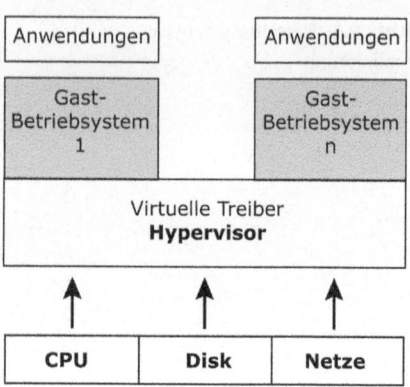

isolierten Umgebung ausgeführt werden. Wie Abb. 9.2 zeigt, sorgt der Hypervisor dabei für eine bedarfsgerechte Zuteilung der Ressourcen:

Als Beispiele für die Vollvirtualisierung sollen die Produkte der Firma VMware dienen [L 07].

VMware Workstation ist für den Einsatz unter einem Desktop-Betriebssystem konzipiert. Es kann damit unter den Wirtsbetriebssystemen Linux und Windows ein kompletter x86-PC bzw. x86-64-PC virtualisiert werden. Auf diesen virtuellen Systemen können die meisten x86 Betriebssysteme installiert und betrieben werden, wobei den virtuellen Maschinen Ressourcen des Hostsystems zur Verfügung stehen [VMP 07].

Für den Einsatz im Serverbereich wird *VMware Server* kostenfrei angeboten. Das Produkt unterscheidet sich von der Workstation-Version durch zusätzliche Leistungsmerkmale und bessere Managementfähigkeiten [VMS 07].

Der ***VMware ESX Server*** basiert auf einem VMware-eigenen Betriebssystemkern und benötigt daher kein Wirtsbetriebssystem. Dadurch ist prinzipiell eine höhere Performanz, Skalierbarkeit und Sicherheit möglich, da das Produkt speziell auf den Einsatzzweck als Virtualisierungsserver optimiert ist.

9.1.1.1 Hochverfügbarkeit und Lastausgleich

Die darauf aufbauende *VMware Infrastructure* erweitert den *ESX Server* um eine Hochverfügbarkeitslösung für Cluster und um automatischen dynamischen Lastausgleich (Load-Balancing). Das Verschieben von virtuellen Maschinen im laufenden Betrieb ermöglicht das zusätzliche Paket *VMotion*. Dies führt zu einer ausfallsicheren Plattform, die in ihren Managementfähigkeiten nahezu den Möglichkeiten eines Großrechners entspricht. So ist es möglich, Wartungsarbeiten wie z. B. Firmware-Upgrades oder Speichererweiterungen der Hosts ohne Betriebsunterbrechung durchzuführen [VMV 07]. Die neueste Entwicklung zielt darauf ab, den 32 MB großen Kernel des ESX-Servers direkt in das BIOS der physischen Server zu integrieren, so dass die Virtualisierungsplattform ohne weitere Softwareinstallation direkt nach dem Einschalten des Servers zur Verfügung steht.

Abb. 9.3 Containervirtualisierung

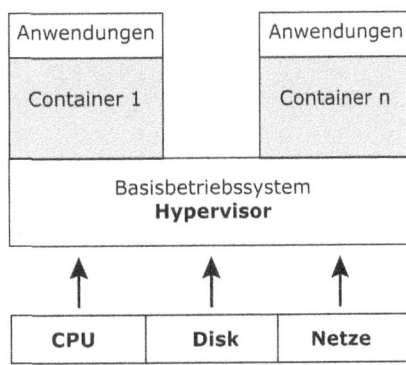

9.1.1.2 Managementfähigkeiten

Die Verwaltungssoftware *VirtualCenter* ermöglicht die zentrale Administration mehrerer VMware-Server und ESX-Server und deren virtueller Maschinen, inklusive zentraler Leistungsüberwachung und Steuerung. *VirtualCenter* besteht aus einer Serverkomponente mit Datenbank, den Software-Agenten auf jedem zu überwachenden Host, sowie einer oder mehreren Konsolen. Die Agenten überwachen den Zustand der Systeme und steuern die Ressourcenzuteilung. Die Kommunikation zwischen Konsole, Server und Agenten erfolgt über Web Services, das Informationsmodell orientiert sich dabei am weit verbreiteten Industriestandard **Common Information Model** [DMTF 07].

9.1.2 Containervirtualisierung

Virtualisierung durch Container stellt Anwendungen virtuell eine komplette Laufzeitumgebung innerhalb eines geschlossenen isolierten Bereichs zur Verfügung. Dadurch ist die mehrfache Nutzung eines einzelnen Betriebssystems möglich. Der Hypervisor startet auf dem Rechner kein zusätzliches, komplettes Betriebssystem, sondern die Container bilden lediglich aktuell in der Anwendung benötigte Teilfunktionalitäten des Wirtbetriebssystems ab, wie Abb. 9.3 veranschaulicht.

Der Vorteil dieses Vorgehens liegt in der guten Integration der Container an das Gastbetriebssystem. Der Nachteil dieses Konzepts besteht darin, dass die Containervirtualisierug ausschließlich die Plattform des Wirts unterstützt und man aus den Containern heraus keine Treiber laden kann. Beispiele für die Containervirtualisierung sind Produkte wie OpenSolaris [S 07], FreeBSD Jails [KW 07], Linux Vserver [Li 07] und Virtuozzo [P 08].

9.1.3 Paravirtualisierung

Die Paravirtualisierung startet auf einem Basisbetriebssystem zusätzliche Betriebssysteme virtuell neu, ohne jedoch Hardware zu virtualisieren oder zu emulieren. Die virtuell gestar-

Abb. 9.4 Paravirtualisierung

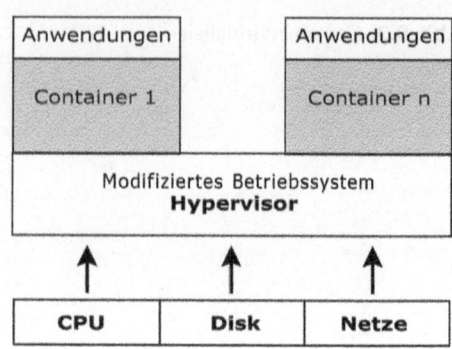

teten Betriebssysteme verwenden eine abstrakte Verwaltungsschicht, um auf gemeinsame Ressourcen wie Netzanbindung, Festplattenspeicher, Benutzerein/-ausgaben zuzugreifen, ohne dass spezielle Treiber zum Einsatz kommen (Abb. 9.4). In der Regel ist dazu aber eine Anpassung des Gastsystems nötig. Ein Beispiel für die Paravirtualisierung ist der Xen Hypervisor [RM 06]. Der Vorteil der Paravirtualisierung ist die sehr effiziente Ressourcennutzung: Die virtuellen Systeme laufen nahezu ebenso performant wie die physischen Systeme.

9.2 Virtuelle Maschine

Virtuelle Maschinen zur Interpretation des von einem Compiler erzeugten Zwischencodes gibt es in zwei Ausprägungen oder Ansätzen:

1. Java Virtuelle Maschine (JVM) und
2. das .NET-Framework mit der Laufzeitumgebung der Common Language Runtime (CLR).

9.2.1 Java Virtuelle Maschine (JVM)

Die Philosophie von Sun und Java ist, dass damit geschriebene Programme sofort auf allen Plattformen lauffähig sein sollen und auch immer dieselben Ergebnisse liefern. Die Java Virtuelle Maschine (JVM) emuliert zu diesem Zweck einen idealisierten Rechner, der auf jeder Plattform gleich funktioniert. Ein Java-Compiler übersetzt die Java-Programme zunächst in einen Bytecode, den die JVM anschließend auf den Zielplattformen interpretiert [C 06]. Die Bestandteile der JVM sind

- Klassenlader (Classloader),
- Konsistenzprüfer (Verifier),

Abb. 9.5 Ausführung eines Java-Applet

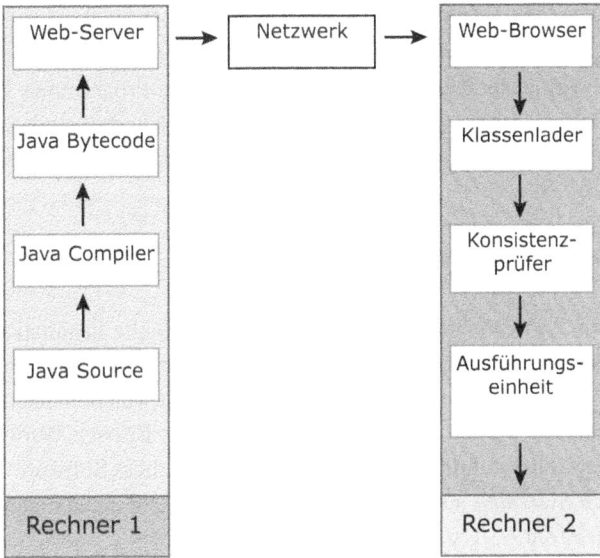

- Ausführungseinheit (Execution Engine) zur Interpretation des Bytecodes,
- Speicherverwaltung und automatische Speicherbereinigung (Garbage Collection).

Der Klassenlader kann Bytecode lokal oder über eine Netzverbindung laden, wobei er nach einer Konsistenzprüfung das auszuführende Programm an die Ausführungseinheit übergibt. Die Java-Laufzeitumgebung stützt sich dabei auf umfangreiche Java-Klassenbibliotheken.

Java bietet die Möglichkeit, Anwendungen zu entwickeln, die in unterschiedlichen verteilten Ausführungsumgebungen ablaufen können. Neben herkömmlichen Applikationen gibt es auch die Möglichkeit, über einen Web-Server auf einer fernen Maschine sog. *Applets* in Web-Browsern auszuführen, wie es das Abb. 9.5 veranschaulicht. Das Sicherheitskonzept von Java gewährleistet dabei, dass unbekannte Komponenten keinen Schaden anrichten können: Eine sog. *Sandbox* kapselt alle Operationen.

9.2.2 Common Language Runtime (CLR)

Die Philosophie von Microsoft mit dem .NET Framework ist, dass Programme, die in unterschiedlichen Programmiersprachen geschrieben sind, auf allen Rechnern mit der .NET-Plattform durch die *Common Language Runtime* (*CLR*) lauffähig sind (siehe auch Abschn. 5.11.6.1) Die CLR realisiert eine virtuelle Maschine, die eine ausreichende Abstraktion von der konkreten Basismaschine garantiert. Die virtuelle Maschine basiert wie die JVM auf einer abstrakten Stackmaschine, die nur Anweisungen einer Zwischensprache der *Common Intermediate Language* (*CIL*) ausführt. Die Compiler für die verschiedenen Sprachen (C++, C#, Java, Prolog, Haskell, ...) erzeugen die notwendige Zwischensprache und unterstützen das von der .NET-Plattform definierte Typsystem. Diese Zwischensprache wird erst zur Laufzeit des Programmes kompiliert und für die konkrete Basismaschine angepasst und optimiert. Weiterhin stellt sie Mechanismen zur Speicher- und Typverwaltung sowie eine Ausnahmebehandlung bereit.

9.3 Softwarevirtualisierung

Die Softwarevirtualisierung erlaubt die virtuelle Installation von Softwareprodukten oder Betriebssystemen auf einem Rechner. Voraussetzung dafür ist, dass über ein Netzwerk Zugang zu einem Installationsserver besteht, von dem nach Bedarf Softwarekomponenten geladen werden können. Die Vorteile sind: Bessere Wartbarkeit und größere Flexibilität der Softwareinfrastruktur. Prinzipiell ermöglicht Softwarevirtualisierung in sog. *verwalteten Systemen* auch die komponentenweise und zeitabhängige Verrechnung von Softwarelizenzen.

9.3.1 Services

Die Virtualisierung von Services macht Serveranwendungen für einen Klienten transparent über ein Netzwerk, als ob sie lokal laufen würden. Hierbei kommen auf der Seite der Klienten sehr oft sog. *„Thin Clients"* zum Einsatz, die nur ein minimales Betriebssystem zur Kommunikation und zur Ausführung der Anwendung besitzen und damit sehr preiswert in Beschaffung und Betrieb sind. Eine Studie der Fraunhofergesellschaft zeigt, dass im Vergleich zu individuell betriebenen PC-Systemen der Einsatz von Thin Clients die Unterhaltungskosten um einen Faktor 3 senken kann [K 07]. Die Klienten können dabei sowohl in einem Intranet als auch im Internet betrieben werden (Abb. 9.6). Das System bietet insbesondere Firmen Vorteile bei der sicheren Anbindung von externen Arbeitsplätzen, da ein Befall mit Schadsoftware quasi ausgeschlossen ist.

An erster Stelle sind in diesem Zusammenhang Terminal-Services zu nennen. Ein prominentes Beispiel sind die Dienste der Firma Citrix, die das Ausführen von Windows-

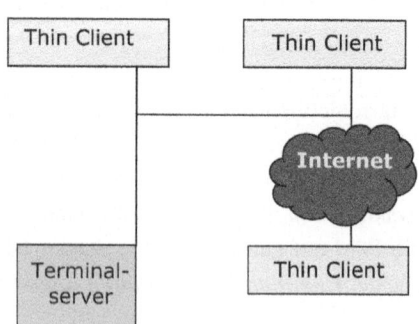

Abb. 9.6 Ausführung von Services auf Thin Clients

Anwendungen auf Unix-Klienten erlauben [L 05]. Die wichtigste Anwendung von Citrix heißt **Citrix Presentation Server**. Sie bietet die Möglichkeit, von einem beliebigen Computer/Device mit einem beliebigen Betriebssystem über das Internet auf eine Firmenanwendung zuzugreifen, ohne dass die eigentliche Firmensoftware auf dem verwendeten Rechner installiert sein muss; dort ist nur ein Citrix *Independent Computing Architecture (ICA)*-Client oder *Remote Desktop Protocol (RDP)*-Client installiert. Die Anwendung läuft dabei auf dem Server, und es werden nur die Grafikdaten übertragen. Da nur die Daten übertragen werden, die sich auch tatsächlich geändert haben, können die Terminaldienste auch auf langsamen Netzwerkverbindungen genutzt werden.

9.3.2 Anwendungen

Einen Schritt weiter geht die Virtualisierung von Anwendungen. Hier werden Desktop- oder Serveranwendungen lokal ausgeführt, ohne dass diese zuvor lokal installiert werden müssen. Für die *virtualisierte Anwendung* wird dazu eine virtuelle Umgebung generiert, die alle Dateien und Komponenten enthält, die das Programm zur Ausführung benötigt. Die virtuelle Umgebung wirkt dabei wie ein Puffer zwischen Anwendung und Betriebssystem, wodurch Konflikte mit anderen Anwendungen oder Betriebssystemkomponenten vermieden werden. So wird z. B. bei dem Produkt *SoftGrid* der Firma MicroSoft von einem Softwareserver bei Bedarf die Software (z. B. Office) zum Rechner des Anwenders übertragen, sobald dieser eine Anwendung aufruft, in ähnlicher Weise wie dies bei einem Online-Video der Fall ist. Kurz nach Beginn der Übertragung kann das Programm gestartet werden, wobei im Hintergrund weitere Komponenten übertragen werden. Damit dies funktioniert, muss zuvor auf dem PC des Anwenders lediglich der SoftGrid-Klient installiert werden. Der Vorteil dieses Vorgehens ist, dass bei einer größeren verteilten Installation von PCs jeder Rechner mit derselben identischen Softwareausstattung ausgeliefert werden kann. Die verschiedenen Anwendungen stehen dann über den Softwareserver nach Bedarf ohne weitere Installation wahlfrei zur Verfügung. Der Administrationsaufwand für große Installationen von PCs kann damit stark reduziert werden.

9.4 Hardware-Virtualisierung

Die Hardware-Virtualisierung verwaltet Ressourcen wie Prozessor, Hauptspeicher und Datenspeicher über die Firmware des Rechners und teilt diese einer virtuellen Maschine zu.

Die sog. **Partitionierung** unterteilt dabei ein Gesamtsystem dynamisch in Teilsysteme. Ein bekanntes Beispiel ist die Plattenpartitionierung bei der Installation von Betriebssystemen.

Die Partitionierungstechnik kommt z. B. bei IBM zum Einsatz in Großrechnern der zSerie [IBM 07] oder Midrange-Systemen der pSerie [IBM 08]. Ohne Neustart ist es möglich, im laufenden Betrieb eine Ressourcenzuteilung nahezu beliebig zu verändern. Auf einem Großrechner aktueller Bauart können auf diese Weise problemlos mehrere hundert bis tausend Linux-Instanzen gleichzeitig laufen.

Bei Mikroprozessoren gibt es diese Form der Partitionierung des Gesamtsystems nicht, sondern es wird lediglich die Partitionierung der CPU unterstützt, wie bei Intel Vanderpool oder AMD Pacifica. Zur Betriebssystemvirtualisierung stehen Public Domain-Softwareprodukte wie Xen [RM 06] oder kommerzielle Produkte wie VMware [L 07] zur Verfügung.

9.4.1 Prozessor

Bei aktuellen Prozessoren werden Virtualisierungsfunktionen direkt auf dem Chip unterstützt. Dabei gehen die Firmen Intel und AMD unterschiedliche Wege:

1. Die Secure *Virtual Machine Architecture Pacifica* von AMD erweitert die AMD64-CPUs um den so genannten *Secure Virtual Machine* (*SVM*)-Befehlssatz. Die neuen Befehle bieten virtuellen Maschinen Prozessor-Level-Support, indem sie vier verschiedene Privilegien anbieten. Normalerweise laufen wie in Abb. 9.7 gezeigt das Betriebssystem und die Treiber im so genannten Ring 0 (Kernel Mode) und Applikationen im Ring 3 (User Mode). Die neuen Befehle erlauben es, aus einem Betriebssystem heraus Virtuelle Maschinen in Ring 1, 2, oder 3 zu platzieren. Privilegierte Instruktionen in virtuellen Maschinen erzeugen Interrupts, so dass das Basissystem die volle Kontrolle über die Ressourcen behält.
2. Intels konkurrierende *Vanderpool*-Lösung mit der Bezeichnung VT-x für IA32-CPUs und VT-i für Itaniums implementieren dagegen den so genannten *Virtual Machine Extensions (VMX)*-Befehlssatz. Dabei gibt es mit „Root" und „Non-Root" zwei Betriebsmodi. Der Virtuelle Maschinen-Monitor (VMM) läuft im VMX Root-Modus und besitzt jederzeit die volle Kontrolle über den Prozessor und die Ressourcen, da damit prinzipiell ein höheres Privileg als Ring 0 implementiert ist. Die virtuellen Maschinen arbeiten im Non-Root-Modus, wobei auch privilegierte Befehle erlaubt sind. Es ist dabei für eine virtuelle Maschine nicht erkennbar, dass sie unter der Kontrolle eines VMM läuft.

AMDs Virtualisierungstechnologie Pacifica ist mit Vanderpool von Intel nicht kompatibel: AMD64-Prozessoren unterscheiden sich durch ihren integrierten Memory-Controller von Intels x86-CPUs. Hier hebt sich Pacifica wesentlich von Vanderpool ab, indem der Speicher-Controller ebenfalls virtualisiert wird. Eine weitere Eigenschaft von Pacifica stellt der Device Exclusion Vector (DEV) dar, der in virtuellen Maschinen Geräte behandelt, die ohne Hilfe des Prozessors direkt auf den Speicher des Systems zugreifen können.

Abb. 9.7 Privilegienstufen (PL) in den Ringen der CPU

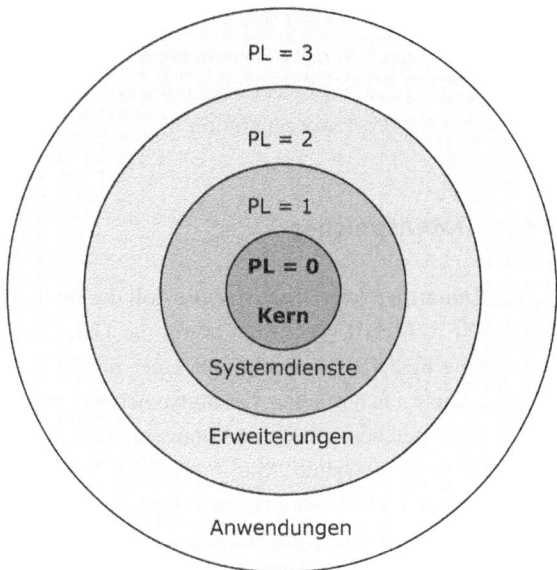

9.4.2 Hauptspeicher

Bei der *Hauptspeichervirtualisierung* handelt es sich um eine erweiterte Art der Speicherverwaltung, die inaktive Hauptspeicherbereiche automatisch auf Festplattenspeicher auslagert, um Platz für weitere Anwendungen zu schaffen. Hierbei entsteht ein großer *linearer Adressraum*, der den real eingebauten Hauptspeicher weit übertreffen kann. Ein explizites „Swap out" und „Swap in" von kompletten Prozessen wird dadurch prinzipiell überflüssig, da jedem Prozess genügend Speicher zur Verfügung steht.

Der *virtuelle Speicher* bezeichnet den vom tatsächlich vorhandenen Arbeitsspeicher unabhängigen Adressraum, der einem Prozess für Daten und das Programm vom Betriebssystem zur Verfügung gestellt wird. Eine *virtuelle Adresse* beschreibt einen Ort im Speicher eines Computersystems, dessen Betriebssystem eine virtuelle Speicherverwaltung zur Adressierung verwendet. Die Gesamtheit aller virtuellen Adressen wird auch als *virtueller Adressraum* bezeichnet.

Die virtuelle Speicherverwaltung sorgt für die effiziente Nutzung vorhandenen Speichers, stellt große, linear zusammenhängende logische Speicherbereiche zur Verfügung und ermöglicht die Implementierung von Speicherschutzmechanismen. Nur die Betriebssysteme, die eine virtuelle Speicherverwaltung verwenden, können einen virtuellen Adressraum generieren und dadurch Speicherseiten, die physikalisch nicht zusammenhängend sind, für den Programmierer bzw. das Programm als logisch zusammenhängenden Speicherbereich abbilden. So stellen beispielsweise 32-Bit Betriebssysteme bis zu 4 Gigabyte für Programme und Daten zur Verfügung, auch wenn weniger physikalischer Arbeitsspeicher, z. B. nur 1 Gigabyte, eingebaut ist.

Aktuelle 64-Bit-Prozessoren erweitern den virtuellen Adressraum auf 48 Bit, so dass Prozesse bis zu 128 TeraByte ansprechen können. Neben der größeren Leistungsfähigkeit der 64-Bit-Prozessoren ist vor allem der größere Adressraum ein Grund für die Verwendung der neuen Prozessorgeneration.

9.4.3 Datenspeicher

Bei der *Datenspeichervirtualisierung* soll die Rechenkapazität von der Speicherkapazität entkoppelt werden [C 05]. Man trennt die Datenspeicher von den Servern und fasst die vorhandene Speicher-Hardware auf einer neuen logischen Ebene zusammen. Auf diese Weise entsteht ein virtueller Gesamtspeicher. Der Aufbau einer logischen Sicht auf die physischen Speicher schafft die Voraussetzung, Produkte verschiedener Hersteller zentral und flexibel zu verwalten. Man bildet sog. *Speicherpools* aus verschiedenen Speichern mit unterschiedlichen Speichertechniken, auf welche die Server über ein Netzwerk zugreifen können. In diese Pools integriert man z. B. Festplattensysteme, optische Speicher und Bandarchive. Entsprechende Managementwerkzeuge unterstützen Operationen wie Kategorisieren, Kopieren oder Verschieben über die verschiedenen Speichertypen hinweg. Dadurch ergeben sich die folgenden Vorteile:

- *Datenspeicherkonsolidierung:* Die Hardware-übergreifende Zusammenfassung verschiedener physischer Speicher ermöglicht die bedarfsgerechte Skalierung und Zuweisung. Die Klienten des Systems können den virtuellen Speicherplatz auf die bekannte Art und Weise nutzen. Der als ein Gesamtbereich dargestellte Speicher kann dabei physikalisch auch geräteübergreifend verteilt sein.
- *Vereinfachte Administration:* Es wird ein flexibel skalierbarer Speicherpool geschaffen, der unabhängig von den verwendeten Technologien und Produkten zentral verwaltet werden kann.
- *Lifecycle-Management* ermöglicht die Migration von Daten zwischen teuren Direktzugriffsspeichern und preiswerten Massenspeichern. Entsprechend ihrer Nachfrage wandern Datensätze automatisch zwischen den Speicherorten hin und her. Eine Beeinträchtigung des Serverbetriebs findet dabei nicht statt.
- *Überbuchen* von Speicher: Beim sog. *Over-Commitment* bekommt ein Server eine virtuelle Speicherreservierung erst beim Schreiben von Daten physisch zugeteilt. Dies verringert den Platzverschnitt bei Filesystemen.

9.4.3.1 Speichernetze als Basis für Virtualisierung

Die bei der Umsetzung der Speicher-Virtualisierung meist eingesetzte Technik ist ein spezielles Speichernetzwerk, das Storage Area Network (SAN). Das SAN bildet ein Netzwerk zwischen Servern und Speicherressourcen, wobei es blockbasierte Daten überträgt (Abb. 9.8).

9.4 Hardware-Virtualisierung

Abb. 9.8 Storage Area Network

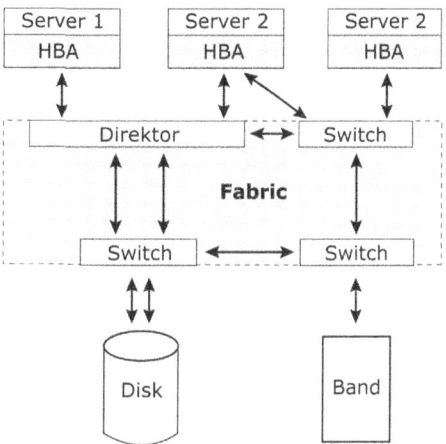

Die SAN-Umgebung, die sog. Fabric, beinhaltet Switches oder Direktoren, welche Kanäle für den Datentransfer aufbauen. Die Server sind durch spezielle Host Bus Adapter (HBA) angebunden. Oft sind in einem SAN die Verbindungen redundant über unabhängige Pfade ausgelegt, um Ausfallsicherheit oder größeren Durchsatz zu erreichen. Da alle möglichen Datenpfade gleichzeitig sichtbar sind, aber immer nur einer aktiv sein kann, Muss auf den Servern eine sog. Multi-Pathing Software zum Einsatz kommen, welche das System überwacht und im Fall eines Fehlers automatisch auf einen alternativen Pfad umschaltet.

Vom Speicherhersteller mitgelieferte Managementwerkzeuge erlauben die Partitionierung des Gesamtspeichers in sog. Logical Units (LUN). Die Zuordnung von LUNs zu Servern ist über Managementwerkzeuge wahlfrei und dynamisch möglich. Das verwendete Protokoll ist meist SCSI, so dass die zugeordneten LUNs als SCSI-Platten in den Servern sichtbar sind.

Die SAN-Technik ermöglicht auch die Verlagerung von speziellen Funktionen der Server und der Speichersysteme in das Netzwerk. Es sind dies Funktionen wie

- *Speichermanagement:* Hinzufügen und Löschen von Volumen oder Dateisystemen.
- *Instant Copy:* Direkte Kopie zwischen Platte und Band.
- *Snapshot:* Einfrieren und Abspeichern einer Konfiguration oder eines Speicherzustands zur späteren Wiederherstellung.
- *Mirroring:* Spiegelung von Plattensystemen zur Erhöhung der Ausfallsicherheit und des Durchsatzes.

Bei der praktischen Umsetzung der Speicher-Virtualisierung gibt es zwei Möglichkeiten:

1. Die kostengünstigste Lösung ist, die Virtualisierungsfunktionen direkt in die Speichergeräte oder die Switches zu integrieren. Der Hersteller liefert dabei in der Regel

Abb. 9.9 In-Band Virtualisierung

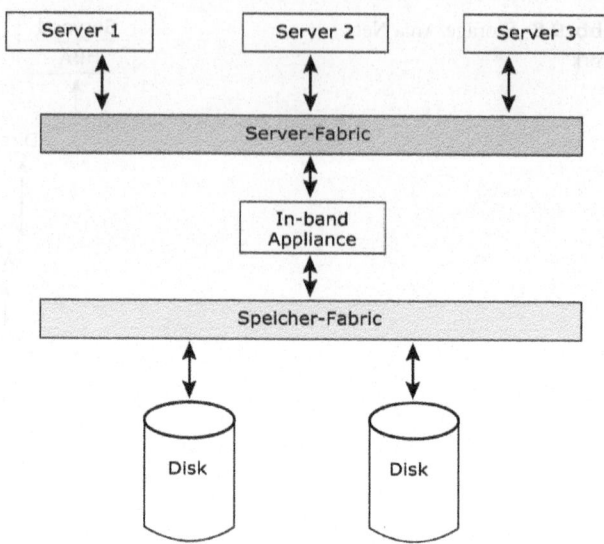

spezifische Werkzeuge zum Management der Ressourcen mit. Standardisierte Schnittstellen, die der *Storage Management Initiative – Specification (SMI-S)* entsprechen, erlauben auch die Integration von Geräten verschiedener Hersteller zu einem System. Es ist dann möglich, das Gesamtsystem von einer zentralen Konsole zu administrieren.

2. Bei sehr hohen Anforderungen an die Verfügbarkeit und die Flexibilität der Systeme kommen vor allem sog. „Virtualisierungs-Appliances" zum Einsatz. Es handelt sich dabei um spezielle Server, welche die Virtualisierungsfunktionen realisieren. Man unterscheidet zwischen „*In-Band-Virtualisierung*" und „*Out-of-Band-Virtualisierung*" [C 05].

9.4.3.2 In-Band-Virtualisierung

Bei der *In-Band-Virtualisierung* liegt das Virtualisierungssystem zwischen Server-Fabric und Speicher-Fabric (Abb. 9.9).

Der Vorteil dieses Ansatzes besteht in der direkten Beeinflussung des Datenstroms, ohne dass mit den daran angeschlossenen Servern kommuniziert werden muss. Es lassen sich so auch sehr einfach weitere Übertragungsprotokolle und Filesysteme wie z. B. Internet-Protokoll (IP), Server Message Block (SMB) oder Network Filesystem (NFS) integrieren, und das Gesamtsystem wird flexibler. Ein Nachteil ist jedoch, dass man einen Flaschenhals generiert, durch den alle Daten fließen müssen. Darüber hinaus führt ein Ausfall der Appliance zu einem Totalausfall des Systems. Diese Schwierigkeiten lassen sich jedoch durch den Aufbau von redundanten Pfaden bzw. Spiegelung des Virtualisierungsservers gut in den Griff bekommen.

9.4 Hardware-Virtualisierung

Abb. 9.10 Out-of-Band-Virtualisierung

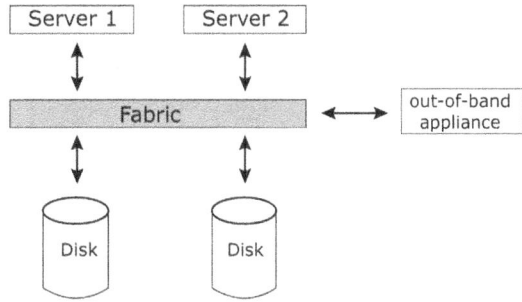

9.4.3.3 Out-of-Band-Virtualisierung

Bei der *Out-of-Band-Virtualisierung* wird die Virtualisierungs-Appliance neben dem Datenpfad platziert (Abb. 9.10).

Die Datenströme fließen dadurch ohne Umweg direkt zwischen Server und Speicher, es entsteht aber die Notwendigkeit, auf den Servern modifizierte SAN-Treiber einzuspielen, welche mit dem Virtualisierungsserver kommunizieren. Dadurch kann es vor allem in größeren Systemen zu Latenzen kommen. Ein Ausfall der Appliance lässt jedoch die Grundfunktionalität des SAN unberührt. Es lassen sich aber in diesem Fall die virtualisierten Datenblöcke nicht mehr korrekt zuordnen, und als direkte Folge sind dann auch die darauf basierenden Filesysteme nicht mehr verfügbar.

9.4.4 Netzwerke

Durch die Virtualisierung von Netzwerken ist es möglich, auf verschiedenen physikalischen Netzsegmenten logische Bereiche zu definieren. Die Abbildung eines Subnetzes mit einem gemeinsamen IP-Adressbereich über mehrere unterschiedliche physikalische Netze ist dadurch möglich.

9.4.4.1 Virtual Local Area Network

Ein *Virtual Local Area Network* (VLAN) ist ein virtuelles lokales Netz innerhalb eines physischen Netzes. Die technische Realisierung von VLANs ist im Standard **IEEE 802.1Q** definiert, welcher den Ethernet-Frame um 4 Byte erweitert (siehe Abb. 9.11).

12 Bit davon sind für die sog. VLAN-ID vorgesehen, welche ein VLAN eindeutig kennzeichnet. Ein Gerät, das zum VLAN mit der ID=1 gehört, kann mit jedem anderen Gerät im gleichen VLAN kommunizieren, nicht jedoch mit einem Gerät mit einer anderen VLAN-ID [K 99].

Vorteile der VLAN-Technik sind

- *Transparenz:* Verteilt aufgestellte Geräte können in einem einzigen logischen Netz zusammengefasst werden. VLANs sind sehr nützlich bei der Konzeption der IT-Infrastruktur verteilter Standorte.

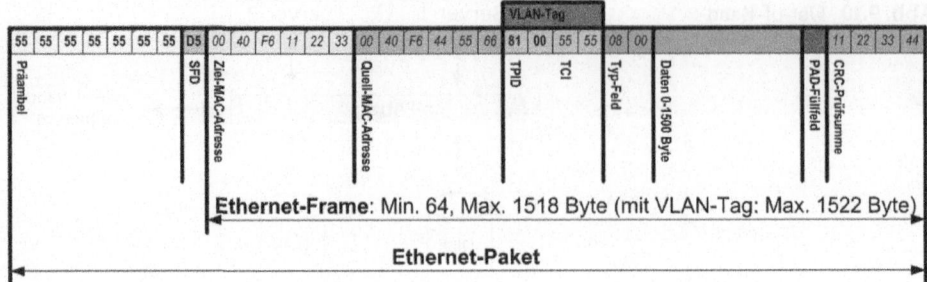

Abb. 9.11 Ethernet-Frame für VLAN

- *Sicherheit:* Bestimmte, besonders zu schützende Systeme können in einem eigenen Netz verborgen werden.

Auf der anderen Seite entsteht durch VLANs ein erhöhter Aufwand bei der Netzkonfiguration und bei der Programmierung der aktiven Netzkomponenten (Switches u. ä.).

9.4.4.2 Virtual Private Network

Mit einem *Virtual Private Network (VPN)* lassen sich über ein öffentliches Datennetz, wie etwa dem Internet, sichere private Verbindungen aufbauen. Die Verbindung der Netze wird dabei über einen sog. Tunnel zwischen VPN-Client und VPN-Server (Concentrator) realisiert, wobei die Daten meist verschlüsselt übertragen werden. Als Protokoll für die sicheren Verbindungen wird in der Regel Secure Socket Layer (SSL) eingesetzt. Die Teilnehmer müssen sich zunächst authentisieren und können sich dann z. B. aus dem Internet in ein durch eine Firewall gesichertes Firmennetz einklinken, wobei alle Ressourcen wie beispielsweise Fileserver oder Drucker transparent verfügbar sind [B 02].

Literatur

[A 06] AMD Secure Virtualization Technique, 2006.

[B 02] Böhmer W.: VPN Virtual Private Networks. Die reale Welt der virtuellen Netze. Carl Hanser Verlag, 2002.

[C 05] Clark T.: Storage Virtualization. Technologies for Simplifying Data Storage and Management. Pearson Education, 2005.

[C 06] Craig I.D.: Virtual Machines. Springer Verlag London Limited, 2006.

[DMTF 07] Distributed Management Task Force, Inc.: Common Information Model (CIM) Standards. http://www.dmtf.org/standards/cim/, 2007.

[I 06] Intel Virtualization Technology, Intel Technology Journal, Volume 10/03, 2006.

[IBM 07] IBM: z/VM® the newest VM hypervisor based on 64-bit z/Architecture. www.vm.ibm.com, 2007.

[IBM 08]	IBM: IBM PowerVM The virtualization platform for UNIX, Linux and i5/OS customers. http://www-03.ibm.com/systems/power/software/virtualization/index.html, 2008.
[IBM 72]	IBM Corporation, IBM Virtual Machine Facility/370 Introduction, GC20-1800, 1972.
[K 07]	Knermann C.: PC vs. Thin Client, Fraunhofer Gesellschaft CC-ASP 2007, http://cc-asp.fraunhofer.de/docs/PCvsTCsummary-de.pdf, 2007.
[K 99]	Köhler R.: Auf dem Weg zu Multimedia-Netzen : VPN; VLAN-Techniken; Datenpriorisierung. FOSSIL-Verlag, Köln, 1999.
[KW 07]	Kamp P.-H., Watson R.N.M.: Jails: Confining the omnipotent root. http://phk.freebsd.dk/pubs/sane2000-jail.pdf, 2007.
[L 05]	Larisch D.: Citrix Presentation ServerGrundlagen und Profiwissen. Carl Hanser Verlag 2005.
[L 07]	Larisch D.: Praxisbuch VMware Server. Das praxisorientierte Nachschlagewerk zu VMware Server. Carl Hanser Verlag, 2007.
[Li 07]	Linux VServer.org: Welcome to Linux-VServer.org. http://linux-vserver.org/Welcome_to_Linux-VServer.org, 2007.
[P 08]	Parallels: Parallels Virtuozzo Containers 4.0. http://www.parallels.com/de/products/virtuozzo/?from=homepage, 2008.
[RM 06]	Radonic A., Meyer F.: Xen3. Franzis Verlag 2006.
[S 07]	Schenker T.: Opensolaris: Hochverfügbarkeit, Virtualisierung, Containertechnologie. Diplomarbeit, Hochschule Mannheim 2007.
[VMP 07]	vmware: Expand the Power of Your PC with Virtualization. http://www.vmware.com/products/ws/, 2007.
[VMS 07]	vmware: Experience Server Virtualization. http://www.vmware.com/products/server/, 2007.
[VMV 07]	vmware: Transform IT Infrastructure with Enterprise-Class Virtualization. http://www.vmware.com/products/vi/, 2007.

Cluster   10

Das Konzept der *Cluster* entstand aus dem Wunsch heraus, die Leistungsfähigkeit hinsichtlich Rechenleistung, Speicherkapazität und Datendurchsatz von miteinander vernetzten Rechnern zu bündeln und für rechenintensive Aufgaben zu nutzen. Diese Idee resultierte aus der Überlegung, wie es möglich ist, die Berechnung und Abarbeitung von Problemen zu beschleunigen. Nach Pfister existieren dafür drei Möglichkeiten [Pfi 98]:

1. die Steigerung der Rechenleistung durch schnellere Prozessoren,
2. der Einsatz besserer Algorithmen und Optimierung der eingesetzten Algorithmen und
3. die Nutzung von mehr als einem Rechnersystem zur Leistungssteigerung.

Da die Rechenleistung nicht beliebig zu steigern ist und Algorithmen nur mit großem Aufwand und auch nicht beliebig optimierbar sind, bietet sich die dritte Möglichkeit, der Zusammenschluss von mehreren Rechnersystemen zu Clustern an.

Die Steigerung der Leistungsfähigkeit eines Systems, das auf einem Cluster basiert, ist praktisch unbegrenzt und nur von folgenden Faktoren beschränkt:

- die Leistungsfähigkeit der einzelnen Knoten,
- der maximalen Datenübertragungsrate der verwendeten Netzwerktechnologie und
- des zu bewältigenden Wartungs- und Administrationsaufwands der Systeme, die den Cluster bilden.

10.1 Historische Entwicklung der Cluster

Bereits 1983 bot die Firma Digital Equipment Corporation (DEC) für ihre VAX-11-Rechner eine Clusterlösung an, um mehrere Rechner mit einem seriellen Hochgeschwindigkeits-Interface, dem so genannten Cluster Interconnect (CI), zusammenzuschließen [Ha 01]. Durch den Zusammenschluss mehrerer VAXen war es möglich, auf die Rechenleistung und den Speicherplatz der Rechner zuzugreifen, als würde es sich dabei um einen einzelnen Rechner handeln. Im Jahr 1986 verkaufte Digital Equipment auch mit der VAX 8978 und der 8974 komplette Cluster-Systeme, die aus 4 oder 8 Knoten und einer MicroVAX II als Steuerkonsole bestanden.

Seit Anfang der 1990er Jahre und dem immer größeren Durchsetzen der Client-Server-Architektur halten immer mehr UNIX-Workstations in Unternehmen und Hochschulen Einzug. Man erkannte schnell, dass eine typische Workstation im Arbeitsalltag nur zu 5–10 % ausgelastet ist und daher der größte Teil ihrer potentiellen Rechenleistung ungenutzt ist. Da zu diesem Zeitpunkt auch die Vernetzung immer mehr Einzug hielt, lag es nahe, eine Middleware zu entwickeln, die eine Nutzung der freien Rechenleistung zur Bewältigung komplexer Aufgaben ermöglicht. Mit Hilfe von PVM und MPI, die beide eine Message Passing-Schicht (Layer) für den Nachrichtenaustausch unabhängig von der Architektur der Knoten anbieten, ist es möglich, Cluster-Applikationen mit parallelen Prozessen zu entwickeln.

Seit Mitte der 1990er Jahre werden zunehmend Cluster aus Standard-PCs populär, da sie neben einer sehr hohen Rechenleistung und/oder Verfügbarkeit zu geringen Preisen angeschafft werden können. Zusätzlich bieten diese Systeme eine bislang unerreichte Flexibilität, was Einsatzzweck und Systemerweiterungen angeht.

In vielen Fachbereichen von Wissenschaft und Industrie steigen Umfang und Komplexität der benötigten Daten rasant an. Diese Entwicklung ist vor allem in den Naturwissenschaften zu beobachten, insbesondere Hochenergie- und Astrophysik und Ingenieurwissenschaften, aber auch Klimaforschung und Medizin. Dieser Trend hält an und macht Cluster zu einem unverzichtbaren Werkzeug in weiten Teilen der Forschungslandschaft und vielen Bereichen der Industrie.

10.2 Definition Cluster

Nach Pfister [Pfi 98] lässt sich ein Cluster wie folgt definieren:

> A cluster is a type of parallel system that consists of interconnected whole computers and is used as a single, unified computing resource.

Ganz allgemein gilt, dass ein Cluster aus einer Gruppe von miteinander vernetzten eigenständigen Computern (whole computers), den sogenannten Knoten (englisch: Nodes) besteht, die sich wie ein einheitlicher Uniprozessor verhalten. Von Clustern im engeren Sinn wird gesprochen, wenn die Knoten, die sich in der Regel unter der Kontrolle eines Masters befinden, exklusiv für den Cluster verwendet werden und auf einem gemeinsamen Datenbestand arbeiten [Di 00]. Bei den Knoten kann es sich um gewöhnliche PCs aus Standardkomponenten oder Workstations handeln. Diese Workstations enthalten einen oder mehrere Prozessoren (CPUs), Arbeitsspeicher, Speichermedien, mindestens eine Netzwerkverbindung und ein eigenes Betriebssystem. Alternativ sind auch Server oder Supercomputer als Knoten einsetzbar.

Ist die Hard- und Software auf allen Knoten eines Clusters identisch, handelt es sich um einen **homogenen Cluster**. Unterscheiden sich die Knoten in ihrer Rechnerarchitektur, Hardware oder Software, handelt es sich um einen **heterogenen Cluster**.

10.2.1 Vor- und Nachteile von Clustern

Vorteile von Clustern, deren Knoten aus Standardkomponenten bestehen, sind, dass beim Ausfall von Komponenten diese schnell und kostengünstig wiederbeschaffbar sind. Solche Systeme sind in der Anschaffung finanziell günstiger als Großrechner. Reparaturen oder der Austausch von Komponenten bei Supercomputern oder Großrechnern verlangen in der Regel nach spezieller Hardware, die nicht einfach und kostengünstig zu beschaffen ist. Ein weiterer Vorteil von Clustern ist die Flexibilität und Erweiterbarkeit, da diese dynamisch dem Bedarf entsprechend vergrößert oder verkleinert werden können.

Ein Nachteil von Clustern ist, dass die große Anzahl von einzelnen Rechnersystemen den Administrationsaufwand vergrößert und so mehr Personalaufwand notwendig ist, als es der Einsatz von einem oder einigen wenigen Supercomputern erfordert. Ein weiterer Nachteil von Clustern ist der hohe Aufwand zum Verteilen und Kontrollieren von Anwendungen. Dieser Aufwand nimmt einen mit der Anzahl der Knoten wachsenden Anteil der Gesamtleistungsfähigkeit eines Clusters in Anspruch.

10.2.2 Single System Image

Cluster bestehen aus mindestens zwei Knoten, bei denen es sich um eigenständige Rechnersysteme handelt. Dem Anwender präsentiert sich ein Cluster aber wie ein einzelnes System. Idealerweise wissen die Anwender gar nicht, dass es sich bei dem System, auf dem sie arbeiten, um einen Cluster handelt. Dieses Konzept der parallelen Transparenz bezeichnet man als **Single System Image (SSI)**. Es beschreibt ein System, das die Knoten eines Clusters zu einem großen System zusammenfasst und die Aufträge der Benutzer und laufenden Applikationen auf die einzelnen Ressourcen des Clusters verteilt.

Das Konzept des Single System Image existiert auf verschiedenen Ebenen nicht nur bei Clustern. Der Speicher eines Rechners mit mehreren Prozessoren (SMP) stellt ein Single System Image für die Anwendungen dar (Abb. 10.1). Die laufenden Anwendungen adressieren keinen bestimmten Prozessor der Multiprozessormaschine, wenn sie ihre Daten in den Speicher ablegen. Die Anwendungen wissen nicht, welcher Prozessor ihre Daten bearbeiten wird. Hier wird das Konzept des Single System Image auf Hardwareebene realisiert.

Das Konzept des Single System Image kann auch auf Softwareebene realisiert werden. Ein Datenbanksystem, das einen Cluster nutzt, oder ein verteiltes Dateisystem verwendet auch das Konzept des Single System Image. Auch hier weiß der Benutzer oder eine Applikation nicht, wo genau Daten als nächstes abgelegt werden. Existiert für einen Cluster

Abb. 10.1 Konzept des Single System Image bei SMP-Rechnern

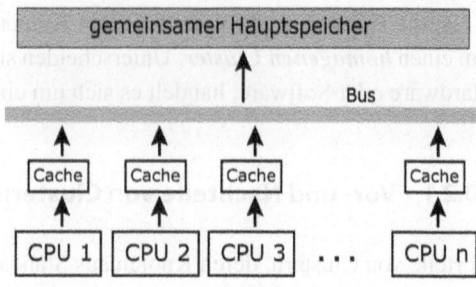

eine Steuerkonsole, über die der Anwender Aufträge an den Cluster übergeben und Applikationen starten kann, werden diese mit Hilfe des Single System Image an die am Cluster angeschlossenen Ressourcen verteilt. Der Anwender und auch die Applikationen wissen nicht, welche Ressourcen sie als nächstes belegen.

Eine weitere Realisierung des Single System Image auf Softwareebene im Cluster stellen verteilte Dateisysteme dar. Hier wissen Anwender und Applikationen nicht, wo die Daten physikalisch abgelegt sind.

Die Knoten eines Clusters sind durch ein Netzwerk miteinander verbunden. Bei Clustern, die nur aus wenigen Knoten bestehen, kommen aus Kostengründen Standard-Netzwerktechnologien wie Fast- oder Giga-Ethernet zum Einsatz. Bei größeren Clustern, die aus mehreren hundert Knoten bestehen können, sind Hochgeschwindigkeitsnetzwerke wie beispielsweise Myrinet, Infiniband oder das Scalable Coherent Interconnect (SCI) notwendig.

10.2.3 Aufstellungskonzepte von Clustern

Für Cluster existieren zwei Aufstellungskonzepte:

1. Glass-House,
2. Campus-Wide.

Ein Cluster mit dem Aufstellungskonzept *Glass-House* befindet sich in einem speziell dafür reservierten Raum oder Server-Schrank (englisch: Rack). Vorteile sind, dass die schnelle Erreichbarkeit aller Komponenten die Wartung und Behebung von Fehlern erleichtert und ein einzelner Raum oder Schrank leichter gegen Sabotage und Datenspionage abgesichert werden kann. Durch die räumliche Nähe der Knoten können diese einfacher mit Hochgeschwindigkeitsnetzwerken verbunden werden. Diese Vorteile sind der Grund dafür, dass die meisten Cluster nach dem Aufstellungskonzept Glass-House aufgebaut sind. Ein Nachteil ist, dass bei einem Stromausfall oder Brand in dem Gebäude, in dem sich der Cluster befindet, der Betrieb des gesamten Clusters gefährdet ist.

Bei Clustern, die nach dem Aufstellungskonzept *Campus-Wide* aufgebaut sind, befinden sich die Konten in mehreren Gebäuden, verteilt auf das Gelände des Instituts oder

Unternehmens. Der häufigste Grund dafür ist, dass sich die Anzahl der Knoten und deren Position oft ändern. Typischerweise handelt es sich bei solchen Clustern um ein *Network of Workstations (NOW-Cluster)* oder *Feierabendcluster*, die nur in der arbeitsfreien Zeit die Rolle der Cluster-Knoten übernehmen. Der dezentrale Aufbau eines solchen Clusters hat den Vorteil, dass ein solches System kaum zu zerstören ist. Es überwiegen bei diesem Konzept aber die folgenden Nachteile:

- Die Leistung von solchen Clustern ist in der Regel deutlich geringer, da keine Hochgeschwindigkeitsnetzwerke verwendet werden können und die Knoten aus verschiedenen Hardware-Architekturen bestehen.
- Wegen der Entfernung zwischen den Knoten ist die Wartung eines solchen Systems schwierig.

Abgesehen von Speziallösungen wie der DEC-Clusterlösung erlebte das Cluster-Konzept seinen großen Durchbruch erst in den 1990er Jahren. Wer damals einen Cluster aus Standard-PCs betreiben wollte, war gezwungen, diesen selbst aufzubauen. Später wurde es möglich, solche Systeme fertig, quasi „von der Stange" zu kaufen. Seit Beginn des neuen Jahrtausends ist ein Trend zur Konsolidierung der Hardware erkennbar. Ein bekannter Hersteller von fertig aufgebauten Cluster-Systemen ist MEGWARE [ME 07] aus Chemnitz. Die Cluster-Systeme werden immer kompakter und bestehen aus Pizzaboxen oder Blades. Aktuell ist, wie in allen Bereichen der Elektronik, eine immer größere Integration der Komponenten zu beobachten. Spezialarchitekturen wie BlueGene [BG 07] von IBM und seine Nachfolger. BlueGene ist ein massiv paralleles System mit sehr guten Skalierungseigenschaften. Bei diesen Spezialarchitekturen handelt es sich zwar auch um Cluster, allerdings bestehen diese nicht mehr aus gewöhnlichen Standardkomponenten, was die bekannten Vor- und Nachteile hinsichtlich Geschwindigkeit, Verfügbarkeit, Stabilität, und Preis mit sich bringt.

10.3 Klassifikationen von Clustern

SMP-Systeme und Mehrrechnersysteme folgen dem Konzept *Multiple Instruction Multiple Data (MIMD)*, das mehrere unabhängige Prozessoren vorsieht, die unterschiedliche Befehle auf unterschiedlichen Daten ausführen.

Andrew S. Tanenbaum entwickelte eine tiefergehende Unterteilung der Rechnersysteme, die dem MIMD-Konzept entsprechen. Tanenbaum unterscheidet die MIMD-Systeme in

- Systeme, die mehrere Prozessoren (SMP-Systeme) und einen eng gekoppelten Speicher (Shared Memory) enthalten und in
- Systeme, die aus mehreren Rechnern mit verteiltem Speicher (Distributed Memory) bestehen.

Abb. 10.2 Tanenbaum'sche Unterscheidung von MIMD-Systemen

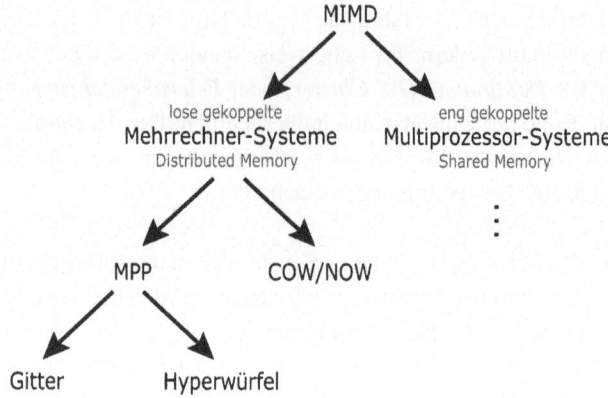

Aus der Sicht von Tanenbaums Taxonomie ist der einzige Unterschied zwischen SMP- und Mehrrechnersystemen der Grad der Kopplung. Probleme wie Synchronisierung und Deadlocks müssen bei der Entwicklung von solchen Systemen beachtet werden. Beim Symmetrischen Multiprozessing (SMP) handelt es sich um Rechner mit mehreren Prozessoren, die gleichberechtigt nebeneinander stehen und auf einen gemeinsamen Speicher (Shared Memory) zugreifen. Während bei SMP-Systemen die Kommunikation zwischen den Prozessoren über sehr schnelle Bussysteme verläuft, müssen die Ressourcen eines Mehrrechnersystems über ein Netzwerkinterface miteinander kommunizieren. Dieses verfügt immer über eine geringere Geschwindigkeit und Bandbreite [Tan 01].

Die eng gekoppelten Multiprozessorsysteme und lose gekoppelten Mehrrechnersysteme unterteilt Tanenbaum anhand ihrer Speicherarchitekturen und -verwaltung (Abb. 10.2).

Die Gruppe der eng gekoppelten Multiprozessorsysteme enthält unter anderem die SMP-Rechnersysteme. Die Gruppe der lose gekoppelten Mehrrechnersysteme unterteilt Tanenbaum [Tan 01] in zwei Gruppen:

- *Massively Parallel Processors* (*MMP*). Zu dieser Kategorie gehören Supercomputer mit vielen Prozessoren. Die Prozessoren sind über herstellerspezifische Hochgeschwindigkeitsnetzwerke miteinander verbunden. Ein Beispiel für die Systeme dieser Kategorie ist die Cray T3E von Cray Inc, ein massiv-paralleles Prozessorsystem mit bis zu 2048 Prozessoren. Entsprechend der Anordnung der Prozessoren und ihren Verbindungen unterscheidet man MMP-Systeme in Gitter und Hyperwürfel.
- *Cluster of Workstations* (*COW*), auch *Network of Workstations* (**NOW**) oder *Feierabendcluster* genannt.

Die häufigste Art der Klassifikation von Clustern unterscheidet diese nach ihren Einsatzgebieten und Anforderungen. Wie Abb. 10.3 zeigt, existieren vier unterschiedliche Einsatzgebiete von Clustern.

10.3 Klassifikationen von Clustern

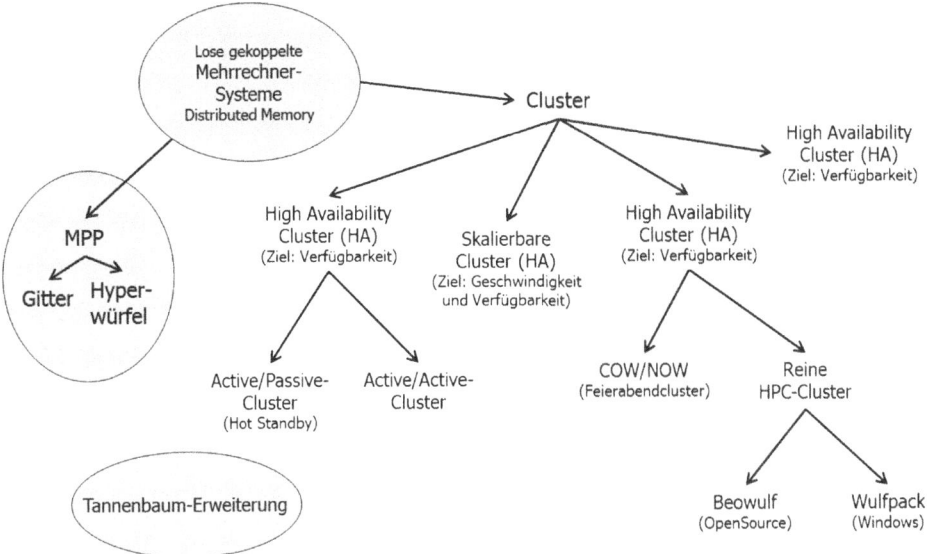

Abb. 10.3 Klassifikation von Clustern

10.3.1 Hochverfügbarkeits-Cluster

Hochverfügbarkeits-Cluster, so genannte **High Availability Cluster** (HA), besitzen eine große Ausfallsicherheit und damit eine hohe Verfügbarkeit. Die Verfügbarkeit wird durch Redundanz der eingesetzten Komponenten und das Ausschließen eines Single Point of Failure (SPOF) erreicht.

Das Wort Redundanz kommt von dem lateinischen Begriff redundare und bedeutet wörtlich übersetzt, dass etwas im Überfluss vorhanden ist. Immer wenn ein System Komponenten enthält, die zur Arbeit des Systems nicht notwendig sind, aber die Arbeit von baugleichen Komponenten im Fehlerfall übernehmen, bedeutet dies Redundanz. Das Clustering for Availability bietet durch den redundanten Einsatz der Knoten die Möglichkeit, die Technik und Vorteile der Mainframes zu einem sehr günstigen Preis nachzubilden und dennoch eine hohe Flexibilität zu erhalten [Sol 02].

Die Verfügbarkeit V eines Systems berechnet sich aus der mittleren Betriebszeit, der Mean Time Between Failures (MTBF), geteilt durch die Summe aus MTBF und mittlerer Ausfallzeit, der Mean Time To Repair (MTTR).

$$V = \frac{MTBF}{MTBF + MTTR}$$

Systeme, die 24 Stunden pro Tag und 7 Tage in der Woche bei 365 Jahrestagen arbeiten, sind bei einer Verfügbarkeit von 100 % an $24 * 365 = 8760$ Stunden voll einsatzbereit.

Tab. 10.1 Unterschiedliche Verfügbarkeitswerte

Verfügbarkeit	Minimale erwartete Betriebszeit	Maximale erlaubte Ausfallzeit
100 %	8760 Stunden	0 Stunden
99,95 %	8755 Stunden	5 Stunden
99,9 %	8751 Stunden	9 Stunden
99,5 %	8716 Stunden	44 Stunden
99 %	8672 Stunden	88 Stunden
95 %	8322 Stunden	438 Stunden

Eine Verfügbarkeit von 99 % bedeutet für einen Cluster schon eine Ausfallzeit von über 3 1/2 Tagen (siehe Tab. 10.1).

Um eine hohe Verfügbarkeit eines Cluster-Systems zu gewährleisten, genügt es nicht, die Knoten und deren Hardware redundant auszulegen. Die Verfügbarkeit kann auch durch den Einsatz einer unterbrechungsfreien Stromversorgung (USV) erhöht werden. Bei Systemen, die als ausfallsicher deklariert werden, muss jederzeit ein Ersatzrechner zur Verfügung stehen, der im Fehlerfall einspringen und die angebotenen Dienste weiter zur Verfügung stellen kann. Beim Clustering für Verfügbarkeit hat nicht die Verfügbarkeit der Knoten Priorität, sondern die Verfügbarkeit der angebotenen Dienste. Es existieren zwei Gruppen von Hochverfügbarkeits-Clustern, die sich in ihrem Verhalten bei Ausfällen von Knoten unterscheiden:

- *Active/Passive-Cluster*, auch **Hot-Standby-Cluster** genannt. Bei diesen Hochverfügbarkeits-Clustern, ist mindestens ein Knoten im Normalbetrieb nicht in Verwendung. Diese Knoten befinden sich im Zustand Passiv und übernehmen keine Dienste, denn ihre Aufgabe ist es, beim Ausfall eines Knotens dessen Dienste zu übernehmen. Der Vorteil bei Active/Passive-Clustern ist, dass die ausgeführten Dienste nicht explizit für den Betrieb in einem Cluster ausgelegt sein müssen. Das Übernehmen eines Dienstes durch einen Knoten von einem ausgefallenen Knoten wird als Fail-over-Funktion bezeichnet.
- *Active/Active-Cluster*. Bei diesen Hochverfügbarkeits-Clustern sind auf allen Knoten die gleichen Dienste aktiv. Fallen ein oder mehrere Knoten aus, erhalten die noch aktiven Knoten die Anfragen der ausgefallen Knoten zusätzlich. Der Vorteil ist eine bessere Lastverteilung zwischen den Knoten. Der Nachteil ist allerdings, dass die Dienste speziell für den Betrieb in einem Cluster entwickelt sein müssen, da zeitgleich alle Knoten auf die gleichen Ressourcen zugreifen.

Failover ist die Fähigkeit, beim Ausfall eines Knotens alle Aufgaben automatisch einem anderen Knoten zu übergeben und so die Ausfallzeit zu minimieren. Die Failover-Funktionalität wird gewöhnlich vom eingesetzten Betriebssystem zur Verfügung gestellt. Ein Beispiel ist Heartbeat [LHA 07] für Linux. Mit Hilfe von Heartbeat überwachen sich

10.3 Klassifikationen von Clustern

Abb. 10.4 Die Shared Nothing und Shared Disk-Architektur

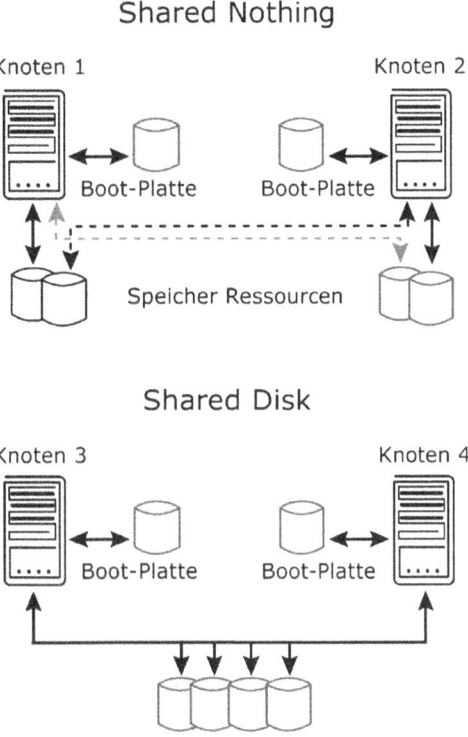

die Knoten eines Clusters gegenseitig. Dabei werden keine Dienste auf ihre Funktionalität hin überwacht, sondern nur ob die Knoten laufen. Tun sie das, wird davon ausgegangen, dass auch die Dienste laufen. Ist ein Knoten ausgefallen, starten die Dienste auf dem Backup-Knoten, und dieser übernimmt die IP-Adresse des ausgefallenen Knotens.

Sind ausgefallene Knoten wieder einsatzbereit, melden sich diese am Cluster zurück und erhalten vom Lastverteiler wieder Aufgaben. Der Cluster verfügt ab diesem Zeitpunkt wieder über die gleiche Leistungsfähigkeit, die er vor dem Ausfall der Knoten hatte. Dieses Verhalten wird als **Failback** bezeichnet.

Es existieren zwei unterschiedliche Architekturen beim Clustering for Availability, **Shared Nothing und Shared Disk**. Beide Architekturen entstanden aus der Problematik, dass beim Clustering for Availability die gleichzeitige Nutzung von Ressourcen durch mehr als einen Knoten notwendig ist [Sol 02].

Bei der Architektur Shared Nothing hat jeder Knoten, in diesem Fall auch Partition genannt [Ri 10], eine eigene Speicherressource mit fester Größe. Auch wenn die Ressource physikalisch mit mehreren Knoten verbunden ist, hat doch immer nur ein Knoten Zugriff darauf. Kein Knoten hat Zugriff auf die Ressourcen eines anderen Knotens. Beim Auftreten eines Fehlers bei einem Knoten übernimmt ein anderer Knoten die Speicherressource (Abb. 10.4).

Der Vorteil ist, dass kein Sperrmechanismus (Lock-Management) notwendig ist, um einen gleichzeitigen Zugriff von mehr als einem Knoten auf eine Ressource zu kontrollieren. Das ist bei großen Clustersystemen von Vorteil, da hier kein Protokolloverhead die Performance verringern kann. Der Cluster kann theoretisch fast linear skalieren. Nachteilig ist, dass unter Umständen höhere Investitionen in Speicherressourcen notwendig sind, da die Daten nicht optimal verteilt werden können.

Cluster mit einem Windows-Betriebssystem sind immer Shared Nothing-Cluster. Bei jedem Knoten handelt es sich um ein eigenständiges Windows-Serversystem, das über eine eigene Systempartition verfügt. Das heißt aber nicht, dass die Knoten nicht auf gemeinsame Speicherressourcen zugreifen können. Bei diesen handelt es sich um Festplattensysteme, die über geeignete Verbindungen mit den Knoten verbunden sind. Um die Konsistenz der Daten sicher zu stellen, ist die Kommunikation der Knoten mit der gemeinsamen Speicherressource nur über den Clusterlink und die Quorumressource möglich. Beim Clusterlink handelt es sich um eine Netzwerkverbindung.

Die *Quorumressource* ist eine Datenträgerressource, auf der sich die Clusterdatenbank befindet. Diese enthält die Clusterkonfigurations- und Statusdaten, die für den Betrieb des Clusters relevant sind. Dazu gehören

- die Anzahl der Knoten, die am Cluster angeschlossen sind,
- die Zugehörigkeit der angeschlossenen Ressourcen zu den Knoten und
- die Failback- und Failover-Einstellungen der Gruppen im Cluster.

Allen Knoten des Clusters muss ein Zugriff auf die Quorumressource möglich sein. Dabei ist mit Hilfe eines Lock-Mechanismus sicherzustellen, dass immer nur ein Knoten Zugriff darauf hat, um die Konsistenz der Datenbank zu gewährleisten. Die Knoten eines Clusters überwachen sich mit Hilfe eines Abfragealgorithmus permanent gegenseitig, um den Ausfall eines oder mehrerer Knoten feststellen zu können. Dabei wird die Anzahl der aktiven (antwortenden) Knoten mit der Anzahl der Knoten verglichen, die in der Clusterdatenbank eingetragen sind. Das Quorum ist erfüllt, sobald alle in der Clusterdatenbank eingetragenen Knoten aktiv sind. Fallen ein oder mehrere Knoten aus, startet eine Fehlerprozedur, die den Umfang der vom Ausfall betroffenen Ressourcen ermittelt. Mit Hilfe der Quorumressource wird dann ein neuer Cluster gebildet. Der erste Rechner im Cluster strebt dabei den Besitz der Quorumressource an und übernimmt diese. Jeder Knoten, der während des Startprozesses eines Clusters keinen solchen erkennen kann, versucht auf die Quorumressource zuzugreifen, diese zu übernehmen und einen neuen Cluster zu bilden.

Gelingt dem Knoten der Zugriff auf die Quorumressource, wird er zum ersten Knoten des neuen Clusters und verwaltet dauerhaft die Quorumressource. Schlägt der Zugriff auf die Quorumressource fehl, bedeutet dies, dass bereits ein anderer Knoten diese übernommen hat und der Knoten dem Cluster beitreten kann. Die Quorumressource ist die gängigste Möglichkeit, um Probleme im laufenden Betrieb eines Clusters zu erkennen und einen neuen Cluster zu bilden, ohne die Gefahr, dass Teilcluster gebildet werden.

Bei der Architektur Shared Disk hat jeder Knoten Zugriff auf jede am Cluster angeschlossene Speicherressource (Abb. 10.4). Um die Konsistenz der Daten sicherzustellen, ist ein Lock-Management notwendig. Dabei handelt es sich gewöhnlich um ein Protokoll, das den Zugriff auf die Speicherressourcen koordiniert. Möchte Knoten A auf Daten zugreifen, die gerade durch Knoten B gesperrt wurden, muss Knoten A so lange warten, bis Knoten B seine Operationen auf die Daten abgeschlossen hat [Ri 10]. Vorteilhaft bei der Shared Disk-Architektur ist, dass hier die anfallenden Datenmengen gut auf die vorhandenen Ressourcen verteilt werden. Nachteilig ist, dass mit einem Anwachsen der Clustergröße der Protokolloverhead des Lock-Mechanismus immer mehr steigt und sich die Gesamtperformance des Clusters durch die immer häufiger vorkommenden Wartezeiten wegen gesperrter Daten verringert.

10.3.2 High Performance-Cluster

Das Ziel beim Einsatz von **High Performance-Clustern** (**HPC**) ist es, eine möglichst hohe Rechenleistung zu erreichen. Diese Systeme bestehen in der Regel aus gewöhnlichen, handelsüblichen PCs mit einem oder mehreren Prozessoren.

Die Leistung eines High Performance-Clusters lässt sich mit deutlich weniger, aber dafür sehr viel teureren Großrechnern (Mainframes) erreichen. Vorteile der High Performance-Cluster im Gegensatz zu Großrechnern sind der geringe Preis und die Herstellerunabhängigkeit. Ausgefallene Hardware-Komponenten sind schnell und kostengünstig zu beschaffen. Durch den Einsatz weiterer Knoten kann ein High Performance-Cluster schnell erweitert und seine Leistungsfähigkeit vergrößert werden. Der große Nachteil von High Performance-Clustern ist der im Gegensatz zu Großrechnern hohe Administrations- und Wartungsaufwand. Die gängigsten Anwendungsbereiche für High Performance-Cluster sind:

- Pipelineberechnungen. Damit sind Anwendungen gemeint, die eine Sequenz als Ergebnis haben. Hier werden vorwiegend Änderungen an einem Zustand unter bestimmten Bedingungen berechnet und in vielen Fällen auch visualisiert.
- Anwendungen, die dem Prinzip des Divide and Conquer folgen. Diese bilden mehrere Teilprobleme, werten diese aus und bilden aus den Ergebnissen das Endergebnis.
- Anwendungen, die dazu dienen, sehr große Datenbestände auszuwerten.

Einige Anwendungsbeispiele aus dem breiten Anwendungsgebiet sind:

- Crash-Test-Simulation,
- Wettervorhersagen,
- Optimierung von Bauteilen,
- Monte-Carlo-Simulationen,
- Flugbahnberechnungen,

- Data Mining,
- Strömungsberechnungen,
- Festigkeitsanalysen,
- Berechnung von Filmen oder Filmsequenzen,
- Simulationen des Sternenhimmels,
- Variantenberechnung beim Schach,
- Primzahlberechnungen.

Hauptabnehmer und Nutznießer solcher Cluster sind in der Regel Forschungseinrichtungen im naturwissenschaftlichen Bereich und Unternehmen in den Bereichen Finanzdienstleistung, Automobilbau, Rüstung und Biotechnologie. Weitere typische Einsatzgebiete für High Performance-Cluster sind Applikationsserver. Datenhaltung und -verarbeitung werden bei diesem Konzept getrennt. Mehrere Applikationsserver können einen High Performance-Cluster bilden. Wenn für eine bestimmte Applikation (oder Berechnung) die Leistung eines oder der bereits reservierten Applikationsserver nicht ausreicht, können automatisch weitere zur Verfügung stehende hinzugezogen werden.

10.3.2.1 Beowulf

Wird auf einem High Performance-Cluster Linux oder ein anderes OpenSource-Betriebssystem verwendet, in den allermeisten Fällen Linux, handelt es sich um einen **Beowulf-Cluster**. Der Name Beowulf stammt von dem gleichnamigen englischen Heldenepos aus dem elften Jahrhundert. In den 3182 Versen des Werkes erfährt der Leser vom Schicksal des jungen Helden Beowulf, der mit 14 Gefährten die Dänen vor dem menschenfressenden Grendel, seiner Mutter und einem feuerspeienden Drachen befreite [To 01].

Im Jahr 1994 suchten die beiden Wissenschaftler Thomas Sterling und Donald J. Becker am Goddard Space Flight Center (GSFC) im Auftrag der National Aeronautics and Space Administration (NASA) nach kostengünstigen Alternativen zum herkömmlichen Supercomputing. Das Team vernetzte mehrere handelsübliche Linux-PCs mit einem 10 MBit Ethernet-Netzwerk zu einem Cluster aus 16 Knoten mit jeweils einem Intel 486 DX4-Prozessor mit 100 Mhz. Die Software des Clusters bestand ausschließlich aus freier Software. Dazu gehörten das Betriebssystem Linux, der GNU Compiler, die Parallel Virtual Machine (PVM) und das Message Passing Interface (MPI). Das System erreichte auf einem Knoten eine Performance von 4,6 MFlops und auf den sechzehn Knoten 60 MFlops. Später erhielt das Projekt den Namen Beowulf [GLS 02, BM 06].

Beowulf-Cluster sind keine COW/NOW-Systeme. Zwar bestehen Beowulf-Cluster auch aus gewöhnlichen PCs oder Workstations, doch dienen die Knoten eines Beowulf-Clusters ausschließlich der Arbeit des Clusters und werden nicht während der üblichen Arbeitszeiten als Arbeitsplatz-Rechner verwendet. Die Bedienung des Clusters erfolgt über einen Master-Knoten. Dieser übernimmt auch die Aufgabenverteilung. Die einzelnen Knoten verfügen in der Regel über keinerlei Eingabe-/Ausgabemöglichkeiten wie Monitor und Tastatur, sondern nur über die Netzwerkverbindung.

Auf Beowulf-Clustern kommen immer OpenSource-Betriebssysteme, zum Beispiel Linux oder ein BSD-UNIX-Derivat, zum Einsatz. Das sorgt für Sicherheit und Vertrauen, da die Quellen des Betriebssystems offen liegen und einsehbar sind, und für Kostenminimierung, da keine Lizenzkosten anfallen.

Ein Problem bei Beowulf-Clustern ist, dass die Knoten aus Standard-PC-Komponenten bestehen und diese nicht redundant, also auf hohe Verfügbarkeit ausgelegt sind. Eine große Gefahrenquelle für die Knoten eines Beowulf-Clusters ist die Kühlung der System-Komponenten. Bei Standard-PCs wird die CPU durch einen Kühlkörper und einen Lüfter im zulässigen Temperaturbereich gehalten. Die Kühlung der übrigen Komponenten übernehmen Gehäuselüfter und der Lüfter des Netzteils. Lüfter haben wie alle mechanischen Komponenten nur eine begrenzte Lebensdauer und fallen oft ohne Vorwarnung aus. Aktuelle Prozessoren, die in PCs eingesetzt werden, sind aber ohne ausreichende Kühlung nicht funktionsfähig [GLS 02].

Der von Thomas Sterling und Donald J. Becker entwickelte Beowulf-Cluster sollte später viele Nachahmer finden. Es wird kaum eine Forschungseinrichtung oder Hochschule zu finden sein, in der nicht wenigstens ein Beowulf-Cluster existiert. Ein Grund dafür ist, dass Beowulf-Cluster heute nicht mehr zwangsläufig selbst-zusammengebaute Systeme darstellen, sondern schlüsselfertig gekauft werden können. Ein Blick in die zweimal jährlich erscheinende TOP500-Liste [Top 500] der 500 schnellsten Computersysteme zeigt, dass Beowulf-Cluster bereits heute den Markt für Supercomputer dominieren, und dieser Trend wird sich aufgrund der finanziellen Vorteile und hohen Flexibilität der Systeme weiter fortsetzen.

10.3.2.2 Wolfpack

Verwendet das System ein Betriebssystem, das nicht freie Software ist, z. B. Windows, bezeichnet man den Cluster als in der Literatur oft als *Wulfpack*.

Wolfpack ist der interne Codename für Microsofts Cluster-Lösung, die 1997 als Bestandteil der Windows NT 4.0 Enterprise Edition veröffentlicht wurde. Der offizielle Name war Microsoft Cluster Server (MSCS).

Das aktuelle Produkt von Microsoft im Bereich Hochleistungsrechnen ist der **Windows Compute Cluster Server 2003**. Dabei handelt es sich um ein Paket, das den schnellen Einstieg in das Hochleistungsrechnen mit Windows-Systemen ermöglichen soll. Enthalten sind u. a. ein Job Scheduler und eine Implementierung des Message Passing Interface (MPI). Zur Benutzerverwaltung wird der Dienst Active Directory benötigt [ScSt 07]. Der Windows Compute Cluster Server 2003 unterstützt nur x64-Architekturen. Ein Vorteil des Windows Compute Cluster Server 2003 ist die vergleichsweise einfache Installation und die Integration aller notwendigen Komponenten in einem Paket. Nachteilig sind die geringere Flexibilität und der höhere Preis.

10.3.3 Cluster für hohen Datendurchsatz

Mit *High Throughput-Clustern* (*HTC*) wird versucht, den Datendurchsatz zu maximieren. Diese Cluster bestehen in den meisten Fällen aus Web- oder Mail-Servern und bilden einen Lastverbund. Das High Throughput Clustering ist eine Variante des High Performance Clustering. Beim klassischen High Performance Clustering stellt sich immer die Frage, wie schnell eine umfangreiche Berechnung auf einem Cluster berechnet werden kann. Beim High Throughput Clustering stellt sich die Frage, wie viele Jobs ein Cluster in einer bestimmten Zeit bewältigen kann.

Für einzelne große Rechenaufträge werden High Performance-Cluster eingesetzt. Wenn es sich aber um sehr viele kleinere Aufträge in einer kurzen Zeit handelt, die einzeln theoretisch auf einem gewöhnlichen PC bewältigt werden können, müssen High Throughput-Cluster eingesetzt werden. Typische Einsatzgebiete im High Throughput Clustering sind Web-Server. Suchmaschinen wie Google, AltaVista und Yahoo basieren auf solchen Clustern aus (Web-)Servern.

Die Art und Weise der Verteilung der Anfragen erfolgt im einfachsten Falle nach dem *Round-Robin-DNS-Scheduling-Verfahren*. Die erste Anfrage wird vom Lastverteiler, der in diesem Fall hauptsächlich als Nameserver arbeitet, an den ersten Knoten im Cluster weitergeleitet. Die zweite Anfrage leitet der Lastverteiler an den zweiten Knoten im Cluster weiter, und so weiter. Da alle Knoten die gleiche Hard- und Softwareausstattung haben, ist es dem Benutzer egal, welcher Knoten seine Anfrage bedient. Bei gleichartigen Anfragen wird in der Regel eine fast gleiche Auslastung aller beteiligten Knoten erreicht.

10.3.4 Skalierbare-Cluster

Skalierbare Cluster stellen einen Kompromiss zwischen hoher Performance und Hochverfügbarkeit dar. Bei skalierbaren Clustern sind einige oder alle Knoten redundant ausgelegt. Alle Knoten eines solchen Clusters erhalten von einem Lastverteiler Aufträge zugewiesen. Skalierbare Clustersysteme bestehen üblicherweise aus Servern, die Dienste anbieten. In den meisten Fällen handelt es sich dabei um Web- oder Mail-Server. Die Knoten des Systems überwachen sich gegenseitig. Auch hier gelten die Prinzipien des Failover und Failback. In Abb. 10.5 ist ein skalierbarer Cluster mit 4 Knoten und einem Lastverteiler zu sehen. Knoten 1 und 2 sowie Knoten 3 und 4 überwachen sich gegenseitig, damit bei einem Ausfall immer ein Knoten die Dienste des ausgefallenen übernehmen kann.

10.4 Zugangs-Konzepte

Es existieren zwei unterschiedliche Konzepte, wie die verbundenen Ressourcen eines Clusters untereinander und mit der Außenwelt kommunizieren:

10.4 Zugangs-Konzepte

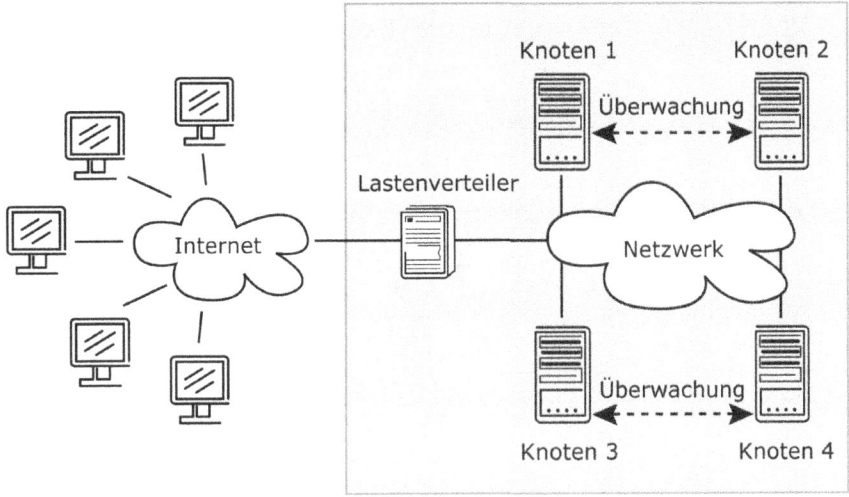

Abb. 10.5 Ein skalierbarer Cluster

1. Exposed,
2. Enclosed.

Das *Exposed-Konzept* wird auch als offene Kommunikation bezeichnet, da die Kommunikation der Knoten miteinander ungeschützt ist. Bei diesem Konzept sind alle Knoten für externe Systeme sichtbar. Die Knoten eines Clusters mit Exposed-Kommunikation sind über ein lokales Netzwerk, z. B. Ethernet, miteinander verbunden.

In Abb. 10.6 ist ein Cluster-System zu sehen, dessen Knoten nach dem Exposed-Konzept verbunden sind. Nachteile bei diesem Konzept sind:

- Die verwendeten Standardprotokolle erzeugen oft einen hohen Overhead und sind dadurch ineffizient.
- Sicherheitsmechanismen müssen auf jedem Knoten implementiert sein, um Daten vor Zugriff von außen zu schützen.
- Es müssen geschützte, verschlüsselte Kommunikationskanäle zwischen den Knoten möglich sein, da die Kommunikation zwischen den Knoten unsicher ist. Der für die Sicherheit der Daten notwendige Aufwand vergrößert den Netzwerk-Overhead und die für die Kommunikation benötigte Rechenleistung.

Das *Exposed-Konzept* bringt aber auch Vorteile mit sich. Durch die Verwendung eines bestehenden lokalen Netzwerks ergibt sich für die Vernetzung der Knoten ein sehr günstiger Preis, da kein neues Netzwerk angeschafft und verlegt werden muss. Rechner, die nicht zum Cluster, aber am gleichen lokalen Netzwerk angeschlossen sind, können bei Leistungsengpässen oder knappen Ressourcen dem Cluster schnell zugeordnet werden.

Abb. 10.6 Das Exposed- und Enclosed-Konzept der Kommunikation

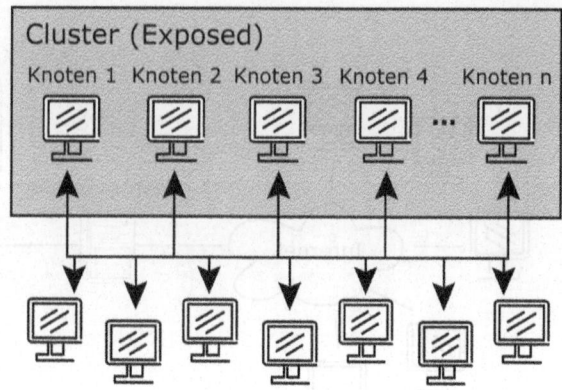

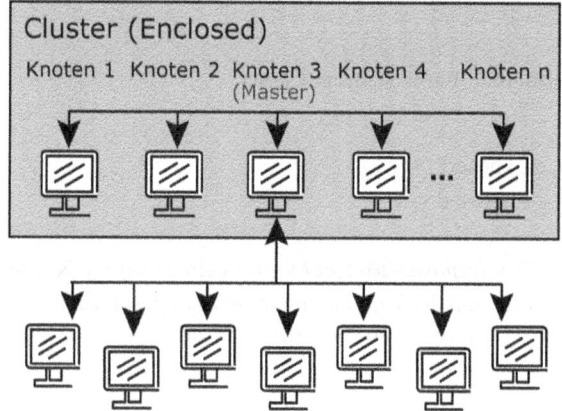

Bei dem *Enclosed-Konzept* handelt es sich um eine geschlossene Kommunikation. Die Kommunikation der Knoten miteinander ist geschützt. Um die interne Kommunikation des Clusters von der Außenwelt abzuschirmen existiert ein zweites Netzwerk (Abb. 10.6), das nur die Knoten des Clusters miteinander verbindet. Durch die Einrichtung dieses zweiten Netzwerks entfallen die Probleme, die das Exposed-Konzept mit sich bringt. Der Kommunikations-Overhead ist gering, da keine vorgegebenen Standards oder sonstige Regeln für die Kommunikation einzuhalten sind.

Außer für den Masterknoten, der mit der Außenwelt verbunden ist, müssen keine Sicherheitsmechanismen implementiert sein. Weder die Benutzer, noch irgendwelche Rechnersysteme außerhalb des Clusters können einzelne Ressourcen des Clusters direkt ansprechen. Nur der Cluster als Gesamtsystem ist von außen sichtbar.

Der einzige Nachteil, der sich beim *Enclosed-Konzept* ergibt, sind die Kosten und der Aufwand, der für die Anschaffung und das Verlegen des zweiten Netzwerks anfällt.

Der Masterknoten, auch Primary Cluster Node genannt, ist in der Regel in seiner Leistungsfähigkeit großzügiger dimensioniert als die übrigen Knoten, die Slave-, bzw.

Secondary-Knoten. Cluster, bei denen zwischen Master- und Slaveknoten unterschieden wird, sind üblicherweise homogene Cluster. Bis auf den Masterknoten verfügen die Knoten über eine identische Hard- und Softwareausstattung. Ein Anwendungsgebiet von Master-Slave-Clustern ist der Domain Name Service (DNS).

Literatur

[BG 07] IBM Blue Gene. 2007. http://www.research.ibm.com/bluegene/,2007.

[BM 06] Bauke H., Mertens S.: Cluster Computing. Springer Verlag, 2006.

[Di 00] Diedrich O.: Einigkeit macht stark. Preiswerte Hochleistungsrechner mit Clustern. c't magazin für computer technik, No 22, 2000.

[GLS 02] Gropp W., Lusk E., Sterling T.: Beowulf Cluster Computing with Linux. MIT Press 2002.

[Ha 01] Harms U.: Alter Wein. Clusterlandschaft historisch betrachtet. iX Magazin für Professionelle Informationstechnik, No, 7, 2001.

[LHA 07] Linux-HA. http://linux-ha.org/, 2007.

[ME 07] MEGWARE Computer Vertrieb und Service GmbH. http://www.megaware.de/, 2007.

[Pfi 98] Pfister G.: In Search Of Clusters. Prentice-Hall 1998.

[Ri 10] Diks R.: Gerecht verteilt. iX Magazin für Professionelle Informationstechnik No. 10, 2004.

[ScSt 07] Schlagenhauf H., Stadel S.: Knoten geplatzt. Microsofts High-Performance-Computing. iX Magazin für Professionelle Informationstechnik 9/2007.

[Sol 02] Soltau M.: Unix/Linux Hochverfügbarkeit. mitp 2002.

[Tan 01] Tanenbaum Andrew S.: Computerarchitektur. Pearson Studium 2001.

[To 01] Tolkien J.R.R.: Beowulf. Klett-Cotta, 2001.

[Top 500] TOP500: TOP500 Supercomputer Sites. http://www.top500.org/, 2007.

Grid-Computing 11

In vielen Fachbereichen der Wissenschaft und Industrie steigen Umfang und Komplexität der benötigten Daten und der damit verbundenen Verarbeitungsprozesse rasant an, was schon zur Entwicklung und Etablierung des Cluster-Computings geführt hat. Besonders groß ist der Bedarf nach immer mehr Rechenleistung und Speicherplatz in den Naturwissenschaften und Ingenieurwissenschaften, aber auch in der Klimaforschung und der Medizin.

Zur gleichen Zeit bewegt sich die wissenschaftliche Arbeitswelt immer mehr in Richtung standortübergreifender, internationaler Kooperationen. Der Einsatz moderner Informationsinfrastrukturen und -technologien auf Basis des Grid-Computing schafft die Voraussetzungen für neue kollaborative Arbeitsumgebungen. als e-Science bezeichnete Entwicklung. Das Grid-Computing kann somit als eine logische, ortsungebundene Weiterentwicklung des Cluster-Computing angesehen werden.

11.1 Definition Grid

Per Definition ist das **Grid-Computing** eine Technik *zur Integration und gemeinsamen, institutionsübergreifenden, ortsunabhängigen Nutzung verteilter Ressourcen* auf Basis bestehender Kommunikationsinfrastrukturen wie z. B. dem Internet.

Diese gemeinsame Nutzung der Ressourcen erfolgt in *virtuellen Organisationen* (*VO*), in denen Ressourcen dynamisch Benutzern im Grid zugewiesen werden. Diese Funktionalität erfordert eine Infrastruktur, die einen stabilen Betrieb, Datensicherheit und Datenschutz garantiert.

Das Hauptunterscheidungsmerkmal von Grid-Computing gegenüber Cluster-Computing ist, dass die Ressourcen in einem Grid üblicherweise verschiedenen, unabhängigen Organisationen (öffentlichen und wissenschaftlichen Einrichtungen, Unternehmen, Privatpersonen) angehören, die sich selbst um deren Verwaltung kümmern. Die Betriebsmittel eines Clusters gehören in der Regel nur zu einer einzigen administrativen Einheit und werden von dieser betrieben und verwaltet.

Ein weiterer Unterschied besteht darin, dass Cluster-Systeme oft aus homogenen Ressourcen aufgebaut sind, während Grids immer aus heterogenen Ressourcen bestehen, die sich für den Benutzer aber möglichst homogen darstellen sollen.

Bei den im Grid eingebundenen Ressourcen handelt es sich in erster Linie um Rechenleistung und Speicherkapazität sowie spezielle, wissenschaftliche Hardware (z. B. Teleskope), Dateien und Datenbanken. Denkbar sind aber auch spezielle Softwareinstallationen bzw. Softwarelizenzen.

Einige der zentralen Fragen, die sich beim Grid-Computing stellen, sind:

- Verfügbarkeit und Qualität der Ressourcen (Quality of Service),
- Abrechnung der abgerufenen Ressourcen (Accounting und Billing),
- Überwachung der verbundenen Ressourcen (Monitoring),
- Gewährleistung von Sicherheit und Datenschutz (Security) und
- Grad der Benutzbarkeit (z. B. Single Sign-On).

Ian Foster, einer der Pioniere der Grid-Forschung, nennt in seiner Ausarbeitung „What is the Grid? A Three Point Checklist" *drei Kriterien, die ein Grid erfüllen muss* [Fos 02]:

1. Ein Grid koordiniert unterschiedlichste Arten von dezentralen Ressourcen. Dazu gehören Standard-PCs, Workstations, Großrechner, Cluster, usw. Benutzergruppen sind in sog. Virtuellen Organisationen zusammengefasst.
2. Grids verwenden offene, standardisierte Protokolle und Schnittstellen. Da in einem Grid wichtige Punkte wie Authentifikation, Autorisierung und das Auffinden und Anfordern von Diensten eine fundamentale Rolle spielen, müssen die verwendeten Protokolle und Schnittstellen offen und standardisiert sein. Ansonsten handelt es sich um ein applikationsspezifisches System und nicht um ein Grid.
3. Grids bieten unterschiedliche, nicht-triviale Dienstqualitäten an. Die verschiedenen Ressourcen eines Grids offerieren zusammen genommen eine Vielzahl von Möglichkeiten im Bezug auf Durchsatz, Sicherheit, Verfügbarkeit und Rechenleistung. Der Nutzen der zu einem Grid zusammengeschlossenen Systeme ist größer als die Summe der einzelnen Teile.

Der Begriff *Grid* (deutsch: Gitter) kommt ursprünglich von einem Vergleich der Grid-Technologie mit dem Stromnetz [FoKe 99]. Ziel des Grid-Computing soll es sein, genau so einfach Computing-Ressourcen über das Grid zu beziehen und abzurechnen, wie Strom aus einer Steckdose zu beziehen und monatlich über die Stromrechnung zu bezahlen.

Ein Grid und das Stromnetz haben gemein, dass es den meisten Benutzern eigentlich egal ist, wo die Ressourcen (Rechenzentren oder Kraftwerke) sich befinden bzw. wem sie gehören, solange das System verlässlich funktioniert.

11.2 Unterscheidung von Grids

Frühe Grid-Projekte in den 1990er Jahren wurden aus Anwendungssicht in die zwei Gruppen unterschieden:

- Computational Grids,
- Data Grids.

Bei *Computational Grids* ist die Rechenleistung die entscheidende Größe. Diese Grids bestehen aus heterogenen Rechnersystemen. Das heißt, dass die mit dem Grid verbundenen Prozessoren unterschiedlich sind, was ihre Geschwindigkeit, Architektur und das verwendete Betriebssystem angeht. Entsprechend der verwendeten Rechnerhardware unterscheidet man drei Gruppen von Computational Grids [Ahm 04]. Internetbasierte Distributed Computing-Projekte wie SETI@home, Folding@home und RC5-72 werden an manchen Stellen auch als Computational Grids bezeichnet, was irreführend ist. Bei genauerer Betrachtung wird aber ersichtlich, dass es sich bei diesen Distributed Computing-Projekten um Peer-to-Peer-Applikationen handelt, die bestenfalls Computational Grids der ersten Generation [Fos 02] sind. Der Grund ist, dass diese Projekte spezielle Protokolle einsetzen, die in der Regel nicht offen und standardisiert sind.

Bei *Data Grids* ist es das Ziel, den Teilnehmern den Zugang zu verteilten Speicherressourcen über Rechner-, Organisations- und eventuell Landesgrenzen hinweg zu ermöglichen [Wie 04]. Internet-Tauschbörsen wie Napster, Kazaa und Gnutella werden an manchen Stellen auch als Data Grids bezeichnet, und tatsächlich hat das Peer-to-Peer-Computing zum Datenaustausch ähnliche Ziele wie das (Data-)Grid-Computing. Allerdings liegt ein wesentlicher Unterschied zwischen Grid-Computing und Peer-to-Peer darin, dass letzteres keine Protokoll-Architektur besitzt. Ein weiterer Unterschied ist, dass Peer-to-Peer im Gegensatz zum Grid keine zentralen Dienste anstrebt. Bei Internet-Tauschbörsen handelt es sich um Peer-to-Peer-Applikationen und nur unter wohlwollender Betrachtung um sehr einfache Data Grids. Diese Projekte setzen genau wie Computational Grids der ersten Generation Protokolle ein, die in der Regel weder offen noch standardisiert sind.

Aktuelle Grid-Infrastrukturen verfolgen universelle Ziele und werden nicht nur für eine Art von Ressourcen konzipiert, sondern ermöglichen die gemeinsame Verwendung aller denkbaren IT-Ressourcen. Daher ist eine Differenzierung in Data Grids und Computational Grids nicht mehr zeitgemäß.

Eine weitere Unterscheidungsmöglichkeit von Grid-Projekten ist die Unterscheidung in Intra-, Extra- und Inter-Grids:

- *Intra-Grids* sind Verbünde von Clustern einer einzelnen Organisation.
- *Extra-Grids* sind eine Vernetzung von mindestens zwei Intra-Grids einer einzelnen Organisation über geografische Distanzen. Extra-Grids sind genau wie Intra-Grids nur einer geschlossenen Benutzergruppe zugänglich.

- ***Inter-Grids*** sind offen und erstrecken sich über große geografische Distanzen. Mehrere verschiedene Organisationen sind an einem Inter-Grid beteiligt.

Aktuell handelt es sich bei den meisten Grid-Installationen um Intra-Grids, und dieses Aufbauschema ist auch das von der Industrie favorisierte, da es die wenigsten potentiellen Sicherheitsrisiken mit sich bringt. In Wissenschaft und Forschung sind Inter-Grids die Basis der meisten Grid-Projekte.

11.3 Grid Middleware-Systeme

Eine der größten Herausforderungen beim Aufbau von Grids liegt in der allgemeinverbindlichen Definition von Protokollen und Diensten, die die Interoperabilität von Systemen und Anwenderprogrammen überhaupt erst garantieren. Der Sammelbegriff für die benötigte standardisierte Vermittlungs- und Verwaltungssoftware ist ***Middleware***. Die Middleware stellt die Schicht des Grid-Computing dar, auf die verteilte Anwendungen aufbauen können. Das Standardisierungsgremium für Grid-Computing ist das ***Open Grid Forum*** (***OGF***), in welchem Vertreter aus Wissenschaft und Industrie zusammenarbeiten. Die ***Open Grid Services Architecture*** (***OGSA***) definiert in diesem Bereich einen standardisierten Architekturplan für das Zusammenspiel der zugehörigen Grid-Services [OGSA]. Meist kommen bei der Realisierung von OGSA Web-Services zum Einsatz. Das ***Web Service Resource Framework*** (***WSRF***) legt dabei einen standardisierten Satz von Schnittstellen und Protokollen fest [WSRF].

In diesem Abschnitt werden die drei bekanntesten Grid Middleware-Systeme diskutiert: das Globus Toolkit, gLite und Unicore.

11.3.1 Globus Toolkit

Das von der Globus Alliance entwickelte Globus Toolkit realisiert ein Grid-System auf der Basis von OGSA und implementiert entsprechende Open-Source-Werkzeuge und Protokolle [Globus].

Globus 4 nutzt ***Web Services***. Dieser Begriff beschreibt im Allgemeinen eine Menge von Funktionen zur Kommunikation in heterogenen verteilten Systemen. Web Services basieren auf einfach zu beherrschenden, aber weit verbreiteten Standards wie XML und bieten Plattform- und Sprachenunabhängigkeit. Die Open Grid Service Infrastructure beschreibt Mechanismen zum

- Erschaffen,
- Kontrollieren oder
- Austausch von Information

zwischen zwei Web Service-Instanzen. Die Verwendung des OGSA-Standards stellt eine uneingeschränkte Interoperabilität sicher.

Vorteile das Globus Toolkit 4 sind:

- Globus Toolkit 4 setzt auf den Standards des Web Services Resource Framework (WSRF) auf.
- Durch die Modularität des Globus Toolkit ist es leicht erweiterbar, da einzelne Komponenten ausgetauscht werden können.

Nachteile das Globus Toolkit 4 sind:

- Das Globus Toolkit ist kein vertikal integriertes System, sondern nur ein Baukasten. Dieses bringt zwar eine hohe Flexibilität mit sich, macht die Inbetriebnahme aber auch aufwändiger.
- Es existiert kein GUI.

11.3.2 gLite

Die „Lightweight Middleware for Grid Computing", kurz **gLite**, ist aus dem LHC Computing Grid (LCG)-Projekt des CERN hervorgegangen und wird im Rahmen des europäischen Projekts „Enabling Grids for E-SciencE (EGEE)" gefördert und weiter entwickelt [EGEE].

Vorteile von gLite sind:

- gLite ist die weltweit größte, rein wissenschaftlich genutzte Grid-Middleware im Produktionsstatus.
- gLite ist eine vollständige Grid-Lösung, die nicht nur Rechenressourcen verwaltet, sondern auch Datenressourcen und File-Kataloge. Zusätzlich gibt es Monitoring-, Logging- und Accounting-Funktionalitäten.
- Das Konzept der Virtuellen Organisationen ist in gLite realisiert.
- Es ist möglich, einzelne Lokationen gezielt anzusprechen, aber üblicherweise legt ein Resource Broker selbstständig nach wahlfreien Kriterien fest, welcher Ort am besten für einen bestimmten Auftrag geeignet ist.

Nachteile von gLite sind:

- Die Portabilität von gLite ist sehr eingeschränkt. gLite wird zurzeit nur für das Betriebssystem Scientific Linux 3 (32 Bit) ausgeliefert. Portierungen auf andere Linux-Distributionen sind prinzipiell möglich, aber aufwändig. So setzt zum Beispiel die Gesellschaft für Schwerionenphysik (GSI) in Darmstadt gLite unter GNU/Debian ein.
- Es existiert aktuell nur rudimentäre Unterstützung für 64 Bit-Architekturen.

11.3.3 Unicore

Die Middleware Unicore (Uniformes Interface für Computer-Ressourcen) wird seit 1997 entwickelt [Unicore]. Das ursprüngliche Ziel war es, einen sicheren und einfachen Zugang zu verschiedenen Hochleistungsrechnern zu ermöglichen.

Softwareseitig deckt Unicore nur den Bereich des Job Managements ab. Unicore unterscheidet zwischen Client-Systemen und Server-Systemen. Der Unicore Client ist eine Java-Applikation, die auf dem Rechner des Benutzers läuft. Mit dem Client kann ein Benutzer:

- Jobs erzeugen
- Jobs auf die über Unicore erreichbaren Ressourcen übertragen und dort ablaufen lassen
- Den Zustand der eigenen Jobs überprüfen und die Ergebnisse einsehen.

Die Architektur von Unicore Version 5 ist in Abb. 11.1 gezeigt: Serverseitig besteht eine Unicore Site (Usite) aus dem Gateway und einem oder mehreren Network Job Supervisor (NJS) und Target System Interface (TSI). Das Unicore Gateway authentifiziert die Benutzer anhand des X.509 Zertifikats. Die Kommunikation zwischen Client und Gateway erfolgt via HTTPS (SSL). Der NJS übersetzt die Jobs der Benutzer in das lokale Format und bildet das Benutzerzertifikat auf das lokale Autorisationssystem ab. Enthält ein Job Unterjobs, die auf anderen Usites des Unicore Grids ausgeführt werden sollen, werden diese per HTTPS an das Gateway dieser Usites übertragen. Die eigentliche Kommunikation mit den lokalen Batch-Systemen ist die Aufgabe des TSI [RiMa 06].

Vorteile von Unicore sind:

- Der Client besitzt eine grafische Oberfläche.
- Der Client ist in JAVA entwickelt und daher betriebssystemunabhängig.
- Die Installation des Clients ist einfach und die Bedienung leicht zu erlernen.
- Auf den Rechenknoten (Worker Nodes) ist keinerlei Softwareinstallation für eine Nutzung mit Unicore notwendig, da die lokalen Remote Management-Systeme (Batchsystem-Server) vom Target System Interface (TSI) die Jobs erhalten.
- Hohe Stabilität durch die lange Entwicklungs- und Einsatzzeit.

Nachteile von Unicore sind:

- Der Client ist nicht Skripting-fähig.
- Es ist nur eine manuelle Verteilung der Jobs auf die Ressourcen möglich, da kein Resource Broker zwischen den Clients und Ressourcen existiert.
- Unicore implementiert nicht das VO-Konzept. Das Benutzermanagement basiert auf einer Datenbank, die die Distinguished Names (DN) enthält.
- Komponenten zum Datenmanagement fehlen.

11.3 Grid Middleware-Systeme

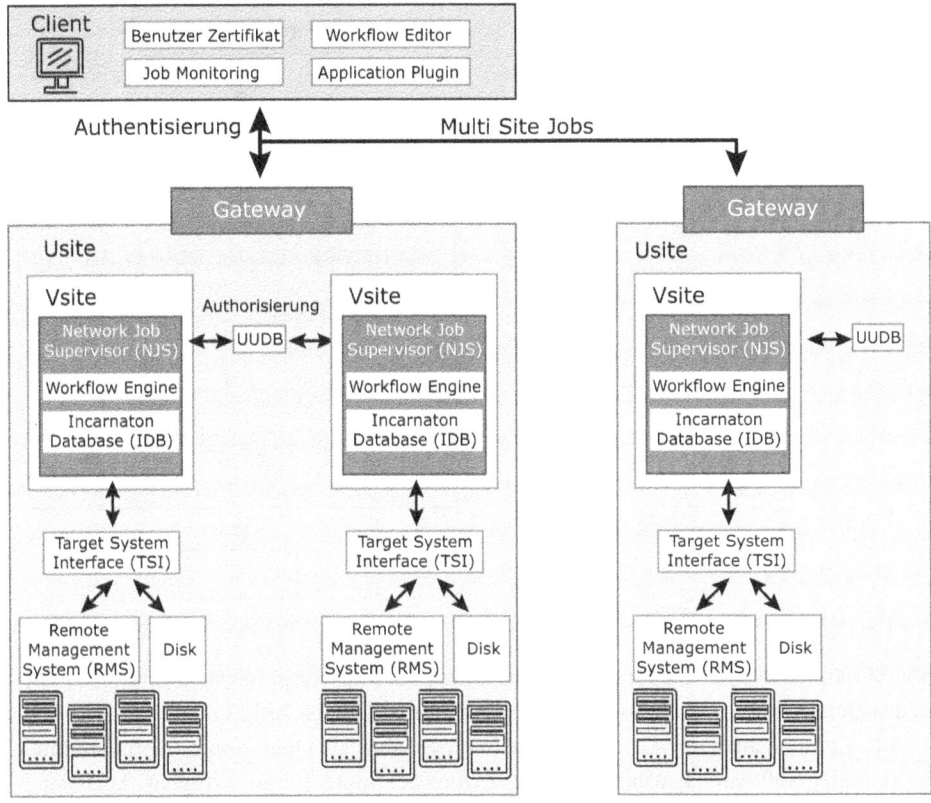

Abb. 11.1 Unicore 5

Die einzige Voraussetzung, die die Clients erfüllen müssen, ist ein installiertes SUN Java Runtime Environment (JRE) Version 1.4.2 oder höher. Die Serverkomponenten benötigen ein UNIX-Betriebssystem wie Linux, SUN Solaris, AIX, Mac OS X, usw. und ebenfalls ein installiertes SUN Java Runtime Environment (JRE) Version 1.4.2 oder höher, sowie Perl 5.4 oder höher.

Die aktuelle Version 6 von Unicore orientiert sich an OGSA und ist Webservice-basiert, wobei der WSRF-Standard vollständig erfüllt ist.

Die Interaktion eines Webservice-Klienten mit dem Unicore-Server geht über ein Gateway, wobei auf dem Server die Unicore Basiskomponenten und Komponenten für höhere Grid-Services in einem Service-Container integriert sind. Diese sind entsprechend der Standards: OGSA-SAML für Authentifizierung, OGSA-BES (Basic Execution Services) für die Job Submission, OGSA-RUS (Resource Usage Service) für das Accounting und OGSA-DAI (Data Access Interface) für den Zugriff auf strukturierte Daten bzw. OGSA-ByteIO für die Übertragung unstrukturierter Daten. Ein erweitertes Network Job Submis-

Abb. 11.2 Unicore 6

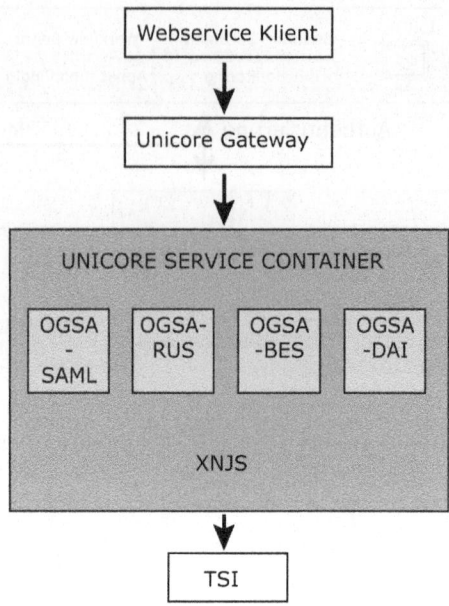

sion System (XJNS) überträgt den Rechenauftrag über das Target System Interface (TSI) an die Zielplattform und überwacht dessen Ausführung (siehe Abb. 11.2).

Alle Komponenten der UNICORE-Technologie sind als Open Source Software unter der Berkeley Software Distribution (BSD)-Lizenz bei SourceForge verfügbar. Auch neuere Entwicklungen stehen dort regelmäßig der Allgemeinheit zur Verfügung.

11.4 Weitere Grid Software

Außer den Grid Middleware-Systemen existiert noch eine Vielzahl von Softwarepaketen, die die Verwaltung eines Grid und die Arbeit damit vereinfachen.

11.4.1 GridSphere

Das *GridSphere Portal Framework* stellt ein Webportal zur Verfügung, das Entwickler darin unterstützt, Web-Anwendungen zu entwickeln die im sogenannten GridSphere Portal Container ablaufen.

Mit Hilfe existierender Portlets können Administratoren die verfügbaren Ressourcen im Grid verwalten und zur Verfügung stellen. Anwender können die Ressourcen, zu denen Sie Zugriff haben, beobachten und Jobs im Grid starten. Ebenso können die Benutzer über bestehende Portlets ihre Dateien im Grid verwalten.

Durch die Unterstützung des Framework-Standards Java Server Faces (JSF) können Komponenten für Benutzerschnittstellen und die Navigation in eigene Web-Anwendungen komfortabel eingebunden werden.

11.4.2 Shibboleth

Shibboleth dient der Realisierung einer Infrastruktur für Authentifizierung und Autorisierung (AAI) insbesondere auf nationaler Ebene. Im Bereich der digitalen Bibliotheken und der Klimaforschung hat Shibboleth einen guten Stand und wird in großem Stil eingesetzt, um Single Sign On über mehre Einrichtungen auf nationaler Ebene zu realisieren. Die Architektur von Shibboleth besteht aus drei Teilen:

- Identity Provider, der sich in jeder lokalen Einrichtung mit Benutzern befindet.
- Service Provider, der sich beim Anbieter befindet.
- Lokalisierungsdienst, auch WAYF (Where Are You From?) genannt.

Eine *Föderation* ist der Zusammenschluss von Instituten, die ein übergreifendes Single Sign On zwischen ihren Standorten realisieren wollen. Jede Föderation installiert einen WAYF-Dienst/Server. Die Autorität verbleibt bei den lokalen Instituten. Alle beteiligten Parteien einer Föderation müssen sich auf Standards für Metadaten-Schemata und Sicherheit usw. einigen.

In Globus Version 4.2 werden einige Komponenten von Shibboleth enthalten sein und im Zuge von IVOM (Interoperabilität und Integration der VO-Management Technologien im D-Grid) soll unter anderem eine Shibbolisierung des Unicore Klienten vorgenommen werden.

11.4.3 VOMS

Der *Virtual Organization Membership Service* (**VOMS**) kommt aus dem gLite-Umfeld und dient dem Management virtueller Organisationen. VOMS wurde im Rahmen von LCG zur Benutzerverwaltung in Virtuellen Organisationen entwickelt. Mehr Einstellungsmöglichkeiten als VOMS bietet das Verwaltungstool VOMRS.

11.4.4 SRB

Der Storage Resource Broker [SRBweb] (SRB) ist eine Middleware, die es ermöglicht, von jedem Punkt aus auf Daten zuzugreifen, die auf verteilten, heterogenen Speichersystemen liegen. Die Dateien (Datenobjekte) und Verzeichnisse (Kollektionen) lassen sich zusätzlich mit beliebigen Metadaten versehen. Aus Benutzersicht erzeugt der SRB ein virtuelles Dateisystem mit den verteilten Daten. Ein Nachteil ist, dass der SRB nicht unter einer OpenSource-Lizenz steht und nur von wissenschaftlichen und nicht gewinnorientierten Organisationen kostenlos verwendet werden darf.

11.4.5 SRM/dCache

Das Datenmanagementsystem **SRM/dCache** kommt aus dem Umfeld der Hochenergiephysik und wird zur Speicherung von Daten eingesetzt.

SRM/dCache ermöglicht den Zugriff auf Daten, die über viele verwaltete Speicherpools verteilt sind.

Bestandteile sind der dCache-Server, der den Zugriff auf die Daten regelt und ein oder mehrere Pool-Knoten, die den Speicherplatz zur Verfügung stellen. SRM/dCache kann nicht nur mit Festplatten-Speicher, sondern auch mit Bandspeicher umgehen.

Falls ein dCache-Server nicht Leistungsfähig genug ist, können die anstehenden Aufgaben auch auf mehrere Server verteilt werden.

Auf den verteilten Speichermedien befindet sich das Parallel Network File System (PNFS), ein verteiltes Dateisystem, das von jedem gespeicherten Datensatz Metadaten erzeugt. Die Metadaten werden getrennt von den eigentlichen Daten gespeichert, um eine höhere Geschwindigkeit zu garantieren, indem Zugriffslasten verteilt werden. Die Benutzer greifen dabei transparent auf ihre Dateien zu, ohne über den genauen Speicherort Bescheid zu wissen.

Die gleichmäßige Auslastung der Pool-Knoten und Festplatten wird per Load-Balancing sichergestellt.

11.4.6 OGSA-DAI

Das Middleware-Werkzeug **OGSA-DAI** (Open Grid Services Architecture – Data Access and Integration Projekt) bietet den transparenten Zugriff auf strukturierte Daten in Form von relationalen oder XML-basierten Datenbanken in einer Grid-Infrastruktur [DAIweb].

Sprach- und Plattformunabhängigkeit ist sichergestellt, da Zugriffe auf die Datenressourcen über einen WSRF-konformen Web Service erfolgen. Dadurch ist ein transparenter Zugriff auf die darunterliegenden Datenressourcen möglich, da sowohl die Lokation, als auch die Art der Datenressourcen abstrahiert werden.

OGSA-DAI hat sich in den letzten Jahren zum De-facto-Standard für Datenbankzugriffe im Grid entwickelt.

11.4.7 GAT

Das *Grid Application Toolkit* (*GAT*) stellt eine einfache Programmierschnittstelle zu verschiedenen Grid-Diensten zur Verfügung. Beispiele für unterstützte Grid-Dienste sind Resourcebroker, Datentransferdienst, Datenkommunikation, remote Datei- und Datenzugriff.

Literatur

[Ahm 04] Abbas A.: Grid Computing: a practical guide to technology and applications. Charles River Media. 2004.

[DAIweb] The OGSA-DAI Project. http://www.ogsadai.org.uk/, 2007.

[EGEE] Enabling Grids for E-Science: http://www.eu-egee.org/, 2007.

[FoKe 99] Foster I., Kesselman C.: The Grid: Blueprint for a New Computing Infrastructure. Morgan Kaufmann Publishers. 1999.

[Fos 02] Foster I.: What is the Grid? A Three Point Checklist. http://www-fp.mcs.anl.gov/~foster/Articles/WhatIsTheGrid.pdf, 2002.

[Globus] The Globus Alliance: http://www.globus.org/toolkit/, 2007.

[OGSA] OGF: The Open Grid Services Architecture, http://www.gridforum.org/documents/GWD-I-E/GFD-I.030.pdf, 2007.

[RiMa 06] Riedel M., Mallmann D.: Standardization Processes of the Unicore Grid System. 2006.

[SRBweb] Storage Resource Broker. http://www.sdsc.edu/srb/index.php, 2007

[Unicore] Forschungszentrum Jülich: http://www.unicore.eu/, 2007

[Wie 04] Wiegelmann H.: Radiostar. Radioteleskop in den Niederlanden per Grid gesteuert. iX Magazin für Professionelle Informationstechnik, No. 11, 2004.

[WSRF] OGF: OGSA WSRF Basic Profile, http://www.gridforum.org/documents/GFD.72.pdf, 2007.

Cloud-Computing 12

Cloud Computing ist ein Konzept der Informationstechnik (IT), das IT-Ressourcen *virtualisiert* (siehe Kap. 9) und als skalierbare, abstrahierte Infrastrukturen, Plattformen und Anwendungen on-demand bei nutzungsabhängiger Abrechnung zur Verfügung stellt. Wegen dieser Eigenschaften wird Cloud Computing auch als elastisch bezeichnet [BKNT 11].

Für Forschungseinrichtungen, Unternehmen, aber auch Privatpersonen, die Cloud Computing einsetzen, bieten die Konsolidierung der Rechen- und Speicherressourcen in großen Rechen-/Ressourcenzentren in erster Linie finanzielle Vorteile [AFG 09]. Es eröffnet sich die Möglichkeit, einen Teil der Mittel, die bisher der Aufrechterhaltung des Infrastrukturbetriebs dienten, in innovative Aufgaben fließen zu lassen. Fixkosten für den Betrieb eigener IT können zum Teil in variable, verbrauchsabhängige Kosten gewandelt werden. Als zweiter Punkt ist die Agilität zu nennen: Kunden von Cloud-Diensten haben große Freiheiten bzgl. der Auswahl von Infrastrukturen, Betriebssystemen, Programmiersprachen, Anwendungen und Netzwerkkommunikation. In diesem Sinne führt Cloud Computing nicht nur zur Industrialisierung der IT [C 08], sondern auch zur Emanzipierung der Kunden. Diese werden in weit geringerem Maße in ihrer Arbeit und der Auswahl der Werkzeuge und Umgebungen eingeschränkt, als das bei klassisch betriebenen Rechenzentren der Fall ist. Drittens erlaubt die Cloud aufgrund ihrer Dynamik die Erstellung neuartiger Web-Anwendungen, die mit klassischen Mitteln kaum oder nur sehr schwer zu realisieren sind. Hier entstehen neue Wertschöpfungsketten mit entsprechenden Geschäftsmodellen.

Cloud Computing ist genau wie Grid-Computing eine Technik zur Integration und gemeinsamen, ortsunabhängigen Verwendung heterogener, computergestützter und wissenschaftlicher Ressourcen auf Basis des Internet. Während sich Grid-Computing jedoch primär an den Bedürfnissen des Hochleistungsrechnen orientiert, ist die Zielsetzung des Cloud Computing die Bereitstellung skalierbarer IT-Dienste über das Internet für eine potenziell große Zahl externer Kunden mit heterogenen Anwendungen [B 08].

Aus organisatorischer und technischer Sicht existieren unterschiedliche Ausprägungen von Cloud-Systemen. Der Bogen reicht von Webanwendungen, über Laufzeit- und

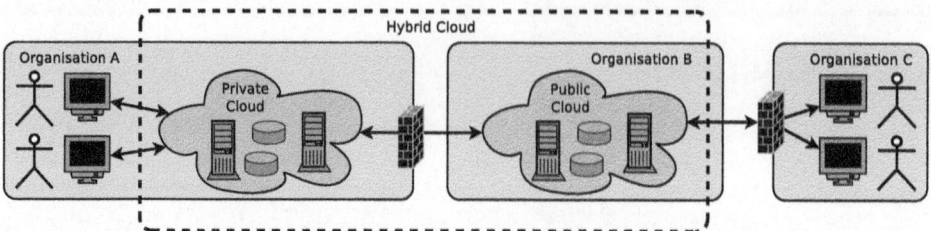

Abb. 12.1 Die unterschiedlichen Organisationsformen von Cloud-Systemen

Entwicklungsumgebungen bis zu kompletten IT-Infrastrukturen, mit denen komplette Rechenzentren virtuell realisierbar sind. Cloud-Dienste werden durch externe Anbieter bereitgestellt oder von den Anwendern selbst betrieben. Die Nutzung eigener und extern betriebener Dienste innerhalb einer Infrastruktur ist ebenfalls möglich.

12.1 Organisation von Cloud-Systemen

Drei Organisationsformen von Cloud-Systemen werden unterschieden (siehe Abb. 12.1): Öffentliche Cloud (Public Cloud), private Cloud (Private Cloud) und hybride Cloud (Hybrid Cloud) [B 11].

12.1.1 Public Cloud

Bei öffentlich zugänglichen Clouds gehören Dienstanbieter und -nutzer unterschiedlichen Organisationen an. Die Anbieter verfolgen kommerzielle Ziele und die Kunden bekommen nur die aktuell genutzten Ressourcen in Rechnung gestellt. Mit Ausnahme der für den Zugang nötigen Systeme fallen für die Kunden öffentlicher Cloud-Dienste keine Kosten für Anschaffung, Betrieb und Wartung eigener Hardware an. Die Dienste liegen immer außerhalb des eigenen Perimeters.

Ein Risiko bei öffentlichen Cloud-Diensten ist das theoretische Risiko des sogenannten *Lock-in*. Hierbei kommt es zu einer Abhängigkeit zwischen Dienstanbieter und -nutzer, bei der der Kunde nicht oder nur um den Preis des Verlusts seiner Infrastruktur und eventuell sogar seiner Daten zu einem anderen Anbieter wechseln kann. Denkbare Szenarien sind Preiserhöhungen oder eine Insolvenz des Anbieters. Die Gefahr des Lock-in ist immer dann gegeben, wenn die eingesetzten Dienste nicht kompatibel zu anderen Angeboten sind und es keine Möglichkeit zum Daten-Export (bei gleichzeitigem Fehlen eines lokalen Datenabbilds) gibt.

Weitere Gründe, die dem Einsatz von öffentlich zugänglichen Cloud-Diensten im Weg stehen können, sind der Datenschutz beim Verarbeiten personenbezogener Daten (denkbar

u. a. im medizinischen Bereich) und generelle Sicherheitsbedenken bei wertvollen Daten im industriellen und forschungsbezogenen Umfeld.

12.1.2 Private Cloud

Bei privaten Cloud-Diensten gehören Dienstanbieter und -nutzer der gleichen Organisation an. Die Gefahr des Lock-in oder Bedenken hinsichtlich Datensicherheit und Datenschutz bestehen bei privaten Cloud-Diensten nicht. Nachteilig ist, dass dabei ähnlich hohe Kosten für eigene Hardware, Stellplatz und Energie anfallen wie bei nicht-Cloud-basierten Architekturen. Durch die Standardisierung und Virtualisierung fallen jedoch geringere Kosten für die Administration der physischen Ressourcen an.

Die Dienste der privaten Cloud sind im Idealfall kompatibel zu den Schnittstellen von öffentlich zugänglichen Cloud-Diensten etablierter Serviceanbieter. Somit kann der Kunde in einem veränderten Umfeld den Aufbau einer privaten Cloud in Betracht ziehen und die nötigen Dienste in Zukunft selbst erbringen.

12.1.3 Hybrid Cloud

In einer hybriden Cloud werden sowohl öffentlich zugängliche Cloud-Dienste als auch private Dienste verwendet. Ein solches Szenario ist z. B. geeignet, Lastspitzen mit Ressourcen in öffentlichen Clouds abzudecken. Ebenso ist es möglich, Sicherheitskopien der Daten außerhalb der eigenen Organisationsgrenzen in einer öffentlich zugänglichen Cloud zu sichern. Ein wichtiger Punkt in diesem Zusammenhang ist die Notfallwiederherstellung, das sogenannte Disaster Recovery. Ausgefallene Dienste der privaten Cloud können (im Idealfall vollautomatisch) durch Dienste aus einer oder mehreren öffentlichen Clouds ersetzt werden.

12.2 Kategorien von Cloud-Diensten

Erfolgt die Kategorisierung von Cloud-Systemen anhand der Funktionalität der Dienste, ist auch von **Everything as a Service** (**XaaS**) die Rede. Dieser Begriff steht für den Ansatz, alle Arten von Ressourcen als Dienst (Service) zur Verfügung zu stellen und zu konsumieren. Die wichtigsten Kategorien (siehe Abb. 12.2) sind Softwaredienste (Software as a Service), Plattformdienste (Platform as a Service) und Infrastrukturdienste (Infrastructure as a Service).

Abb. 12.2 Die unterschiedlichen Kategorien von Cloud-Systemen

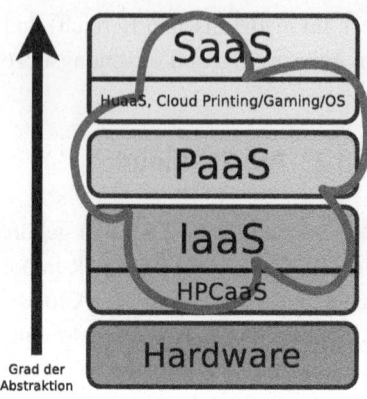

12.2.1 Softwaredienste (Software as a Service)

Bei einem *Softwaredienst* (*SaaS*) betreibt ein Dienstleister eine Anwendung und stellt diese als Dienst im Internet zur Verfügung. Die Kunden benötigen ausschließlich einen Browser, um die Anwendungen zu verwenden. Eine lokale Installation der Software ist nicht vorgesehen. Für die Kunden ist von Vorteil, dass sie sich nicht um Installation, Administration, Updates, etc. kümmern müssen. Der Anbieter stellt nicht nur die Anwendung im Netzwerk bereit, sondern speichert dort auch die Daten der Kunden. Aus diesem Grund fallen Aspekte wie Hochverfügbarkeit, Skalierbarkeit und Datensicherheit in den Verantwortungsbereich des Anbieters und laufen für die Kunden transparent ab. Diese Gegebenheiten machen es nötig, dass der Kunde dem Anbieter im Bezug auf die Verfügbarkeit der Dienste sowie den vertraulichen Umgang mit den eigenen Daten vertraut.

Beispiele für öffentliche Softwaredienste sind die Geschäftsanwendungen von Salesforce sowie die Office-Lösungen Google Apps und Microsoft Office 365. Produkte zum Aufbau privater Softwaredienste sind u. a. SugarCRM und Zimbra.

Es existieren Untergruppen der Softwaredienste. Eine davon ist das *Crowdsourcing* (*Humans as a Service, HuaaS*). Dabei wird menschliche Kreativität zu geringen Kosten oder als Spende Freiwilliger angeboten. Interessant ist Crowdsourcing für niedrig qualifizierte Tätigkeiten, die ein Computer gar nicht, nur schlecht oder erst nach einer unverhältnismäßig hohen Entwicklungszeit erledigen könnte. Einsatzmöglichkeiten sind u. a. Bilderkennung, subjektive Bewertungen und Übersetzungen. Ein HuaaS-Marktplatz ist der Amazon Mechanical Turk. Ein weiteres Beispiel ist Samasource. Dabei handelt es sich um ein gemeinnütziges (nonprofit) Projekt, das die Arbeitskraft von Menschen in Entwicklungsländern an Auftraggeber in Industrienationen vermittelt.

Weitere Untergruppen der Softwaredienste sind z. B. Cloud Printing, Cloud Gaming und die Cloud-Betriebssysteme. *Cloud Printing* ermöglicht das Drucken über Netzwerk, unabhängig vom Standort. Die zunehmende Verbreitung internetfähiger Geräte wie Netbooks, Touchpads und Mobiltelefone macht die Einrichtung eines lokalen Druckers durch das Fehlen geeigneter Druckertreiber und die teilweise geringen Ressourcen in den Geräten schwierig. Ein weiteres Problem ist die Vielfalt der Betriebssysteme (Mac OS, Android, Windows Mobile, usw.). Bei einem Cloud Printing-Dienst wie z. B. Google Cloud Print sendet der Nutzer sein zu druckendes Dokument an den Dienst, legt die Druckeinstellungen fest und bekommt eine Rückmeldung über die erfolgreiche Ausführung des Auftrags. Darüber hinaus ist es möglich, auch unterwegs transparent auf ein entsprechendes Druckerangebot zuzugreifen, z. B. in einem Hotel.

Cloud Gaming-Diensten wie z. B. OnLive und Gaikai machen High-End Videospiele auf Low-End Geräten (ältere PCs, Fernseher, Mobiltelefone) verfügbar. Die Videospiele werden auf den Servern des Anbieters ausgeführt. Ausschließlich die Darstellung erfolgt auf den lokalen Zielgeräten. Die Darstellung wird als komprimierter Videostrom übertragen. Alle Benutzereingaben werden zum Anbieter gesendet und dort ausgewertet. Ein Nachteil ist, dass die Kompression der Bilddaten die optische Qualität reduziert. Zudem müssen die Netzwerklatenzen gering sein, da das System die Benutzereingaben zu einem entfernten Server überträgt. Die Zeit zwischen Benutzereingabe und Ergebnis auf dem lokalen Anzeigegerät muss möglichst gering sein, um den Spielfluss nicht zu unterbrechen. Ein positiver Nebeneffekt für die Anbieter von Cloud Gaming-Diensten und für die Entwickler der Spiele ist, dass keine Raubkopien der Spiele möglich sind.

Web-Desktops sind auch unter dem Namen *Cloud-Betriebssysteme* bekannt. Ein bekanntes Produkt aus dieser Gruppe ist eyeOS. Das Betriebssystem, sowie alle installierten Anwendungen und Benutzerdaten befinden sich auf den Servern des Anbieters. Die Benutzer benötigen lediglich ein Endgerät mit Internetzugang und Browser. Der Begriff Cloud-Betriebssystem ist allerdings in den meisten Fällen irreführend, denn auch für die Nutzung eines Cloud-Betriebssystems ist ein Rechner mit Browser und daher ein zugrunde liegendes Betriebssystem nötig. Das native Betriebssystem wird von einem Cloud-Betriebssystem also nicht ersetzt. Es werden lediglich die Benutzeranwendungen und Benutzerdaten ausgelagert. Ein weiteres sehr prominentes Cloud-Betriebssystem ist Chrome OS von Google.

12.2.2 Plattformdienste (Platform as a Service)

Ein *Plattformdienst* (*PaaS*) bietet eine skalierbare Laufzeitumgebung für den Betrieb eigener Software. Für die Kunden fällt kein Administrationsaufwand an. Die Pflege der zugrunde liegenden Betriebssysteme sowie Installation und Pflege der Systemsoftware ist die Aufgabe des Anbieters. Dafür sind die Kunden an die vom Anbieter vorgegebenen Programmiersprachen, Compilerversionen und architektonische Rahmenbedingungen wie z. B. die Einschränkung auf Web-Anwendungen gebunden.

Beispiele für öffentliche Plattformdienste sind die Google App Engine und die Windows Azure Plattform. Lösungen zum Aufbau privater Dienste sind u. a. AppScale und typhoonAE. Diese ermöglichen den Betrieb einer Plattformdienste, die zur App Engine kompatibel sind.

12.2.3 Infrastrukturdienste (Infrastructure as a Service)

Mit *Infrastrukturdiensten* (*IaaS*) können die Kunden virtuelle Serverinstanzen mit (fast) beliebigen Betriebssystemen und unveränderten Anwendungen auf den Servern des Anbieters betreiben und komplette Rechenzentren virtuell realisieren. Die Installation und Administration eigener Betriebssysteme und Anwendungen ist die alleinige Aufgabe der Kunden. Die Kunden behalten innerhalb ihrer Instanzen Administrationsrechte und können das Firewall-Regelwerk selbst definieren. Damit die Kunden virtuelle Maschinen passend zu ihren Anforderungen erzeugen können, existieren bei allen IaaS-Angeboten unterschiedliche Instanztypen. Diese unterscheiden sich hinsichtlich ihrer Leistungsfähigkeit und, im Fall öffentlich zugänglicher Infrastrukturdienste, auch im Preis pro Stunde.

Neben den Infrastrukturdiensten zum Betrieb virtueller Server zählen auch die objekt- und blockbasierte Speicherdienste zur Gruppe der Infrastrukturdienste. Beispiele für öffentliche Speicherdienste sind Amazon Simple Storage Service (S3), Amazon Elastic Block Store (EBS), Google Cloud Storage. Beispiele für öffentliche Compute-Dienste sind z. B. Amazon Elastic Compute Cloud (EC2), GoGrid, und Rackspace Cloud. Lösungen zum Aufbau und Betrieb privater Dienste sind u. a. Eucalyptus, OpenStack, OpenNebula und Nimbus.

Eine spezielle Ausprägung von Infrastrukturdiensten ist das **High Performance Computing as a Service** (*HPCaaS*). Dabei wird versucht, Hochleistungsrechnen als Dienst zu realisieren. Problematisch ist hierbei insbesondere die Netzwerklatenz. Diese ist in einer Cloud-Umgebung mit Standard Ethernet schlechter als in einem dedizierten HPC-Cluster mit Hochgeschwindigkeitsvernetzung. Die Eignung einer HPC-Anwendung für HPCaaS ist abhängig vom Grad der Anwendungskopplung. Öffentlich zugängliche HPCaaS-Angebote sind u. a. die Amazon Cluster Compute Instanzen (cc1.4xlarge) und die Amazon Cluster GPU Instanzen (cg1.4xlarge). Jede Cluster Compute Instanz enthält zwei Quad-Core Intel Xeon-X5570 Nehalem Prozessoren mit 23 GB Hauptspeicher, 1690 GB lokalem Instanzspeicher und Anschluss an ein schnelles internes Netzwerk mit 10 Gbit/s Datendurchsatz. Jede Cluster GPU Instanz enthält 22 GB Hauptspeicher und zusätzlich zwei Nvidia Tesla M2050 Grafikeinheiten.

12.3 Ausgewählte Cloud-Dienste und -Lösungen

Die steigende Zahl öffentlich zugänglicher Cloud-Dienste und die Verfügbarkeit von Lösungen zum Aufbau und Betrieb privater Dienste machen eine ausführliche Vorstellung aller bekannten Angebote an dieser Stelle unmöglich.

In diesem Werk findet eine Konzentration auf die Dienste der Amazon Web Services (AWS) und die Google App Engine statt. Der Grund dafür ist zum einen die Akzeptanz am Markt, sowie zum andern das umfangreiche Ökosystem kompatibler Werkzeuge und Bibliotheken und die Verfügbarkeit von quelloffenen Reimplementierunge [B 11].

12.3 Ausgewählte Cloud-Dienste und -Lösungen

Die Amazon Web Services (AWS) stellen eine Sammlung verschiedener Cloud-Dienste dar, deren Abrechnung nach Verbrauch über eine Kreditkarte erfolgt. Bekannte Dienste der AWS sind u. a.

- Elastic Compute Cloud (EC2), ein Infrastrukturdienst für virtuelle Server,
- Elastic Block Store (EBS), ein Speicherdienst für Datenspeichervolumen,
- Simple Storage Service (S3), ein Speicherdienst für Webobjekte,
- Elastic MapReduce (EMR) (siehe Abschn. 2.4.5.3), ein Dienst, um verteilte Berechnungen mit großen Datenmengen in EC2 durchzuführen,
- Relational Database Service (RDS), ein Dienst für relationale Datenbanken,
- SimpleDB, ein Dienst für ein verteiltes Datenbankmanagementsystem,
- Simple Notification Service (SNS), ein Benachrichtigungsdienst,
- Simple Queue Service (SQS), ein Dienst für Nachrichtenwarteschlangen,
- Virtual Private Cloud (VPC), ein Dienst zur Integration von Cloud-Ressourcen via VPN in die eigene Infrastruktur,
- Elastic Compute Cloud (EC2).

Wegen seiner Popularität und Flexibilität hat sich die EC2-Schnittstelle zu einer Art Referenzmodell für Infrastrukturdienste entwickelt. S3 und EBS konnten sich als de-facto Standard für Speicherdienste etablieren.

Mit EC2 können die Kunden via Web-Services virtuelle Server, sogenannte Instanzen, in den Rechenzentren von Amazon betreiben. Die Kunden können Instanzen jederzeit als sogenannte On-Demand Instanzen starten und wieder beenden. Bei On-Demand Instanzen zahlen die Kunden nur die Laufzeit der eigenen Instanzen pro Stunde, und es kommt keine langfristige Bindung zustande. Möglichkeiten zur Kostenreduktion bietet die Nutzung von reservierten Kapazitäten und von Spot-Märkten.

Bei reservierten Instanzen leisten die Kunden eine einmalige Zahlung für jede Instanz, die sie für einen Zeitraum von einem oder drei Jahren in einer bestimmten Region reservieren möchten. Nach der Einmalzahlung sinkt der Preis pro Stunde Laufzeit, abhängig von Region, Instanztyp und Betriebssystem. Reservierte Instanzen sind u. a. für Projekte geeignet, die über einen bestimmten Zeitraum mit einem festen Budget auskommen müssen, oder bei denen man von vornherein weiß, wie lange und in welchem Umfang die Dienste dauerhaft verfügbar sein sollen.

Bei Spot-Instanzen bildet Amazon für jeden Instanztyp einen aktuellen Marktpreis, vergleichbar mit einem Kurswert an der Börse. Der Preis ist dabei abhängig von Angebot und Nachfrage nach Spot-Instanzen. Ein Kunde, der Spot-Instanzen starten möchte, kann für die gewünschte Region die Anzahl der gewünschten Instanzen und den Höchstpreis angeben, den er bereit ist, je Stunde Laufzeit zu bezahlen. Die Instanzen werden gestartet, sobald der persönliche Höchstpreis über dem aktuellen Preis liegt. Steigt der Marktpreis über den persönlichen Höchstpreis des Kunden, werden seine Spot-Instanzen automatisch beendet. Spot-Instanzen sind u. a. für nicht-zeitkritische und schwach gekoppelte Anwendungen geeignet, für die nur ein eingeschränktes Budget zur Verfügung steht.

Tab. 12.1 Regionen und Verfügbarkeitszonen in EC2

Region (Standort)	Verfügbarkeitszonen
Asia-Pacific (Tokio)	ap-northeast-1a, ap-northeast-1b, ap-northeast-1c
Asia-Pacific (Singapur)	ap-southeast-1a, ap-southeast-1b
Asia-Pacific (Sydney)	ap-southeast-2a, ap-southeast-2b
EU-West (Irland)	eu-west-1a, eu-west-1b, eu-west-1c
US-East (Virginia)	us-east-1a, us-east-1b, us-east-1c, us-east-1d, us-east-1e
US-West-1 (Kalifornien)	us-west-1a, us-west-1b, us-west-1c
US-West-2 (Oregon)	us-west-2a, us-west-2b, us-west-2c
SA-East-1 (Sao Paulo)	sa-east-1a, sa-east-1b

Instanzen werden aus sogenannten *Amazon Machine Images* (*AMI*) erzeugt. Ein AMI ist eine Art Blaupause für das Anlegen eines virtuellen Servers. Amazon stellt vorgefertigte Images bereit, die sich bzgl. Betriebssystem und installierter Software unterscheiden. AMIs von Amazon gibt es für verschiedene Unix-Derivate (Linux und OpenSolaris) und Windows Server. Auch Drittanbieter wie z. B. IBM und Oracle stellen AMIs mit eigenen Software-Paketen zur Verfügung. Die Kunden haben auch die Möglichkeit, eigene AMIs anzufertigen, die sie dann selbst veröffentlichen und als sogenannte Paid-Instances über eine Produkt-ID vermarkten können.

Amazon betreibt acht Standorte (Standorte), in denen sich EC2-Ressourcen befinden. Jeder Standort beinhaltet in sogenannten Verfügbarkeitszonen in sich abgeschlossene Cluster (siehe Tab. 12.1).

Damit die Kunden virtuelle Maschinen ihren Anforderungen entsprechend erzeugen können, existieren unterschiedliche Instanztypen, die sich in der Ressourcenausstattung unterscheiden (siehe Tab. 12.2). Der Preis pro Stunde Laufzeit ist abhängig vom verwendeten Betriebssystem und der Region. Die Ausstattungsmerkmale der Instanztypen sind fest und können nicht angepasst werden. Die in Tab. 12.2 verwendete Abkürzung ECU steht für EC2 Compute Unit; die Rechenleistung eines ECU ist äquivalent zu einem 2007er AMD Opteron oder Intel Xeon Prozessor mit 1,0 bis 1,2 GHz bzw. zu einem 1,7 GHz Xeon Prozessor aus dem Jahr 2006.

Vor dem Start von Instanzen legt der Kunde die Region, Verfügbarkeitszone, Anzahl der zu startenden Instanzen, Schlüsselpaar und Zuordnung zur Sicherheitsgruppe fest. Der Instanztyp ist zur Laufzeit nicht mehr veränderbar.

Nach dem Startprozess erhält die Instanz einen dynamisch zugewiesenen, öffentlichen und einen privaten DNS-Namen. Unter dem öffentlichen DNS-Namen ist die Instanz über das Internet erreichbar. Unter dem privaten DNS-Namen ist sie für andere Instanzen in der Amazon Cloud sichtbar. Private und öffentliche DNS-Namen werden beim Start einer Instanz neu vergeben und sind daher für den dauerhaften Betrieb von Server-Diensten ungeeignet. Um dauerhaft verfügbare Dienste mit EC2 zu realisieren ist es nötig, elastische IP-Adressen zu verwenden. Einmal reservierte elastische IP-Adressen können die Kunden immer wieder neu instanziierten Servern zuweisen. Amazon garantiert eine jährliche

Tab. 12.2 Instanztypen in EC2

Instanztyp	Architektur	RAM	Speicher	CPU	ECU
t1.micro	32 + 64-Bit	613 MB	nur EBS	1 virt. Kern	max. 2
m1.small	32 + 64-Bit	1,7 GB	160 GB	1 virt. Kern	1
m1.medium	32 + 64-Bit	3,75 GB	410 GB	2 virt. Kern	4
m1.large	64-Bit	7,5 GB	850 GB	2 virt. Kerne	4
m1.xlarge	64-Bit	15 GB	1690 GB	4 virt. Kerne	8
m2.xlarge	64-Bit	17,1 GB	420 GB	2 virt. Kerne	6,5
m2.2xlarge	64-Bit	34,2 GB	850 GB	4 virt. Kerne	13
m2.4xlarge	64-Bit	68,4 GB	1690 GB	8 virt. Kerne	26
c1.medium	32 + 64-Bit	1,7 GB	350 GB	2 virt. Kerne	5
c1.xlarge	64-Bit	7 GB	1690 GB	8 virt. Kerne	20
cc1.4xlarge	64-Bit	23 GB	1690 GB	8 virt. Kerne	33,5
cg1.4xlarge	64-Bit	22 GB	1690 GB	8 virt. Kerne	33,5
cc2.8xlarge	64-Bit	60,5 GB	3370 GB	32 virt. Ker.	88

Verfügbarkeit von 99,95 %, was ca. 4 Stunden Ausfallzeit pro Jahr entspricht. Wird die garantierte Verfügbarkeit unterschritten, erhält der Kunde eine Gutschrift.

Da bei der Terminierung (Löschung) einer Instanz alle Änderungen verloren sind, müssen die Kunden wichtige Daten außerhalb der Instanz speichern. Einen Block-basierten Zugriff auf ein virtuelles, persistentes Speichermedium, vergleichbar einer virtuellen Festplatte, bietet der Speicherdienst Elastic Block Store (EBS). Die Speicherung großer Mengen schwach strukturierter Daten kann im Speicherdienst Simple Storage Service (S3) erfolgen.

12.3.1 Amazon Elastic Block Store (EBS)

Mit *Amazon Elastic Block Store* (*EBS*) können Kunden in EC2 innerhalb jeder Verfügbarkeitszone sogenannte *Volumen* mit einer Größe von 1 GB bis 1 TB erzeugen. Ein Volumen ist ein persistenter Speicher und verhält sich wie eine unformatierte Festplatte. Jedes Volumen kann immer nur an genau eine Instanz in EC2 angehängt sein. Dafür müssen sich Volumen und Instanz innerhalb der gleichen Verfügbarkeitszone befinden.

Einer Instanz können mehrere Volumen zugewiesen sein. Dadurch ist es möglich, via Software-RAID 6 eine höhere Verfügbarkeit der Daten und/oder einen höheren Durchsatz zu erzielen. Ein Volumen kann ein beliebiges Dateisystem enthalten. Volumen können auch als Boot-Partitionen für EC2-Instanzen verwendet werden. Dadurch ist eine Festlegung der Größe einer Boot-Partition auf bis zu 1 TB möglich und die Boot-Partition kann über die Lebensdauer der Instanz hinaus beibehalten werden.

In EBS können zu jeder Zeit zu Backup- oder Replikationszwecken sogenannte *Snapshots* von Volumen erstellt werden, die in Amazon S3 gespeichert werden. Aus jedem

Snapshot können beliebig viele neue Volumen erstellt werden. Die Snapshots kann man mit anderen Anwendern gemeinsam nutzen. Es ist auch möglich, Snapshots allen Anwendern von EC2/EBS zugänglich zu machen.

Amazon garantiert für EBS genau wie für EC2 eine jährliche Verfügbarkeit von 99,95 %, was ca. 4 Stunden Ausfallzeit pro Jahr entspricht. Wird die garantierte Verfügbarkeit unterschritten, erhält der Kunde eine Gutschrift.

12.3.2 Amazon Simple Storage Service (S3)

Mit dem *Speicherdienst* (*Amazon Simple Storage Service, S3*) können die Kunden Daten in Form von Webobjekten auf Amazons Speicher-Ressourcen ablegen. Jedes Objekt kann maximal 5 GB groß sein und zu jedem Objekt ist ein Name und 2 kB Metadaten gespeichert. Der Name eines Objekts in S3 heißt auch Key. Bei den Metadaten, die für jedes Objekt gespeichert sind, handelt es sich um das Datum des letzten Schreibzugriffs auf das Objekt, die Hexadezimale 128 Bit lange MD5 Prüfsumme, den Internet Media Type (MIME-Type), der die Art der Daten im Objekt klassifiziert und die Länge des Objekts in Byte ohne Metadaten und Objektname.

Im flachen Namensraum von S3 muss jedes Objekt einem sogenannten *Bucket* zugeordnet sein. Jeder Bucket muss einen eindeutigen Namen haben und kann keinen weiteren Bucket enthalten. Die Kunden können für eigene Objekte und Buckets die Zugriffsberechtigung in Form einer Access Control List (ACL) festlegen. Objekte sind, sofern die Zugriffsrechte das erlauben, global erreichbar. Zugriff auf Buckets und Objekte sind via REST und SOAP möglich. Objekte sind auch via BitTorrent erreichbar, wenn dieses vom Kunden festgelegt wurde.

Amazon garantiert für S3 eine monatliche Verfügbarkeit von 99,9 %, was weniger als 9 Stunden Ausfallzeit pro Jahr entspricht. Wird die garantierte Verfügbarkeit unterschritten, erhält der Kunde eine Gutschrift.

Die Bezeichnung Simple Storage Service soll nicht einfache Benutzbarkeit, sondern einen geringen Funktionsumfang implizieren. Dieser geringe Funktionsumfang in Kombination mit geringem Preis und hoher Verfügbarkeit haben S3 zu einem etablierten Backend für Anbieter wie Jungle Disk, ElephantDrive, ExEasy NetCDP und Dropbox werden lassen, die den Dienst mit erweiterten Funktionen veredeln und unter einer neuen Oberfläche anbieten.

12.3.3 Google App Engine

Die *Google App Engine* ist ein *Plattformdienst*, mit dem die Kunden in Python, Java, Go und PHP entwickelte Webanwendungen innerhalb der Google Infrastruktur betreiben können (siehe Abb. 12.3).

12.3 Ausgewählte Cloud-Dienste und -Lösungen

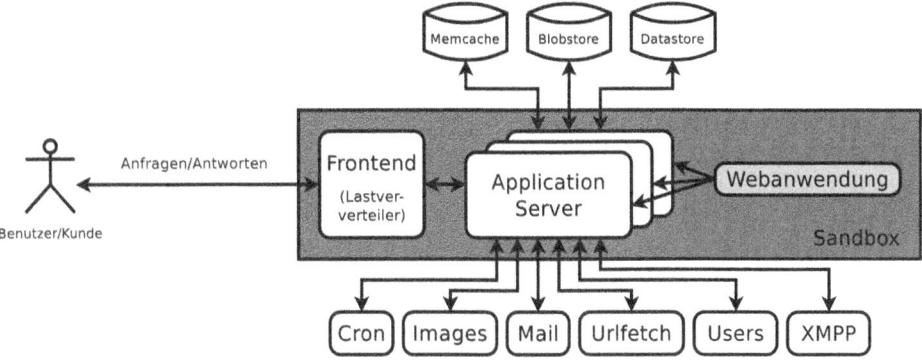

Abb. 12.3 Struktur der Google App Engine

Die Nutzung dieses Plattformdienstes ist im Rahmen gewisser Mengenbeschränkungen kostenfrei. Die Web-Anwendungen können zusätzlich zu Google Storage verschiedene Dienste ansprechen:

- Authentifizierung und Autorisierung über Google-Benutzerkonten.
- Datastore, ein persistenter Datenspeicher, der als Key/Value-Datenbank realisiert ist.
- Memcache, ein temporärer Datenspeicher aus Hauptspeichermodulen mit schnellen Zugriffszeiten.
- Die persistente Speicherung großer Daten ist im Blobstore möglich.
- Zugriff auf Inhalte im Internet über Web-Services mit REST via URL Fetch.
- Versand und Empfang von E-Mails über das Google Mail Gateway.
- Nachrichtenversand und -empfang über XMPP.

Die Einsatzmöglichkeiten der App Engine sind durch einige feste Einschränkungen begrenzt. Die App Engine unterstützt ausschließlich die Python-Versionen 2.5.2 und 2.7.2. Java-Anwendungen dürfen nicht nebenläufig sein und es stehen auch nicht alle Klassen der JRE Standard Edition zur Verfügung. Es ist nur ein lesender Zugriff auf das Dateisystem möglich. Kommunikation mit anderen Webanwendungen oder Servern ist lediglich über URL Fetch, XMPP oder E-Mail über die Ports 80, 443, 4443, 8080–8089, 8188, 8444 und 8990 möglich. Es können keine Sockets erzeugt werden. Somit ist z. B. keine Kommunikation über FTP oder SSH möglich.

12.3.4 Eucalyptus

Eucalyptus wurde ursprünglich an der University of California in Santa Barbara (UCSB) entwickelt. Die Weiterentwicklung erfolgt durch Eucalyptus Systems, Inc. Eucalyptus implementiert mehrere Komponenten und erlaubt den Aufbau und Betrieb einer privaten Infrastruktur, die kompatibel zur Schnittstelle von EC2 ist. Die Komponenten laufen als UNIX-Dienste. Die Kommunikation zwischen den Komponenten geschieht via Web-Services (SOAP). Bei den Komponenten handelt es sich in erster Linie um:

- Cloud Controller (CLC),
- Cluster Controller (CC),
- Node Controller (NC),
- Walrus,
- Storage Controller (SC).

Eine Eucalyptus-Infrastruktur umfasst einen oder mehrere Standorte. Die beiden *Speicherdienste Walrus* und *Storage Controller* sind zu Amazon S3 bzw. EBS kompatibel [NWG 08, E 08]. Innerhalb einer Eucalyptus-Infrastruktur sind die Images der virtuellen Maschinen in Walrus gespeichert.

Der *Node Controller* (*NC*) läuft auf jedem Knoten, auf dem später Instanzen aktiv sein sollen und steuert den verwendeten Hypervisor. Eine Virtualisierungslösung muss auf jedem NC installiert und funktionsfähig sein. Jeder NC sendet in regelmäßigen Abständen Informationen über die Auslastung der eigenen Ressourcen an den CC des Standorts. Dazu gehört neben der Anzahl an freien virtuellen Prozessoren auch die der freie Hauptspeicher und Festplattenspeicher.

Der *Cluster Controller* (*CC*) regelt die Verteilung der virtuellen Maschinen auf die NCs. Es ist exakt ein CC pro Standort notwendig. Der CC sammelt die Informationen über freie Ressourcen von den NCs. In jedem Standort kommunizieren die NCs mit dem CC über ein privates virtuelles Netzwerk, das via Virtual Distributed Ethernet (VDE) erzeugt wird. Dieses virtuelle Netzwerk garantiert, dass den Instanzen an einem Standort ein einheitliches Subnetz zur Verfügung steht.

Pro Eucalyptus-Infrastruktur ist exakt ein *Cloud Controller* (*CLC*) nötig. Dieser agiert als Meta-Scheduler in der Cloud-Infrastruktur und sammelt Ressourcen-Informationen von den CCs. Der CLC läuft standardmäßig auf der gleichen physischen Maschine wie der Speicherdienst Walrus.

Ein Storage Controller befindet sich an jedem Standort und läuft standardmäßig auf der gleichen physischen Maschine wie der CC des Standorts.

Sollen Instanzen gestartet werden, gibt der Kunde oder dessen Anwendung beim CLC folgende Parameter an: Image, Instanztyp und Anzahl der Instanzen. Der CLC wählt einen CC mit ausreichend freien Ressourcen in dessen Cluster aus. Der CC legt einen (oder eine Gruppe) NC(s) mit ausreichend freien Ressourcen im lokalen Cluster fest und weist den Start der Instanz(en) an. Ist das nötige Image auf dem NC nicht verfügbar, fragt der NC das Image beim CLC nach. Der CLC überträgt das Image aus Walrus über eine verschlüsselte Übertragung via Secure Copy (SCP) an den NC. Die Dauer der Übertragung der Images von Walrus zu den NCs ist abhängig von der verwendeten Netzwerktechnologie, von der Anzahl der notwendigen Übertragungen sowie der Größe des Images. Die Struktur von Eucalyptus zeigt Abb. 12.4.

12.3 Ausgewählte Cloud-Dienste und -Lösungen

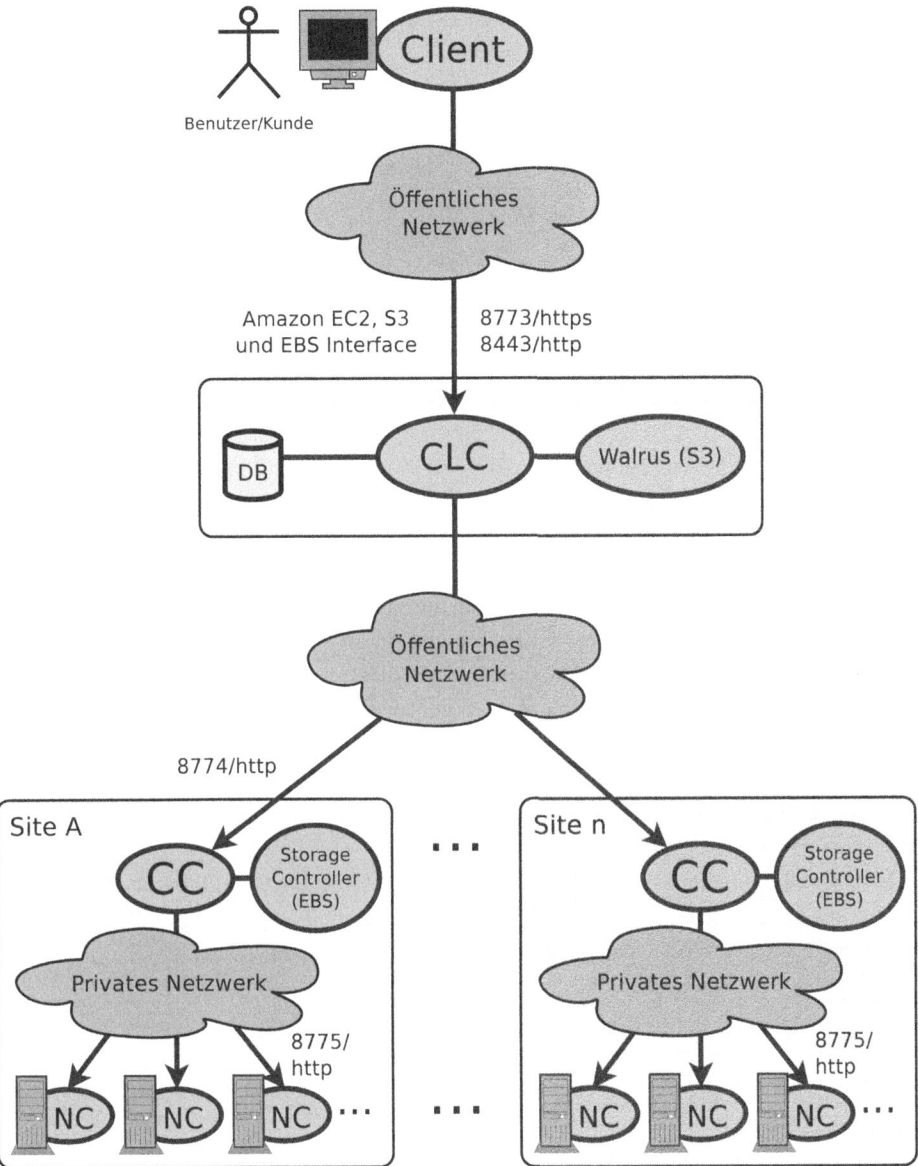

Abb. 12.4 Struktur von Eucalyptus

Wegen der Schnittstellenkompatibilität zu den populären öffentlich zugänglichen Cloud-Diensten der AWS ist die Nutzung bekannter Werkzeuge für EC2, S3 und EBS auch mit auf Eucalyptus basierenden privaten Clouds möglich. Beispiele sind die Werkzeuge boto, s3curl, s3fs, Elasticfox und s3cmd. Das Unternehmen Eucalyptus Systems selbst bietet mit den in Python entwickelten Euca2ools eine Sammlung von zu den AWS kompatiblen Kommandozeilenwerkzeugen an.

Eucalyptus bietet weder die Fähigkeit, bestimmte physische Knoten beim Start neuer Instanzen auszuwählen oder auszuschließen, noch können physische Knoten in irgendeiner Form gruppiert werden. Eucalyptus bietet auch keine Messung des Ressourcengebrauchs (Accounting), was die Grundlage für die Erstellung einer Rechnung (Billing) über die genutzten Ressourcen wäre.

Neben Eucalyptus existieren weitere Lösungen zum Aufbau von privaten Cloud-Infrastrukturen. Dabei handelt es sich u. a. um OpenStack, OpenNebula und Nimbus.

12.4 Herausforderungen beim Cloud Computing

Bei Diensten, für die kein öffentlich verfügbarer Konkurrent und keine Lösung zum Aufbau eines kompatiblen privaten Dienstes existiert, besteht die Gefahr des Lock-in. Der Anbieterwechsel ist dann nur bei gleichzeitigem Verlust der IT-Infrastruktur und eventuell sogar der Daten möglich.

Die Vorteile des Cloud Computing liegen insbesondere bei der Flexibilität, weniger bei den Kosten. Die Aussage, dass Cloud Computing in jedem Fall preisgünstiger ist als z. B. klassisches Hosting, ist nicht immer korrekt. Darum ist es nötig, vor dem Einsatz von Cloud-Diensten die entstehenden Kosten genau zu kalkulieren und mit denen anderer Lösungen zu vergleichen [ABK 11].

Erste Forschungsergebnisse zu Sicherheitsrisiken in etablierten Cloud-Diensten zeigen, dass konzeptionelle Sicherheitsprobleme bestehen, die aber zu lösen sind [BPN 11, RES 09, SJH 11].

Eine Gefahrenquelle könnten auch die praktisch unbegrenzt verfügbaren Ressourcen von Cloud-Anbietern sein. So wurden in der Vergangenheit auch schon Plattformdienste als Basis für Denial of Service Attacken mit Botnet-Servern verwendet [G 09].

Literatur

[ABK 11]   Abu-Rab S., Baun C., Kunze M.: Kostenvergleich: Cloud Computing versus Hosting-Angebote, iX 12, w2011.

[AFG 09]   Armbrust M., Fox A. and G., Rean and Joseph, et al.: Above the Clouds: A Berkeley View of Cloud Computing, 2009.

[B 08]   Begin M. E.: An EGEE Comparative Study: Grids and Clouds – Evolution or Revolution, CERN 2008.

[B 11]   Baun C.: Untersuchung und Entwicklung von Cloud Computing-Diensten als Grundlage zur Schaffung eines Marktplatzes, Dissertation, Universität Hamburg, 2011.

[BKNT 11]   Baun C., Kunze M., Nimis J., Tai S.: Cloud Computing: Web-basierte dynamische IT-Services, Springer, 2. Auflage, 2011.

[BPN 11]	Bugiel S., Pöppelmann T., Nürnberger S., et al.: AmazonIA: When Elasticity Snaps Back. Proceedings of the 18th ACM Conference on Computer and Communications Security, CCS'11, 2011.
[C 08]	Carr N.: The Big Switch: Der große Wandel. Die Vernetzung der Welt von Edison bis Google, Mitp-Verlag, 2008.
[E 08]	The Eucalyptus Open-source Cloud-computing System, CCA'08, Proceedings of Cloud Computing and Its Applications Workshop, 2008.
[G 09]	Genes R.: Is Cloud Computing Really Ready for Prime Time? Trend Cloud Security Blog, 2009.
[NWG 08]	Nurmi D., Wolski R., Grzegorczyk C., Obertelli G., Soman S., Youseff L., Zagorodnov D.: Eucalyptus: A Technical Report on an Elastic Utility Computing Architecture Linking Your Programs to Useful Systems. UCSB Computer Science Technical Report Number 2008-1, 2008.
[RES 09]	Ristenpart, Th. and Tr., Eran and Shacham, Hovav and Savage, Hey S: You, Get Off of My Cloud: Exploring Information Leakage in Third-Party Compute Clouds. Proceedings of the 16th ACM Conference on Computer and Communications Security, CCS '09, 2009.
[SJH 11]	SomorovskyJuraj and Heiderich, Mario and Jensen, Meiko and Schwenk, Jörg and Gruschka, Nils and Lo Iacono, Luigi: All Your Clouds are Belong to us: Security Analysis of Cloud Management Interfaces. Proceedings of the 3rd ACM Workshop on Cloud Computing Security Workshop, CCSW '11, 2011.

Sachverzeichnis

1:1-Kommunikation, 139
10 Gbit-Ethernet, 5
10 Gigabit-Ethernet Standard, 6
16-Bit-Xerox-NS-Zeichensatz, 194
80 Core-Prototyp, 53

A
abgebrochen (abort), 66
Ablaufplaner (Scheduler), 23
abort, 67, 69
Abstract Grid Workflow Language, 381
Abstract Syntax Notation 1 (ASN.1), 194
accept, 171, 273, 274, 278
Access-Point, 9
Active, 60
Ad hoc Mode, 9
Ad Server (Advertisement Server), 98
Ada, 111, 171, 300
Ada 83, 132
Ada-Rendezvous, 132, 171, 172, 216
    einseitig anonym, 172
    selektiv, 132, 174, 175
Administration-To-Administration (A2A), 19
Administration-To-Business (A2B), 19
Administration-To-Consumer (A2C), 19
Administrative Skalierbarkeit, 29
Adressraumtransfer, 397
Agglomeration, 353
AGWL, 381
Akka-Framework, 188
Aktivenliste, 367
aktives Warten, 61, 62, 65, 110
Algorithmus
    kostenoptimal, 342
    paralleler Anteil, 343
    sequentieller Anteil, 343, 344

    suboptimal, 342
    zentraler, 357
ALIGN, 189
all-to-one mapping, 141
Alpha Chip, 4
ALT, 216
Alternative
    gesperrt, 175
    offen, 174
Amazon, 12
AMD Pacifica, 420
Amdahls Gesetz, 343–345
Anforderung (request), 109
Annahmeanweisung, 171
anonyme Funktion, 229
anonyme Funktionen, 259
Anwendung, 345
    skalierbar, 345
Anwendungsbeispiel Echo-Server, 242
Apple Watch, 15
AppLeS, 405
Application-Level Scheduler, 404
ASP.NET, 13, 323
Asymmetric Multiprocessing (AMP), 52
Asynchronous Transfer Mode (ATM), 5
at least once, 113
at most once, 114
at-most-once-schedule, 376
atomar, 66
atomare Aktion, 68
atomic, 67
Atomic_Add, 65
Attacken
    Denial of Service (DOS), 117
Attribut
    Bedingungsvariable, 151

Mutex, 149
Thread, 146
Auction Markets, 395
Auktionsmodell, 395
Auktionsstrategie, 389
Ausfallsicherheit, 435, 436
Ausfalltoleranz, 26
Ausführungssegment, 401
Ausgangsparameter (out), 300
Auskunfts-Server, 115
Ausnahmebehandlung (exception handling), 111
Auswahlalgorithmus, 364
    bullybasiert, 364
    ringbasiert, 367
Authentifikation, 192
Autonomic Computing, 22
Autonomous Car, 14
Autorisierungsfilter, 402
Average-Neighbor-Algorithmus, 394

B

Backend-Server, 2
Bandbreite, 7
Barrelfish., 75
barrier Pragma, 162
Barriere, 157, 158, 160, 162, 166, 167, 182, 210, 215, 225
Barriersynchronisation, 182
Basic Activities, 380
Basic Object Adapter (BOA), 306
Basisblock, 134
Batch Processing System, 1
Batchjob, 23
bcmp, 264
bcopy, 264, 272, 277
Bedingte kritische Regionen (conditional critical regions), 67
Bedingungsvariable (condition variable), 130, 151
Befehlspipeline, 349
Benutzerthread, 143
Beowulf, 440
Beowulf-Cluster, 440
Berechnungsbaum, 349, 351
Beschleunigung, *siehe* Speedup
bewachten Eingabe-Kommandos (Guards), 216
bind, 263, 266, 267, 270, 274, 275, 277, 278, 311, 317, 318

Binden
    dynamisch, 191
    statisch, 191
Binder, 191, 192, 309
BitTorrent, 3, 10
BLOCK, 190
blockDim, 170
Blöcken (Blocks), 169
blockIdx, 170
Blogs, *siehe* Web Logs
Bluetooth, 8
Bluetooth Special Interest Group (Bluetooth SIG), 9
BPEL, 380
BPEL4WS, 380
Branch-and-Bound-Algorithmus, 383
Branching Tree, 383
Broker, 192
    forwarding, 304
Broker-Server, 115
Bully-Algorithmus, 364
Business on Demand, 20
Business Process Execution Language, 380
Business Process Execution Language for Web Services (BPEL4WS), 124
Business-To-Administration (B2A), 19
Business-To-Business (B2B), 19
Business-To-Consumer (B2C), 19
Business-To-Employee (B2E), 19
Bus-Snooping, 45
Butterfly-Maschine, 50
Bytecode, 417
Byte-Ordnung
    big endian, 193, 194, 264
    little endian, 193, 264
BytesMessage, 280
Byzantine Generals Problem, 368
bzero, 264, 270

C

C, 52, 63, 108, 111, 131, 132, 134, 145, 156, 183, 184, 189, 190, 195, 199, 201–203, 219, 264, 296, 299, 321, 327, 351, 360–362, 418
C++, 111, 156
C+S-System, 108
Cache Controller, 45
Cache Engine, 77–80
Cache Only Memory Architecture (COMA), 81

Sachverzeichnis

Cache-Coherent NUMA (CC NUMA), 81
Cache-Zeile (Cache Line), 40
call-by-copy/restore, 299, 300
Can_Not_Enter, 60
Car-to-Car Communication, 15
CAS-Befehl, 64, 65
Cell, 52
Cell Broadband Engine Architecture (CBEA), 52, 53
Cell Linux, 53
channel bottleneck, 117
Checkpointing, 393
Chip-Multiprozessoren, 51
chmod, 138
Choreographie, 122
Citrix, 418
Client
    Stummel (Stub), 298
Client-Server-Modell, 107, 108, 297
close, 268, 271, 273, 277, 278, 282, 285, 288–290, 292
close(fd[0]), 138
Cluster, 107, 429, 448, *siehe* Cluster-System
    Active/Active-Cluster, 436
    Active/Passive-Cluster, 436
    Anwendungen, 439
    Aufstellungskonzepte, 432
    Beowulf, 440
    Campus-Wide, 432
    Clusterlink, 438
    Definition, 430
    Enclosed, 443
    Exposed, 443
    Failback, 437
    Failover, 436
    Feierabendcluster, 434
    Glass-House, 432
    Heterogene, 431
    High Performance (HPC), 439, 442
    High Throughput, 442
    Hochverfügbarkeits-Cluster, 435, 436
    Homogene, 431
    Hot-Standby, 436
    Masterknoten, 444
    Nachteile, 431
    Quorum, 438
    Shared Disk, 439
    Shared Nothing, 437
    Skalierbare, 442
    Vernetzung, 432
    Vorteile, 431
Cluster Interconnect, 429
Cluster of Workstations, 94, 434
Clusterdatenbank, 438
Clusterlink, 438
Cluster-System, 2
Cocoon, 13
Codemigration, 401
Codesegment, 401
Collaberation-Web, 11
Collection Service, 304
commit, 66, 67, 69, 285
Commodity Markets, 395
Commodity of the shelf (COTS), 94
Commodity-Cluster, 94
Common Data Representation (CDR), 308
Common Information Model, 415
Common Intermediate Language, 417
Common Language Runtime, 416, 417
Common Object Request Broker Architecture (CORBA), 302
Communicating Sequential Processes (CSP), 25, 183, 184
Compare and Swap-CPU-Instruktion (CAS CMPXCHG), 63
Compiler
    parallelisierend, 133
Compiler rmic, 309, 318
Completion-Unit, 36
Computational Grids, 449
Compute Unified Device Architecture (CUDA), 70
Computer Farm, 353
Computer System
    organisch, 22
Computing Grid, *siehe* Rechengrid
Concurrency Control Service, 303
Condor, 380, 392, 403
connect, 273–275, 277
Connection, 282
ConnectionFactory, 281, 292
ConnectionMetaData, 283
Constant Memory, 72
Consumer, 196
Consumer-To-Administration (C2A), 18
Consumer-To-Business (C2B), 18
Consumer-To-Consumer (C2C), 18
Container, 121

Containervirtualisierung, 413
conversational continuity, 115
CORBAdomain, 304
CORBAfacility, 304
CORBAservices, 303, 304
CPU-Auslastung, 391
CPU-System
    Host, 71
Cray, 434
createBrowser, 286
createBytesMessage, 284
createConnectionConsumer, 283, 284
createDurableConnectionConsumer, 284
createDurableSubscriber, 286
createMapMessage, 284
createMessage, 284
createObjectMessage, 284
createPublisher, 286
createQueue, 285
createQueueConnection, 282, 293, 295
createQueueSession, 283, 293
createReceiver, 286, 295
createSender, 286, 293
createStreamMessage, 284
createSubscriber, 286
createTemporaryQueue, 285
createTemporaryTopic, 286
createTextMessage, 284, 293
createTopic, 286
createTopicConnection, 282
createTopicSession, 284
critical Pragma, 161
Crossbar Switch, 7
cudaFree(), 168
cudaMalloc(), 167
cudaMemcpy(.. cudaMemcpyDeviceToHost), 168
cudaMemcpy(..., cudaMemcpyHostToDevice), 168
Currysierung, 259
Cyber-Physical Systems, *siehe* Cyber-physikalische Systeme
Cyber-physikalische Systeme, 13
CYCLIC, 190

D

DAGMan, 380
Dämon-Prozess, 220

DARPA (Defense Advanced Research Projects Agency), 195
Data Parallel Algorithms, 351
Datagram Socket, 6, 267
Datagram-Server, 269
Datenabhängigkeit, 134
Datengrid (Data Grid), 3
Datenklausel (data clause), 158
Datenkohärenz, 41
Datenkonsistenz, 40
Datenübertragungsrate, *siehe* Bandbreite
Datenzerlegung, 349, 351
DCE, 145
DCE environment specfic inter-ORB protocol (DCE ESIOP), 308
DCE-RPC, 301
Decode-Unit, 36
defer, 184
delete, 288
Deregistrierung, 192
Destination, 196, 287
__device__, 169, 170
__device__ __constant__, 170
Device Exclusion Vector, 420
__device__ __local__, 170
__device__ __shared__, 170
Dienstleistungsservice, *siehe* Web Service
Diffusive Algorithmen, 394
Digital Enhanced Cordless Telecommunications (DECT), 9
Digital Factory, 14
Directory-Server, 115
disable-Interrupt-Instruktion, 60
Dispatcher, *siehe* Prozessumschaltung
Dispatch-Unit, 36
DISTRIBUTE, 189
Distributed Computing Environment (DCE), 301
Distributed Memory, 433
Distributed Object Management (DOM), 302
Distributed Operating System Plan 9, 184
Distributed Shared Memory (DSM), 83
Distributed Shared Virtual Memory (DSVM), 83
Divide and Conquer, 347, 348, 351
Divide_and_Conquer, 347
DIX-Ethernet, 6
document identifier (docid), 100
Domain decompostion, 349

Domain Name System (DNS), 26, 97
Domain Specific Language (DSL), 188
Domäne (domain)
    Internet, 263
    Unix, 263
    Xerox-XNS, 263
Doppelkern-Prozessor (Dual-Core-Prozessor), 50
Double Compare and Swap (DCAS), 65
Double-Threshold Policy, 389
Dragon Protocol, 45
Driverless Car, 14
Dual Core Opteron, 52
Duck Typing, 184
Durchschreiben (write through, store through), 41
Dynamic Invocation Interface (DII), 305
Dynamic Skeleton Interface (DSI), 306
dynamische Programmierung, 383

E

E-Applikationen, 18
Ebay, 12
E-Business, 18, 19
E-Business Intelligence, 19
Echo-Server, 250, 269
echt parallel Programme (true parallel), 23
E-Community, 20
eDonkey, 2
Effizienz, 342, 345
E-Finance, 19
E-Government, 20
E-Health, 20
Ein-Ausgangsparameter in out, 300
Eingangsaufruf, 171
Eingangsparameter (in), 300
Einprozessor, 107
Ein-Schwellen-Strategie, 389
Eintritts Konsistenz (Entry Consistency), 85
E-Learning, 19
electronic textiles, 15
Elektronische Beschaffung (E-Procurement), 18
Elektronischer Handel (E-Commerce), 18
Element Interconnect Bus (EIB), 52, 53
E-Mail, 10
Emulation, 412
enable-Interrupt-Instruktion, 60
Enclosed-Konzept, 444

Energie pro eine Million Instruktion (EPMI), 95
Energie pro Instruktion (EPI), 95
Enterprise Service Bus (ESB), 125
entferntes Objekt (remote object), 309
entry, 171
entry call, 171
equals(), 314
Ereignis, 359, 361
Ereignisse
    konkurrent, 360
Ericsson, 185
Ericsson language, 185
Erlang, 183, 185
Erlang Maschine (Erjang), 185
Erlang/OTP, 185
Erzeuger, 24, 137–139, 146, 153, 175, 196, 279, 291, 294
Erzeuger-Verbraucher-Problem, 153, 291
E-Science, 19
E-Service, 20
E-Textile, 15
Ethernet, 5, 6
Ethernet Standard IEEE 802.3, 6
Etikett, 204
Event Service, 303
Evolutionäre Algorithmen, 383
E-World, 18
exactly once, 114
ExceptionListener, 281, 282, 291
Exchange (XCHG), 61
Execution-Unit, 36
exit, 135
expliziten-signal, 130
Exposed-Konzept, 443
Extensible Mark Up Language (XML), 325
Extensible Markup Language - Remote Procedure Call (XML-RPC), 327
Extensible Markup Language (XML)., 327
eXternal Data Representation (XDR), 194
Externalization Service, 303
Extra-Grids, 449

F

F#, 187
Fabric, 423
Facebook, 12
Faden, *siehe* Thread
Failback, 437, 442
Failover, 436, 442

failure
    byzantine, 368, 371
    fail stop, 368
Fast Ethernet Standard, 6
Fast-Ethernet, 5, 432
FastTrack, 2
Fehler- und Ausfalltransparenz, 29
Fehlertoleranz, 26, 28, 365
Fehlertransparenz, 29
Feierabendcluster, 433, 434
Fetch-Unit, 36
Fiber Distributed Data Interconnect (FDDI), 5
File Transfer Protocol (ftp), 10
File-Server, 2, 113, 115, 116
    zustandslos (stateless), 116
    zustandsspeichernd (stateful), 115
Filter, 138
Firefly Protocol, 45
Flickr, 12
Fließbandverarbeitung, 348
Floating Master, 58, 60
home, 449
for Pragma, 158, 162
fork, 130, 134–136, 156, 215, 278
fork-join Parallelismus, 134
Fortran, 131, 134, 183, 189, 191, 199
Framework Class Library (FCL), 323
FreeBSD Jails, 415
Freigabe Konsistenz (Release Consistency), 85
ftp-Server, 115
funktionale Sprachen, 183
funktionale Zerlegung, 348
Funktionsabschlüsse (Closure), 229, 259
Funkverbindung, 5
Funs, 248

G

Gang Scheduling, 401
General Inter-ORB protocol (GIOP), 308
gen_tcp, 187
gen_udp, 187
Geographische Skalierbarkeit, 29
Gesamtbearbeitungszeit, 382
geschützte Objekte (Protected Objects), 132
geschützte Objekte (protected type), 177
getClientHost, 314
getClientID, 283
getClientPort, 314
getDeliveryMode, 288

getDisableMessageID, 288
getDisableMessageTimestamp, 288
getEnumeration, 290
getErrorCode, 291
getExceptionListener, 283
getFloat, 280
gethostbyname, 203, 268, 269, 271, 272, 276
getLinkedException, 291
getMessageListener, 285, 289
getMessageSelector, 290
getMetadata, 282
getNoLocal, 290
getObject, 280
getPriority, 288
getQueue, 288, 290
getQueueName, 287
getRegistry, 313
getservbyname, 275–278
getText, 280
getTimeToLive, 288
getTopic, 289, 290
getTopicName, 287
getTransacted, 285
Gigabit-Ethernet, 5, 6
Gigabit-Ethernet Standard, 6
Giga-Ethernet, 432
Gitter, 434
gLite, 451
    Nachteile, 451
    Portabilität, 451
    Vorteile, 451
__global__, 169, 187
Global System for Mobile Communication (GSM), 9
globale Ordnung, 360
globale Zeit, 358
globaler Zustand, 357
Globus, 402
Globus Toolkit, 450
    Nachteile, 451
    Vorteile, 451
Gnutella, 2
go function(), 184
go funk(), 231
Google, 12, 96
Google Cluster, 354
Google Glass, 15
Google Go, 183, 184
Google Maps, 12

Google Web Servers (GWSs), 98
Google-Cluster, 96
Goroutine, 184, 231
Grafikkarte
    Device, 71
Graph
    Partitionierung, 377
Graphic Processing Unit (GPU), 33
Graphical Processing Units (GPUs), 70
Grid, 169
Grid Computing, 380
Grid Middleware, 450
Grid Scheduling, 402
Grid Services Architecture (OGSA), 450
Grid Workflow Definition Language, 381
GridAnt, 381
Grid-Computing, 3, 447
    Accounting, 448
    Authentifikation, 448
    Authentifizierung, 455
    Autorisierung, 448, 455
    Billing, 448
    Computational Grids, 449
    Data Grids, 449
    Datenmanagement, 456
    Datenschutz, 448
    Definition, 447
    Dienste, 450, 457
    Distinguished Names, 452
    Erste Generation, 449
    Extra-Grids, 449
    Föderation, 455
    gLite, 451
    Globus Toolkit, 450
    Grid Application Toolkit (GAT), 457
    Grid Infrastrukturen, 449
    Grid Middleware, 450
    Inter-Grids, 450
    Intra-Grids, 449
    Middleware, 450
    Monitoring, 448
    OGSA-DAI, 456
    Protokolle, X, 448, 450
    RC5-72, 449
    Ressourcen, 448
    Schnittstellen, 448
    Services, 457
    Sicherheit, 448
    Single Sign On, 448

SRM/dCache, 456
Storage Resource Broker, 455
Stromnetz, 448
Virtuelle Organisationen (VO), 447, 451
VOMRS, 455
VOMS, 455
gridDim, 170
Grid-Infrastrukturen, 449
GridSphere, 454
Grid-System, 3
Großrechner, 192, 439
Gustafsons Gesetz, 344
GworkflowDL, 381

H
Hallo Welt Programm in Go, 226
Hardware assisted Software Transactional
    Memory (HaSTM), 66
Hardware Transactional Memory (HTM), 66,
    69
hashCode, 314
Hauptspeichervirtualisierung, 421
Heartbeat, 436
Herstellerunabhängigkeit, 439
High Availability (HA) Cluster, 2
High Performance (HPC), 442
High Performance Computing, 374
High Performance Computing (HPC) Cluster, 2
High Performance Fortran (HPF), 189
High Performance Java (HPJava), 191
High Performance Switch (HPS), 49
High Throughput Clustering (HTC), 442
High Throughput Computing, 374
High-Low-Policy, 389
höchstens einmal, *siehe* at most once
Hochverfügbarkeit, 436
Hochverfügbarkeitscluster, 435
__host__, 169
Host Bus Adapter, 423
HPC, 374
HTC, 374
htonl, 264, 270, 278
htons, 264, 270, 272
HTT, *siehe* Hyperthreading Technology
HT-Tech, *siehe* Hyper-Threading Technology
Hybrid Transactional Memory (HyTM), 66
Hypercube, 94, 182, 395
Hypertext Transfer Protocol (HTTP), 10
Hyper-Threading Technology, 35

Hypervisor, 412, 415
Hyperwürfel, 434

I
IaaS, 4
IBM RS/6000 SP, 49
IDL Skeleton, 306
Implementation Repository, 306, 307
implizite Barriere, 162
Independent Computing Architecture, 419
index shards, 99
InfiniBand, 7, 432
Information Policy, 388
Informationsabruf-Server, 115
Informationsstrategie, 388
Infrared Data Association (IrDA), 8
Infrarot, 8
Infrastructure as a Service, 4
Infrastructure Mode, 9
InitialContext, 292
Initiation Policy, 388
Initiierungsstrategie, 388, 395
    empfängerinitiiert, 388
    senderinitiierter, 388
    symmetrisch initiiert, 388
Initiierunsstrategie, 397
Inmos, 182
In-Order-Completion, 35
In-Order-Execution, 35
Insellösung, 1
Instant Messaging (IM), 11
Intel 486-Prozessor, 5
Intel 4004-Prozessor, 5
Intel Core 2 Duo, 5
Intel MPI Library, 200
Intel Pentium 4, 35
Intel Pentium III-Prozessor, 5
Intel Vanderpool, 420
Intel Xeon, 35
intelligente Fabrik, 14
intelligente Stadt, 15
intelligenter Planet, 16
intelligentes Auto, 14
intelligentes Stromnetz, 14
intelligentes Wohnen, 15
Interaktion
    asynchron, 110
    blockierend, 110
    entfernt, 109, 111
    lokal, 109, 111
    nicht blockierend, 110
    synchron, 110
    unzuverlässig, 111
    zuverlässig, 111, 112
Interface, 236
Interface Definition File, 316
Interface Implementation File, 316
Interface Repository, 307
Inter-Grids, 450
Internet, 5, 10, 263, 308
Internet der Dinge, 13
Internet Message Access Protocol (IMAP), 10
Internet of Everything, *siehe* Internet von Allem
Internet of Things, *siehe* Internet der Dinge
Internet Relay Chat (IRC), 10
Internet Telefonie Voice over IP (VoIP), 10
Internet von Allem, 13
interoperable Objektreferenz (IOR), 308
Inter-ORB Protocol (IIOP), 308
Interprozessor-Kosten, 378
Intra-Grids, 449
Intraprozessor-Kosten, 378
invertierter Index, 99
IP, 263
ISO RPC, 301

J
J2SDK, 318
Java, 26, 108, 111, 131, 145, 146, 183, 191,
    195, 197, 201, 279, 280, 291, 296,
    308–310, 312, 315, 316, 318, 321–323,
    327–329, 412, 416–418
Java 5 (Tiger), 146
Java Grande Forum (JGF), 191
Java Message Queue (JMQ), 296
Java Message Service (JMS), 195
Java Naming and Directory Interface (JNDI),
    291
Java Runtime Environment, 453
Java Server Faces, 455
Java Software Development Kit (JSDK), 318
Java Virtual Machine (JVM), 26, 309, 417
Java Virtual Maschine(JVM), 416
java.io.Serializable, 315
java.lang, 314
java.lang.Object, 314
java.lang.SecurityManager, 312
java.rmi, 309–313, 315–319

java.rmi.dgc, 309
java.rmi.Naming, 311, 312, 318
java.rmi.registry, 309
java.rmi.registry.LocateRegistry, 313
java.rmi.registry.Registry, 312
java.rmi.registry.RegistryHandler, 312
java.rmi.Remote, 315, 316
java.rmi.server, 309, 313
Java-Thread, 146
javax.jms.Message, 279
JMS API, 279
JMS Provider, 195, 279, 281, 283, 291, 296
JMS-Applikation, 195
JMSCorrelationID, 279
JMSDeliveryMode, 279
JMSDestination, 279
JMSException, 291
JMSExpiration, 279
JMSMessageID, 279
JMSPriority, 279
JMSRedelivered, 279
JMSReplyTo, 279
JMSTimestamp, 279
JMSType, 280
Job, 373
Job Scheduler, 404
Jobausführung, 403
Jobübergabe, 403
Jobüberwachung, 403
join, 130, 134–136, 156, 215

K
Kachel (Tile), 34, 73
Kademlia, 3
Kanal, 215
Kantengewicht, 379
Karp-Flatt Metrik, 345
Kernel Mode, 420
Kernels, 168
Kernelthread, 143
Klausel import, 256
Knotengewicht, 379
Koallokation, 402
kollektive Kommunikationsfunktion, 210
Kommunikation
    asynchron, 110
    Auslegung, 353
    blockierend, 110
    Ein-Weg (one-way), 110, 111

    entfernt, 111
    lokal, 111
    paketorientiert (datagram), 6
    synchron, 110
    unzuverlässig, 111, 368, 369
    verbindungsorientiert (stream), 6
    zurückgestellt synchron, 110
    zuverlässig, 112
Kommunikationsservice, 304
Kommunikationszeit, 339, 345
Kommunikator, 202, 211
Komponente, 121
konkurrent, 364
kooperativ, 27
kooperierend (cooperating), 24
Koordinator, 365–367
Kosten, 341
Kostenfunktion, 378
Kostenoptimalität, 341
Kreuzschienenschalter (Crossbar Switch), 40, 48
kritische Pfadlänge, 384
kritischer Abschnitt, 60

L
LAM/MPI, 200
Lamport-Zeit, 362
Lastausgleich, 385, 414
Lastausgleicher (Load Balancer), 98
Lastausgleichsserver, 391
Lastbewertung, 385, 390
Lasterfassung, 385
Lastmessung, 385, 390
Lastverschiebung, 385
Lastverteiler, 437
Lastverteilung, 373, 385
    dezentral, 393
    dynamisch, 385
    global, 374
    Lokal, 374
    statisch, 375
    zentral, 391
Lastverteilungsstrategie, 387
Lastverwaltung
    anwendungintegriert, 385
    systemintegriert, 385
Latenz, 8
Latenzzeit, 36, 37
Laufzeit, 339, 340

Laufzeitmessung, 340
Laufzeitreduktion, 339
leichtgewichtige Prozesse (lightweight processes), 140
Leistungssteigerung, 349, *siehe* Speedup
Leistungstransparenz, 28, 385
LHC Computing Grid, 451
libpvm3.a, 219
liegt-vor (happens before), 359
Lifecycle Services, 303
Lift, 188
lineare Programmierung, 383
Linearer Adressraum, 421
Linux, 56, 62
list, 311
List Scheduling, 384
listen, 263, 273, 274, 278
Load Balancing, 385
Load Balancing Cluster, 2
Load Sharing, 385
LoadLeveler, 393
Local Area Multicomputer (LAM), 200
Local Area Network (LAN), 5
Location Policy, 389
Lock, 40, 65, 303
lock step, 72
Lock-Free/Wait-Free-Konkurrenz-Kontroll-Konstrukt, 66
Logical Units, 423
logische Uhr, 360
logische Uhr (logical clocks), 359, 360
lokale Netzwerke, 5
lokale Suchverfahren, 383
Lokationsstrategie, 389, 397
lookup, 292, 311
LSF, 404

M

m:n Kommunikation, 139
Mach, 143, 145
Mach-Kernel, 143
Mainframes, 439
Makespan, 382
Makro-Pipeline, 349
Map, 237
MapMessage, 280
Mapping, 353
MapReduce, 99
Massively Parallel Processors, 434
Massively Parallel Systems (MPSs), 93
Master, 350
master Pragma, 160
Master Worker Schema, 135, 349–351
Master-Dämon, 220
Master-Worker-Schema, 391
Matchmaking, 392
Maui, 404
may be, 111
Mean Time Between Failures, 435
Mean Time to Repair, 435
Mehrebenennetzwerk, 40, 49
Mehrkern-Prozessor (Multicore-Prozessor), 50
Memetische Algorithmen, 384
Memory Flow Controller (MFC), 53
Memory-Management Units (MMU), 83
Merge Sortieralgorithmus, 351
Mesh Interface Unit (MIU), 75
MESI-Protokoll, 44, 45
Message, 280
Message Buffer, 75
Message Passing in Java (MPJ), 201
Message Passing Interface (MPI), 76, 131, 182, 199
MessageConsumer, 289
MessageListener, 281, 290, 294
MessageProducer, 288
Message-Queue (Nachrichtenwarteschlange), 139
Message-Server, 195, 279, 283–285, 287, 291, 292
Messaging Domains, 196
Messprogramm, 340
Meta-Scheduler, 380, 404
mgssnd, 139
MicroVAX, 430
Middleware, 430, 450
Migration, 374, 396
　nicht unterbrechend, 386
　non-preemptive, 386
　preemptive, 386
　unterbrechend, 386
Migrationsbegrenzung, 397
Migrationstransparenz, 28
Million Instructions per second durch Watt (MIPS/Watt), 94
Million Instruktionen pro Sekunde (MIPS), 5
MIMD, 433

Sachverzeichnis

mindestens einmal, *siehe* at least once
Minicomputer, 192
Mixin, 262
Mobile Computing, 4
mobiles Ad-Hoc Netz, 4
mobiles Endgerät (Micro Device), 26
mobiles Netz, 5
MOESI-Protokoll, 49
Monitor, 40, 130
    impliziten-signal, 130
Monitorkonzept, *siehe* Monitor
Monte-Carlo-Simulation, 346
more, 138
MPI, 430, 440, 441
MPI/Pro, 200
MPI-1, 199
MPI-2, 199
MPI_Allgather, 211
MPI_Allreduce, 211
MPI_Alltoall, 211
MPI_ANY_SOURCE, 204
MPI_Barrier, 210
MPI_Bcast, 210
MPI_Bsend, 205
MPICH, 200
MPICH G2, 200
MPICH2, 200
MPICH-GM, 200
MPI_Comm, 202
MPI_Comm_create, 212
MPI_Comm_dup, 211
MPI_Comm_free, 212
MPI_Comm_group, 212
MPI_Comm_rank, 203
MPI_Comm_size, 203
MPI_Comm_split, 211
MPI_COMM_WORLD, 202, 211
MPI_Finalize, 202
MPI_Gather, 211
MPI_Gatherv, 211
MPI_Get_count, 204
MPI_Get_processor_name, 203
MPI_Group_compare, 214
MPI_Group_difference, 214
MPI_Group_excl, 212
MPI_Group_free, 214
MPI_Group_incl, 212
MPI_Group_intersection, 214
MPI_Group_range_excl, 213
MPI_Group_range_incl, 213
MPI_Group_rank, 214
MPI_Group_size, 214
MPI_Group_union, 213
mpi.h, 201
MPI_Init, 202
MPI_Initialized, 202
MPI_Irecv, 206
MPI_Isend, 206
mpiJava, 201
MPI_Probe, 204
MPI_Recv, 204
MPI_Recv_init, 209
MPI-Reduce, 211
MPI_Request_free, 209
MPI_Rsend, 205
MPI_Scan, 211
MPI_Scatter, 210
MPI_Scatterv, 210
MPI_Send, 203
MPI_Send_init, 208
MPI_Sendrecv, 205
MPI_Sendrecv_replace, 206
MPI_Ssend, 205
MPI-Standard, 199
MPI_Start, 208
MPI_Startall, 209
MPI_Status, 204
MPI_Test, 207
MPI_Testall, 207
MPI_Testany, 207
MPI_Testsome, 208
MPI_Wait, 207
MPI_Waitall, 207
MPI_Waitany, 207
MPI_Waitsome, 208
MQSeries, 296
MS Message Queue, 323
msgctl, 139
msgget, 139
msgrcv, 139
Mulicoreprozessor
    asymmetrisch, 51
    symmetrisch, 51
Multicomputer, 107
Multicoreprozessor
    heterogen, 51
    homogen, 51
Multikernel-Betriebssystem, 75

multiple-schedule, 376
Multiprocessing
    asymmetrisch, 56, 57
    gebündelt, 56
    Master Slave, 56
    symmetrisch, 56, 58
Multiprocessor Systems-on-Chip (MPSoc), 50
Multiprozessor
    eng gekoppelt, 33, 107
    heterogen, 56
    homogen, 56
    lose gekoppelt, 34, 107
Multiprozessorsysteme, 434
Multiword Compare and Swap (MCAS), 69
Mustervergleiche (pattern matching), 244
mutual exclusion, *siehe* wechselseitiger Ausschluss
Myrinet, 432
Myrinet 2000, 7
MYTHREAD, 162

N
Nachrichtenübertragung
    mit TLI (Transport Layer Interface), 195
    Sockets, 195
Nachrichtenweiterleitung, 399
Namens-Server, 115
Naming Service, 303
Napster, 2
Nearest Neighbor, 394
nebenläufig (concurrent), 24, 36, 108, 134, 135, 146, 181
Nebenläufigkeitstransparenz, 28
.NET, 320
.NET 3.0, 324
.NET Framework, 321
.NET-Remoting, 323
Network Data Representation (NDR), 194
Network File System (NFS), 301
Network Filesystem, 424
Network of Workstations (NOW), 94, 433, 434
Network Weather Service, 404
Netz
    drahtlos, 8
Netzwerk
    Blockierend, 50
Netzwerkbetriebssystem, 2
Netzwerk-Hilfsfunktion, 268
Netzwerkprogrammierung, 195

Niagara Chip, 52
nicht oder höchstens einmal, *siehe* may be
NIVIDIA Tesla Architektur, 70
NIVIDIAs Fermi-Architektur, 70
Non Cache Coherent NUMA (NCC NUMA), 81
NonUniform Memory Access (NUMA), 81
Non-Uniform Memory Architecture (NUMA), 81
NRMBs-Strategie, 87
NRNMB-Strategie, 87
ntohl, 264
ntohs, 264
NUMBER_OF_PROCESSORS, 190
Nutzdaten (payload), 280
NVIDIA GigaThread™ Engine, 71
NWS, 404
NYU-Ultracomputer, 50

O
Object Adapter, 306
Object Management Architecture (OMA), 302, 303
Object Management Group (OMG), 302
Object Request Broker (ORB), 302, 304
Object-based Software Transactional Memory (OSTM), 69
ObjectMessage, 280
Occam, 182, 214, 215
Offenheit, 29
Omega-Netzwerk, 49
omp_destroy_lock, 161
OMP_DYNMIC, 157
omp_init_lock, 161
omp_set_dynamic(), 157
omp_set_lock, 161
omp_set_num_threads(), 157
omp_test_lock, 161
omp_unset_lock, 161
On Demand Computing (ODC), 21
one-to-one mapping, 143
onException, 291
onMessage, 280, 290, 294, 295
Ontologie, 16
Open Computing Language (OpenCL), 132
Open MPI, 199
Open Network Computing (ONC), 301
Open Telecom Platform (OTP), 185
OpenMP, 156

OpenMP (Open Multi-Processing), 131, 156, 158, 162
OpenMP for Java (JOMP), 131
OpenSolaris, 195, 415
optimistische Konkurrenzprotokoll, 69
ORB-Interface, 306
Orchestrierung, 122
Organic Computing, 22, 23
Ortstransparenz, 27, 28, 304
OS/2, 145
OSF/1, 143, 145
Oueued Lock, 62
Out-of-Order-Execution, 35
Overhead, 341, 345
Overheadzeit, 340
Overnet, 2

P
P2P, *siehe* Peer-to-Peer
Packet Socket, 267
Paket net, 185
Paket netchan, 185
Paket sync, 238
panic, 184
PAR, 215
Parallel Network File System, 456
parallel problem, 344
    embarrassingly, 344
Parallel Virtual Machine (PVM), 183, 219
parallele Algorithmen, 354
    allgemein, 354
    Graphen, 354
    Metaheuristiken, 354
    Numerik, 354
    Sortieren, 354
    Suchen, 354
paralleles Programm, 341
    Kosten, 341
    kostenoptimal, 341
Parallelismus, 346
    inhärent, 346
    Instruction Level, 35, 38
    Thread Level, 38
    Thread-Level, 35, 53
Parallelität, 344
    eingeschränkt, 65
    massiv, 344
parameter marshalling, 299
Paravirtualisierung, 413, 415

Participation-Web, *siehe* Collaberation-Web
partielle Ordnung der Ereignisse, 361
Partitionierung, 352, 419
    horizontal, 378
    vertikal, 378
PBS, 404
Peer-to-Peer, 2
Peer-to-Peer-Applikation, 449
Peer-to-Peer-Netz, 1, 2
Peer-to-Peer-System, 2
Pentium 4, 5
Pentium 4-Prozessor, 5
Pentium D, 52
Pentium II, 5
performance bottleneck, 117
Perl, 195
Persistence Service, 303
Personal Computer (PC), 1, 192
Pervasive Computing, 13
Petri-Netze, 381
Pfister, 429
Physical Queue, 287
physikalische Uhren (physical clocks), 359
Ping, 8
Pipe, 24, 130, 134, 137–139, 153, 175, 182, 291, 348, 349
pipe(fd[2]), 138
Pipeline, 348, 349
    Befehl, 35
PLACED PAR, 182, 219
Planende Systeme, 376
Platform as a Service, 4
Platzierungszeit, 340
Playstation 3, 52
Pluralismus, 29
Point-to-Point Modell (PTP), 196
P-Operation, 62
Portable Operating System Interface (POSIX), 145
POSIXthread (Pthread), 145
Post Office Protocol Version 3 (POP3), 10
Power Grid, 3
Power Processor Element (PPE), 52
Power4 Prozessor, 52
Pragma Shared, 132
Präzedenzordnung, 378
Pre-Copying, 398
Primary Cache (Level 1 Cache), 41
Print-Server, 2

PrintStream, 314
Prioritätsumkehr (Priority Inversion), 66
Prioritätszuweisung, 394
Priority Assignment Policy, 394
Processor Engine, 78
PROCESSORS, 190
Producer, 196
Programmiermodell
　gemeinsamer Speicher, 108, 129
　kooperativ, 108
Programmierung
　hybrid, 131
Properties Service, 303
Prozess
　Einfrieren, 397
　generisch, 373
　leichtgewichtig, 54
　lokal, 373
　nebenläufig, 108, 130
　regulär, 373
　Remote, 373
Prozessidentifikationsnummer (PID), 136
Prozesskontrollblock (Process Control Block - PCB), 140
Prozessmigration, 386
Prozessor Konsistenz (Processor Consistency), 85
Prozessorfarm, 391
Prozessorpool, 385
Prozessplatzierung, 386
Prozessumschaltung (Dispatching), 1, 23
P-Thread, 130
Pthread-API, 58
pthread_cancel, 147
pthread_cond_broadcast, 152, 153
pthread_cond_destroy, 151, 154
pthread_cond_init, 151, 154
pthread_cond_signal, 152–155
pthread_cond_timedwait, 152, 153
pthread_cond_wait, 151–155
pthread_create, 146, 148, 150, 155
pthread_detach, 147, 148, 151, 155
pthread_exit, 146–148
pthread_get_expiration_np, 152
pthread_join, 146–148, 151, 155
pthread_mutex_destroy, 149, 151, 154
pthread_mutex_init, 149, 150, 154
pthread_mutex_lock, 58, 149, 150, 152, 154, 155

pthread_mutex_trylock, 149
pthread_mutex_unlock, 58, 149, 150, 152, 154, 155
pthread_setcancel, 147
pthread_spin_lock, 58
pthread_spin_unlock, 58
Publish, 11, 196, 287, 289
Publish/Subscribe Modell (Pub/Sub), 196
Push, 11
PVM, 430, 440
pvm_addhosts, 222
pvm_barrier, 226
pvm_bcast, 226
pvmd3, 219, 220
pvm_delhosts, 222
pvm_exit, 221
pvm_freebuf, 223
pvm_getinst, 225
pvm_getrbuf, 223
pvm_getsbuf, 223
pvm_gsize, 225
pvm_initsend, 223
pvm_joingroup, 225
pvm_kill, 221
pvm_lvgroup, 225
pvm_mkbuf, 223
pvm_mytid, 221
pvm_parent, 222
pvm_pkstr, 224
pvm_pkTYPE, 224
pvm_psend, 224
pvm_recv, 225
pvm_reduce, 226
pvm_send, 224
pvm_sendsig, 221
pvm_setrbuf, 223
pvm_setsbuf, 223
pvm_spawn, 221
pvm_tidtohost, 222
pvm_upkstr, 224
pvm_upkTYPE, 224
Python, 195

Q
QNX Neutrino RTOS, 56
QsNet, 7
Quad-Core-Prozessor, 50
Quadrics, 7
Quality of Service (QoS), 119

Query Service, 303
Queue, 196, 279, 281, 283–288, 290, 292–295
QueueBrowser, 290
QueueConnection, 283
QueueConnectionFactory, 281, 282, 292–295
QueueReceiver, 285, 290
QueueSender, 285, 288, 292
QueueSession, 285
Queuing-Systeme, 376
Quicksort-Algorithmus, 351
    parallel, 351
quit, 135
Quorumressource, 438

R

Race Condition, *siehe* Wettlaufsituation
Rang, 203
RAW Socket, 267
RCCE, 76
RDF Schema, 17
read, 263, 270, 273, 275, 280
Read/Write Spin Locks, 62
Read/Write-Web, *siehe* Collaberation-Web
Realzeit-Betrieb, 24
rebind, 311, 317, 318
receive, 289
receiveNoWait, 289
Rechengrid, 3
Rechenlastverteilung, 373
Rechenzeit, 339
Reconfigurable NEtworked Systems
    (HARNESS), 183
recover, 184, 285
recv, 275
recvfrom, 266–268, 270, 272, 275
REDISTRIBUTE, 190
Redundanz, 435
referenzielle Transparenz, 183
Regelkreis, 385
Registrierung, 192, 306, 309, 318
Registry, 309, 311–313, 316, 318, 319
REGISTRY_PORT, 311
Relationship Service, 303
Remote, 310
Remote Desktop Protocol, 419
Remote Function Call (RFC), 302
Remote Interface, 316
remote login, 275–277
Remote Method Invocation (RMI), 309

Remote Procedure Call (RPC), 297, 300
RemoteObject, 313, 314
RemoteServer, 313–315
Rendezvous, 203
Replikationstransparenz, 29
Resource Description Framework (RDF), 17
Ressource
    Grid, 402
    Reservierung, 403
Ressourcen
    Heterogen, 448
    Homogen, 448
Ressourcensegment, 401
Ressourcensuche, 402
retry, 69
Risikoanalyse, 347
RMBs-Strategie, 89
rmic, 312, 316, 318
rmi.Naming, 310
rmi.registry, 312, 317
RMISecurityManager, 310, 312
RNMBs-Strategie, 93
Robot Car, 14
Röhre (Pipe), 24, 134
rollback, 285
Round Robin, 442
RP3, 50
RPC-System, 297
Ruby, 195
Ruby On Rails, 13
Rückantwort (reply), 109
Rückrufe (callbacks), 111
runtime.Goexit(), 231
Rüstzeit, 340, 350

S

Sandbox, 417
SASH, 392
Scala, 183, 187
scala.actor, 187
scala.actors.remote, 188
scala.actors.scheduler, 188
Scalable Coherent Interconnect (SCI), 7, 432
Scalatra, 188
Scali MPI Connect, 200
Schedule, 375
    Ausführbarkeit, 376
    feasibility, 376
Scheduling

adaptiv, 405
dynamisch, 36
Round Robin, 442
statisch, 36
Scheduling-Problem, 375
Schwache Konsistenz (Weak Consistency), 85
schwergewichtige Prozesse (heavyweight processes), 140
Secondary Cache (Level 2 Cache), 41
section Pragma, 159
Secure Socket Layer, 426
Security Service, 303
SecurityManager, 312, 319
Selbst-Anpassung, 123
Selbst-Heilend (Self-Healing), 22
Selbst-Heilung, 123
Selbst-Konfiguration, 123
Selbst-Konfiguration (Self-Configuration), 22
Selbst-Optimierend (Self-Optimization), 22
Selbst-Optimierung, 123
Selbst-Schutz, 124
Selbst-Schützend (Self-Protection), 22
select, 174
Selectanweisung, 174
Selection Policy, 389
Selektionsstrategie, 389, 397
Self-Adjusting Scheduling for Heterogeneous Systems, 392
Self-Driving Car, 14
Semaphor, 40, 62, 130, 134, 137, 149–152, 173, 178
send, 275, 288
sendto, 266–268, 270, 272, 275
SEQ, 215
Sequenzielle Konsistenz (Sequential Consistency), 84
Serialisieren, 315
Server
    parallel, 33, 34, 107
    Port, 269
    Registrierung, 192
    sequentiell, *siehe* Server iterativ
    Stummel (Stub), 194, 299, 300
    zentral, 107
    Zustand, 114
    zustandsändernd, 114, 115
    zustandsinvariant, 114, 115
    zustandslos (stateless), 115, 116
    zustandsspeichernd (stateful), 115, 116

Server Cluster, 353
Server Farm, 353
Server Message Block, 424
Server-Betrieb, 24
Server-Fabric, 424
Server-Farm, 2
Serverkonsolidierung, 411
Service
    Aggregator, 123
    Behaviour, 119
    Capability, 119
    Composition, 121
    Description, 119
    Implementation, 120
    Interface, 119
    Operator, 123
Service Level Agreement, 21
Service Provider, 118, 325
Service Registry, 326
Service Requestor, 326
Serviceaufruf
    idempotent, 122
Servicekomposition, 122
Service-orientierte Architekturen (SOA), 13, 118
Session, 283, 284
set, 156
setClientID, 283
setDeliveryMode, 288
setDisableMessageID, 288
setDisableMessageTimestamp, 288
setExceptionListener, 283
setFloat, 280
home, 449
Seti-Projekt, 346
setLinkedException, 291
setlog, 314
setMessageListener, 285, 289, 294, 295
setObject, 280
setPriority, 288
setText, 280, 293
setTimeToLive, 288
Shared Memory, 433
Shared Test und Set Register (t&s), 76
Shibboleth, 455
shmat, 137
shmctl, 137
shmget, 137
signal, 130

Silver, 404
Simple Mail Transfer Protocol (SMTP), 10
Simple Object Access Protocol (SOAP), 124, 325
Simulated Annealing, 383
Simultaneous Multithreading, 34, 35, 38, 39
Single Instruction Multiple Data (SIMD), 34, 71
single point of attack, 117
single point of failure (SPOF), 56, 117, 435
Single Program Multiple Data (SPMD), 132
Single System Image, 431
Single-Assignment-Variable, 186
Single-chip Cloud Computer (SCC), 73
Singleton, 261
Singleton-Objekt, 254
skalierbar, 345
Skalierbare Cluster, 442
Skalierungstransparenz, 28
Skeleton, 309
Skype, 3
Slave-Dämon, 220
Smart Car, 14
Smart City, 15
Smart Factory, 14
Smart Grid, 14
Smart Home, 15
Smart House, 15
Smart Living, 15
smart shirts, 15
smart textiles, 15
Smart TV, 15
Smart Watch, 15
Smarter Planet, 16
Smartphone, 15
SMP, 431, 434
Snoopy Cache, 45
Snoopy Cache Invalidation Protocol (MESI-Protocol), 42, 45
Snoopy Cache Protocol, 42
SOA-Pyramide, 124
Social-Web, *siehe* Collaberation Web
Socket
    Datagram, 265
    Raw, 265
    Seqpacket, 265
    Stream, 265
socket, 262, 265–272, 274, 276–278
Socket-Interface, 6

SoftGrid, 419
Software Agent, 16, 17
Software as a Sevice, 4
Software Transactional Memory (STM), 66, 68
some-to-one mapping, 144
soziale Software, 11
Spannungsinsel, 34
SPARQL Protocol and RDF Query Language (SPARQL), 17
Speedup, 340–343, 345–347, 349–351
    linear, 341, 346, 349
    maximal, 343
    superlinear, 341, 342, 347
Speicher-Fabric, 424
Speicher-Server, 303
spin_lock(), 61, 62
Spinlocking, 61
Spin_Locks, 62
Spinning, 61
spin_unlock(), 61, 62
Split-Phase Barriere, 167
stabiler Speicher (stable storage), 114
start, 282, 292
Startzeit, 340
stop, 282, 292
Storage Area Network, 422
Stream Socket, 267
StreamMessage, 280
Streamprozessoren, 34
Stream-Socket, 6
Strikte Konsistenz (Strict Consistency), 84
Stromversorgung
    Unterbrechungsfreie, 436
Structured Activities, 380
Struts, 13
Stub, 309, *siehe* Client-Stummel (Stub) oder Server-Stummel (Stub)
    IDL, 305
Subscribe, 11, 196
Sun Grid, 21
Sun RPC, 301
Superskalar-Architektur, 36, 349
Superskalarität, *siehe* Superskalarität
Superskalarverarbeitung, 35
Switch Engine, 78
Synchronisationszeit, 340, 345
Synergistic Processor Elements (SPE), 52
Synergistische Architektur, 53
System

selbstorganisierend, 22
Systemauswahl, 403
Systemdurchsatz, 33
Systeme
    selbstorganisierend, 20
System.setSecurityManager(), 312

T
Tabu Search, 383
tail recursive, 247
Takt-Frequenz, 50
Tannenbaum Taxonomie, 434
Tapestry, 13
Task, 23, 171
Task body, 171
Task type, 171
Task-Interaktionsgraphen, 379
Task-Präzedenz-Graphen, 377
Tasks, 373
Tcl, 195
TCP, 263
TCP/IP, 195, 308
TCP/IP-Protokoll, 10
TCP-Protokoll, 6
Teile und Herrsche Strategie, 347
Telematik, 18
TEMPLATE, 189
TemporaryQueue, 287
TemporaryTopic, 287
Terminal-Services, 418
Test und Set (TAS), 60
TextMessage, 280
Texture Memory, 72
Thin Clients, 418
Thrashing, 401
Thread, 23, 36, 37, 54, 55, 65, 130, 140, 145
Threadbibliothek, 142
thread_func, 146
ThreadGroup, 145
threadIdx, 170
THREADS, 162
Threshold, 388
Tile-CPU, 73
TILEPro™ Prozessor Familie, 77
Tilera Cooperation, 76
Tiling-Algorithmus, 394
Tim Berners-Lee, 16
Time Service, 303
Timesharing System, 1

Timesharing-Betrieb, 24
Token, 5
Token Bus, 5
Token Ring, 5
Topic, 196, 279, 284, 286–289, 296
TopicConnection, 296
TopicConnectionFactory, 281, 282, 296
TopicPublisher, 286, 289
TopicSession, 284, 286, 296
TopicSubscriber, 286, 290
Torus, 182
toString, 287, 314
Total Cost of Ownership (TCO), 20
totale Ordnung der Ereignisse, 361
Trader Service, 304
Träge Freigabe Konsistenz (Lazy Release
    Consistency), 85
Trait, 262
Transaction Service, 303
Transactional Memory (TM), 66
Transaktion, 66, 111
    Konkurrenzproblem, 362
Transaktoren, 188
Transfer bei Referenzierung, 399
Transfer Policy, 388
Transferstrategie, 388, 396, 397
Transparenz, 27
Transputer, 182
Tread Control Block (TCB), 140
triple-modular redundancy, 372
two-level Scheduler, 141
Typing
    explizit, 194
    implizit, 194

U
Ubiquitous Computing, 4, 13
UDP, 263
UDP-Protokoll, 6
Umlaufpuffer, 137
Umplanung, 376
unbalanced load distribution, 117
Unbegrenzter Nichtdeterminismus, 29
unbind, 311
Unbounded Transactional Memory (UTM), 70
unfaires Scheduling, 143
UnicastRemoteObject, 313–318
Unicore, 452
    Client, 452

Komponenten, 452
Nachteile, 452
Network Job Supervisor, 452
Target System Interface, 452
Usite, 452
Voraussetzungen, 453
Vorteile, 452
Unified Parallel C (UPC), 131, 162
Uniform Memory Access (UMA), 80
Uniform Resource Locator (URL), 311
Uniprozessor, 430
Universal Description, Discovery and Integration (UDDI), 124, 325
Universal Mobile Telecommunications System (UMTS), 9
Unix, 60, 111, 130, 134, 143, 145, 263, 264
    4.3 BSD (Berkley Software Distribution), 195
    SVR4 (System V Release 4), 195
unscribe, 287
UPC Lock, 166
upc_all_lock_alloc, 166
upc_forall-Schleife, 165
upc_global_lock_alloc, 166
upc_lock, 166
upc_lock_attempt, 166
upc_lock_free, 166
upc_lock_t, 166
upc_notify, 167
upc_unlock, 166
upc_wait, 167
Ursache-Wirkungsrelation, 358
User Mode, 420
Utility Computing, 21

V
VAX, 430
Vektoruhr, 362
Verbraucher, 3, 18, 19, 24, 137–139, 153, 175, 290, 291, 294
Verbreitungs-Monotonie, 29
Verfügbarkeit, 27, 435, 436
Verklemmungen (Deadlocks), 66, 86, 205
Vermittlungs-Server, 115
Versionsnummer, 192
Verteilte Verarbeitung, *siehe* Verteiltes Rechnen
Verteilter gemeinsamer Speicher (Distributed Shared Memory (DSM)), 82
verteilter Speicher, 107
Verteiltes Rechnen, 25
Verteiltes System, 357
Very Fast Infrared (VFIR), 8
Verzeichnis (Directory), 47
Verzeichnis Schema (Directory Scheme), 47
Verzögerte Rückschreiben (deferred write), 41
Vierte industrielle Revolution, 14
Virtual Local Area Network, 425
Virtual Private Network (VPN), 426
Virtualisierung, 411
    Anwendungsvirtualisierung, 419
    Betriebssystemvirtualisierung, 412
    Container, 415
    Containervirtualisierung, 413, 415
    Control Program, 413
    Datenspeicherkonsolidierung, 422
    Datenspeichervirtualisierung, 422
    ESX Server, 414
    FreeBSD Jails, 415
    Hardware, 411
    Hardwarevirtualisierung, 412
    Hauptspeichervirtualisierung, 421
    Hochverfügbarkeit, 414
    Hypervisor, 412, 414, 415
    In-Band-Virtualisierung, 424
    Instant Copy, 423
    Intel Vanderpool, 420
    Lastausgleich, 414
    Lifecycle-Management, 422
    Mirroring, 423
    Netwerke, 425
    Out-of-Band-Virtualisierung, 424, 425
    Over-Commitment, 422
    Pacifica, 420
    Paravirtualisierung, 413, 415
    Partitionierung, 420
    Prozessoren, 420
    Secure Virtual Machine, 420
    Serverkonsolidierung, 411
    Services, 418
    Sicherheit, 412
    Snapshots, 423
    Software, 411
    Softwarevirtualisierung, 412, 418
    Speichermanagement, 423
    Speicherpools, 422
    Speicherverwaltung, 421
    Speichervirtualisierung, 423
    Virtual Machine Extensions, 420

VirtualCenter, 415
virtualisierte Anwendungen, 419
Virtuelle Maschine, 412, 416
Virtueller Maschinen Monitor, 412
VMotion, 414
VMware, 414, 415, 420
VMware Workstation, 414
Vollvirtualisierung, 413, 414
Vorteile, 411
Xen Hypervisor, 416
Virtuelle Adresse, 421
Virtuelle Maschine, 416
Virtuelle Speicherverwaltung, 421
Virtueller Adressraum, 421
Virtueller Maschinen Monitor, 412
Virtueller Speicher, 421
VMware Server, 414
void __syncthreads(), 170
Vollvirtualisierung, 413
von-Neumann-Falschenhals, 39
V-Operation, 62
Vortransferierung, 398

W

Wächter (Guard), 174
wait, 130, 135
waitpid, 135
Warenbörse, 395
Warteschlange (Queue), 25, 130, 134
Wartezeit, 340, 345
Wearable Computing, 4, 15
Web, *siehe* World Wide Web
Web 2.0, 11
Web 2.0 Framework, 13
Web 3.0, 16
Web Farm, 354
Web Intelligence (WI), 17
Web Logs, 11
Web Ontology Language (OWL), 17
Web Server Farm, 354
Web Service Description Language (WSDL), 124, 325
Web Service Resource Framework, 381, 451
Web Service-Architektur, 325
Web Services Choreography Description Language (WS-CDL), 124
Web-Based Training (WBT), 19
Web-Browser, 286, 290
Web-Server, 115

Web-Service, 12, 325, 415
Web-Service-Orchestrierung, 380
wechselseitiger Ausschluss, 60, 84, 129, 130, 149, 153, 362
Wettlaufsituation (Race Condition), 66, 86, 129
Wiki, 12
Wikipedia, 11
WikiWeb, *siehe* Wiki
WikiWiki, *siehe* Wiki
Win 32, 145
Windows Communication Foundation (WCF), 324
Windows NT, 145
Windows Presentation Foundation (WPF), 324
Windows Workflow Foundation (WF), 325
Wireless Local Area Network (WLAN), 9
Wireless Personal Area Networks (WPANs), 8
WLAN Standard IEEE 802.11, 9
WLAN Standard IEEE 802.11a, 9
Word-based Software Transactional Memory (WSTM), 69
Worker, 350
Workflow, 380
   Dynamisch, 380
Workstation, 1
Workstation-Modell, 385
World Wide Web (WWW), 10, 26
World Wide Web Consortium (W3C), 325
World Wide Wisdom Web (W4), 17
write, 263, 273, 275, 280
Write Invalidate Snoopy Cache Protocol, 42
Write invalidate Strategie, 42
Write update Snoopy Cache Protocol, 45
Write update Strategie, 42
Write-first Protocol, 42
Write-once Protocol, 42
WSRF, 381
Wulfpack, 441

X

Xeon DP, 52
XML, 17
XML Schema, 17
XNS, 263
XPVM, 220

Y

YouTube, 12

Z

Zeitstempel, 360–363
Zeitwert, *siehe* Zeitstempel
Zerlegung, 352
Zielfunktionen, 382
Zufallsalgorithmus, 396
Zugriffstransparenz, 28
Zusammenballung, 353
Zwei-Schwellen-Strategie, 389

The manufacturer's authorised representative in the EU is Springer Nature Customer Service Centre GmbH, Europaplatz 3, 69115 Heidelberg, Germany. If you have any concerns regarding our products, please contact ProductSafety@springernature.com

Printed and bound by CPI Group (UK) Ltd, Croydon, CR0 4YY

25/03/2026

02078197-0018